Jens Jacobsen

WEBSITE KONZEPTION

Erfolgreiche Websites planen, umsetzen und betreiben

ADDISON-WESLEY

Ein Imprint von Pearson Education

München • Boston • San Francisco • Harlow, England
Don Mills, Ontario • Sydney • Mexico City
Madrid • Amsterdam

Bibliografische Information Der Deutschen Nationalbibliothek
Die Deutsche Nationalbibliothek verzeichnet diese Publikation in der Deutschen Nationalbibliografie; detaillierte bibliografische Daten sind im Internet über http://dnb.d-nb.de abrufbar.

Umwelthinweis:
Dieses Buch wurde auf chlorfrei gebleichtem Papier gedruckt.

10 9 8 7 6 5 4 3 2

11 10

ISBN 978-3-8273-2831-1

ein Imprint der PEARSON EDUCATION DEUTSCHLAND GmbH,
Martin-Kollar-Str. 10-12, 81829 München/Germany

Lektorat: Kristine Kamm, kkamm@pearson.de
Natalie Paszczella, npaszczella@pearson.de
Korrektorat: Petra Kienle
Herstellung: Claudia Bäurle, cbaeurle@pearson.de
Satz: Ulrich Borstelmann, Dortmund (www.borstelmann.de)
Einbandgestaltung: Marco Lindenbeck, webwo GmbH, mlindenbeck@webwo.de
Druck und Verarbeitung: Kösel, Altusried (www.KoeselBuch.de)
Printed in Germany

Inhaltsverzeichnis

Teil 5 TIPPS FÜR SPEZIELLE SITES UND BEREICHE

Einführung

Vorwort zur 5. Auflage

Das Web ist im Alltag der meisten Menschen der westlichen Welt angekommen. Schon lange sind weltweit über eine Milliarde Menschen im Web unterwegs und jedes Jahr werden es immer noch Millionen Menschen mehr. In Deutschland nutzen fasst drei Viertel der Einwohner regelmäßig das Internet, von den unter 40-Jährigen fast alle.

Nachdem man das Gefühl hatte, die frühe Phase des Experimentierens sei vorbei, wurde schon 2004 der Begriff Web 2.0 geprägt für eine „neue Version“ des Internets. Darunter werden einige technische Dinge (wie Ajax – mehr dazu später im Buch), aber auch viele neue Anwendungen zusammengefasst. Um nur einige zu nennen: Plattformen für den Austausch von Ideen bzw. Kontakten, Blogs und Podcasts sowie die stärkere Einbeziehung der Benutzer. Seit 2006 ist „Web 2.0“ in aller Munde und wie bei so manchem Software-Update steckt nicht besonders viel dahinter.

Podcasting, Blogs oder Wikis bieten viele interessante Möglichkeiten, sich gut darzustellen, neue Interessentengruppen zu erschließen oder in Kontakt zu Kunden oder Kollegen zu treten.

Doch es gilt der Spruch des amerikanischen Webdesigners Jeffrey Veen: „The web is post-cool now.“ Die Zeit, in der alle einfach nur dabei sein und mit möglichst ungewöhnlichen Effekten beeindrucken wollen, ist vorbei. Wer die Erwartungen der Benutzer erfüllt, ihre Bedürfnisse erfüllen hilft und mit ihnen in Kontakt tritt, hat heute Erfolg.

Diese Chance haben viele erkannt und jeder, der sie nutzen möchte, ist hier genau richtig. Ob Sie mit Ihrer Site etwas verkaufen wollen, ob Sie sich vorstellen möchten, Ihre Telefonzentrale und Ihre Poststelle entlasten wollen oder die Beziehung zu Ihren Kunden verbessern möchten – in diesem Buch erfahren Sie, wie Sie diese Ziele erreichen.

Hier geht es um die Konzeption. Sie lernen, wie Sie eine Site anlegen, die zum Erfolg wird, weil sich die Benutzer auf ihr zurechtfinden. Das Schlagwort *Usability* (das man am besten mit *Benutzerfreundlichkeit* übersetzt) wird mit Leben gefüllt. Sie lernen, wie sich mit den Prinzipien der Usability der Erfolg jeder Anwendung steigern lässt – gleich ob Sie eine Website, eine mobile Anwendung, ein Terminal oder eine DVD-Anwendung umsetzen.

Was ist neu?

„Benutzerfreundlichkeit bauen wir natürlich auch ein“ ist ein Spruch, den ich immer wieder zu hören bekomme. Das zeigt, dass inzwischen die meisten verstanden haben, dass eine erfolgreiche Anwendung oder Site benutzerfreundlich sein muss. Es zeigt aber auch, dass viele noch nicht verstanden haben, dass Benutzerfreundlichkeit nur durch einen Prozess erreicht werden kann. Ein Prozess, bei dem die Benutzerfreundlichkeit von Anfang an mit geplant wird – vor allem durch häufige Tests mit echten Benutzern.

Dieses Buch will allen ein Wegweiser sein auf dem Weg zu einer benutzerfreundlichen Website – ebenso wie Argumentationshilfe für alle, die andere von der Notwendigkeit überzeugen müssen, Usability-Methoden in den Produktionsprozess einzubeziehen.

Änderungen bei den technischen Möglichkeiten wurden berücksichtigt, vor allem auch die Techniken des „Web 2.0“ wie Ajax, Blogs, RSS-Feeds, Podcasts, Wikis, Tags und Soziale Netzwerke.

Auch den Änderungen bei technischen Möglichkeiten, den Vorlieben und Erwartungen der Benutzer habe ich Rechnung getragen. Alle Beispiele wurden überprüft und aktualisiert, wenn sie nicht mehr auf der Höhe der Zeit waren.

An vielen Stellen flossen neue Erkenntnisse aus der Praxis sowie Anregungen von Lesern der vorherigen Auflagen ein. Themen wie Barrierefreiheit, mobile Anwendungen oder neue Trends der Konzeption werden aufgegriffen und aktualisiert.

Wie bei der geglückten Überarbeitung einer Website habe ich darauf geachtet, dass alle, die die Inhalte kennen, sich weiterhin zurechtfinden. Die Struktur blieb daher bei dieser Überarbeitung weitgehend unverändert. An einigen Stellen aber sind mehrere Seiten hinzugekommen, zum Beispiel die Abschnitte *Webseiten für Mobilgeräte* und *Video* im Kapitel *Grobkonzept*, die Informationen zum neuen *Barrierefreiheit-Standard des W3C* im Kapitel *Produktion* und die zwei neuen Kapitel *Soziale Netze* und *Unternehmensblogs.*

An wen richtet sich das Buch?

Dieses Buch ist für alle geschrieben, die mit elektronischen Medien Informationen an andere Menschen weitergeben wollen, gleich ob sie

- in einer Agentur eine Website für einen Auftraggeber umsetzen,
- ihre eigene Website entwerfen,
- eine bestehende Website überarbeiten,
- ein Terminal im öffentlichen Raum planen oder
- eine CD/DVD veröffentlichen möchten.

Welche Position und Ausbildung Sie haben, spielt keine Rolle. Wenn Sie mit der Konzeption betraut sind, ist dieses Buch richtig für Sie. In der Praxis arbeiten in diesem Bereich Menschen mit den unterschiedlichsten Berufen: Projektleiter, Texter, Journalisten, Grafiker, Programmierer und viele mehr.

Konzepter, Konzeptioner, Konzipierer – eine feste Berufsbezeichnung gibt es nicht für die Leute, die Konzepte für Multimedia-Projekte entwerfen. Ich persönlich bevorzuge Konzepter, das ist das kürzeste, prägnanteste Wort.

Ein sehr wichtiger Teil eines guten Konzepts ist eine durchdachte *Informationsarchitektur*. Im deutschen Sprachgebrauch hat sich dieser Begriff für die sinnvolle Aufbereitung von Informationen noch nicht durchgesetzt. Im angloamerikanischen Sprachraum ist er mittlerweile üblich. Ich verwende ihn, weil er sehr treffend beschreibt, wie die Struktur einer guten Anwendung zustande kommt: Der Informationsarchitekt ist der Architekt der Website oder Multimedia-Anwendung. Er arbeitet mit den Auftraggebern (Bauherren) ebenso zusammen wie mit den Grafikern und Programmierern (Handwerkern und Ingenieuren), um ein für den Benutzer (Bewohner) möglichst gutes Ergebnis zu schaffen. Das Handwerkszeug für die Informationsarchitektur möchte ich Ihnen vermitteln.

Wenn in diesem Buch vom „Kunden" oder „Auftraggeber" die Rede ist, ist damit die Person gemeint, die Ihnen sagt, was Sie tun sollen. Ob das nun ein externer Auftraggeber ist oder ein Vorgesetzter aus Ihrer Firma, ist nicht so wichtig – ebenso wenig wie die Tatsache, ob Sie eine Einmann-Firma sind oder Leiter eines großen Unternehmens.

Für dieses Buch brauchen Sie vor allem eines: Bereitschaft zum Umdenken. Die meisten Menschen haben gelernt, so an Projekte heranzugehen, wie es von ihnen erwartet wird. Für gute Websites und andere Medien müssen Sie jedoch oft widersprechen. Die zukünftigen Benutzer stehen im Zentrum, nicht die Vorgesetzten oder die Auftraggeber. Dieser Ansatz ist der kürzeste Weg zu einer erfolgreichen Anwendung.

Des Weiteren sollten Sie sich als Nutzer im Internet problemlos bewegen können, das Betriebssystem (PC oder Mac) und Ihre Textverarbeitung beherrschen. Außerdem ist es von Vorteil, wenn Sie die Möglichkeiten von HTML und Grafikprogrammen kennen. Sie müssen keine HTML-Seiten programmieren oder Bilder mit Photoshop bearbeiten können, aber darüber Bescheid wissen, was damit grundsätzlich möglich ist.

Was werden Sie lernen?

Dieses Buch bietet keine Einführung in HTML, das Internet im Allgemeinen, Grafikdesign, Programmierung oder Projektabwicklung. Zwar werden einzelne Aspekte dieser Themen gelegentlich besprochen, aber dabei geht es nur so weit in die Details, wie es für die Konzeption nötig ist.

In diesem Buch lernen Sie, ein Multimedia-Projekt professionell anzugehen. Die Basis dafür ist das Konzept. Sie lesen, wie Sie das Konzept schrittweise erstellen, es immer wieder überprüfen, verbessern und im Team umsetzen.

Dazu finden Sie Tipps zum Lesen von Ausschreibungen, zu Gesprächen mit dem Auftraggeber, zur Ideenfindung und zur Auswahl geeigneter Medien und Techniken. Sie erfahren, wie Sie sich Ihrer Zielgruppe nähern und sie in den Mittelpunkt der Konzeption stellen.

Beispiele und Tipps aus der Praxis illustrieren die Ausführungen. Der Schwerpunkt liegt auf Ihrer täglichen Arbeit. Natürlich ist es schön, wenn Sie in einer großen Agentur für bekannte Unternehmen mit einem großen Budget arbeiten. Doch die meisten Aufträge werden für kleine und mittlere Kunden mit einem bescheidenen Budget abgewickelt. Besonders darauf nimmt dieses Buch Rücksicht. Die optimale Lösung wird immer aufgezeigt, doch geht es stets auch darum, wie sich bei knappen finanziellen und personellen Mitteln die besten Ergebnisse erzielen lassen.

Aufbau des Buches

Die **Teile 1 bis 4** bilden den Schwerpunkt des Buchs, darin geht es um die Konzeption von Websites. Vom ersten Vorgespräch bis zur Wartung der Site spielen wir hier das ganze Projekt Schritt für Schritt durch: zunächst in der Theorie, am Ende jedes Kapitels praktisch an einem echten Beispiel. Die Informationen in diesem Teil sind ebenso für die Umsetzung von Terminal- oder Offline-Anwendungen interessant.

Im **Teil 5** sind Tipps für spezielle Sites oder Bereiche von Sites gesammelt. Dabei geht es um Websites zur Repräsentation, zur Information, zum Einkauf, um Vereinssites, Sites zur Unterhaltung und um das Lernen im Web. Dazu gibt es jeweils Beispiele von Sites, auf denen diese Dinge sehr gut umgesetzt sind.

Im **Teil 6 – Anhang** finden Sie eine Sammlung von Tipps für Auftraggeber, Link- und Literaturempfehlungen, ein Glossar und eine Beschreibung des Inhalts der beiliegenden CD-ROM. (So viel sei schon verraten: Sie enthält viele Vorlagen, die Sie direkt für Ihre eigenen Konzepte und Präsentationen verwenden können, einen interaktiven Briefing-Leitfaden, alle Dokumente, die für das Beispielprojekt verwendet wurden, und Test-Versionen diverser Programme, die für Konzepter interessant sind. Außerdem finden Sie auf der CD-ROM die Dokumentation zu einem Usability-Test inklusive Video sowie noch zwei Kapitel zu den Besonderheiten bei Offline-Projekten wie CDs/DVDs oder Terminals.)

Lesen Sie das Buch so, wie es *Ihnen* passt. Sie sind in diesem Fall der Benutzer und damit bestimmen *Sie*, wo es langgeht. Das Buch ist zum Querlesen, Überfliegen und Nachschlagen angelegt, aber Sie können es gerne auch von Anfang bis Ende durchlesen.

Teilen Sie mir mit, wenn Ihnen etwas nicht passt. Ich wünsche mir: Kritik, Feedback, Verbesserungswünsche, eventuell auch Lob. Schreiben Sie mir, wenn Sie einen meiner Wünsche erfüllen wollen: `buch@benutzerfreun.de`.

Besuchen Sie die www.benutzerfreun.de, um aktuelle Hinweise, zusätzliche Informationen und eine ausführliche, kommentierte Link-Liste für Konzepter-Ressourcen zu finden. Auch einen Newsletter für Konzepter können Sie hier abonnieren.

Dieses Symbol sehen Sie, wenn es Zusatzinfos im Blog zum Buch gibt.

Im Buch sind einige Websites als Beispiel erwähnt. Da jede gute Site ständig aktualisiert wird, werden im Laufe der Zeit immer mehr Sites anders aussehen als im Buch. Deshalb sind die Sites fast immer abgebildet, damit Sie sehen, worauf es mir ankommt.

Hier spricht der Autor

In den meisten deutschsprachigen Büchern ist es nicht üblich, dass sich der Autor direkt äußert, geschweige denn, dass er in der ersten Person schreibt. Normalerweise tue ich das auch nicht, aber diesmal mache ich eine Ausnahme.

Wer immer über Konzeption spricht, spricht subjektiv. Denn Konzeption hat viel mit Kreativität zu tun und ein wenig mit persönlichem Geschmack. Dennoch bin ich der Meinung, dass es bei der Konzeption von interaktiven Projekten einige Regeln gibt, über die man nicht streiten kann. Diese Regeln zu vermitteln ist das Hauptziel dieses Buchs. Hinzu kommen noch Tipps aus dem Alltag, die es Ihnen ersparen sollen, alles selbst aus eigener Erfahrung (also normalerweise aus Fehlern) lernen zu müssen.

Nur wer die Regeln kennt, kann sie sinnvoll verletzen. Überlegen Sie es sich genau, wenn Sie das vorhaben. Lassen Sie sich dennoch nicht Ihre Eigenständigkeit nehmen. Leider gibt es einige Konzepter, die nur nach Regeln zu leben scheinen. Flash ist nicht benutzerfreundlich, Navigationsleisten müssen immer links sein, lange Texte liest kein Mensch, animierte GIFs sind Spielzeug und lenken nur ab – alles Binsenweisheiten der Web-Konzeption. Doch diese Dogmen helfen oft nicht weiter. Je nach Situation und Zielgruppe muss eine passende Lösung gesucht werden. Also: Weg vom Dogma! Lernen Sie die Regeln kennen, beherzigen Sie sie, wo immer möglich, und verletzten Sie sie, wo immer nötig. Seien Sie eigenständig, sonst kochen Sie Einheitsbrei.

Es ist ausdrücklich erwünscht, dass Sie auch mal anderer Meinung sind. Schreiben Sie etwas an den Rand, streichen Sie Absätze durch, die Ihnen nicht passen. Und wenn etwas Sie ärgert, mailen Sie mir (buch@benutzerfreun.de)! Ich freue mich auf spannende Diskussionen.

Aus Gründen der Lesbarkeit habe ich darauf verzichtet, jedes Mal männliche und weibliche Personenbezeichnungen auszuschreiben. Wenn es um Entscheider geht, sind damit ebenso Entscheiderinnen gemeint, mit Grafikerinnen sind auch Grafiker angesprochen und mit Benutzern auch Benutzerinnen.

Erfolgreiches Konzipieren wünscht Ihnen

Jens Jacobsen

Danksagung

Vielen Dank an alle, die mir geholfen haben, die Informationen für dieses Buch zusammenzutragen und die Erfahrungen zu machen, die in es eingeflossen sind! Mein besonderer Dank gilt…

… den Besuchern der Website `www.benutzerfreun.de` und den Lesern der ersten Auflagen, insbesondere denjenigen, die mich mit Anregungen und Linktipps versorgen und mit mir anregende E-Mail-Diskussionen geführt haben.

… den Teilnehmern an meinen verschiedenen Veranstaltungen. Aus ihren Reaktionen lerne ich immer wieder Neues bei Dingen, von denen ich glaubte, alles zu wissen.

… Anna Detterbeck, Claudia Talaber und Sven Kornetzky von *Techcom Consulting* für die gute Zusammenarbeit beim Website-Beispielprojekt und für die Bereitschaft, alle Informationen den Lesern zugänglich zu machen.

… Konny Gellenbeck und dem Genossenschafts-Team der *taz* für die angenehme Kooperation beim Usability-Test und die Erlaubnis, dessen Dokumentation auf der beiliegenden CD-ROM bereitzustellen.

… *Artes New Media*, der *Deutschen Bundesbank*, der *Grünenthal GmbH* und *Inter/Aktion* für die zur Verfügung gestellten Abbildungen.

… all den netten Menschen, mit denen ich bei *Inter/Aktion* und *Target Film* zusammengearbeitet habe, insbesondere Jürgen Knoll und Uwe von Schumann.

… Gisela Tschochner für die vielen Abbildungen, die sie für das Buch erstellt hat, und für die Durchsicht des Designkonzept-Kapitels, außerdem für die Gestaltung des Beispielprojekts (Mitarbeit: Maria Adam; HTML-Programmierung: Martin Bitterwolf – mein Dank gilt auch ihnen).

... Andreas Zitzelsberger für seine Hilfe, vor allem beim Suchen von Beispielen und Screenshots anfertigen.

… meiner Frau Cornelia für ihre vielen kritischen Fragen und die liebevolle Unterstützung.

… und nicht zuletzt natürlich dem ganzen Produktionsteam beim Addison-Wesley Verlag, insbesondere Claudia Bäurle von der Herstellung und meiner Lektorin Kristine Kamm.

Kapitelübersicht Teil 1

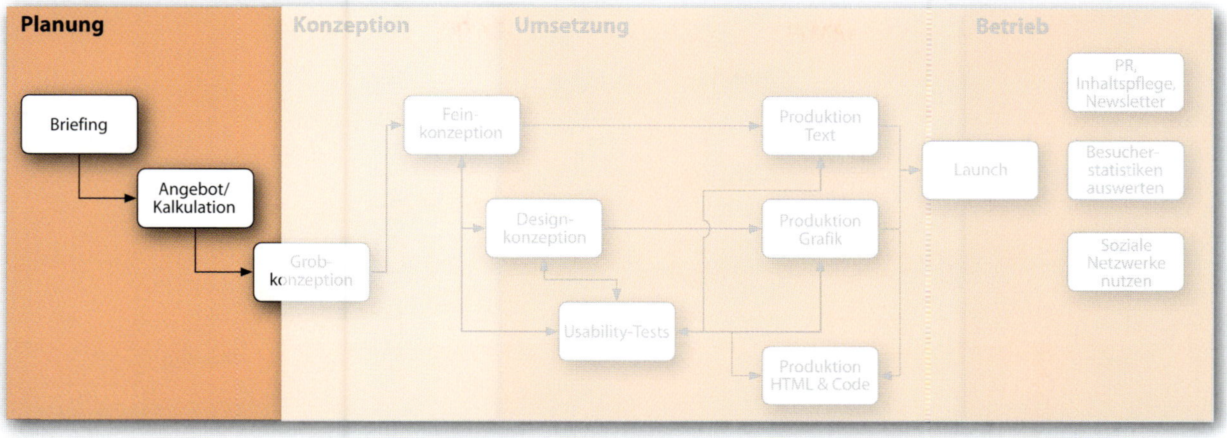

TEIL 1 PLANUNG

Je genauer Sie planen, desto glatter wird Ihr Projekt laufen. Es gilt die Faustregel: Einen Fehler in der Planungsphase zu beheben, kostet einen Euro, ihn in der Konzeption zu beheben 10 Euro, bei der Umsetzung 100 Euro und nach dem Launch 1.000 Euro.

Beginnen Sie deshalb auch bei kleinen oder internen Projekten mit dem Briefing.

Kapitel 1

Die Projektphasen

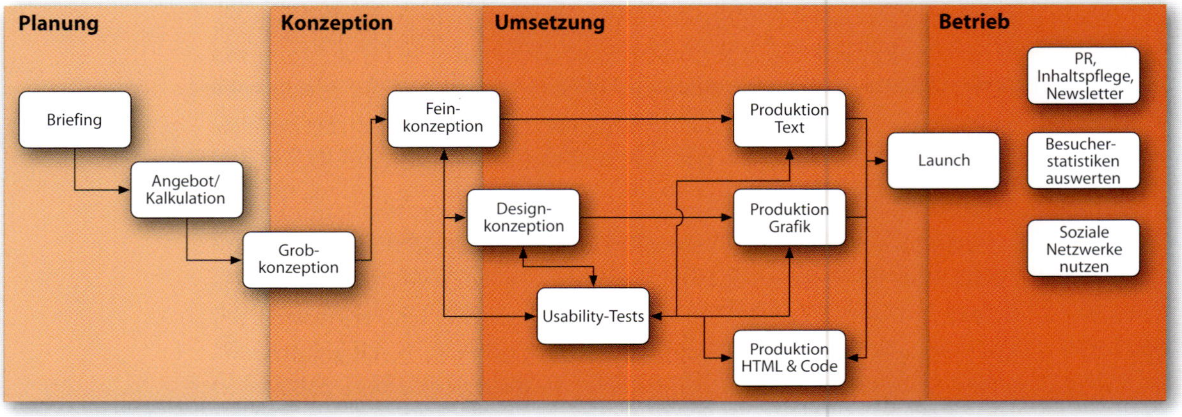

In diesem Kapitel werden wir zunächst einige grundlegende Begriffe klären. Denn in jeder Firma haben die Dinge unterschiedliche Namen. Das beruht nur zum Teil darauf, dass auch tatsächlich unterschiedlich gearbeitet wird. Oft werden dieselben Dinge lediglich unterschiedlich bezeichnet.

Dann werden wir die Phasen vorstellen, die ein typisches Web-Projekt durchläuft. Diese sind in den folgenden Kapiteln einzeln im Detail beschrieben.

1.1 Begriffsklärung

Ich habe versucht, in diesem Buch so wenig Fachchinesisch wie möglich zu verwenden. Dennoch gibt es für manche Fachbegriffe leider keine vernünftigen Alternativen. Gerade die englischen Ausdrücke sind allgegenwärtig. Im Folgenden finden Sie daher eine kleine Sammlung von Wörtern, denen Sie im Zusammenhang mit der Konzeption von Websites immer wieder begegnen.

Website ≠ Webseite

Die wichtigste Begriffserklärung zuerst: Eine *Website* ist der Auftritt eines Unternehmens, einer Person oder Organisation im World Wide Web. Diese ist unter einer Domain zu erreichen – wie etwa `www.benutzerfreun.de`. Eine Website besteht in der Regel aus vielen *Webseiten*, also einzelnen HTML-Dokumenten. Diese beiden Begriffe werden immer wieder verwechselt, was leicht zu Verwirrung führt.

In diesem Zusammenhang ist noch die Adresse oder URL (Unique Resource Locator) zu nennen. Die URL ist die eindeutige Adresse eines Dokuments im Internet – zum Beispiel: `www.benutzerfreun.de/konzepter-infos/studien.html`

Homepage = Startseite

Die erste Seite einer Site nennt man Homepage – es geht aber auch auf Deutsch, dann heißt diese Seite Startseite. Von einem Portal spricht man dann, wenn die Site eine Fülle von Funktionen oder Zugangsmöglichkeiten zum Web bietet – beispielsweise Nachrichten, Filme, Musik, Spiele, Beratungsseiten und so weiter. Die Sites von T-Online, Freenet oder MSN sind bekannte Beispiele für Portale.

Dass das World Wide Web nur ein Teil des Internets ist, wird oft vergessen. E-Mails werden nicht über das Web verschickt, und Dateien werden meist mit ftp übertragen – das sind zwei andere wichtige Funktionen des Internets neben dem WWW. Doch für die Benutzer spielt das keine Rolle. Sie wollen die Funktionen einfach nur verwenden und sich keine Gedanken über die technischen Hintergründe oder die korrekten Bezeichnungen machen.

1.2 Das typische Projekt

Jedes Projekt, bei dem eine Website neu erstellt oder eine bestehende Website überarbeitet wird, lässt sich in dieselben Schritte einteilen. Das ist zwar nicht zwingend notwendig, erleichtert aber die Arbeit und die Kommunikation. Die hier vorgestellte Einteilung ist ein Vorschlag. Sie hat sich bei meiner Arbeit und in vielen anderen Agenturen bewährt.

Vor jedem Projekt steht natürlich die Akquisition. Auf diese soll hier nicht näher eingegangen werden – wie Sie Kunden gewinnen ist ein so breites Themenfeld, dass ich das anderen Büchern überlassen möchte.

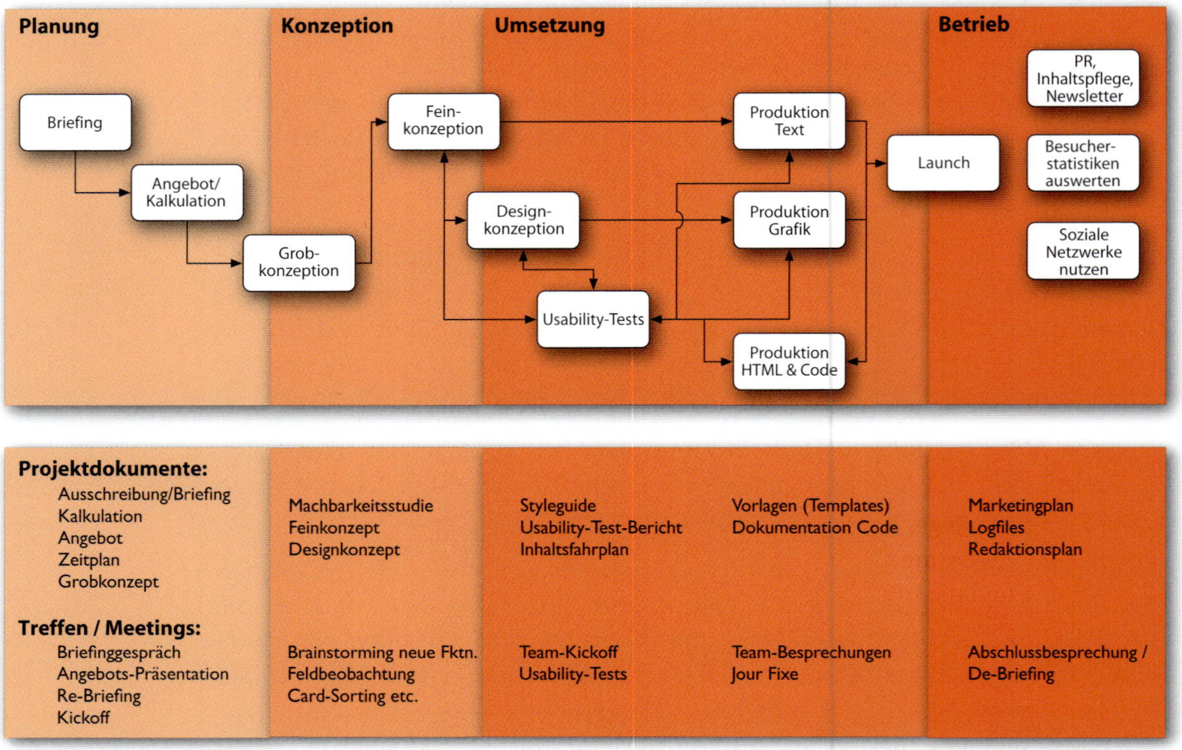

ABBILDUNG 1.1 *Die vier Phasen eines typischen Web-Projekts, die jeweiligen Schritte und die nötigen Treffen sowie die jeweils erstellten Dokumente*

- **Briefing.** Tritt der Kunde an Sie heran, muss er Sie als Erstes „briefen". Das heißt, er erzählt Ihnen, was er überhaupt will. Das klingt einfach, ist es aber nicht unbedingt. Das hängt ganz vom Kunden und vom Projekt ab. Ein gutes Briefing ist die Grundlage für ein erfolgreiches Projekt.
- **Angebot/Kalkulation.** In Ihrem Angebot geben Sie an, was Sie für Ihre Leistungen jeweils verlangen. Je genauer Sie das Angebot vorbereiten, desto weniger unangenehme Überraschungen gibt es.
- **Grobkonzept.** Im Grobkonzept definieren Sie die Rahmenbedingungen. Das Ziel der Site, die Zielgruppe, der Umfang und die Funktionen sind hier ebenso aufgeführt wie die Art der verwendeten Medien. Das Grobkonzept stellt sicher, dass Sie und Ihr Auftraggeber auf dasselbe Ziel hinarbeiten.
- **Feinkonzept.** Das Feinkonzept ist das Produktionshandbuch für die Site. Darin sind alle Texte, Grafiken und weiteren Medien aufgeführt, die auf die Site kommen.

- **Designkonzept.** Das Designkonzept beschreibt, wie die Seiten aussehen sollen. Die Startseite und eine Inhaltsseite sind darin als erster Entwurf zu sehen.
- **Usability-Tests.** Für jede professionelle Website sollten Sie wenigstens einen Usability-Test mit einigen bisher unbeteiligten Testpersonen durchführen. Damit finden Sie Probleme, die allen Projektbeteiligten nicht mehr auffallen, weil sie die Site so gut kennen.
- **Produktion.** Die Umsetzungsphase mit Produktion von Text, Grafik und HTML sowie Script-Code wird oft als die wichtigste und anstrengendste Phase empfunden. Ist sie aber gut vorbereitet, muss das nicht so sein. Stimmen die Grundlagen, muss am Ende nur noch alles zusammengesetzt werden.
- **Launch.** Das ganze Projekt arbeitet auf den Launch hin, d. h. den Moment, in dem die Site online geht. Doch dazu gehört noch mehr, nämlich zum Beispiel Qualitätssicherung, Dokumentation und Abschlussbesprechung.
- **PR, Inhaltspflege, Newsletter.** Ein gutes Web-Projekt ist nie zu Ende. Nach dem Launch muss die Site in Suchmaschinen (SuMa) möglichst gut positioniert werden und die Inhalte müssen gepflegt werden. Aktuelle Ereignisse sollten sich ebenso auf der Site widerspiegeln wie die Kritik und Wünsche der Besucher.
- **Besuchsstatistiken.** Kommt die Site bei den Besuchern an? Welche Seiten besuchen sie, welche nicht? Nur wer das weiß, kann sein Webangebot effizient verbessern – und dazu müssen Sie die Statistiken auswerten.
- **Soziale Netzwerke.** Blogs, Communities und Kommunikationsplattformen bieten viele Möglichkeiten, die Site weiter bekannt zu machen – aber auch manche Gefahren, die Sie kennen sollten.

Je nach Projekt werden eventuell Schritte wegfallen oder hinzukommen. Auch die Reihenfolge ist nicht immer dieselbe. Mancher ist vielleicht der Ansicht, es müsse erst das Grobkonzept entwickelt werden, bevor das Angebot erstellt werden kann. Das hat durchaus seine Berechtigung, da man mit dem Grobkonzept den Aufwand besser abschätzen kann. Dennoch machen die meisten Agenturen das nicht so, weil das Grobkonzept viel Arbeit ist und somit Kosten verursacht. Lehnt der Kunde dann das Angebot ab, haben Sie ihm umsonst ein Grobkonzept erarbeitet. Damit kann er seine Site selbst umsetzen, oder er kann sich dazu eine andere Agentur suchen.

Je mehr Sie vor dem Angebot über das Konzept nachdenken, desto genauer können Sie kalkulieren.

Eine Alternative ist, sich das Grobkonzept bezahlen zu lassen. Dieses Vorgehen wird vom *Bundesverband Digitale Wirtschaft* (BVDW, ehem. *dmmv*) empfohlen. Dennoch machen das die wenigsten, da die meisten Auftraggeber sich nicht so einfach davon überzeugen lassen. Entscheiden Sie selbst, wie viel Arbeit Sie vor dem Vertragsabschluss in das Projekt stecken. Je genauer Sie planen, desto geringer ist das Risiko, dass Sie sich verkalkulieren. Natürlich müssen Sie sich schon Gedanken über das Konzept machen, wenn Sie das Angebot kalkulieren. Ein Teil der Konzeptionsarbeit wird also bereits beim Erstellen des Angebots geleistet. Ich mache es meist so, dass ich mir gute Ideen, die mir beim Erstellen des Angebots einfallen, gleich aufschreibe, sie aber nicht ins Angebot aufnehme. Denn wenn der Kunde abspringen sollte, habe ich wenigstens nicht alle Ideen verschenkt.

Einige Agenturen arbeiten mit Lasten- und Pflichtenheften. Das sind ausführliche Beschreibungen der Dinge, die vom Auftraggeber (Lastenheft) beziehungsweise vom Auftragnehmer (Pflichtenheft) geliefert werden. Dieses formelle Vorgehen hat viele Vorteile, besonders bei umfangreichen Projekten. Vor allem bei größeren Kunden und Agenturen kommt es immer öfter zum Einsatz.

Dennoch sind diese Hilfsmittel in der Branche noch nicht weit verbreitet. Sie sind vor allem ein Werkzeug für Projektleiter und nicht für Konzepter, daher werden sie in diesem Buch nur am Rande erwähnt. Wenn Sie mit der Methode schon vertraut sind, können Sie mithilfe der in diesem Buch gelernten Dinge auch ohne Probleme Lasten- und Pflichtenhefte erstellen. Näheres zu deren formalem Aufbau finden Sie in der weiterführenden Literatur (siehe Literaturtipps im Anhang).

Präsentation

Präsentationen sind nicht nur Pflicht, sondern vor allem Chance.

Oft müssen Sie bestimmte Dinge wie etwa das Angebot oder das Grobkonzept präsentieren. Das bedeutet, dass Sie Ihr Konzept „verkaufen“ müssen.

Die Präsentation hat für Sie den Vorteil, dass Sie besser auf den Kunden eingehen können. Denn Sie müssen etwa damit rechnen, dass er mit manchen Begriffen, mit denen Sie täglich umgehen, nicht vertraut ist. Wenn er noch nie einen Internet-Auftrag vergeben hat, müssen Sie eventuell mit ganz Grundlegendem anfangen. Achten Sie aber darauf, dass Sie nicht ins andere Extrem verfallen und beispielsweise erklären, was ein Browser ist. Die Auftraggeber werden sich dann nicht ernst genommen fühlen.

Überlegen Sie sich genau, was Sie vor der Präsentation verschicken, was Sie zu Beginn austeilen und was Sie nur zeigen und dann wieder mitnehmen. Dabei sollten Sie daran denken, dass Sie nicht nur Dinge präsentieren sollten, die Ihre Zuhörer schon kennen, sonst langweilen sie sich. Wenn Sie Texte zu Beginn ausgeben, besteht die Gefahr, dass Ihnen niemand zuhört, weil alle lesen. Wenn Sie Dinge schon zuvor verschicken, kann es passieren, dass die Kunden Sie nicht in Ruhe präsentieren lassen, sondern gleich Details diskutieren wollen.

Betrachten Sie Präsentationen nicht als lästige Pflicht, sondern als Möglichkeit, sich besser darzustellen und auf Änderungswünsche des Kunden sofort einzugehen. In den Präsentationen können Sie die Auftraggeber auch etwas erziehen. Indem Sie genau erklären, was Sie warum gemacht haben, vermitteln Sie ihnen Ihre Kriterien für gute Web-Auftritte.

Nehmen Sie sich einen Designer oder eine Programmiererin mit, wenn Sie sich auf deren Fachgebieten nicht sicher fühlen. Eine Präsentation lässt sich zu zweit interessanter gestalten. Außerdem können Sie so zeigen, dass Sie schon in diesem frühen Stadium Experten mit einbeziehen.

CD

In den folgenden Kapiteln werden Sie die einzelnen Schritte im Detail kennenlernen. Um die Ausführungen anschaulicher zu machen, finden Sie am Ende jedes Kapitels ein echtes Beispielprojekt. Alle dabei verwendeten Texte, Bilder und weiteren Dateien sind auf der beiliegenden CD-ROM vorhanden. Sie geben Ihnen einen guten Einblick in die professionelle Arbeitsweise. Sie können die Konzepte als Vorlage für Ihre eigenen Projekte benutzen. Logos, Fotos, Grafiken und Texte der HTML-Seiten sind jedoch geistiges Eigentum der jeweiligen Auftraggeber. Sie können diese Materialien daher nicht für Ihre Projekte verwenden.

Kapitel 2

Briefing: Was will der Auftraggeber?

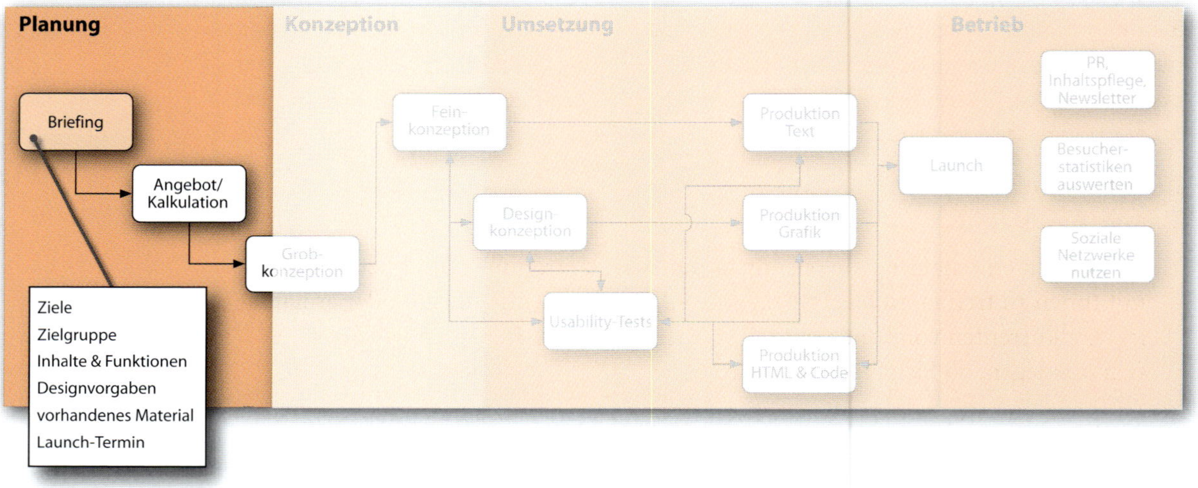

Normalerweise beginnt ein Website-Projekt mit dem Briefing. Wie so viele Begriffe unserer Branche kommt das aus dem Englischen und heißt wörtlich übersetzt „Anweisung" oder „Lagebesprechung" – einen vernünftigen deutschen Begriff dafür gibt es leider nicht. Im Briefing verrät Ihnen der Auftraggeber, was er haben möchte.

Im ganzen Buch geht es immer wieder um „den Auftraggeber“ – womit die Person gemeint ist, die Sie beauftragt. Ob das tatsächlich jemand aus einer anderen Firma ist oder Ihr Chef (oder sogar Sie selbst), spielt keine Rolle. Zwar ist die psychologische Situation für Sie jeweils eine andere, jedoch ist der Auftraggeber immer derjenige, von dem Sie erfahren, was auf der Website stehen soll, und dem Sie Rechenschaft ablegen müssen.

Oft bekommen Sie nur einen Brief (oder ein Memo), in dem Sie aufgefordert werden, ein Angebot für „unsere neue Website“ abzugeben (Ausschreibung). Das war's dann auch oft schon mit den Informationen. Das englische „brief“ heißt zwar auch „knapp“, aber mit so wenig sollten Sie sich nicht zufriedengeben.

Für ein gutes Angebot sammeln Sie alle Informationen, die Sie bekommen können.

Denn Sie müssen eine genauere Vorstellung davon haben, was der Kunde will. Es macht keinen Sinn, einfach eine Website mit einer Handvoll Seiten anzubieten. Wenn Sie in ein Kaufhaus gehen und fragen, wie viel „was zum Anziehen“ kostet, werden Sie keine vernünftige Information bekommen. Sie werden vermutlich erst einmal vom Verkäufer gefragt, was es denn genau sein darf. Fragen Sie also Ihren potenziellen Auftraggeber, was er denn genau möchte.

Lassen Sie sich am besten einen persönlichen Termin bei ihm geben. Das hat zwei Vorteile:

1. Sie können einschätzen, wie wichtig er den Auftrag nimmt. Hat er keine Zeit, sich mit Ihnen zu treffen, ist das Projekt entweder nicht wichtig für ihn oder er hat vielen Konkurrenten von Ihnen denselben Brief geschickt. In beiden Fällen sollten Sie sich überlegen, ob Sie den Auftrag wirklich dringend brauchen.

2. Sie sehen seine Firma. Sie bekommen dadurch nicht nur eine Vorstellung davon, was diese macht, sondern auch vom Stil der Firma. Achten Sie auf die Einrichtung, sehen Sie sich die Menschen genau an, die dort arbeiten. Wie sind sie gekleidet? Wie gehen sie miteinander um? Herrscht eine hektische, eine kumpelhafte oder eine gediegene Atmosphäre? Alle diese Dinge sind wichtig für Sie, weil Sie damit Ihren potenziellen Kunden besser einschätzen können.

Wenn Sie das Gefühl haben, dass der potenzielle Auftraggeber erst noch von Ihren Qualitäten überzeugt werden muss, laden Sie ihn zu sich ein. Präsentieren Sie Ihre Firma so kurz wie möglich, aber so ausführlich, dass er eine klare Vorstellung bekommt. Zeigen Sie ihm Referenzprojekte, nicht nur aus der Branche, aus der er kommt. Beeindrucken Sie, aber geben Sie nicht an.

Falls ein persönliches Treffen nicht möglich ist, erfragen Sie die nötigen Informationen am Telefon. Das ist aber immer nur eine Notlösung.

2.1 Welche Fragen müssen geklärt werden?

In jedem Fall sollten Sie folgende Punkte mit dem potenziellen Auftraggeber klären:

- Was sind die Ziele des Projekts?
- Wer ist an den Entscheidungen darüber beteiligt? („Stakeholder")
- Wer ist die Zielgruppe? (Kunden bzw. Besucher der Site)
- Welche Inhalte sollen auf die Site?
- Sind mehrere Sprachfassungen geplant? Wenn ja, welche?
- Welche Funktionen soll die Site haben?
- Gibt es ein Corporate Design bzw. eine Corporate Identity oder Gestaltungsrichtlinien?
- Gab es frühere Multimedia-Produktionen? Wenn ja, bitten Sie darum, diese anzusehen, und fragen Sie, ob der Auftraggeber zufrieden damit war.
- Gibt es Vorbilder (positive wie abschreckende) für die gewünschte Produktion?
- Gibt es eine feste Werbeagentur?
- Wie soll für die Website geworben werden?
- Was ist das Alleinstellungsmerkmal der Firma – in der Marketing-Sprache „Unique Selling Proposition" (USP)? (Was unterscheidet den Auftraggeber von seinen Wettbewerbern?)
- Welche Inhalte sind vorhanden? Gibt es Texte, kann man diese im besten Fall umschreiben. Meist müssen sie für den Einsatz im Web aber völlig neu geschrieben werden.
- Welche Grafiken, Fotos, Filme etc. sind vorhanden? Ist die Qualität ausreichend, und hat der Auftraggeber die Rechte an den Materialien?
- Sollen Werbebanner oder Pop-ups auf der Site geschaltet werden?
- Gibt es bereits eine Domain?
- Wie sind die technischen Rahmenbedingungen? Gibt es schon einen Server, auf dem die Site laufen soll? Soll sie in eine Datenbank integriert werden, oder soll sie auf Datenbanken zugreifen?
- Wann soll die Site online gehen?
- Wie soll die Site gepflegt und aktualisiert werden?

Versuchen Sie außerdem, durch eigene Recherchen folgende Informationen herauszubekommen:

- Wie sehen die Web-Auftritte der wichtigsten Konkurrenten aus? Haben sie Funktionen, die über das hinausgehen, was sich Ihr potenzieller Auftraggeber vorstellt? Was ist gut, was ist schlecht?
- Wie steht die Firma im Markt? Ist sie ein Nischenanbieter, ein kleiner Herausforderer oder der Marktführer?
- Wie stellt sich die Firma nach außen dar?
- Welche Bedeutung hat das Web für die Firma? Ein Hersteller von Schuhen beispielsweise wird dem Web eine ganz andere Bedeutung beimessen als ein IT-Unternehmen.

CD

Um sicherzugehen, dass Sie nichts vergessen, finden Sie auf der beiliegenden CD-ROM eine Excel-Datei mit allen wichtigen Fragen (*Briefing-Fragen.xls*). Diese können Sie über die Funktion *Daten/Filter/Autofilter* so anpassen, dass nur die für Ihr Projekt relevanten Fragen angezeigt werden. Die angegebenen Prioritäten helfen Ihnen, die Fragen auszulassen, die weniger wichtig sind – wenn sich Ihr Auftraggeber etwa nicht genügend Zeit für Sie nimmt oder das Projekt sehr klein ist.

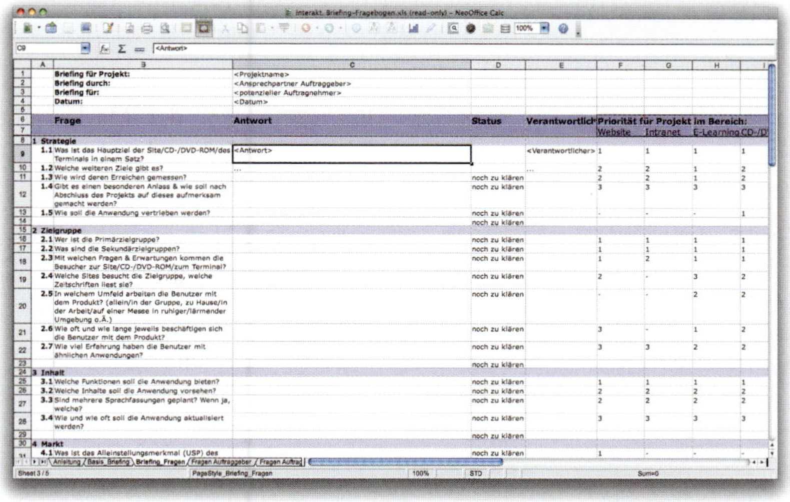

Interakt. Briefing-Fragebogen.xls (read-only) – NeoOffice Calc

C9 <Antwort>

	A	B	C	D	E	F	G	H	I
1		Briefing für Projekt:	<Projektname>						
2		Briefing durch:	<Ansprechpartner Auftraggeber>						
3		Briefing für:	<potenzieller Auftragnehmer>						
4		Datum:	<Datum>						
5									
6		Frage	Antwort	Status	Verantwortlich	Priorität für Projekt im Bereich:			
7						Website	Intranet	E-Learning	CD-/D
8	1	Strategie							
9	1.1	Was ist das Hauptziel der Site/CD-/DVD-ROM/des Terminals in einem Satz?	<Antwort>		<Verantwortlicher>	1	1	1	1
10	1.2	Welche weiteren Ziele gibt es?	...		...	2	2	1	2
11	1.3	Wie wird deren Erreichen gemessen?		noch zu klären		2	2	1	2
12	1.4	Gibt es einen besonderen Anlass & wie soll nach Abschluss des Projekts auf dieses aufmerksam gemacht werden?		noch zu klären		3	3	3	3
13	1.5	Wie soll die Anwendung vertrieben werden?		noch zu klären		-	-	-	1
14				noch zu klären					
15	2	Zielgruppe							
16	2.1	Wer ist die Primärzielgruppe?		noch zu klären		1	1	1	1
17	2.2	Was sind die Sekundärzielgruppen?		noch zu klären		1	1	1	1
18	2.3	Mit welchen Fragen & Erwartungen kommen die Besucher zur Site/CD-/DVD-ROM/zum Terminal?		noch zu klären		1	2	1	1
19	2.4	Welche Sites besucht die Zielgruppe, welche Zeitschriften liest sie?		noch zu klären		2	-	3	2
20	2.5	In welchem Umfeld arbeiten die Benutzer mit dem Produkt? (allein/in der Gruppe, zu Hause/in der Arbeit/auf einer Messe in ruhiger/lärmender Umgebung o.Ä.)		noch zu klären		-	-	2	2
21	2.6	Wie oft und wie lange jeweils beschäftigen sich die Benutzer mit dem Produkt?		noch zu klären		3	-	1	2
22	2.7	Wie viel Erfahrung haben die Benutzer mit ähnlichen Anwendungen?		noch zu klären		3	3	2	2
23				noch zu klären					
24	3	Inhalt							
25	3.1	Welche Funktionen soll die Anwendung bieten?		noch zu klären		1	1	1	1
26	3.2	Welche Inhalte soll die Anwendung vorsehen?		noch zu klären		2	2	2	2
27	3.3	Sind mehrere Sprachfassungen geplant? Wenn ja, welche?		noch zu klären		2	2	2	2
28	3.4	Wie und wie oft soll die Anwendung aktualisiert werden?		noch zu klären		3	3	3	3
29				noch zu klären					
30	4	Markt							
31	4.1	Was ist das Alleinstellungsmerkmal (USP) des		noch zu klären		1	-	-	-

Anleitung / Basis_Briefing / Briefing_Fragen / Fragen Auftraggeber / Fragen Auftrag

Sheet 3 / 5 PageStyle_Briefing_Fragen 100% STD Sum=0

ABBILDUNG 2.1

Der interaktive Briefing-Fragebogen auf der CD

2.2 Tipps zur Gesprächsführung

Wichtigste Fähigkeit bei Besprechungen: aktiv zuhören

Bei der Gesprächsführung sollten Sie vor allem eines beachten: Sie und Ihr Auftraggeber haben jeweils ein Problem, das Sie vielleicht beide nicht sehen: Sie sind der Experte, und Ihr Gesprächspartner hat eine Vorstellung von seiner zukünftigen Site.

- **Das Expertenproblem.** Sie sind Fachmann oder -frau auf Ihrem Gebiet. Sie können dem Kunden erzählen, wo es langgeht. Genau das sollten Sie aber beim Briefing vermeiden. Nehmen Sie sich so stark zurück wie möglich. Denn im jetzigen Stadium ist es vor allem wichtig, aus dem Kunden herauszulocken, was er eigentlich haben möchte.

- **Das Auftraggeberproblem.** Ihr potenzieller Auftraggeber hat eine bestimmte Vorstellung davon, wie sein Webauftritt aussehen soll. Diese Vorstellung mitteilen können jedoch die wenigsten. Wenn Sie aber etwas abliefern, das anders aussieht als die Vorstellung des Auftraggebers, beginnen die Probleme.

Führen Sie daher das Briefing-Gespräch so, dass Sie immer die Fäden in der Hand halten, aber Ihren potenziellen Kunden reden lassen. Der Kunde soll in möglichst angenehmer Atmosphäre seine Vorstellungen ausplaudern. Indem Sie die richtigen Fragen stellen, können Sie diese Vorstellungen Stück für Stück herausbekommen. Wenn Sie mit Ihrem Wissen protzen, wird das den Kunden eher verschrecken als beeindrucken. Ihr aktiver Part kommt später, jetzt müssen Sie vor allem erst einmal zuhören.

✓ Helfen Sie, die Ziele der Site genau herauszuarbeiten.

Wenn der Kunde seine Ziele noch nicht genau entwickelt hat, müssen Sie ihm dabei helfen. Viele Kunden glauben immer noch, es genüge, einfach im Web präsent zu sein. Dabei verschenken sie vielleicht große Chancen. Es ist Ihre Aufgabe, einen solchen Kunden darauf hinzuweisen. Öffnen Sie ihm die Augen, was noch alles möglich ist, was über eine bloße Repräsentationssite hinausgeht. Und machen Sie ihm klar, dass eine Website immer auch in seine anderen Werbe- und Marketingaktivitäten eingebunden sein muss. Die Webadresse muss auf dem Briefkopf und in allen Unterlagen des Unternehmens erscheinen. Es ist zu überlegen, ob nicht mit dem Launch der Site eine größere Marketing-Aktion gestartet wird, um die Site bekannt zu machen.

Oft wird der Kunde Sie beim ersten Gespräch schon nach den Kosten fragen. Versuchen Sie, diesen Punkt so lange wie möglich offen zu halten. Denn Sie können kaum kalkulieren, bevor Sie nicht wissen, wie genau das Projekt aussehen soll. Außerdem werden Sie versuchen, sich selbst im Angebot als kompetenten Partner darzustellen, der nicht durch seinen Discount-Preis, sondern durch seine Qualitäten überzeugt. Machen Sie dem Kunden klar, dass er bei diesem Vorgehen nur gewinnen kann. Ist ihm der Preis im Angebot zu hoch, hat er in jedem Fall eine erste grobe Beschreibung seines Projekts kostenlos bekommen.

Der „ideale“ Kunde hat klare Vorstellungen über seine Ziele und seine Zielgruppe. Er ist offen für die Lösungen, die Sie ihm im Laufe des Projekts vorschlagen, er erwägt sachlich deren Vor- und Nachteile und findet zusammen mit Ihnen schließlich die optimale Lösung. Doch selten werden Sie es mit idealen Kunden zu tun haben. Meist haben die Kunden bereits ein Bild davon, wie Gestaltung und Navigation der Site aussehen sollen. Das heißt aber, in Lösungen statt in Zielen zu denken. Zu diesem Zeitpunkt sind Sie und Ihr Kunde aber noch dabei, erst einmal die Probleme zu analysieren und dann die Ziele festzulegen. Die Lösung ist jetzt noch ein ganzes Stück entfernt. Bringen Sie solche Kunden möglichst von ihren vorgefassten Meinungen ab.

Weiß Ihr Kunde scheinbar noch überhaupt nicht, was er eigentlich will, sollten Sie die Ziele für das Projekt so früh wie möglich mit ihm gemeinsam erarbeiten. So vermeiden Sie, dass Sie sich viel Mühe geben, ein Konzept auszuarbeiten, um dann festzustellen, dass Ihr Kunde etwas ganz anderes will. Viele Kunden wissen nicht, was sie wollen, sondern nur, was sie nicht wollen – wenn sie es vor sich sehen.

Günstig ist es, wenn Sie herausbekommen, wie viel der potenzielle Auftraggeber maximal zu bezahlen bereit ist. Denn dann haben Sie eine Vorstellung davon, in welchem Rahmen Sie sich bei Preis und Aufwand bewegen können.

Wenn Sie alle wichtigen Fragen im Briefing beantwortet haben, können Sie sich an das Angebot machen.

2.3 Projektbeispiel Techcom.de – Briefing

In diesem und allen folgenden Kapiteln finden Sie jeweils am Ende eine Beschreibung eines echten Projekts. Dabei lesen Sie, wie der jeweilige Projektabschnitt konkret umgesetzt wurde. Das füllt die vorigen Ausführungen mit Leben. Wenn Sie noch mehr wissen wollen, sehen Sie auf die beiliegende CD-ROM. Darauf finden Sie alle Texte, Bilder und Präsentationen, die im jeweiligen Schritt für das Projekt erstellt wurden.

CD

Bei dem ersten Beispielprojekt handelt es sich um die Überarbeitung einer bestehenden Site (einen sogenannten *Relaunch* oder *Redesign*). Dabei wurden aber sowohl die Grafik und die Struktur als auch die Texte vollständig neu erstellt. Deshalb lief es wie die Produktion einer neuen Website ab. Bei anderen Relaunches können Sie nicht so radikal vorgehen, weil etwa Besucher der Site bestimmte Funktionen intensiv nutzen, einzelne Seiten als Bookmark/Favorit gesetzt haben oder manche Inhalte so gut sind, dass sie übernommen werden können.

Das Projekt ist ein gutes Beispiel für eine kleine statische Site, wie sie die meisten kleineren und mittelständischen Unternehmen haben (oder wollen). Das grundsätzliche Vorgehen ist für deutlich größere Projekte genau das Gleiche. Der einzige Punkt, in dem das Beispielprojekt Techcom.de etwas untypisch ist: Die Zusammenarbeit hat reibungslos geklappt. Die Konzepte wurden pünktlich mit konstruktiven Änderungswünschen zurückgeschickt, fast alle Vorlagen kamen rechtzeitig und in direkt verwertbaren Formaten an. Alle Beteiligten waren sehr daran interessiert, schnell ein gutes Ergebnis zu erreichen, und zogen am selben Strang. Überzeugungsarbeit dafür, die Site benutzerfreundlich zu erstellen, war nicht nötig.

Solche Überzeugungsarbeit findet meist am Telefon oder in Besprechungen statt. Aber wenn Sie wissen, dass bei Ihren Auftraggebern manche Dinge auf Widerstand stoßen werden, gehen Sie darauf schon in den Dokumenten ein, die Sie an sie schicken – mehr, als ich es bei diesem Projekt getan habe. Erklären Sie lieber etwas zu viel als zu wenig. Denken Sie daran: Ihnen ist es klar, warum die Benutzerfreundlichkeit im Mittelpunkt der Planung einer Website steht, Ihrem Auftraggeber aber vielleicht noch nicht.

2.3.1 Ausgangssituation

Die Firma Techcom führt Beratungen und Schulungen im Telekommunikationsbereich durch. Seit 1996 gibt es eine Website, die ausschließlich zur Information potenzieller Kunden dient. 2000 wurde die Site von einer externen Firma überarbeitet. Dennoch waren Geschäftsleitung und einige Mitarbeiter nicht zufrieden. Sie empfanden die Struktur der Site als nicht optimal. Die Orientierung war nur schwer möglich. Auch die Grafik war ihrer Meinung nach nicht ganz zeitgemäß. Außerdem sollten weitere Inhalte eingefügt werden. Langfristig soll die Buchung von Kursen online durch die Anbindung an eine Datenbank umgesetzt werden.

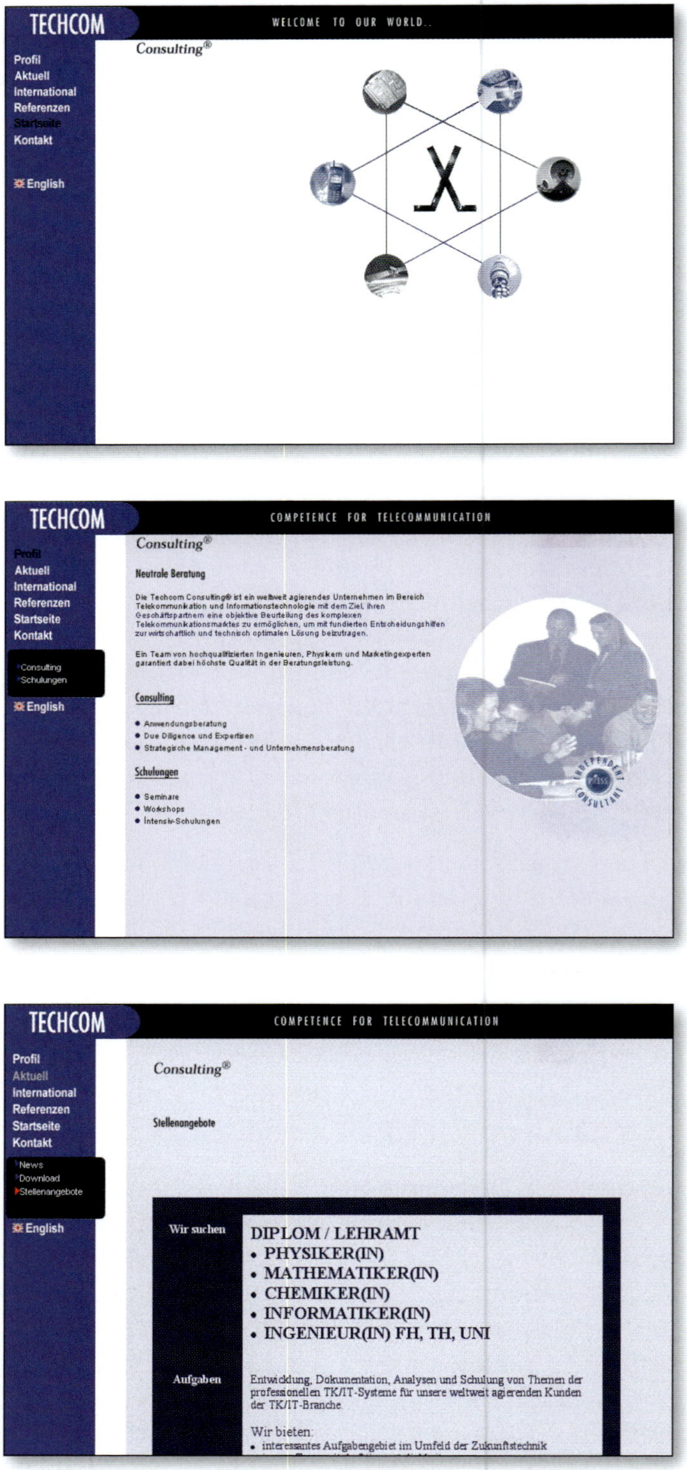

ABBILDUNG 2.2

Die Website von Techcom in ihrer ersten Fassung

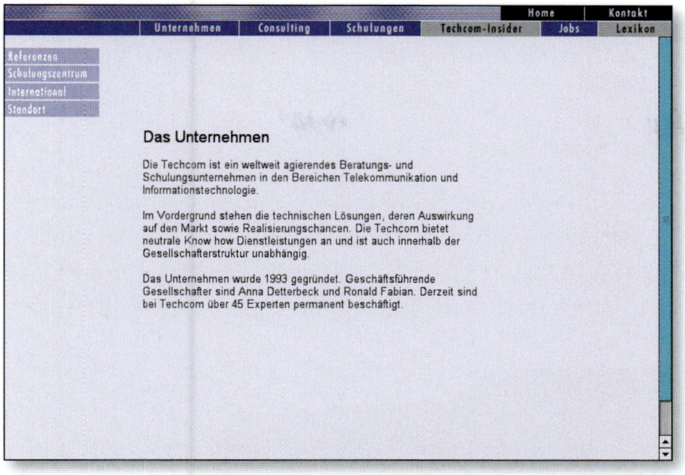

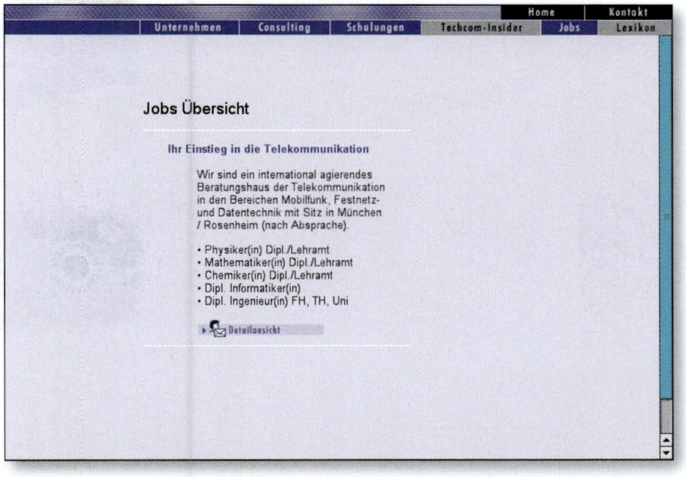

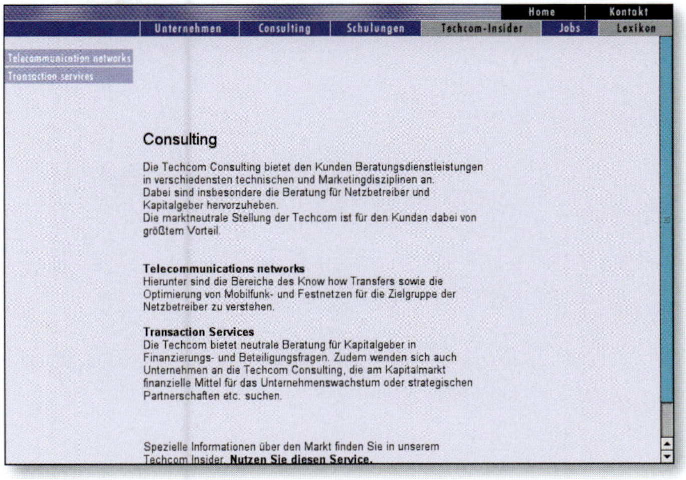

ABBILDUNG 2.3

Die nächste Fassung, mit der man immer noch nicht zufrieden war. Deshalb begannen wir mit einer grundlegenden Überarbeitung.

So kam es, dass Techcom den Auftrag zur grundlegenden Überarbeitung der Website gab. Doch vor dem Vertragsabschluss standen natürlich Briefing und Angebot.

2.3.2 Das Briefing

Das Briefing fand im Techcom-Schulungszentrum in München Oberhaching statt. Anna Detterbeck (Geschäftsführerin), Claudia Talaber (Trainingskoordinatorin) und Sven Kornetzky (Key Account Manager) nahmen vonseiten der Firma Techcom daran teil. Zunächst stellte ich ihnen kurz mich und meine Arbeitsweise vor.

Abbildung 2.4
Das Techcom-Schulungszentrum in München

ABBILDUNG 2.5

Das Techcom-Logo, wie es auf den Printmaterialien erscheint

Mein Tipp: Schreiben Sie das Angebot (oder Grobkonzept, wenn Sie dies zuerst erstellen) so bald wie möglich nach dem Briefing. Da haben Sie auch noch Dinge im Kopf, die Sie nicht aufgeschrieben haben (und Sie können Ihre Notizen wahrscheinlich noch alle lesen).

Dann sprachen wir darüber, was an der bestehenden Site verbesserungswürdig war und welche Funktionen in Zukunft hinzukommen sollten. Schnell wurde deutlich, dass es Sinn macht, zunächst nur eine statische Site mit Kontaktfunktion zu erstellen. Zur Anbindung der Buchungsfunktionen an eine Datenbank sind noch weitere Planungen nötig, die einige Zeit in Anspruch nehmen. Um aber so bald wie möglich eine gute Site zu haben, sollte diese schnell umgesetzt werden. Dabei sollte die Integration der Bestellfunktionen von Anfang an eingeplant werden.

Anhand der oben in diesem Kapitel abgedruckten Liste erfragte ich die gewünschten Inhalte, das Zielpublikum und die weiteren Hintergründe. Die Notizen dazu erspare ich Ihnen, meine Handschrift könnten Sie wahrscheinlich nicht lesen. Im Angebot (siehe nächstes Kapitel) habe ich diese Informationen eingearbeitet.

Kapitel 3

Angebot und Kalkulation

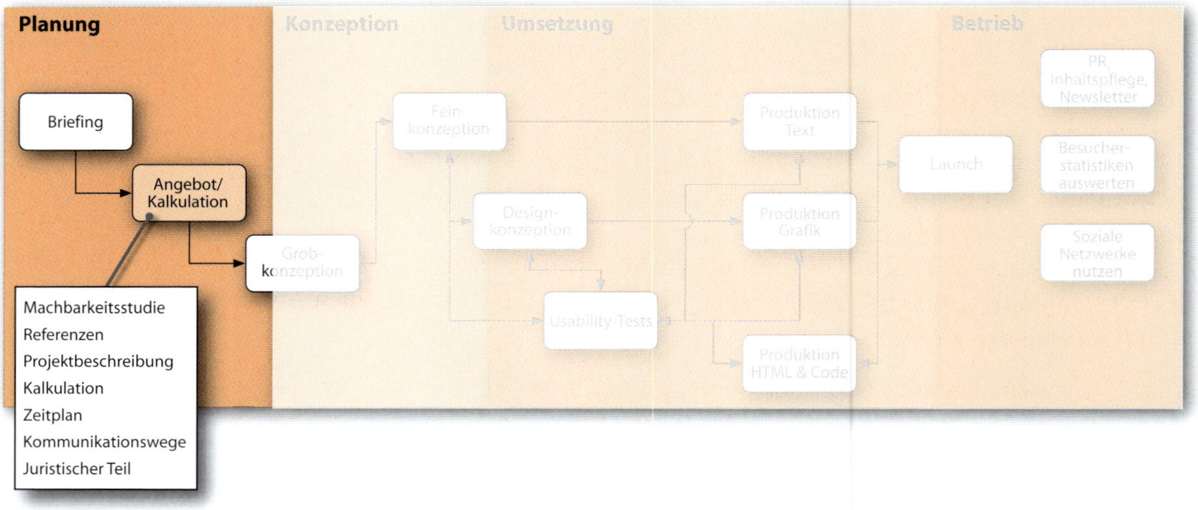

Das Angebot wird Sie vor allem dann interessieren, wenn Sie für einen externen Auftraggeber arbeiten. Aber auch wenn Sie eine Website für Ihre eigene Firma planen, müssen Sie kalkulieren, wie viele Personen wie lange an dem Projekt arbeiten werden. Daher ist auch in diesem Fall das Kapitel für Sie wichtig, selbst wenn Sie die anderen Teile des Angebots nicht erstellen müssen.

3.1 Vorüberlegungen

Bevor Sie darangehen, alle Informationen aus dem Briefing zusammenzuschreiben und auszurechnen, was Sie für die Umsetzung verlangen wollen, halten Sie kurz inne. Denn um eine Katastrophe zu vermeiden, sollten Sie sich jetzt genau überlegen, ob Sie das Projekt durchführen können (und wollen). Das klingt zunächst vielleicht absurd für Sie, aber nicht wenige Projekte enden bitter, weil sich niemand zuvor diese Frage gestellt hat. Überlegen Sie sich also: Haben Sie alle nötigen Kenntnisse? Falls nein, können Sie Mitarbeiter engagieren, die diese haben, oder können Sie Teile als Unterauftrag vergeben? Haben Sie die nötigen Geräte und Programme, oder können Sie es sich leisten, diese anzuschaffen? Können Sie die Aufgabe in der geforderten Zeit erledigen?

All das gilt es zu beachten, damit nicht mitten im Projekt unerwartete Probleme auftauchen. Deren Lösung bedeutet für Sie immer Zusatzkosten (in puncto Zeit, Geld, Qualität oder Nerven – nicht selten alles zusammen).

Außerdem gibt es den Fall, dass der Wunsch des Kunden nicht umsetzbar ist. Stellt er sich beispielsweise vor, seine Nutzer an einer Live-Video-Diskussion in bester Qualität auf seiner Website zu beteiligen, müssen Sie ihm klarmachen, dass so etwas derzeit nicht ohne Weiteres möglich ist. Aber es gibt auch Fälle, in denen die technischen Probleme weniger offensichtlich sind. Sie sollten immer prüfen, ob die Wünsche des Kunden realistisch sind. Diese Überprüfung nennt sich im Marketing-Deutsch *Machbarkeitsstudie* oder *feasibility study*. Ist sie sehr aufwendig, sollten Sie sich diese Studie vom Kunden bezahlen lassen.

✓ Oft vergessen: die Machbarkeitsstudie

Wenn Sie wissen, dass das Projekt realisierbar ist, und wissen, dass Sie es durchführen können, dann erst geht es an die Arbeit, das Angebot zu erstellen. Je genauer Sie dieses planen, desto weniger böse Überraschungen gibt es später.

3.2 Was gehört in das Angebot?

- Ihre Referenzen (Warum sind Sie der richtige Anbieter?)
- Die Projektbeschreibung (Exposé)
- Die Kalkulation
- Der Zeitplan
- Umgang mit Änderungswünschen
- Kommunikationswege zwischen Auftraggeber und -nehmer
- Angaben zu Pflege und Wartung
- Der juristische Teil (Angaben zu Urheber- und Nutzungsrechten, Umgang mit Änderungswünschen des Kunden, Geschäftsbedingungen, Erfüllungsort und Gerichtsstand)

3.3 Ihre Referenzen

Im Angebot ist Platz für Eigenwerbung – aber nicht zu dick aufgetragen.

Das Angebot entscheidet darüber, ob Sie den Auftrag bekommen oder nicht. Deshalb sollten Sie versuchen, sich im Angebot als der ideale Partner für die Umsetzung des Projekts darzustellen. Wenn Sie das Gefühl haben, dass Sie den Auftrag schon fast in der Tasche haben, demonstrieren Sie lediglich durch das gute Angebotskonzept Ihre Kompetenz. Falls nicht, stellen Sie bei dieser Gelegenheit nochmals Ihre Stärken heraus. Führen Sie Ihre Referenzen an, aber protzen Sie nicht. Sie müssen selbst entscheiden, wie viel Werbung Sie machen möchten. Das hängt ganz von Ihrem persönlichen Stil ab – und von dem Ihres potenziellen Kunden.

Eine gute Möglichkeit ist, die Eigenwerbung vom Angebot zu trennen. Legen Sie eine eigene Präsentationsmappe bei, in der sich Ihre Firma darstellt. Achten Sie darauf, dass diese Mappe auf die Interessen des potenziellen Kunden zugeschnitten ist. Wählen Sie Referenzprojekte aus, die Ihre Kompetenz für das aktuelle Projekt unterstreichen. Beschränken Sie sich auf wenige Projekte und wenige Seiten.

Ich habe die Erfahrung gemacht, dass man selten zu viel über seine Referenzen spricht. Es ist immer wieder erstaunlich, wie wenig die Leute von dem aufnehmen, was man ihnen erzählt. Sie haben beispielsweise eine einstündige Präsentation Ihres Unternehmens gemacht und dem Kunden einige Ihrer schönsten Beispiele von Websites und CD-ROM-Produktionen gezeigt. Er war ganz angetan und hat sich die Sachen mit Interesse angesehen. Zwei Wochen später kommen Sie im Gespräch zufällig auf das Thema CD-ROM, und der Kunde fragt ganz erstaunt: „Ach, CD-ROMs machen Sie auch?" Wie gesagt, bleiben Sie dennoch bescheiden, und fallen Sie nicht auf die Nerven, indem Sie ständig von Ihren vielen Auszeichnungen erzählen. Die interessieren die Kunden erfahrungsgemäß weniger als gute Referenzen. Diese können Sie vorsichtig immer wieder einfließen lassen. Entwickeln Sie ein Gespür dafür, wie viel das richtige Maß ist.

3.4 Die Projektbeschreibung

Für das Angebot schreiben Sie alle Informationen zusammen, die Sie aus dem Briefing gewonnen haben. Dieses Dokument heißt *Projektbeschreibung* oder *Exposé* und wird auch *Angebotskonzept* genannt. Sie können es als eine erste Fassung des Grobkonzepts ansehen.

Einfach, aber nicht selbstverständlich: lesen Sie gründlich – auch zwischen den Zeilen.

Lesen Sie gründlich, was der potenzielle Auftraggeber sich vorstellt. Achten Sie dabei auch auf eventuelle Eitelkeiten: Will sich der Kunde oder sogar nur der Chef in erster Linie selbst darstellen? Dann sollten Sie dem im Angebot Rechnung tragen. Das Betonen von Erfolgen der Firma oder allein das häufige Nennen des Namens hilft schon einiges. Jeder liest gern seinen Namen und, wenn er sich mit seiner Firma identifiziert, auch den seiner Firma. Versuchen Sie, den Vorstellungen des Kunden so weit wie möglich entgegenzukommen.

Gehen Sie möglichst auf alle Punkte aus dem Briefing ein. Beschreiben Sie kurz, wie Sie die angesprochenen Probleme lösen wollen. Machen Sie, wo immer das möglich ist, mehrere Vorschläge. Günstig sind dabei Alternativen, die unterschiedlich aufwendig und damit unterschiedlich teuer sind. Dann kann der Kunde auswählen, wie viel ihm die Sache jeweils wert ist.

Orientieren Sie sich aber nicht zu sehr an den Vorgaben, wenn Sie das Angebot schreiben. Denn oft sind diese nur schnell vom Chef, einem Assistenten oder einer Mitarbeiterin zusammengestellt worden. Gewöhnlich sind die Vorgaben des Kunden noch nicht besonders gut durchdacht. Das ist auch nicht nötig, denn dafür sind Sie da.

Treten Sie also einen Schritt zurück, und sehen Sie sich an, was da vor Ihnen liegt. Ist das überhaupt sinnvoll? Braucht jemand diese Inhalte? Interessieren sich die Kunden Ihres potenziellen Auftraggebers dafür? Ist das neu, oder ist es besser als das, was die Konkurrenz macht?

Falls Sie zu dem Schluss kommen, dass das Projekt noch nicht ausgereift ist, dann legen Sie erst einmal alles beiseite.

Seien Sie anders! Besonders wenn Sie wissen, dass Ihr potenzieller Auftraggeber auch von Ihren Konkurrenten Angebote einholt, müssen Sie sich fragen: Warum sollte der Auftrag gerade an Sie gehen? Finden Sie darauf eine überzeugende Antwort, und geben Sie diese in Ihrem Angebot.

Seien Sie anders!

Sie müssen Ihr von Marketingexperten sogenanntes *Alleinstellungsmerkmal* herausarbeiten (in der Fachsprache: USP – Unique Selling Proposition). Was unterscheidet Sie von Ihrer Konkurrenz? Haben Sie schon vergleichbare Projekte erfolgreich umgesetzt? Haben Sie Fachkenntnisse auf einem für den Kunden relevanten Gebiet?

Oder können Sie nichts von alledem vorweisen? Dann konzentrieren Sie sich darauf, einen besonderen Ansatz zu bieten. Lösen Sie sich zunächst völlig von den Vorgaben, und versuchen Sie, etwas ganz Besonderes zu entwickeln. Ihr Vorschlag kann dabei sowohl vom inhaltlichen Rahmen wie auch vom Preis her weit über die Ausschreibung hinausgehen – wenn Sie tatsächlich einen überzeugenden Ansatz vorstellen können.

Heben Sie sich durch eigene Ideen ab. Das verschafft Ihnen Vorteile gegenüber Mitbewerbern.

Ein Beispiel: Sie sollen einen einfachen Internet-Auftritt für einen Hersteller edler Uhren machen. Sie haben bisher aber nur für kleine Hotels gearbeitet – diese Referenzen sind nicht allzu eindrucksvoll. Bieten Sie also dem Uhrenhersteller neben der Unternehmenspräsentation als mögliche Erweiterung ein kleines Shop-System an. Das sprengt das vorgesehene Budget, aber Sie heben sich von Ihren Konkurrenten ab, die alle nur eine gewöhnliche Unternehmenspräsentation anbieten. Und selbst wenn man sich beim Auftraggeber gegen den Shop entscheidet, haben Sie deutlich gemacht, dass Sie weiterdenken: Sie versuchen, dem Kunden entgegenzukommen und auch die Bedürfnisse zu erkennen, die er noch gar nicht formuliert hat. So können Sie sich als kompetenter Partner präsentieren, der nicht einfach nur Vorgaben umsetzt, sondern aktiv mitdenkt. Verstehen Sie sich immer auch als Berater für Ihren Kunden, nicht nur als sein Auftragnehmer für ein klar umrissenes Projekt.

Unternehmen geben heute kein Geld mehr aus, nur um im Netz präsent zu sein. Die Auftraggeber denken inzwischen mehr darüber nach, was ihnen ein Webauftritt bringt. Wenn Sie zeigen, dass Sie auch so denken und eigene Ideen dazu präsentieren, hinterlassen Sie einen guten Eindruck.

Wenn Ihnen partout nichts einfällt, lesen Sie den Abschnitt Ideenfindung im nächsten Kapitel. Dort werden Techniken vorgestellt, mit denen Sie Ihrer Kreativität auf die Sprünge helfen.

3.5 Die Kalkulation aufstellen

Die Kalkulation ist nicht nur Sache des Projektleiters oder der Geschäftsführerin. Der Konzepter spielt dabei eine ganz wichtige Rolle. Denn er kann am besten abschätzen, wie viel Arbeit hinter den einzelnen Schritten steckt. Anders herum muss er sein Konzept ebenso nach dem Budget ausrichten.

Der Preis ist nicht alles. Diesen Grundsatz sollten Sie bei der Kalkulation immer im Kopf haben. Denn es erhält nicht immer der billigste Anbieter den Zuschlag. Immer mehr Menschen ist inzwischen klar, dass sich Qualität von Websites lohnt – und dass diese ihren Preis hat.

Legen Sie Ihre Kalkulation offen und schlüsseln Sie einzelne Posten auf.

Das Angebot ist meist nicht Ihre einzige Chance. Gefallen Ihrem potenziellen Auftraggeber Ihr Konzept und Ihre Firma, wird er wahrscheinlich nochmals mit Ihnen über den Preis reden, wenn ihm Ihr Angebot zu teuer ist. Sie können dann einen generellen Nachlass geben oder einzelne Leistungen streichen. Das geht am besten, wenn Sie die einzelnen Posten der Kalkulation detailliert aufgeschlüsselt haben. Manche meinen, damit würden sie sich zu sehr in die Karten sehen lassen, aber ich denke, die Offenheit lohnt sich: einmal aus dem schon erwähnten Grund der besseren Möglichkeiten beim Nachverhandeln. Außerdem können Sie so leichter zusätzliche Optionen anbieten, die der Kunde zunächst gar nicht verlangt hat. Und diese Offenheit macht einen seriösen Eindruck.

ABBILDUNG 3.1

Beispiel für eine aufgeschlüsselte Kalkulation

Kalkulation (Angaben in €)	
Konkurrenzanalyse	500
Zielfindungs-Workshop	800
Grobkonzept	1.600
Feinkonzept	4.000
Layout Startseite & 1 Folgeseite	1.500
Umsetzung Grafik	2.000
HTML-Programmierung	1.000
JavaScript-Programmierung	800
CGI-Programmierung (Verwaltung Benutzer-Feedback)	800
Usability-Tests	2.800
Eintragen bei Suchmaschinen	500
Reisekosten (6 x 70,–)	420
Summe	**16.720**

Gehen Sie bei der Kalkulation und beim Nachverhandeln nicht zu weit mit dem Preis herunter. Denn Sie müssen damit rechnen, dass Sie fast nie so viel mit dem Projekt verdienen, wie Sie anfangs ausgerechnet haben. So genau Sie auch kalkulieren, die Erfahrung lehrt, dass immer zusätzliche Kosten anfallen, die Sie dem Kunden nicht in Rechnung stellen können.

Manche Agenturen legen die endgültige Kalkulation erst vor, wenn das Grobkonzept abgeschlossen ist. Das ist sicher der bessere Weg, weil sich mit dem Grobkonzept genauer kalkulieren lässt. Allerdings kommen wir damit wieder zum kritischen Punkt der Bezahlung. Wenn Sie das ganze Grobkonzept erstellen, bevor Sie einen Vertrag oder Geld vom Kunden bekommen haben, gehen Sie das Risiko ein, unbezahlt gearbeitet zu haben.

Wenn Sie von Anfang an so knapp rechnen, dass Sie kaum (finanziellen) Gewinn machen, dann muss sich der Auftrag in einer anderen Hinsicht lohnen – beispielsweise durch Renommee oder Folgeaufträge. Verkaufen Sie sich nicht unter Wert, langfristig tun Sie sich damit keinen Gefallen. Lehnen Sie lieber einen Auftrag ab, bei dem Sie nichts verdienen. Dann haben Sie Zeit, einen anderen zu akquirieren, bei dem Sie in kürzerer Zeit mehr verdienen.

3.5.1 Vorgehensweise

Für die Kalkulation gehen Sie normalerweise so vor, dass Sie zunächst alle Einzelschritte des Projekts so detailliert wie möglich auflisten. Schätzen Sie, wie lange die jeweiligen Schritte dauern (in Tagen oder auch in Stunden). Die Bearbeitungszeit wird dann mit dem jeweiligen Tages- beziehungsweise Stundensatz multipliziert, um die Kosten des Schrittes zu ermitteln. Alle Posten addieren Sie zur Gesamtsumme.

Manche Agenturen schlagen auf diese Summe noch einen festen Prozentsatz, ihren eigenen Gewinn. Ich persönlich finde das etwas zu viel der Offenheit. Außerdem kann der Kunde nicht nachprüfen, ob Sie tatsächlich die angegebenen Kosten für die einzelnen Posten haben. Daher ist das meiner Meinung nach eine Scheinoffenheit, aus der der Kunde keinen Vorteil zieht. Ich kalkuliere mit Tagessätzen, in denen der Gewinn enthalten ist. Auch die allgemeinen Aufwendungen wie Geräte, Software, Miete, Strom, Verwaltungskosten etc. sind in diesen Tagessätzen enthalten. Sonderausgaben wie etwa Reisekosten schlüssele ich dagegen einzeln auf.

3.5.2 Tagessätze

Welche Tagessätze Sie für die einzelnen Leistungen ansetzen, müssen Sie selbst entscheiden. Das hängt einerseits von Ihren Festkosten ab, andererseits von dem Gewinn, den Sie machen möchten. Inzwischen haben sich in der Multimedia-Branche Richtwerte eingependelt, die allerdings noch immer eine große Schwankungsbreite haben. Eine gute Informationsquelle dafür ist der *Bundesverband Digitale Wirtschaft* (BVDW), ehemals *Deutscher Multimedia Verband* (dmmv). Er gibt in unregelmäßigen Abständen den *Honorarleitfaden Multimedia* heraus (siehe `www.bvdw.org`). Außerdem bietet er die „Kalkulationssystematik" an – eine 20-seitige Tabelle zur Kalkulation. Später in diesem Abschnitt sehen Sie eine Beispielkalkulation, damit Sie eine ungefähre Vorstellung von den Preisen bekommen. Besuchen Sie die Site zum Buch (`www.benutzerfreun.de/hintergrundinfos/planung/kalkulation-honorare/`), um Informationen zu den derzeit üblichen Preisen zu bekommen.

✓ Anhaltspunkte für die Kalkulation bietet der Honorarleitfaden Multimedia des BVDW.

Aktuelle Kalkulations-Tipps im Blog zum Buch

3.5.3 Aufwandsabschätzung

Eine grundsätzliche Unterteilung ist die zwischen übergreifenden Leistungen und den mengenabhängigen Leistungen. Zu den übergreifenden Leistungen gehört alles, was relativ unabhängig vom Umfang eines Webauftritts ist, zum Beispiel also die Besprechungen mit dem Kunden, Präsentationen oder Konzepte. Zu den mengenabhängigen Leistungen gehört beispielsweise das Erstellen von Grafiken, Animationen oder HTML-Seiten.

Zu den übergreifenden Leistungen gehören:

- das Projektmanagement
- Briefings, Besprechungen, Präsentationen
- das Angebot (was dem Kunden normalerweise nicht berechnet wird)
- das Grobkonzept
- die Entwicklung des „Looks" der Site (grundlegendes Screendesign)
- das Testen
- Anmeldung der Domain, Bekanntmachen der Site, Dokumentation, Archivierung, Sicherung von Rechten u. Ä.

✓ Unterschätzen Sie nicht die Zeit, die für Telefonate und Besprechungen nötig ist.

Schätzen Sie den Aufwand für die übergreifenden Leistungen. Um sicherzugehen, können Sie einzelne Posten festschreiben. Zum Beispiel können Sie fünf Besprechungen mit dem Kunden anbieten. Wünscht der Kunde später weitere Besprechungen, können Sie diese eigens in Rechnung stellen. Legen Sie am besten im Vertrag fest, dass das so gehandhabt wird. Falls Sie Ihre Leistungen pauschal anbieten, sollten Sie einen Risikoaufschlag mit einkalkulieren.

Vergessen Sie Spesen wie Fahrt- und Hotelkosten nicht, deren Übernahme durch den Kunden vertraglich geregelt sein sollte.

Zu den mengenabhängigen Leistungen gehören:

- Entwicklung der Informations- und Navigations-Architektur (also der Art und Weise, wie die Informationen auf der Site angeordnet werden und wie der Besucher sich auf der Site bewegt)
- Recherche (Text bzw. Informationen sowie Bildmaterial und eventuelle weitere Medien)
- Texte schreiben beziehungsweise redigieren (vorhandener Text muss fast immer für das Medium Web und die Zielgruppe aufbereitet werden)
- Rechtschreibkorrektur
- Vorlagen für die verschiedenen Arten von HTML-Seiten anlegen
- Illustrationen, Abbildungen, Grafiken und Animationen erstellen

- Erstellen der HTML-Seiten
- eventuell Programmierung (zum Beispiel Datenbankanbindung oder auch nur eine einfache Formularauswertung)

Nicht erwähnt in dieser Aufzählung ist das Feinkonzept. Dieses entsteht im Wesentlichen aus den Arbeitsschritten Grobkonzept, Entwicklung der Informations- und Navigations-Architektur, Recherchieren, Texte schreiben und Rechtschreibkorrektur.

Hinzu kommen Spezialitäten wie etwa Spiele, Shops oder andere Sonderwünsche des Auftraggebers.

Den Produktionsaufwand schätzen Sie folgendermaßen:

- Ermitteln Sie die ungefähre Zahl der Webseiten.
- Überlegen Sie, wie lange Sie dazu brauchen werden, eine sinnvolle Struktur für die Site zu erarbeiten (Informations-Architektur).
- Schätzen Sie ab, wie lange Sie daran arbeiten, eine leicht bedienbare Navigation für die Site zu finden (Navigations-Architektur).
- Teilen Sie die Seiten in Gruppen ein. Alle Seiten, die ungefähr gleich komplex sind, kommen in dieselbe Gruppe. Die Zahl der Fotos, Grafiken, Texte, Animationen etc. bestimmt die jeweilige Gruppe. Zur Not schätzen Sie die Gesamtzahl von Texten, Fotos, Grafiken und Animationen.
- Daraus errechnen Sie die Gesamtzahl der benötigten *Assets* (Materialien).
- Finden Sie heraus, wie viele Assets noch erstellt werden müssen. Schätzen Sie den jeweils nötigen Aufwand in Stunden.
- Bestimmen Sie für alle Asset-Typen den Aufwand für die Weiterbearbeitung.
- Bilder beispielsweise müssen skaliert und komprimiert (in Bild- und Dateigröße angepasst) werden. Hier kann die Bearbeitungszeit nach Schwierigkeitsgrad eingeteilt werden; so gibt es beispielsweise 20 Bilder, die einen Bearbeitungsaufwand von jeweils einer Viertelstunde erfordern, und vier Bilder, die jeweils zwei Stunden benötigen.
- Überlegen Sie, wie viele verschiedene Vorlagen für die Seiten Sie benötigen. Schätzen Sie, wie lange der Designer dafür jeweils braucht.
- Ermitteln Sie den Aufwand für das Erstellen der HTML-Seiten. Dieser hängt davon ab, wie komplex die Seiten sind.

Leider lässt sich der Zeitbedarf der Programmierung von speziellen Anwendungen (zum Beispiel Datenbankanbindungen, Spielen oder Shopsystemen) ohne eigene Erfahrung schwer schätzen. Wenn Sie selbst keine Vorstellung haben, wie lange eine bestimmte Sache dauert, fragen Sie am besten denjenigen, der sie letztendlich auch machen soll.

Weitere Tipps zur Kalkulation finden Sie auch im Anhang A, *Tipps für Auftraggeber*.

3.6 Das Team

Es ist günstig, das Team so früh wie möglich zusammenzustellen. So fühlen sich alle Mitglieder wichtig, weil sie von Anfang an dabei sind. Außerdem haben Sie einen Ansprechpartner für Fachfragen. Vor allem Programmierer können Ihnen wichtige Auskünfte geben. Manchmal geht es nur darum nachzufragen, ob eine einfache Funktion mit JavaScript möglich ist, manchmal müssen Sie schon größere Teile des Projekts in seinen technischen Aspekten durchsprechen. Sonst kann es passieren, dass Sie den Aufwand von Zeit und Geld falsch einschätzen.

✓ Machen Sie gleich am Anfang eine Startbesprechung mit dem ganzen Team. Das verbindet und schwört alle auf das gemeinsame Ziel ein.

Auch wenn Sie selbst wissen, wie lange ein Arbeitsschritt dauert, sollten Sie die einzelnen Teammitglieder fragen, wie lange sie brauchen werden. Sie fühlen sich dadurch eingebunden und außerdem stärker an die vorgesehene Bearbeitungszeit gebunden, da sie selbst sie geschätzt haben. Außerdem kann es natürlich sein, dass Sie sich einmal vertun und hinter einer scheinbar einfachen Aufgabe mehr Aufwand steckt, als es scheint.

Im Folgenden sehen Sie eine Liste mit den Funktionen, die im Team erfüllt werden müssen. Dabei kann eine Person je nach Projektgröße auch mehrere Funktionen wahrnehmen.

- **Projektleiter**. Er ist für die Organisation der Arbeit, den Kontakt mit dem Kunden sowie für Zeitplan und Budget verantwortlich. Auch die Qualitätssicherung und das Testen gehören zu seinen Aufgaben.
- **Informationsarchitekt** bzw. **Konzepter**. Er strukturiert Informationen, legt die Site-Struktur fest und entwickelt zusammen mit dem Art Director die Navigation.
- **Art Director**. Er entwickelt den „Look" der Site. Zusammen mit den anderen Designern erarbeitet er alle grafischen Elemente.
- **Produktionsdesigner**. Er entwickelt aus den Vorgaben des Art Directors die einzelnen grafischen Elemente.
- **Texter**. Er schreibt Text für die einzelnen Seiten. Er entscheidet, was in welcher Tiefe behandelt wird, wie es gegliedert wird und welche Informationen herausfallen.
- **HTML-Programmierer**. Er setzt die HTML-Seiten aus den Elementen zusammen, die seine Teamkollegen entwickelt haben. Er schreibt die nötigen JavaScripts, verlinkt die Seiten und ist für deren korrekte Funktion verantwortlich.
- **Backend-Programmierer**. Er schreibt die Programme, die die Seiten an Datenbanken anbinden, Eingaben der Benutzer weiterverarbeiten oder aktuelle Inhalte für die HTML-Seiten liefern.

Bei manchen Projekten werden einige Funktionen mit mehreren Personen besetzt, bei anderen nimmt eine Person mehrere Funktionen wahr. Gelegentlich werden einzelne Aufgaben auch von einer Person zu einer anderen verlagert. Beispielsweise kann der

Backend-Programmierer auch die JavaScripts auf den HTML-Seiten übernehmen. Die Liste soll Ihnen nur als Anhaltspunkt dienen, welche Fähigkeiten in Ihrem Team vorhanden sein müssen.

3.7 Der Zeitplan

Einen realistischen Zeitplan zu erstellen ist eine Kunst. Meist macht das der Projektleiter, der den Konzepter mit einbezieht. Die Kunst des Projektmanagements, zu der auch das Erstellen von Zeitplänen zählt, kann und soll dieses Buch nicht vermitteln. Sie finden im Anhang und bei `www.benutzerfreun.de` Literaturtipps, wenn Sie sich in dieses Thema einlesen wollen – oder müssen. Im Folgenden erhalten Sie nur einige wichtige Hinweise aus der Praxis.

Ein banaler Spruch, der aber stimmt: „Alles dauert länger, als man denkt." Planen Sie dementsprechend.

Durch die Kalkulation haben Sie bereits eine Vorstellung davon, welche Arbeitsschritte wie lange dauern. Anhand der Teamliste überlegen Sie sich, wie lange die Einzelnen tatsächlich für ihre Arbeitsschritte brauchen werden. Das hängt natürlich von deren Arbeitstempo ab, aber auch von der Auslastung durch andere Projekte.

Überlegen Sie sich, wie die Arbeitsschritte zusammenhängen. Es ist Unsinn, das ganze Team am gleichen Tag starten zu lassen. Der Texter kann nicht loslegen, wenn das Grobkonzept noch nicht steht, die Grafikerin kann nicht vernünftig arbeiten, wenn die Fotos noch nicht da sind.

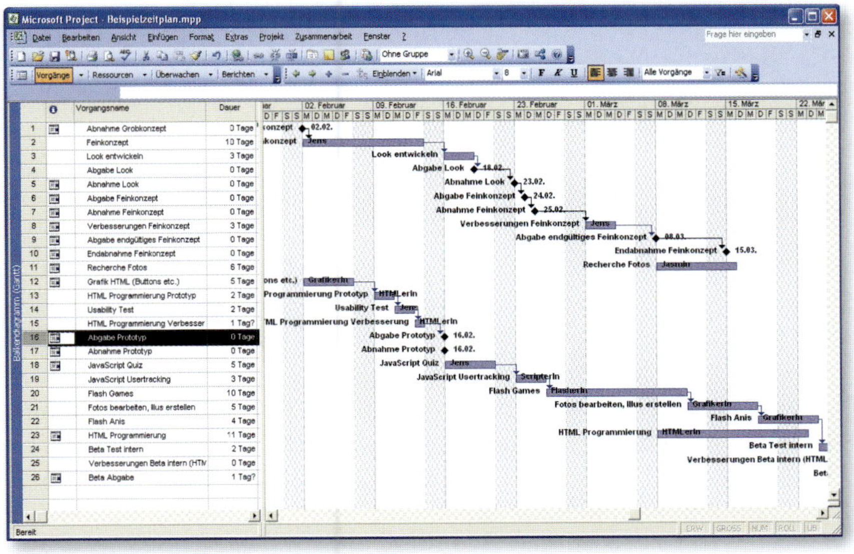

ABBILDUNG 3.2

Beispiel für einen Zeitplan in MS Project

Wenn Sie viel Glück haben, können Sie vom Projektstart aus in die Zukunft planen. Am Ende erhalten Sie dann das Datum, an dem das Projekt abgeschlossen ist. Doch in der Praxis läuft es anders herum: Der Abgabetermin steht fest, und Sie müssen den Zeitplan sozusagen von hinten aufziehen. Wenn Sie dabei feststellen, dass Sie eigentlich

Ein Programm wie MS Project erleichtert das Erstellen und vor allem das Aktualisieren von Zeitplänen. Für kleine Projekte reicht aber auch eine Tabelle.

schon vor mehreren Wochen hätten anfangen müssen, haben Sie nur drei Möglichkeiten:

- Sie versuchen die Abgabe auf einen späteren Termin zu verschieben.
- Sie streichen Teile des Projekts.
- Sie vergrößern das Team. Das ist aber nicht unbegrenzt möglich. Zum einen gibt es zusätzliche Reibungsverluste durch vermehrte Absprachen. Zum anderen nützt es nichts, wenn Sie zwei HTML-Programmiererinnen haben, die auf die Bilder eines Grafikers warten müssen, der mit der Arbeit nicht hinterherkommt.

Von einer Lösung, die Ihnen vielleicht als Erstes in den Sinn kommt, sollten Sie Abstand nehmen: die vorgesehene Bearbeitungszeit für einzelne Schritte kürzen. Denn das bedeutet, dass Sie von vornherein Nacht- und Wochenendschichten für sich selbst und Ihre Kollegen einplanen. Nach meiner Erfahrung sind diese gegen Ende des Projekts sowieso des Öfteren nötig. Wenn Sie das schon einplanen, haben Sie Ihren letzten Zeitpuffer bereits vor Projektbeginn geopfert.

Um sicherzugehen, empfehlen viele erfahrene Projektleiter, auf die geplante Bearbeitungszeit jedes einzelnen Schritts nochmals 25 Prozent aufzuschlagen. Das sei ein Sicherheitspuffer, der in praktisch jedem Projekt schließlich auch verbraucht würde. Ob Sie das auch so handhaben, sollten Sie von der Disziplin Ihres Teams und der Erfahrung der Projektleitung abhängig machen.

Sehen Sie in Ihrem Zeitplan sogenannte *Meilensteine* vor. Das sind Termine, an denen bestimmte Abschnitte im Projekt erreicht sein sollen. Die Fertigstellung des Grobkonzepts oder des Designs für die Startseite sind beispielsweise Meilensteine eines Web-Projekts.

Die Meilensteine dienen Ihnen und Ihrem Kunden zur Kontrolle. Sie selbst müssen es schnellstmöglich feststellen, wenn Sie den Zeitplan nicht halten können. Dazu dienen die Meilensteine, die allen Beteiligten bekannt sein müssen.

✓ Der Auftraggeber muss während des ganzen Projekts aktiv mitarbeiten.

Ihr Kunde will während des Projekts auf dem Laufenden gehalten werden. Normalerweise ist er nicht damit zufrieden, zum Abgabetermin die fertige Site online anzusehen. Falls dies dennoch sein Wunsch sein sollte, müssen Sie ihm das ausreden. Denn seine aktive Mitarbeit im Projekt ist gefragt. Der Auftraggeber muss immer wieder einzelne Schritte abnehmen, das heißt, er muss sein Einverständnis geben, dass mit den bisherigen Ergebnissen weitergearbeitet werden kann. Beispielsweise muss er sein Okay zum Design der Startseite geben, bevor der Grafiker mit der Gestaltung der Vorlagen für die Unterseiten beginnt, sonst bekommt der Kunde am Ende eine Site, die ihm überhaupt nicht gefällt.

Umgang mit Änderungswünschen

Es gibt kein Web-Projekt, das genau so umgesetzt wird, wie es anfangs geplant war. Während der Umsetzung ergeben sich immer noch mehr oder weniger viele Dinge, die zum Teil vorher nicht absehbar waren und zum Teil einfach nicht bedacht wurden.

Damit Sie als Auftragnehmer das nicht allein ausbaden müssen, ist es sinnvoll, gleich im Angebot festzuhalten, wie mit Änderungswünschen umgegangen wird. Nachträgliche Änderungen haben Auswirkungen auf

- Kosten und
- Termine.

Es ist möglich, für alle Konzepte (Grob-, Fein- und Designkonzept) eine feste Zahl von Überarbeitungsschritten festzulegen, zum Beispiel zwei Runden. Das heißt, der Auftraggeber darf das fertige Konzept zweimal mit Änderungswünschen zurückgeben, die der Auftragnehmer dann einarbeitet. Darüber hinaus gehende Änderungen sind nicht vorgesehen.

Falls dennoch mehr Änderungen nötig sind oder Dinge geändert werden, die in einem bereits abgenommenen Konzept festgelegt waren, kann der Auftragnehmer den Zeitplan nach hinten verschieben und zusätzlich entstehende Kosten in Rechnung stellen.

Tritt dieser Fall ein, erstellen Sie jeweils ein Angebot, das der Auftraggeber annehmen kann oder auch nicht. Nimmt er es nicht an, wird das Projekt ohne weitere Änderung nach dem bisherigen Zeitplan fortgesetzt.

Ist dieses Vorgehen im Vertrag festgeschrieben, weiß der Auftraggeber von Anfang an, was auf ihn zukommt, wenn er solche Änderungen verlangt – für beide Seiten die beste Lösung. Erklären Sie aber möglichst auch, warum solche Änderungen so viel Aufwand erfordern, denn oft scheinen sie für den Laien nur sehr wenig Arbeit zu bedeuten. Sie hören dann etwas wie: „Diesen kurzen Text zu ändern kann doch nicht so lange dauern?!"

Der Auftraggeber hat eine Mitwirkungspflicht bei der Umsetzung. Er muss die Informationen und Materialien bereitstellen, die Sie zur Umsetzung brauchen. Und er muss die Dinge abnehmen, die Sie ihm vorlegen. Bei Kunden, bei denen Sie langwierige Abnahmeprozesse befürchten, sollten Sie eventuell Abnahmefristen ins Angebot aufnehmen. Beispielsweise können Sie festschreiben, dass spätestens nach jeweils zwei Wochen eine schriftliche Abnahme der Konzepte vorliegen muss. Falls das nicht der Fall ist, können Sie entweder das Konzept im Angebot als abgenommen definieren und damit weiterarbeiten. Oder Sie legen fest, dass sich der Abgabetermin entsprechend nach hinten verschiebt.

Mehr über den Umgang mit Änderungen in der Produktionsphase der Website finden Sie im Kapitel 9 *Produktion Grafik, HTML & Code*, Abschnitt *Allgemein gültige Tipps/ Umgang mit Änderungswünschen* ab Seite 304.

3.8 Kommunikationswege zwischen Auftraggeber und Auftragnehmer

Ein Punkt, der oft nicht im Angebot beschrieben ist, sind die Kommunikationswege zwischen Auftraggeber und Auftragnehmer. Es macht sich aber gut, wenn Sie gleich zu Beginn festlegen, wer bei Ihnen für das Projekt zuständig ist. Dieser Ansprechpartner für den Kunden sollte während des ganzen Projekts derselbe bleiben, selbst wenn die Arbeit intern später anders verteilt wird.

Informieren Sie sich über die Entscheidungskompetenz Ihrer Ansprechpartner.

Genauso ist es für Sie wichtig, einen Ansprechpartner beim Auftraggeber zu haben. Das sollte jemand sein, der einerseits möglichst immer für Sie erreichbar ist (etwa ein Vorstand ist also nicht geeignet). Andererseits sollte er möglichst Entscheidungskompetenz besitzen. Sonst muss Ihr Ansprechpartner immer wieder bei Vorgesetzten nachfragen, bevor Sie bei Problemen mit der Arbeit fortfahren können.

Versuchen Sie Ihr Möglichstes, um einen einzigen Entscheider festzulegen. Wenn alle Einzelentscheidungen von einer Gruppe getroffen werden müssen, kann das …

- zu großen Verzögerungen führen. Eine Person ist immer im Urlaub, auf Dienstreise oder krank.
- zur Blockade von Entscheidungen führen. Sie haben gewöhnlich keinen Einblick in die politischen und persönlichen Probleme innerhalb der Gruppe der Entscheider. Ich habe einmal erlebt, dass eine Person bei jeder Präsentation grundsätzliche Punkte scharf kritisiert hat – obwohl diese zuvor schon von unserem Ansprechpartner abgenommen worden waren. Es hat sich später herausgestellt, dass unser Widerpart mit dem Besitzer der Firma verheiratet ist, die den Auftrag ursprünglich bekommen sollte.
- zu endlosen Diskussionen über Geschmacksfragen führen.

Tipps für Programme und Websites zur Kommunikation auf www.benutzerfreun.de

Falls Sie dennoch mit einer Gruppe auskommen müssen, versuchen Sie, Verbündete zu gewinnen. Schlagen Sie Dinge vor, die den Mitgliedern der Gruppe gefallen, die Ihnen wohlgesinnt sind. Das bringt meist mehr, als zu versuchen, Ihre Gegner zu überzeugen. Lassen Sie Ihre Verbündeten den Kampf mit Ihren Gegnern ausfechten, und halten Sie sich aus den internen Streitereien heraus.

3.9 Pflege und Wartung

Jede Site braucht Pflege.

Beschreiben Sie bereits im Angebot, wie Pflege und Wartung der Site aussehen könnten. Damit wird Ihrem potenziellen Auftraggeber auf jeden Fall klar, dass er das berücksichtigen muss – und dafür Geld einkalkulieren muss. Sie stellen sich damit als kompetenter Partner dar, der über den Tag hinaus denkt. Geben Sie an, wie viel Sie für die möglichen anfallenden Arbeiten verlangen. Für das Austauschen von Texten und

Bildern können Sie Stundensätze angeben, für die Auswertung von Besucherstatistiken ist eine Pauschale günstiger.

3.10 Rechtsfragen

Der oft ungeliebte Teil der juristischen Angaben ist in vielen Angeboten lückenhaft oder fehlt sogar ganz. Sie sollten darauf aber nicht verzichten. Falls es zu Streitigkeiten kommen sollte, haben Sie bessere Karten, wenn Sie zumindest grundlegende juristische Angaben im Angebot haben. Besser ist es, sich mit einem Rechtsanwalt zusammenzusetzen und ein juristisch einwandfreies Angebot auszuarbeiten. Das kostet weniger, als Sie wahrscheinlich denken. Sehen Sie das als Versicherung an: Wenn Sie Glück haben, war die Ausgabe umsonst, wenn Sie Pech haben, hat sich die Ausgabe gelohnt – dafür haben Sie dann aber ein rechtlich einwandfreies Angebot.

Wenn Sie ein Angebot mit Ihrem Anwalt erstellt haben, können Sie den juristischen Teil für Ihre meisten weiteren Angebote wiederverwenden.

3.10.1 Angaben zu Urheber- und Nutzungsrechten

Sie sollten festschreiben, dass der Auftraggeber sich um alle Urheber- und Nutzungsrechte der Ihnen zur Verfügung gestellten Materialien kümmert. Sie übernehmen keinerlei Verantwortung dafür und geben alle eventuell anfallenden Kosten an den Auftraggeber weiter. Damit verhindern Sie, dass Sie später zur Kasse gebeten werden können, wenn zum Beispiel Fotos auf der Site landen, für die der Auftraggeber keine Nutzungsrechte hat.

3.10.2 Umgang mit zusätzlich gewünschten Leistungen

Zu Ihrer Absicherung sollten Sie am Ende des Angebots noch klarstellen, dass sich der Preis nur auf die hier angebotenen Leistungen bezieht. Alle weiteren Wünsche des Auftraggebers werden gesondert in Rechnung gestellt. Dazu können Sie auch gleich eine Preisliste (nach Menge oder nach Stunden) beifügen, was ich aber nur empfehle, wenn Sie schon damit rechnen, dass bald zusätzliche Dinge gewünscht werden.

3.10.3 Zahlungsbedingungen

Bei den Zahlungsbedingungen geben Sie Ihren Mehrwertsteuersatz an sowie den Termin, zu dem der Kunde gezahlt haben soll (üblicherweise 14 Tage nach Rechnungsstellung). Bei größeren Projekten sollten Sie versuchen, eine gestaffelte Zahlungsweise durchzusetzen (z. B. ein Drittel bei Abgabe des Grobkonzepts, ein Drittel nach Abgabe des Feinkonzepts, ein Drittel nach dem Abschluss des Projekts).

3.10.4 Gültigkeit

Damit Sie flexibel bleiben und andere Aufträge annehmen können, wenn der Kunde Sie mit der Beauftragung warten lässt, können Sie festlegen, bis wann Ihr Angebot gilt. Setzen Sie den potenziellen Kunden aber nicht mit einer zu kurzen Frist unter Druck.

3.10.5 Allgemeine Geschäftsbedingungen

Wenn Sie Allgemeine Geschäftsbedingungen haben, können Sie diese zum Bestandteil des Angebots machen.

3.10.6 Erfüllungsort und Gerichtsstand

Der Erfüllungsort ist normalerweise der Ort, an dem Ihre Firma ansässig ist. Auf Amtsdeutsch gesagt ist das der Ort, an dem die Leistung erbracht wird.

Der Gerichtsstand gibt das zuständige Gericht für eventuelle Streitigkeiten an.

3.10.7 Sonstiges

Schließlich können Sie noch sonstige Verpflichtungen von Ihnen oder Ihrem Kunden aufnehmen, zum Beispiel Vereinbarungen über die Vertraulichkeit bezüglich der Zusammenarbeit oder Ähnliches.

Schließlich kommen der Ort, das heutige Datum und Ihre Unterschrift unter das Angebot – fertig.

Erhalten Sie aufgrund Ihres Angebots den Auftrag, lassen Sie sich schriftlich bestätigen, dass dieser auf Grundlage Ihres Angebots erteilt wird, oder erstellen Sie einen eigenen Vertrag auf Grundlage des Angebots.

3.11 Angebot Projektbeispiel – Techcom.de

Für die Überarbeitung der Website von Techcom haben wir die rechtlichen Regelungen und den genauen Zeitplan aus dem Angebot herausgenommen und diese nach Annahme des Angebots in einem eigenen Vertrag festgehalten. Die rechtlichen Dinge wollten wir nicht ins Angebot aufnehmen, da nicht sicher war, ob Techcom mit den Bedingungen einverstanden wäre, als Beispielprojekt für dieses Buch zu dienen. Um das Angebot als Ganzes nicht in Frage zu stellen, haben wir uns entschieden, das in einem eigenen Vertrag anschließend zu regeln.

Der genaue Zeitplan war nicht Teil des Angebots, da nicht sicher war, wie schnell die Entscheidung bei Techcom fallen würde. Da die Zeit bis zur Veröffentlichung des Buchs knapp war, wollten wir uns erst festlegen, wenn klar war, dass die Zusammenarbeit zustande kommt.

Sie sehen: Im Einzelfall kann es sinnvoll sein, von dem allgemeinen Vorgehen abzuweichen. Sie finden Angebot und Vertrag auf der beiliegenden CD-ROM. Ebenso finden Sie eine Vorlage für ein eigenes Angebot, in dem alle Punkte enthalten sind, so wie es in diesem Kapitel beschrieben ist.

CD

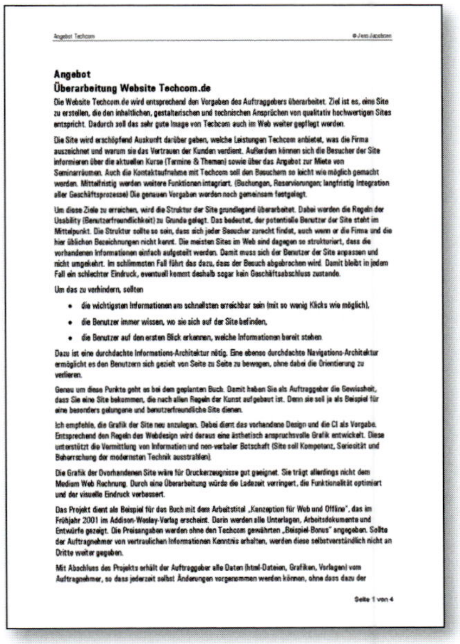

Angebot Techcom ©Jens Jacobsen

Angebot
Überarbeitung Website Techcom.de

Die Website Techcom.de wird entsprechend den Vorgaben des Auftraggebers überarbeitet. Ziel ist es, eine Site zu erstellen, die den inhaltlichen, gestalterischen und technischen Ansprüchen von qualitativ hochwertigen Sites entspricht. Dadurch soll das sehr gute Image von Techcom auch im Web weiter gepflegt werden.

Die Site wird erschöpfend Auskunft darüber geben, welche Leistungen Techcom anbietet, was die Firma auszeichnet und warum sie das Vertrauen der Kunden verdient. Außerdem können sich die Besucher der Site informieren über die aktuellen Kurse (Termine & Themen) sowie über das Angebot zur Miete von Seminarräumen. Auch die Kontaktaufnahme mit Techcom soll den Besuchern so leicht wie möglich gemacht werden. Mittelfristig werden weitere Funktionen integriert. (Buchungen, Reservierungen; langfristig Integration aller Geschäftsprozesse) Die genauen Vorgaben werden noch gemeinsam festgelegt.

Um diese Ziele zu erreichen, wird die Struktur der Site grundlegend überarbeitet. Dabei werden die Regeln der Usability (Benutzerfreundlichkeit) zu Grunde gelegt. Das bedeutet, der potentielle Benutzer der Site steht im Mittelpunkt. Die Struktur sollte so sein, dass sich jeder Besucher zurecht findet, auch wenn er die Firma und die hier üblichen Bezeichnungen nicht kennt. Die meisten Sites im Web sind dagegen so strukturiert, dass die vorhandenen Informationen einfach aufgeteilt werden. Damit muss sich der Benutzer der Site anpassen und nicht umgekehrt. Im schlimmsten Fall führt das dazu, dass der Besuch abgebrochen wird. Damit bleibt in jedem Fall ein schlechter Eindruck, eventuell kommt deshalb sogar kein Geschäftsabschluss zustande.

Um das zu verhindern, sollten

- die wichtigsten Informationen am schnellsten erreichbar sein (mit so wenig Klicks wie möglich),
- die Benutzer immer wissen, wo sie sich auf der Site befinden,
- die Benutzer auf den ersten Blick erkennen, welche Informationen bereit stehen.

Dazu ist eine durchdachte Informations-Architektur nötig. Eine ebenso durchdachte Navigations-Architektur ermöglicht es den Benutzern sich gezielt von Seite zu Seite zu bewegen, ohne dabei die Orientierung zu verlieren.

Genau um diese Punkte geht es bei dem geplanten Buch. Damit haben Sie als Auftraggeber die Gewissheit, dass Sie eine Site bekommen, die nach allen Regeln der Kunst aufgebaut ist. Denn sie soll ja als Beispiel für eine besonders gelungene und benutzerfreundliche Site dienen.

Ich empfehle, die Grafik der Site neu anzulegen. Dabei dient das vorhandene Design und die CI als Vorgabe. Entsprechend den Regeln des Webdesign wird daraus eine ästhetisch anspruchsvolle Grafik entwickelt. Diese unterstützt die Vermittlung von Information und non-verbaler Botschaft (Site soll Kompetenz, Seriosität und Beherrschung der modernsten Technik ausstrahlen).

Die Grafik der Dvorhandenen Site wäre für Druckerzeugnisse gut geeignet. Sie trägt allerdings nicht dem Medium Web Rechnung. Durch eine Überarbeitung würde die Ladezeit verringert, die Funktionalität optimiert und der visuelle Eindruck verbessert.

Das Projekt dient als Beispiel für das Buch mit dem Arbeitstitel „Konzeption für Web und Offline", das im Frühjahr 2001 im Addison-Wesley-Verlag erscheint. Darin werden alle Unterlagen, Arbeitsdokumente und Entwürfe gezeigt. Die Preisangaben werden ohne den Techcom gewährten „Beispiel-Bonus" angegeben. Sollte der Auftragnehmer von vertraulichen Informationen Kenntnis erhalten, werden diese selbstverständlich nicht an Dritte weiter gegeben.

Mit Abschluss des Projekts erhält der Auftraggeber alle Daten (html-Dateien, Grafiken, Vorlagen) vom Auftragnehmer, so dass jederzeit selbst Änderungen vorgenommen werden können, ohne dass dazu der

Seite 1 von 4

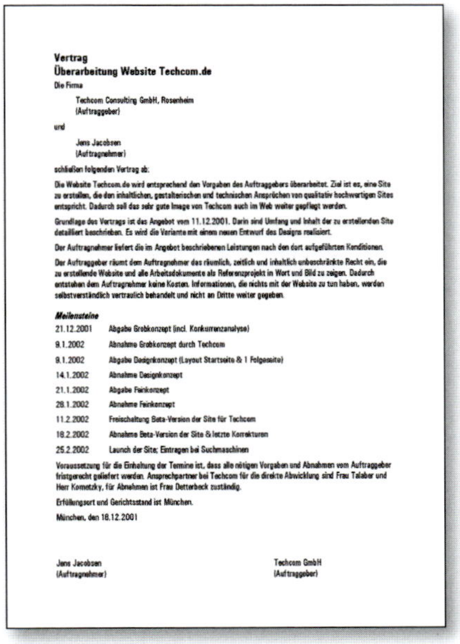

Vertrag
Überarbeitung Website Techcom.de

Die Firma

Techcom Consulting GmbH, Rosenheim
(Auftraggeber)

und

Jens Jacobsen
(Auftragnehmer)

schließen folgenden Vertrag ab:

Die Website Techcom.de wird entsprechend den Vorgaben des Auftraggebers überarbeitet. Ziel ist es, eine Site zu erstellen, die den inhaltlichen, gestalterischen und technischen Ansprüchen von qualitativ hochwertigen Sites entspricht. Dadurch soll das sehr gute Image von Techcom auch im Web weiter gepflegt werden.

Grundlage des Vertrags ist das Angebot vom 11.12.2001. Darin sind Umfang und Inhalt der zu erstellenden Site detailliert beschrieben. Es wird die Variante mit einem neuen Entwurf des Designs realisiert.

Der Auftragnehmer liefert die im Angebot beschriebenen Leistungen nach den dort aufgeführten Konditionen.

Der Auftraggeber räumt dem Auftragnehmer das räumlich, zeitlich und inhaltlich unbeschränkte Recht ein, die zu erstellende Website und alle Arbeitsdokumente als Referenzprojekt in Wort und Bild zu zeigen. Dadurch entstehen dem Auftragnehmer keine Kosten. Informationen, die nichts mit der Website zu tun haben, werden selbstverständlich vertraulich behandelt und nicht an Dritte weiter gegeben.

Meilensteine

21.12.2001	Abgabe Grobkonzept (incl. Konkurrenzanalyse)
9.1.2002	Abnahme Grobkonzept durch Techcom
9.1.2002	Abgabe Designkonzept (Layout Startseite & 1 Folgeseite)
14.1.2002	Abnahme Designkonzept
21.1.2002	Abgabe Feinkonzept
28.1.2002	Abnahme Feinkonzept
11.2.2002	Freischaltung Beta-Version der Site für Techcom
18.2.2002	Abnahme Beta-Version der Site & letzte Korrekturen
25.2.2002	Launch der Site; Eintragen bei Suchmaschinen

Voraussetzung für die Einhaltung der Termine ist, dass alle nötigen Vorgaben und Abnahmen vom Auftraggeber fristgerecht geliefert werden. Ansprechpartner bei Techcom für die direkte Abwicklung sind Frau Talaber und Herr Kometzky, für Abnehmen ist Frau Detterbeck zuständig.

Erfüllungsort und Gerichtsstand ist München.

München, den 18.12.2001

Jens Jacobsen
(Auftragnehmer)

Techcom GmbH
(Auftraggeber)

Abbildung 3.3
Angebot und Vertrag für die Erstellung der Site Techcom.de

3.11.1 Struktur des Angebots

Im Angebot sind die Inhaltswünsche der Auftraggeber und die Anforderungen der potenziellen Benutzer der Site dargestellt.

In wenigen Sätzen habe ich die vorhandene Site beurteilt, um die letzten Zweifel daran auszuräumen, dass eine Überarbeitung dringend nötig ist. Außerdem ist das eine weitere Gelegenheit, die eigenen Ansprüche an eine gute Website darzustellen.

Die Kalkulation schlüsselt die Einzelposten nur wenig auf, weil es sich um ein relativ kleines Projekt handelt. Bei größeren Projekten sollten Sie die Kosten für die Projektleitung oder die JavaScript-Programmierung einzeln ausweisen.

CD

Für weitere Informationen sollten Sie sich das Angebot selbst ansehen. Sie finden es auf der beiliegenden CD-ROM im Verzeichnis *Beispielprojekt Techcom*.

3.11.2 Der Vertrag

Im Vertrag werden die rechtlichen Details geregelt sowie der genaue Zeitplan festgelegt. Dabei ist es günstig, darauf hinzuweisen, dass die Termine nur gehalten werden können, wenn auch der Auftraggeber sich an diese hält. Auch die Ansprechpartner und ihre Verantwortlichkeiten sind genannt.

Kapitelübersicht Teil 2

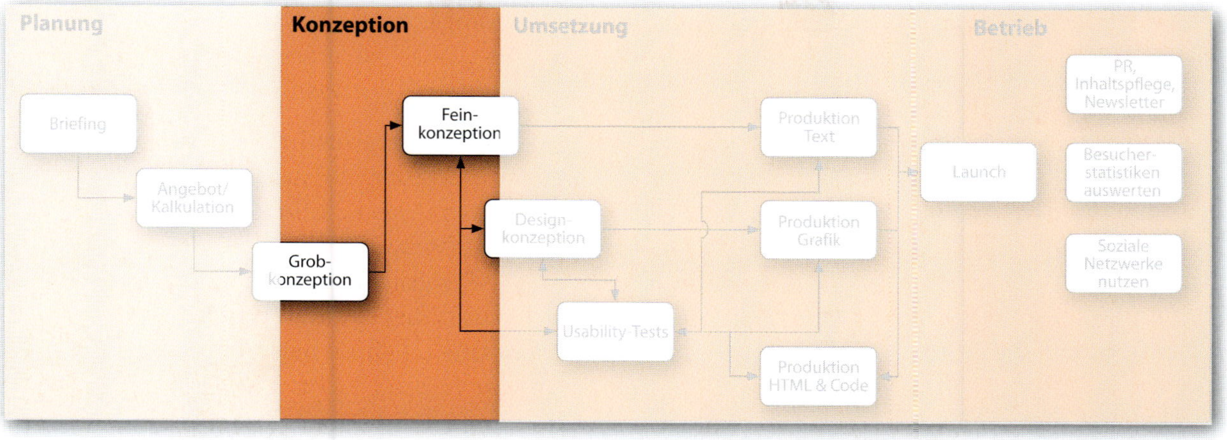

TEIL 2 KONZEPTION

Ein gutes Konzept legt die Basis für den Erfolg. Wichtig ist die Reihenfolge: Definieren Sie zunächst Zielgruppe und Ihre Ziele im Grobkonzept und erarbeiten Sie dann erst, welche Mittel Sie einsetzen. Feinkonzept und Designkonzept sollten abgeschlossen sein, bevor Sie mit der Umsetzung beginnen.

Kapitel 4

Grobkonzept

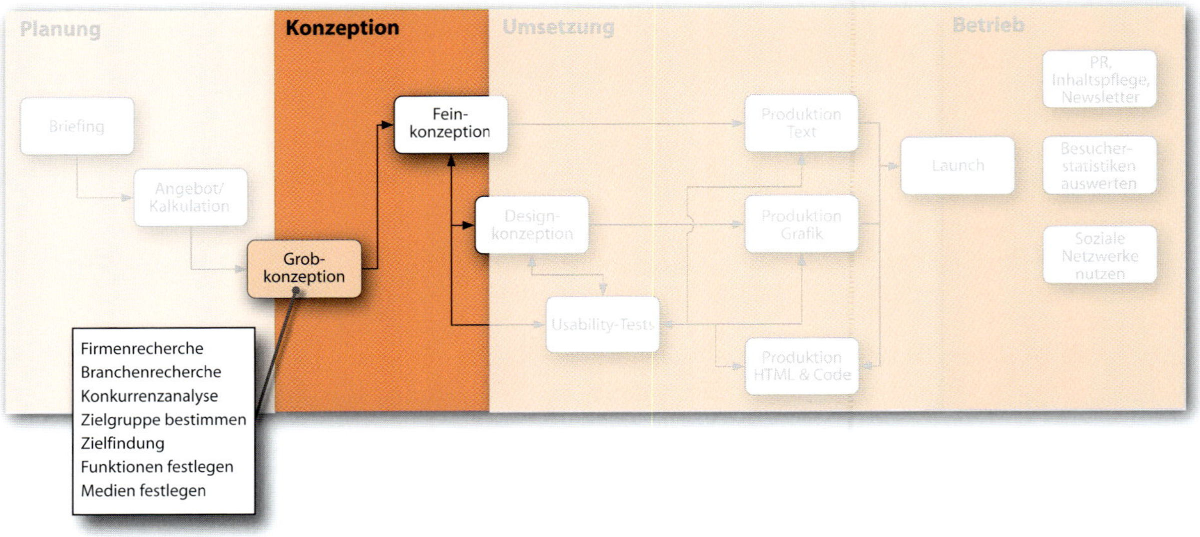

Mit einem guten Angebot und etwas Glück haben Sie den Auftrag für die Website bekommen. Nun geht es weiter mit dem Grobkonzept (auch Basiskonzept genannt). In diesem Kapitel finden Sie viele Schritte, die auch vor dem Erstellen des Angebots sinnvoll gewesen wären. Daher können Sie einzelne Teile vorziehen, wenn es Ihnen nötig erscheint, um das Angebot zu erstellen.

4.1 Verschaffen Sie sich einen Überblick

Bevor Sie mit der weiteren Arbeit fortfahren, gönnen Sie sich eine Auszeit. Nehmen Sie dazu möglichst auch Ihre Auftraggeber mit. Gehen Sie auf Tour durch das World Wide Web. Besuchen Sie Seiten, die thematisch mit Ihrem Projekt zu tun haben, und Seiten, die aus ganz anderen Bereichen kommen.

Surfen Sie regelmäßig und lesen Sie Fachzeitschriften. Nur so kennen Sie die technischen und gestalterischen Trends.

Sehen Sie die Seiten einmal nicht mit den Augen des Profis, sondern mit den Augen eines Benutzers. Sie sind ein gewöhnlicher Mensch und wissen nichts über Internet-Protokolle, Marketing, Gestaltung oder Navigations-Architektur. Das ist wichtig, um die Berufsblindheit loszuwerden, die jeden Menschen mit der Zeit befällt. Öffnen Sie Ihre Augen für neue Ideen und vor allem für die Probleme, Ansprüche und Wünsche eines durchschnittlichen Benutzers.

Versuchen Sie, Ihre Auftraggeber zu überreden, mit Ihnen auf Tour zu gehen. Das ist für alle Kunden sinnvoll, auch wenn sie schon viel Web-Erfahrung haben. Denn sie können während der Tour viel lernen. Zeigen Sie ihnen Sites, die Sie besonders gut oder besonders schlecht finden, und fragen Sie Ihre Kunden nach ihrer Meinung. Gehen Sie darauf ein, und erklären Sie ihnen, wo nach Ihrer Meinung die Stärken bzw. Schwächen der Site liegen. Dabei müssen Sie aufpassen, dass Sie Ihre Kunden nicht brüskieren. Hat jemand zum Beispiel eine Funktion gelobt, die Sie schlecht finden, müssen Sie vorsichtig erklären, dass diese Ihrer Meinung nach einen Haken hat. Das erfordert etwas psychologisches Fingerspitzengefühl.

Falls Sie sich das nicht zutrauen, können Sie auch den umgekehrten Weg wählen: Stellen Sie die Site selbst vor, und erklären Sie, was Sie gut und was Sie schlecht finden. Fragen Sie erst dann Ihre Auftraggeber nach ihrer Meinung.

Bringen Sie den Auftraggebern etwas über gute Sites bei, ohne oberlehrerhaft zu sein.

Mit der Web-Tour können Sie Ihre Kunden etwas erziehen. Sie weisen sie auf die kritischen Punkte hin und machen ihnen klar, was gute Websites auszeichnet. Durch Ihre gemeinsame Tour schlüpft Ihr Auftraggeber kurzzeitig in die Rolle des Benutzers und verlässt die Rolle desjenigen, der die Inhalte liefert. Das kann dabei helfen, die wichtigste Botschaft zu vermitteln, die Sie haben:

*Der **Benutzer** einer Website steht im Vordergrund, nicht der Betreiber.*

Was Sie außerdem auf der Tour noch machen können, ist, die Erwartungen Ihrer Kunden etwas zu steuern. Wenn Sie ihnen sehr ausgefallene, aufwendige Sites mit vielen technischen Besonderheiten zeigen, kann es sein, dass Ihre Kunden auch so etwas wollen. Das kann sich aber auch ins Gegenteil wenden, und Ihre Kunden sagen Ihnen, dass sie so etwas gerade nicht möchten. Hier ist wieder Ihr psychologisches Geschick gefragt. Denken Sie nur daran, dass Sie mit dem, was Sie zeigen, auch Erwartungen wecken können.

Wie lange Ihre gemeinsame Tour dauert, hängt davon ab, wie viele Teilnehmer sie hat und wie viel Zeit Ihre Kunden aufbringen möchten. Achten Sie währenddessen unbedingt darauf, ob noch alle Teilnehmer bei der Sache sind. Lässt das Interesse nach, beenden Sie die Tour, auch wenn Sie noch nicht alles angesehen haben, was Sie vorhatten. Ich bereite für meine Touren zwischen fünf und acht Sites vor, die ich zeigen möchte. Dabei wähle ich eine bunte Mischung von Konkurrenzsites, bekannten Sites und sehr ausgefallenen Sites.

Lernen Sie Ihren Auftraggeber kennen!

Ein sehr wichtiger Effekt der Web-Tour ist es auch, dass Sie die Vorlieben und Abneigungen Ihres Kunden kennenlernen. Lassen Sie die Auftraggeber selbst viel reden. Versuchen Sie herauszubekommen, warum sie manche Sites mögen, andere dagegen nicht. Oft können sie das nicht in Worte fassen, aber Sie müssen nachhaken, damit Sie die Vorstellungen Ihrer Kunden erfahren. Geben Sie sich nicht mit der Aussage „Gefällt mir nicht" zufrieden.Es fällt es den meisten Menschen leichter zu sagen, warum sie manche Dinge nicht mögen, als zu beschreiben, warum sie andere mögen. Nutzen Sie das, und lassen Sie Ihre Tour-Teilnehmer schimpfen. Sie können vorweg ganz allgemein fragen: „Was stört Sie am meisten im Web?" Wenn sich dann alle richtig ausgelassen haben, fragen Sie: „Was schätzen Sie am meisten am Web?"

Die Antworten sind nach meiner Erfahrung oft sehr ähnlich. Sie lassen sich gewöhnlich so zusammenfassen, wie in Tabelle 4.1 gezeigt.

TABELLE 4.1

Die häufigsten Punkte, die bei der Frage nach Schwächen und Stärken des Web genannt werden

Was stört?	Was gefällt?
Informationen nicht zu finden	alle Informationen verfügbar
zu viele drittklassige Sites	hochwertige Sites vorhanden
Seiten zu bunt und überladen	Interaktion
lange Ladegeschwindigkeiten	einfache Kommunikation
tote Links	schnelle Recherche
zu wenig Orientierung	Unterhaltung
schlechtes Design	Vielfalt
mangelnde Sicherheit	Personalisierung

Anhand dieser Kriterien können Sie auf Ihrer gemeinsamen Tour die Sites beurteilen. Als weitere Kriterien sollten Sie als der Experte auf der Tour noch folgende Punkte untersuchen:

- Inhalt
  - Können Sie das Ziel der Site erkennen?
  - Beantwortet die Site die Fragen, die die Benutzer haben könnten?
  - Bietet die Site einen echten Mehrwert?
  - Kann die Site mit der Konkurrenz mithalten?
- Zielgruppenorientierung
  - Spricht die Site die Sprache der Zielgruppe?

  - Ist das Design an die Zielgruppe angepasst?
  - Werden die Fragen der Zielgruppe beantwortet?
  - Falls die Site mehrere Zielgruppen anspricht: Ist deutlich, welcher Bereich für welche Zielgruppe gedacht ist?
- Design
  - Ist das Layout professionell?
  - Entspricht es dem Image und der CI des Unternehmens bzw. der Marke?
  - Ist das Layout konsistent?
  - Sind Farben bewusst eingesetzt?
  - Unterstützt das Layout die Informationen?
  - Sind die Bilder korrekt komprimiert (Qualität, Ladezeit)?
- Aufbereitung der Informationen (Informations-Architektur)
  - Ist die Struktur der Site sofort durchschaubar?
  - Ist die Zahl der Auswahlpunkte auf der Startseite überschaubar?
  - Sind die Informationen mit möglichst wenig Aufwand erreichbar (wenige Klicks, klare Entscheidungen)?
- Benutzerführung (Navigations-Architektur)
  - Ist die Benutzerführung konsistent?
  - Wissen Sie auf jeder Seite, wo Sie sich gerade befinden?
  - Wissen Sie auf jeder Seite, wie Sie wieder zurückkommen?
  - Sind die Buttons und Links aussagekräftig beschriftet?
  - Sind die verwendeten Symbole verständlich und beschriftet?
  - Sind die verwendeten Metaphern verständlich und durchgehalten?
  - Gibt es mehr als einen Weg zur gesuchten Information (bei großen Sites)?
- Text
  - Ist der Schreibstil dem Internet und der Zielgruppe angepasst?
  - Ist der Text übersichtlich gegliedert (Absätze, Listen, Überschriften)?
  - Wird der Eindruck von Textwüsten vermieden?
  - Haben die Seiten die richtige Länge?
- Technik
  - Werden die Seiten schnell geladen?
  - Funktionieren die Seiten auf verschiedenen Browsern/Plattformen?
  - Gibt es keine Darstellungs- oder JavaScript-Fehler (auch bei verschiedenen Browsern)?

- Funktionieren die Seiten, ohne dass man bestimmte Einstellungen vornehmen muss (Breite des Fensters, Bildschirmauflösungen, JavaScript/Cookies aktivieren usw.)?
- Werden Alternativen angeboten, wenn ein Plug-In gebraucht wird, das der Benutzer nicht hat?

Sie müssen diese Liste nicht bei jeder einzelnen Site ganz durchgehen. Sie soll Ihnen nur Anregungen geben, worauf Sie achten sollten. Erwähnen Sie bei der Tour nur die Punkte, die an der jeweiligen Site besonders auffallen. Ergänzen Sie die Liste um Ihre eigenen Kriterien, sie ist sicher nicht vollständig.

Wenn noch Zeit ist, lassen Sie die Teilnehmer Ihrer Web-Tour Sites vorschlagen, die ihnen besonderes gefallen. Bitten Sie sie, genau zu beschreiben, was ihnen daran gefällt. Geben Sie einen kurzen Kommentar dazu ab, und verschweigen Sie nicht, wenn Sie Verbesserungspotenzial sehen. Aber auch hier müssen Sie vorsichtig sein, um den Kunden nicht als ahnungslos darzustellen. Außerdem lauert hier die Gefahr, dass eine Site zur Beurteilung vorgeschlagen wird, die in der oder für die Firma erstellt wurde, für die Sie arbeiten. Es kann sein, dass einer der Anwesenden daran auch beteiligt war. Seien Sie sehr vorsichtig mit Ihrer Kritik, wenn Sie eine solche Site besprechen.

✓ Bereiten Sie eine Web-Tour ohne Web vor.

Ein Tipp zur Durchführung: Sorgen Sie für den Fall vor, dass Sie bei Ihrer Besprechung nicht ins Internet kommen. Besonders wenn Sie beim Kunden sind, passiert das öfter, als man denkt. Speichern Sie die Seiten, die Sie besuchen wollen, zuvor als „Webarchiv" ab. Bei Firefox heißt das *Webseite, komplett.* Der Internet Explorer bietet *Webarchiv* als Option bei *Datei/Speichern unter...* an. Auf einem Macintosh können Sie mit Safari im Dialog *Ablage/Sichern unter...* bei *Format* den Punkt *Webarchiv* auswählen.

Es gibt dazu auch spezielle Programme, sogenannte Offline-Reader.

4.2 Re-Briefing

Wenn Sie das Gefühl haben, dass Ihnen noch Informationen fehlen, um das Grobkonzept anzugehen, sollten Sie Ihre Auftraggeber um ein Re-Briefing bitten. Bei dieser Besprechung geben Sie wieder, wie Sie das Briefing verstanden haben. Zusätzlich informiert der Kunde Sie über weitere Details oder Dinge, die sich seit dem letzten Gespräch geändert haben. Außerdem wird er sicher auf einige Punkte in Ihrem Angebotskonzept Bezug nehmen. Sie haben jetzt mehr Hintergrundwissen und eine genauere Vorstellung von der geplanten Site als beim ersten Briefing. Im Wesentlichen geht es aber um dieselben Fragen wie beim Briefing. Sehen Sie sich zur Vorbereitung die Liste mit den Punkten dazu in Kapitel 2, *Briefing,* Seite 8, an.

Gelegentlich wird das Re-Briefing auch *Startbesprechung* oder *Kickoff* genannt.

4.3 Besonderheiten beim Relaunch

Wenn Sie eine bestehende Site überarbeiten (Relaunch oder Redesign genannt), sollten Sie als Erstes diese Site genau untersuchen. Werten Sie die Logfiles auf dem Server aus (siehe Kapitel 12, *Besuchsstatistiken auswerten,* Seite 328), um zu erfahren, wie die Site momentan genutzt wird. Führen Sie einen informellen Usability-Test mit der Site durch (siehe Kapitel 7.8, *Ergänzende Methoden zu Usability-Tests,* Abschnitt *Schnelltests,* Seite 233).

Anhand der so gewonnenen Informationen können Sie feststellen, was auf der Site funktioniert und was der Überarbeitung bedarf. Ändern Sie nichts, was funktioniert und genutzt wird, um vorhandene Benutzer nicht zu vergraulen.

Ansonsten sind die Schritte zum Grobkonzept im Wesentlichen die gleichen, wie wenn Sie eine neue Site konzipieren.

4.4 Recherche zum Unternehmen

Versuchen Sie so viel wie möglich über die Firma oder Organisation herauszufinden, die Sie beauftragt hat. Wie stellt sie sich nach außen dar? Welches Image gibt sie sich? Wer arbeitet dort? Wie viele Angestellte hat sie? Was genau bietet sie an? Wann wurde sie gegründet? Wer sind die Vorstände beziehungsweise die Geschäftsführer? Auf welchen Messen ist sie vertreten? Mit welchen anderen Firmen oder Organisationen hat sie Kooperationen? An welchen Unternehmen hält sie Beteiligungen?

Alle diese Sachen können Sie allein herausfinden. Für die folgenden Fragen brauchen Sie die Mithilfe Ihres Auftraggebers: Wie ist die Firma beziehungsweise die Organisation strukturiert? Welche Abteilungen gibt es, wie arbeiten sie zusammen? Wie funktioniert die interne Kommunikation? Über Post-it-Zettel oder per E-Mail? Hat jeder Mitarbeiter einen eigenen Computer? Ein Handy? Einen Palmtop? Eine eigene E-Mail-Adresse? Wie werden die Auftragseingänge bearbeitet (sofern es solche gibt)? Gibt es ein Warenwirtschaftssystem? Ist ein Call-Center vorhanden?

Bilden Sie sich Ihr eigenes Bild vom Unternehmen, für das Sie die Site konzipieren.

Sie müssen kein Unternehmensberater werden, um diese Fragen zu beantworten. Es reicht in den meisten Fällen, wenn Sie sich durch die Räume Ihres Auftraggebers führen lassen, um einen Eindruck zu bekommen. Seien Sie dabei aufmerksam, und fragen Sie viel. Ist der Besuch zu Ende, schreiben Sie Ihre Eindrücke auf. Machen Sie das lieber nicht während der Führung, das macht eher einen komischen Eindruck. Entweder hält man Sie für einen Streber oder für einen Spion.

Alle diese Informationen sind nützlich für Sie, wenn Sie für Ihren Kunden nicht nur eine Website, sondern eine *erfolgreiche* Website produzieren wollen. Diese muss auf seine Bedürfnisse zugeschnitten werden – und dazu müssen Sie Ihren Kunden genau kennen.

4.5 Recherche zur Branche

Nachdem Sie die Firma kennengelernt haben, recherchieren Sie das Umfeld, in dem sie sich bewegt. Wie groß ist die Branche? Welches sind die wichtigsten Firmen? Wie geht es der Branche im Allgemeinen? Ist es eine Wachstumsbranche, oder laufen die Geschäfte schlecht? Wer sind die wichtigsten Konkurrenten Ihres Auftraggebers?

Nutzen Sie Ihre Kontakte, um sich über die Branche zu informieren.

Auch hieraus sollten Sie keine Forschungsarbeit machen. Für Sie ist nur ein grober Eindruck wichtig. Ich wende für die Recherche von Informationen über die Firma und die Branche zusammen meist etwa einen halben Tag auf. Wichtigstes Instrument dabei ist das Internet. Aber auch ein kurzes Telefonat mit Bekannten, die sich in dem Bereich auskennen, hilft oft weiter.

4.6 Konkurrenzanalyse

Nun genug der Wirtschaftsanalysen. Dank dieser wissen Sie jetzt, wer die wichtigsten Konkurrenten sind. Nehmen Sie deren Websites genau unter die Lupe. Sehen Sie sich an, welche Informationen in welcher Tiefe angeboten werden. Versuchen Sie zu beurteilen, ob die Sites erfolgreich sind und häufig besucht werden. Überlegen Sie, was gut gelöst ist und was man besser machen könnte. Schreiben Sie die Dinge auf, die Sie vermissen.

4.7 Ziele des Auftraggebers

Ihr Auftraggeber hat Ihnen wahrscheinlich schon im ersten Gespräch gesagt, warum er eine Website haben möchte. Dennoch sollten Sie nochmals genauer über seine Ziele nachdenken. Möchte er sein Image aufpolieren? Oder will er seine Service-Mitarbeiter entlasten?

Wenn Ihr Auftraggeber etwas verkaufen will, stellen Sie sich folgende Fragen: Was genau soll verkauft werden? Wie viel soll verkauft werden? Wie viele verschiedene Artikel gibt es? Werden die Kunden häufig wiederkommen (etwa bei Büchern oder Lebensmitteln) oder eher selten (etwa bei Haushaltsgeräten oder Autos)?

Im Zentrum steht also zunächst die Frage: Was will Ihr Auftraggeber?

Überlegen Sie sich, was Ihr Kunde schon hat und wo mögliche Schnittstellen zwischen diesen Dingen und der Website liegen. Gibt es etwa bereits ein Warenwirtschaftssystem, das Einkauf, Lagerung und Auslieferung der Waren kontrolliert? Es wäre sinnvoll, das mit dem Shop-System zu verbinden, wenn für die Site so etwas geplant ist. So könnten die Bestellungen, die über die Site in Zukunft gemacht werden, direkt in das bestehende System eingegeben werden. Das würde den Ablauf vereinfachen und beschleunigen.

4.7.1 Für die Zukunft planen

Werfen Sie einen Blick in die Zukunft. Wie werden sich das Unternehmen selbst, die ganze Branche und das Internet entwickeln? Welche Folgen hat das für die Website?

Denken Sie nicht zu kurz. Rechnen Sie mit dem Erfolg der Website und des Unternehmens insgesamt. Was passiert, wenn auf einmal nicht mehr drei E-Mails pro Tag, sondern dreihundert beantwortet werden müssen?

Wie lange wird die Site online sein? Nur für wenige Wochen (z. B., um eine Werbekampagne oder ein Ereignis zu begleiten)? Oder für Jahre (z. B. bei der Unternehmenssite)?

Was passiert, wenn der Auftraggeber ins Ausland expandiert? Sollten Sie auch gleich ausländische Domains reservieren (also z. B. nicht nur `www.auftraggeber.de` und `www.auftraggeber.com`, sondern auch `www.auftraggeber.ch`, `www.auftraggeber.at` oder `www.auftraggeber.fr`)? Können Sie die Seiten leicht für eine andere Sprache umsetzen?

Überlegen Sie sich, ob es Dinge gibt, die mit der geplanten Website zusätzlich zu erreichen sind. Ist es etwa sinnvoll, spezielle Teile nur für bestimmte Personen zugänglich zu machen? Kann die Website die Kommunikation im Unternehmen verbessern? Dann könnte man dafür einen eigenen Bereich vorsehen (Intranet). Dabei könnten auch externe Kollegen oder Mitarbeiter von zu Hause aus auf Informationen zugreifen. Oder der Zugang könnte auch für Zulieferer oder Handelspartner geöffnet werden (Extranet).

Intranet und Extranet – planen Sie für die Expansion Ihrer Auftraggeber.

Auch wenn Ihr Auftraggeber daran bisher noch nicht gedacht hat: Profilieren Sie sich als guter Berater, der auch in die Zukunft gerichtet denkt, und weisen Sie ihn auf solche Möglichkeiten hin.

4.7.2 Die Website im Marketing-Mix

Die Website steht nicht allein. Sie sollte immer Bestandteil der Kommunikationsstrategie Ihres Auftraggebers sein. Die Adresse der Site muss auf allen Dokumenten und Waren aufgedruckt sein, die das Haus verlassen. Service-Mitarbeiter können am Telefon auf die Site hinweisen, bei Messen könnte ein Terminal stehen, auf dem die Site angesehen werden kann (dazu brauchen Sie keinen Netzanschluss, wenn Sie die Dateien auf die Festplatte kopieren).

Eine Site ist ein Kommunikationsmittel von vielen.

Geht die Site neu an den Start, sollte das möglichst gut angekündigt werden, damit die Kunden sie auch besuchen. Auch wenn die Site schon länger läuft, können Kunden mit besonderen Aktionen auf die Site gelockt werden (beispielsweise durch Chats mit Experten/Prominenten/dem Vorstand, Gewinnspiele, kostenlose Downloads).

Machen Sie Ihren Kunden auf diese Dinge aufmerksam. Bieten Sie ihm zusätzlich zur Site die Marketing-Kampagne an, wenn Sie so etwas können. Andernfalls ziehen Sie eine darauf spezialisierte Agentur hinzu.

Auch umgekehrt sollte die Site andere Kommunikationsmittel erwähnen. Broschüren, Telefonate mit Ansprechpartnern oder die Vereinbarung von persönlichen Treffen – es gibt viele Dinge, die eine Website nicht bieten kann. Aber sie kann den Weg zu diesen Dingen ebnen.

4.8 Die Zielgruppe

Im Zentrum jeder guten Site stehen die Benutzer.

Nachdem es so lange um Ihre Auftraggeber ging, kommen wir jetzt endlich zu den eigentlichen Hauptpersonen: zu den Kunden Ihres Kunden. Denn letztendlich misst man den Erfolg einer Website daran, ob sie Besucher beziehungsweise Käufer anzieht. Natürlich spielt es auch eine Rolle, dass der Auftraggeber selbst und seine Mitarbeiter zufrieden mit ihrer Site sind, aber das ist mit ganz wenigen Ausnahmen Nebensache.

Dieser Punkt wird fast so oft betont wie bei der Umsetzung übersehen. Sie müssen manchmal die unangenehme Aufgabe übernehmen, gegen Ihren Auftraggeber zu argumentieren. Streiten Sie im Sinne seiner Kunden. Sie machen damit das Web benutzerfreundlicher und sorgen langfristig dafür, dass Ihr Auftraggeber Erfolg hat.

Vergessen Sie also erst einmal Ihren Auftraggeber. Versetzen Sie sich in die Position seiner Kunden. Was wollen diese? Was sind ihre Ansprüche an die Site? Um das zu beantworten, müssen Sie die Kunden kennenlernen. Das ist leichter, als Sie denken. Alles was Sie dazu brauchen, sind gesunder Menschenverstand und etwas Fantasie. Denn Sie müssen dazu keine Marktforschung betreiben, sondern Sie erfinden die Menschen einfach.

4.8.1 Benutzerprofile entwickeln

Richtig gelesen, Sie erfinden Profile von Kunden Ihres Auftraggebers (sogenannte Personas). Das ist kein Mittel zum Betrug, sondern für Sie ein Mittel, die Anforderungen der Kunden an die Site herauszufinden.

Alle Beteiligten tun sich leichter, wenn sie sich Menschen vorstellen, für die sie die Site erstellen. Die Benutzerprofile profitieren von der menschlichen Neugier auf andere Menschen – also vom Prinzip, nach dem viele Fernseh-Shows funktionieren.

Versuchen Sie also, einige Menschen zu beschreiben, die zur Zielgruppe gehören. Wie alt sind sie? Welches Geschlecht haben sie? Was ist ihre Ausbildung, was ihre Arbeit? Wie viel Geld verdienen sie? Wo leben sie? Haben sie Familie? Was sind ihre Gewohnheiten? Was ihre Ansprüche? Welche Hobbys haben sie? Welche Erfahrung haben sie im Umgang mit Computern und im Umgang mit dem Internet? Welchen Design-Geschmack haben sie? Welche Bücher lesen sie? Welche Filme und Fernsehsendungen sehen sie? Welche Konkurrenzsites oder auch Zeitschriften und Zeitungen besuchen bzw. lesen sie?

Die Analyse der Zielgruppe hat noch eine technische Seite: Wie schnell sind die Computer der Benutzer, wie groß ist ihre Bildschirmauflösung? Mit welchem Browser arbeiten sie, und vor allem mit welcher Version? Welche Plug-Ins sind installiert? Welche Anbindung ans Internet haben sie? Ein Modem oder DSL? Surfen sie in der Arbeitszeit oder in der Freizeit?

Treffen Sie die zukünftigen Benutzer!

Alle diese Fragen können Ihnen helfen, Ihre Zielgruppe besser kennenzulernen. Es ist nicht notwendig, dass Sie immer alle Fragen beantworten. Wählen Sie selbst aus, welche für Ihren Fall relevant sind. Schreiben Sie in wenigen Zeilen zusammen, was Sie über Ihre Fantasie-Nutzer herausgefunden haben.

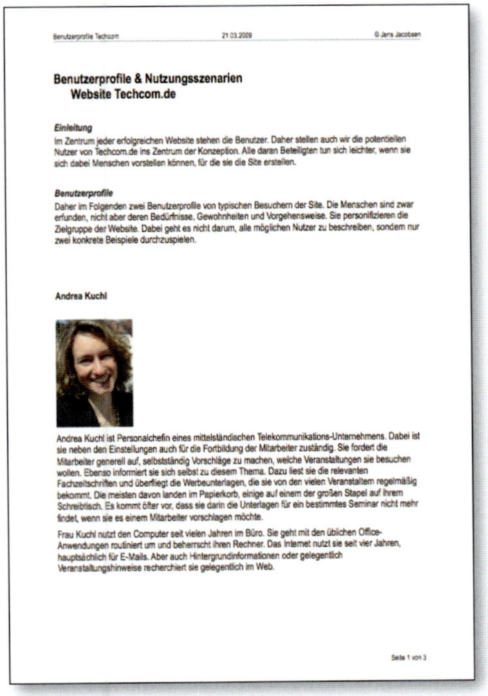

Benutzerprofile Techcom 21.03.2009 © Jens Jacobsen

Benutzerprofile & Nutzungsszenarien
Website Techcom.de

Einleitung
Im Zentrum jeder erfolgreichen Website stehen die Benutzer. Daher stellen auch wir die potentiellen Nutzer von Techcom.de ins Zentrum der Konzeption. Alle daran Beteiligten tun sich leichter, wenn sie sich dabei Menschen vorstellen können, für die sie die Site erstellen.

Benutzerprofile
Daher im Folgenden zwei Benutzerprofile von typischen Besuchern der Site. Die Menschen sind zwar erfunden, nicht aber deren Bedürfnisse, Gewohnheiten und Vorgehensweise. Sie personifizieren die Zielgruppe der Website. Dabei geht es nicht darum, alle möglichen Nutzer zu beschreiben, sondern nur zwei konkrete Beispiele durchzuspielen.

Andrea Kuchl

Andrea Kuchl ist Personalchefin eines mittelständischen Telekommunikations-Unternehmens. Dabei ist sie neben den Einstellungen auch für die Fortbildung der Mitarbeiter zuständig. Sie fordert die Mitarbeiter generell auf, selbstständig Vorschläge zu machen, welche Veranstaltungen sie besuchen wollen. Ebenso informiert sie sich selbst zu diesem Thema. Dazu liest sie die relevanten Fachzeitschriften und überfliegt die Werbeunterlagen, die sie von den vielen Veranstaltern regelmäßig bekommt. Die meisten davon landen im Papierkorb, einige auf einem der großen Stapel auf ihrem Schreibtisch. Es kommt öfter vor, dass sie darin die Unterlagen für ein bestimmtes Seminar nicht mehr findet, wenn sie es einem Mitarbeiter vorschlagen möchte.

Frau Kuchl nutzt den Computer seit vielen Jahren im Büro. Sie geht mit den üblichen Office-Anwendungen routiniert um und beherrscht ihren Rechner. Das Internet nutzt sie seit vier Jahren, hauptsächlich für E-Mails. Aber auch Hintergrundinformationen oder gelegentlich Veranstaltungshinweise recherchiert sie gelegentlich im Web.

Seite 1 von 3

ABBILDUNG 4.1

Viele finden personalisierte Benutzerprofile anfangs seltsam. Doch bald arbeiten sie gerne und intensiv mit ihnen, weil sie die Kommunikation erleichtern.

Hat die Site eine begrenzte Zielgruppe, genügt es, zwei bis drei Benutzerprofile zu erfinden. Sie dienen dazu, den Begriff „Zielgruppe" zu beleben, also Ihnen und Ihrem Team ein Bild von echten Menschen zu geben, für die Sie die Site erstellen. Dabei hilft übrigens auch ein Foto, das für den jeweiligen Benutzer steht. Das können Sie aus einem Bildkatalog scannen oder von einer Webseite kopieren, wenn Sie das Nutzerprofil nur für sich selbst verwenden. Wollen Sie die Profile dagegen verteilen, müssen Sie für die Rechte am Bild bezahlen.

Ist die Zielgruppe sehr heterogen, erstellen Sie für jede Untergruppe ein Profil.

Normalerweise wird man die Nutzerprofile nicht in das Grobkonzept aufnehmen, sondern sie nur als internes Instrument verwenden, um die Site optimal auf die Zielgruppe auszurichten.

CD

Auf der beiliegenden CD-ROM finden Sie ein Beispiel für mögliche Benutzerprofile. Diese wurden für die Site unseres Beispielprojekts erstellt. (Das Dokument liegt im Verzeichnis *Beispielprojekt Techcom.*)

4.8.2 Studien

Wenn Sie Ihre Zielgruppe noch genauer kennenlernen möchten, können Sie auf Marktforschungsstudien zurückgreifen. Mit diesen lassen sich die Benutzerprofile noch exakter erstellen. Es gibt eine Vielzahl von Unternehmen, die sich auf Studien im Bereich Multimedia/Internet spezialisiert haben oder eine Abteilung dafür haben. Die Studien solcher großen Firmen sind meist sehr teuer (zwischen hundert und mehreren tausend Euro). Eine Zusammenfassung der Ergebnisse ist jedoch meist kostenlos zu haben; und diese hilft oft schon weiter. Sehen Sie sich die Sites an, die zu diesem Thema im Anhang des Buchs aufgeführt sind. (Die Links finden Sie auch auf der beiliegenden CD-ROM oder auf der Site zum Buch unter `www.benutzerfreun.de/konzepter-infos/studien.html`.)

CD

Eine eigene Studie in Auftrag zu geben lohnt sich normalerweise nicht. Denn das ist noch teurer als die Berichte abgeschlossener Studien. Die weiteren Ergebnisse, die dabei herauskommen, sind zwar für die Konzeption der Site sicher hilfreich, doch mit den hier vorgestellten Methoden kommen Sie fast genauso weit.

Anders sieht die Situation aus, wenn Sie den Erfolg einer bestehenden Site messen wollen. In diesem Fall kann sich eine eigene Studie durchaus lohnen.

4.8.3 Fokusgruppen

Fokusgruppen-Untersuchungen (*Focus Groups*) sind im Marketing weit verbreitet. Dabei werden ein paar Teilnehmer (fünf bis zehn) zusammengesetzt und nach ihrer Einstellung zu einem bestimmten Produkt oder einer Firma gefragt. Daraus soll sich eine lebhafte Diskussion ergeben. Mit dieser Technik lassen sich (Vor-)Urteile und die emotionale Einstellung von potenziellen Kunden gut herausfinden.

✓ Fokusgruppen = gelenkte Diskussionen; bringen Einstellungen und Gefühle zutage

Solche Untersuchungen können Ihnen helfen, die Wünsche und Gefühle der potenziellen Besucher bezüglich Ihrer Site zu erfahren. Allerdings ist etwas Übung nötig, um solche Untersuchungen durchzuführen und auszuwerten. Leicht kann es passieren, dass keiner in der Gruppe etwas sagen möchte oder dass es zu hitzigen Diskussionen kommt, die nicht weiterführen. Für die meisten Websites verlässt man sich in der Praxis auf das eigene Gespür und verzichtet auf solche Untersuchungen. Bei bekannten Marken (oder solchen, die bekannten Marken Konkurrenz machen wollen) können Fokusgruppen helfen, die Site an den Bedürfnissen und Erwartungen der Kunden auszurichten. Ein Nachteil von Fokusgruppen ist, dass wir oft nicht so handeln, wie wir sagen. Deren Ergebnisse sind daher mit Vorsicht zu interpretieren.

4.8.4 Nutzungsszenarien entwickeln

Nun, da Sie die potenziellen Besucher Ihrer zukünftigen Site schon gut kennen, überlegen Sie sich, wie diese die Site benutzen werden. Normalerweise kommt jeder Benutzer mit einer mehr oder weniger klaren Frage auf eine Site.

Mögliche Fragen des Besuchers sind:

- Kann ich hier xy kaufen?
- Ich habe ein Problem mit xy. Wie kann ich es lösen?
- Gibt es eine Filiale in meiner Nähe?
- Wie ist die Telefonnummer von Frau x aus der Abteilung y?
- Was bietet die Firma xy eigentlich alles an?
- Wer ist Geschäftsführer oder sitzt im Vorstand?
- Wann ist die nächste Aktionärs- bzw. Mitgliederversammlung?
- Gibt es hier einen Job für mich?

Überlegen Sie sich, wie der Benutzer vorgehen wird, um seine Frage auf Ihrer Site zu beantworten. Beschreiben Sie genau, was er Schritt für Schritt machen wird. Halten Sie auch seine Gefühle und Gedanken dabei fest.

Ein Beispiel für Nutzungsszenarien finden Sie ebenfalls auf der CD-ROM im Verzeichnis *Beispielprojekt Techcom* im selben Dokument wie die Benutzerprofile.

CD

4.9 Ziele definieren

Am Ende Ihrer ausgedehnten Recherchen steht die Zielfindung. Das heißt, Sie müssen das Ziel für Ihr Projekt präzise festlegen. Eine gute Zieldefinition ist:

- konkret
- an einen festen Termin gebunden
- nachprüfbar

Ihr Ziel sollte also nicht etwa lauten:

Die Firma xy will im Web präsent sein.

Sondern beispielsweise eher:

Durch ihren Webauftritt will sich die Firma xy als modernes Unternehmen präsentieren. Zusätzliche Informationen über das Produktspektrum und Preise sollen die Service-Mitarbeiter spürbar entlasten. Es wird angestrebt, bis zum 1.1.200X 25 Prozent der Anfragen über E-Mail abzuwickeln.

Das Ziel wird meist mit Blick auf den Auftraggeber formuliert. Der Benutzer darf dabei jedoch nicht aus dem Blick geraten. Denn die Ziele Ihres Auftraggebers und die seiner Kunden können sehr verschieden sein (siehe Tabelle 4.2).

TABELLE 4.2

Ein möglicher Bestellvorgang in einem Web-Buchladen

Ziel des Benutzers	Ziel des Unternehmens	Was auf der Site steht	Was der Benutzer macht
den neuen Stephen Hawking kaufen	Restposten von „Wie werde ich reich in 21 Tagen" verkaufen	Startseite mit Pop-up: „Sonderangebot! Wie werde ich reich in 21 Tagen"	schließt Pop-up; klickt „suchen", tippt „Hawking" und Return
Hawking finden und vielleicht auf Ideen für andere Bücher kommen	Restposten von „Wie werde ich reich in 21 Tagen" verkaufen	Suchergebnis mit allen Büchern von und über Hawking; darunter wieder Text zu Sonderangebot	ist erstaunt; klickt auf den Titel des neuen Hawking
schnell & sicher kaufen	schnell & sicher verkaufen	Aufforderung, Kreditkartennummer anzugeben	ärgert sich; klickt auf „andere Zahlungswege"
schnell & sicher kaufen	Daten des Benutzers gewinnen	Aufforderung, persönliche Daten, Interessen und jährliche Ausgaben für Bücher und CDs anzugeben	ärgert sich; füllt aus und macht falsche Angaben
schnell & sicher kaufen	schnell & sicher verkaufen ohne viel Aufwand	„Lieferzeit für den Titel beträgt 2 Wochen"	ärgert sich; bricht Bestellung ab

In diesem Beispiel ist Folgendes falsch gelaufen: Der Konzepter der Einkaufssite hat die Seiten für den Auftraggeber angelegt. Seine Ziele standen im Vordergrund. Die Ziele des Kunden waren immer andere, auf sie wurde zu wenig Rücksicht genommen. Das Beispiel mag Ihnen übertrieben erscheinen, Tatsache aber ist, dass zwei Drittel der Einkaufsversuche im Internet vorzeitig abgebrochen werden.

Um das zu vermeiden, schlage ich folgende Änderungen an der Einkaufssite vor:

- Das Pop-up wird gestrichen. Die meisten Benutzer mögen keine Pop-ups und schließen sie sofort. Die Werbung für „Wie werde ich reich in 21 Tagen" kommt auf die Startseite.
- Zusammen mit den Suchergebnissen werden Titel aus demselben Fachgebiet gezeigt. Dass sich der Benutzer dafür interessiert, ist deutlich wahrscheinlicher. Lieber verkaufe ich jedem fünften Benutzer noch einen anderen Titel als jedem hundertsten ein Exemplar der Restposten.
- Bevor der Benutzer bestellt, teile ich ihm mit, wann der Titel lieferbar ist. Falls das mehr als ein paar Tage dauert, werden ihm andere Titel aus demselben Fachgebiet vorgeschlagen, die sofort lieferbar sind.
- Persönliche Daten werden erst nach der Bestellung erhoben. Dabei wird auf die Vorteile hingewiesen, die der Benutzer hat, wenn er seine Daten korrekt angibt.

Weitere Hinweise zu Einkaufssites finden Sie in Kapitel 14, *Einkaufen/Webshops* ab Seite 330.

Wenn Sie für das Grobkonzept das Ziel Ihrer Site definieren, sollten Sie es so formulieren, dass es die wichtigsten Wünsche Ihres Kunden wiedergibt. Achten Sie aber schon hier darauf, dass Sie bei der Umsetzung in erster Linie an die Benutzer denken müssen.

4.10 Funktionen festlegen

Sie kennen die Ziele Ihres Auftraggebers und die Bedürfnisse seiner Kunden. Jetzt legen Sie fest, welche Funktionen die Site haben muss, um beide Seiten zufriedenzustellen.

Standardfunktionen, die jede Website braucht, sind:

- Startseite
- Inhaltsseiten
- Kontaktadresse/E-Mail-Adresse/Telefon- und Faxnummer

Wenn die Site mehr als etwa 25 Seiten umfasst, sind folgende Funktionen sinnvoll:

- Sitemap (Übersicht bzw. Inhaltsverzeichnis über alle Seiten der Site)
- Suche
- Liste häufig gestellter Fragen (FAQs – Frequently Asked Questions oder Q&A – Questions and Answers)

Weitere mögliche Funktionen sind:

- E-Mail-Formular (E-Mail direkt aus der Site, kein E-Mail-Programm ist dazu nötig)
- Anbindung an Datenbanken (z. B. für Kataloge)
- Bestellmöglichkeit
- Blog
- Diskussionsforum (Nachrichten können hinterlassen werden, und andere können auf diese antworten)
- Chatroom (Benutzer können sich miteinander unterhalten)
- Personalisierung (Benutzer kann sich registrieren und Site anpassen, z. B. kann er angeben, welche Informationen er auf der Startseite sehen möchte)
- Downloads (Broschüren, Updates, Musik, Bilder, ...)
- Newsfeeds (Kurznachrichten für spezielle „News-Reader“)

- Inhalte für Mobilgeräte (Text, Audio)
- Podcasts (Audio- oder Video-Inhalte zum Abonnieren)

Diese Liste soll Ihnen nur erste Anregungen geben. Später werden wir auf einige Punkte näher eingehen.

4.11 Web 2.0-Funktionen

Unter dem Begriff „Web 2.0“ werden einige technische und konzeptionelle Ansätze zusammengefasst, die Ende 2005 in Mode kamen und die Diskussion 2006 bestimmten. Dazu gehören vor allem Ajax, Soziales Web, Blogs und Podcasts. Allen gemeinsam ist, dass dahinter keine neuen Techniken oder Ideen stecken. Es handelt sich nur um Dinge, die schon länger bekannt und im Einsatz sind, sich aber erst jetzt langsam durchsetzen. Auch der Begriff „Web 3.0“ wird schon gebraucht.

Noch immer trifft man Auftraggeber, die gerne „Web 2.0 in die Site einbauen“ möchten. Diese sind auf eine Marketing-Phrase hereingefallen, die bereits im Jahr 2004 erfunden wurde. Wie immer gilt: Erst kommen die Ziele der Site, dann ihre Zielgruppe, schließlich die Funktionen und ganz am Schluss die Technik. Damit Sie mitreden können, im Folgenden eine kurze Beschreibung der Dinge, die häufig zum nicht klar definierten „Web 2.0“ gezählt werden.

CD

Siehe auch die die Links auf der beiliegenden CD-ROM.

4.11.1 Ajax

Ajax steht für **A**synchronous **J**avaScript **A**nd **X**ML und nutzt dynamisches HTML, XML sowie JavaScript, um Webseiten zu erstellen, die nicht eine ganze HTML-Seite laden müssen, um neue Inhalte anzuzeigen. Damit lassen sich Sites realisieren, die wie lokale Anwendungen und weniger wie Websites wirken. Beispiele für Sites, die Ajax einsetzen, sind *Google Suggest*, die Amazon-Suchmaschine *A9* oder der Bilderdienst *Flickr*.

Auch Microsoft ist auf den Zug aufgesprungen. Seine Variante von Ajax hat es *Atlas* getauft.

Probleme von Ajax allgemein sind:

- Manche Benutzer haben JavaScript ausgeschaltet.
- Dynamisch nachgeladene Inhalte sind von Suchmaschinen nicht zu finden.
- Sites sind für Screenreader nicht zugänglich.
- Auf mobilen Browsern sind sie nicht oder nur eingeschränkt nutzbar.
- Lesezeichen lassen sich nur schwer setzen.

- Weniger erfahrene Nutzer werden evtl. irritiert, wenn sich nur Teile einer Seite ändern.

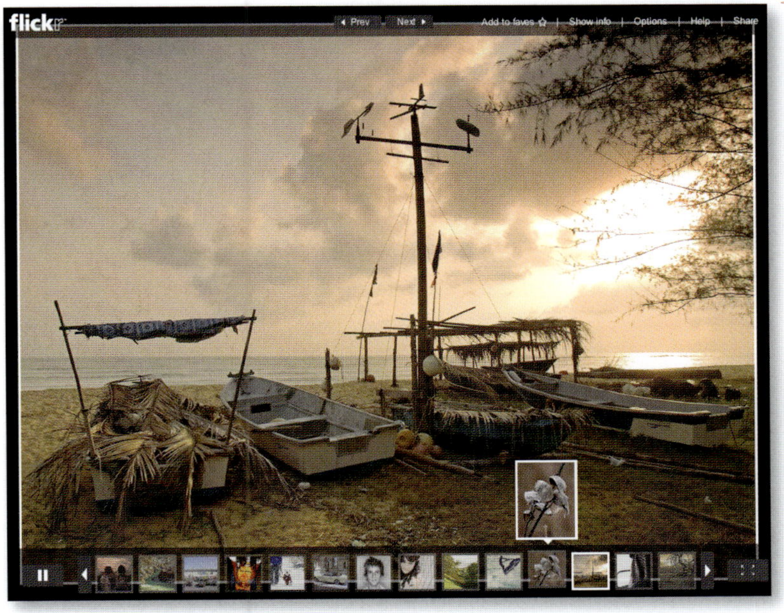

Abbildung 4.2
Bei Flickr.com finden Sie viele Ajax-Funktionen, hier z. B. eine Diaschau.

Das Aufkommen von Ajax zeigt nicht, dass die Benutzer interaktivere Anwendungen wollen, wie oft zu lesen war. Es zeigt vielmehr, dass die Menschen, die Websites erstellen, auch gerne mal etwas Neues machen und mit neuen Techniken experimentieren. Das ist auch gut so, nur so entsteht technologischer Fortschritt.

Ajax ist ein Werkzeug. Ob es für Ihre Site nützlich ist, müssen Sie ohne technophile Euphorie entscheiden. Nur weil man einen Hammer hat, muss man nicht alles behämmern, was man hat. Den meisten Dingen würde das sogar schaden – und auch bei einem Nagel muss man den Hammer richtig einsetzen, sonst nimmt er Schaden.

Ajax macht übrigens das, womit Flash seit mehreren Jahren wirbt: Web-Anwendungen mit Desktop-Anmutung. Es gibt einige wenige sehr aufwendige Flash-Sites mit komplexen Funktionen, die wunderbar funktionieren. Genauso gibt es spannende und gute Ajax-Sites. Aber es gibt frustrierend viele schlechte Websites, die bis heute noch nicht einmal richtig mit HTML arbeiten.

4.11.2 Soziales Web

Ursprünglich beschreibt der Begriff „Soziales Web" eine Methode, Menschen und Organisationen im Web zu verknüpfen. Dazu gibt es technische Vorschläge zur Erweiterung der Mechanismen des Internets, um solche Vernetzungen zuverlässig zu ermöglichen – bei denen gleichzeitig die Privatsphäre der Nutzer gewahrt bleibt.

Doch wird der Begriff inzwischen meist in einem viel breiteren Sinn verwendet: um Sites zu bezeichnen, bei denen die Menschen im Mittelpunkt stehen. Das sind an erster Stelle die Wiki-Projekte wie die Online-Enzyklopädie *Wikipedia*, bei der jeder Web-Nutzer beliebige Beiträge schreiben kann. Auch sogenannte Networking-Plattformen wie *Xing* (ehemals *openBC), Facebook* oder *LinkedIn* fallen in diese Kategorie. Hier können sich Menschen über ihre eingestellten Profile miteinander vernetzen – wichtig sind auch Funktionen, die es beispielsweise ermöglichen, über eigene Bekannte neue Kontakte aufzubauen.

Auch diese Dinge sind nichts Neues, aber sie werden vor allem für das Privatleben immer wichtiger – weshalb Sie sie auch geschäftlich im Blick behalten sollten. Wie Sie soziale Netzwerke fürs Marketing nutzen, lesen Sie in Kapitel 11 ab Seite 316.

4.11.3 Blogs und Podcasts

Blogs (Web-Tagebücher) und Podcasts werden ebenfalls meist als Ausprägung des Sozialen Webs aufgefasst. In Blogs schreiben einzelne Menschen über die Dinge, die sie persönlich interessieren. Podcasts sind sozusagen gesprochene Blogs zum Anhören.

Mehr zu diesen beiden wichtigen Themen finden Sie wenig später in diesem Kapitel (ab Seite 66).

4.11.4 Tagging / Folksonomy

Ein weiteres modisches Kunstwort ist *Folksonomy*, gebildet aus **Folk** (englisch für „Volk“) und Tax**onomy** (=Klassifizierung; üblicherweise durch Experten). Es bezeichnet die Art und Weise, in der Inhalte von einer Vielzahl von Menschen klassifiziert werden. Diese Klassifikation erfolgt über „Tags“ (Etiketten bzw. Schlagwörter), weshalb Folksonomy als eine Art von Tagging betrachtet wird.

Eines der bekanntesten Beispiele für den Einsatz von Folksonomy ist der Lesezeichen-Dienst *del.icio.us*. Hier kann jedermann seine Lesezeichen (Bookmarks) speichern, die dann auch allen anderen Benutzern zur Verfügung stehen. Dadurch werden populäre URLs von allen Benutzern sortiert, bewertet und damit die populärsten URLs herausgefiltert. Dieses Prinzip kommt auch bei Flickr zum Einsatz – hier versehen die Benutzer die von anderen hochgeladenen Fotos mit Tags, unter denen diese dann gefunden werden können.

ABBILDUNG 4.3

Die Fotos, die man auf Flickr (www.flickr.com) einstellt, können von allen Nutzern mit Tags versehen werden. Diese werden als sogenannte tag-cloud dargestellt – je häufiger ein Tag gesetzt wurde, desto größer erscheint es.

Tagging ist zentral für das Semantische Web. Das ist ein weiteres Schlagwort, das keine Technik bezeichnet, sondern einen Oberbegriff darstellt. Es steht für eine Vision des World Wide Web, in dem die Inhalte so aufbereitet sind, dass sie nicht nur für Menschen, sondern auch für Maschinen lesbar und interpretierbar sind. Dadurch können beispielsweise Suchmaschinen optimale Treffer liefern. Derzeit sind die Suchmaschinen mehr auf Vermutungen angewiesen – basierend auf einigen Regeln ordnen sie die gefundenen Seiten so, dass diejenigen oben stehen, die am wahrscheinlichsten die gesuchten Informationen enthalten.

Bislang ist das Semantische Web noch eine Vision. Derzeit ist noch immer der beste Weg, im Web gefunden zu werden, der, webgerechte Texte zu schreiben, und vernünftige, an die Suchmaschinen angepasste Meta-Informationen für jede Seite vorzusehen.

4.11.5 Fazit

Alle diese Entwicklungen sind sicher spannend und bieten viele Möglichkeiten für neue, hilfreiche Websites. Sie sind für die Medien wie Entwickler gleichermaßen interessant, eben weil sie bisher wenig bekannt sind. Darüber zu berichten, dass viele Websites an ganz grundlegenden Usability-Problemen leiden, ist dagegen nicht interessant. Das hat man schon oft gelesen. Und als Entwickler ist es natürlich viel aufregender, eine Site zu erstellen, die neue Techniken einsetzt und deshalb in der Entwickler-Gemeinde viel Beachtung findet, als seine Energie darauf zu verwenden, dass eine Site alle bekannten und bewährten Usability-Regeln berücksichtigt.

Dennoch: Wenn Sie eine Site planen oder betreuen, sorgen Sie zuerst dafür, dass Ihre wichtigsten Zielgruppen mit der Site gut klarkommen. Dazu brauchen Sie keine neuen Techniken oder schicke Modewörter. Fast alle Usability-Probleme auf Websites lassen sich mit sehr wenig Aufwand beheben – indem Sie zum Beispiel Formulierungen von

Menüeinträgen verbessern, die Position oder Farbe von Elementen anpassen und die Texte webgerecht aufbereiten. Wenn diese zwar wenig aufregenden, aber dafür umso erfolgversprechenderen Hausaufgaben erledigt sind, dann können Sie sich mit den neuen Trends befassen und Ihren Benutzern aufregende Funktionen bieten. Aber auch hier gilt natürlich: Testen Sie so viel wie möglich, denn neue Techniken bieten immer auch neue Möglichkeiten, Usability-Fehler zu machen.

4.12 Ideenfindung

Um weitere Ideen für die Site zu generieren, hat jeder Konzepter sein Privatrezept. Ein Kollege von mir beginnt jedes neue Projekt mit einem Vollbad, klassischer Musik und einem Notizblock mit weichem Bleistift (schreibt auch auf nassem Papier).

Ich persönlich setze mich lieber mit Freunden in eine Kneipe und spreche bei einem Bier über das Projekt. Dabei entstehen oft erstaunlich einfache, aber umso wirkungsvollere Ideen.

Kreativitätstechniken fördern die Kreativität, sie produzieren sie nicht.

Doch es gibt auch ausgefeilte Techniken, mit denen sich die Kreativität fördern lässt. Bei den Kreativitätstechniken ist es wichtig, dass allen Beteiligten klar ist, dass diese Techniken die Kreativität nur anregen und lenken, sie aber nicht produzieren oder gar ersetzen. Das ist ein wichtiges Argument gegenüber Kreativen, die solchen Techniken zweifelnd gegenüberstehen. Bitten Sie solche Teammitglieder, die Technik wenigstens einmal auszuprobieren. Oft ist man überrascht, welch gute Ergebnisse dabei zustande kommen.

4.12.1 Brainstorming

Zum Brainstorming laden Sie vier bis acht Menschen ein, die möglichst unterschiedlich sein sollten. Sie müssen nichts mit dem Projekt zu tun haben. Es ist sogar günstig, wenn Sie wenigstens zwei Teilnehmer haben, die noch gar nicht wissen, worum es geht. Ideal ist es, wenn Sie Vertreter der Zielgruppe in das Brainstorming einbeziehen können.

Sorgen Sie für eine entspannte Atmosphäre. Getränke und Knabberzeug sind dazu hilfreich. Als Werkzeuge brauchen Sie außerdem Stift und Papier und eventuell einen Flip-Chart (Ständer für Poster zum Beschreiben) oder eine Tafel.

Erklären Sie den Teilnehmern kurz, worum es geht, wer der Auftraggeber ist und wer die potenziellen Benutzer sind. Erzählen Sie, dass Sie heute gemeinsam Ideen entwickeln möchten, welche Funktionen die Site angenehm zu benutzen, nützlich und beliebt machen könnten. Machen Sie alle mit den Regeln eines Brainstormings vertraut:

- Jede Idee, die einem Teilnehmer in den Sinn kommt, wird *sofort* ausgesprochen.
- *Alle* Ideen werden festgehalten (auf Papier oder Flip-Chart bzw. Tafel).

- Die Ideen werden *nicht bewertet*. Das ist mit der wichtigste Punkt. Es spielt keine Rolle, wie realistisch, relevant oder sinnvoll eine Idee zunächst scheint. Jede Idee ist wichtig, und sei es nur als Auslöser für eine weitere Idee.

Bitten Sie einen Teilnehmer, alle Ideen aufzuschreiben. Sie moderieren die Sitzung. Nach der Einführung beginnen Sie am besten mit einer etwas ausgefallenen Idee. Das nimmt den anderen die Scheu, sich zu blamieren. Schreiten Sie sofort bestimmt, aber höflich ein, wenn eine Idee bewertet wird.

Das Brainstorming ist zu Ende, wenn die festgesetzte Zeit (maximal eineinhalb Stunden) vorbei ist oder der Strom an Ideen versiegt.

Es folgt die Auswertung. Manche erledigen das im Team, mir persönlich ist es lieber, das allein zu tun. Das geht erstens meist schneller, außerdem muss sich niemand im Nachhinein für seine Ideen schämen, weil sie nicht in der Gruppe diskutiert werden. Das erleichtert es Ihnen, auch in Zukunft etwas schüchterne Zeitgenossen wieder zu einem Brainstorming zu überreden.

Verwerfen Sie ungewöhnliche Ideen bei der Auswertung nicht zu schnell. Vielleicht haben sie mehr Potenzial, als Sie glauben.

Sortieren Sie alle gesammelten Ideen, und streichen Sie solche, die mehrfach vorkommen. Erst dann gehen Sie daran, die Ideen zu bewerten. Ich empfehle, das erst am folgenden Tag zu tun, denn vielleicht fällt Ihnen ja ein, wie sich ein zunächst unrealistischer Vorschlag doch umsetzen lässt.

4.12.2 Brainwriting

Das Brainwriting ist vom Brainstorming abgeleitet. Jeder Teilnehmer schreibt alle Ideen, die ihm spontan zur Fragestellung einfallen, auf ein Blatt Papier – eine Idee pro Blatt. Die Blätter kommen in die Tischmitte. Wenn einem Teilnehmer nichts mehr einfällt, nimmt er sich ein Blatt aus der Tischmitte. Er kann die Idee darauf ergänzen, oder sie regt ihn zu einer neuen Idee an, die der ursprünglichen sogar widersprechen kann.

Der Vorteil des Brainwritings gegenüber dem Brainstorming ist, dass auch Teilnehmer zum Zuge kommen, die in der Gruppe eher zurückhaltend sind. Es bietet sich vor allem an, wenn Sie mit einer starken Führungspersönlichkeit und ihren Untergebenen arbeiten.

4.12.3 Mindmapping

Eine Methode, die Sie auch allein anwenden können, ist das Mindmapping. Dabei schreiben Sie einen zentralen Begriff (beispielsweise den Namen der Website) in die Mitte eines großen leeren Blatts. Darum ordnen Sie alle Begriffe und Aussagen an, die Ihnen spontan dazu einfallen. Diese werden durch Linien mit dem zentralen Begriff verbunden. Die Art und Dicke der Linien, die Position und Größe der Begriffe verdeutlichen deren Beziehungen untereinander und ihre Wichtigkeit. Symbole können als Illustration hinzukommen. Alle Begriffe können mit neuen Elementen verbunden werden. Sehen Sie sich Abbildung 4.4 an, um eine Vorstellung davon zu bekommen, wie so eine Mindmap aussieht.

ABBILDUNG 4.4

Eine einfache Mindmap, gezeichnet mit OmniGraffle

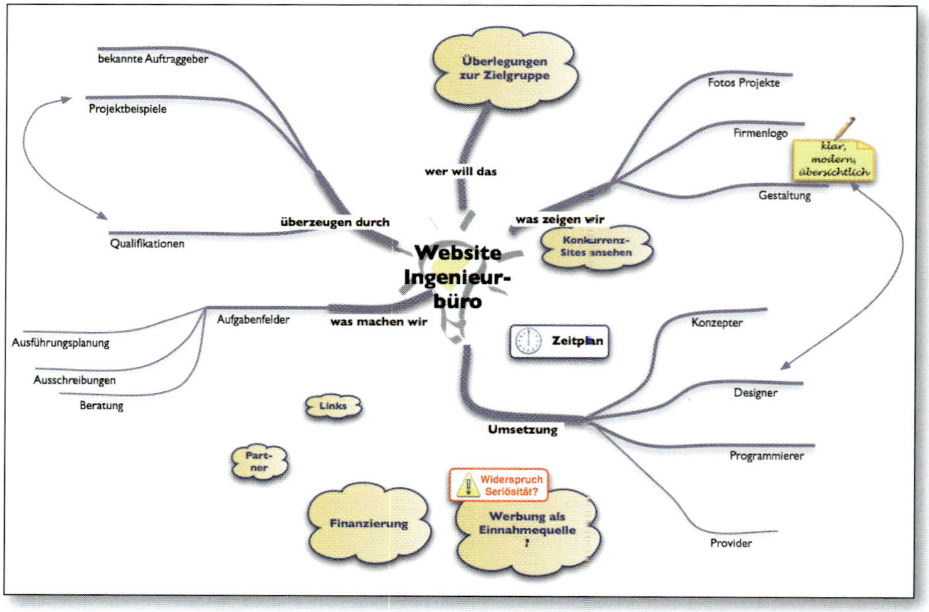

Das Mindmapping soll Ihnen helfen, assoziativ zu denken und weg vom linearen Aufschreiben von Ideen in einer Liste führen. Sie können übrigens auch die Ergebnisse eines Brainstormings als Mindmap darstellen. Manche Leute finden die Technik wunderbar, andere können damit nichts anfangen. Probieren Sie sie wenigstens einmal aus.

CD

Es gibt auch mehrere Programme, mit denen Sie Mindmaps erstellen können. Werfen Sie einen Blick in die Linkliste im Anhang bzw. auf der CD-ROM, wenn Sie mehr dazu wissen wollen.

4.13 Domainnamen

✓ Die Angabe von `http://` vor der Domain ist unnötig, Browser erkennen URLs, die mit `www.` beginnen, auch ohne diese.

Meist hat Ihr Auftraggeber schon eine Domain. Es ist fast nie sinnvoll, diese zu ändern. Eine eigene Domain beginnt mit `www` und endet gewöhnlich mit `de` bzw. `at`, `ch`, `com`, `net` (z. B. `www.benutzerfreun.de`). Keine eigenen Domains sind etwa `benutzerfreunde.t-online.de` (virtuelle Domain) oder `www.provider.de/benutzerfreunde` (Unterverzeichnis).

Wenn Sie einen neuen Domainnamen suchen, beachten Sie folgende Regeln:

- Der Name muss zwischen 3 und 63 Zeichen lang sein, darf nur Buchstaben, Ziffern und Bindestriche (Ausnahmen sind die erste und letzte Position) enthalten und darf normalerweise nicht nur aus Ziffern bestehen. Seit dem Frühjahr 2004 sind auch Umlaute zugelassen, nicht jedoch das „ß“. Es muss nach wie vor mit „ss“ umschrieben werden.

- Der Name sollte prägnant und leicht zu merken sein.
- Deshalb sollte er auch möglichst kurz sein. Außerdem hat man dann nicht so viel zu tippen.
- Verzichten Sie möglichst auf Bindestriche im Namen. Die Benutzer können sich nie sicher sein, ob die Domain mit Bindestrich oder ohne geschrieben wird. Die meisten versuchen es erst einmal ohne.
- Der Name sollte keine unklaren Abkürzungen enthalten oder URL-Bestandteile wie `www`, `net`, `com`, `org` oder `edu`. Diese führen nur zu Verwirrung.

Testen Sie die Wirkung des geplanten Domainnamens. Wenn Sie dazu kein Budget haben, sprechen Sie mit Freunden beiläufig über den Namen, den Sie sich ausgedacht haben. Ein paar Tage später lassen Sie sich den Namen von diesen buchstabieren. Wenn dabei zu viele Fehler auftreten, sollten Sie nach einem griffigeren Namen suchen.

Reservieren Sie naheliegende Schreibvarianten des Namens mit (für die Site `www.benutzerfreun.de` etwa `www.benutzerfreund.de` und `www.benutzerfreunde.de`). Damit stellen Sie sicher, dass auch Benutzer auf die Site gelangen, die nicht genau wissen, wie man den Namen schreibt. Und Sie haben die Sicherheit, dass sich kein Konkurrent eine ähnlich klingende Domain sichern kann. Sicherheitshalber sollten Sie immer auch neben z.B. `www.IhreSchöneSite.de` auch `www.IhreSchoeneSite.de` reservieren, denn viele Benutzer lösen Umlaute noch auf.

Der Domainname sollte prägnant auf der Startseite erscheinen. Wenn der Name klar ist, reicht das normale Logo (beispielsweise bei `www.milka.de` oder `www.schweppes.de`). Ist der Name aber aus irgendeinem Grund etwas Besonderes, sollte der Name umso auffälliger sein (zum Beispiel `www.sueddeutsche.de` für die Süddeutsche Zeitung).

4.14 Medien bestimmen

Am Schluss der Ideenfindung für die Site müssen Sie bestimmen, welche Medien wofür zum Einsatz kommen. Im Grobkonzept wird das nur allgemein festgelegt. Sie geben an, welche Medien in welchem Umfang für welchen Zweck und Bereich verwendet werden. Texte und Bilder geben Sie nur allgemein an. Bestimmen Sie beispielsweise, wie viele HTML-Seiten geplant sind, wie viel Text auf ihnen erscheinen soll und wie viele Bilder pro Seite in etwa vorgesehen sind. Aufwendigere Animationen, Videos oder interaktive Elemente geben Sie einzeln an.

Überlegen Sie für die Auswahl der Medien, wie Sie die Ziele Ihres Auftraggebers und die Bedürfnisse seiner Kunden am besten befriedigen können.

Text ist immer noch die wichtigste Form, um Informationen zu vermitteln. Doch zu viel Text sieht nicht gut aus, wird schwer erfasst und selten gelesen. Bilder können Sie einsetzen, um das Erscheinungsbild aufzulockern. Denken Sie darüber nach, ob manche Dinge mit einem Schema besser gezeigt werden können, als sie sich per Text erklären lassen. Können sie eventuell sogar mit einer Animation erläutert werden? Oder doch lieber mit einem Video? Ist die Sache so komplex, dass eine Simulation in Frage kommt?

Aber setzen Sie alles nur dann ein, wenn es tatsächlich auch einen Mehrwert bringt. Wenig verärgert Benutzer mehr als sinnlose Animationen oder überflüssige, große Bilder.

Im Folgenden sehen wir uns die wichtigsten Medientypen mit ihren Vor- und Nachteilen an.

4.14.1 Text

Text ist die häufigste Form der Informationsvermittlung – auch im Internet. Und meist die sinnvollste. Denn Text ist relativ leicht und schnell zu erstellen und somit vergleichsweise billig. Er wird schnell übertragen und kann fast alles beschreiben.

Doch nicht immer ist Text auch die Darstellungsform der Wahl. Eine Konstruktionsskizze zu beschreiben macht wenig Sinn. Dazu kommt, dass zu viel Text auf Benutzer abschreckend wirkt – besonders im Internet, denn die wenigsten Menschen lesen gern am Bildschirm.

Machen Sie sich frühzeitig Gedanken über den Stil des Textes. Der Text darf nicht einfach aus vorhandenem Material übernommen werden, sondern muss dem Medium und der Zielgruppe entsprechend aufbereitet werden. Eine Site für Jugendliche erfordert einen anderen Stil als eine Site für Liebhaber klassischer Musik. Text, der nicht der Zielgruppe angepasst ist, vertreibt die Benutzer.

4.14.2 Fotos und Zeichnungen

Beschränken Sie sich nicht auf die Vorgaben des Auftraggebers. Machen Sie sich Gedanken, welche Dinge sich besser mit Bildern darstellen lassen.

✓ Im besten Fall ergänzen Bilder den Text. Bildunterschriften sollten nicht nur das Gezeigte beschreiben, sondern einen neuen Aspekt aufzeigen.

Fotos und Zeichnungen lockern die Seiten auf. Daher kommen sie oft als Schmuckelemente zum Einsatz. Sie können schon in diesem Stadium des Projekts eine Bildsprache festlegen. Das heißt, Sie bestimmen, welchen Stil die Bilder haben sollen (z. B. können Sie nur mit Fotos von verschiedenen Objekten vor einem einfarbigen Hintergrund arbeiten, nur Portraits verwenden oder ausschließlich einfarbige Tuschzeichnungen).

Behalten Sie dabei unbedingt Ihre Zielgruppe im Auge. Über Geschmack wird kein Besucher der Website mit Ihnen streiten, aber er wird schnell weiterklicken, wenn ihm die Bilder nicht gefallen. Hierbei zählt oft schon der erste Eindruck. Vorsicht also bei

Cartoons, schrägen Fotos oder extravaganten Zeichnungen. Die Sachen müssen nicht Ihnen, sondern den Besuchern der Website gefallen. Und die können manchmal einen ganz anderen Geschmack haben als Sie oder Ihre Auftraggeber.

Gibt es vielleicht Zeitschriften speziell für Ihre Zielgruppe? Dann kaufen Sie sich unbedingt einige Ausgaben. Sehen Sie sich den Stil an, achten Sie auf Schriftarten und -größe, auf Fotos und Illustrationen. Auch die Sprache und die Länge der Artikel spielt eine Rolle. Sie sollen nicht die Zeitschrift im Internet nachbauen, sondern ein Gefühl dafür bekommen, was den potenziellen Benutzern gefällt. Planen Sie beispielsweise eine Site für Frauen um die 40, gehen Sie in einen großen Zeitschriftenladen und fragen Sie, welche Zeitschriften für dieses Alter gedacht sind. Stöbern Sie auch selbst ein wenig in den Regalen, oft stoßen Sie dort auf gute Anregungen. (Am Bahnhof gibt es meist die größte Auswahl, auch Titel aus dem Ausland sind hier oft zu haben.)

4.14.3 Animation

Animationen können manche Dinge noch besser veranschaulichen als Bilder. Denken Sie etwa an eine Montageanweisung für ein kompliziertes technisches Gerät. Meist werden Animationen aber nur als Schmuckelement eingesetzt.

Dank des Animationsprogramms Flash ist Animation inzwischen auf vielen Seiten im Web zu finden. Zwar wird für die Wiedergabe von Flash-Filmen ein Plug-In für den Browser gebraucht, jedoch wird es sowohl mit Netscape als auch mit dem Internet Explorer ausgeliefert. Der Benutzer muss es also in den meisten Fällen nicht eigens installieren.

Es gibt natürlich noch weitere Techniken für Animationen. Das animierte GIF ist eine, JavaScript oder Java-Applets sind weitere. Sie alle haben aber Beschränkungen und Nachteile, sodass sie nur selten zum Einsatz kommen. Die einzige Ausnahme sind die animierten GIFs, die für ganz simple Animationen ihre Berechtigung haben (mit nicht mehr als drei, vier Einzelbildern).

Bevor Sie pauschal ein paar Flash-Animationen einplanen, sollten Sie überlegen, ob diese auch wirklich nötig und vor allem sinnvoll sind. Flash-Filme sind aufwendig in der Produktion, lassen sich nicht so leicht ändern wie Text, haben eine längere Übertragungszeit, und ihr Inhalt wird von Suchmaschinen nicht automatisch erfasst. Manche Benutzer sind inzwischen auch genervt von den vielen Flash-Filmen, die hübsch aussehen, aber keine Botschaft übermitteln außer „sieh' mal, was wir alles können!". Behalten Sie also auch hier die Zielgruppe im Auge und das, was Sie mit der Site erreichen möchten.

✓ Überflüssige Animationen und schwer bedienbare Anwendungen haben den Ruf von Flash schwer beschädigt.

4.14.4 Simulationen und Spiele

Wenn Sie eine Simulation oder ein Spiel einbauen wollen, dann sollten Sie unbedingt vorher mit jemandem sprechen, der so etwas schon einmal gemacht hat. Ansonsten ist es unmöglich, die Realisierbarkeit und vor allem die Kosten Ihrer Idee abzuschätzen.

Einfache Simulationen und Spiele lassen sich mit Flash umsetzen. Wenn es komplexer wird, kommen vor allem Java und Shockwave zum Einsatz. Java benötigt keine Plug-Ins, ist jedoch bei einigen Benutzern deaktiviert. Für Shockwave-Dateien (sie werden mit dem Programm Macromedia Director erstellt) brauchen die Benutzer ein Plug-In, das kostenlos heruntergeladen werden kann. Doch diesen Aufwand scheuen viele.

Sie sollten Simulationen und Spiele nur einplanen, wenn Sie sicher sind, dass die Besucher auch ernsthaft daran interessiert sein werden, sie auszuprobieren. Geben Sie sich nicht der Illusion hin, ein einfaches Geschicklichkeitsspiel würde die Besucher in Scharen auf die Site locken. Dazu brauchen Sie entweder einen echten Knaller, der wirklich neu und anders ist als die Konkurrenz. Oder Sie brauchen sehr gutes Marketing. Oder Glück.

ABBILDUNG 4.5

Virtuelles Spargelstechen. Einfach, aber effektiv.

4.14.5 3D-Modelle

Oft finden Sie auf Webseiten einen „virtuellen Rundgang" durch bestimmte Räume. Bevor Sie so etwas einplanen, sollten Sie überlegen, ob das wirklich einen Mehrwert bringt, der den Aufwand rechtfertigt. Die Eingangshalle eines Unternehmens ist sicher nicht der Publikumsmagnet. Ein Rundgang durch die Fabrikhallen dagegen kann recht spannend sein.

Für einen solchen virtuellen Rundgang gibt es verschiedene Möglichkeiten. Die wohl gebräuchlichste ist Quicktime VR. Dieses Format kann vom Quicktime-Plug-In gelesen werden, das recht weit verbreitet ist. Von den anderen Formaten kann man für eine allgemeine Zielgruppe eher abraten. Falls Sie sich jedoch an ein Spezialpublikum wie Architekten oder Chemiker wenden, sollten Sie recherchieren, ob in der jeweiligen Branche ein bestimmtes Tool für die dreidimensionale Darstellung etwa von Plänen oder Molekülen üblich ist.

Erkundigen Sie sich in jedem Fall vorher, was das geplante Format kann und was nicht, damit Sie im Konzept nicht zu viel versprechen.

4.14.6 Audio

Websites, die beim Aufruf ungefragt losdudeln, können Benutzer verärgern. In jedem größeren Büro werden zumindest die Augenbrauen der Kollegen gehoben, wenn während der Arbeitszeit plötzlich Musik oder Sprechertext vom Nachbarschreibtisch tönt. Auch eine vermeintlich sanfte Hintergrundmusik kann bei falscher Lautsprechereinstellung ganz schön laut sein – oder bei längerem Besuch der Site extrem auf die Nerven fallen.

Auch ist es gar nicht so einfach, den Musikgeschmack einer breiteren Zielgruppe zu treffen oder einen Sprecher zu finden, dessen Tonfall bei allen ankommt.

Wenn Sie Audio einsetzen, achten Sie vor allem auf Folgendes:

- Starten Sie das Abspielen nur auf Knopfdruck des Benutzers.
- Sehen Sie eine offensichtliche Möglichkeit vor, die Wiedergabe zu stoppen.
- Verzichten Sie auf Hintergrunduntermalung. Ausnahme: Diashows oder Ähnliches.
- Denken Sie daran, dass nicht jeder Sound abspielen kann. Bei manchem fehlt einfach nur der Lautsprecher, bei anderen ist die Wiedergabe nicht richtig konfiguriert, oder es fehlt ein möglicherweise nötiges Plug-In. Testen Sie in jedem Fall auf vielen Computern, und sehen Sie immer einen alternativen Zugang zu wichtiger Information vor.

Noch ein Wort zur Vorsicht auch bei der Verwendung von Musik generell: Sie brauchen in jedem Fall die Nutzungsrechte an dem Stück und müssen fast immer Gema-Gebühren dafür bezahlen. Erkundigen Sie sich in jedem Fall vor der Verwendung, sonst kann es teuer werden.

4.14.7 Video

Für manche Projekte sollten Sie auch an Video denken. Zum Beispiel könnten Sie besondere Ereignisse per Video dokumentieren: die Aktionärsversammlung oder ein vom Unternehmen organisiertes Konzert.

Noch immer ist aber Video von der Benutzerseite her mit Problemen verbunden. Manche haben die notwendigen Zusatzprogramme nicht installiert (z.B. Flash oder Quicktime), für andere ist der Zugang aus technischen Gründen unmöglich (z.B. bei vielen Mobilgeräten) oder vom Administrator gesperrt (in vielen Firmennetzen).

Unterschätzen Sie auch nicht den Aufwand, der mit Video für Sie verbunden ist. Wenn Sie denken, mit einer besseren digitalen Videokamera und einem Videobearbeitungsprogramm sei es getan, liegen Sie falsch. Die Ergebnisse mit Amateurausstattung sehen immer peinlich aus. Überzeugen Sie unbedingt auch Ihren Auftraggeber davon, wenn er mit solchen Anregungen zu Ihnen kommt. Das ist ungefähr so, als würde der Vorstandsassistent mit Word die Homepage des Unternehmens erstellen.

Video kommt also nur für echte Profi-Websites in Frage – und mit Profis sollten Sie zusammenarbeiten, wenn Sie Video einsetzen möchten.

Hinzu kommt, dass Sie bei vielen gleichzeitigen Zugriffen für Video auch ziemlich hochgerüstete Server und eine sehr schnelle Anbindung ans Internet brauchen. Liegen Ihre Daten bei einem Hosting-Provider, können bei Video erhebliche Mengen an Traffic anfallen, die Ihnen in Rechnung gestellt werden.

Sie können Ihre Videos auch auf eine Videoplattform wie YouTube stellen. Das hat den Vorteil, dass Sie auch bei vielen Zugriffen auf Ihre Videos keine Probleme bekommen, weil die Videos ja auf der Plattform liegen, nicht auf Ihrem Server. Sie bekommen ein Stück HTML-Code, mit dem Sie die Videos auf Ihren Seiten einbetten können. Mehr zu den Vor- und Nachteilen von YouTube und Co im Kapitel 13 – Soziale Netzwerke nutzen (Seite 334).

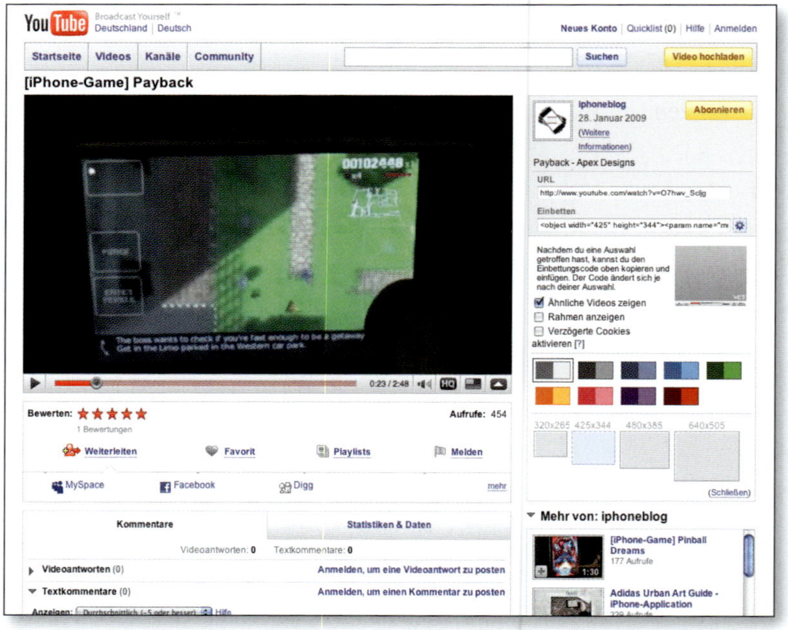

ABBILDUNG 4.6

Sie können YouTube-Videos in Ihre Seiten einbetten, indem Sie oben rechts den HTML-Code kopieren. Hier im Bild die erweiterten Einstellungsmöglichkeiten, die erscheinen, wenn man neben das kleine Zahnrad neben dem Code klickt.

4.14.8 Bildschirmvideo

Von der Wiedergabe her das Gleiche sind Bildschirmvideos (Screenrecordings). Der Unterschied zu klassischem Video ist deren Herstellung: Solche Videos entstehen ohne

Videokamera, nur am Bildschirm. Mit einem eigenen Programm zeichnen Sie auf, was am Bildschirm passiert. Normalerweise wird der entstehende Film noch geschnitten und vertont.

ABBILDUNG 4.7

Besonders für Software bieten sich Bildschirmvideos an (www.taoeffect.com/espionage/).

Mit solchen kurzen Videos können Sie zum Beispiel schnell wichtige Funktionen einer Software zeigen oder die Bereiche Ihrer Site vorstellen.

Der technische Aufwand hierfür ist gering, aber auch hier gilt: Lassen Sie es lieber, bevor das Ergebnis nicht professionell ist. Der Schnitt von Bildschirmvideos erfordert Geschick und Erfahrung und insbesondere den Sprecherkommentar sollten Sie in jedem Fall von einem Profi machen lassen.

4.14.9 Webcam

Eine einfache Alternative zu Video ist eine fest installierte Webcam. Das ist eine meist einfache Kamera, die in mehr oder weniger langen Zeitabschnitten aktuelle Bilder ins Netz stellt (üblicherweise zwischen einmal in der Minute bis zu einmal täglich).

Wenn Sie eine Webcam planen, sollten Sie frühzeitig recherchieren, ob sich niemand davon beobachtet fühlt.

Doch auch hier gilt: die Eingangshalle oder der Flur zum Chef lohnt die Mühe nicht. Nur dort, wo etwas passiert, ist eine Webcam am richtigen Ort. Auch hier könnte man sich eine Fabrikhalle vorstellen oder das Fließband, von dem die ausgelieferten Waren rollen. Direkten Nutzen bringt die Webcam meist nicht, sie dient nur dazu, dem Besucher das Gefühl von Aktualität zu geben und von Einblicken, die nur er ganz allein erhält.

Beachten Sie aber unbedingt auch, dass der Auftraggeber oder seine Mitarbeiter sicher keine Lust haben, sich Tag und Nacht direkt beobachten zu lassen.

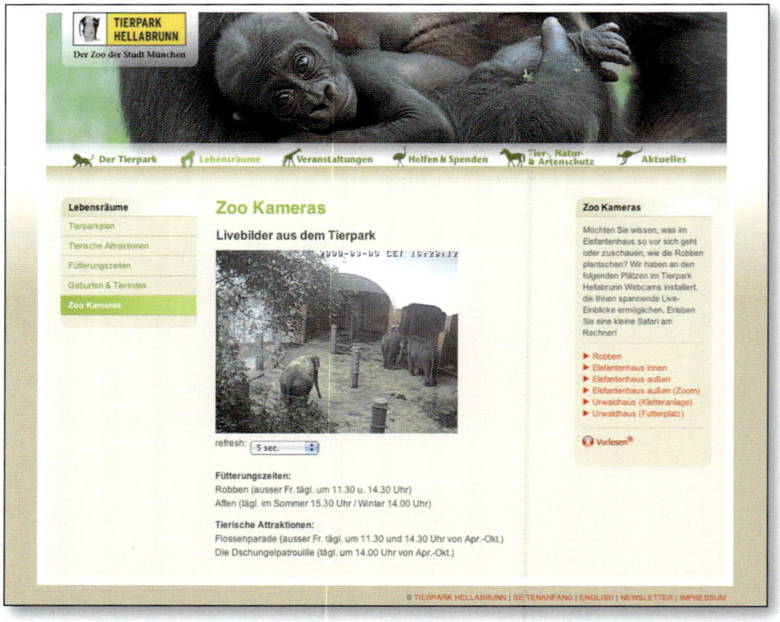

ABBILDUNG 4.8

Der Münchner Zoo bietet auf seiner Site (www.munich-zoo.de) verschiedene Webcams an, mit denen man die Tiere beobachten kann – zu manchen Tageszeiten aber auch nur die Tierpfleger.

4.15 Zusatzangebote

Machen Sie sich auch noch Gedanken darüber, wie die Website weiter aufgewertet werden kann. Ein paar Anregungen finden Sie auf den folgenden Seiten.

4.15.1 Newsletter

Newsletter müssen in erster Linie dem Empfänger nützen. Virtuelle Postwurfsendungen bringen mehr Schaden als Nutzen.

Ein weiteres Mittel zur Kundenbindung sind Newsletter. Darin werden die Kunden des Unternehmens über Neuigkeiten informiert. Vielleicht hat Ihr Auftraggeber schon einen gedruckten Newsletter? Diesen auf E-Mail umzustellen ist schon aus Kostengründen reizvoll. Außerdem könnten Sie auf der Website eine einfache Möglichkeit vorsehen, den Newsletter zu abonnieren beziehungsweise abzubestellen. Das reduziert die Verwaltungskosten. Außerdem abonnieren so auch Kunden, die zu faul gewesen wären, zum Telefon zu greifen oder einen Brief zu schreiben.

Wichtig ist natürlich, dass der Auftraggeber auch plant, den Newsletter zu pflegen. Bekommen die Interessenten alle paar Monate eine langweilige E-Mail mit Verlautbarungen aus dem Vorstand, werden diese eher verärgert als vom Unternehmen überzeugt. Auch hier gilt: Überlegen Sie, was Ihre Zielgruppe interessiert! Falls der Auftraggeber kein echtes Interesse an der Pflege hat, lassen Sie die Option lieber weg, sie schadet dann mehr, als sie nützt. Mehr zum Thema Newsletter siehe Kapitel *PR, Inhaltspflege, Newsletter* ab Seite 323.

4.15.2 Nachrichten

Allgemeine Nachrichten zum Tagesgeschehen finden Sie im Web überall. Portale wie Freenet, MSN oder AOL bieten eine bunte Mischung knapper Informationen, die meist nur der Unterhaltung dienen. Die Websites von Nachrichtensendungen, Magazinen und Zeitungen bringen detaillierte Informationen zu fast jedem Thema.

Manche Website-Hoster bieten Module an, die Sie in beliebige Webseiten einbauen können und die dafür sorgen, dass hier dann automatisch aktuelle Nachrichten zu ausgewählten Themen eingebunden werden. Das klingt zunächst verlockend: Damit können Sie Sites mit sehr wenig Aufwand mit Funktionen ausstatten, die sonst großen Websites vorbehalten sind. Doch ist das in sehr wenigen Fällen sinnvoll. Denn kaum ein Besucher wird auf eine weniger bekannte Site kommen, weil sie Nachrichten bringt, die er auf beliebig vielen anderen Sites ebenfalls findet.

Entweder sind Nachrichten tatsächlich relevant für die Site, die Sie erstellen – dann müssen Sie schon für sehr hohe Qualität sorgen. Oder Nachrichten sind nicht relevant – dann verzichten Sie darauf.

Informationen gibt es genug im Web. Das Problem der Benutzer ist, die für sie relevanten zu finden. Helfen Sie ihnen dabei. Wenn Sie aktuelle Nachrichten so aufbereiten können, dass die Besucher der Site dadurch einen Mehrwert haben, und die Themen zu Ihrer Site passen, prima. Aber versuchen Sie nicht, in das Geschäft mit allgemeinen Nachrichten einzusteigen, sondern konzentrieren Sie sich auf Themen, die für Ihre Branche relevant sind.

Unternehmensnachrichten

Natürlich will sich das Unternehmen auf seiner Website selbst darstellen – dafür hat es die Site. Doch wie immer ist der wichtigste Punkt, ob sich die Empfänger Ihrer Nachricht überhaupt für diese interessieren.

Pressemitteilungen schrecken ab.

Deshalb haben Pressemeldungen auf der Startseite nichts zu suchen. Wie der Name sagt, sind sie für die Presse geschrieben. Sie folgen einem formellen Aufbau, der auf Journalisten zugeschnitten ist. Für Endkunden müssen Sie anders schreiben, und vor allem müssen Sie für das Web anders schreiben. Pressemeldungen gehören in einen eigenen Unterbereich der Site.

Nichts ist langweiliger als eine Startseite mit einer Liste von Presseerklärungen. Sind diese auch noch älter, verschrecken Sie damit viele Benutzer. Haben Sie tatsächlich so oft Neuigkeiten zu melden, dann sollten Sie vernünftige Texte für die Startseite schreiben, die auf Ihre wichtigsten Benutzergruppen zugeschnitten sind.

Passiert bei Ihnen nicht so viel Neues, dann sollten Sie dazu stehen und Sie den Text auf der Startseite allgemein halten. Auch ein Punkt „Aktuelles" oder „News" (wenn Sie denn auf Englisch bestehen) in der ersten Navigationsebene ist nur sinnvoll, wenn auch tatsächlich öfter, d.h. mehrmals pro Monat, etwas zu melden ist. Falls nicht, verlegen Sie Nachrichten über Ihre Organisation am besten in den Bereich, in dem Sie die Organisation darstellen.

4.15.3 News-Feeds (RSS)

Immer mehr Sites nützen für Nachrichten RSS-Feeds. RSS steht für Real Simple Syndication (lässt sich übersetzen als „ganz einfache Weitergabe") und ist eine Technik, um kurze Texte mit aktuellen Informationen übersichtlich darzustellen.

Man „abonniert" etwa einen RSS-Feed von `spiegel.de` und kann sich so sehr schnell über die neuesten Schlagzeilen auf dem Laufenden halten. Diese werden üblicherweise in einem eigenen Programm, einem RSS-Reader, dargestellt. Will man zu einem Thema mehr wissen, klickt man die entsprechende Schlagzeile an und gelangt auf die dazugehörige Nachricht bei `spiegel.de`.

Bieten Sie RSS nur an, wenn Sie tatsächlich oft (mindestens mehrmals pro Woche) neue Informationen online stellen. Auch muss die Zielgruppe etwas technik-affin sein, noch sind RSS-Reader kein Standardprogramm. Außerdem lassen sie sich nur sinnvoll verwenden, wenn man lange Zeit online ist.

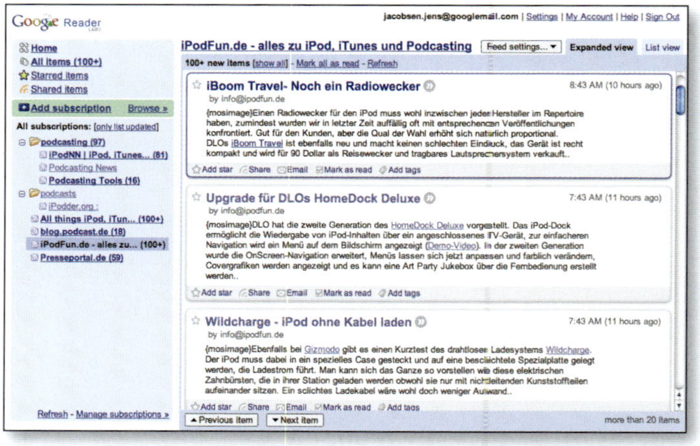

ABBILDUNG 4.9

Der Newsreader von Google. Hier werden die vom Nutzer abonnierten RSS-Feeds angezeigt.

4.15.4 Blogs

Blogs oder Weblogs sind Web-Tagebücher. Dahinter steht eine simple Technik, die es ermöglicht, mit sehr wenig Aufwand Texte auf die Site zu stellen. Diese sind meist kurz und chronologisch geordnet – die neuesten zuerst.

Blogs begannen als alternatives Nachrichten- und Subkulturmedium. Einzelne Personen führten und führen eine Art öffentliches Tagebuch als Blog. Inzwischen haben manche Unternehmen das übernommen – allerdings ist der Übergang zu einer häufig aktualisierten Site mit Content Management System fließend.

ABBILDUNG 4.10

Eines der ersten deutschen Unternehmen mit Blog war der Tiefkühlkost-Hersteller Frosta (www.frosta.de). Hier veröffentlichen die Mitarbeiter regelmäßig fachliche Informationen und persönliche Erfahrungen rund ums Thema Essen, mit Schwerpunkt natürlich auf Tiefkühlkost.

Vorteile von Blogs

Im Folgenden ein paar Dinge, die Blogs so interessant machen:

Blogs sind einfach

Wer eine E-Mail schreiben kann, kann ein Blog führen. Neue Texte werden einfach in ein Textfeld einer Website eingetragen und erscheinen Sekunden später im Blog.

Blogs sind schnell

Durch die einfache Sortierung nach Datum und die nur rudimentären Möglichkeiten der Formatierung sind Blogs sehr schnell zu aktualisieren. Die Einordnung des Inhalts auf der Site ist vorgegeben – das Neueste steht oben, fertig. Niemand erwartet von einem Blog aufwendiges Design.

Die Einträge können sehr kurz sein oder lang – die Form ist frei.

Blogs sind von überall zu aktualisieren

Jede noch so langsame Internetverbindung genügt, um einen Eintrag in einem Blog zu schreiben. Die meisten Blogs können sogar über E-Mail befüllt werden – so kann man auch mit jedem besseren Handy aktuelle Nachrichten veröffentlichen.

Blogs sind preisgünstig

Es gibt unzählige Anbieter, bei denen man kostenlos sein eigenes Blog einrichten kann. Wer einen eigenen Server hat, kann frei erhältliche nötige Skripten dort installieren. Die Einrichtung ist in wenigen Minuten erledigt.

Blogs sind vertrauensbildend

Das Web wächst, die täglich zu bewältigende Informationsmenge auch. Blogs sind fast immer von einem einzelnen Menschen persönlich geschriebene Kommentare, oft enthalten sie ausgewählte Links, die dieser Mensch interessant findet.

So erleichtern Blogs die Orientierung im Web und filtern die Informationsflut. Wer ein Blog regelmäßig liest, vertraut dem Betreiber und verlässt sich auf dessen Einschätzung.

Blogs sind interaktiv

Blogs bieten üblicherweise eine Kommentarfunktion, sodass jeder Besucher seine Meinung zu einem Eintrag abgeben kann. Das lässt sich aber auch verhindern bzw. auf registrierte Nutzer beschränken.

Gegenüber gewöhnlichen Foren haben Blogs den Vorteil, dass die Besucher nur vorhandene Einträge kommentieren können, aber keine eigenen Themen erstellen. Dadurch hat es der Betreiber des Blogs stärker in der Hand, welche Themen diskutiert werden – was aber manchmal auch ein Nachteil sein kann.

Ein weiterer Grund, der Blogs interaktiv macht, ist die starke Verlinkung untereinander. Die meisten frühen Blogs waren Protokolle der Webseiten, die eine Person besucht hat und interessant fand (daher auch Web-Log = Web-Tagebuch). Es ist bis heute üblich, dass Blogs viel aufeinander Bezug nehmen. Liest ein Blogger etwas Spannendes in einem anderen Blog, verlinkt er in seinem eigenen darauf, zitiert daraus und schreibt meist einen kurzen Kommentar dazu.

Nachteile von Blogs

Neben den vielen Vorteilen haben Blogs natürlich auch Nachteile aus der Sicht von Betreibern professioneller Websites:

Blogs sind unstrukturiert

Die Sortierung nach Datum ist zwar eindeutig, aber unpraktisch – etwa wenn man sich einen Überblick zu einem bestimmten Thema verschaffen will oder einen bestimmten Eintrag sucht. Zwar teilen manche Blogger ihre Einträge in Kategorien ein, und viele Blogs bieten eine Suchfunktion. Dennoch ist die Informations-Architektur eines Blogs fast immer einer gut geplanten Website unterlegen.

Blogs bringen zu viele Themen auf einer Seite

Die Startseite eines Blogs enthält die jüngsten Einträge. Ältere werden automatisch in ein Archiv verschoben, meist im Wochen- oder Monatsrhythmus. Die Startseite kann also je nach der inhaltlichen Ausrichtung des Blogs viele verschiedene Themen behandeln.

Das verschlechtert das Ranking der Seite bei Suchmaschinen. Diese geben Seiten, die nur ein Thema behandeln, höhere Werte. Zwar erstellen die meisten Blogs automatisch sogenannte *Permalinks*, die jeweils nur einen Blog-Eintrag enthalten und auch bestehen bleiben, nachdem der Eintrag von der Startseite ins Archiv gewandert ist. Doch meist hat man keine Kontrolle darüber, welcher Dateiname für die HTML-Seite des Eintrags vergeben wird und welche Description angelegt wird.

Außerdem lässt sich nicht ermitteln, welche Beiträge auf der Startseite am meisten gelesen werden. Bei Websites mit nur einem Beitrag pro Seite lassen sich deutlich aussagekräftigere Besuchsstatistiken erstellen.

Die Anzahl von Seitenaufrufen ist durch die lange Startseite auch geringer als bei einer Aufteilung auf eine Seite pro Thema. Das schmälert bei allen Sites, die sich mit Werbung finanzieren, den Ertrag, weil die Banner üblicherweise pro Seitenaufruf abgerechnet werden.

Blogs sind pflegeintensiv

Wer ein Blog hat, muss es betreuen. Die Benutzer erwarten regelmäßig neue Einträge, sonst kommen sie bald nicht mehr wieder.

Fast alle Blogs haben einen Newsfeed (RSS-Feed; das ist eine XML-Datei mit Informationen über die letzten Änderungen auf einer Website). Diesen können die Benutzer abonnieren. In Browsern wie Firefox oder Safari oder auch mit eigenen News-Readern sehen sie dann auf einen Blick, welche der sie interessierenden Sites neue Artikel online gestellt hat. So müssen sie nicht alle Sites einzeln aufrufen, um nach Neuigkeiten zu suchen.

Dennoch gilt: Wer zu selten bloggt, wird bald nicht mehr ernst genommen.

Blogs können anbiedernd wirken

Blogs werden derzeit noch vor allem von technik-affinen Menschen genutzt und betrieben. Wenn Sie ein für die Öffentlichkeit bestimmtes Firmenblog starten, kann das anbiedernd wirken, wenn Ihre Firma kein Image als technik-affin hat oder wenn Ihre Zielgruppe nicht stark technik-affin ist.

Blogs sind schwer zu kontrollieren

Blogs sind persönlich. Anders als die meisten Websites werden ihre Inhalte von namentlich genannten Personen geschrieben, meist von einer einzigen. Auch sind Kommentare und persönliche Wertungen üblich.

Das kann für eine Firma problematisch sein. Der Geschäftsführer eines kleineren Unternehmens wird selten die Zeit zum Bloggen finden. Der Marketing-Chef muss Veröffentlichungen üblicherweise mit dem Geschäftsführer abstimmen.

Bei größeren Firmen wird es noch schwieriger. Persönliche Äußerungen Einzelner können hier intern zu politischen Krisen führen. Die einheitliche Darstellung der

Firma nach außen ist nicht sichergestellt, geschweige denn die Einhaltung von Sprachregelungen. Manche Äußerungen haben vielleicht sogar juristische Relevanz.

Viele Firmen haben auch Sorge, dass vertrauliche Interna nach außen dringen.

Blogs können schaden

Lässt man die Benutzer Einträge kommentieren, kann es sein, dass unzufriedene Kunden, Nörgler oder Störer, die einfach nur Blödsinn schreiben wollen, hier ein Forum finden.

Löscht man solche Kommentare, besteht die Gefahr, dass die betreffenden Benutzer noch mehr verärgert werden. Die Einträge laufend zu kontrollieren macht bei stark besuchten Blogs viel Arbeit.

Auch entsteht leicht der Eindruck von Manipulation, wenn nur positive Kommentare in einem Firmenblog stehen.

Es ist daher für Firmenblogs meist sinnvoll, keine Kommentare zu erlauben. Allerdings wird damit einer der Vorteile von Blogs nicht genutzt: die Interaktivität und die Zunahme der Glaubwürdigkeit durch Kommentare von Benutzern.

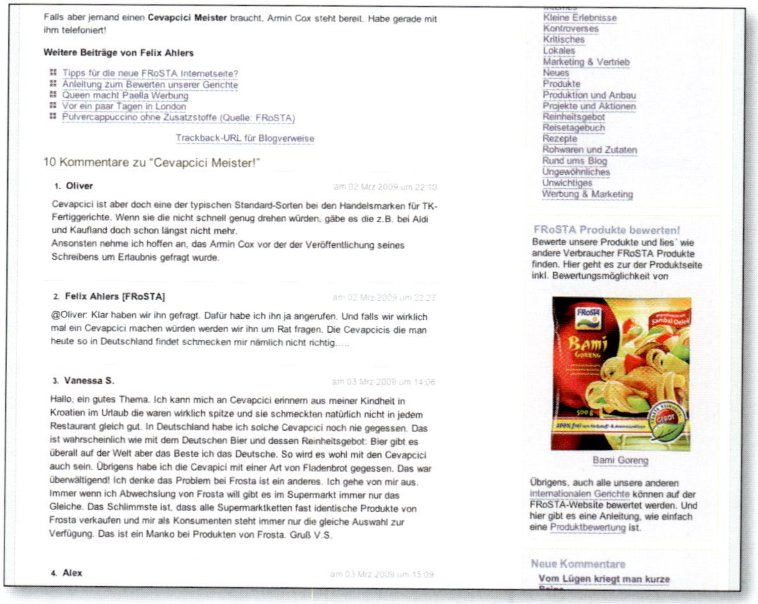

ABBILDUNG 4.11

Frosta meint es ernst. Sie erlauben sogar Kommentare auf die Einträge, was die Bindung der Besucher erhöht, weil sie hier so Teil einer Gemeinschaft werden können. Der Aufwand zur Kontrolle ist aber sicher nicht unerheblich.

Sehr sinnvoll einsetzen lassen sich Blogs auch im Intranet. Hier können Sie zum Beispiel ein Projekttagebuch führen. Alle Teammitglieder können sich so aktuell informieren und haben langfristig Zugang zu den Informationen, ohne ständig E-Mails lesen und archivieren zu müssen.

Mehr zur Konzeption von Blogs finden Sie in Kapitel 16 *Unternehmensblogs („Corporate Blogs“)*, ab Seite 360.

4.15.5 Podcasts

Ein Podcast ist „Radio zum Mitnehmen“. Es handelt sich um Audio-Dateien, die man aus dem Internet lädt und auf seinem PC oder auf einem MP3-Player anhört. Das Wort setzt sich zusammen aus dem Namen des bekanntesten MP3-Players, dem **iPod**, und dem Wort „broad**cast**“, also „senden“.

Doch man kann Podcasts nicht nur mit iPods, Handys oder anderen MP3-Playern anhören, sondern auch am Computer. Alles, was man braucht, sind eine schnelle Internetanbindung und Lautsprecher oder Kopfhörer.

Es gibt auch Video-Podcasts, die als Videocasts oder Vodcasts bezeichnet werden.

Ganz wichtig: Podcasts werden abonniert. Das heißt, der Nutzer entscheidet sich einmal für einen Podcast, das von ihm verwendete Programm (z. B. iTunes) lädt dann automatisch die neuen Folgen auf seinen Computer, sobald sie bereitstehen.

In selbst gewählten Abständen stellt der Podcaster, also der Programmmacher, neue Folgen bereit. Podcasts sind mit ganz wenigen Ausnahmen kostenlos.

ABBILDUNG 4.12

Podcasts lassen sich am einfachsten mit dem kostenlosen iTunes abonnieren, anhören und verwalten.

Wer bietet Podcasts an?

Es gibt weltweit derzeit ca. 65.000 Podcasts, in Deutschland um die 2.000. Dabei sind vieles Hobby-Projekte mit Themen von Angeln über Bücher, Computersicherheit bis hin zu Zen-Buddhismus. Doch immer mehr Profis steigen ein: viele Printmedien (Financial Times Deutschland, Kicker, Handelsblatt, Süddeutsche Zeitung…) und Radiosender (Antenne, BR, NDR…). Und auch Unternehmen nutzen schon das Potenzial von Podcasts (z. B. BMW, Coca Cola, IBM, Karlsberg Brauerei, Krankenkasse BIG direkt).

Was spricht für Podcasting?

Für den Nutzer haben Podcasts viele Vorteile: Er kann die Inhalte hören, wann und wo es ihm passt. Auf dem Weg ins Büro im Auto oder in der Bahn, beim Sport, bei der Arbeit oder abends zu Hause. Er kann sich die Mischung zusammenstellen, die genau seinen Interessen entspricht: Unterhaltungssendungen, Musik seiner Wahl, Unternehmensnachrichten, News... genau in der Menge und Detailtiefe, die er wünscht.

Für das Abonnieren muss der Nutzer seine Mailadresse nicht weitergeben, er hat also keine Angst vor Spam, die Hemmschwelle zum Abonnieren ist daher geringer als bei E-Mail-Newslettern. Auch enthalten Podcasts normalerweise keine störende Werbung.

Weitere Fakten, die dafür sprechen, dass sich Podcasts schnell weiter durchsetzen:

- Akzeptanz von Audiodaten/MP3 (iPod, Handys; iTunes – 1 Milliarde Downloads in weniger als 3 Jahren – , Musicload u.a.)
- Renaissance des Hörens (Hörbücher als einziger Bereich im Buchhandel mit Umsatzsteigerung)
- Weite Verbreitung von DSL (60 Prozent aller Erwachsenen nutzen das Internet, 50 Prozent davon mit Flatrate lt. ARD/ZDF-Online-Studie 2006)
- Starke Nutzung des Internets (119 Minuten täglich lt. ARD/ZDF-Online-Studie 2006)
- Starke Affinität zu Audio (186 Minuten täglich genutzt)
- Lange Wege (Durchschnittl. Arbeitsweg 24 Minuten einfach)
- Individualisierung der Mediennutzung (spezielle Zeitschriften, Websites im Internet für alle erdenklichen Spezialthemen, Fernsehen mit Festplatten-Videorecordern usw.)

iPods sind inzwischen allgegenwärtig. *Mercedes, BMW* und andere Autohersteller haben einen iPod-Anschluss in ihre Wagen integriert. Eine riesige Menge von iPod-Zubehör wird angeboten. Alle Handys mit MP3-Funktion können Podcasts, viele sogar Videocasts wiedergeben.

Was bringt Podcasting?

Mit einem eigenen Podcast haben Unternehmen die Möglichkeit, sich regelmäßig direkt an ihre Kunden zu wenden. Diese hören ihnen freiwillig für bis zu 45 Minuten zu und verbreiten die Nachrichten oft auch noch weiter. So macht man Kunden zu Botschaftern der Marke.

Die größten Vorteile für Unternehmen im Überblick:

- Geringe Streuverluste (nur wer sich für das Thema interessiert, abonniert)
- Kommunikation in beliebiger Länge und Gewichtung (nur begrenzt durch Nutzer-Interesse an Themen)
- Stärkung der Marke durch emotionale Ansprache (Hören ist persönlicher als Lesen)
- Hörer-Beteiligung durch Beantwortung von Fragen; Gewinnspiele
- Möglichkeit für Hinweise auf Aktionen, Sonderangebote, Website etc.

Außerdem bekommt man durch das Feedback der Hörer wertvolle Informationen über Wünsche, Meinungen und Ideen der Kunden.

Podcasts binden Kunden langfristig und stärken die Marke. Sie eignen sich besonders für junge, technik-affine Zielgruppen, die dem neuen Medium aufgeschlossen gegenüberstehen

Läuft der Podcast gut, kann man sogar Partnerunternehmen anbieten, kurze Promo-Hinweise zu schalten und so für eine Re-Finanzierung der Produktion sorgen.

Ein zusätzlicher aktueller Nutzen: Da das Medium noch jung ist, wird über neue Podcasts in den klassischen Medien häufig und ausführlich berichtet, er kurbelt also die PR an.

Wie hoch sind die Kosten einer Podcast-Produktion?

Podcasts sind deutlich günstiger als andere Werbeformen. Als Anhaltspunkt: Für den Preis einer Anzeige in einer Zeitschrift mit geringer Auflage bekommt man bereits ein auf die Kunden zugeschnittenes Podcast-Konzept inklusive Kommentar-Mini-Website und sechs Folgen.

Zwar erzielen Sie mit einem Podcast weniger Kontakte, dafür haben diese aber unvergleichlich höhere Qualität. Eine Anzeige wird von vielen Lesern überblättert, von wenigen kurz überflogen und nur von sehr wenigen mehrere Sekunden betrachtet. Ein guter Podcast dagegen wird ganz angehört – also dauert der Kontakt mit dem Kunden zwischen 5 und 45 Minuten. Zusätzlich kommen virale Effekte zum Tragen: gute Podcasts werden an Freunde und Bekannte weiterempfohlen.

Wann sind Podcasts nicht sinnvoll?

Wie immer ist die Frage nach der Zielgruppe die erste, die Sie sich bei der Konzeption stellen sollten. Wen wollen Sie erreichen? Und wie bekommen Sie diese Zielgruppe dazu, Ihren Podcast zu abonnieren? Welche Themen interessieren die Hörer?

Nicht sinnvoll sind Podcasts, wenn Sie eine sehr kleine Gruppe potenzieller Kunden haben. Bieten Sie etwa Software für die Simulation der Temperatur in Wohngebäuden an, wäre ein Podcasts mit Tipps und Tricks, Neuigkeiten und aktuellen Projektbeispielen sicher eine schöne Sache. Doch in Anbetracht der wenigen Anwender für solche Spezialprogramme wäre der Aufwand für die Podcast-Produktion wohl zu hoch für den möglichen Effekt.

Auch problematisch ist es, wenn Ihre Zielgruppe wenig im Internet unterwegs ist und/oder langsame Internet-Anbindungen hat. Dann sind die technischen Hürden, einen Podcast zu abonnieren, sehr hoch, und Sie müssen intensives Marketing in anderen Medien treiben, um eine relevante Zahl von Abonnenten zu gewinnen.

Was Sie auf keinen Fall machen sollten, ist das Podcasten „einfach mal auszuprobieren". Die Hörer eines Podcasts erwarten Regelmäßigkeit. Bekommen sie nicht mindestens einmal pro Monat, besser noch einmal pro Woche, eine neue Folge, nehmen sie an, der Podcast würde nicht mehr weitergeführt oder der Betreiber nehme seine Abonnenten nicht ernst. Haben Sie dazu nicht die Zeit oder das Budget, verzichten Sie lieber auf das Podcasten.

Es spricht aber nichts dagegen, einen Podcast für ein paar Monate zu testen. In diesem Zeitraum sollten Sie alle ein bis zwei Wochen eine Folge produzieren und können gegen Ende des Pilotprojekts entscheiden, ob Sie den Podcast weiterführen. Ebenfalls denkbar sind Podcasts zur Produkteinführung. Bei diesen ist von Anfang an bekannt, wie lange neue Folgen bereitgestellt werden – zum Beispiel bis zum offiziellen Verkaufsstart.

4.15.6 Communities – Virtuelle Gemeinschaften

Virtuelle Gemeinschaften oder Communities sind die beste Möglichkeit, Benutzer an die Site zu binden.

Chat

Menschen kommunizieren immer noch am liebsten mit Menschen. Daher gibt es auf so vielen Websites die Möglichkeit zu chatten. Sehen Sie aber nur dann einen Chat vor, wenn sich wirklich ein Thema anbietet, das zu der Site und dem Image des Auftraggebers passt. Stellen Sie fest, ob seine Kunden wirklich chatten. Ist die Besuchergruppe so homogen, dass die Besucher sich tatsächlich etwas zu sagen haben? Sehen Sie sich einige Chatrooms im Web an. Die meisten sind entweder leer, oder die Teilnehmer tauschen Banalitäten oder sogar Beleidigungen aus. Überlegen Sie sich gut, ob ein Chat auf Ihrer Site besser funktionieren wird.

Das können Sie fördern, indem die Chats beispielsweise nur zu bestimmten Zeiten angeboten werden. Auch kann ein Moderator dafür sorgen, dass die Unterhaltung spannend bleibt und nicht unter ein bestimmtes Niveau sinkt.

Online-Veranstaltungen

Sie können Chats für Interviews mit Experten oder Prominenten nutzen. Kündigen Sie diese rechzeitig vorher im Chat und auf der Homepage an, eventuell auch offline. Sie können entweder ein Interview führen, oder Sie lassen den Gast einfach mit den Teilnehmern des Chats frei reden.

Schwarzes Brett

Aber nicht nur mit einem Chat bauen Sie virtuelle Gemeinschaften auf. Auch mit zeitversetzter Kommunikation ist das möglich. Bekanntestes Beispiel ist der Buchversand Amazon. Hier kann jeder Leser zu jedem Buch eine Kurzkritik verfassen. Im Laufe der Zeit nimmt so der Wert des Buchkatalogs zu. Die Besucher der Site sorgen dafür, dass ständig weiterer Inhalt generiert wird, der die Site immer wertvoller macht und so weitere Besucher anzieht. Außerdem entsteht auch hier ein Gefühl von Gemeinschaft: Der Benutzer hat nicht mehr das Gefühl, es nur mit einem Computer zu tun zu haben. Diese Technik ist unter dem Namen *Schwarzes Brett* oder *message board* bekannt.

Nach dem gleichen Prinzip funktionieren Gästebücher. Sie sind aber ein Merkmal von Amateursites und bringen im Normalfall nichts. Ohne vorgegebenes Thema und die Aufforderung zur Diskussion werden Sie kaum sinnvolle Einträge von Nutzern bekommen.

Forum

Bei den sogenannten *Foren* schreibt ein Benutzer eine Nachricht, die auf der Webseite erscheint. Andere antworten darauf oder verfassen neue Nachrichten. Auf diese kann wiederum geantwortet werden, auf diese wieder usw. So entspinnen sich teilweise lange Diskussionen um ein Thema. Solch eine Diskussion wird auch *Thread* (englisch für „Faden") genannt, sozusagen ein Diskussionsfaden.

Abbildung 4.13
Forum, in dem sich die Besucher gegenseitig helfen

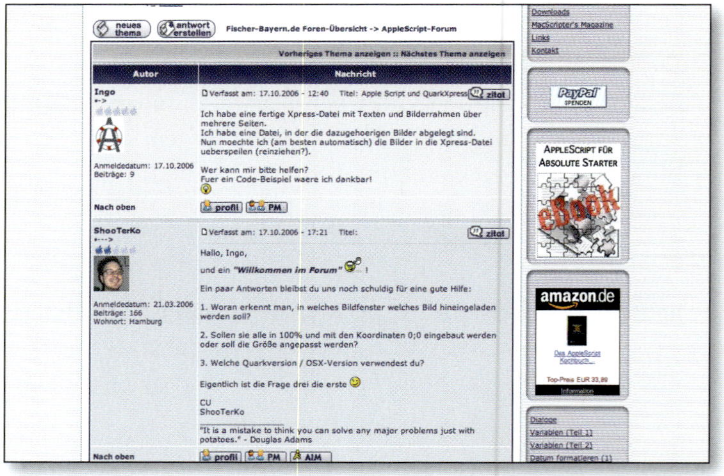

Dieses Prinzip kommt von den *Newsgroups*, einem weniger bekannten Teil des Internets. Hier ist diese Art der Kommunikation schon seit Jahren üblich, zu fast jedem Thema gibt es eine Newsgroup. Der Vorteil von Foren ist, dass sie direkt an eine Website gebunden sind, der Benutzer also nicht in eine eigene Software wechseln muss. Er hat also, während er die Diskussion verfolgt oder an ihr teilnimmt, immer das Gefühl, auf Ihrer Site zu sein. Mit Foren können Sie z.B. auch Kunden-Support leisten. Dann sollten Sie die Anfragen der Nutzer spätestens nach 24 Stunden beantworten.

Avatare

In manchen Communities können sich die Mitglieder nicht nur eigene Namen geben, sondern auch sogenannte *Avatare* annehmen. Ein Avatar ist in der indischen Mythologie die Wiedergeburt eines Gottes in Menschen- oder Tiergestalt. Im Web ist ein Avatar eine mehr oder weniger aufwendig dargestellte Figur, mit der sich der Benutzer durch einen virtuellen Raum bewegt.

Die kleinen Fotos, die neben den Namen in manchen Foren stehen, werden oft auch Avatar genannt – aber in dem Fall sind es nur Bilder ohne jede Interaktionsmöglichkeit. Ein echter Avatar kann ein einfaches Männchen sein, von dem der Benutzer nur Haarfarbe, Geschlecht und Pulloverfarbe bestimmen kann. Oder es kann eine voll animierte, dreidimensionale Figur sein, deren Aussehen der Benutzer bis ins kleinste Detail festlegen kann. Auch die Charaktereigenschaften und die Möglichkeiten des Avatars im virtuellen Raum können sich im Laufe der Zeit ändern.

Die Besucher einer Site können sich über ihre Avatare miteinander unterhalten und teilweise auch in sehr vielfältige Interaktion treten. Beispielsweise können sie bestimmte Dinge untereinander austauschen, die sie zuvor im virtuellen Raum gefunden oder erworben haben.

ABBILDUNG 4.14

Eine der aufwendigsten Anwendungen mit Avataren ist Second Life. Hier kann man mit seinen Avataren sogar Kleidung einkaufen gehen. (Screenshot Copyright 2007, Linden Research, Inc. All Rights Reserved.)

Solche aufwendigen Programmierungen eignen sich nur für die wenigsten Sites. Es ist zum einen sehr viel Arbeit, die Software für eine solche virtuelle Gemeinschaft zu erstellen (wobei Sie auch Software lizenzieren können), zum anderen müssen Idee und Marketing so gut sein, dass die Gemeinschaft schnell auch genügend Mitglieder hat. Nichts ist langweiliger als ein virtueller Raum, in dem sich niemand aufhält.

4.15.7 Agenten

Agenten oder Bots (von *robot*) sind Programme, die dem Benutzer behilflich sind und sich menschenähnlich verhalten. Es gibt eine Vielzahl verschiedener Agenten, aber es soll hier nur auf die „Chat-Bots" eingegangen werden. Sie können Fragen des Benutzers beantworten, ihm Tipps geben und ihm eine „geführte Tour" durch die Site anbieten. Es gibt Agenten, die eine Gestalt bekommen haben, wie etwa der Sänger E-Cyas, und andere, die nur als Code existieren, der auf Texteingaben antwortet, wie der virtuelle Elvis.

Mit Chat-Bots können sich die Besucher (mehr oder weniger gut) in natürlicher Sprache unterhalten. Anders als bei Suchmaschinen müssen sie ihre Frage nicht abstrahieren, sondern können sie direkt an den Bot richten. Außerdem entsteht dadurch so etwas wie eine persönliche Bindung an die Site. Der Besucher fühlt sich aufgehoben und betreut, auch wenn ihm klar ist, dass er sich mit einem Computer unterhält.

Bots sind Spezialentwicklungen, die eine komplexe Programmierung erfordern. Aber man kann sie auch lizenzieren. Der Nutzen von Bots für den Auftraggeber könnte neben der Kundenbindung die Entlastung seiner Service-Abteilung sein. Denn wenn der Bot die häufigsten Kundenfragen beantwortet, müssen das nicht mehr die Service-Mitarbeiter tun. Dennoch ist das Erstellen der Antworttexe sehr aufwendig. Und hier muss man sehr sorgfältig vorgehen, wenn der Bot mehr als eine Spielerei sein soll. Denn auch wenn der „Mitarbeiter“ nicht echt ist, die Kunden werden echt verärgert, wenn sie sich schlecht von ihm beraten fühlen.

4.15.8 Zusatzinfos zum Download

Viele Sites bieten Zusatzinfos zum Download an. Am weitesten verbreitet dabei ist das Format PDF (Portable Document Format). Dieses wird auf jedem Computer gleich angezeigt, Zeilen- und Seitenumbruch sind fix, und auch ungewöhnliche Schriftarten oder Sonderzeichen sind kein Problem. Im Gegensatz zu HTML-Seiten bleiben alle Formatierungen und Schriften exakt so, wie sie beim Layout festgelegt wurden. PDF wurde entwickelt, um sicherzustellen, dass Dokumente beim Ausdruck perfekt aussehen.

PDF-Dokumente im Web haben allerdings einige Nachteile:

- Die Gefahr ist höher, dass Benutzer technische Probleme haben – zum Beispiel, weil das zur Anzeige nötige PDF-Plug-In für den Browser nicht installiert ist.
- Sie sind deutlich größer als HTML-Text.
- Es dauert länger, bis sie angezeigt werden, weil das Plug-In erst gestartet werden muss.
- Die Browser-Navigation funktioniert nicht wie gewohnt.
- PDFs werden fast immer für den Ausdruck erstellt. Die Anordnung ist daher oft ungeeignet zum Lesen am Bildschirm. Außerdem schreibt man für den Ausdruck anders als fürs Web (siehe z.B. den `benutzerfreun.de`-Newsletter vom Mai 2006).
- Das Blättern erfolgt seitenweise. Auf manche Bildschirme passt keine ganze Seite, dann wird das Blättern mühsam – man muss mehrfach die `Seite ↓`-Taste drücken und sieht oft nicht sofort, wo die nächste zu lesende Zeile ist. Auf größeren Bildschirmen wird dagegen Platz verschenkt.

Deshalb sollten Sie zweimal überlegen, ob Sie tatsächlich ein PDF anbieten wollen oder ob es nicht sinnvoller ist, ihren Benutzern die Inhalte als HTML-Seite zu präsentieren.

Gründe, die für PDF angeführt werden:

Es gibt das PDF schon, also kann man es auch online stellen.

Das ist ein Argument für Faule. Sie sollten Ihren Besuchern die Arbeit abnehmen, die relevanten Inhalte herauszusuchen. Versetzen Sie sich in deren Lage, und stellen Sie die Informationen bereit, von denen Sie glauben, dass die Benutzer sie auf der Website suchen werden. Besser noch: Machen Sie Benutzer-Tests, um das herauszufinden.

Ist der Inhalt wichtig, stellen Sie ihn als HTML bereit. Ist er es nicht, verzichten Sie darauf; das erhöht den Wert der tatsächlich bereitgestellten Informationen.

Es ist arbeitssparend, das PDF zu verwenden, statt eigene HTML-Seiten zu erstellen.

Denken Sie daran, dass Sie auch Schaden anrichten können, wenn Ihre Benutzer den Eindruck haben, dass Sie es sich zu einfach machen. Benutzer merken es schnell, wenn jemand zu wenig an sie denkt.

Das Layout soll perfekt aussehen.

Fast immer kommen die Benutzer auf Ihre Site, um Informationen zu finden. Dabei ist ihnen als Allererstes wichtig, diese Informationen schnell zu finden und dass sie alle ihre Fragen beantworten. Natürlich müssen Sie auf Ihre Marke achten, Gestaltungsrichtlinien einhalten und dafür sorgen, dass alles gut aussieht. Aber das geht inzwischen problemlos mit HTML und CSS.

Gründe, die tatsächlich für PDF sprechen:

Die Benutzer wollen die Dokumente aufbewahren.

Manche Inhalte will man behalten – entweder als Ausdruck oder als Datei. Dafür bieten sich PDFs an. Die Benutzer wissen, wenn sie sich ein PDF herunterladen, dass darin alles enthalten ist, dass es richtig abgespeichert wurde und dass sie es problemlos auf jedem Rechner öffnen können.

Beispiel: Rechnungen, Bedienungsanleitungen, Zusammenfassungen, Broschüren

Die Benutzer wollen die Dokumente weitergeben.

Möchte ein Mitarbeiter ein Gerät kaufen oder eine Firma beauftragen und muss das mit seinem Chef abstimmen, so ist ein PDF praktisch. Denn der Mitarbeiter kann die wichtigsten Informationen als PDF weitergeben und muss seinen Chef nicht bitten, auf der Website herumzusurfen oder mehrere Links aufzurufen. Dabei ist aber natürlich elementar, dass das PDF auch tatsächlich alle nötigen Informationen enthält – und nicht zu viele unnötige.

Beispiel: Datenblätter, Produkt-Broschüren. Ganze Kataloge als PDF sind dagegen nicht sinnvoll.

PDF – aber richtig

Wenn Sie nicht auf PDF verzichten wollen, beachten Sie folgende Regeln:

- Bereiten Sie die Besucher darauf vor, wenn ein Link ein PDF öffnet.
- Geben Sie an, wie viele Megabyte die Benutzer herunterladen müssen.

- Öffnen Sie das PDF in einem eigenen Fenster.
- Je nach Zielpublikum der Site kann es auch nötig sein, einen Link zu einer Seite vorzusehen, auf der Sie erklären, was das PDF-Plug-In ist, warum es gebraucht wird und wie man es installiert.

Beim Anlegen des PDFs:

- Schreiben Sie keinen Broschürentext, sondern webgerechten Text.
- Verwenden Sie ein einspaltiges Layout, damit die Benutzer nicht auf einer einzigen Seite mehrfach hin- und herscrollen müssen.
- Legen Sie die Seiten im Querformat an.
- Nutzen Sie eine bildschirmoptimierte Schriftart (ohne Serifen).
- Stellen Sie die Qualität der Bilder nicht zu hoch ein, um die Dateigröße und damit die Downloadzeit klein zu halten.
- Legen Sie ein Inhaltsverzeichnis an, wenn das Dokument länger als zehn Seiten ist.
- Teilen Sie große Dokumente auf (ab ca. 15 Seiten). Sehen Sie zusätzlich ein PDF vor, in dem alle Teile für diejenigen zusammengefasst sind, die tatsächlich am ganzen Werk interessiert sind.
- Betten Sie exotische Schriftarten ein, damit sie auf jedem Computer angezeigt werden.

Andere Nicht-HTML-Dateien

Für Word- und RTF-Dokumente, PowerPoint-Dateien und Excel-Tabellen gilt das Gleiche wie für PDF-Dateien. Überlegen Sie zweimal, bevor Sie diese im Web anbieten, weil sie nicht zur Bearbeitung im Browser gedacht sind. Falls Sie sich dennoch dafür entscheiden: Bereiten Sie die Nutzer vor, geben Sie die Dateigröße an, öffnen Sie ein neues Fenster, und erklären Sie das Format.

4.15.9 Personalisierung

Sie können den Benutzern Ihrer Site anbieten, die Inhalte zu personalisieren. Die Benutzer können dann selbst bestimmen, wie die Seiten genau aussehen. Direktbanken oder Zeitungen setzen diese Funktion beispielsweise auf ihren Sites ein. Sie erlauben den Benutzern zu bestimmen, was genau auf ihrer Begrüßungsseite steht. Sie können etwa angeben, welche Aktienindizes dargestellt werden sollen, für welche Region sie eine Wettervorhersage brauchen und aus welchem Themenbereich die Schlagzeilen stammen sollen.

ABBILDUNG 4.15

Bei Google (www.google.de) kann man detailliert einstellen, was auf der Startseite zu sehen sein soll.

Nutzer-Registrierung

Eine Personalisierung und meist auch virtuelle Gemeinschaften machen es nötig, dass sich der Benutzer der Site registriert. Er muss dazu im einfachsten Fall einen Namen eingeben und sich ein Passwort ausdenken. Das ist deutlich mehr Arbeit, als nur zu klicken. Sie sollten solche Funktionen nur vorsehen, wenn sie einen echten Mehrwert bieten. Der Benutzer ist bequem, außerdem gibt er ungern etwas von sich preis – auch wenn es nur ein erfundener Name ist.

Jede Registrierung ist eine Hürde, die einige Benutzer abschreckt.

Die Registrierungsprozedur ist auch deshalb so umständlich, weil die meisten Menschen tippfaul sind und sich nicht gern viele verschiedene Benutzernamen merken möchten. Viele verwenden ihren Vornamen oder ihre Initialen als Benutzernamen. Gibt es eine Site mit Registrierung schon eine Weile, sind alle üblichen Namen vergeben, genauso ist es mit den Kürzeln. Daher muss man oft mehrfach verschiedene Benutzernamen testen, bis man einen findet, der noch frei ist. Hinzu kommt das Problem, sich das Passwort merken zu müssen.

4.16 Welche technische Basis brauchen Sie?

Neben den inhaltlichen Gesichtspunkten müssen Sie im Grobkonzept auch die technischen Eckdaten skizzieren. Wichtig ist dabei, in welcher Form der Auftraggeber Ihr Werk erhält. Übergeben Sie ihm eine CD-ROM, auf der alle Seiten sind? Schicken Sie ihm eine E-Mail? Installieren Sie die Seiten direkt auf seinem Server? Oder liegen die Seiten auf Ihrem Server? Sind Sie dafür verantwortlich, einen Provider für den Auftraggeber zu suchen? (Kriterien dazu finden Sie in Kapitel 10.2, *Provider-Suche*, Seite 311).

4.16.1 Content-Management-Systeme (CMS)

Bei größeren Projekten mit viel Inhalt („Content", also Texte, Bilder, Videos usw.) sollten Sie überlegen, ob Sie die Arbeit mit einem konventionellen Web-Editor in den Griff bekommen. Rechnen Sie mit vielen Änderungen, vor allem an Details. Auch wenn das Design abgenommen ist, kommt es immer wieder vor, dass am Ende des Projekts hier noch einmal ein grundsätzlicher Eingriff vorgenommen wird. Wenn Sie dann von Hand mehrere hundert HTML-Seiten ändern müssen, werden Sie sicher selbst dann fluchen, wenn der Kunde den Mehraufwand bezahlt.

Content-Management-Systeme (CMS) trennen Inhalt und Form. Eine Änderung des Designs hat hier keine Auswirkung auf den Inhalt. Diese Systeme verwalten den Inhalt in einer Datenbank. Es werden Vorlagen angelegt, die bestimmen, wie die Seiten später im Browser erscheinen. Erst beim Erstellen bzw. beim Aufrufen der Seite wird aus der Datenbank der Inhalt (Text, Bilder usw.) ausgelesen und mithilfe der Vorlagen der HTML-Code erzeugt.

Läuft ein CMS, ist die Arbeit damit einfach und schnell. Doch der Weg dahin ist lang.

Im Blog zum Buch finden Sie auch viele Infos, wie Sie ein Blog einrichten. Dies kann oft ein CMS ersetzen.

CD

Es gibt unzählige vorgefertigte Content-Management-Systeme, und viele Zeitschriftenverlage und auch Agenturen erstellen ihre eigenen Systeme. Allen ist gemeinsam, dass Sie viel Zeit einplanen müssen, um das System zu konfigurieren. Die tägliche Arbeit ist dann dagegen recht einfach. Eine weitere Gemeinsamkeit der Systeme ist der hohe Preis. Die professionellen Systeme fangen bei etwa tausend Euro an, nach oben existieren fast keine Grenzen – je nach Umfang, Support und Anzahl der benötigten Lizenzen. Es gibt auch kostenlose Content-Management-Systeme aus dem Open-Source-Bereich (die Programme liegen als Quellcode frei zugänglich vor, jeder darf sie verwenden und/oder weiterentwickeln). Allerdings ist die Einarbeitung hier sehr aufwendig, und es gibt kaum Support. Informationsquellen zu CMS finden Sie im Anhang. Oder öffnen Sie die Linkliste auf der beiliegenden CD-ROM, oder besuchen Sie die `www.benutzerfreun.de` im Web.

4.16.2 Anbindung an bestehende Systeme

Beziehen Sie schon vorhandene Systeme wie etwa Warenwirtschaftssysteme in Ihre Planung mit ein. Es ist viel einfacher, wenn Sie einen Web-Shop an das bestehende System anschließen, mit dem Bestellungen verwaltet werden. Dazu werden Sie zwar Fachleute brauchen, Ihr Auftraggeber wird es aber zu schätzen wissen und die Kosten dafür (manchmal nach einiger Überzeugungsarbeit) übernehmen.

Wer eine Website hat, muss E-Mails beantworten. Bei manchen großen Firmen führt das zu Problemen.

Auch mit schon vorhandenen Serviceabteilungen sollten Sie die Site verzahnen. Haben Sie nur eine E-Mail-Funktion auf der Site, dann sorgen Sie zumindest dafür, dass die Mails an die richtigen Mitarbeiter weitergeleitet und von diesen auch beantwortet werden. Das klingt selbstverständlich, aber manche Auftraggeber haben tatsächlich nicht für den Fall geplant, dass ein Kunde eine E-Mail schreibt. Einer der häufigsten Kritikpunkte von Kunden ist, dass sie keine Antwort auf ihre E-Mail bekommen oder zu lange darauf warten müssen.

Wenn es ein Callcenter gibt, sollten Sie darüber nachdenken, es mit der Site zu verknüpfen. Es ist beispielsweise möglich, von der Website eine Benachrichtigung mit der Bitte um Rückruf an einen Callcenter-Mitarbeiter zu schicken. Dieser kann dann beim Kunden anrufen und – falls er mehrere Leitungen hat – direkt mit ihm gemeinsam seine Probleme auf der Site lösen.

Stellen Sie sich generell die Frage: Wie wirkt sich die Site auf Unternehmensprozesse aus? Wo gibt es Anknüpfungspunkte, Überschneidungen oder Konflikte? Rechnen Sie damit, dass nicht unbedingt jeder Mitarbeiter erfreut ist. Wenn Ihr Auftraggeber seine Kosten beispielsweise reduzieren will, indem er einen Bot Kundenfragen beantworten lässt, sind die Mitarbeiter des Callcenters sicher nicht begeistert, wenn sie deshalb um ihren Job fürchten müssen.

4.16.3 Shop-Systeme

Die größte Herausforderung für eine Web-Agentur ist derzeit wahrscheinlich, einen *guten* Internet-Shop zu installieren. Neben den konzeptionellen Punkten stehen hier die technischen Fragen weit vorn. Auch hier gibt es eine ganze Reihe von Systemen „von der Stange". Für jede Größe ist etwas dabei.

Shops machen so viele technische Probleme, dass darüber oft die Konzeption vergessen wird. Behalten Sie die gute Bedienbarkeit im Auge.

Will Ihr Auftraggeber nur ein paar Dinge anbieten und plant er nicht, damit in Zukunft großen Umsatz zu machen, können Sie auf einen Miet-Shop zurückgreifen. Dabei lassen sich die Seiten relativ einfach erstellen und laufen dann über den Server eines Providers. Dieser kassiert bei jeder Bestellung mit, manche bieten auch Festpreise an.

Vermuten Sie dagegen, dass das Geschäft sowohl vom Bestellvolumen als auch von der Zahl der Waren bald stark wächst, sollten Sie von Anfang an eine eigene Lösung anstreben. Auch hier ist wieder Spezialistenwissen gefragt. Unterschätzen Sie den Aufwand nicht!

Der wichtigste Punkt für den Auftraggeber ist das Bezahlen. Aber auch für den Käufer ist dieses Thema entscheidend. Der Käufer möchte meist am liebsten per Rechnung zahlen, dem Verkäufer ist Vorauskasse am liebsten. Bei den beiden Varianten weiß immer eine Seite nicht, ob sie auch wirklich bekommt, was ihr versprochen wurde. Daher hat sich als Kompromiss die Nachnahme durchgesetzt. Sie ist allerdings teuer und hat den Nachteil, dass man zu Hause sein muss, wenn die Ware ankommt.

Die Bezahlung per Kreditkarte ist für beide Seiten vorteilhaft. Doch viele Kunden haben Angst, dass mit ihrer Kreditkartennummer Missbrauch betrieben wird – besonders in Europa. Und für den Verkäufer fallen hohe Gebühren an.

Das Zahlen per Bankeinzug ist einfach, wird von Verkäufern aber nicht immer angeboten, weil der Kunde jeden Einzug ohne Angabe von Gründen rückgängig machen kann. Dann fallen für den Verkäufer hohe Gebühren an, und es ist unklar, ob er sein Geld jemals bekommt.

Virtuelles Geld hat sich bis heute nicht durchgesetzt. Es gibt viele Angebote, doch sie haben alle den Nachteil, dass die meisten Kunden keine Münzen, Groschen oder Coins der entsprechenden Währung haben. Solche Bezahlmöglichkeiten können also bis heute höchstens zusätzlich angeboten werden. Auch das Bezahlen per Handy ist noch nicht alltäglich.

4.16.4 Mobile Anwendungen

Die Nutzung des Web über mobile Geräte nimmt stark zu.

Das mobile Internet ist da. Vorbei sind die Zeiten, als Sie nur für den PC planen mussten. Vorbei ist die Zeit, in der fast alle Probleme mit der Unzahl verschiedener Browser gelöst waren. Vorbei die Zeiten, als Ladegeschwindigkeit kaum mehr eine Rolle gespielt hat. Ein bisschen wirkt es so, also würde sich die Geschichte wiederholen. Wir sind wie zurückversetzt an die Zeit Ende der 1990er Jahre. Alle Probleme von damals tauchen wieder auf – was Sie früher beim Anlegen von Seiten für PCs beachten mussten, das müssen Sie heute beim Anlegen von Seiten für Mobilgeräte beachten.

Welche Standards sind wichtig?

Das 1997 eingeführte *WAP* (*wireless application protocol*) war ein Flop. Damit konnten auf Handys Textseiten mit Links dargestellt werden, die Bedienung war eine Katastrophe. Die Displays waren zu klein, die Ladegeschwindigkeit zu schlecht und die Verbindungen zu unzuverlässig. Inzwischen haben sich die Standards *EDGE* (*enhanced data rates for GSM evolution*, ein Datendienst für die Standard-GSM-Handynetze) und *UMTS* (*universal mobile telecommunications system*) etabliert. Insbesondere UMTS bietet eine hohe Übertragungsgeschwindigkeit, was vor allem für die Medienwiedergabe interessant ist, aber auch für Anwendungen, die oft größere Mengen von Daten nachladen.

Auch wenn es in den deutschsprachigen Ländern mehr Mobiltelefone gibt als Einwohner – noch nicht jeder hat einen Datentarif, mit dem er überhaupt mobil im Web surfen kann, und nicht jeder besitzt ein Handy, mit dem das einigermaßen praktikabel ist.

Dennoch hat mit der Einführung des iPhone Ende 2007 das mobile Internet den Massenmarkt erreicht. Das Apple-Smartphone hat Standards gesetzt und es verkauft sich bestens. Andere Hersteller versuchen sich abzuschauen, was gut funktioniert. So gibt es mittlerweile auch von RIM (dem Hersteller der Blackberry-Geräte), von Samsung oder von Nokia Handys, mit denen man komfortabel im Web unterwegs ist.

ABBILDUNG 4.16

Das iPhone zeigt fast jede Website so an, dass man sie zumindest lesen kann – und die meisten sogar ziemlich gut (Abbildung mit iPhoney, einem kostenlosen Programm, um Websites auf dem Mac so darzustellen, wie man sie auf dem iPhone sieht).

Noch ein paar Details zum iPhone, weil es der Trendsetter war:

Der Bildschirm ist hoch auflösend (160 dpi statt den ca. 100 dpi der meisten modernen Monitore) und man kann das Gerät drehen, dann zeigt es die Webseiten automatisch im Querformat an. Tippt man auf einen Bereich einer Webseite (z.B. den zentralen Inhaltsbereich oder die Seitenspalte), wird dieser vergrößert dargestellt, so dass man auch klein gesetzte Texte problemlos lesen kann. Mit zwei Fingern kann man beliebige Teile der Seite vergrößern, indem man sie an der gleichen Stelle auf dem Touchscreen aufsetzt und auseinanderzieht – je weiter man die beiden Finger spreizt, desto mehr wird vergrößert.

Damit ist man sowohl unabhängig von den Site-Betreibern (manche Site-Betreiber bieten speziell für Mobilgeräte aufbereitete Versionen ihrer Sites an) als auch vom Mobilfunkanbieter (manche bereiten wichtige Sites so auf, dass sie auf Mobilgeräten besser lesbar sind). Die Ingenieure von Apple haben also einen pragmatischen Ansatz gewählt: Sie haben den Browser des iPhone so eingerichtet, dass er mit den Websites umgehen kann, die es derzeit gibt.

Das ist für Sie als Site-Betreiber ein großer Vorteil. Dennoch gibt es Websites, die besser auf mobilen Geräten funktionieren, und solche, die eher mühsam zu benutzen sind. Achten Sie vor allem auf Folgendes (das gilt für alle mobilen Geräte).

Die wichtigsten technischen Beschränkungen:

- Geringe Bildschirmauflösung (beim iPhone sind es 480 x 320 Pixel, wovon aber noch Platz für die Steuerelemente weggehen; etliche Geräte haben noch weniger)
- Flash wird nicht unterstützt, auch Java nicht (JavaScript dagegen schon)

Testen Sie unbedingt selbst einmal auf möglichst vielen mobilen Geräten, wie sich das Surfen hiermit anfühlt. Nur so bekommen Sie ein Gefühl dafür, mit welchen Problemen man sich hier herumschlägt.

Im Kapitel *Umsetzung, Abschnitt Websites für Mobilgeräte* (ab S. 291) finden Sie noch ein paar Tipps für die technische Umsetzung von Seiten, die für Handys und Smartphones optimiert sind.

Die Domain .mobi

2006 startete mit großem PR-Wirbel die Top-Level-Domain (TLD) .mobi. Unternehmen wie Nokia, Samsung, T-Mobile, Vodafone, Microsoft und Google wollten damit einen Bereich im Web schaffen, der dem Nutzer deutlich macht, dass die Inhalte hier für mobile Geräte optimiert sind – unter Sites wie `IhreSite.mobi`. Jeder kann eine solche Domain beantragen, er muss sich dabei aber an die Standards halten, die vorschreiben, dass die Site für die Nutzung auf mobilen Geräten optimiert sein muss.

Hintergrund war, dass die meisten Webseiten auf den kleinen Displays von Handys oder Smartphones über die langsamen Übertragungsraten, wie schon erwähnt, kaum zu benutzen waren.

Doch durchgesetzt hat sich .mobi bis heute nicht. Auch wenn man die .mobi-Sites der Unternehmen ansieht, welche die Top-Level-Domain mit initiiert haben, stellt man fest: Entweder sie nutzen sie nicht und leiten auf ihre `.de`- bzw. `.com`-Domains um. Oder sie haben Inhalte auf ihren .mobi-Sites, bei denen man sich fragt, wer diese nutzen soll.

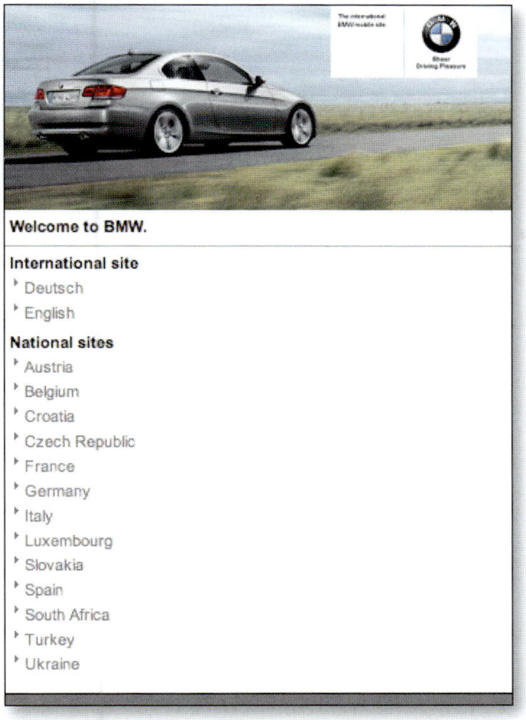

ABBILDUNG 4.17
Bmw.mobi ist eines der wenigen positiven Beispiele. Eine optimierte Site mit Links zu Untersites in verschiedenen Sprachen. Klickt man auf „Deutsch", bekommt man ausführliche Infos zu den Autos und zur Technik, alle ordentlich aufbereitet.

Meiner Ansicht nach sollte man sich die Arbeit sparen und eine Doppelung von Inhalten auf einer .mobi-Site vermeiden. Besser ist es, seine eigentliche Domain so zu trimmen, dass sie auch auf mobilen Geräten funktioniert. Der Meinung ist auch die Mobile Web Initiative (MWI) beim W3C (World Wide Web Consortium), das für die Webstandards zuständig ist.

Falls unbedingt nötig, kann man eine Browserweiche einbauen, die Nutzer mit mobilen Geräten auf einen optimierten Unterbereich der Site umleitet (siehe Kapitel Umsetzung, Abschnitt *Websites für Mobilgeräte* ab S. 291).

Mit der neuen Generation von Web-Handys werden eigene mobile Sites zunehmend unnötig.

App Stores – Programme für mobile Geräte

Für die Konzeption immer interessanter werden auch die sogenannten App Stores (für Application Store, Geschäft für Programme). In diesen können Sie Anwendungen für mobile Geräte kaufen, die meist von Fremdendwicklern hergestellt wurden. Der Apple App Store war ein weiterer Punkt, bei dem das iPhone so erfolgreich war, dass einige andere nachgezogen sind. Viele Programme sind in Apples App Store kostenlos, andere sehr günstig (zwischen 79 Cent und 3 Euro). Dadurch ist die Hemmschwelle bei den Nutzern zum Ausprobieren neuer Programme sehr niedrig. Es gibt erste Versuche, diesen Store auch fürs Marketing zu nutzen: Für den Kinofilm Watchmen gab es vor der Premiere eine kostenlose Anwendung. Und auch für andere Geräte existieren schon vergleichbare Programme.

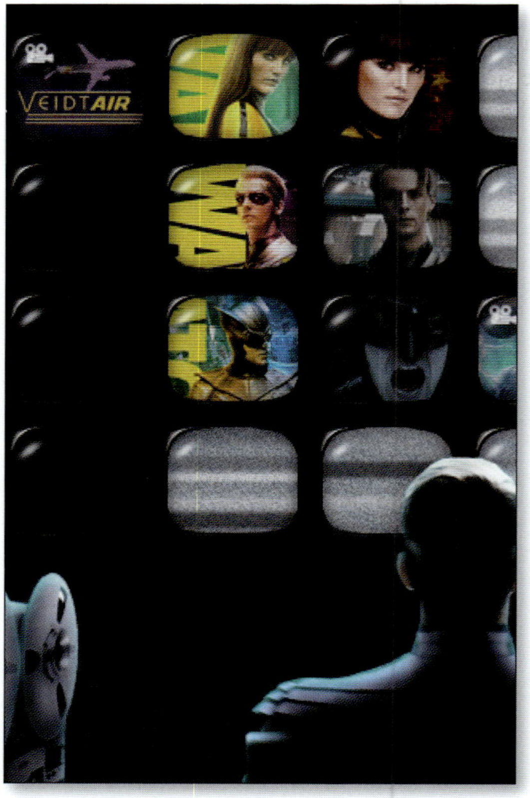

ABBILDUNG 4.18

Die kostenlose iPhone-Anwendung Watchmen zum gleichnamigen Film. Sie enthält im Wesentlichen nur Links zu Trailer und Filmausschnitten, zur Website und ein paar Hintergrundinfos sowie Schreibtischhintergründe, die man auf dem iPhone installieren kann.

Alle Programme fürs iPhone laufen übrigens auch auf dem iPod Touch, einem iPhone ohne Telefonfunktion. Dieser ist für das Surfen auf ein WLAN angewiesen.

Denken Sie darüber nach, ob es sich in Ihrem Fall lohnen könnte, eine eigene mobile Anwendung zu entwickeln. Wichtig ist dann, die richtige Plattform auszusuchen – welche die richtige ist, hängt von Ihrer Zielgruppe ab. Hat sie eher iPhones oder Blackberrys? Android-Geräte oder Nokias? Für jede dieser Plattformen muss die Software anders programmiert werden. Und für welche Plattform Sie sich auch entscheiden – Sie starten damit ein richtiges Software-Entwicklungsprojekt, das in der Regel komplexer ist, als eine Website zu entwickeln. Wie Sie dieses angehen, das geht weit über den Anspruch diese Buchs hinaus, aber behalten Sie im Auge, was sich in diesem Bereich tut, denn es bieten sich hier viele interessante Möglichkeiten, Ihre Zielgruppen zu erreichen.

SMS-Dienste

Für Spezialfälle ist *SMS* (*short message service*) immer noch interessant. Damit können Sie Ihren Kunden bis zu 160 Zeichen lange Nachrichten auf das Handy schicken. Doch Vorsicht: Die Kunden werden ausgesprochen genervt reagieren, wenn die SMS nicht tatsächlich interessant für sie ist. Manche Online-Broker setzen SMS sinnvoll ein. Auf deren Website können Sie eingeben, dass Sie per SMS benachrichtigt werden möchten, wenn eine Aktie unter einen bestimmten Wert fällt. Auch über den Lieferzustand von Paketen können Sie sich zum Beispiel per SMS benachrichtigen lassen. Oder darüber, dass es ein technisches Problem mit Ihrem Server gibt.

4.16.5 XML

XML ist eigentlich keine Technik. Die *eXtendable Markup Language* ist vielmehr eine Konvention, nach der Inhalte strukturiert werden. Damit wird sichergestellt, dass die Inhalte immer verfügbar sind, egal von welchem Programm auf welchem Gerät sie dargestellt werden. Eigentlich war auch HTML dazu gedacht, Texte zu strukturieren. Das <h1>-Tag beispielsweise zeichnet Überschriften (*headings*) der 1. Ebene aus, <p> einen Absatz (*paragraph*). Doch im Laufe der Zeit wurde HTML zu Layout-Zwecken „missbraucht". Designer wollen die volle Kontrolle über das Erscheinungsbild der Inhalte auf dem Bildschirm. Und da Inhalte im World Wide Web mit HTML ausgezeichnet und dann dargestellt werden, haben sie Wege gefunden, HTML zu Designzwecken zu benutzen.

XML macht ernst mit den Versprechungen von HTML.

XML trennt Inhalt und Darstellung. Die Inhalte werden strukturiert und können mit Vorlagen verknüpft werden, die ihre Darstellung bestimmen. Diese können für verschiedene Kanäle unterschiedlich sein. Beispielsweise kann es Vorlagen für die Ausgabe am PC-Monitor, auf dem Palmtop und auf einem Handy-Display geben.

Den Versprechungen von Systemherstellern, deren Anwendungen auf XML basieren, sollte man dagegen nicht trauen. Sie werben damit, dass dank XML jeder Inhalt nur einmal eingegeben werden müsste und dann automatisch für den jeweiligen Kanal aufbereitet werden könne. Das ist aus technischer Sicht richtig, aber wenn es um Inhalte geht, die komplexer sind als ein Telefonbucheintrag, müssen diese speziell für den jeweiligen Kanal aufbereitet werden, und für diese inhaltliche Arbeit braucht es immer noch einen Menschen.

Viele Unternehmen, die mit großen Datenmengen umgehen (derzeit vor allem Verlage, Zeitschriften und Zeitungen, aber vermehrt auch Großfirmen, in denen viele Daten anfallen), setzen inzwischen auf XML. Die Daten werden nach wie vor in Datenbanken gespeichert, nur verwalten diese jetzt XML-Dokumente. Wenn Sie auf solche Datenbanken für die Inhalte Ihrer Website zugreifen müssen, brauchen Sie in jedem Fall einen Experten für XML. XML hat viele Vorteile und wird in der Zukunft sicher immer öfter eingesetzt, doch für kleine bis mittlere Sites spielt es heute noch keine Rolle.

4.17 Das Schreiben des Grobkonzepts

Wenn Sie endlich alle Informationen vom Kunden haben und selbst glauben, dass Sie genug Ideen entwickelt haben, machen Sie sich ans Schreiben des Grobkonzepts. Sie bringen damit die Wünsche des Kunden in eine strukturierte Form. Aus dem Briefing und aus Ihrem Angebot ziehen Sie die Informationen dafür, erweitert um Ihre Ideen. Das Grobkonzept dient dazu, die Wünsche des Auftraggebers nochmals mit Ihren Worten klar zu formulieren, damit sich alle Beteiligten über das Ziel des Projekts einig sind. Sehen Sie das Grobkonzept als Chance, die Richtung zu korrigieren, ohne dass schon allzu viel Arbeit umsonst gemacht wurde.

✓ Auch Ihr Grobkonzept muss benutzerfreundlich sein. Machen Sie es Ihren Lesern so leicht wie möglich.

Es soll Spaß machen, das Grobkonzept zu lesen. Besonders der Einstieg muss so sein, dass der Auftraggeber sich denkt: „Ja, genau das brauche ich. Und meine Auftragnehmer, die können das."

Vermitteln Sie einen Überblick, erklären Sie Ihre Vision. Was soll die Site leisten, wer soll sie besuchen, was soll sie bewirken? Welche (natürlich positiven) Folgen hat das für das Unternehmen? Bei der weiteren Gliederung können Sie sich an Ihrem Angebot orientieren. Kommen Sie vom Allgemeinen zum Speziellen. Beschreiben Sie erst die Dinge, die der Auftraggeber sicher haben möchte, und machen Sie erst dann eventuelle Zusatzvorschläge.

Wenn Sie feststellen, dass eine Funktion sinnvoll wäre, die im Angebot (und in der Kalkulation) nicht vorgesehen ist, können Sie diese nachträglich anbieten. Machen Sie dem Kunden klar, welchen Nutzen er davon hat und warum sich die zusätzlichen Kosten dafür lohnen.

Denken Sie daran, dass Ihre Auftraggeber einige Begriffe nicht kennen werden, mit denen Sie täglich umgehen. Verzichten Sie auf Fachwörter. Erklären Sie diese, falls Sie nicht darauf verzichten können. Sie können auch ein Glossar anfügen, wenn Sie glauben, dass sehr viele Begriffe erklärungsbedürftig sein könnten, und Sie den Text durch die Erklärungen nicht verlängern wollen.

Erleichtern Sie Ihren Lesern die Orientierung. Bei längeren Konzepten kann ein Inhaltsverzeichnis sinnvoll sein. Strukturieren Sie das Dokument in jedem Fall durch Überschriften in mehreren Gliederungsebenen.

Achten Sie unbedingt auch bei der Gestaltung darauf, dass alles aus einem Guss ist und professionell wirkt. Denn es gilt immer: Der erste Eindruck zählt! Es lohnt sich, für das Angebot auch einen Designer hinzuzuziehen, wenn Ihnen das Gestalten nicht so liegt. Ein nettes Bild, das Logo des Kunden oder wenigstens ein typografisch ansprechend gestaltetes Titelblatt ist das Mindeste.

4.18 Die Abnahme

Das fertige Konzept schicken Sie an Ihren Auftraggeber zur Abnahme. Setzen Sie ihm dafür einen (nicht zu knappen) Termin, falls Sie das im Zeitplan bisher versäumt haben. Mit der Abnahme bestätigt Ihnen der Auftraggeber, dass das Konzept seinen Vorstellungen entspricht. Nachträgliche Änderungen sollten Sie in Rechnung stellen, wenn sie für Sie zusätzlichen Aufwand bedeuten.

4.19 Inhaltswunschliste

Wenn Sie das Grobkonzept fertig haben, wissen Sie recht genau, welche Inhalte für die Site vorhanden sind und welche noch fehlen. Ich nutze diese Gelegenheit, dem Auftraggeber eine Inhaltswunschliste zu schicken. Auf ihr sind alle Dinge so detailliert wie möglich vermerkt, die ich noch für das Feinkonzept und die Umsetzung brauche – zusammen mit einem Termin. Das sind sowohl Grafiken und Fotos als auch Texte und Informationen. Wenn Sie Texte anfordern, die erst noch geschrieben werden müssen, geben Sie eine Länge vor. Damit verbessern Sie die Chancen, dass im Text weder zu wenige Informationen enthalten sind noch dass Sie später viel Zeit mit dem Kürzen von überlangen Texten verlieren.

Rechnen Sie damit, dass die Inhalte nicht pünktlich ankommen. Ich habe noch kein einziges Projekt erlebt, bei dem alles rechtzeitig kam. Machen Sie dem Auftraggeber in Ihrer Wunschliste nochmals klar, welche Folgen eine Verspätung hat: Verzögerung der Produktion, Verschiebung des Abgabetermins oder Kosten. Erinnern Sie einige Tage vor dem Termin für größere Posten, die vom Auftraggeber geliefert werden müssen, an diesen (am besten ganz höflich und vorsichtig per E-Mail). Wird der Termin nicht eingehalten, fragen Sie immer wieder nach, bis Sie haben, was Sie brauchen.

Es erleichtert Ihnen die weitere Arbeit, wenn Sie die Wunschliste zu einer sogenannten Asset-Liste ausbauen. In ihr sind alle Bestandteile (Assets) enthalten, die für die Site produziert werden müssen: also alle Texte, Bilder, Animationen, interaktiven Funktionen usw. In diese interne Liste gehört neben einer Beschreibung und dem Termin noch, wer für das Erstellen des jeweiligen Elements zuständig ist. Anhand dieser Liste haben Sie die volle Kontrolle darüber, wie der Stand der Produktion ist. Voraussetzung ist, dass die Liste ständig aktuell gehalten wird. Besonders nach dem Feinkonzept kommen viele neue Elemente dazu, die alle in die Liste aufgenommen werden müssen.

4.20 Projektbeispiel Techcom.de – Grobkonzept

Bei Techcom war es wie bei den meisten anderen Projekten auch: Obwohl beim Briefing eine Vielzahl von Fragen geklärt wurde und das Angebot bereits Ansätze des Konzepts enthielt, tauchten beim Schreiben des Grobkonzepts noch Fragen auf. Diese haben wir per E-Mail und Telefon schnell geklärt. Hier zeigt es sich, wie wichtig es ist, dass Sie zuvor Ansprechpartner festgelegt haben. Sie können sich direkt an die Zuständigen wenden und müssen nicht alles über die Projektleitung oder die Geschäftsführung des Auftraggebers abwickeln.

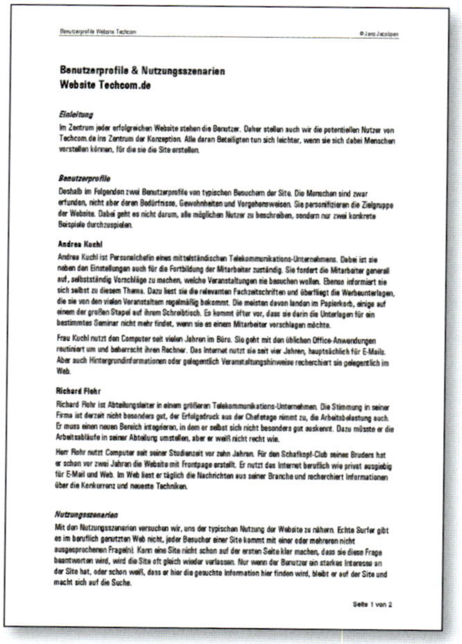

Benutzerprofile Website Techcom © Jens Jacobsen

Benutzerprofile & Nutzungsszenarien
Website Techcom.de

Einleitung

Im Zentrum jeder erfolgreichen Website stehen die Benutzer. Daher stellen auch wir die potentiellen Nutzer von Techcom.de ins Zentrum der Konzeption. Alle daran Beteiligten tun sich leichter, wenn sie sich dabei Menschen vorstellen können, für die sie die Site erstellen.

Benutzerprofile

Deshalb im Folgenden zwei Benutzerprofile von typischen Besuchern der Site. Die Menschen sind zwar erfunden, nicht aber deren Bedürfnisse, Gewohnheiten und Vorgehensweisen. Sie personifizieren die Zielgruppe der Website. Dabei geht es nicht darum, alle möglichen Nutzer zu beschreiben, sondern nur zwei konkrete Beispiele durchzuspielen.

Andrea Kuchl

Andrea Kuchl ist Personalchefin eines mittelständischen Telekommunikations-Unternehmens. Dabei ist sie neben den Einstellungen auch für die Fortbildung der Mitarbeiter zuständig. Sie fordert die Mitarbeiter generell auf, selbstständig Vorschläge zu machen, welche Veranstaltungen sie besuchen wollen. Ebenso informiert sie sich selbst zu diesem Thema. Dazu liest sie die relevanten Fachzeitschriften und überfliegt die Werbeunterlagen, die sie von den vielen Veranstaltern regelmäßig bekommt. Die meisten davon landen im Papierkorb, einige auf einem der großen Stapel auf ihrem Schreibtisch. Es kommt öfter vor, dass sie darin die Unterlagen für ein bestimmtes Seminar nicht mehr findet, wenn sie es einem Mitarbeiter vorschlagen möchte.

Frau Kuchl nutzt den Computer seit vielen Jahren im Büro. Sie geht mit den üblichen Office-Anwendungen routiniert um und beherrscht ihren Rechner. Das Internet nutzt sie seit vier Jahren, hauptsächlich für E-Mails. Aber auch Hintergrundinformationen oder gelegentlich Veranstaltungshinweise recherchiert sie gelegentlich im Web.

Richard Flohr

Richard Flohr ist Abteilungsleiter in einem größeren Telekommunikations-Unternehmen. Die Stimmung in seiner Firma ist derzeit nicht besonders gut, der Erfolgsdruck aus der Chefetage nimmt zu, die Arbeitsbelastung auch. Er muss einen neuen Bereich integrieren, in dem er selbst sich nicht besonders gut auskennt. Dazu müsste er die Arbeitsabläufe in seiner Abteilung umstellen, aber er weiß nicht recht wie.

Herr Flohr nutzt Computer seit seiner Studienzeit vor zehn Jahren. Für den Schafkopf-Club seines Bruders hat er schon vor zwei Jahren die Website mit Frontpage erstellt. Er nutzt das Internet beruflich wie privat ausgiebig für E-Mail und Web. Im Web liest er täglich die Nachrichten aus seiner Branche und recherchiert Informationen über die Konkurrenz und neueste Techniken.

Nutzungsszenarien

Mit den Nutzungsszenarien versuchen wir, uns der typischen Nutzung der Website zu nähern. Echte Surfer gibt es im beruflich genutzten Web nicht, jeder Besucher einer Site kommt mit einer oder mehreren nicht ausgesprochenen Frage(n). Kann eine Site nicht schon auf der ersten Seite klar machen, dass sie diese Frage beantworten wird, wird die Site oft gleich wieder verlassen. Nur wenn der Benutzer ein starkes Interesse an der Site hat, oder schon weiß, dass er hier die gesuchte Information hier finden wird, bleibt er auf der Site und macht sich auf die Suche.

Seite 1 von 2

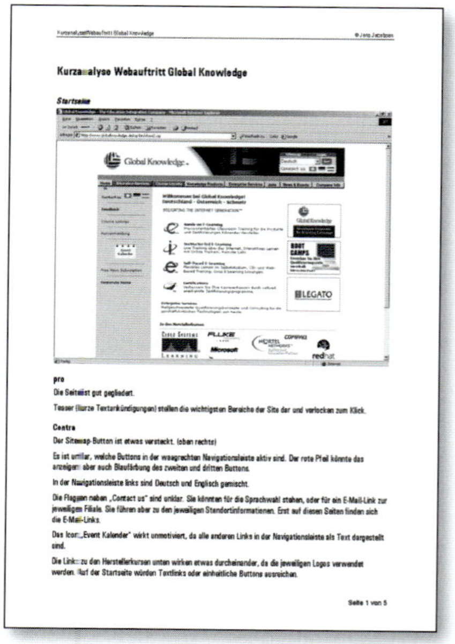

Kurzanalyse Webauftritt Global Knowledge © Jens Jacobsen

Kurzanalyse Webauftritt Global Knowledge

Startseite

pro

Die Seite ist gut gegliedert.

Teaser (kurze Textankündigungen) stellen die wichtigsten Bereiche der Site dar und verlocken zum Klick.

Contra

Der Sitemap-Button ist etwas versteckt. (oben rechts)

Es ist unklar, welche Buttons in der waagrechten Navigationsleiste aktiv sind. Der rote Pfeil könnte das anzeigen aber auch Blaufärbung des zweiten und dritten Buttons.

In der Navigationsleiste links sind Deutsch und Englisch gemischt.

Die Flaggen neben „Contact us" sind unklar. Sie könnten für die Sprachwahl stehen, oder für ein E-Mail-Link zur jeweiligen Filiale. Sie führen aber zu den jeweiligen Standortinformationen. Erst auf diesen Seiten finden sich die E-Mail-Links.

Das Icon „Event Kalender" wirkt unmotiviert, da alle anderen Links in der Navigationsleiste als Text dargestellt sind.

Die Links zu den Herstellerkursen unten wirken etwas durcheinander, da die jeweiligen Logos verwendet werden. Auf der Startseite würden Textlinks oder einheitliche Buttons ausreichen.

Seite 1 von 5

ABBILDUNG 4.19

Das Grobkonzept für Techcom.de hat zwei Anlagen: Benutzerprofile & Nutzungsszenarien sowie die Analyse der wichtigsten Konkurrenzsites.

4.20.1 Struktur des Grobkonzepts

Im Grobkonzept habe ich zunächst die wichtigsten Dinge aus dem Angebot aufgegriffen. Die Ziele des Projekts, die Zielgruppe und geplante Funktionen sind kurz dargestellt.

Um der Zielgruppe näher zu kommen, habe ich zwei Benutzerprofile und dazu je ein Nutzungsszenario erfunden. Diese sind als Anhang dem Grobkonzept beigefügt.

Besonders wichtig war es in diesem Projekt, auf die künftig geplanten Funktionen einzugehen, da diese eingebaut werden sollen, ohne die Struktur und das Design der Site grundsätzlich ändern zu müssen.

Die Konkurrenzanalyse habe ich als Zusammenfassung mit in das Grobkonzept eingebaut. Der Grund dafür ist, dass ich mit den Auftraggebern nicht zuvor gemeinsam auf Web-Tour gegangen bin. Dadurch hat mir die Gelegenheit gefehlt, auf positive und negative Aspekte von Konkurrenzsites hinzuweisen. Das habe ich im Grobkonzept nachgeholt. Um den Auftraggebern das Surfen zu ersparen, habe ich zusätzlich im Anhang zum Grobkonzept vier Sites ausführlicher beurteilt und mit Abbildungen versehen. Das ist generell eine gute Möglichkeit, wenn Sie sichergehen wollen, dass bestimmte Dinge im Web tatsächlich auch angesehen werden. Meist macht man sich nicht die Arbeit, die Site zu öffnen, wenn man etwas über sie liest.

CD

Alle erwähnten Dokumente finden Sie wie gehabt auf der beiliegenden CD-ROM im Verzeichnis *Beispielprojekt Techcom*.

Kapitel 5

Feinkonzept

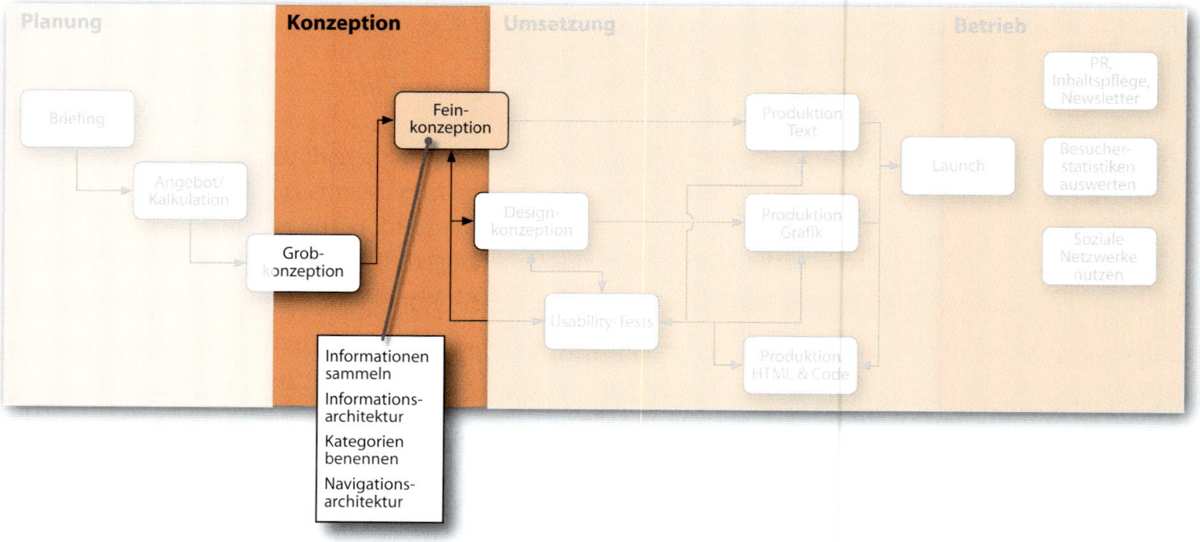

Wenn Ihre Auftraggeber mit dem Grobkonzept zufrieden sind, lassen Sie es sich (schriftlich!) abnehmen. Damit steht die Basis für die Site, und Sie können auf dieser Grundlage weiterarbeiten. Wollen die Auftraggeber später grundlegende Änderungen, können Sie den Mehraufwand dafür voll in Rechnung stellen, weil das Grobkonzept abgenommen wurde.

5.1 Wozu dient das Feinkonzept?

Das Feinkonzept ist der Fahr- und Konstruktionsplan für die Site. Darin ist jede einzelne HTML-Seite beschrieben. Alle Texte, Bilder, Interaktivitäten usw. sind vermerkt. Manche Bereiche lassen sich auch zusammenfassend beschreiben. Telefonlisten oder Katalogeinträge zum Beispiel müssen nicht komplett im Feinkonzept erscheinen. Auch bei dynamischen Sites, also solchen mit Datenbankanbindung, kommt natürlich nicht alles ins Feinkonzept. Für solche Sites beschreiben Sie nur die verschiedenen Bereiche und führen alle Typen von Seiten auf. Jede Vorlage (Template), die später mit Inhalten gefüllt wird, sollte im Feinkonzept erscheinen.

Feinkonzept, Produktionskonzept, Storybook – die Bezeichnung für dieses Dokument ist leider nicht einheitlich.

Auftraggeber, Projektleiter, Texter, Redakteure, Grafiker, HTML- und Flash-Programmierer – sie alle finden im Feinkonzept sämtliche Informationen, die sie für ihre Arbeit brauchen.

Ein Punkt, bei dem die Meinungen auseinandergehen, ist, ob im Feinkonzept alle Texte für die HTML-Seiten enthalten sein müssen. Ich denke, das hängt ganz von Ihrem Projekt und von Ihrem Auftraggeber ab. Wenn Sie die Texte schreiben und sie nicht vom Kunden kommen, ist es nicht verkehrt, diese in ihrer endgültigen Fassung im Feinkonzept zu haben. Dann können Sie diese schon relativ früh im Projektverlauf vom Auftraggeber abnehmen lassen. Schreiben Sie ins Feinkonzept, dass die Texte die endgültige Fassung darstellen und alle weiteren Änderungen kostenpflichtig sind.

Andererseits enthält das Feinkonzept für alle anderen Bereiche (Grafik, Programmierung usw.) auch nur eine Beschreibung der Inhalte. Somit ist es auch in Ordnung, wenn Sie bei den Texten dasselbe machen. Sie geben dann an, wie viele Seiten die einzelnen Bereiche genau haben und was auf ihnen steht – inhaltlich wie auch von den eingesetzten Medien her.

Wenn Ihr Auftraggeber die Texte liefert, sollten Sie ihm dafür einen möglichst frühen Termin setzen. Oft stellt sich heraus, dass die Texte entweder anders als erwartet doch nicht vorhanden sind, oder die Texte sind so wenig für das Web geeignet, dass sie redaktionell stark überarbeitet werden müssen. Planen Sie dafür einen Zeitpuffer ein.

5.2 Vorgehen bei einem Relaunch

Wenn Sie eine bestehende Site überarbeiten (Relaunch/Redesign), ist das Vorgehen für das Feinkonzept im Wesentlichen dasselbe, wie wenn Sie eine neue Site konzipieren. Allerdings sollten Sie Rücksicht darauf nehmen, dass es wahrscheinlich Benutzer gibt, die die vorhandene Site nutzen. Sehen Sie sich die Logfiles auf dem Server an, um herauszufinden, wie viele das sind. (Das Thema Logfiles wird in Kapitel 12, *Besuchsstatistiken auswerten*, Seite 329, behandelt.)

Auch wenn eine Site noch so schlecht ist, stehen die meisten regelmäßigen Benutzer einer Überarbeitung kritisch gegenüber. Sie haben gelernt, wie man die Site bedient und wo sie finden, was sie brauchen. Davon, dass die neue Site besser ist, müssen Sie die Benutzer erst überzeugen.

Wichtigste Regel beim Relaunch: nicht mehr ändern als nötig.

Behalten Sie daher alles bei, was in der Vergangenheit funktioniert hat. Ändern Sie Begriffe oder die Position von Navigationselementen nicht unbedacht. Die URLs von wichtigen Seiten sollten Sie beibehalten oder wenigstens Seiten unter der alten URL vorsehen, die zur neuen Seite mit diesem Inhalt verlinken. So stellen Sie sicher, dass auch solche Benutzer die Inhalte weiterhin finden, die diese Seite als Bookmark bzw. Favorit gesetzt haben.

5.3 Wie entsteht das Feinkonzept?

Jeder Konzepter hat seine eigenen Vorlieben und erprobten Methoden beim Erstellen des Feinkonzepts. Hier steckt im Bereich Konzeption, wie in fast allen Fällen, die meiste Arbeit. Eine Vorgehensweise, die sich bewährt hat, ist:

1. Informationen sammeln
2. Informations-Architektur erarbeiten
3. Navigations-Architektur erstellen
4. Eventuell Layout anlegen (Designkonzept erstellen)
5. Prototypen erstellen und testen (Usability-Test)
6. Architektur anhand der Testergebnisse überarbeiten
7. Das eigentliche Dokument erstellen:
   - Informations- und Navigations-Architektur beschreiben
   - Übergeordnete Funktionen beschreiben
   - Startseite beschreiben
   - Inhaltsseiten beschreiben (Text, Bilder, Funktionen)
   - Dokument korrigieren lassen (z. B. von Kollegen)
8. Feinkonzept an Auftraggeber schicken und abnehmen lassen

In den meisten Fällen werden Ihre Projekte nicht genau so ablaufen. Manchmal wird das Designkonzept vor dem Feinkonzept erstellt, manchmal auch danach, je nachdem, wie entscheidend die visuelle Komponente für die Site ist. Oder man verzichtet aus Kosten- und Zeitgründen auf den Bau und Test von Prototypen – wovon ich abrate. Mehr zum Testen von Prototypen erfahren Sie in Kapitel 7, *Usability-Tests*. Das Designkonzept ist im nächsten Kapitel ausführlich beschrieben.

5.4 Informationen sammeln

Für das Angebot und das Grobkonzept haben Sie schon sehr viele Informationen zusammengetragen. Dabei sind Ihnen sicher auch noch einige Ideen gekommen, die Sie noch nicht schriftlich festgehalten haben. Jetzt ist der Zeitpunkt gekommen, das nachzuholen. In das Feinkonzept gehören alle Details, die Ihnen zu Ihrer Site einfallen.

Wenn Sie das Gefühl haben, dass Ihnen noch wichtige Hintergrundinformationen fehlen, oder Sie noch auf der Suche nach Ideen zur Umsetzung von bestimmten Funktionen sind, wenden Sie wieder dieselben Arbeitstechniken an, wie sie in Kapitel 4, *Grobkonzept*, beschrieben wurden.

Schach dem „Totrecherchieren"

Ein Problem, das vielen Konzeptern begegnet, ist, dass man fast immer das Gefühl hat, man könne noch viel mehr zum Thema recherchieren. Das führt dazu, dass man immer mehr Fakten zusammenträgt und immer mehr Ideen hervorbringt – mehr, als jemals in dem Projekt verwendet werden können. Das können Sie vermeiden, indem Sie sich klare Ziele setzen:

- **inhaltlich:** Welche Informationen und welche Umsetzungsideen brauchen Sie noch *unbedingt*? Alles, was nicht zwingend nötig ist, fällt in diesem Stadium des Projekts weg.
- **zeitlich:** An welchem Datum beginnen Sie mit dem Schreiben des Feinkonzepts, und wann sind Sie damit fertig? Planen Sie einen Puffer ein.

Wenn Sie sich an diese Tipps halten, vermeiden Sie das von Journalisten sogenannte „Totrecherchieren" eines Themas. Damit ist gemeint, dass irgendwann einfach nichts mehr weitergeht und ein Thema damit „gestorben" ist. In der etwas drastischen Sprache der Journalisten ist damit gemeint, dass über das Thema nicht mehr in der geplanten Form berichtet werden kann. Es ist entweder nicht mehr aktuell, oder es ist durch die zu breit angelegte Recherche so komplex geworden, dass der Journalist den Überblick (und die Lust) verloren hat.

Es ist normal, wenn man bei manchen Themen den Eindruck hat, umso weniger zu wissen, je mehr man sich damit befasst. Um dieses Gefühl loszuwerden, ist es hilfreich, sich mit jemandem zu unterhalten, der von dem Thema tatsächlich keine Ahnung hat. Ihm können Sie dann erzählen, was Sie wissen – und Sie werden feststellen, dass das eine ganze Menge ist.

Haben Sie also einfach den Mut zu beschließen, dass Sie jetzt genug wissen und die Phase von Recherche und Ideenfindung endgültig hinter sich lassen können. Gehen Sie daran, das Feinkonzept zu Papier zu bringen.

Schach der Schreibhemmung

Ich selbst kenne das seltsame Gefühl, das viele Menschen befällt, wenn sie die leere, weiße Seite eines neuen Dokuments auf dem Bildschirm vor sich haben. Die Frage „Wie fange ich an?" scheint über dem Kopf zu schweben und hemmt die Gedanken immer stärker. Diese Situation verführt mit dazu, lieber noch ein paar Ideen zu suchen oder Informationen zu recherchieren.

Machen Sie sich eine grobe Gliederung auf Papier, und legen Sie dann los!

Wichtig ist, dass Sie dieses Symptom erkennen (von Fachleuten „Schreibhemmung" genannt). Stoppen Sie dann Ihre Recherche, und legen Sie los. Falls tatsächlich noch etwas fehlen sollte, können Sie es auch später noch besorgen. Wärmen Sie sich etwas auf, und nehmen Sie der leeren Seite ihren Schrecken: Schreiben Sie den Titel des Projekts, den Namen Ihrer Firma und/oder Ihren eigenen Namen sowie das Abgabedatum auf die erste Seite. Dann beginnen Sie mit der allgemeinen Beschreibung der Ziele, der Zielgruppe und des Umfangs – ganz wie im Grobkonzept. Der erste Teil des Feinkonzepts ist eigentlich nicht viel mehr als ein etwas überarbeitetes Grobkonzept. So bekommen Sie die ersten Seiten des Feinkonzepts voll und können dann mit Schwung an die neuen Teile gehen.

5.5 Informations-Architektur

Wenn Sie den allgemeinen Teil des Feinkonzepts fertig haben, geht es an den wichtigsten Arbeitsschritt: das Festlegen der Informations-Architektur. Das entfällt in den meisten unprofessionellen Web-Projekten völlig. Denn dass eine Site (wie jedes Medien-Projekt) eine Architektur braucht, ist den meisten Menschen nicht klar. Sie gehen einfach so vor, dass die vorhandenen Informationen in Gruppen eingeteilt und auf diese verteilt werden. Diese Gruppen bilden dann die Beschriftungen für die Buttons auf der Homepage – fertig.

Dieses Vorgehen ist damit vergleichbar, sich in einer fremden Stadt ins Auto zu setzen und einfach loszufahren, wenn man zum Bahnhof will. Irgendwann werden Sie schon auf einen Wegweiser stoßen und zum Ziel kommen. Schneller wäre es allerdings gegangen, wenn Sie sich vorher Orientierung verschafft hätten.

Geben Sie dem Benutzer die bestmögliche Orientierung.

Sie sollten Ihren Benutzern von Anfang an die bestmögliche Orientierung geben und sie nicht dem Zufall überlassen. Es gibt die Site noch nicht. Sie können daher alles so anlegen, dass sich die Benutzer sofort zurechtfinden, dass sie sozusagen gleich „losfahren" können. Das sollte immer Ihr erstes Ziel sein. Denn wenn sich der Besucher nicht schnell auf der Site zurechtfindet, gibt er frustriert auf und wird die Site wahrscheinlich nie wieder besuchen. Konstruieren Sie die Site so, dass alles dort ist, wo Ihre Benutzer es suchen. Es gibt keine allgemein gültige Theorie dazu. Es zählt immer die Regel: *Der Benutzer hat immer Recht.* Dort, wo er Dinge sucht, dort sollten sie sein. Versuchen Sie in die Rolle des Benutzers zu schlüpfen, wenn Sie die Architektur festlegen. Versuchen Sie so oft, wie es Ihr Budget erlaubt, die Benutzer mit einzubeziehen. Lassen Sie sie immer wieder testen, ob Ihre Ideen auch ankommen. (Details dazu finden Sie in Kapitel 7, *Usability-Tests.*)

In den großen und erfolgreichen amerikanischen Web-Agenturen gibt es hauptberufliche Informations-Architekten. In Deutschland ist das noch die große Ausnahme. Die Funktion des Informations-Architekten übernimmt hier gewöhnlich der Konzepter.

5.5.1 Grobzuordnung der Inhalte

Verschaffen Sie sich erst einmal einen Überblick. Versuchen Sie, die vorhandenen und die gewünschten Informationen für die Site in eine Struktur zu bringen. Das können Sie alleine tun oder mithilfe von Vertretern Ihrer Zielgruppe. Laden Sie immer nur eine Person auf einmal ein, und lassen Sie sie Ordnung in die Themenvielfalt bringen. Ordnung ist immer subjektiv, und Diskussionen darüber, wo etwas „hingehört" sind fruchtlos. Für Sie ist entscheidend, wie Ihre Testpersonen die Dinge sortieren. Kommen sehr unterschiedliche Zuordnungen zustande, ist das eine wichtige Information für Sie. Sie müssen dafür sorgen, dass sich möglichst *alle* Benutzer auf der Site zurechtfinden. Sehen Sie beispielsweise verschiedene Zugangsmöglichkeiten vor – mehr dazu später in diesem Kapitel.

Listen

Wie Sie selbst beim Ordnen der Informationen vorgehen, hängt von Ihrer persönlichen Arbeitsweise ab. Bewährt haben sich dafür Stift und Papier. Sie schreiben dann einfach Listen mit zusammengehörigen Themen. Allerdings rate ich davon ab, gleich eine Sitemap zu zeichnen. Damit legen Sie sich zu früh fest.

Mindmaps

Manche Konzepter arbeiten auch gern mit Mindmaps, um Ordnung in die Themenbereiche zu bringen (siehe Kapitel 4.12, *Ideenfindung,* ab Seite 54). Listen wie Mindmaps können Sie zwar schon direkt am Computer anfertigen, allerdings fließen die Gedanken meist freier, wenn mit Stift und Papier gearbeitet wird.

Kartenlegen

Meine bevorzugte Technik bei größeren Sites ist folgende: Schreiben Sie alle Themenbereiche auf einzelne Karten. Sortieren Sie diese so, dass alle zusammengehörigen Bereiche auf einem Stapel liegen. Damit haben Sie schon eine erste Idee, wie die Struktur der Site aussehen könnte. Nun finden Sie für jeden der Stapel einen Überbegriff. Damit haben Sie die vielen Informationen für Ihre Site ganz gut im Griff.

Diese Technik („Card Sorting") lässt sich sehr gut auch mit Vertretern der Zielgruppe durchführen. Lassen Sie fünf bis zehn Personen das tun, und Sie bekommen ein gutes Gefühl für die Ordnungsvorstellungen der zukünftigen Benutzer.

Mehr dazu lesen Sie in Kapitel 7.8, *Ergänzende Methoden zu Usability-Tests,* ab Seite 229.

5.5.2 Feingliederung

Für die weitere Gliederung sollten Sie die Ergebnisse Ihrer ersten groben und intuitiven Ordnung als Grundlage nehmen. Versuchen Sie, ein logisches System in die Ordnung zu bringen. Das größte Problem dabei ist, dass fast jede Sortierung subjektiv ist. Selbst wissenschaftliche Systematiken unterliegen immer wieder Änderungen, da neue Erkenntnisse zur Neueinordnung von manchen Elementen führen.

Es gibt keine perfekte Ordnung. Sortieren Sie so, dass die Benutzer die Dinge finden – das ist schwer genug.

Im Folgenden nenne ich einige mögliche Kriterien für die Sortierung. Diese sind aber vor allem als Anregung gedacht. Es geht nicht darum, die perfekte Systematik zu finden, sondern darum, den Benutzern der Site so schnell wie möglich klarzumachen, was sie wo finden. Es bringt nichts, ein in sich völlig logisches System zu schaffen, das der Benutzer nicht versteht. Bauen Sie einen Obsthandel im Internet auf, werden Sie kaum ein botanisches System zum Gliedern der Informationen verwenden. Sie können nicht davon ausgehen, dass der Benutzer unter dem Begriff „Sammelfrüchte" Äpfel sucht oder dass er weiß, dass Tomaten unter „Beeren" zu finden sind. Stattdessen werden Sie eher die übliche Einteilung nach „Obst" und „Gemüse" vornehmen. Aber damit ist es nicht getan. Macht eine weitere Unterteilung Sinn? Gemüse ließe sich noch unterteilen in „Salat" und „Kräuter" und „sonstiges Gemüse". Aber auch diese Einteilung hat ihre Tücken. Sollten die Kräuter nicht auf derselben Ebene stehen wie Obst und Gemüse?

Sie sehen, es ist gar nicht so einfach, eine Struktur zu finden, die für den Benutzer leicht zu durchschauen ist.

Gliederungsmöglichkeiten

Alphabetisch

Die Einträge werden nach dem Alphabet sortiert. Das ist eine Ordnung, die jedem vertraut ist, doch intuitiv ist sie nicht. Sie bietet sich nur an, wenn die Informationen aus vielen kurzen Häppchen bestehen, wie zum Beispiel eine Liste mit Telefonnummern. Die alphabetische Sortierung kann als zusätzliche Funktion angeboten werden, so wie das Stichwortverzeichnis in einem Buch.

Wissenschaftlich systematisch

Die Informationen werden nach ihrer Systematik gegliedert. Das ist nicht bei allen Dingen möglich. Ein Beispiel für eine systematische Gliederung ist der Internet-Obstladen von vorhin: Die Dinge werden in die Gruppen „Früchte", „Blatt- und Sprossgemüse", „Wurzeln & Knollen" und „Pilze" gegliedert. Das macht nur Sinn, wenn diese Systematik der Zielgruppe vertraut ist. Für Sites, die sich an die breite Masse richten, ist diese Strukturierung meist nicht geeignet.

Alltäglich systematisch

Sie können auch auf eine selbst festgelegte Systematik zurückgreifen. Das machen zum Beispiel auch die Gelben Seiten. Darin können Sie unter „Ärzte" die Unterkategorie

„Internisten“ finden. Aber wo finden Sie einen Fachmann für Satellitenantennen? Unter „Satellitenantennen“? Oder bei „Antennenbau“? Oder doch unter „Rundfunk- und Fernsehtechnik“?

Intuitiv

Bei der intuitiven Gliederung versucht man, dem „Gefühl“ des Benutzers entgegenzukommen. Gefühlsmäßig wird der Kunde Tomaten beim Gemüse suchen, auch wenn sie eigentlich zum Obst gehören. Diese Form der Sortierung ist besonders einfach für den Benutzer, allerdings ist es sehr schwer, eine Sortierung zu finden, die alle Benutzer gleich intuitiv finden. Ein Biologe wird die Tomaten vielleicht erst einmal beim Obst suchen.

Lösungsorientiert

Beim lösungsorientierten Ansatz versuchen Sie, die Informationen so zu sortieren, dass der Benutzer seine Fragen so schnell wie möglich beantworten kann. Er kommt mit einem Problem und sucht dafür eine Lösung. Beispiel: Der Obststand wird gegliedert nach „Wo kaufe ich ein?“, „Was hat gerade Saison?“, „Was kann ich kochen?“ und „Was tun bei Reklamationen?“.

Metaphorisch

Weit verbreitet ist die metaphorische Sortierung. Dabei wird eine Gliederung aus dem realen Leben auf abstrakte Inhalte übertragen – eine Metapher, ein Bild, wird gebildet. Beispiel: Ein Supermarkt im Netz könnte aus den Bereichen „Obststand“, „Metzgerei“, „Bäckerei“, „Getränkemarkt“ und „Süßwarenladen“ bestehen.

Das Problem mit Metaphern ist, dass sie sich meist nicht durchhalten lassen. Wie würden Sie beispielsweise den Auswahlpunkt bezeichnen, bei dem sich der Benutzer beschweren kann? Wenn Sie die Metapher durchhalten wollen, müssten Sie sich einen Laden bzw. Ort ausdenken, der damit assoziiert wird. „Polizeiwache“? „Rathaus“? Oder doch „Verbraucherschutzzentrale“? Das passt alles nicht richtig. Sie müssten also hier die Metapher durchbrechen, um diese Funktion unterzubringen.

In den Anfangsjahren des World Wide Web (ab 1993) hatten sehr viele Sites ein Zimmer als Metapher für die Site. Ein mehr oder weniger kunstvoll gezeichneter Raum diente als Hauptnavigation. Der Schreibtisch führte zu allgemeinen Informationen, die Zeitschriften auf dem Tisch zu den neuesten Nachrichten, das Bücherregal führte zu Links und so weiter. Türen mit beschrifteten Schildern mussten für alles herhalten, was nicht mit der Metapher abgedeckt werden konnte. Solche plakativen Metaphern sind glücklicherweise aus der Mode. Man hat festgestellt, dass Benutzer sich damit einfach nicht zurechtfinden.

Verzichten Sie auf Metaphern, wenn sie nicht konsequent durchzuhalten sind.

Allerdings wird mit Metaphern leider immer noch viel Unsinn getrieben. Sie sind subtiler geworden, und manche wurden uns so konsequent vorgesetzt, dass wir sie verstehen, obwohl sie eigentlich kaum zu verstehen sind. Der „Arbeitsplatz“ von Windows ist so ein Beispiel. Oder der Papierkorb beim Macintosh. Dass hier hinein Dateien kommen, die gelöscht werden sollen, ist eine gute Idee. Dass allerdings eine Diskette, die aus dem Laufwerk ausgeworfen werden soll, auch in den Papierkorb gezogen werden muss, ist Quatsch. Aber Millionen von Mac-Benutzern haben sich daran gewöhnt.

Chronologisch

Manche Dinge lassen sich nach Datum sortieren. Ein Beispiel sind Nachrichten. Diese werden oft so dargestellt, dass die neueste Meldung ganz oben steht und die älteren dann mit abnehmender Aktualität folgen.

Örtlich

Die Sortierung nach dem Standort ist eine sehr einleuchtende Methode. Adressen von Geschäften lassen sich zum Beispiel nach Ländern, Bundesländern oder Städten ordnen. Im Groben funktioniert diese Methode recht gut. Problematisch wird es aber, wenn es für den Benutzer zu speziell wird. Sie können zum Beispiel nicht davon ausgehen, dass ein Ausländer weiß, dass Nürnberg in Franken liegt und das wiederum zu Bayern gehört.

Zielgruppenspezifisch

Sie können die Informationen auch nach den Benutzergruppen gliedern. Ein Beispiel: „Für Endverbraucher“, „Für Großkunden“, „Für Mitarbeiter“ und „Für Lieferanten“. Das hat den Vorteil, dass Sie den verschiedenen Benutzern in der Folge unterschiedliche Optionen anbieten können. Denn deren Interessen können sich deutlich unterscheiden. Den Endverbraucher wird es sicher nicht interessieren, wie viel Rabatt er bei der Abnahme von 20 Kisten Orangen bekommt. Dafür will er vielleicht Rezept-Tipps haben. Die Mitarbeiter wollen die Allgemeinen Geschäftsbedingungen sicher nicht lesen, dafür aber interessiert sie das 45. Betriebsjubiläum des Einkaufsleiters.

Welche Gliederung bietet sich an?

Die Frage, welches Gliederungssystem Sie am besten verwenden, lässt sich nur beantworten, wenn Sie Ihre Informationen genau kennen und vor allem auch die Erwartungen Ihrer Zielgruppe. Das Beispiel in Tabelle 5.1 und Tabelle 5.2 zeigt, welche Fragen sich dem Benutzer je nach Struktur der Site stellen können.

TABELLE 5.1
Der Einkauf auf einer botanisch korrekt strukturierten Site für Obst und Gemüse

Was der Benutzer will		
Ein Kilo Tomaten kaufen.		
Was der Benutzer auf der Seite sieht	**Was er denkt**	**Was er tut**
Buttons „Früchte", „Knollen & Wurzeln", „Sprossgemüse"	Tomaten? Ist ein Gemüse. Aber was ist „Sprossgemüse"? Egal, wird schon stimmen.	Klickt auf „Sprossgemüse".
Alphabetische Liste mit Sprossgemüse	Tomaten? Beginnt mit „T".	Scrollt zum Buchstaben „T". Findet keine Tomaten.
	Hm. Sprossgemüse ist wohl doch was anderes. Hier steht nur Salat und grünes Gemüse. Bin hier falsch.	Klickt auf „zurück".
Buttons „Früchte", „Knollen & Wurzeln", „Sprossgemüse"	„Sprossgemüse" war falsch. „Knollen & Wurzeln" ist sicher auch nicht richtig. „Früchte" muss es sein.	Klickt auf „Früchte".
Alphabetische Liste mit Früchten	Ich suche wieder nach „T".	Scrollt zum Buchstaben „T". Klickt auf „Tomaten".
	Puh, geschafft. Dass Tomaten Früchte sind, war mir nicht klar. Wieder was gelernt. Aber das Einkaufen im Supermarkt ist einfacher.	Kauft in Zukunft wieder im Supermarkt ein.

TABELLE 5.2
Der Einkauf auf einer intuitiv strukturierten Site für Obst und Gemüse

Was der Benutzer auf der Seite sieht	Was er denkt	Was er tut
Buttons „Gemüse", „Obst", „Kräuter", „Konserven"	Tomaten? Ist ein Gemüse.	Klickt auf „Gemüse".
Alphabetische Liste mit Gemüse	Tomaten? Beginnt mit „T".	Scrollt zum Buchstaben „T". Klickt auf „Tomaten".
	Das ist ja so einfach wie im Supermarkt.	Kommt wieder.

In den meisten Fällen werden die Informationen nicht starr und durchgehend nach einem der oben aufgelisteten Systeme geordnet, sondern nach einer Mischung. Die einzelnen Bereiche einer Site können unterschiedliche Sortiersysteme verwenden. Im Beispiel ist die Startseite alltäglich systematisch sortiert, es folgen Unterseiten, auf denen die Dinge alphabetisch aufgelistet sind.

Ein weiteres Beispiel: Die Startseite hat die Wahlmöglichkeiten „Wer wir sind", „Was wir machen", „Wer unsere Kunden sind" und „Wie Sie uns kontaktieren". Im Bereich „Wer wir sind" folgt eine alphabetische Liste der Mitarbeiter, unter „Was wir machen" eine intuitive Liste aller Leistungen, die das Unternehmen anbietet. Bei „Wer unsere Kunden sind" steht eine chronologische Liste der Aufträge von Kunden und bei „Wie Sie uns kontaktieren" eine ungeordnete Liste der verschiedenen Kontaktmöglichkeiten.

Wichtig ist, dass Sie keine logischen Brüche erzeugen. Wenn Sie „Was wir machen" als Option haben, sollten Sie das nicht mit einer anderen Option „Liste der Ansprechpartner" kombinieren. Der erste Punkt ist lösungsorientiert formuliert (die Frage des Kunden nach den Tätigkeiten wird beantwortet), der zweite systematisch.

Gehört ein Punkt zu mehreren Bereichen, bringen Sie ihn nicht einfach in allen Bereichen unter. Ordnen Sie ihn einem zu, und verweisen Sie in den anderen Bereichen auf diese Stelle. Damit halten Sie die Site schlank und die Zuordnungen eindeutig – was die Orientierung der Benutzer erleichtert.

Achten Sie vor allem darauf, dass die Auswahlpunkte auf der Startseite konsistent sind, also einer durchgehenden Logik folgen. Die Startseite ist die Seite, die am häufigsten aufgerufen wird – und es bleibt oft die einzige, wenn sie nicht gut genug gegliedert ist. Aber natürlich sollten auch die folgenden Seiten sinnvoll gegliedert sein.

Verzweifeln Sie nicht, wenn Sie einen Unterpunkt haben, der sich einfach nicht vernünftig einordnen lässt. Sie können davon ausgehen, dass die Benutzer auch nicht genau wissen werden, wo sie nach ihm suchen sollen. Ist der Punkt wichtig, überlegen Sie, ob er eine eigene Kategorie bekommen sollte. Falls nicht, können Sie ihn zum Beispiel auf der Startseite außerhalb der Standardnavigation ankündigen. (Das wird zum Beispiel auf Einkaufssites oft mit Sonderangeboten gemacht.)

Ist der Punkt nicht so wichtig, ordnen Sie ihn der Kategorie zu, in die er am wenigsten schlecht passt. In alle anderen Kategorien, in denen die Benutzer eventuell nach ihm suchen könnten, kommen Querverweise.

✓ Mehrere Wege zum Ziel

Generell sollten Sie bei größeren Sites (Anhaltspunkt: mehr als 40 Seiten) mehrere Zugangsmöglichkeiten zu den Informationen vorsehen. Üblich ist, mindestens zwei Wege zur gesuchten Seite anzubieten. Der direkte Weg führt beispielsweise über die Suchfunktion oder eine alphabetische Liste. Diesen Weg wird der Benutzer wählen, wenn er schon genau weiß, was er sucht. Falls er das nicht weiß oder er die Bezeichnung für das, was er sucht, nicht kennt, wird er den assoziativen Weg wählen. Durch eine systematisch oder intuitiv gegliederte Liste wird er sich seinen Weg zum Ziel suchen. Diese Methode eignet sich auch für Web-Surfer. Sie lassen sich von einem Link zum nächsten tragen und verfolgen, was ihnen gerade interessant erscheint.

Ein weiterer Punkt ist, dass jemand, der die Site schon kennt, schneller zum Ziel gelangen möchte als ein neuer Besucher. Hinweise dazu finden Sie weiter unten in Abschnitt 5.10, *Schleichwege anlegen,* ab Seite 124.

5.6 Sitestruktur festlegen

Die Themen für die Site sind nun geordnet. Legen Sie jetzt fest, wie die Site strukturiert sein muss, um diese Ordnung wiederzugeben. Behalten Sie dabei im Hinterkopf, dass die Site wachsen wird. Ist die Site ein Erfolg, werden wahrscheinlich schnell immer mehr Informationen hinzukommen. Legen Sie die Site für den Erfolg aus, nicht für den ersten Start. Planen Sie so weit wie möglich ein, wo zusätzliche Punkte untergebracht werden können, ohne die gesamte Struktur zu zerstören.

Jede gute Site wächst schneller, als Sie denken. Lassen Sie Platz zum Wachsen.

5.6.1 Sitemap, Flussdiagramm, Flowchart ...

Das übliche Hilfsmittel zur Strukturierung der Site ist die *Sitemap* – auch *Flussdiagramm*, *Flowchart*, *Struktogramm* oder *Ablaufdiagramm* genannt. Manche sprechen sogar nicht ganz richtig von *Storyboard*. (Der Begriff Storyboard kommt aus dem Trickfilm-Bereich, wo er eine Sammlung von Skizzen aller Szenen bezeichnet. Ein Storyboard im Multimedia-Bereich ist normalerweise eine Folge von Skizzen für jeden wesentlichen Zustand, die den Ablauf einer Animation oder interaktiven Anwendung zeigen.)

Mit der Sitemap halten Sie fest, wie genau die Seiten Ihrer Site organisiert sind. Sie gibt an, wie die Inhalte auf Bereiche und Unterbereiche verteilt sind und welche Seiten Links zu welchen weiteren Seiten enthalten – das heißt, auf welchem Weg der Benutzer sich von der Startseite aus durch die Site bewegt. Sie sollten tatsächlich jede Seite angeben, die erstellt werden soll.

Hat beispielsweise ein Bereich der Site eine Datenbankanbindung, so können Sie diese Seiten als Gruppe von Seiten zusammenfassen. Das Gleiche gilt, wenn größere Datenmengen mit gleichbleibendem Seitenaufbau vorhanden sind. (Wie das etwa bei einem Katalog der Fall ist.)

Wenn Sie eine Site erstellen, die mit einem Content-Management-System (CMS) umgesetzt wird, ist das Erstellen der Sitemap etwas schwierig. CMS kommen vor allem dann zum Einsatz, wenn große Datenmengen anfallen, die sich häufig ändern – etwa bei Nachrichtensites. Deshalb ist hier sowohl der Inhalt sowie meist auch die Zahl der Seiten variabel. In so einem Fall erstellt man eine Sitemap, auf der alle Bereiche der Site sowie zumindest alle Seitentypen (Vorlagen) eingezeichnet sind. Bei CMS definieren Sie einige Vorlagen, nach denen das System die jeweiligen Inhalte (Text, Bilder etc.) zu einer HTML-Seite aufbereitet.

Bei der Darstellung der Sitemap herrscht im deutschsprachigen Raum recht großes Durcheinander. Jeder Konzepter scheint sein Spezialrezept zu haben. Ich halte mich an die Darstellungsweise, wie sie in Amerika üblich ist. Sie wird von den meisten Agenturen dort verwendet. Der Konzepter Jesse James Garrett hat sich um die Vereinheitlichung verdient gemacht, indem er diese Darstellungsweise schriftlich fixiert hat.

CD

Die beiliegende CD-ROM enthält eine Übersicht zum Ausdrucken sowie Vorlagen, die Sie in Flowchart-Programmen als Bibliothek verwenden können. Diese Dateien sowie Links zu den Veröffentlichungen von Mr. Garrett finden Sie auch unter `www.benutzerfreun.de`.

Die wichtigsten Elemente sehen Sie in Abbildung 5.1. Für Anwendungsbeispiele sehen Sie sich die CD-ROM an oder besuchen die `www.benutzerfreun.de`.

ABBILDUNG 5.1

Die wichtigsten Sitemap-Elemente

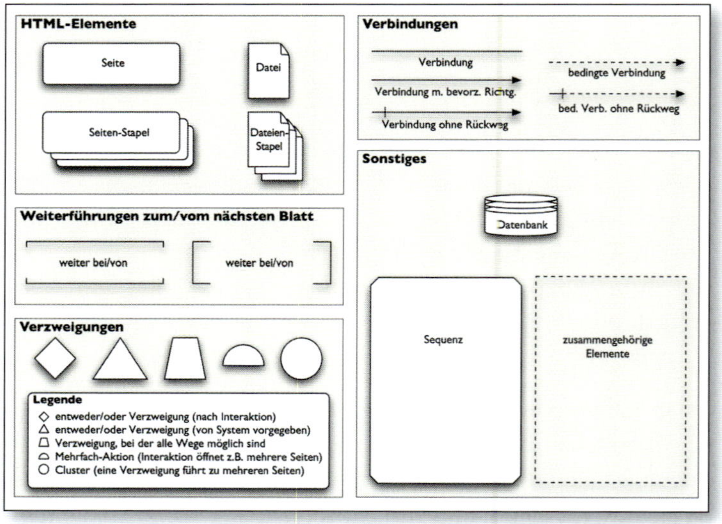

Beachten Sie einige Grundregeln:

- Machen Sie alle Kästen für HTML-Seiten gleich groß, damit auch weniger erfahrenen Auftraggebern klar ist, dass jeder Kasten für eine einzige Seite steht.
- Setzen Sie Farbe sparsam ein. Nur wenn eine Unterscheidung nötig ist, sollten Sie einzelne Elemente unterschiedlich einfärben. Bleiben Sie auch dann konsistent.
- Sorgen Sie dafür, dass die Sitemap übersichtlich bleibt. Zeichnen Sie lieber für jeden einzelnen Bereich eine eigene Sitemap, als alles auf ein Blatt zu quetschen.

Sie müssen nicht alle Querverlinkungen zwischen den Seiten einzeichnen, sonst wird die Sitemap schnell sehr unübersichtlich. Ankündigungen auf der Startseite, die auf verschiedene Unterseiten verweisen (sogenannte *Teaser*) zeichnen Sie üblicherweise nicht als Verlinkung ein. Dass jede Seite zur Startseite verweist, versteht sich von selbst und muss nicht eingezeichnet werden. Auch Querverlinkungen, die nur als Zusatzinformation für wenige Benutzer gedacht sind, müssen nicht unbedingt auf die Sitemap. Sie müssen die Balance zwischen einer detaillierten und einer unübersichtlichen Sitemap finden.

Auch technische Prozesse wie etwa das Anmelden registrierter Benutzer müssen Sie nicht als perfektes Funktionsdiagramm anlegen. Das können Sie in einem eigenen Flussdiagramm für den Programmierer tun.

5.6.2 Exkurs: Software zum Zeichnen von Sitemaps

Viele Konzepter erstellen ihre Sitemaps mit einem Zeichenprogramm oder den Zeichnen-Funktionen von *Microsoft Office*. Das ist für kleinere Projekte in Ordnung, aber bei größeren Sitemaps wird das anstrengend. Sie haben kaum Kontrolle über den Weg, den die Verbindungslinien nehmen, können nicht mit wiederverwendbaren Elementen arbeiten und haben bei den älteren Office-Versionen nicht einmal echte Verbindungslinien, die an Kästen fixiert sind und sich automatisch mitbewegen, wenn ein Kasten verschoben wird. (*PowerPoint* und *Excel* haben diese Funktionen ab *Office 97* unter Windows und ab *Office 98* beim Mac. *Word* bringt sie ab *Office 2000* unter Windows mit. Bei *OpenOffice* gibt es sie in Dokumenten vom Typ „Zeichnung".)

Die dynamischen Verbindungen finden Sie, wenn Sie in Word, PowerPoint oder Excel auf *Extras/Anpassen* gehen und dort die Symbolleiste *Zeichnen* aktivieren. Klicken Sie auf das Icon *Auto Formen*, und wählen Sie den Eintrag *Flussdiagramm*. Hier stehen Ihnen die wichtigsten Elemente zur Verfügung. Um die Kästen miteinander zu verbinden, verwenden Sie die Linien aus *Verbindungen*, sonst bekommen Sie ganz normale Linien, die sich nicht mit den Kästen zusammen bewegen.

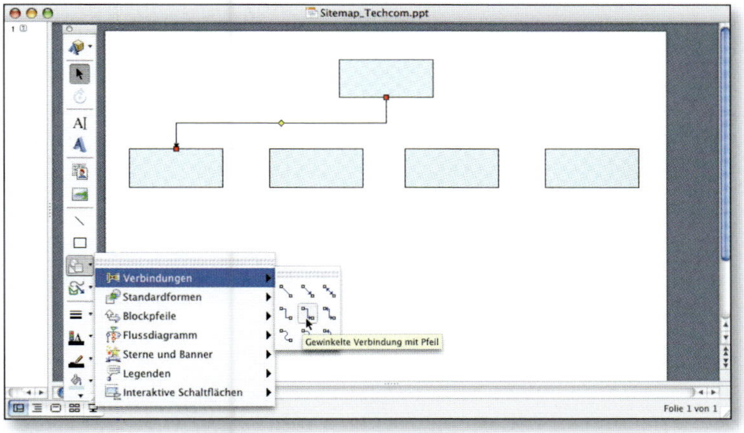

ABBILDUNG 5.2
Die Flussdiagramm-Funktionen von PowerPoint. In Excel und Word sehen die Funktionen der Symbolleiste Zeichnen genau gleich aus.

Komfortabler arbeiten Sie mit einem speziellen Programm für Diagramme. Im Folgenden stelle ich Ihnen ein paar vor. Besuchen Sie die Website `www.benutzerfreun.de/tag/diagramm`. Dort finden Sie die aktuellen Preise für die Programme, Tests von neu hinzugekommener Software sowie Links zum Download von Demoversionen

Am bekanntesten ist *Microsoft Visio*. Diese Software bietet eine nahezu unüberschaubare Vielfalt von Funktionen, die aber das einfache Arbeiten auch ohne Handbuchlektüre nicht behindern. Wenn Sie mit Word zeichnen können, werden Sie das auch sofort mit Visio können. Allerdings müssen Sie eventuell ein wenig suchen, bis Sie die richtigen Bibliotheken mit Vorlagen gefunden haben.

Die Elemente lassen sich mit Visio auch aufwendig programmieren. Sie können damit theoretisch eine Vorlage schreiben, die Sie automatisch nach den wichtigsten Daten fragt und diese an die entsprechenden Stellen automatisch einträgt. Doch dafür müssen Sie tiefer in die Programmierung einsteigen – was sich meiner Meinung nach für unsere Zwecke selten lohnt.

ABBILDUNG 5.3
Microsoft Visio

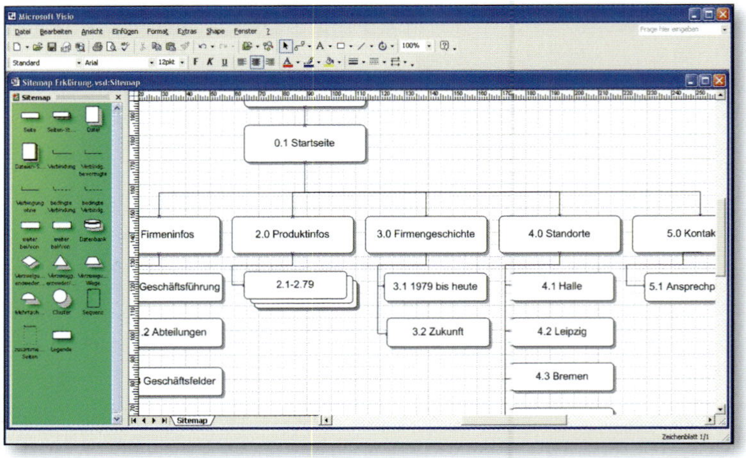

Deutlich billiger als Visio ist sein Konkurrent *Concept Draw*. Dieses Programm bietet fast alles, was auch Visio bietet. Die Oberfläche ist in Version V zwar gründlich überarbeitet worden, doch noch immer sind einige Funktionen nicht leicht zu finden. Die Vorlagen sind recht bunt und wirken wenig professionell. Doch lassen sie sich alle ändern, und nach kurzer Eingewöhnung und etwas Anpassungsarbeit kann man gut mit dem Programm arbeiten. Concept Draw gibt es im Gegensatz zu Visio auch für den Macintosh. Auf der beiliegenden CD-ROM ist eine Demoversion des Programms für beide Plattformen zu finden.

CD

ABBILDUNG 5.4
Concept Draw

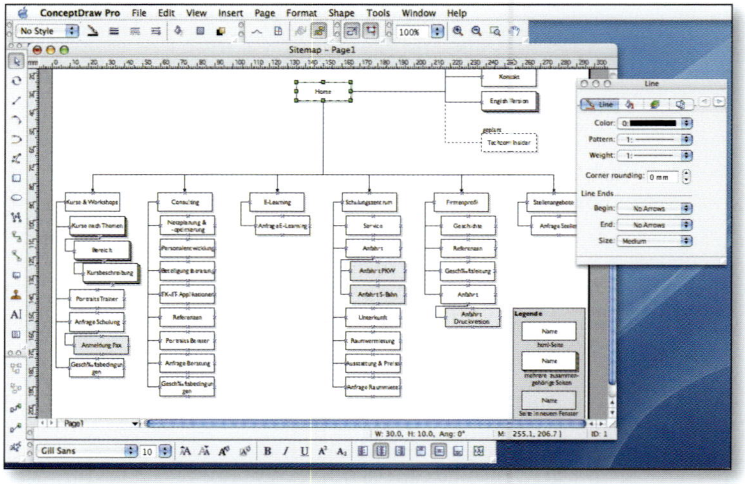

Inspiration ist eine Software, die ursprünglich für Kinder entwickelt wurde. Seine Stärken hat es beim Zeichen von Mindmaps. Allerdings lassen sich auch Sitemaps gut damit zeichnen. Für die Basisfunktionen ist das Programm ausreichend. Es hat auch eine praktische „Transfer"-Funktion, mit der man die aktuelle Zeichnung automatisch in ein Word-Dokument überträgt – zusammen mit einer Gliederung. Auch praktisch ist, dass man einzelne Ebenen von Sitemaps ausblenden kann. Das Programm ist für Windows und für den Macintosh erhältlich.

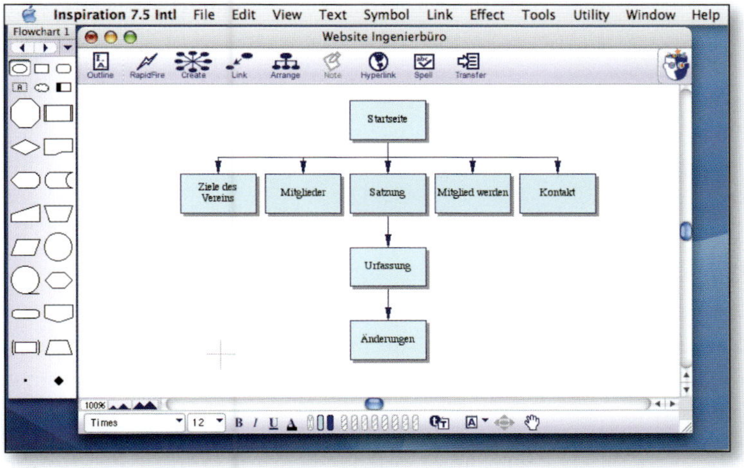

ABBILDUNG 5.5
Inspiration

OmniGraffle ist ein recht günstiges und unglaublich intuitives Programm. Für alle, die in erster Linie Sitemaps und Ablaufdiagramme unter Macintosh zeichnen, ist es meiner Meinung nach die erste Wahl. Auf umfangreiche Zusatzbibliotheken wurde verzichtet, ebenso auf Programmiermöglichkeiten und andere nur selten genutzte Optionen. Dadurch ist das Programm ausgesprochen leicht zu bedienen und günstig. Leider ist es nur für Macintosh erhältlich.

CD

Auf der beiliegenden CD-ROM finden Sie auch Vorlagen für Sitemaps mit OmniGraffle, außerdem eine Demo-Version des Programms.

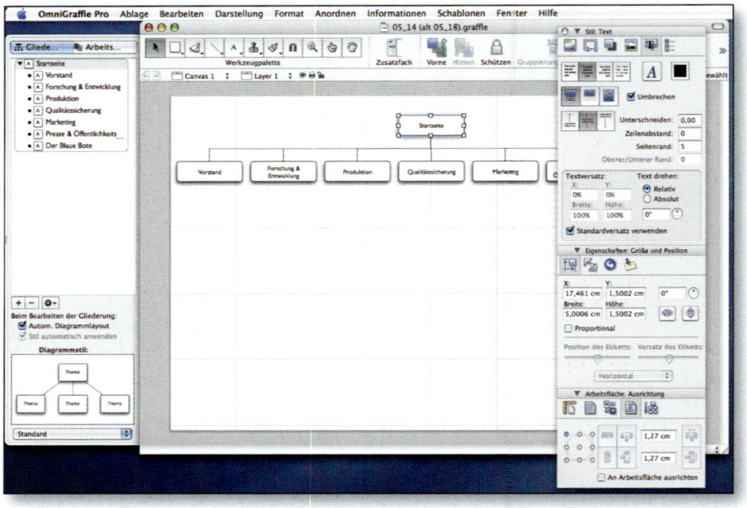

Abbildung 5.6
OmniGraffle

In diesem Zusammenhang ist auch *OmniOutliner* von der gleichen Firma zu erwähnen. Dieses Programm macht das, wofür Excel von vielen ausschließlich verwendet wird: Listen. Aber das macht OmniOutliner so einfach und schön, dass jeder, der es einmal ausprobiert hat, Excel danach tatsächlich nur noch verwendet, wenn es etwas zu rechnen gibt. Das Beste für Konzepter ist aber die Zusammenarbeit mit OmniGraffle: Erstellen Sie eine strukturierte Liste in OmniOutliner, und öffnen Sie diese in OmniGraffle – die Liste wird automatisch in eine Sitemap umgesetzt. Das kann Ihnen Stunden Zeichenzeit sparen.

Erwähnt seien schließlich noch die folgenden Programme, die mich persönlich nicht ganz so überzeugt haben:

FlowCharter von iGrafx (früher Micrografx, gehört inzwischen zu Corel). Eine weitere Alternative mit vielen Funktionen für Windows – wie Visio nicht gerade billig.

SmartDraw ist mit den nötigsten Funktionen ausgestattet. Für die meisten einfachen Diagramme wie etwa Sitemaps ist das aber vollkommen ausreichend. Es ist nur für Windows erhältlich.

Das Programm *VisualThought* hat den Vorteil, dass es umsonst ist. Allerdings ist die Benutzeroberfläche sehr gewöhnungsbedüftig. Man braucht eine ganze Weile, um herauszubekommen, wie man die ganz gewöhnlichen Dinge erreicht – wie Kästen zeichnen, beschriften und mit Linien verbinden. VisualThought ist nur für Windows und Linux erhältlich.

Schließlich lohnt noch ein Blick auf *Gliffy*, was eigentlich kein Programm ist, sondern eine Web-Anwendung. Gliffy ist eine Website (`www.gliffy.com`), die in Flash programmiert ist und daher keine Installation auf dem eigenen Rechner erfordert. Nach der Registrierung kann man auf der Site nicht nur Diagramme zeichnen, sondern sie dort auch verwalten. So können Sie Kollegen oder auch dem Auftraggeber ganz einfach

Zugriff auf die Sitemaps geben. Weitere Web-Dienste unter www.benutzerfreun.de/tag/diagramm.

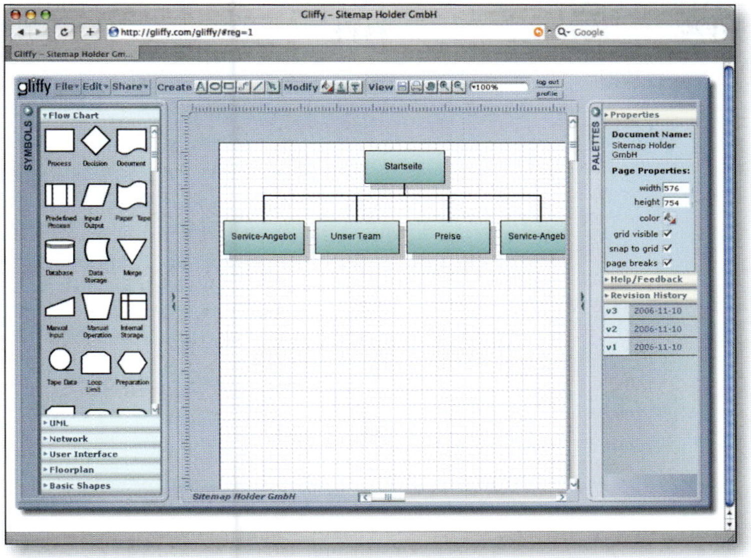

ABBILDUNG 5.7

Die Web-Anwendung Gliffy

5.6.3 Flache oder tiefe Site-Struktur?

Mit der Sitemap bestimmen Sie auch die Anzahl von Auswahlmöglichkeiten, die der Benutzer auf jeder einzelnen Seite der Site hat. Die wichtigste Überlegung dabei ist, ob Sie die Site eher flach und breit oder tief und schmal anlegen.

Eine flache Site-Struktur hat wenige Gliederungsebenen, dafür aber viele Auswahlmöglichkeiten auf jeder Ebene.

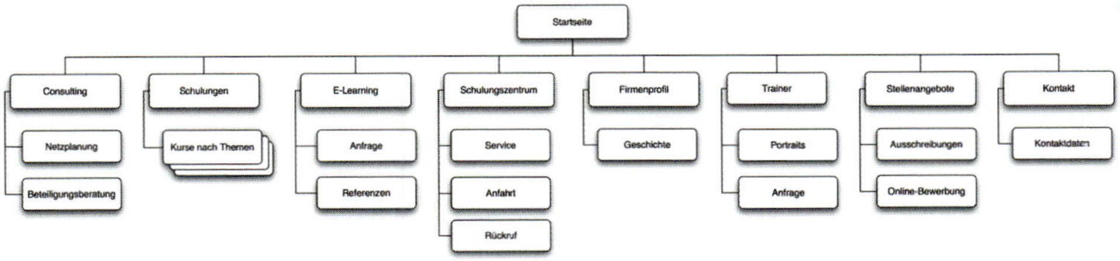

ABBILDUNG 5.8

Flache Site-Struktur

Hier braucht der Benutzer nur wenige Klicks, um zu jeder beliebigen Seite zu kommen. Allerdings muss er wahrscheinlich vor jedem Klick lange suchen, bis er die Information gefunden hat, die er sucht.

Eine tiefe Site-Struktur bietet pro Seite nur wenige Auswahlmöglichkeiten, hat aber viele Gliederungsebenen.

Bei solch einer Struktur hat der Benutzer seine Wahl vermutlich schnell getroffen, allerdings muss er sich durch viele Seiten klicken, wenn er zu einem Thema möchte, das in einer tiefen Gliederungsebene liegt.

ABBILDUNG 5.9
Tiefe Site-Struktur

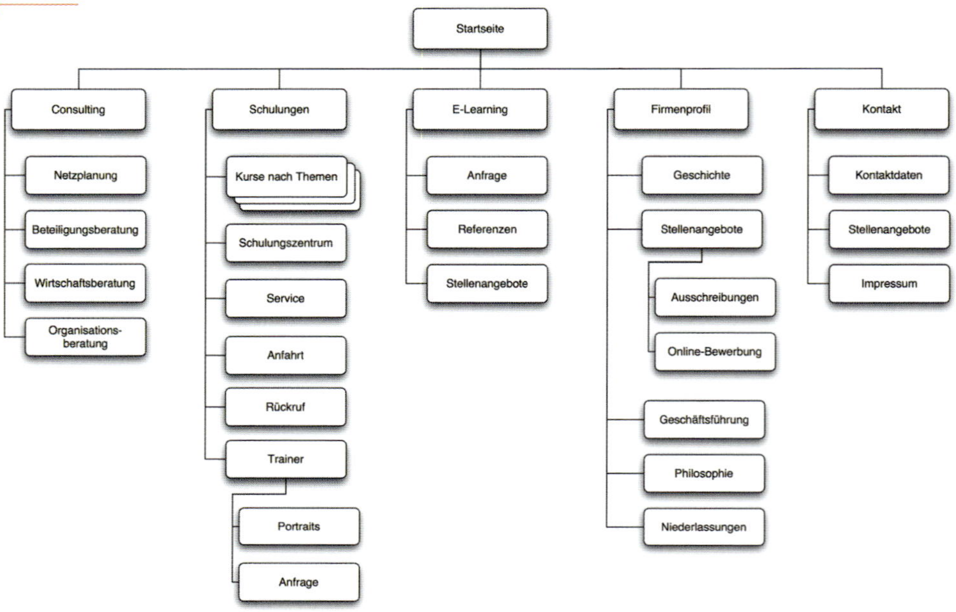

5.6.4 So wenige Klicks wie möglich?

Machen Sie es dem Benutzer leicht. Lieber mehrere einfache Entscheidungen als wenige, bei denen er lange nachdenken muss.

Man hört immer wieder, dass der Benutzer mit so wenigen Klicks wie möglich zur von ihm gesuchten Seite gelangen sollte. Im Prinzip ist das durchaus richtig. Doch im Extrem hieße das, dass alle Sites möglichst flach angelegt werden sollten. Das ist aber nicht sinnvoll. Denn dann gäbe es auf allen Sites eine Startseite mit unüberschaubar vielen Auswahlmöglichkeiten, die nur zu wenigen Seiten führen würden.

Die Regel lautet also eher: Der Benutzer muss mit so wenig *Arbeit* wie möglich zur von ihm gesuchten Seite gelangen. Und Arbeit sind nicht nur Mausklicks, sondern vor allem auch das Nachdenken.

Die Kunst ist, dem Benutzer die Orientierung so leicht zu machen, dass er den Weg zur richtigen Seite nicht als mühsam empfindet. Dabei hilft es, wenn er nicht allzu oft klicken muss. Wichtiger aber ist, dass er auf jeder Seite, die er auf seinem Weg aufruft, sofort weiß, worauf er als Nächstes klicken soll. Der amerikanische Usability-Experte Steve Krug hat das sehr schön beschrieben: Er rät Ihnen, sich immer einen Benutzer vorzustellen, wie er vor Ihrer Website sitzt. Die Gedanken des Benutzers schweben wie eine Comic-Sprechblase über seinem Kopf. Ihr Ziel sollte es sein, alle Fragezeichen in der Sprechblase bei der Benutzung der Site verschwinden zu lassen. Krug hat sein ganzes Buch unter dieses Motto gestellt: „Don't make me think" (das ließe sich mit „Zwing' mich nicht zum Nachdenken" übersetzen, näheres zum Inhalt im *Anhang B*).

Der Benutzer will so wenig wie möglich darüber nachdenken, wie er an sein Ziel gelangt. Solange dem Benutzer die Wahlmöglichkeiten klar sind und er immer weiß, wo er sich auf der Site befindet, nimmt er auch einige Klicks mehr in Kauf.

5.6.5 Die „Sieben plus/minus zwei"-Regel

Eine gute Faustregel für die Entscheidung, wie flach oder tief Sie die Struktur anlegen, ist die „Sieben plus/minus zwei"-Regel. Sie besagt, dass das menschliche Gehirn sieben Elemente optimal aufnehmen kann. Das ist keine willkürlich festgelegte Zahl, sondern sie wurde empirisch bei Tests ermittelt – übrigens lange, bevor es PCs gab.

Versuchen Sie also, auf der Startseite und möglichst auch auf allen Folgeseiten dem Benutzer sieben Wahlmöglichkeiten zu geben. Weniger als fünf (7–2) Elemente wirken mager, es entsteht nicht der Eindruck einer echten Auswahl. Mehr als neun (7+2) Elemente kann der Benutzer nicht mehr so leicht erfassen, die Seite wirkt unübersichtlich und verwirrt im schlimmsten Fall sogar.

Die Zahl Sieben bezieht sich nur auf die Auswahlpunkte für einen Bereich. Übergeordnete Funktionen wie Sitemap, Suche oder Home-Button können in einem zweiten Bereich untergebracht werden. Die Buttons für diesen Bereich sollten grafisch klar von den anderen Auswahlmöglichkeiten getrennt sein (siehe Abbildung 5.10).

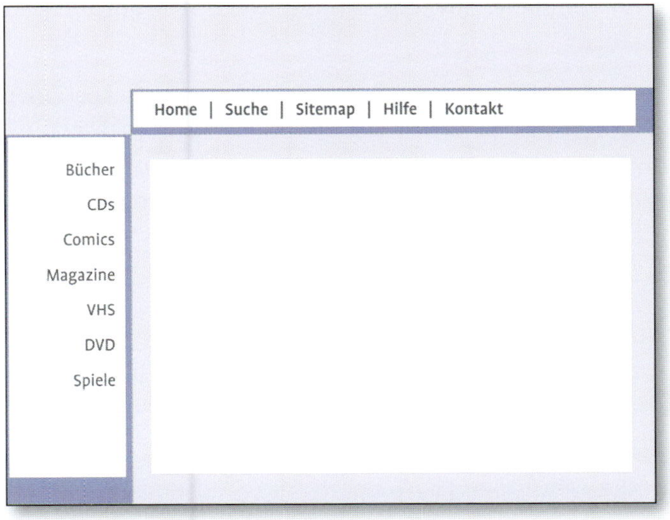

ABBILDUNG 5.10
Diagramm für eine Startseite nach der „Sieben plus/minus zwei"-Regel. Links sieben Punkte, oben fünf. Der Benutzer nimmt die zwei Bereiche als unabhängig voneinander wahr.

Wenn Sie eine sehr umfangreiche Site anlegen, müssen Sie sich vielleicht noch Überkategorien ausdenken, um alle Ihre Themenbereiche zu maximal neun zusammenzufassen. Eine Idee ist, auf der Startseite eine Auswahl der Benutzergruppen anzubieten (z. B. Großhandel / Einzelbestellungen). Oder Sie versuchen, Ihre Bereiche nach Aufgabenstellungen zu unterteilen (z. B. Inhalte suchen / Inhalte beisteuern / Informationen über die Firma). Auch eine Unterteilung nach Lebenssituationen ist denkbar (z. B. Studieren & Verdienen / Vorsorgen fürs Alter / Die sichere Rente genießen).

5.6.6 Fazit

Für die Tiefe einer Site gibt es keine Faustregel. Vier bis fünf Ebenen ist ein guter Anhaltspunkt, aber generell gilt nur die Regel: Eine Site darf nur so tief sein, dass man darin nicht die Orientierung verliert und auf dem Weg in die Tiefe der Site immer das Gefühl hat, auf dem richtigen Weg zur gesuchten Information zu sein.

Der Benutzer weiß bis maximal in die dritte Gliederungsebene, wo genau er ist. Geht es bei Ihnen tiefer hinab, müssen Sie aufpassen. Versuchen Sie, Seiten zu Gruppen zusammenzufassen. Es muss auch nicht jede Seite der untersten Ebene einen eigenen Button auf einer höhergelegenen Seite bekommen. Folgen die Seiten inhaltlich aufeinander, reicht es, die erste mit der höhergelegenen Ebene zu verbinden. Alle Folgeseiten können dann nur durch die jeweils vorhergehende Seite derselben Ebene aufgerufen werden (Beispiel siehe Abbildung 5.11).

Eine solche Anordnung ist sinnvoll, wenn Sie einen längeren Text haben, der auf mehreren aufeinanderfolgenden Seiten untergebracht ist. Diesen Text werden Sie sinnvollerweise in einzelne Abschnitte gliedern, die nach Möglichkeit auch je Seite eine Überschrift bekommen. Die Weiterführung von Seite zu Seite könnte dann so aussehen, dass die Überschrift der nächsten Seite unten rechts als Hyperlink steht. Diese einzelnen Überschriften werden dann nicht auf der Auswahlseite der übergeordneten Ebene auftauchen. Sie haben auf dieser Seite einen Link, der nur zur ersten Seite des Textes führt. Nur von dieser aus lässt sich die zweite Seite aufrufen, von dort aus die dritte und so weiter.

Noch besser ist es, den Text so aufzuteilen, dass die Grundinformationen auf der ersten Seite stehen. An deren Ende stehen Hyperlinks zu weiteren Seiten mit vertiefenden Informationen. Dadurch ist der Benutzer nicht gezwungen, sich durch alle Seiten zu klicken, wenn ihn nur bestimmte Informationen interessieren.

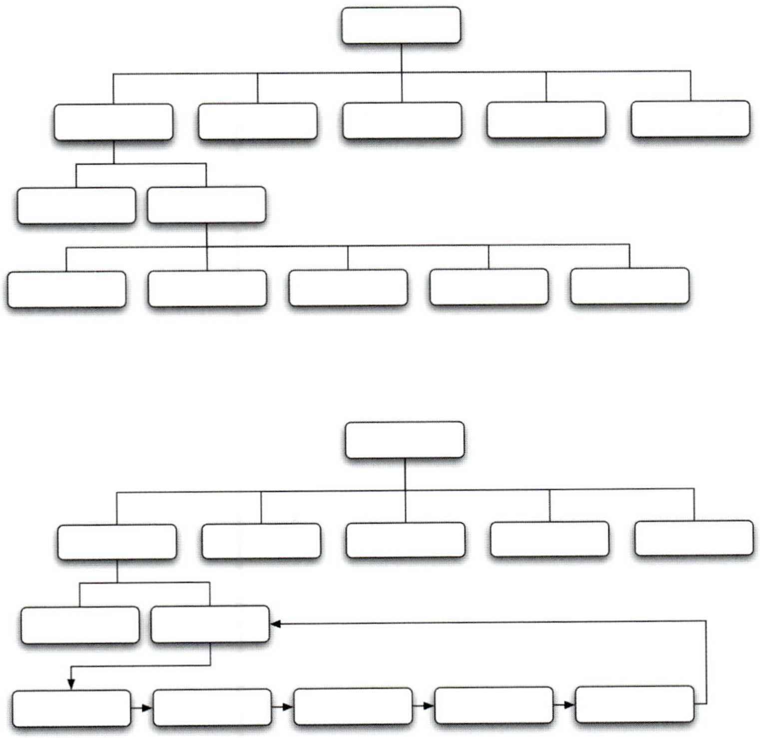

Abbildung 5.11

Dieselbe Site mit zwei Strukturen für die dritte Gliederungsebene. Die Version unten fasst zusammengehörige Seiten zu einer Einheit zusammen, die aus der höheren Ebene nur über die erste Seite erreicht werden kann.

5.7 Querverlinkungen

Jede Seite sollte mit der nächsthöheren in der Hierarchie verlinkt sein, außerdem sollte man von überall zur Startseite gelangen.

Beim Setzen von Links zu einer Seite einer anderen Kategorie oder von Links, die Hierarchie-Ebenen überspringen, sollten Sie vorsichtig sein. Solche Querverweise lassen sich mit HTML einfach realisieren, weshalb sie früher sehr häufig eingesetzt wurden. Sie können aber dazu führen, dass der Benutzer die Orientierung verliert. Sie haben sich viel Mühe gegeben, die Site gut zu strukturieren. Wenn Sie diese Struktur aufweichen, indem Sie alle Seiten miteinander querverlinken, war die Mühe vergebens. Der Benutzer, der Ihren Links folgt, springt zwischen den Kategorien und Hierarchie-Ebenen hin und her und ist bald völlig verwirrt.

Jeder Link muss einen echten Mehrwert bieten, sonst sollten Sie ihn streichen.

Hyperlinks haben den Nachteil, dass sie meist subjektiv sind. Sie persönlich suchen aus, welche Passagen Sie verlinken (wohl sicher nicht alle), Sie suchen aus, zu welchen Seiten Sie verlinken (meist gibt es mehrere Möglichkeiten, aber ein Link kann nur zu einer Seite springen), und Sie suchen aus, welche Passagen Sie nicht verlinken. Der Benutzer hätte das vielleicht ganz anders gemacht.

Machen Sie Querverweise als solche kenntlich, und setzen Sie sie möglichst sparsam ein. Geben Sie dem Benutzer die Möglichkeit, wieder dorthin zurückzuspringen, von wo aus er den Hyperlink aufgerufen hat.

Vermeiden Sie den Jojo-Effekt. Dieser tritt auf, wenn Sie eine Seite erstellen, auf die Sie Links zu mehreren zusammengehörigen Unterseiten mit Hintergrundinformationen setzen. Der Benutzer muss dabei immer wieder zu der einen Seite mit Links zurückkehren. Entweder bringen Sie alle Zusatzinformationen auf eine Seite, oder Sie setzen auf jeder der Unterseiten einen Link auf die jeweils folgende Zusatzseite.

ABBILDUNG 5.12

Seitengruppe mit Jojo-Effekt (oben) und ohne (unten)

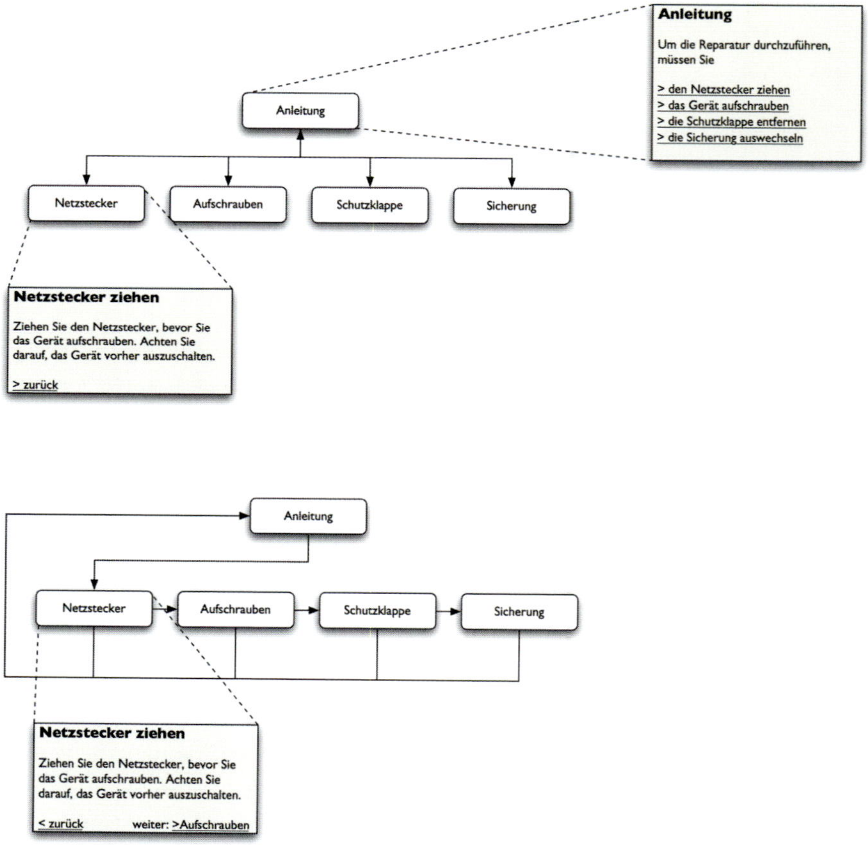

5.8 Umgang mit großen Datenmengen

Es gibt Fälle, in denen Sie so große Datenmengen unterbringen müssen, dass Sie mit den oben erklärten Regeln nicht weit kommen. Das gilt besonders für Portal- oder Intranetsites. Bei diesen fallen meist sehr viele Daten an, die teilweise in sich gut zu ordnen sind, aber nicht mit den anderen Daten zusammenpassen oder teilweise nur schwer zu strukturieren sind.

Versuchen Sie, alle gleichartigen Daten so weit wie möglich zu übergeordneten Kategorien zusammenzufassen. Wenn Sie beispielsweise ein Intranet für einen großen Konzern erstellen, könnten Sie zu folgender Einteilung kommen:

- Informationen über die Firmen-Beteiligungen
- Ansprechpartner und Telefonnummern
- Produktionsstätten
- Produkte und Leistungen

Auf der Startseite finden sich diese vier Punkte sowie weitere Funktionen, die das Intranet wirklich nützlich machen (wie etwa aktuelle Informationen für Angestellte, interne Stellenausschreibungen, Listen mit Ansprechpartnern usw.).

Die Informationen über die Beteiligungen können Sie *alphabetisch* sortieren, ebenso die Ansprechpartner und ihre Telefonnummern. Bei Letzteren könnten Sie noch eine Seite vorschalten, auf der die Tochterfirma ausgewählt werden kann. Auch eine *Suchfunktion* speziell für diesen Bereich ist nützlich.

Für den Bereich der Produktionsstätten könnten Sie eine *Landkarte* anbieten, auf der der Benutzer zunächst wählen kann, in welchem Land bzw. welcher Region die Firma ist, die ihn interessiert. Die folgende Liste können Sie wiederum *alphabetisch* nach Standort oder nach Namen ordnen. Produkte und Leistungen lassen sich wahrscheinlich noch in Unterkategorien unterteilen. Diese sollten dann eher *intuitiv* geordnet werden als nach Alphabet. Denn hier sind in den meisten Fällen so viele unterschiedliche Bezeichnungen möglich, dass der Benutzer bei der alphabetischen Suche schon Glück haben muss, um fündig zu werden.

Für die Startseite und die Standardnavigation wurde die „Sieben plus/minus zwei"-Regel eingehalten, auf den ersten Seiten der einzelnen Bereiche dagegen haben wir sehr lange Listen. Da diese aber systematisch geordnet sind, kann der Benutzer diese auch gut verwenden.

In dem Beispiel haben wir für die letzte Ebene der einzelnen Bereiche jeweils eine der zwei folgenden Möglichkeiten angewandt: einfache Listen und Verzeichnisse.

5.8.1 Einfache Listen

Einfache Listen, die nur nach einem einzigen Kriterium aufsteigend oder absteigend sortiert sind, nennt man *eindimensional.* Das beste Beispiel dafür ist ein Telefonbuch. Wenn Sie darin eine Person suchen, gibt es nur eine einzige Stelle, an der Sie deren Telefonnummer sinnvollerweise suchen. Wissen Sie den Namen, nach dem Sie suchen, nicht genau, kann es bei großen eindimensionalen Listen kompliziert werden. Wenn Sie Peter Schmid im Berliner Telefonbuch finden wollen und bei Schmid, Schmidt, Schmitt und Schmied nachsehen müssen, ist das etwas aufwendig. Noch schwieriger wird es, wenn Sie eine Firma suchen. Diese kann unter ihrem Namen oder unter dem ihres Inhabers geführt werden. Für solche Fälle kommen Verzeichnisse in Frage.

Abbildung 5.13
Ein Beispiel für eine einfache Liste

Interne Telefonliste

Hier finden Sie alle unsere Mitarbeiter in alphabetischer Reihenfolge.
Zusätzlich steht Ihnen eine nach Abteilungen sortierte Liste zur Verfügung.

Name	Abteilung	Durchwahl
Mach, Peter	Lohnbuchhaltung	-103
Michel, Martin	Einkauf	-422
Miller, Markus	Support	-310
Mitfahrer, Frank	Marketing	-192
Mitschlicher, Doris	Geschäftsführung	-111
Mitte, Anita	Support	-334
Mogwies, Anton	Forschung & Entwicklung	-209
Mühlberger, Johann	Einkauf	-494
Mühlstein, Ortrun	Forschung & Entwicklung	-223
Mull, Marina	Support	-989
Myrtiliz, Kemal	Forschung & Entwicklung	-231

5.8.2 Verzeichnisse

Das bekannteste Beispiel für Verzeichnisse sind die Gelben Seiten. Sie sind nach Branchen sortiert, danach folgt eine alphabetische Liste mit Firmen. Die Herausforderung dabei ist, sinnvolle und für möglichst viele Benutzer nachvollziehbare Branchenbezeichnungen zu finden.

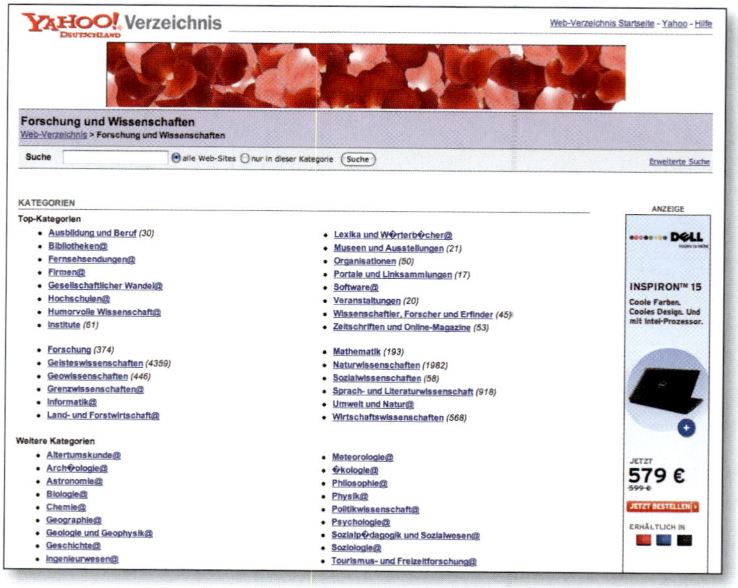

Abbildung 5.14
Das sicher bekannteste Verzeichnis im Web – Yahoo

5.9 Sinnvolle Kategorien festlegen

Wenn Sie die Kategorien bestimmen, in die Ihre Site aufgeteilt wird, legen Sie damit auch die Links auf der Startseite fest. Das ist die wichtigste Entscheidung für die ganze Site. Daher ist sie auch eine der schwierigsten. Sie müssen dabei nicht nur mit sich selbst um die beste Lösung ringen, sondern oft vor allem mit dem Auftraggeber. Aber vergessen Sie nicht: Sie kämpfen für eine gute Sache – für eine benutzerfreundliche Website.

Hat sich Ihr Kunde schon Gedanken über seine Site gemacht, ist es möglich, dass er Ihnen ein Organigramm vorlegt und sagt: „Das ist die Struktur unserer Website." (Für alle, denen das bisher erspart geblieben ist: Ein Organigramm ist eine Schemazeichnung, die die Abteilungsstruktur eines Unternehmens abbildet.)

Wenn das passiert, atmen Sie erst einmal tief durch. Dann versuchen Sie, Ihrem Gegenüber vorsichtig klarzumachen, dass es keinen Benutzer interessieren wird, wie das Unternehmen strukturiert ist. Selbst jemand, der einen Job sucht, wird als Erstes wissen wollen, ob es gerade überhaupt freie Jobs gibt. Als Zweites interessiert ihn, was das Unternehmen verkauft und was seine Philosophie ist. Schließlich möchte er noch etwas über die Geschichte wissen. Und dann – vielleicht – interessiert ihn, welche Abteilungen es gibt und wie sie heißen.

Mir ist noch kein Fall untergekommen, in dem eine vorhandene Struktur firmeninterner Unterlagen für die Struktur der Website geeignet gewesen wäre. Sie können davon ausgehen, dass diese Einteilung nur von Mitarbeitern verstanden wird – wenn überhaupt.

Ein Beispiel: Die Blaumann AG schlägt vor, jeder einzelnen Abteilung eine eigene Kategorie zu geben. Hinzu kommt noch ein Punkt für die Firmenzeitschrift, den „Blauen Boten". Die Startseite sähe dann ungefähr so aus:

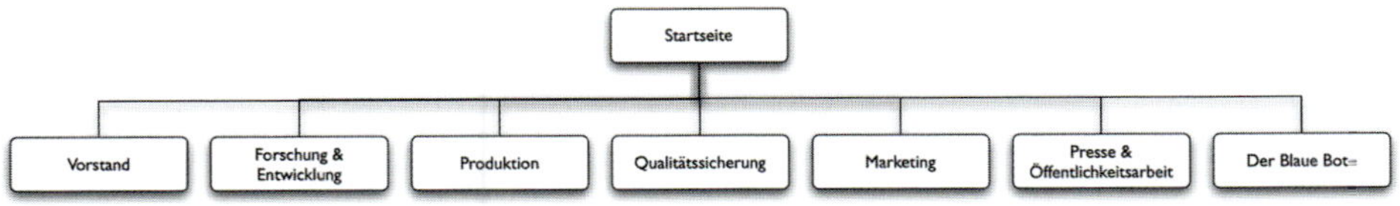

ABBILDUNG 5.15
Die Site, nach dem Organigramm strukturiert

Die Auswahlmöglichkeiten sind zwar mit Ausnahme des letzten Punkts für jedermann verständlich, doch Interesse wecken sie wohl kaum. Die Site lässt sich auch nach den Wünschen der Benutzer gliedern:

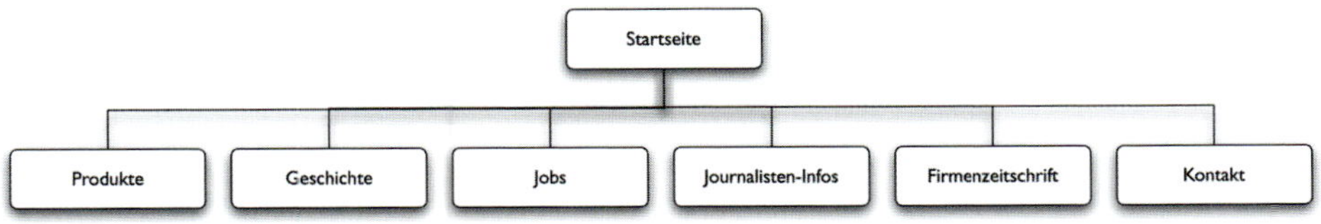

ABBILDUNG 5.16
Die Site, nach möglichen Besucherinteressen strukturiert

Aufregend ist das auch noch nicht, es erfüllt aber in den meisten Fällen seinen Zweck. Ein solcher benutzerorientierter Ansatz ist immer der Strukturierung nach firmeninternen Kriterien vorzuziehen.

Gefährlicher noch als Auftraggeber, die interne Strukturen auf der Website abbilden wollen, sind solche, die mit der Website Politik machen. Die Website eines Unternehmens eignet sich hervorragend zur Selbstdarstellung und zum Austragen interner Machtkämpfe. Wenn zum Beispiel die Support-Abteilung einen Link auf der Startseite bekommt, wird eventuell ein Vertreter der Marketing-Abteilung darauf dringen, dass diese auch einen solchen Link bekommt. Sie als Informationsarchitekt müssen dann versuchen, alle Beteiligten darauf einzuschwören, dass Sie eine Site für die Benutzer machen. Und den Benutzer wird „Support" wohl interessieren, nicht aber der abstrakte Begriff „Marketing".

Versuchen Sie, sich so weit wie möglich aus den internen Machtkämpfen herauszuhalten, und argumentieren Sie immer von den zukünftigen Benutzern her. Kompromisse lassen sich oft nicht vermeiden. Diese müssen Sie manchmal sogar eingehen, um das Projekt zu retten. Denn wenn eine mächtige Person in der Argumentation unterliegt, kann sie unter Umständen das gesamte Projekt sabotieren. Im Laufe der Zeit werden Sie ein Gespür dafür entwickeln, wo die Eitelkeiten der einzelnen Beteiligten liegen und mit wem sie ihre Privatfehden haben. Aber solche Extremfälle sind selten.

5.9.1 Kategorien benennen

Wenn Sie (sich) entschieden haben, welche Kategorien Sie verwenden, stehen Sie vor der nächsten schwierigen Aufgabe: Sie müssen gute Namen für sie finden. Die Startseite ist das Aushängeschild der Site. Wenn die Startseite schlecht ist, verlieren Sie bereits die ersten Besucher. Und schlecht ist die Startseite dann, wenn der Besucher nicht sehr schnell sieht, worum es auf der Site geht und ob er hier findet, was er sucht. Dazu brauchen Sie aussagekräftige, griffige Namen für die Kategorien. Diese begleiten den Benutzer durch die ganze Site.

✓ Verwenden Sie aussagekräftige Begriffe.

Was für die Struktur der Site gilt, gilt auch für die verwendeten Namen: Übernehmen Sie nicht einfach etwas Vorhandenes, sondern überlegen Sie, ob die Benutzer etwas damit anfangen können. Je einfacher die verwendeten Begriffe sind, desto besser.

✓ Seien Sie konsistent.

Achten Sie darauf, dass die Namen konsistent sind. Wenn Sie „Was wir machen" als Option haben, sollten Sie das nicht mit einer anderen Option „Ansprechpartner" kombinieren. Der erste Punkt ist lösungsorientiert formuliert (die Frage des Kunden nach den Tätigkeiten wird beantwortet), der zweite systematisch. Besser wäre etwa „Was wir machen" und „Wie Sie uns erreichen" oder „Produkte" und „Ansprechpartner". Achten Sie insbesondere auf die Einheitlichkeit von:

- Satzart (ganze Sätze, Phrasen oder einzelne Wörter)
- Länge der Begriffe
- Stil der verwendeten Wörter
- Aktiv und Passiv
- verwendete Satzzeichen (Bindestriche, Kommas oder Strichpunkt)

Nur weil Sie im Internet sind, wird Ihre Zielgruppe nicht automatisch zwanzig Jahre jünger. Verwenden Sie eine den potenziellen Benutzern angemessene Sprache. Nur in ganz seltenen Fällen sind Wörter wie „cool", „stuff", „angesagt", „hot" oder „fett" angebracht. Wenn Sie dennoch in diesem Stil arbeiten, dann ist ein Wort wie „Unternehmenszahlen" ein Fremdkörper. Mit etwas wie „heiße Fakten" sind Sie dann besser bedient.

Treffen Sie den richtigen Ton.

Sie können durch die Bezeichnungen auch die Stimmung der Site beeinflussen. Verwenden Sie aktive Formulierungen, wenn es zum Stil passt. „Katalog durchsuchen", „Bestellung aufgeben" und „Kontakt aufnehmen" klingt frischer als nur „Katalog", „Bestellung" und „Kontakt". Die Bezeichnungen „Blättern Sie im Katalog", „Gehen Sie zur Bestellung" und „Kontaktieren Sie uns" sind noch direkter, aber leider etwas lang.

Spielen Sie mit den Formulierungen, bis Sie die optimalen Bezeichnungen gefunden haben.

Benutzerprofile sind eine gute Hilfe, um den richtigen Ton zu treffen (siehe Kapitel 4.8.1, *Benutzerprofile entwickeln*, Seite 44). Lesen Sie diese durch, und stellen Sie sich vor, Sie würden diesen Menschen einen Brief schreiben. Besorgen Sie sich eventuell noch eine Zeitschrift, die Ihre Zielgruppe liest, um ein Gefühl für ihre Sprache zu bekommen.

Bei der Begriffswahl gilt: Durchschnittlichkeit ist Trumpf. Versuchen Sie nicht, am falschen Ort innovativ zu sein. Ihre Kreativität ist gefragt, jedoch sollten Sie diese bei der Begriffsfindung für die Kategorien dazu einsetzen, den gängigsten Begriff zu finden, der den Inhalt auf den Punkt bringt. Je schneller der Benutzer weiß, worum es geht, desto besser.

Keine Angst vor gängigen Begriffen

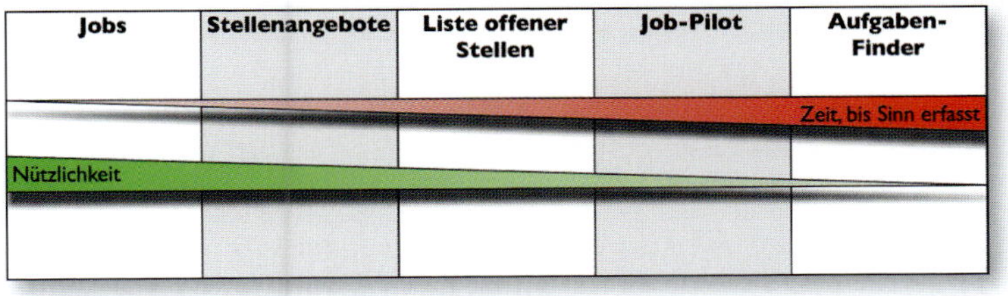

ABBILDUNG 5.17
Ein Beispiel dafür, dass vertraute Begriffe meist besser sind

TABELLE 5.3

Übliche und unübliche Begriffe – halten Sie sich an die üblichen, diese werden schneller verstanden.

Üblich & gut	Weniger gebräuchlich & lieber vermeiden
Startseite, Home	Erste Seite, Kopfseite, Heimatseite, Beginn, Start, Anfang, zum Anfang
Sitemap	Übersicht, Karte, Seitendiagramm, Inhalt, Inhaltsverzeichnis
Suche	Kompaktsuche, Schnellsuche, Detailsuche, Finden
FAQ, Fragen & Antworten, Hilfe	Questions and Answers, Q&A, Fragen
Kontakt, Feedback	Ansprechpartner
Katalog, Produkte	Liste, Angebote, Lager
Über uns, Wer wir sind, Das Unternehmen	Informationen, Infos, <Firmenname>, Vorstellung
Aktuelles, Was ist neu?	Neu, New, News, Nachrichten, Ankündigungen

✓ Den gordischen Knoten durchschlagen

Keine Regel ohne Ausnahme: Es gibt Fälle, da müssen Sie bei der Begriffsfindung neue Wege gehen – entweder, wenn Ihre Site sehr innovativ wirken soll oder wenn Sie für eine Kategorie einfach keinen passenden Begriff finden. Ist das der Fall, dann erfinden Sie einen neuen Begriff. Dabei müssen Sie sehr kritisch gegenüber Ihren eigenen Ideen sein. Sie haben lange nachgedacht und stecken tief im Prozess. Sie wissen genau, was Sie unter diesem Begriff ablegen wollen. Aber werden die Benutzer es auch wissen? Testen Sie Ihre neuen oder ungewöhnlichen Begriffe auf jeden Fall so früh wie möglich. Fragen Sie Unbeteiligte (Kollegen, Freunde), was sie unter dem Begriff erwarten würden. Falls möglich, fragen Sie auch Vertreter der Zielgruppe.

✓ Gute Begriffe brauchen Zeit. Nehmen Sie sich diese Zeit.

Wenn mir für einen Bereich einfach keine passende Bezeichnung einfallen will, schreibe ich in einer Art Ein-Mann-Brainstorming alle Begriffe auf, die mir dazu in den Sinn kommen – auch wenn sie noch so abwegig sind. Diese Liste lege ich dann weg. Oft fällt mir beim erneuten Lesen der Liste am nächsten Tag die passende Bezeichnung ein. (Manchmal überrascht mich die richtige Bezeichnung aber auch in einem Moment, an dem ich eigentlich gar nicht daran gedacht habe – zum Beispiel auf dem Heimweg.)

Auch beim Erfinden von Begriffen gilt: Achten Sie auf die Sprache Ihrer Zielgruppe. „Rundling-Paradies“ kommt als Kategorie für CDs in einem Online-Shop sicher nicht in Frage, wenn Sie ältere Käufer von Einspielungen klassischer Stücke ansprechen wollen. Hier wäre das gewöhnliche „CDs“ sicher die bessere Wahl – man weiß sofort, was gemeint ist.

5.9.2 Englisch ist besser – isn't it?

Die englische Sprache hat gegenüber der deutschen ein paar Vorteile. Es gibt mehr Wörter, und so sind Begriffe oft exakter. Im Deutschen braucht man oft den Zusammenhang, um genau zu verstehen, was mit einem Wort gemeint ist. Man kann sich mit zusammengesetzten Begriffen behelfen, was im Englischen nicht so leicht möglich ist. Das hat aber den Nachteil, dass die Wörter länger werden. Auch Sätze oder Satzbruchstücke sind auf Englisch deutlich kürzer – was bei dem knappen Platz auf einer Webseite ein deutlicher Vorteil ist.

Das fällt vor allem bei der Beschriftung von Buttons auf. „Plan your visit" (15 Zeichen) ist einfach kürzer und prägnanter als „Planen Sie Ihren Besuch" (23 Zeichen). „About" ist kürzer als „Über uns" und klingt zudem weniger hölzern.

Der Begriff „Buttons" taucht auch in diesem Buch ständig auf – „Schaltflächen" ist einfach unüblich in der Branche. Arbeiten Ihre Benutzer aber nicht hier, sollten Sie ihn nicht verwenden.

Dennoch ist es selten eine Lösung, auf die englischen Begriffe auszuweichen. Wenn diese nicht üblich sind, könnten die Benutzer Ihrer Site damit sogar noch mehr Probleme haben. Denken Sie daran, dass in der Multimediabranche englische Begriffe allgegenwärtig sind, Ihre Benutzer aber wahrscheinlich nicht aus dieser Branche kommen. Natürlich können Sie „E-Mail" (längst schon in den Duden aufgenommen) oder „Browser" verwenden, eine deutsche Übersetzung würde hier eher verwirren. Aber Sie sollten immer überlegen, ob Ihre Benutzer die von Ihnen verwendeten englischen Wörter auch wirklich kennen.

Oft werden englische Begriffe verwendet, weil der Konzepter der Site dachte, der deutsche Begriff sei nicht treffend genug. Dann benutzt er stattdessen einen englischen, der auch nicht besser passt. Benennen Sie zum Beispiel einen Link mit „Nachrichten" ist unklar, ob das zu den Neuigkeiten auf der Site führt, zu neuen Firmenmitteilungen oder zu allgemeinen Nachrichten aus der Politik. Das englische „News" bringt hier keine Rettung, weil das Wort dieselbe Mehrdeutigkeit hat. Gebrauchen Sie englische Begriffe also nicht, um sich vor der Arbeit zu drücken, passende und aussagekräftige deutsche Bezeichnungen zu finden. Achten Sie auch darauf, dass Englisch nicht zum Stil jeder Site passt. Mischen Sie englische und deutsche Bezeichnungen nicht willkürlich durcheinander.

Studien zeigen immer wieder (z. B. von *eResult, Die Argonauten*), dass die „User" lieber „Benutzer" sein möchten und dass ihnen das „Wording", Verzeihung, der Sprachgebrauch, auf Internet-Seiten zu kompliziert ist. Vor allem die vielen englischen Begriffe wurden bemängelt. 40 Prozent der Benutzer wüssten nicht genau, was eine „Sitemap" ist, so eine der Studien. In meinen eigenen Tests habe ich ebenfalls festgestellt, dass einige diesen Begriff nicht kennen. Leider gibt es dafür kein passendes deutsches Wort. Inhaltsübersicht ist nur eine Notlösung. Wo immer es aber möglich ist, sollten Sie auf gängige, leicht verständliche deutsche Wörter zurückgreifen.

5.10 Schleichwege anlegen: Erleichterungen für den Nutzer

Es gibt Sites, die von den meisten Leuten nur ein-, zweimal besucht werden, zum Beispiel Sites, auf denen sich ein kleineres Unternehmen präsentiert. Nachdem der Benutzer herausgefunden hat, was das Unternehmen genau macht und ob er an einer Zusammenarbeit interessiert ist, braucht er die Site nicht mehr.

Andere Sites dagegen sollen möglichst oft besucht werden. Das sind etwa Einkaufssites, Sites zur Beratung und Nachrichtensites. Hier ist es besonders wichtig, den Benutzern lange sich wiederholende Wege zu ersparen. Selbst wenn Sie darauf geachtet haben, dass jede Auswahl eindeutig ist, wird der Benutzer doch wenig erfreut sein, bei jedem Besuch wieder denselben langen Weg durch die Site zu gehen. Sehen Sie daher Schleichwege vor.

5.10.1 Suche

Viele Experten sagen, etwa die Hälfte aller Web-Nutzer verwende am liebsten die Suchfunktion einer Site, ein Viertel navigiere bevorzugt über Links, und ein Viertel wende beide Techniken etwa gleich gern an. Der Usability-Experte Jared Spool glaubt dagegen, das Verhalten hänge von den besuchten Sites ab, nicht von deren Benutzern. Er sagt: „On-site searching stinks." Spool meint, es sei meist besser, keine Suchmaschine auf der Site zu haben. Denn nach seinen Studien finden die Benutzer in der Hälfte der Fälle das Gesuchte, wenn sie mit der Navigation arbeiten. Dagegen werden sie mit der Suchfunktion nur in einem Drittel der Fälle fündig.

Das hängt aber vermutlich auch damit zusammen, dass viele Suchfunktionen nicht benutzerfreundlich sind. Außerdem greifen viele Benutzer nur aus Verzweiflung auf die Suchfunktion zurück, wenn sie etwas sonst nicht finden – nicht selten gibt es dies dann auf der Site einfach tatsächlich nicht.

✓ Bevor Sie eine Suchfunktion einbinden, die nicht gut funktioniert, lassen Sie es lieber sein.

Entscheiden Sie selbst, was Ihre Benutzer brauchen. Bedenken Sie auch deren Erfahrung mit Suchmaschinen. Studenten etwa sind durch die Recherche in Bibliotheken und online routiniert im Umgang mit Suchfunktionen und können oft sogar Verknüpfungen (wie UND oder NICHT) richtig einsetzen. Ältere Menschen oder Kinder beispielsweise fühlen sich dabei meist nicht so sicher und lassen sich lieber über die Navigation zum Ziel führen.

Eine Suchfunktion kann ein echter Gewinn für die Site sein – oder eine Quelle großer Frustration. Wenn die Suche keine Seiten zutage fördert, ist das noch zu verschmerzen. Findet sie jedoch nur Seiten, die nichts mit der gesuchten Sache zu tun haben, ist der Benutzer leicht frustriert: Gibt es das nicht, was ihn interessiert? Oder hat er seine Suchabfrage nur falsch formuliert? Oder ist die Suchmaschine schlecht und findet nicht, was er sucht?

Was lässt sich gut suchen?

Je eindeutiger die Dinge sind, nach denen gesucht wird, desto besser eignet sich eine Suchfunktion. Bei Büchern oder CDs ist es einfach: Titel und/oder Autor bzw. Interpret sind eindeutig. Name eingeben, „Suchen!" klicken und sehen, ob der gewünschte Titel bei den Treffern ist – fertig.

Schwieriger wird es, wenn Sie zum Beispiel nach einer Einführung in das Werk von Kurt Schwitters suchen. Davon gibt es einige, doch keine trägt den Titel „Einführung in das Werk von Kurt Schwitters". Hier muss man die Treffer näher unter die Lupe nehmen.

Je weniger genau Ihre Benutzer wissen, was sie wollen, desto weniger eignet sich eine Suchfunktion. Für solche Fälle sollten Sie Tipps anbieten, um entweder die Suche einzugrenzen oder um anders zum Ziel zu gelangen.

Seiten suchbar machen – und verstecken

Suchfunktionen für die eigene Site funktionieren technisch genauso wie die Suchmaschinen für das Internet. Deshalb ist es auch für Ihre eigene Suchfunktion Pflicht, gute Metadaten wie Seitentitel und Schlüsselwörter zu erstellen. Auch anhand dieser indiziert die Suchmaschine die Seiten und findet dann die Suchwörter in ihrem Index. Mehr hierzu finden Sie im Kapitel 8, *Produktion Text,* Abschnitt *Suchmaschinen und Metadaten,* ab Seite 266.

Es hat sich gezeigt, dass Eingabefelder am schnellsten gefunden werden, wenn man nach der Suchfunktion auf einer Seite sucht – sie springen ins Auge. Auf der Startseite und auf allen Seiten, von denen aus vermutlich häufig gesucht wird, sollten Sie daher direkt das Eingabefeld für die Suche vorsehen. Auf den übrigen Seiten genügt ein Link zur Suchseite.

Wenn Sie eine Suchfunktion haben, bieten Sie diese auf jeder Seite an.

Bieten Sie keine webweite Suche von Ihrer Site aus an. Suchmaschinen sind die am häufigsten benutzten Sites überhaupt, niemand wird auf Ihre Site kommen, um eine Suchmaschine für das Web zu finden. Sie laufen sogar Gefahr, dass Ihre Besucher auf einer Seite der Konkurrenz landen.

Wie suchen die Benutzer?

- Die Hälfte der Benutzer gibt auf, wenn sie im ersten Anlauf nicht das Gewünschte finden – ein starkes Argument für gute Metadaten.
- Die Hälfte aller Suchanfragen bestehen nur aus einem Wort. Das ist eigentlich schade, denn mit jedem Wort mehr wird die Qualität der Treffer besser. Hinzu kommt, dass viele Suchanfragen sehr allgemein gestellt werden (z.B. „Grafikprogramme" statt „Ablaufplan-Zeichenprogramm" oder „Weltmusik" statt „brasilianischer Samba").
- 95 Prozent der Benutzer sehen nur die erste Seite der Trefferliste an.

All das können Sie nicht ändern. Sie müssen Ihre Suchfunktion und vor allem Ihre Seiten darauf anpassen, dass trotzdem möglichst alle Suchanfragen Erfolg haben.

Fortgeschrittene Suchfunktionen

Die wenigsten Benutzer können mit fortgeschrittenen Suchfunktionen umgehen. Für die meisten Sites genügen daher ein einfaches Eingabefeld und der *Suchen*-Knopf.

Die Beschränkung der Suche auf einzelne Bereiche ist nur bei sehr großen Sites sinnvoll. Viele Benutzer nehmen nicht wahr, dass sie nur in einem Teil suchen, stellen den falschen ein oder verstehen die Aufteilung in Bereiche nicht genau. Weisen Sie auf der Ergebnisseite, vor allem bei null Treffern, deutlich darauf hin, wenn die Suche nur über einen Bereich der Site lief.

Fast niemand nutzt die Möglichkeit zu komplexen Suchabfragen. Auch mehrere Wörter werden selten verwendet und noch seltener die Verknüpfung von Begriffen mit logischen Operatoren wie UND, ODER bzw. NICHT. Deren Formulierung ist von Suchmaschine zu Suchmaschine unterschiedlich, und wenige Benutzer sind bereit, eine Anleitung zu lesen. Daher geben die meisten auf, wenn sie beim ersten Versuch mit einem oder zwei Wörtern das Gewünschte nicht finden.

Der Usability-Papst Jakob Nielsen empfiehlt ausdrücklich, durch die Wortwahl vor den fortgeschrittenen Suchfunktionen abzuschrecken (etwa „komplexe Suche“ oder „Experten-Suchfunktion“). So vermeiden Sie, dass unerfahrene Nutzer diese verwenden und wegen Bedienungsfehlern frustriert aufgeben.

Trefferliste sinnvoll formatieren

Auf der Ergebnisseite sollte Folgendes stehen:

- die Wörter, nach denen gesucht wurde
- die Titel der gefundenen Seiten/Dateien/Artikel

Abbildung 5.18
Eine gut formatierte Trefferliste

- die Kategorien der Treffer, wenn es sich z.B. um Waren handelt (bei einem Wein etwa „Rotwein/Italien/Merlot“)
- das Kriterium, nach dem die Treffer sortiert sind (Relevanz, Datum, Alphabet, Preis...)
- die Gesamtzahl der Treffer
- die Zahl der auf dieser Seite angezeigten Treffer
- Hilfe-Texte (siehe unten)
- ein Link/Knopf für eine neue Suche
- evtl. eine nähere Beschreibung der Treffer (z.B. Textausschnitte mit den Suchwörtern)

Reaktion auf Misserfolg

Es gibt drei Arten von fehlgeschlagenen Suchanfragen:

1. zu viele Treffer
2. keine Treffer
3. Treffer enthalten nicht das Gesuchte.

Sehen Sie für alle drei ausführliche Hilfetexte vor. Erklären Sie den Benutzern genau, was sie tun können, um dennoch das Gesuchte zu finden.

Bei zu vielen Treffern hilft die Bitte, das Gesuchte mit einem präziseren Begriff zu beschreiben oder mehrere Suchwörter zu verwenden. Eventuell kann man auch die Möglichkeit anführen, Wörter mit NICHT auszuschließen oder nach Phrasen zu suchen, indem mehrere Wörter in Anführungszeichen gesetzt werden (sofern Ihre Suchmaschine das unterstützt).

Bei keinen Treffern können Sie Links zur Liste mit häufigen Fragen (FAQ) anbieten, eine Erklärung, wie die Suche verbessert werden kann, Kontaktmöglichkeiten, Vorschläge von ähnlichen Wörtern bzw. verwandten Artikeln.

Bei unrelevanten Treffern bitten Sie die Benutzer, die Anfrage umzuformulieren oder mehrere Suchwörter zu verwenden.

Denken Sie daran, dass die Benutzer meist schon etwas frustriert sind, wenn sie erfolglos suchen. Schreiben Sie einfühlsame Hilfetexte, und bieten Sie möglichst immer persönliche Hilfe an – per Telefon oder zumindest per E-Mail.

Verbesserung des Sucherfolgs

Sehen Sie sich regelmäßig die häufigsten Suchwörter in den Protokollen Ihrer Suchmaschine an. Werden bei diesen Suchwörtern wirklich die besten Seiten präsentiert? Falls nicht, ändern Sie die Metadaten der Seiten so, dass das der Fall ist. Bei den meisten Sites werden die häufigsten 25 bis 50 Suchwörter von drei Viertel der Suchenden eingegeben.

Wenn es Dinge gibt, die öfter gesucht werden, aber nicht auf Ihren Seiten zu finden sind, erstellen Sie Seiten zu diesen Themen. Darauf können Sie auch verwandte Themen behandeln bzw. Produkte vorstellen. Oder Sie verweisen bei solchen Suchanfragen auf eine Site, mit der Sie kooperieren.

Die Aufzeichnung der Suchwörter ist eine hervorragende Gelegenheit, mehr über die Bedürfnisse Ihrer Benutzer zu lernen – nutzen Sie sie!

Technische Umsetzung

Wie kommt die Suchfunktion auf die Site? Das ist einfacher, als Sie denken. Prinzipiell haben Sie zwei Möglichkeiten: Sie greifen auf einen Provider zurück, der die Funktion über seinen Server zur Verfügung stellt, oder Sie installieren die dazu nötigen Programme bzw. Scripts auf dem eigenen Server.

Eine Liste mit Providern, die auch eine kostenlose Grundversion Ihrer Suchdienste anbieten, finden Sie auf der Linkliste. Diese sowie Tipps zur Umsetzung und ein Test verschiedener Provider stehen auch im Blog zum Buch unter `www.benutzerfreun.de/tag/suchdienste`.

5.10.2 Index

Bei kleinen und mittleren Sites kann sich der Aufwand lohnen, einen Index vorzusehen. Der Index entspricht dem Stichwortverzeichnis eines Buchs. Er ist eine alphabetisch geordnete Liste mit Links zu den Seiten der Site. Er kann in Unterbereiche gegliedert sein, wenn er sehr groß ist.

Im Index steckt eine Menge Arbeit. Das ist wohl der Hauptgrund, warum Indizes auf sehr wenigen Sites angeboten werden. Die Suchfunktion ist mit weniger Aufwand umsetzbar. Sie liefert aber selten so gute Ergebnisse wie Stichwörter, die von Menschen sorgfältig vergeben wurden. Daher sollten Sie auch für eine Suchfunktion die Seiten mit Schlagwörtern versehen. Bei Blogs ist eine Funktion dafür schon eingebaut – meist als Tags bezeichnet.

Misstrauen Sie maschinell erstellten Indizes. Meist sind sie wenig hilfreich.

Wenn Sie es früh genug einplanen, können Sie vorsehen, dass jede Seite mit Schlagwörtern versehen werden muss. Diese schreiben Sie als Keywords (Stichwörter) in die Meta-Tags der HTML-Seite. (Mehr hierzu finden Sie im Kapitel 8, *Produktion Text*, Abschnitt *Suchmaschinen und Metadaten*, ab Seite 266.) Damit haben Sie zwei Fliegen mit einer Klappe geschlagen: Die Stichwörter dienen Suchmaschinen sowie Ihrer eigenen Suchfunktion (falls vorhanden) dazu, den Inhalt Ihrer Seiten einzuordnen. Außerdem können Sie diese Stichwörter benutzen, um Ihren Index zu erstellen.

Wenn Sie die Stichwörter vergeben, achten Sie auf Folgendes:

- Zusammengesetzte Stichwörter sollten zweimal eingegeben werden. Beispiel: „Stichwörter für den Index“ und „Index, Stichwörter für den“. Aber übertreiben Sie es nicht. „Indizieren von Seiten“ müssen Sie nicht nochmals anführen als „Seiten, indizieren von“. Unter dem Stichwort „Seiten“ wird niemand nach dem Thema Indizierung suchen, weil es zu allgemein ist.
- Denken Sie daran, dass der Benutzer Fachausdrücke vielleicht noch nicht kennt. Sehen Sie daher auch einen Eintrag für ein erklärendes Wort vor. Ein Beispiel wäre „Sitemap“ und „Inhaltsübersicht“. Überlegen Sie immer, nach welchen Begriffen der Benutzer wahrscheinlich suchen wird.
- Halten Sie den Index schlank. Zu viele Einträge machen ihn schlechter handhabbar. Man sucht länger, bis man einen Begriff gefunden hat. Versuchen Sie, das richtige Maß zu finden. Als Faustregel gilt: Nicht mehr als fünf bis acht Stichwörter pro Seite.

Sie werden bei größeren Sites und vor allem, wenn mehrere Personen Stichwörter vergeben, bald feststellen, dass der Index viele doppelte Einträge enthält und dass die Stichwörter nach unterschiedlichen Schemata vergeben sind. Ein Beispiel:

- *Sitemap*
- *Sitemap, erstellen*
- *Sitemap, Strukturierung der*

- *Sitemaps*
- *Sitemaps, anlegen von*
- *Sitemaps, Erstellung*
- *Sitemapping*

Die sieben Einträge lassen sich ohne Inhaltsverlust auf drei reduzieren:

- *Sitemap*
- *Sitemap, erstellen*
- *Sitemap, strukturieren*

Bei kleinen Sites können Sie den Index manuell bereinigen. Bei größeren ist das aber zu viel Arbeit. Daher werden in solchen Fällen Regeln für die Indizierung festgelegt. Diese könnten zum Beispiel bestimmen, dass alle Stichwörter in der Einzahl eingetragen werden sollen und dass die Formulierung mit Verb einer mit Nomen vorzuziehen ist (also „Sitemap, erstellen“ statt „Sitemaps, Erstellung“).

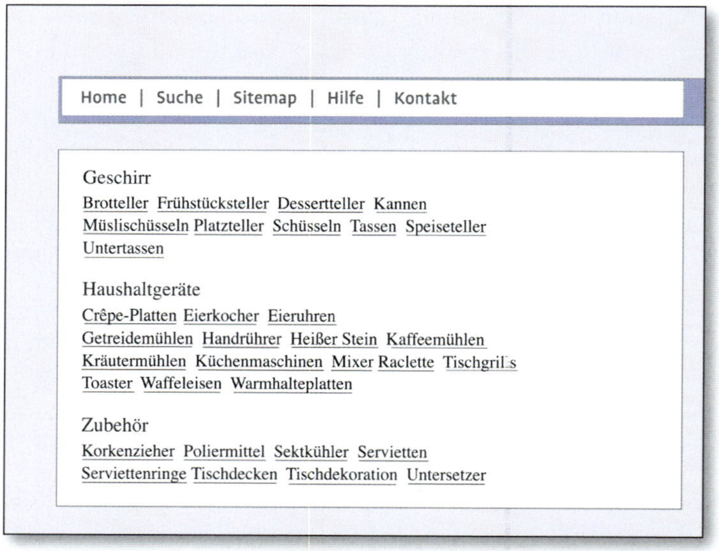

ABBILDUNG 5.19
Indizes müssen keine langen Listen mit Wörtern sein, die untereinander stehen. Diese Variante ist platzsparender.

Noch professioneller ist es, einen kontrollierten Wortschatz zu verwenden. Das ist eine Wortsammlung, die normalerweise von Bibliothekaren erstellt wurde. Darin finden Sie alle relevanten Begriffe zu einem Thema mit Angabe des Ausdrucks, der zur Indizierung verwendet werden soll. Alle Autoren, die Stichpunkte vergeben, müssen zuvor nachsehen, ob diese auch als Begriff im kontrollierten Wortschatz vorhanden sind. Dieser Ansatz ist sicher der aufwendigste, aber damit erstellen Sie Indizes, die einen maximalen Nutzen für den Benutzer bieten.

5.10.3 Sitemap

Die Sitemap bietet dem Benutzer eine Übersicht über alle Seiten der Site. Oft ist sie grafisch aufbereitet. Manchmal ist sie jedoch nur ein einfaches Inhaltsverzeichnis aller Seiten, geordnet nach den Kategorien der Startseite.

Die Sitemap ist die Lieblingsfunktion der *Blätterer* und Systematiker. Sie haben gern einen schnellen Überblick darüber, was alles auf der Site zu finden ist. Unterstützen Sie diese Benutzer, indem Sie aus dieser Liste eine echte Übersicht machen. Gliedern Sie die Sitemap so gut wie möglich, machen Sie schon durch die Gestaltung klar, welche Elemente zusammengehören. (Tipps dazu finden Sie in Kapitel 6, *Designkonzept.*)

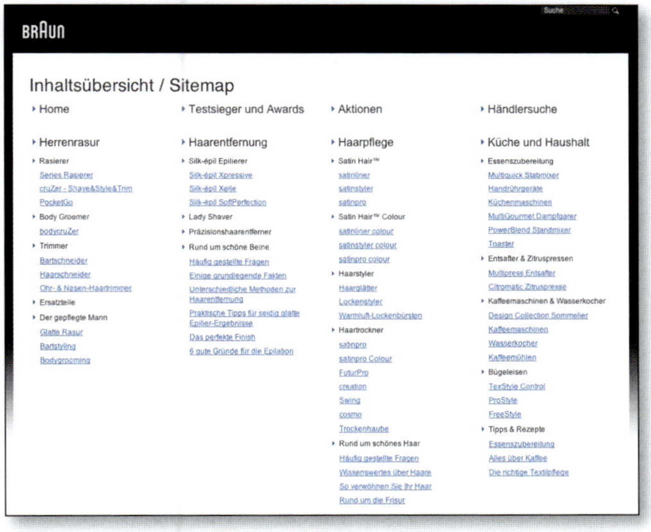

ABBILDUNG 5.20
Ein Beispiel für eine gute Sitemap bei Braun (www.braun.de)

Sorgen Sie unbedingt dafür, dass alle auf der Sitemap eingezeichneten Seiten verlinkt sind. Das ist ein echter Dienst am Benutzer, weil er so mit einem Klick zum Ziel kommt, ohne sich durch die ganze Site hangeln zu müssen.

Heute sind Sitemaps immer seltener zu finden, da sich Sites mit vielen Tausend Seiten nicht einfach darstellen lassen. Dennoch ist es auch hier sinnvoll, eine strukturierte Übersicht der einzelnen Bereiche zu geben – auch wenn das den Konzeptern viel Arbeit macht.

Die Sitemap sollte die Menüstruktur exakt widerspiegeln. Wenn Sie die Seiten anders anordnen, als durch die Navigation vorgegeben, verwirren Sie die Benutzer. Wollen Sie einen alternativen Zugang mit einer anderen Ordnung anbieten, dann machen Sie das ganz klar, und vermeiden Sie möglichst den Begriff Sitemap, denn darunter erwartet der Benutzer eine Übersicht über die Site und ihre Struktur.

Eine gute Sitemap ist mehr als eine Auflistung der Seiten einer Site:

- Sie gibt einen möglichst vollständigen Überblick.
- Sie enthält Zusatzinformationen, die über die reinen Seitentitel hinausgehen.

Überblick: Dabei gilt es, die Gratwanderung zwischen Vollständigkeit und Überschaubarkeit zu meistern. Erstellen Sie lieber eine unvollständige Sitemap als eine unüberschaubare. Lassen Sie dabei aber möglichst wenige Informationen weg, und überlegen Sie genau, was Sie streichen. Am einfachsten ist es, wenn Sie beispielsweise nur die ersten drei Hierarchieebenen darstellen. Alle Seiten, die drei oder mehr Klicks von der Startseite entfernt sind, tauchen dann in der Sitemap nicht auf. Normalerweise gibt die Sitemap auch dann noch einen guten Überblick.

Gut ist, wenn die Sitemap zumindest bei einer Auflösung von 1024 mal 768 Pixel vollständig auf den Bildschirm passt. Der Benutzer sollte so wenig scrollen müssen wie möglich.

Zusatzinformationen: Einige Zusatzinformationen machen die Sitemap nützlicher, zu viele gefährden die Übersichtlichkeit.

Markieren Sie zusammengehörige Seiten eindeutig. Gibt es verschiedene Typen von Seiten wie immer vorhandene und täglich wechselnde, zeigen Sie das an. Sie können neue oder aktuelle Seiten markieren oder solche, die oft aufgerufen werden. Die Möglichkeiten sind endlos.

Überlegen Sie aber bei jeder Zusatzinformation, ob sie tatsächlich für den Benutzer nützlich ist oder ob sie nur die Sitemap unruhiger macht. Wie für die Informations-Architektur gilt für die Sitemap: die Struktur der Firma oder der Gedanken des Betreibers der Site ist unwichtig. Wichtig ist allein, welche Informationen die Benutzer wollen.

Denkbar sind folgende Gestaltungselemente, um Zusatzinformationen durch Formatierungen deutlich zu machen:

- Einzüge
- Fettdarstellung
- Kursivdarstellung (mit Bedacht verwenden: Kursivschrift ist am Bildschirm schlecht zu lesen)
- Unterschiede in der Schriftgröße
- Kästen
- Farbe
- Verbindungen mit Linien (auch sparsam dosieren, zu viele Linien stören die Übersichtlichkeit)

Verwenden Sie nicht zu viele Formatierungen. Ziel ist, dass die Sitemap auch ohne Legende verstanden wird, der Sinn der Formatierungen also offensichtlich ist.

Außerdem sind Informationen sinnvoll, die den Inhalt der Bereiche oder Seiten beschreiben. Sind die Seitentitel nicht trotz ihrer Kürze unmissverständlich, beschreiben Sie die wichtigsten Seiten so knapp wie möglich.

5.10.4 Pop-up-Menüs

Pop-up- oder Pull-down-Menüs sind Auswahlmenüs, die erst aufklappen, wenn der Benutzer den Mauszeiger über sie bewegt oder auf sie klickt. In Formularen werden sie oft und sinnvoll eingesetzt, beispielsweise für die Auswahl des Landes, in dem der Besteller wohnt. Für die Navigation werden sie seltener verwendet. Aus der Liste kann der Benutzer dann beispielsweise einen Bereich auswählen, zu dem er gehen möchte.

Ob das sinnvoll ist oder nicht, darüber gehen die Meinungen auseinander. Pop-up-Menüs sind nicht einfach in die Gestaltung einzubinden und haben generell den Nachteil, dass sie beim Ausklappen andere Teile der Seite verdecken.

Für Sites, die auch auf Mobilgeräten angezeigt werden sollen, sind solche Menüs aber immer problematisch, auch weil die meisten keinen Mauszeiger besitzen. Somit kann es auch kein Rollover geben – das Menü ist nicht zu öffnen.

Ich persönlich mag Pop-up-Menüs sowieso nicht besonders, weil ich lieber alles vor mir habe, was ich anklicken kann, ohne dazu die Maus bewegen zu müssen.

Sie sollten Pop-ups nicht dazu missbrauchen, die „Sieben plus/minus zwei"-Regel zu umgehen. Wenn Sie auf Ihrer Startseite sieben Pop-up-Menüs mit je fünf Einträgen als Hauptnavigation haben, sind Sie nicht bei sieben Auswahlmöglichkeiten, sondern bei 35 – viel mehr, als je ein Nutzer schnell erfassen kann. Pop-ups können nur als Unterstützung der Hauptnavigation gedacht sein: als Abkürzung für Benutzer, die genau wissen, was sie wollen.

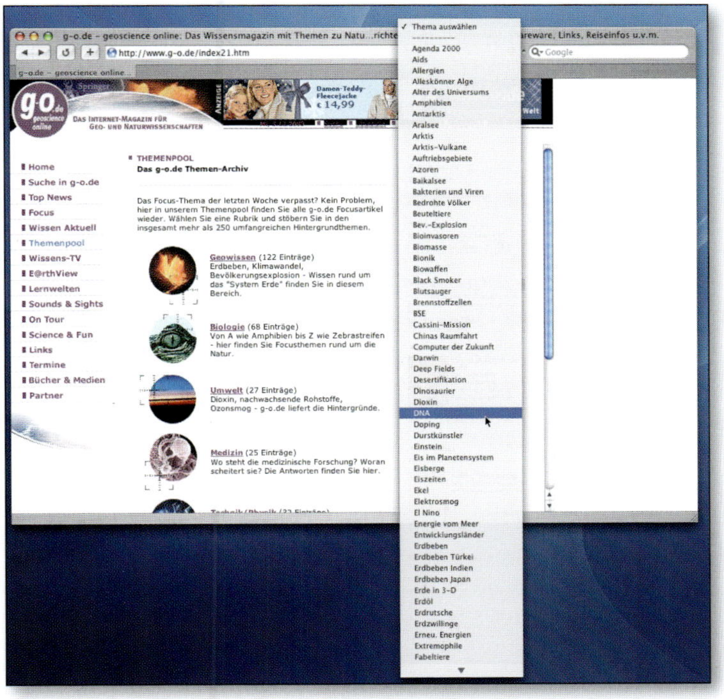

ABBILDUNG 5.21

Ein Pop-up-Menü mit den Formular-Funktionen von HTML auf der früheren Site G-O (www.g-o.de). Zur Navigation ist das sehr unübersichtlich, außerdem ist es nicht leicht, den richtigen Eintrag zu treffen. Mittlerweile ist die Site überarbeitet, aber diese Technik findet sich noch auf so mancher Site – am häufigsten zur Auswahl des eigenen Landes aus einer alphabetischen Liste mit fast allen Ländern der Erde.

ABBILDUNG 5.22

Ein besser gestaltetes Pop-up-Menü mit JavaScript bei Fresenius (www.fresenius.de). Allerdings verdecken die ausgeklappten Menüs den Seiteninhalt.

Sinnvoll eingesetzt sind HTML-Formular-Pop-ups, wenn der Benutzer eine Auswahl aus einer überschaubar langen Liste mit gleichartigen Elementen treffen soll, zum Beispiel, wenn er eine Sprache oder sein Heimatland auswählen muss. Dann sollten es aber nur fünf bis circa 20 Auswahlmöglichkeiten sein, mehr wird sehr unübersichtlich.

5.10.5 Personalisierung

Sie können den Benutzer bitten, sich zu registrieren, damit er bei seinem nächsten Besuch alles so vorfindet, wie er es haben möchte. Damit bieten Sie ihm die Möglichkeit, alles so anzuordnen, wie es seinen persönlichen Wünschen entspricht. Der Haken dabei ist, dass Benutzer sich ungern registrieren. Das macht sofort Arbeit, nur damit man später eventuell weniger Arbeit hat. Außerdem haben viele Benutzer Bedenken wegen des Datenschutzes. Diese Technik wird zum Beispiel von vielen Direktbanken eingesetzt.

Alternativ können Sie eine Personalisierung vornehmen, ohne dass der Benutzer dazu etwas tun muss. Sie speichern, welche Einstellungen der Benutzer vorgenommen hat, und setzen diese wieder, sobald er die Site wieder besucht.

✓ Vertrauliche Daten haben in Cookies nichts verloren. Sie können mit einem Texteditor auf dem PC geöffnet werden, auf dem sie gespeichert sind.

Das funktioniert mithilfe von Cookies. Das sind kleine Textdateien, die auf der Festplatte des Benutzers gespeichert werden. Mit JavaScript können Sie den Browser dazu bringen, das zu tun. Das Problem dabei ist, dass Sie nicht merken, wenn ein anderer Benutzer am selben Computer sitzt. Viele Shopping-Sites verwenden diese Technik für ihren Warenkorb und die Wunschliste. Waren, die der Benutzer markiert, wandern in den virtuellen Warenkorb beziehungsweise auf die Wunschliste. Das wird als Cookie gespeichert, und so kann der Benutzer auch beim nächsten Besuch noch auf seine Auswahl zugreifen.

Hinzu kommt, dass einige Benutzer Cookies deaktiviert haben. Denn mit ihnen lassen sich auch einfache Benutzerprofile abspeichern. Damit kann man auch etwas über das Surf- und Kaufverhalten des Benutzers auf dieser speziellen Site herausfinden. (Über die Vorgänge auf anderen Sites als der eigenen kann man mit Cookies nichts herausbekommen.)

5.10.6 Guided Tour

Dieser Punkt ist kein Schleichweg für häufige Besucher, sondern im Gegenteil eine Zugangsmöglichkeit für Erstbesucher. Mit einer geführten Tour durch die Site geben Sie dem Benutzer die Möglichkeit, sich erst einmal zurückzulehnen und sich die wichtigsten Bereiche in einer Art Diashow anzusehen. Sie können dazu ein neues Fenster öffnen, in dem erklärender Text steht. Im Hauptfenster werden dann nacheinander Seiten der Site gezeigt, die per JavaScript nach einer kurzen Zeit (oder per Klick) ausgetauscht werden. Einfacher und meist auch schneller geht es, wenn Sie in dem Zusatzfenster kleine Abbildungen von Seiten der verschiedenen Bereiche Ihrer Site haben, die mit etwas Text erklärt werden. Ein „Weiter"-Button zeigt das nächste Bild an.

Die Guided Tour bietet sich nur an, wenn sich die Tour unterhaltsam gestalten lässt – was bei den meisten Sites schwierig ist. Sie kann auch sinnvoll sein, wenn Ihre Site erklärungsbedürftig ist – sei es, weil sie neue revolutionäre Funktionen hat oder weil sie nur bei Registrierung voll zugänglich ist.

Denken Sie auch daran, dass diese Tour nur für Benutzer interessant ist, die Ihre Site zum ersten Mal besuchen. Und von diesen werden auch die meisten die Tour nicht ansehen. Stecken Sie daher nicht zu viel Mühe hinein.

Noch eine Anmerkung zum Begriff „Guided Tour": Gehen Sie nicht davon aus, dass alle Benutzer wissen, was damit gemeint ist. Mit dem deutschen „geführte Tour" kommen Sie wahrscheinlich noch weniger weit. Daher sollten Sie kurz erklären, was den Benutzer erwartet, wenn er auf diesen Link klickt.

5.10.7 Hilfe

Gute Websites brauchen keine Hilfe.

Ist Ihre Benutzergruppe wenig erfahren im Web oder hat Ihre Site neue, ungewöhnliche Funktionen, können Sie einen Punkt „Hilfe" vorsehen. So knapp wie möglich beschreiben Sie, wie die Funktionen bedient werden, von denen Sie glauben, dass sie Probleme machen könnten. Das darf aber kein Rettungsanker für eine schlecht angelegte Informations- oder Navigations-Architektur sein. Eine wirklich gute Site braucht keine Hilfe-Seiten – alles ist offensichtlich oder selbsterklärend.

5.10.8 Fragen und Antworten – FAQ

Der deutsche Begriff *Fragen und Antworten* ist als Menüpunkt nicht besonders verbreitet und daher nicht allen Benutzern geläufig. *Frequently Asked Questions* (FAQs) ist die häufigste Bezeichnung für eine Seite, auf der die gängigsten Fragen der Benutzer und die Antworten darauf gesammelt sind. Diese betreffen das Produkt oder die Firma, weniger die Bedienung der Site. Die Bedienung sollte so klar sein, dass keine Fragen entstehen. Falls doch, besteht die zweitbeste Lösung darin, das Problem bei den „Fragen und Antworten" zu erklären. Die beste Lösung ist, das Problem zu beseitigen.

5.10.9 Kontakt

Eine Site ohne ausführliche Kontaktdaten des Betreibers wirkt unseriös und ist inzwischen sogar meist illegal (siehe Kapitel 8, *Produktion Text*, Abschnitt *Impressum*, ab Seite 265.

Sehen Sie immer eine Möglichkeit vor, direkt Kontakt mit den Site-Betreibern aufzunehmen. Möglich ist ein Kontaktformular, viele Benutzer schreiben aber lieber direkt eine E-Mail. Planen Sie deshalb am besten beide Möglichkeiten ein.

✓ Eine E-Mail-Adresse ist eine Verpflichtung. Nicht oder zu spät zu antworten, schadet dem Image.

Wichtig ist, dass E-Mails auch schnell beantwortet werden. Das ist eigentlich selbstverständlich, doch zeigen Tests immer wieder, dass selbst einige große und bekannte Technologie-Firmen sich nicht daran halten. Nach spätestens 48 Stunden sollte zumindest eine E-Mail beim Benutzer sein, die den Empfang seiner Anfrage bestätigt. Gut ist, ihm zu sagen, wann er ungefähr mit einer ausführlichen Antwort rechnen kann.

5.11 Medien einsetzen

Die Regeln für den Einsatz von Text und Bild sind in den vorigen Abschnitten bereits beschrieben worden. Zusätzliche Informationen zum Umgang mit Bildern finden Sie in Kapitel 6, *Designkonzept*, ab Seite 170. Weitere Tipps zum Schreiben, Formulieren und Gliedern stehen in Kapitel 8, *Produktion Text*, ab Seite 248.

Im Folgenden finden Sie einige wenige Hinweise zu weiteren Dingen, die auf Websites zum Einsatz kommen, wie Intros und Tunnel, Flash-Filme, Videos und Animationen sowie Spezialformate.

5.11.1 Intros und Tunnel

Eine Zeit lang ging oft, wenn man auf eine neue Website kam, ein Fenster mit einem Flash-Intro auf. Inzwischen kennen die Benutzer Flash, und die meisten haben in Umfragen genügend oft kundgetan, dass so etwas nervt. Auf den meisten Sites will man einfach nur Informationen. Dass die Produzenten der Site beeindruckende Flash-Filme erstellen können, interessiert in der Regel nur wenig. Daher haben die meisten

Sites diese Intro-Filme ebenso wie andere vor die eigentliche Startseite geschaltete Seiten (manchmal auch *Tunnel* oder *Splash-Screen* genannt) still und leise wieder abgeschafft.

Nur wenn Sie eine Unterhaltungssite planen oder eine Site, die nur ein einziges Mal besucht wird, machen solche Intro-Filme oder -Seiten Sinn. In allen anderen Fällen ist es normalerweise sinnvoller, dem Benutzer gleich das zu geben, was er sucht. Auch die Sprachwahl, ein Login oder die Auswahl einer Benutzergruppe sollte über Links auf der Homepage geschehen, nicht auf einer vorgeschalteten Seite. Diese vermittelt dem Benutzer nur das Gefühl, dass er gebremst wird, bevor er richtig loslegen kann.

Wenn Sie nicht auf ein Intro verzichten wollen, vergessen Sie auf keinen Fall einen Button, mit dem der Benutzer es abbrechen kann und direkt zur Startseite kommt.

5.11.2 Flash

Gegen Flash ist generell nichts einzuwenden. Das Plug-In wird mit den meisten Browsern automatisch installiert, und daher können fast alle Web-Benutzer Flash-Dateien anzeigen. Dennoch gibt es, vor allem in größeren Firmen mit strikten Vorschriften zu erlaubter Software, einige Benutzer, die keine Flash-Inhalte ansehen können. Deren Anteil liegt um die zehn Prozent aller Internet-Nutzer.

Mit Flash lassen sich sehr schöne Sites bauen und tolle Animationen sowie interaktive Anwendungen erstellen. Achten Sie nur darauf, dass auch ein tatsächlicher Mehrwert entsteht.

Denken Sie auch an die Nachteile des Programms:

- Auf Mobilgeräten und auch in Firmennetzen kann Flash oft nicht genutzt werden.
- Suchmaschinen erfassen den Inhalt von Flash-Filmen nicht ohne Weiteres.
- Lesezeichen lassen sich plattformübergreifend nur auf den Film als Ganzes setzen. (Seit Flash-MX werden Lesezeichen/Bookmarks/Favoriten unterstützt, doch gibt es damit unter Macintosh noch Probleme.)
- Der „Zurück"-Button funktioniert nicht wie gewohnt. (Hier gilt seit Flash MX dasselbe wie für Lesezeichen.)
- Das Durchsuchen und Kopieren von Text ist bei den meisten Flash-Filmen nicht möglich.
- Das Ausdrucken ist schwierig.
- Es besteht die Gefahr, dass Design und Technik wichtiger genommen werden als der Inhalt.

Alle diese Punkte lassen sich von erfahrenen Flash-Programmierern in den Griff bekommen. Allerdings ist das aufwendig und wird in fast allen Fällen aus Zeit- und Kostengründen nicht gemacht. Gehen Sie mit gutem Beispiel voran, und sorgen Sie dafür, dass Ihre Flash-Filme benutzerfreundlich sind – es ist möglich!

5.11.3 Video und Animationen

Auch Video muss internetgerecht aufbereitet werden.

Wenn Sie Video oder Animationen einsetzen, müssen Sie darauf achten, dass diese Medien Informationen bringen, die mit Text und Bildern nicht zu vermitteln sind. Eine längere Rede als Video anzubieten wird dem Medium Internet meist nicht gerecht. Die Ladezeit ist lang, die Qualität ist schlecht, und der Zusatznutzen ist in den meisten Fällen nicht vorhanden. Nützlicher ist es, den Inhalt der Rede als Text ins Web zu stellen, sodass ihn die Benutzer schnell überfliegen oder nach Stichwörtern durchsuchen können. Fotos illustrieren das Ereignis, und ein kurzer Videofilm gibt einen Eindruck von der Persönlichkeit des Vortragenden.

Wollen Sie unbedingt längere Videos oder Animationen zeigen, sollten Sie diese in kleine Abschnitte von wenigen Minuten zerlegen. Damit hat der Benutzer die Auswahl, welche Teile er sich ansehen möchte, und weiß von vornherein, was ihn erwartet. Vor dem Bildschirm zu sitzen und nichts zu tun, als über längere Zeit zuzusehen, ist nicht das, wofür das Internet genutzt wird. Geben Sie den Benutzern die Kontrolle über das, was sie sehen, und degradieren Sie sie nicht zu Zuschauern.

Ein Wort zur Technik: Da es sehr viele verschiedene Video-Formate gibt, sollten Sie Videos in möglichst vielen anbieten, um möglichst vielen Benutzern den Zugriff zu ermöglichen, ohne dass Sie Zusatz-Software installieren müssen. Bewährt hat sich auch das Flash-Video-Format, das mit dem Flash-Player abgespielt werden kann und am weitesten verbreitet ist.

5.11.4 Spezialformate

Für alles, was über Text, Bilder und Flash hinausgeht, muss der Durchschnittsbenutzer ein eigenes Plug-In installieren. Erklären Sie dem Benutzer daher, welchen Vorteil er davon hat und was er erwarten darf, wenn er diese Mühe auf sich nimmt. Viele Benutzer verlassen die Site, wenn sie zuerst etwas installieren müssen. Sehen Sie möglichst eine Alternative vor, die zumindest die wichtigsten Informationen ohne Plug-In zugänglich macht.

5.12 Die Startseite

Die Startseite (Homepage) ist Aushängeschild, Eingangstür und Werbebroschüre zugleich. Sie muss mehr Funktionen erfüllen und wird öfter aufgerufen als jede andere Seite. Deshalb müssen Konzepter, Kunde und Designer hier besonders eng zusammenarbeiten.

Die wichtigsten Aufgaben der Homepage sind:

- verraten, von wem die Site ist
- zeigen, was man hier tun/finden kann

- einen Überblick geben
- Zugriff auf die wichtigsten Funktionen bieten (Suche, Kontakt, Login …)
- das Image transportieren
- Neugier wecken
- auf Neuigkeiten hinweisen

– und das bei gleicher Größe wie die übrigen Seiten. Um das alles unter einen Hut zu bringen, müssen Sie gut planen. Dabei hilft es, Prioritäten zu setzen. Die wichtigsten Dinge kommen an die prominentesten Stellen. Welche das sind, hängt etwas von der jeweiligen Gestaltung und auch von der aktuellen Mode ab. Generell lässt sich sagen, dass der Bereich knapp links neben der Seitenmitte wohl am meisten Beachtung findet. Das hängt insofern von der Mode ab, als zurzeit die meisten Seiten so aufgebaut sind, dass am linken Rand die Navigationsleiste steht, darüber das Logo und am oberen Rand eine weitere Navigationsleiste und/oder ein Werbebanner. Die Benutzer sind es gewohnt, in der Mitte nach Inhalt zu suchen, und sehen daher als Erstes dorthin. Dann werden die Seitenränder untersucht, um sich einen Überblick über die Site-Struktur zu verschaffen.

Das ist eine stark vereinfachte Beschreibung der Wahrnehmung einer typischen Startseite. Wenn Sie ganz sichergehen wollen, wie Ihre Startseite vom Benutzer gesehen wird, müssen Sie eine Untersuchung mit der Blickverfolgungskamera anstellen. (Mehr dazu folgt in Kapitel 7, *Usability-Tests*, ab Seite 214.)

Darüber, was auf die Startseite kommt, kann es bei Ihren Auftraggebern zu heftigen Diskussionen kommen. Jeder weiß, dass es die wichtigste Seite ist, und wird daher versuchen, seine Interessen (Produkte, Abteilung, Steckenpferd o. Ä.) dort möglichst präsent zu platzieren. Versuchen Sie herauszufinden, was die Benutzer der Site letztendlich am meisten interessieren wird. Bringen Sie das so vorsichtig wie möglich in die Diskussion ein. Machen Sie sich aber möglichst keine Feinde, und begründen Sie Ihre Vorschläge objektiv. Sagen Sie nicht „Ich glaube, xy interessiert Ihre Kunden am meisten“, sondern lieber etwas wie „Unsere Tests haben ergeben, dass Besucher einer Site immer als Erstes nach xy suchen“. Das soll nicht heißen, dass Sie etwas erfinden sollen. Begründen Sie Ihre Vorschläge vielmehr nicht mit Mutmaßungen, sondern mit Erfahrungswerten – Ihren eigenen oder denjenigen von anderen (Studien, Büchern etc.).

Ein guter Kompromiss ist es, wechselnde Themen im Inhaltsbereich der Startseite zu bringen. Hier kann sich beispielsweise im Wochenrhythmus je eine Abteilung präsentieren. Wechselnde Themen auf der Startseite machen sich generell gut, auch wenn der Inhalt der Site sich nicht ändert. Damit haben die Benutzer den Eindruck, dass die Site tatsächlich gepflegt wird. Außerdem ist es wirkungsvoller, ein Thema auf etwas mehr Platz zu präsentieren, als mehrere sehr klein nebeneinander. Zu viele Dinge auf einmal überfordern den Benutzer. Es ist wie mit den Hervorhebungen: Wenn Sie alles wichtig erscheinen lassen, geht alles unter.

5.12.1 Den Besucher in die Site locken

Teaser kommt vom englischen „tease“, was „reizen“ bedeutet. Mit solchen Reizen locken Sie Besucher.

Die Ankündigung von Themen auf der Startseite nennt man auch *Teaser*. Ein Teaser soll den Besucher dazu bringen, sich tiefer in die Site hineinzubewegen. Gute Teaser zu erstellen ist eine Kunst. Sie ist vergleichbar mit der Kunst, gute Schlagzeilen zu finden. Sie sollen neugierig machen, müssen aber zum Stil der Site passen. Sind die Teaser zu plump, werden Sie Ihre Zielgruppe damit nicht ansprechen. Ein Leser der Frankfurter Allgemeinen Zeitung liest zwar im Vorbeigehen auch die Schlagzeile der Bild-Zeitung, zum Lesen oder gar Kaufen bringt ihn diese jedoch nicht. Bei den Teasern arbeiten Sie möglichst auch mit Bildelementen, nicht nur mit Text. Wenn die Startseite schon einer Bleiwüste ähnelt, wird es schwierig werden, die Besucher davon zu überzeugen, dass auf dieser Site interessanter Inhalt auf sie wartet.

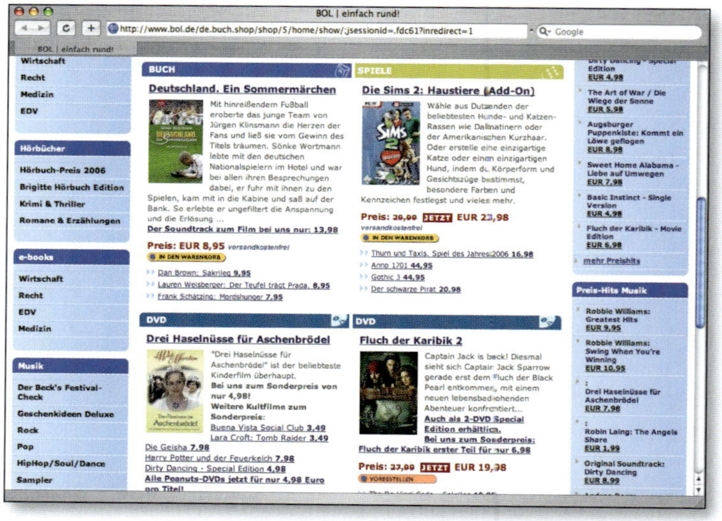

ABBILDUNG 5.23

Gelungener Teaser beim Buch- und CD-Versand BOL (www.bol.de)

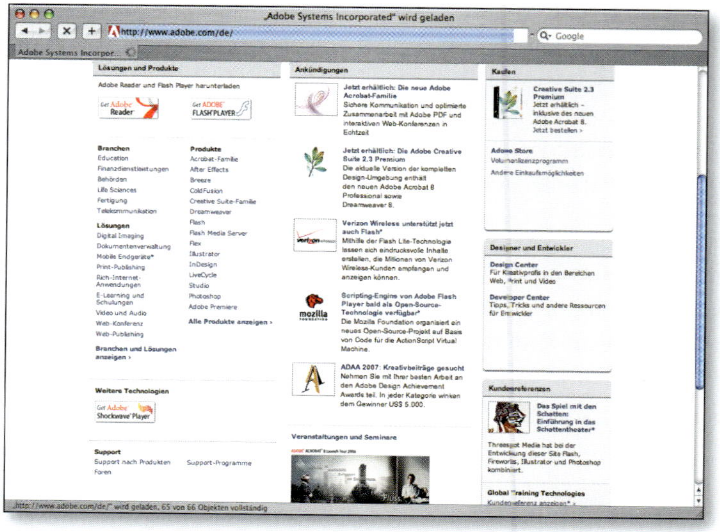

ABBILDUNG 5.24

Gelungener Teaser bei Adobe (www.adobe.de)

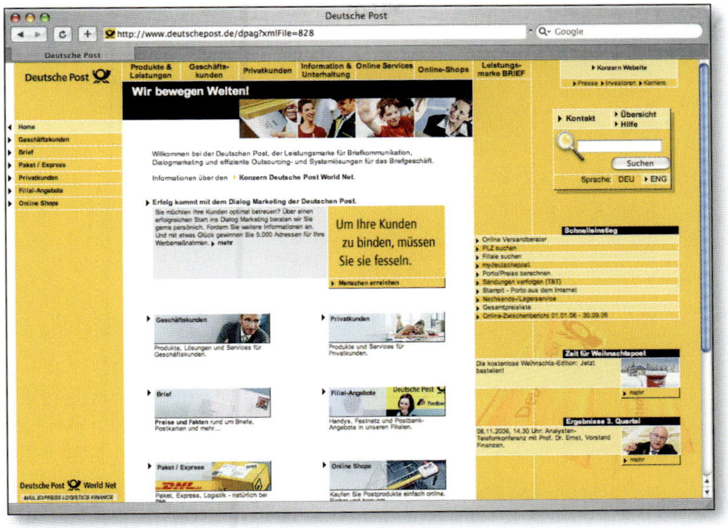

ABBILDUNG 5.25
Gelungener Teaser bei der Deutschen Post (www.post.de)

5.12.2 Worum geht es auf der Site?

Eine wichtige Aufgabe der Startseite ist, dass sie die Frage „Was ist das?“ beantworten muss. Das wird nicht selten übersehen. Es gibt einige wenige Sites, die das nicht (mehr) nötig haben. Wer zu Amazon geht, weiß, dass er dort Bücher und CDs kaufen kann. Doch wer zu BMW geht, weiß zwar, dass sich hinter dem Kürzel die Bayerischen Motoren-Werke und teure Autos verbergen. Er weiß jedoch nicht, was die Site alles enthält. Das heißt, selbst eine noch so bekannte Firma sollte auf der Startseite klar machen, was sie dem Benutzer zu bieten hat.

Häufig wurde dazu im Inhaltsteil auf der Mitte der Startseite in wenigen Sätzen beschrieben, was die Site bzw. Firma hier anbietet. Besondere Vorsicht sollten Sie walten lassen, wenn dieser Text von der Marketing-Abteilung Ihres Auftraggebers formuliert wird. Das sogenannte *Mission Statement* hat auf der Startseite nichts verloren. („XY ist der Markführer im Entertainment-Markt. Durch innovative Produkte bringt es den Menschen auf der ganzen Welt …“.) Beschreiben Sie lieber in wenigen Worten, warum der Besucher auf dieser Site genau richtig ist und welche Vorzüge sie ihm bietet. Achten Sie dabei unbedingt auf die Zielgruppe.

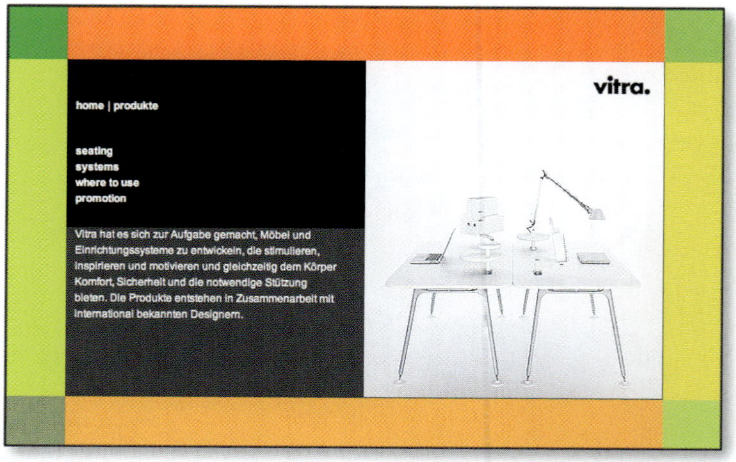

Abbildung 5.26

Beispiel für einen „Welcome Blurb", der dem Besucher sagt, was die Site ihm bietet (www.vitra.de)

Ein Blurb ist eine kurze Information, wie sie auf Buchumschlägen, Beipackzetteln oder eben auch auf manchen Websites zu finden ist.

Inzwischen sind die sogenannten *Welcome Blurbs* selten geworden. Denn es hat sich die Erkenntnis durchgesetzt, dass es immer besser ist zu zeigen, was die Site bietet, als davon zu erzählen. Der Platz lässt sich also meist besser nutzen, indem man eine leicht verständliche Navigation entwickelt und Teaser einsetzt.

Sparen können Sie sich auch Floskeln wie „Willkommen auf unserer Website". Eine persönliche Begrüßung durch ein unpersönliches Medium ist nicht angemessen. Höflichkeit können Sie viel besser ausdrücken, indem Sie zeigen, dass Sie an den Besucher gedacht haben, indem Sie die Site so aufgebaut haben, wie es seinen Erwartungen und Bedürfnissen entspricht.

Der Usability-Experte Jakob Nielsen hat das Konzept des *Screen Real Estate* (Bildschirm-Grundstücks) eingeführt: Der Platz auf dem Bildschirm der Besucher Ihrer Site ist kostbar wie Baugrund in der Münchner Innenstadt und sollte dementsprechend überlegt genutzt werden. Setzen Sie hier nur die effektivsten Elemente ein. Überflüssig ist zum Beispiel auch die Angabe des aktuellen Datums. Um das zu erfahren, kommt niemand auf Ihre Site. Und wenn Sie nicht gerade heute Ihre Site aktualisiert haben, macht es auch keine weitere Aussage über Sie oder Ihre Site.

5.12.3 Navigation auf der Startseite

Manche Startseiten verzichten auf die Standardnavigation. Das ist aber nur dann eine gute Idee, wenn der Besucher anderweitig erfährt, was ihn auf der Site erwartet und wie sie strukturiert ist. Denn dazu dient gewöhnlich die Standardnavigation. Falls Sie auf der Startseite auf diese verzichten, müssen Sie unbedingt anders Orientierung schaffen. Auf der Startseite darf die Standardnavigation auch etwas anders aussehen als auf den folgenden Seiten. Dabei muss sie aber immer noch sofort wiedererkennbar sein. Die Beschriftungen der Buttons sollten sich nicht ändern, auch Farbe und Form nicht. Allerdings können Sie die Größe und Positionierung etwas modifizieren, wenn

Sie etwa mehr Platz für Ankündigungen brauchen oder anders herum die Auswahlpunkte etwas größer darstellen möchten als auf den anderen Seiten.

Externe Links haben auf der Startseite nichts verloren. Die Startseite soll den Besucher in die Site locken, nicht auf eine andere. Die Zeitschrift *stern* schreibt auch nicht noch so klein auf ihr Titelblatt „Lesen Sie die mitreißende Reportage über den Amazonas im neuen *GEO*!“, auch wenn *GEO* zum selben Verlag gehört.

5.12.4 Umgang mit Werbung

Das Thema Werbung auf der Startseite bietet oft Konfliktstoff. Einerseits sollen Werbebanner dort platziert werden, wo die meisten Besucher hinkommen, weil sie dann am meisten Geld einbringen. Andererseits ist der Platz auf der Startseite kostbar.

Gelingt es der Startseite nicht, einen Besucher ins Innere der Site zu locken, hat er wenigstens die Werbung auf der Startseite gesehen. Andererseits: Wenn die Startseite gut ist, klickt der Besucher mindestens einen Link an. Die Wahrscheinlichkeit, dass er dann noch weitere Seiten ansieht, ist groß. Haben Sie einen Besucher mit der Startseite erst einmal überzeugt, bleibt er fast immer einige Zeit auf der Site. Das heißt, er kann mehrere Seiten ansehen, die Werbebanner haben. Ich meine daher, dass Sie auf Werbebanner auf der Startseite nach Möglichkeit verzichten bzw. sie zumindest der übrigen Gestaltung unterordnen sollten.

ABBILDUNG 5.27
Die Financial Times überlässt einen großen Teil ihrer Startseite den Anzeigenkunden. Schön ist das nicht, aber die meisten Nutzer sind daran gewöhnt und akzeptieren das, solange die Animationen der Werbebanner nicht zu stark ablenken.

5.13 Benutzergerechte Gestaltung

Der wichtigste Schritt vom Website-Bastler zum Konzepter besteht darin, zu erkennen, dass die Benutzer die Seiten nicht so lesen, wie wir sie anlegen.

5.13.1 Wie wir Seiten lesen

Gehen Sie ins Internet, und verhalten Sie sich ganz wie ein gewöhnlicher Benutzer. Analysieren Sie die Seiten nicht mit Ihrem professionellen Blick, sondern erledigen Sie etwas, was jeder Benutzer häufig macht. Lesen Sie die aktuellen Schlagzeilen, kaufen Sie ein Buch, oder versuchen Sie, die Postadresse einer Firma herauszubekommen.

Achten Sie dabei einmal darauf, wie Sie die Seiten „lesen". Können Sie sagen, was alles darauf stand, wenn der Browser wieder geschlossen ist? Wissen Sie, welche Punkte zur Auswahl standen? Wahrscheinlich können Sie es nicht. Das liegt nicht daran, dass Sie eine schlechte Site besucht haben, sondern an der Art und Weise, wie wir Seiten lesen.

ABBILDUNG 5.28

Inhaltliche Abfolge der Inhalte vs. Blickpfade auf einer Seite

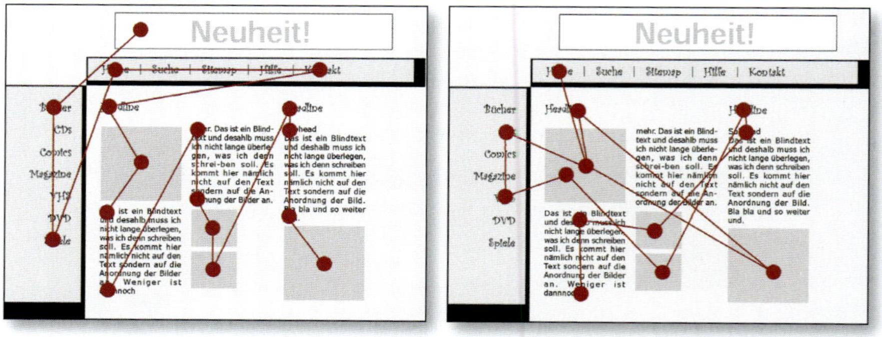

Wir lesen Webseiten nicht, wir überfliegen sie.

Unsere Augen überfliegen die Seiten. Dabei verweilen sie an den Stellen länger, die auf den ersten Blick interessant erscheinen. Wir nehmen uns nicht die Zeit, die Seite systematisch zu studieren, sondern versuchen mit wenigen Augenbewegungen herauszufinden, wo die Dinge sind, die uns interessieren.

Mit sogenannten Blickverfolgungskameras oder Blickregistriergeräten lässt sich herausfinden, wo eine Testperson tatsächlich hinsieht und wie lange ihr Blick auf den einzelnen Stellen ruht. Dieses Gerät besteht aus einer oder zwei kleinen Kameras, die auf die Pupillen der Testperson gerichtet ist bzw. sind. Ein Computer errechnet aus den Bildern die Augenbewegungen und zeichnet sie auf. Daher weiß man zum Beispiel, dass unser Auge die Seiten schnell überfliegt und nur einen verschwommenen Eindruck von ihnen bekommt. Nur die Dinge von echtem Interesse werden herausgefiltert und bewusst wahrgenommen (siehe Abbildung 5.29).

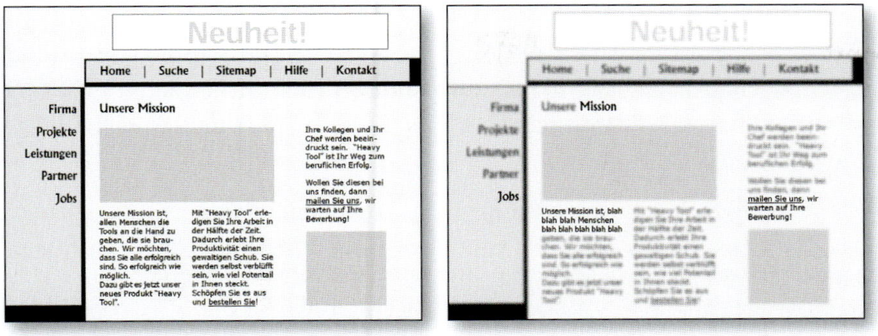

ABBILDUNG 5.29
Eine Seite vs. ihre Wahrnehmung beim Benutzer, der einen Job sucht. (Die Idee zu dieser Darstellung stammt von Steve Krug.)

5.13.2 Wie wir Links auswählen

Aber es kommt noch schlimmer. Es ist nicht nur so, dass wir die Seiten lediglich überfliegen, sondern wir klicken auch einfach auf den erstbesten Link. Tatsache ist, dass wir uns selten die Mühe machen, alle Kategorien einer Startseite genau anzusehen und dann zu überlegen, welche von diesen wohl am ehesten das enthält, was wir suchen. Vielmehr klicken wir auf den ersten Link, der auch nur ungefähr dem entspricht, was wir suchen.

Wir wählen nicht den besten Link, sondern den erstbesten.

Angenommen, Sie möchten sich bei einer bestimmten Firma bewerben. Sie gehen also auf deren Homepage, überfliegen die erste Seite, stoßen auf den Button „Jobs bei uns" und klicken darauf. Sie landen bei einer Beschreibung der verschiedenen Berufe, die in der Firma vertreten sind, und was ihre jeweilige Aufgabe ist. Dass es auf der Startseite auch einen Button „Stellenangebote" gibt, merken Sie erst, wenn Sie wieder zu ihr zurückkehren.

5.13.3 Wie wir Sites benutzen

Neben dem Überfliegen und voreiligen Klicken gibt es noch eine dritte Sache, die den Konzeptern das Leben schwer macht: Wir mogeln uns durch. Fast niemand macht sich die Mühe, die genaue Funktion von etwas zu verstehen, wenn es auch so geht. Bedienungsanleitungen werden nur gelesen, wenn etwas sonst nicht in Gang zu setzen ist. Das Gleiche gilt für Websites. Ihre Hilfe-Seite mag auch noch so gut gestaltet und perfekt geschrieben sein, die meisten Benutzer werden sie nie ansehen. Solange es geht, vermeiden es die meisten Menschen, Bedienungsanleitungen, Handbücher und Hilfe-Funktionen zu benutzen. Sie erfahren daher auch oft nicht, welche Möglichkeiten sie ungenutzt lassen, da sie die Bedienung nicht beherrschen.

Wir bedienen Websites nicht, wir mogeln uns durch.

Viele Suchmaschinen bieten beispielsweise die Möglichkeit, die Trefferquote zu verbessern, indem man Begriffe miteinander verknüpft (z. B. liefert „Website AND Konzeption" bei manchen Suchmaschinen nur die Seiten, auf denen beide Begriffe vorkommen). Dennoch gibt der Großteil der Benutzer einfach alle Suchbegriffe ein und klickt auf „Go!". Meist finden sie auch so, was sie suchen, auch ohne zu wissen, dass es auch besser geht – ein klassisches Beispiel für das Durchmogeln.

Und wer hat noch nie Absatzzeichen in ein Word-Dokument eingegeben, um Bilder zu positionieren oder den Abstand zwischen zwei Zeilen zu vergrößern? Eigentlich sind dazu Formatvorlagen gedacht, aber manchmal geht es eben schneller, wenn man sich durchmogelt. Sie müssen also damit rechnen, dass die meisten Benutzer auf Ihrer Site dasselbe tun werden.

Wenn Sie nicht glauben, dass die meisten Benutzer Webseiten tatsächlich so benutzen, lesen Sie das Buch *Don't make me think* von Steve Krug. (Genauere Angaben finden Sie im Anhang B, *Link- und Literaturtipps*, ab Seite 415.) Darin sind diese Dinge sehr anschaulich beschrieben.

5.13.4 Ein Wort zum „DAU"

Immer wieder hört man in der Multimediabranche vom „DAU", dem **d**ümmsten **a**nzunehmenden **U**ser. Ich rate jedem davon ab, diesen Begriff überhaupt zu verwenden. Denn damit stellen Sie die Vertreter Ihrer Zielgruppe als Dummköpfe dar. Und wollen Sie für Dummköpfe arbeiten? Vergessen Sie nicht: Der Benutzer hat immer Recht. Wenn die Benutzer Ihre Site falsch bedienen, müssen Sie die *Site* ändern, nicht die Benutzer.

Es geht also nicht um politisch korrekte Begriffe, sondern darum, dass Sie Ihre Site so benutzerfreundlich gestalten sollten, dass jeder damit problemlos umgehen kann. Wenn Sie unbedingt eine personifizierte Figur brauchen, die die Site auch noch verstehen soll, denken Sie an Ihre Großmutter, Ihren Vater oder an Ihren Postboten – oder wer sonst aus Ihrem Umkreis den geringsten Bezug zum Internet hat. Mit positiven Leitbildern vermeiden Sie Arroganz und versuchen ernsthaft, den Ansprüchen der Benutzer gerecht zu werden. Und das Arbeiten macht dabei auch noch mehr Spaß.

Generell haben wir alle die Angewohnheit, Seiten zu überfliegen, uns mit dem erstbesten Link zufriedenzugeben und uns durchzumogeln.

5.13.5 Wie wir Seiten gestalten sollten

Was sollen wir also tun? Wir müssen unsere Seiten so gestalten, dass wir den Nutzungsgewohnheiten Rechnung tragen. Also:

- **Machen Sie Ihre Seiten für das rasche Überfliegen geeignet.**
  Bieten Sie nicht zu viele Informationen auf einer Seite. Berücksichtigen Sie die „Sieben plus/minus zwei"-Regel. Gliedern Sie die Seiten optisch, damit der Benutzer beim Überfliegen erfasst, welche Teile zusammengehören. Damit erleichtern Sie die Informationsaufnahme beim Überfliegen der Seiten.
- **Wählen Sie aussagekräftige Linkbeschriftungen.**
  Seien Sie beim Benennen der Links sorgfältig. Achten Sie darauf, dass die Namen aussagekräftig sind, und darauf, dass es keine Namen gibt, die einander ähnlich sind. Damit machen Sie den Klick auf den erstbesten Link gleichzeitig zum Klick auf den besten Link.

- **Machen Sie die Bedienungsweise offensichtlich.**
  Legen Sie alles so an, dass es offensichtlich ist, was damit gemeint ist bzw. wie es funktioniert. Falls das nicht geht, sollten Sie die Dinge zumindest selbsterklärend machen. Der letzte Rettungsanker ist eine Erklärung, aber rechnen Sie damit, dass die meisten Benutzer diese nicht lesen werden. Damit vermeiden Sie das Durchmogeln.

5.13.6 Navigations-Architektur

Steht die Sitemap, entwickeln Sie die Navigations-Architektur. Die *Informations-Architektur* bestimmt, wie welche Informationen wo eingeordnet werden und wie die Seiten miteinander verknüpft sind. Die *Navigations-Architektur* bestimmt, wie der Benutzer sich auf Ihrer Site bewegt.

Wenn Sie die Navigations-Architektur entwickeln, steht die unausgesprochene Frage des Benutzers im Zentrum: „Wie komme ich von A nach B?“ Ebenso wichtig ist sein Nachsatz: „So schnell wie möglich, bitte!“ Davon, dass die Frage klar beantwortet wird und der Benutzer tatsächlich schnell von A nach B kommt, hängt der Erfolg Ihrer Site ab. „Verirren“ sich die Benutzer auf der Site oder dauert es zu lange, bis sie das Gewünschte finden, kommen sie nicht wieder.

Nehmen Sie die Benutzer an die Hand, und führen Sie sie durch die Site.

Der Benutzer muss immer die volle Orientierung haben. Die Grundlagen dafür haben Sie bereits mit einer logischen Informations-Architektur gelegt. Das müssen Sie noch durch eine ebenso gute Navigation und Information über den aktuellen Standort deutlich machen.

Versuchen Sie, die Fragen herauszufinden, mit denen Ihre potenziellen Besucher auf die Site kommen. Lesen Sie nochmals die Benutzerprofile, und sehen Sie sich die Nutzungsszenarien an (siehe Kapitel 4.8.1, *Benutzerprofile entwickeln*, Seite 44). Die Fragen gehören wahrscheinlich zu einer der drei folgenden Kategorien:

- **Allgemeine Fragen**
  Wo bin ich? Was bietet die Site? Wie finde ich, was ich suche? Wie komme ich zurück?
- **„Hinterkopf-Fragen“**
  Welche Informationen muss ich preisgeben? Welche Informationen werden gespeichert? Was passiert mit den Informationen? Wie sicher sind meine Daten? Bekomme ich auch das, wofür ich bezahle?
- **Spezielle Fragen**
  Wie finde ich weitere Informationen zu … ? Kann ich einen Katalog durchblättern? Gibt es Adressen oder Telefonnummern von Ansprechpartnern? Kann ich mich benachrichtigen lassen, wenn es Neues zu … gibt?

Diese Fragen können Sie nur im Zusammenspiel von übersichtlicher Site-Architektur, verständlicher Navigation und sinnvollem Inhalt der Seiten beantworten. Doch für die allgemeinen Fragen spielt die Navigationsstruktur die entscheidende Rolle. Sorgen Sie auf jeder einzelnen Seite dafür, dass der Benutzer die Orientierung hat.

Die Navigations-Architektur ist ein Feld, auf dem Konzepter, Programmierer und Designer eng zusammenarbeiten. Sie müssen den Spagat zwischen Innovation und Usability schaffen. Dabei kommt es gelegentlich zu hitzigen Debatten: Die Konzepter streiten für die Usability, die Designer für die Innovation. Argumente, um solche Streitigkeiten etwas zu entschärfen, finden Sie später in Kapitel 6.3.2, *Was Konzepter an Designern stört*, und 6.3.1, *Was Designer an Konzeptern stört*, Seite 206.

Alle Beteiligten sollten das Ziel haben, dass die Website ein Erfolg wird. Und das wird nur gelingen, wenn die Navigation benutzerfreundlich ist und dazu noch gut aussieht. Je besser der Konzepter klarmachen kann, wie er sich die Seiten vorstellt, desto eher wird der Entwurf des Designers seinen Wünschen entsprechen.

Zunächst werfen wir daher einen Blick auf das Arbeitswerkzeug.

5.13.7 Seitenskizzen

Meist genügen eine Seitenskizze für die Startseite und eine für alle weiteren Seiten. Nur für Formulare oder spezielle Funktionen müssen eigene Skizzen erstellt werden.

Seiten- oder Navigationsskizzen, auch Seitenscribbles oder englisch Wireframes genannt, zeigen an, welche Elemente auf der Seite gebraucht werden. Sie sagen noch nichts über das Design aus, auch die Position der Elemente legen sie nicht fest. Mit den Seitenskizzen verschaffen Sie als Konzepter sich selbst einen ersten Eindruck vom Aussehen der Site. So fällt Ihnen vielleicht auf, dass Sie eine wichtige Funktion vergessen haben. Dem Auftraggeber dienen die Seitenskizzen ebenfalls zur Kontrolle, den Grafikern zum Anfertigen der Gestaltungsentwürfe.

ABBILDUNG 5.30
Eine einfache Seitenskizze

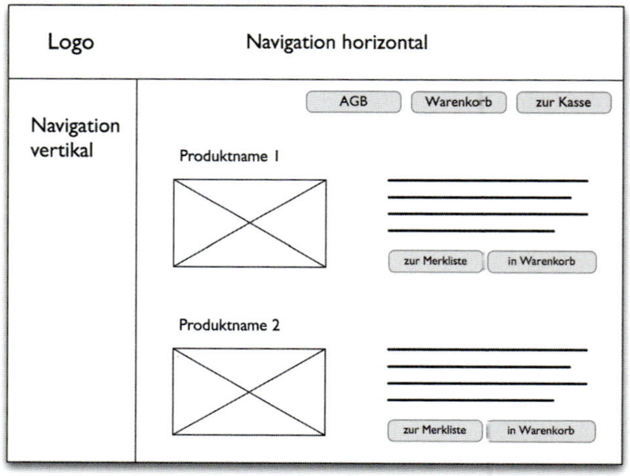

Planen Sie frühzeitig, welche Elemente Sie auf den Seiten Ihrer Site brauchen. Denken Sie vor allem an:

- Menüs und Untermenüs
- evtl. übergeordnete Menüpunkte wie Impressum, Sitemap, Suche, Kontakt
- Logo (mit Link zur Startseite)
- Pfadangaben (z.B. „Startseite>Unterbereich>Seite 2“) und andere Orientierungsmöglichkeiten
- Bild und Text

Die Seitenskizzen können auch als Testgrundlage dienen. Drucken Sie sie aus, und zeigen Sie diese Freunden, Kollegen oder besser noch Vertretern der Zielgruppe. Fragen Sie sie, was sie hinter den einzelnen Links erwarten und worauf sie klicken würden.

Erklären Sie Designern und Auftraggebern, dass die Seitenskizzen keine Layoutvorgaben sind, diese werden erst später vom Grafiker erstellt. Dennoch ist es nach meiner Erfahrung oft so, dass die Seitenskizzen die Anordnung der Elemente auf dem Screen bestimmen – auch wenn das nicht ihre Aufgabe ist. Das liegt daran, dass alle Beteiligten durch die intensive Beschäftigung mit den Seitenskizzen schon so an diese Anordnung gewöhnt sind, dass sie automatisch dabei bleiben. Es ist aber sinnvoll, vor der Gestaltung nochmals zu hinterfragen, ob es nicht bessere Lösungen gibt.

Eine Seite kommt selten allein

Eine Seitenskizze stellt zwar nur die Aufteilung für eine einzige HTML-Seite dar, doch müssen Sie beim Erstellen die ganze Site im Blick haben. Die Seite ist der Zugang der Benutzer zu Ihrer Site. Kommen sie mit einer Seite nicht klar, kann das bedeuten, dass die ganze Website nicht angenommen wird. Denken Sie also über die Navigations-Architektur der Site nach, wenn Sie die Seitenskizzen anlegen. Stellen Sie sich auch folgende Fragen:

- Wie gelangt der Benutzer auf die nächste Seite?
- Wie auf die vorige?
- Wie zur Startseite?
- Wie zeigen Sie ihm, wo er sich gerade auf der Site befindet, was er dort alles findet und/oder was er dort alles tun kann?

Viele dieser Punkte verlangen nach Elementen wie Links oder Buttons, die Sie in der Seitenskizze einzeichnen. Ebenso wichtig ist es, später bei der Gestaltung der Seiten die Elemente so zu platzieren, dass die Benutzer sie auch finden und ihre Funktionen verstehen.

Wie erstellt man Seitenskizzen?

Zum Erstellen der Seitenskizzen bieten sich drei Werkzeuge an:

Stift und Papier haben den Vorteil, dass man damit schnell arbeiten kann und allen Beteiligten meist klar ist, dass die Seitenskizzen tatsächlich nur eine Gedankenstütze sind und kein Designentwurf. Allerdings lassen sich Änderungen nur umständlich durchführen, und sich wiederholende Elemente müssen immer wieder neu gezeichnet werden.

Deshalb arbeiten die meisten Konzepter mit **Zeichenprogrammen oder Diagrammsoftware.** Damit lassen sich schnell professionell aussehende Seitenskizzen zeichnen. Mit eigenen Bibliotheken für mehrfach verwendete Elemente oder Formulare und Standardelemente des Betriebssystems sparen Sie sich viel Arbeit. *Microsoft Visio* und *Concept Draw* haben für letztere bereits vorgefertigte Bibliotheken. (Bei Concept Draw sind sie nicht leicht zu finden. Sie liegen unter den Bibliotheken bei *Software* und heißen *MacOS (X) User Interface* bzw. *Windows User Interface* bzw. *Cross-Platform Interface.* Visio hat sogar eine Bibliothek mit Formularelementen.)

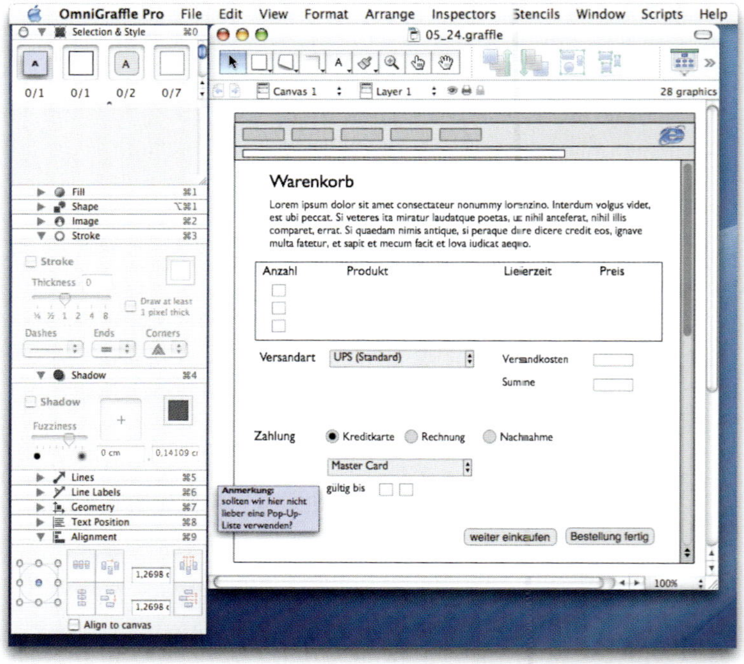

ABBILDUNG 5.31
Eine Navigationsskizze für eine Seite mit Formular in OmniGraffle. Die Vorlage stammt von Michael Angeles. Den Link zu dieser und weiteren im Blog zum Buch finden Sie unter www.beutzerfreun.de/tag/omnigraffle.

HTML-Editoren setzt fast ein Drittel der Konzepter ein, von den restlichen zwei Dritteln werden sie zum Teil entschieden abgelehnt. Mit HTML-Editoren lassen sich klickbare Prototypen (Klickdummys, HTML-Prototypen oder high-fidelity protoypes) erstellen. Das heißt, die Seitenskizzen sind bereits verlinkt, und man bekommt ein Gefühl dafür, wie die Site später tatsächlich benutzt wird. Insbesondere für Auftraggeber, die wenig Erfahrung haben, ist das praktisch, weil sie sich die fertige Site dann besser vorstellen können. Allerdings kommt es oft zu unnötigen Diskussionen über die Gestaltung und Anordnung einzelner Elemente, obwohl diese auch durch den Prototyp noch nicht festgelegt sind. Da der Prototyp aussieht und funktioniert wie eine Website, glauben viele, er sei bereits eine erste Version der Site. Ändert die Grafikerin später bei der Gestaltung die Anordnung, die Farben oder die Gliederung auf den Seiten, gibt es nicht selten Proteste, weil die Auftraggeber das Bild des Prototyps im Kopf haben. Ich arbeite daher mit möglichst einfachen Gestaltungselementen und Graustufen statt Farben, damit der Prototyp möglichst als solcher zu erkennen ist.

Ein weiterer Nachteil ist, dass sich Anmerkungen besser auf Papier machen lassen. Ein Ausdruck der Screenskizzen oder auch eine Word-Datei, in der die Screenskizzen als Bilder eingefügt sind, eignet sich viel besser als ein Prototyp dazu, um Korrekturen des Auftraggebers aufzunehmen. Auch die Zuordnung der Anmerkungen zu den einzelnen Seiten ist hier meist eindeutig.

Entscheiden Sie je nach Projekt und Auftraggeber, mit welcher Technik Sie zum Erstellen der Screenskizzen arbeiten. Falls Sie den HTML-Prototyp wählen, sollten Sie den Auftraggebern unbedingt von Anfang an klarmachen, welche Aufgaben dieser erfüllen soll und welche nicht.

5.13.8 Beachten Sie gängige Standards

Mein Lieblingsspruch des Usability-Experten Jakob Nielsen ist:

Die meiste Zeit halten sich Ihre Besucher auf anderen Websites auf.

Er empfiehlt daher, sich bei der Gestaltung an den Sites zu orientieren, die am häufigsten besucht werden.

Nach Möglichkeit sollten Sie auf die etablierten Standards der Benutzerführung zurückgreifen. Sehen Sie mit offenen Augen die Dinge an, die fast jeder Benutzer kennt: das Betriebssystem, die Browser und eben auch die am häufigsten besuchten Seiten im Web. Die Dinge, die allen gemeinsam sind, sind echte Standards. Ein Button reagiert beim Rollover (Mauszeiger verändert sich), bei einem Klick (Farbe des Buttons wechselt) und beim Loslassen (Farbe ändert sich wieder, Aktion wird ausgelöst). Das ist das Verhalten, das wir bei Buttons kennen – und erwarten.

Wenn Sie sich an solche Standards halten, haben Sie gute Chancen, eine benutzerfreundliche und damit erfolgreiche Site zu erstellen. Denn Standards können sich nur etablieren, wenn sie funktionieren – oder wenn sich alle Benutzer an sie gewöhnt haben. Die Diskussion, ob wir uns an die Standards angepasst haben oder ob die Standards uns angepasst wurden, soll hier nicht geführt werden. Es geht uns darum, gute Websites zu erstellen, nicht darum, unsere Benutzer zu erziehen.

> ✓ Versuchen Sie nicht, Ihre Benutzer zu erziehen.

Wenn Sie denken „Standards sind doof, ich möchte etwas Besonderes machen!", spricht das für Sie und Ihre Kreativität. Es kommt aber darauf an, für wen Sie eine Site gestalten. Wenn Sie davon ausgehen, dass die Benutzer sich viel Zeit nehmen werden,

Ihre Site zu erkunden, oder dass sie sehr erfahren im Umgang mit Computern sind, haben Sie mehr Möglichkeiten, eigene Wege zu gehen. Wenn Sie aber für eine breite Zielgruppe arbeiten, sollten Sie versuchen, sich mit den Standards anzufreunden. Leider ist es tatsächlich so, dass Sie wahrscheinlich keinen Designerpreis für eine Site gewinnen werden, die die Standards perfekt nutzt. Bei solchen Wettbewerben werden meist innovative Sites ausgezeichnet, die etwas ganz Besonderes sind. Usability-Tests dieser Sites haben aber gezeigt, dass sie oft nur sehr schwer zu benutzen sind. Überlegen Sie sich also, für wen Sie arbeiten wollen: für Ihre Kollegen und Konkurrenten oder für die Benutzer.

5.13.9 Navigationshilfen

Navigationshilfen haben die Aufgabe, dem Benutzer die Bewegung auf der Site zu erlauben. Allerdings bieten sie immer auch einen Überblick darüber, welche Informationen sich auf der Site befinden. Sind sie gut gemacht, geben die Navigationshilfen dem Benutzer das Gefühl, dass er die Fäden in der Hand hält. Sie sagen ihm, wo er sich gerade befindet – Navigationshilfen sind also mehr als nur Buttons.

Home-Button

Jede Seite sollte einen deutlich platzierten Link zurück zur Startseite haben. Damit hat der Benutzer immer die Möglichkeit, ganz von vorn zu beginnen, wenn er sich auf der Site „verlaufen" hat.

Es ist üblich, das Firmenlogo als Link zur Startseite zu verwenden, was sehr sinnvoll ist. Denn das Logo sollte sowieso auf jeder Seite erscheinen und prominent platziert sein (meist links oben). Allerdings gibt es Benutzer, die diese Funktion nicht kennen. Daher gehen Sie auf Nummer sicher, wenn Sie zusätzlich in der Standard-Navigation eine Option „Home" vorsehen.

Navigationsleisten

Der wichtigste Typ Navigationshilfe sind die Navigationsleisten. Sie sind mit ganz wenigen Ausnahmen auf jeder Site zu finden. Sie können nur aus Text bestehen, werden heute aber normalerweise als Grafik umgesetzt. Achten Sie darauf, dass die wichtigsten Auswahlmöglichkeiten als Erstes aufgeführt sind. (Denken Sie daran: Wir Benutzer geben uns mit dem ersten einigermaßen passenden Link zufrieden.)

✓ Das Hauptfortbewegungsmittel auf einer Site sind die Navigationsleisten. Planen Sie diese dementsprechend sorgfältig.

Eine der üblichsten Aufteilungen einer Seite ist das „gekippte L". Dabei ist links oben das Logo des Unternehmens zu sehen. In der Waagrechten rechts daneben finden sich die Standard-Navigationselemente wie Suche, Hilfe, Kontakt. In der Senkrechten unterhalb des Logos, am linken Rand der Seite, stehen die Kategorien der Site, die als Buttons zu diesen verzweigen.

Das hat sich mittlerweile zum Standard entwickelt – und zwar nicht von ungefähr, denn es funktioniert einfach sehr gut. Die Benutzer sind inzwischen daran gewöhnt und erwarten eine solche Aufteilung sogar. Wenn Sie davon abweichen wollen, tun Sie das nur mit gutem Grund. Ist Ihre Lösung zwingend nötig? Oder bietet sie eine echte Verbesserung der Benutzerführung? Oder haben Sie so wenige Auswahlpunkte, dass Sie mit nur einer Leiste auskommen?

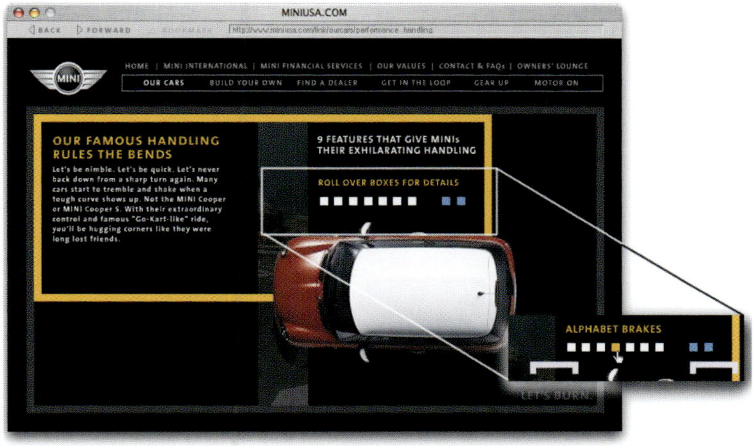

ABBILDUNG 5.32

Ungewöhnliche Navigation auf der amerikanischen Site von Mini (www.mini-Usa.com). Erst, wenn man den Mauszeiger über eines der neun Quadrate in der Bildmitte bewegt, erfährt man, wohin diese Links führen (wie im aufgesetzten kleinen Kasten zu sehen) – ästhetisch, aber wenig benutzerfreundlich. Man muss erst einmal mit der Maus rollern, bevor man weiß, was geboten ist.

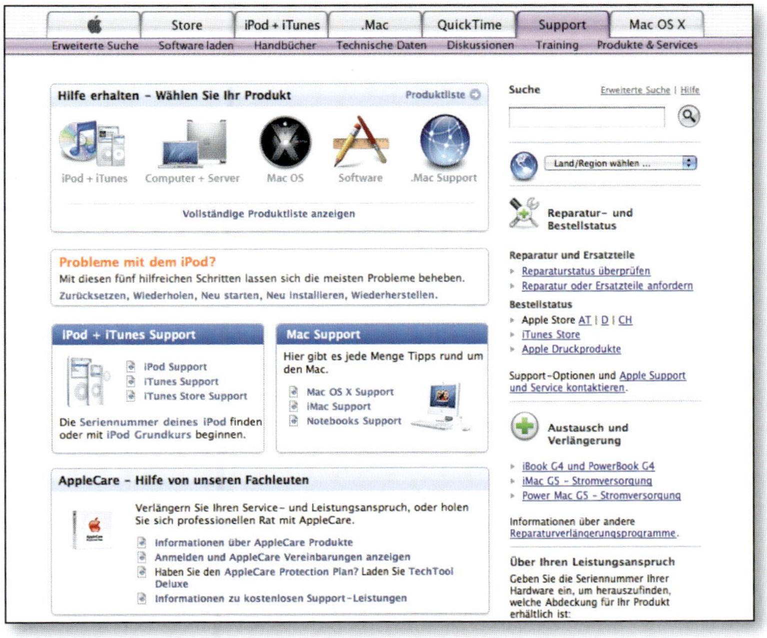

ABBILDUNG 5.33

Apple (www.apple.de) hat jahrelang mit Reitern gearbeitet. Auch wenn die Seite heute anders aussieht, war sie ein gutes Beispiel für gelungene Reiter-Navigation.

ABBILDUNG 5.34

Bei der HypoVereinsbank (www.hypovereinsbank.de) sieht man, dass die klassische „gekippte L-Form" mit horizontaler und vertikaler Navigationsleiste sehr elegant aussehen kann. Gut: Diese Seiten sind auch auf einem kleinen Monitor mit 800x600 Pixel noch vollständig zu sehen.

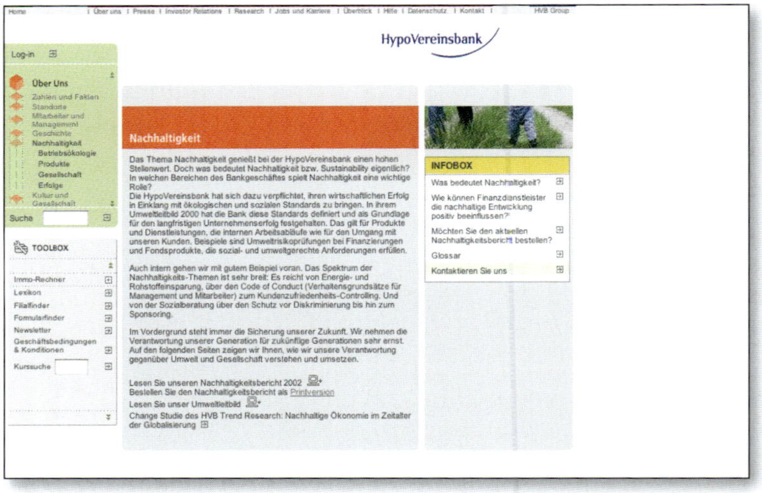

Bei längeren Seiten ist es günstig, am Fuß der Seite nochmals eine Navigationsmöglichkeit anzubieten. Das hat den Vorteil, dass der Benutzer nicht zurück zum Anfang der Seite scrollen muss, um weiterzukommen. Sie müssen abwägen, ob Ihre Seiten so lang sind, dass dies nötig ist. Sie können am Seitenende auch nur die wichtigsten Navigationsmöglichkeiten als HTML-Text vorsehen (siehe Abbildung 5.36).

ABBILDUNG 5.35

Varianten für die Navigation am Seitenfuß – bei der Zeit (www.zeit.de)

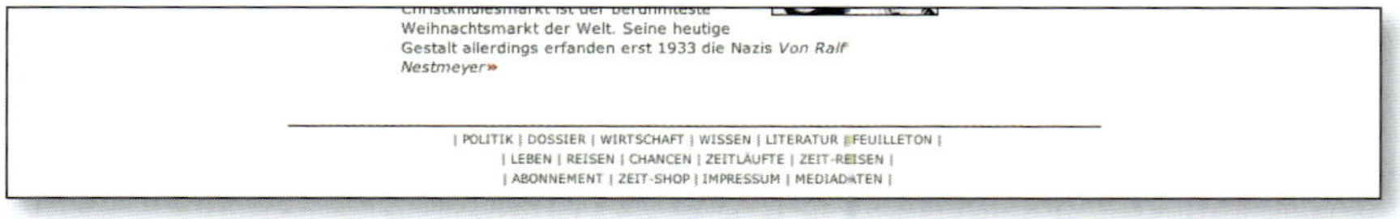

ABBILDUNG 5.36

Varianten für die Navigation am Seitenfuß – bei Web.de (www.web.de)

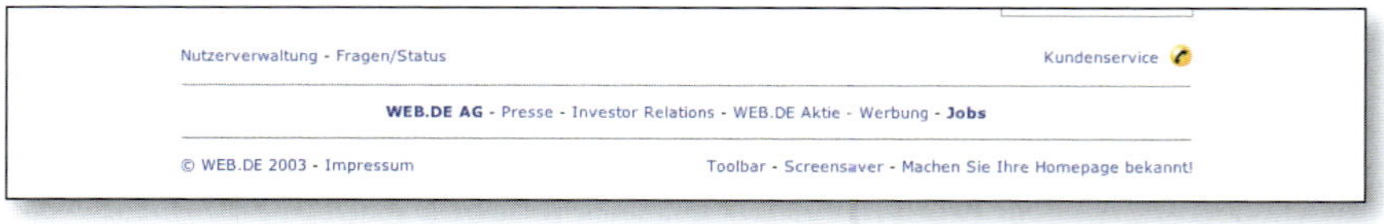

Zeigen Sie dem Benutzer auf der Navigationsleiste ganz klar, auf welcher Seite bzw. in welchem Bereich er sich gerade befindet. Dazu können Sie den entsprechenden Button farblich von den anderen abheben, oder Sie setzen ein kleines Symbol (z. B. einen Pfeil) vor den Unterpunkt. Ohne diese Orientierungshilfe fühlt sich der Benutzer leicht auf der Site verloren. Die Navigationsleiste dient nicht nur zur Navigation, sondern auch zur Orientierung.

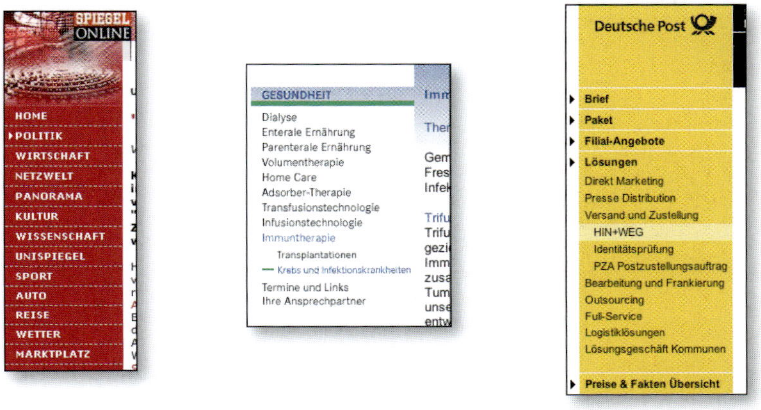

Abbildung 5.37
Verschiedene Möglichkeiten, dem Benutzer zu sagen: „Sie sind hier!" (Bei www.spiegel.de, www.fresenius.de und www.post.de – von links nach rechts.)

Frames

Von einigen Konzeptern und Designern werden Frames als die beste Lösung für die Navigationsleisten angesehen – auch wenn es immer weniger werden. Der technische Hintergrund: Sie können in eine HTML-Seite mehrere andere HTML-Seiten laden, die voneinander unabhängig ausgetauscht werden können. Der Bereich, in dem die einzelnen Seiten erscheinen, nennt sich *Frame*, alle Seiten zusammen heißen *Frameset*. (Mehr zu Frames können Sie zum Beispiel bei *selfHTML* nachsehen; den Link dazu finden Sie im Anhang und auf der beiliegenden CD-ROM.)

CD

Wenn diese Technik richtig umgesetzt ist, sieht der Benutzer zunächst nichts davon, dass eine Seite aus mehreren Frames aufgebaut ist. Wenn er aber scrollt, bleibt der Frame mit der Navigationsleiste stehen, nur der Inhaltsbereich bewegt sich (siehe Abbildung 5.38).

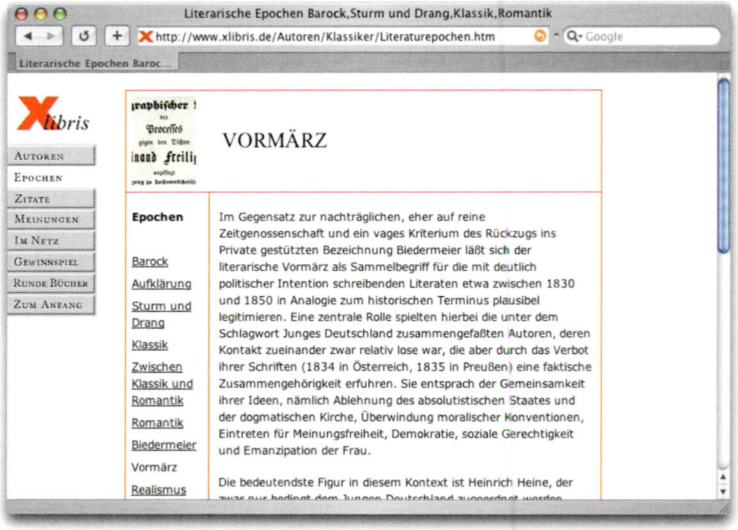

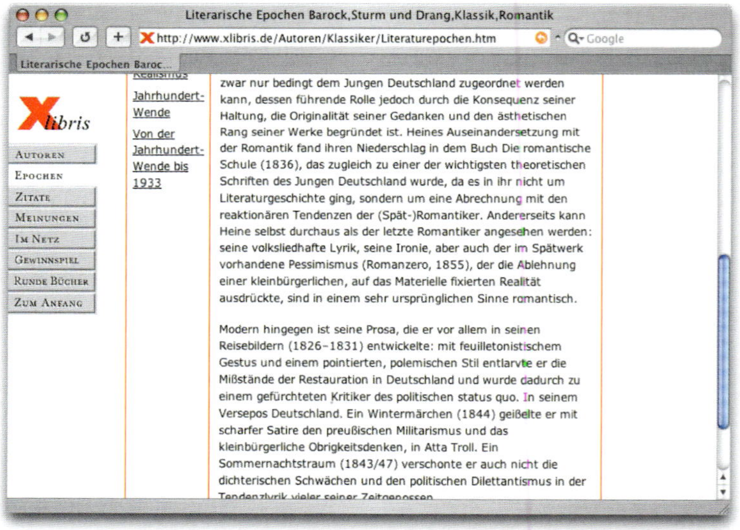

ABBILDUNG 5.38

Frames im Einsatz: oben die Seite im Grundzustand, unten nach dem Scrollen (www.xlibris.de)

Der Benutzer hat die Navigationsleiste immer im Blick und kann jederzeit ohne zu scrollen zu einer anderen Seite springen.

✓ Frames – gutes Prinzip mit Schwächen

Ich persönlich bin vom Einsatz von Frames abgekommen. Normalerweise plane ich die Seiten so, dass sie möglichst ganz ohne zu scrollen angesehen werden können. Werden sie doch länger, sind es meist Seiten, bei denen sich der Benutzer auf den Inhalt konzentrieren soll. Die Navigationsleiste stört dabei nur. Außerdem ist sie oft so groß, dass die Seite nicht richtig wirken kann. Hinzu kommt, dass ganz oben auf der Seite oft ein Werbebanner steht. Soll dieses wirklich zusammen mit der Navigationsleiste die ganze Zeit sichtbar sein? Denken Sie daran, dass Sie keinen Einfluss auf die Gestaltung und den Inhalt der Banner haben. Im schlimmsten Fall hat das Banner leuchtende Farben und eine aufdringliche Animation – der Benutzer wird froh sein, wenn er es aus dem Bild scrollen kann.

Eine Zeit lang waren Frames schwer in Mode, doch in letzter Zeit findet man immer weniger professionelle Sites, die damit arbeiten. Die Benutzer sind es inzwischen gewöhnt, dass der Kopf der Seite und mit ihm die Navigation nach oben verschwindet, wenn er die Seite scrollt.

Frames haben einige Nachteile:

- Die Seiten lassen sich nicht ohne Tricks als Lesezeichen setzen.
- Beim Ausdruck gibt es Probleme, wenn man sich nicht auskennt oder einen älteren Browser benutzt.
- Arbeitet der Benutzer mit einem kleineren Fenster, erscheinen unschöne Scrollleisten mitten auf der Seite; die Navigation wird so schwer benutzbar.
- Benutzer können direkt über eine Suchmaschine auf eine Seite kommen, die eigentlich Bestandteil eines Framesets ist. Die Navigation fehlt in diesem Fall, und der Benutzer kann die Site nicht verwenden.
- Die meisten mobilen Geräte können nicht mit Frames umgehen.
- Sie brauchen mehrere Dateien pro „Seite".
- Der Fenstertitel ist immer der des Frameset-Dokuments. Somit ändert sich der Titel nicht, auch wenn unterschiedlicher Inhalt angezeigt wird.
- Sie können beim Setzen von Links mehr Fehler machen. Je mehr Frames Sie verwenden, umso länger wird die Zeit, die Sie für Tests und Fehlerbehebung einkalkulieren müssen. Die amerikanische Webdesign-Expertin Kelly Goto spricht sogar von einer Verdoppelung des Aufwands für das Testen, wenn eine Site Frames einsetzt.

Java oder Flash

Technisch ist es möglich, die Navigation in ein Java-Applet oder in einen Flash-Film zu verpacken. Davon rate ich aber dringend ab! Denn je nach Geschwindigkeit des verwendeten Computers kann es zwischen einer und mehr als zehn Sekunden dauern, bis diese geladen sind. Außerdem haben einige Benutzer kein Flash-Plug-In und/oder haben Java deaktiviert.

Eigene Fenster

Manche Sites lagern die Navigation in ein eigenes Fenster aus, das beim Öffnen der Startseite erscheint. (Mit JavaScript lassen sich solche Tricks relativ einfach umsetzen.) Das ist nur vertretbar, wenn die Zielgruppe sich sehr gut im Internet auskennt. Die meisten Benutzer sind davon eher verwirrt und schließen das Fenster – oder sie haben Pop-ups deaktiviert und sehen das Fenster nie. Damit ist keine Navigation mehr möglich – die Site wird schnellstmöglich wieder verlassen.

Grafik oder Text?

Oft werden Navigationsleisten als Grafik umgesetzt. Aber denken Sie auch daran, welche Vorteile eine textbasierte Navigation hat:

- Sie ist leicht um neue Punkte zu erweitern.
- Sie wird schnell geladen.
- Sie braucht weniger Platz.
- Sie verursacht sehr wenig Produktionsaufwand.
- Sie funktioniert auch bei Browsern, die keine Bilder anzeigen (z. B. für mobile Endgeräte, Browser für Blinde).

Sie können auch eine Kombination wählen: Die waagrechte Navigationsleiste beispielsweise ist grafisch umgesetzt, die senkrechte links mit Text.

Dank CSS (Cascading Style Sheets, siehe Kapitel *Barrierefreiheit*, Abschnitt *Vorgehen*) kann man Elemente inzwischen so einfach gestalten, dass sich es nur lohnt, grafische Navigationselemente einzusetzen, wenn Sie auf eine bestimmte Schriftart nicht verzichten können. Sie sparen sich aber sehr viel Arbeit und haben eine viel leichter zugängliche Site, wenn Sie stattdessen auf CSS zurückgreifen, was ich daher dringend empfehle.

Aufklappende Navigationsleisten

Für Dreamweaver gibt es Erweiterungen, mit denen Sie aufklappende Navigationsleisten erstellen können (gehen Sie auf *Befehle/Mehr Befehle*).

Bei größeren Sites können Sie mit aufklappenden Navigationsleisten arbeiten. Wählt der Benutzer eine Kategorie aus, erscheint in der Leiste eine Liste der Unterpunkte dieser Kategorie. Bei einem Klick auf eine andere Kategorie verschwindet die erste Liste wieder, und die Liste für die neue Kategorie erscheint (siehe Abbildung 5.39).

Das hat den Vorteil, dass die Navigationsleiste nicht zu lang wird und der Benutzer aber dennoch eine genaue Übersicht der Unterpunkte vor sich hat.

Pop-up-Navigationsleisten

Im Gegensatz zu den eben erwähnten aufklappenden Navigationsleisten gibt es solche, die sich nur kurzzeitig erweitern. In sie ist ein Pop-up-Menü eingebaut, das auf Klick oder bei einem Rollover erscheint (siehe Abbildung 5.39).

Das ist sehr platzsparend, hat aber den Nachteil, dass die Auswahlmöglichkeiten nicht dauerhaft sichtbar sind. Außerdem verdeckt das Pop-up-Menü oft Teile der Seite, was in manchen Fällen nicht nur unschön aussieht, sondern auch der Orientierung schaden kann. Setzen Sie diese Technik mit Bedacht ein.

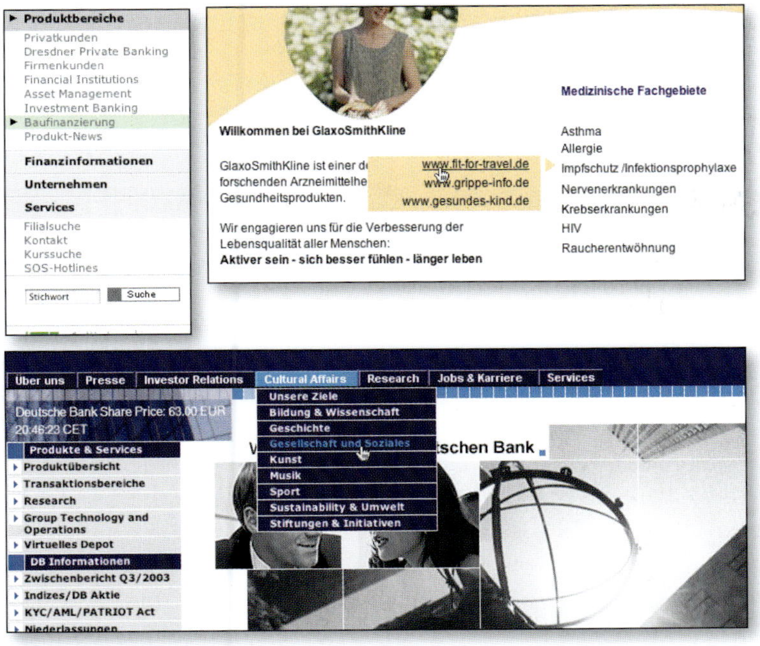

ABBILDUNG 5.39
Aufklappende Navigationsleiste bei www.dresdner-bank.de (oben links) sowie Pop-up-Leiste mit Rollover, das die Inhalte verdeckt, bei www.gsk-med.de (oben rechts) und gut umgesetzt bei www.deutsche-bank.de (unten)

Karteikarten und Reiter

Eine besondere Form von Navigationsleisten sind Karteikarten und Reiter (auch Registerkarten genannt). Abgeleitet aus der Technik, die im Büro seit Generationen verwendet wird, tauchten sie zuerst für die immer größer werdende Zahl von Optionen auf, die Computerprogramme bieten. *Microsoft Word* und die anderen Office-Produkte setzen dieses Prinzip seit langem ein, ebenso wie die Betriebssysteme Windows und MacOS, was nicht unwesentlich zur Verbreitung dieses Prinzips beigetragen hat.

Zur Begriffsklärung: Unter *Reiter* (englisch tab) versteht man das kleine Etikett, auf dem der Name steht. Die *(Kartei-)Karte* ist der dazugehörige Bereich mit Text.

Dieses Prinzip wurde erfolgreich auf Webseiten übertragen. Usability-Tests haben gezeigt, dass selbst Menschen mit sehr wenig Computererfahrung die Funktion sofort verstehen – wenn sie gut gemacht ist.

Reiter sind weit verbreitet und werden von fast allen Benutzern auf Anhieb verstanden.

Wichtig ist, dass der aktuelle Reiter deutlich markiert ist, der Benutzer also sofort weiß, wo er sich befindet. Das gilt besonders für Unterpunkte.

ABBILDUNG 5.40

Bei der International Movie Database (www.imdb.com) ist die Navigation mit Reitern nicht geglückt, weil der Reiter keine Verbindung mit der Seite hat.

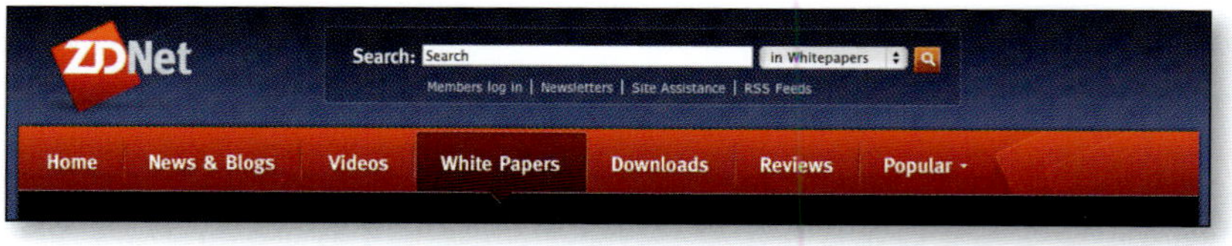

ABBILDUNG 5.41

Bei ZDNet (www.zdnet.com) funktioniert die Navigation mit Reitern: Es entsteht der Eindruck, dass der Seiteninhalt auf einer Karteikarte mit Reiter steht.

Auf jeder Seite, einschließlich der Startseite, muss ein Reiter ausgewählt sein. Das Prinzip sollte von Anfang an durchgehalten werden, damit der Benutzer gleich weiß, wie es funktioniert. Machen Sie die Auswahl des aktuellen Reiters so deutlich wie möglich. Er sollte sich auch farblich von den anderen Reitern abheben. Beispielsweise könnte der ausgewählte Reiter in einer kräftigen Farbe gehalten sein, die den ganzen Bereich kennzeichnet. Alle anderen Reiter sind stark aufgehellt dargestellt oder sogar in einem einheitlichen, dezenten Farbton gehalten. Erst wenn einer der nicht aktiven Reiter angewählt wird, bekommt er seine volle Farbe.

Steht ein Reiter für einen Bereich von mehreren Seiten, sollten Sie durch die Gestaltung deutlich machen, dass die Unterpunkte darunter zu diesem Reiter gehören (siehe Abbildung 5.42). Unterschiedliche Farben oder eine Linie zwischen dem Reiter und seinen Unterpunkten verhindern, dass sie als zusammengehörig wahrgenommen werden.

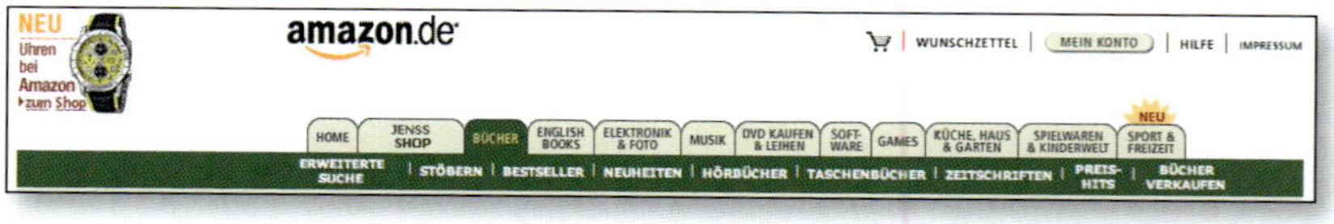

ABBILDUNG 5.42

Die Reiter bei Amazon haben Maßstäbe gesetzt, weil sie perfekt umgesetzt waren, heute sieht die Seite allerdings bereits wieder anders aus.

Eine Anmerkung zur Technik: Die Reiter sollten als ein einziges Bild geladen werden. Wenn Sie dagegen einzelne Grafiken für jeden Reiter erstellen, tauchen diese beim Laden der Seite nacheinander auf, was den Eindruck stört, dass es sich um eine kompakte Auswahlleiste handelt. Bei gewöhnlichen Navigationsleisten ist das nicht so wichtig, aber bei Reiter-Leisten wollen Sie den Eindruck eines Registers vermitteln und nicht den Eindruck lose beieinanderliegender Blätter. Hinzu kommt, dass die Startseite schneller geladen wird, wenn sie die Reiter als eine Grafik enthält. Die Ladezeit der

Folgeseiten ist zwar insgesamt etwas länger, aber Sie sollten vor allem darauf achten, dass die Startseite so schnell wie möglich angezeigt wird.

Das einzige Problem bei Reitern ist, dass Sie nicht beliebig viele verwenden können. Wenn Sie sich aber an die „Sieben plus/minus zwei"-Regel halten, haben Sie keine Probleme. Bis zu neun Reiter passen noch nebeneinander auf eine Seite, wenn Sie mehrzeilige Beschriftungen in Kauf nehmen.

Pfadangaben

Geht Ihre Site weit in die Tiefe, erleichtern Sie den Benutzern durch Pfadangaben die Orientierung. Oben auf der Seite, direkt über dem Inhaltsbereich, stehen die Namen der Seiten, die der Benutzer auf seinem Weg passiert hat.

Diese Pfadangaben heißen auf Englisch „breadcrumbs" (Brotkrümel) nach dem Märchen von Hänsel und Gretel, die damit den Weg aus dem Wald markierten.

Wichtig ist dabei, die einzelnen Seiten zu verlinken und das durch ihr Aussehen deutlich zu machen. (Mehr zum Thema Links erfahren Sie im nächsten Abschnitt.) Die aktuelle Seite steht immer am Ende des Pfads und wird natürlich nicht verlinkt (siehe Abbildung 5.43).

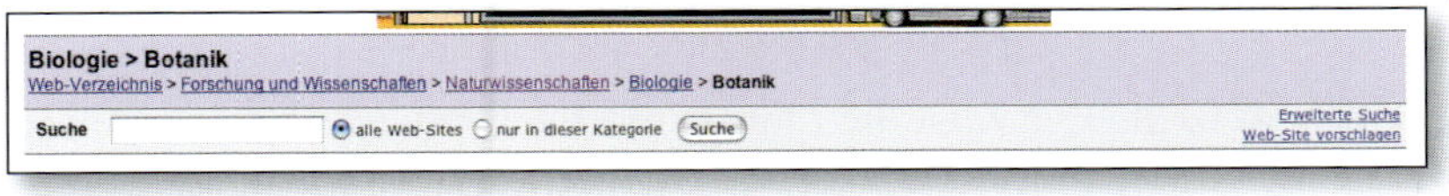

ABBILDUNG 5.43

Pfadangaben im Seitenkopf erleichtern bei Yahoo (www.yahoo.de) die Orientierung in den vielen Gliederungsebenen des Web-Verzeichnisses

Verwenden Sie in den Pfadangaben dieselben Seitennamen wie in der Navigation. Sind die Titel zu lang, können Sie sie auch abkürzen. Dabei sollten Sie immer nur am Ende kürzen. Also:

Kürzen Sie „Profil ansehen" und „Eigene Angaben" als „Profil …" und „Eigene Ang." ab, nicht etwa als „ansehen" und „Angaben".

Verwenden Sie das „Größer als"-Zeichen (>) als Trennzeichen. Es impliziert eine Hierarchie und die Bewegungsrichtung durch die Site und ist daher besser geeignet als das Zeichen / oder \, die immer etwas technisch wirken.

Links

Das älteste Navigationsmittel im Web sind die Textlinks. Sie waren das Revolutionäre, was dazu führte, dass sich eine akademische Technik in wenigen Jahren in fast alle Bereiche unseres täglichen Lebens ausgebreitet hat.

Von Anfang an wurden Links markiert, indem der Text blau und unterstrichen dargestellt wurde. Die Browser zeigen Links, die der Benutzer schon besucht hat, in Lila an. Das soll die Orientierung erleichtern und verhindern, dass man irrtümlich wieder die gleichen Links aufruft.

Es ist möglich, diese Voreinstellung im HTML-Code der Seiten zu ändern, um sie an die Gestaltung der Site anzupassen. Das sollten Sie aber mit Bedacht tun. Denn die Benutzer erkennen ein blaues, unterstrichenes Wort sofort als Link. Verwenden Sie eine andere Farbe, müssen Ihre Besucher erst lernen, dass es sich bei diesen Wörtern um Hyperlinks handelt. Und wenn Sie auf die Funktion verzichten, dass besuchte Links anders dargestellt werden, sollten Sie daran denken, dass Sie damit manchen Benutzern eine von ihnen gern genutzte Orientierungsmöglichkeit nehmen.

Ein Link muss in jedem Fall als solcher erkennbar sein, ohne dass die Maus über ihn bewegt wird.

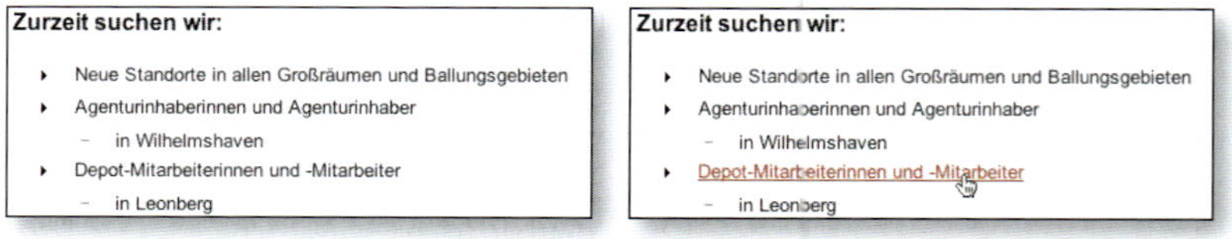

Abbildung 5.44

Man kann vermuten, dass diese Punkte Links sind. Bei einem Rollover erscheint auch eine Unterstreichung. Besser ist es, dem Benutzer das von Anfang an klarzumachen und ihm Vermutungen zu ersparen.

Umgekehrt gilt: Ein nicht verlinkter Text darf nicht aussehen wie ein Link. Daher empfehle ich, auf blaue Schrift und Unterstreichungen generell zu verzichten – außer eben für die Formatierung von Links.

Auf den ersten Webseiten wurden die Links einfach gesetzt, wie sie dem Autor beim Schreiben gerade in den Sinn kamen. Das sah dann oft so aus, wie in Abbildung 5.45.

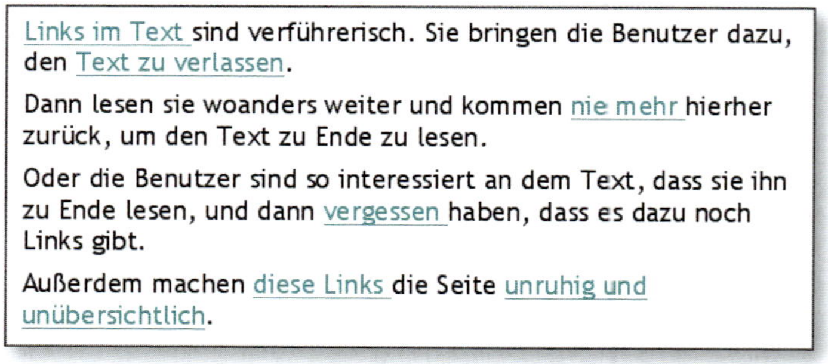

Abbildung 5.45

Links im Text, assoziativ gesetzt

Der Text ist nicht besonders gut lesbar, weil er sehr unruhig wirkt. Hinzu kommt, dass die Gefahr besteht, dass der Benutzer gleich auf den ersten Link klickt und den Text nie zu Ende liest. Oder er liest den Text zu Ende, hat dann aber vergessen, dass weiter oben noch ein Link war, den er eigentlich später anklicken wollte.

Eine Möglichkeit, das in den Griff zu bekommen, besteht darin, die Links an das Ende der Seite oder an deren Rand zu setzen. Führen Sie außerhalb des Textes die Links auf, die darin erwähnt sind. Ob das für Ihren Fall das Richtige ist, müssen Sie entscheiden. Ist der Text auf der Seite lang und/oder hat er viele Links, würde ich diese Methode wählen.

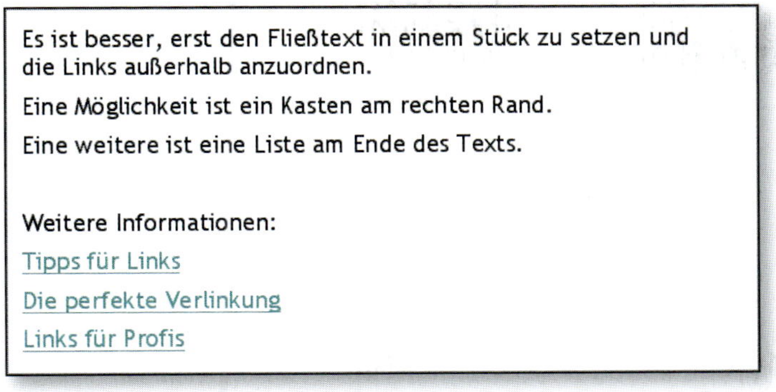

ABBILDUNG 5.46
Links nach dem Text. Die Seite wirkt ruhiger, und der Benutzer kann nach dem Lesen in Ruhe entscheiden, ob er einen der Links ansehen will.

Weitere Tipps zum Umgang mit Links finden Sie in Kapitel 8.2, *Texten für den Bildschirm*, ab Seite 251.

Das Back-Button-Problem

Auf manchen Sites steht auf jeder Seite ein „Back“- oder „Zurück“-Button – wobei das immer seltener vorkommt. Die Funktion, zur zuvor angesehenen Seite zu gehen, bietet jeder Webbrowser, Sie müssen sie nicht eigens auf der Seite vorsehen. Hinzu kommt, dass man nie weiß, von wo der Benutzer tatsächlich gerade kommt. Das muss nicht immer von der vorhergehenden Seite oder einer Seite eine Stufe höher sein. Auch über Suchmaschinen, Links von anderen Sites, Lesezeichen usw. kann er auf die Seite gelangt sein. Mit einem solchen Button geben Sie dem Benutzer eine zusätzliche Möglichkeit, die Site schnell wieder zu verlassen.

Was daher durchaus nützlich ist, ist ein Link zur vorigen Seite in der Hierarchie Ihrer Site. Damit geben Sie dem Benutzer eine weitere Orientierungsmöglichkeit. Er muss nicht erst überlegen, was auf der vorigen Seite war, sondern liest es gleich auf dem Button bzw. Link. „Zurück zur Inhaltsangabe des Bereichs“ ist schon besser als „Zurück“, wobei „Inhaltsangabe des Bereichs“ sicher ausreicht. Durch die Platzierung des Buttons (z. B. unten links auf der Seite) muss klar werden, dass es zurück geht. Und mit etwas Überlegung finden Sie sicher noch eine bessere Lösung.

„Zurück“ heißt normalerweise „zurück zur zuvor besuchten Seite“. Meinen Sie etwas anderes, schreiben Sie das auch.

Haben Sie eine ausklappende Navigationsleiste oder Pfadangaben auf der Seite, können Sie darauf verzichten. Der Benutzer weiß dank dieser Hilfen, wo genau er sich auf der Site befindet, und kann damit auch eine Seite in der Hierarchie zurück gehen.

5.13.10 Einheitliche Benennung von Kategorien, Buttons und Seitentiteln

Achten Sie darauf, dass die Kategorien, Links und Seitentitel einheitlich beschriftet sind. Heißt eine Kategorie „Über uns“ sollten auch alle Buttons und Links, die dorthin führen, genauso heißen. Der Seitentitel sollte ebenfalls „Über uns“ sein. Wenn Sie den Titel auf der Seite gern noch etwas aussagekräftiger hätten, können Sie einen Untertitel anhängen – entweder in der nächsten Zeile oder mit Gedankenstrich. Zum Beispiel:

„Über uns – Unsere Firmengeschichte seit 1878“

Das ist deshalb so wichtig, weil die Benutzer eine bestimmte Erwartung haben, wenn sie auf einen Button klicken. Landen sie auf einer Seite, von der sie nicht sofort wissen, ob sie das Erwartete enthält, klicken sie vielleicht schnell wieder den „Back“-Button an. Ersparen Sie Ihren Benutzern das Nachdenken, ob die Seite trotz anderem Titel tatsächlich das ist, was sie sehen wollten. Das Nachdenken kostet zwar meist nicht viel Zeit, aber eine Site wird als benutzerfreundlich und gut empfunden, wenn man möglichst wenig nachdenken muss und alles auf den ersten Klick klar ist.

Jede Seite sollte einen Titel haben, um die Orientierung zu erleichtern. Der Titel sollte am Anfang des Inhaltsbereichs stehen, direkt unter der Navigation und den anderen Elementen, die auf allen Seiten vorhanden sind.

Außerdem sollten Sie auch für jede Seite einen HTML-Titel vergeben (`<TITLE>`-Tag). Dieser erscheint in der Fensterleiste des Browsers (siehe Abbildung 5.47) und wird auch von Suchmaschinen angezeigt, wenn diese Ihre Seite gefunden haben. Deshalb bietet es sich auch an, den Namen der Firma oder des Produkts hier mit aufzunehmen.

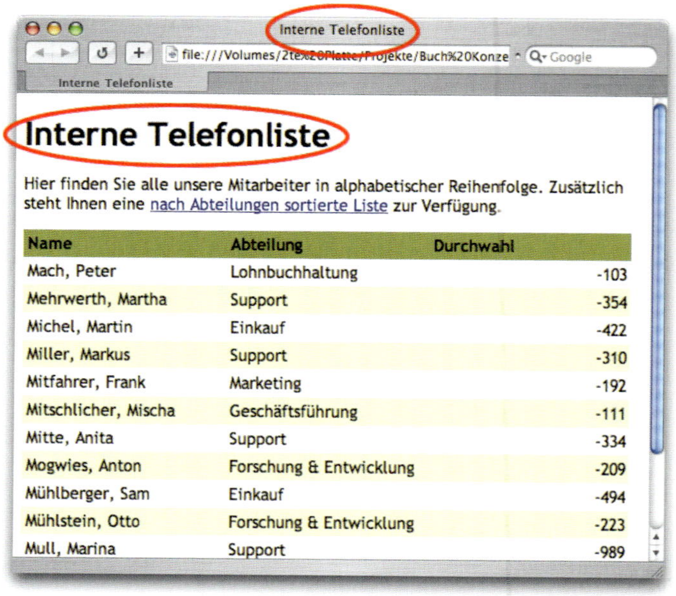

ABBILDUNG 5.47
Eine Seite mit HTML- und Seitentitel im Textteil, wie es sich gehört

5.13.11 Formulare

Ein eher ungeliebtes Thema sind Formulare. Sie sind zwar aus konzeptioneller und grafischer Sicht zunächst wenig interessant, für den Auftraggeber sind sie aber nicht selten der eigentliche Grund für seinen Webauftritt. In einem Shop gibt der Benutzer über Formulare seine Bestellung auf, bei einer Image-Site meldet sich der Benutzer über Formulare als potenzieller Kunde. Deshalb sind Formulare von zentraler Bedeutung. Viele Bestellungen in Online-Shops werden abgebrochen, während der Benutzer Formulare ausfüllt. Tipps für Formulare auf Einkaufssites finden Sie im Kapitel 14, *Einkaufen/Webshops*, ab Seite 348. Hier nur einige Grundsätze:

- Platzieren Sie nicht zu viele Elemente auf einer Seite.
- Erklären Sie alle Felder, die dem Benutzer nicht vollständig klar sein könnten.
- Markieren Sie die Felder, die der Benutzer unbedingt ausfüllen muss.
- Überprüfen Sie (mit JavaScript) vor dem Verschicken, ob die notwendigen Felder ausgefüllt wurden.
- Geben Sie eine detaillierte Fehlermeldung aus, falls das nicht der Fall ist. (Schreiben Sie nicht „Füllen Sie alle Felder aus!“, sondern „Bitte füllen Sie auch Feld x aus.“, oder markieren Sie die Felder, die der Benutzer vergessen hat.)
- Geben Sie eine Übersicht, wie viele Seiten mit Formularen ausgefüllt werden müssen.
- Machen Sie deutlich, auf welcher Seite der Benutzer gerade ist.
- Geben Sie den Seiten aussagekräftige Namen (z. B. „Ihre Bestellung“, „Ihre Daten“, „Ihre Lieferung“ usw.).

Wenn Sie persönliche Daten erheben, machen Sie deutlich,

- warum Sie die Daten benötigen,
- welchen Vorteil der Benutzer hat, wenn er sie richtig angibt,
- was Sie mit den Daten machen und
- wer sie erhält.

Wenn Sie diese Regeln berücksichtigen, erhöhen Sie die Wahrscheinlichkeit, dass die Benutzer den Vorgang abschließen und dabei die Felder auch korrekt ausfüllen.

5.14 Das Schreiben des Feinkonzepts

Wenn Sie die Site nun so weit im Kopf haben, sollten Sie einen Prototyp erstellen und einem Usability-Test unterziehen. Anhand der Ergebnisse überarbeiten Sie die Architektur nochmals. Wie ein solcher Test funktioniert, erfahren Sie im Kapitel 7, *Usability-Tests*, ab Seite 214.

Zusätzliche Tipps zum Texten, Formulieren und Gliedern finden Sie in Kapitel 8, *Produktion Text*, ab Seite 248.

Schließlich schreiben Sie das eigentliche Dokument. Eine mögliche Gliederung ist:

- Einleitung mit kurzer Zusammenfassung der Ziele der Site, Beschreibung der Zielgruppe und der Fragen, mit denen die Benutzer auf die Site kommen
- Informations-Architektur
- Navigations-Architektur
- übergeordnete Funktionen
- Startseite
- Inhaltsseiten (inklusive deren Text, Bilder, Funktionen)
- Sitemap

In der Gliederung erscheint die Startseite natürlich als erste beschriebene Seite. Es ist aber günstig, wenn Sie beim Schreiben des Dokuments an dieser Stelle erst einmal Platz frei lassen und zuerst alle Inhaltsseiten beschreiben. Als Letztes beschreiben Sie dann die Startseite. Denn diese soll die Inhalte der Site so beschreiben, dass die Benutzer erstens wissen, was die Site bietet, und zweitens auch Lust darauf bekommen, weiter in die Site vorzudringen.

Falls Sie das Konzept für eine Site erstellen, die mit einem Content-Management-System (CMS) arbeitet, können Sie nicht alle Seiten genau beschreiben. Denn der Grund dafür, dass ein solches System zum Einsatz kommt, besteht darin, dass der Inhalt sehr umfangreich ist und sich häufig ändert. Sie beschreiben in diesem Fall im Feinkonzept nur die Bereiche und die verschiedenen Vorlagen, nach denen das CMS die Inhaltsseiten zusammensetzt. Auch die Module beschreiben Sie hier. Das sind Dinge wie immer wiederkehrende Elemente wie Bilder zusammen mit Texten, Formulare oder nur Textabschnitte. Diese Module können als Ganzes auf die Seiten gesetzt werden, ohne dass sie jedes Mal neu erstellt werden müssen.

Lassen Sie das Feinkonzept von allen Teammitgliedern zwischendurch immer wieder durchlesen. Vor allem Grafiker und Programmierer können so rechtzeitig einschreiten, wenn Sie etwas planen, das so nicht umsetzbar ist.

Versehen Sie jede Version mit einer fortlaufenden Nummer und mit dem Datum. Seien Sie aber vorsichtig mit zu vielen Versionen, sonst entsteht leicht Verwirrung, und jemand arbeitet plötzlich mit einer alten Version. Um das zu vermeiden, lege ich auf dem Server im Team-Verzeichnis jeweils nur das aktuelle Feinkonzept ab. Die alten Versionen archiviere ich in einem Unterverzeichnis. Die Teammitglieder bitte ich, das Dokument in dieser Fassung nicht auszudrucken, damit nicht später bei der Produktion versehentlich diese alte Version auftaucht.

Die letzte Version geben Sie einem unbeteiligten Kollegen. Bitten Sie ihn, das Konzept auf Verständlichkeit, Sprache und Rechtschreibfehler hin durchzulesen. Lesen Sie selbst auch nochmals Ihr eigenes Angebot und das Grobkonzept, um sicherzustellen, dass Sie nichts vergessen haben, was darin versprochen ist.

Achten Sie besonders beim Feinkonzept darauf, dass Ihre Leser es nicht gewohnt sind, sich nur anhand eines Textes vorzustellen, wie eine lebendige Website mit ihren vielen Funktionen aussehen wird. Fügen Sie Skizzen ein, erklären Sie eventuell unklare Begriffe, und machen Sie vor allem deutlich, was Beschreibung ist und was Text, der auf der Website erscheinen soll. (Lesen Sie dazu auch die Tipps im Kapitel 8, *Produktion Text*, ab Seite 248.)

Bei großen Projekten teile ich das Feinkonzept in mehrere Teile auf, die ich einzeln vom Auftraggeber abnehmen lasse. Das hat den Vorteil, dass man früher Rückmeldungen bekommt und man grundsätzliche Änderungswünsche schon für die nächsten Teile berücksichtigen kann. Außerdem merkt der Auftraggeber so, dass man tatsächlich an dem Projekt arbeitet, und er muss nicht am Schluss den ganzen Text in einem Stück lesen. Dieses Vorgehen beschleunigt damit auch die Produktion, weil der Auftraggeber nicht so lange für die Abnahme braucht.

5.15 Inhaltswunschliste

Wie nach dem Grobkonzept ist jetzt der richtige Zeitpunkt dafür, Ihre Inhaltswunschliste zusammenzustellen. Schreiben Sie auf, was Sie bis wann vom Auftraggeber brauchen, und schicken Sie ihm diese Liste zusammen mit dem Feinkonzept.

Aktualisieren Sie auch Ihre Asset-Liste, sofern Sie eine führen. (Näheres dazu finden Sie in Kapitel 4.19, *Inhaltswunschliste*, Seite 91.)

5.16 Projektbeispiel Techcom.de – Feinkonzept

Das Feinkonzept ist für Konzepter und Auftraggeber meist der zeitintensivste Schritt. So war es auch in unserem Beispielprojekt.

5.16.1 Informationen ordnen

Ich begann beim Strukturieren der Informationen mit dem Kartenlegen. Jedes Informationshäppchen, das ich aus dem Angebot, dem Grobkonzept und der bestehenden Website extrahierte, kam als Stichwort auf eine eigene Karte. Am Ende saß ich vor einem Stapel mit 45 Karten. Diese breitete ich auf dem Fußboden aus und sortierte sie zu Gruppen. Die Karten in den Gruppen ordnete ich der Wichtigkeit nach untereinander an. Schließlich erhielt ich sieben Gruppen und vier Punkte für die Standardnavigation. Die Karten ließ ich über Nacht liegen.

5.16.2 Sitemap erstellen

Am nächsten Tag überprüfte ich die Sortierung nochmals. Nach ein paar Verschiebungen erstellte ich daraus die Sitemap.

Das klingt einfach, dauerte aber eine ganze Weile. Denn ich musste passende Namen für die einzelnen Bereiche finden und nahm noch letzte Anpassungen an der Struktur vor. Dabei legte ich einzelne Bereiche zusammen, verschob nochmals ihre Position in der Site oder teilte manche Informationen noch weiter auf.

5.16.3 Sitemap testen

Mit der Sitemap führte ich einen ersten Usability-Test durch. Wie dieser ablief, lesen Sie am Ende des Kapitels Usability-Tests. Hier nur so viel: Es zeigte sich einmal mehr, wie gut es ist, möglichst früh die ersten Tests zu machen. Aufgrund der Ergebnisse überarbeitete ich die Sitemap und fand neue Begriffe für manche Bereiche. Das Ergebnis sehen Sie in Abbildung 5.48.

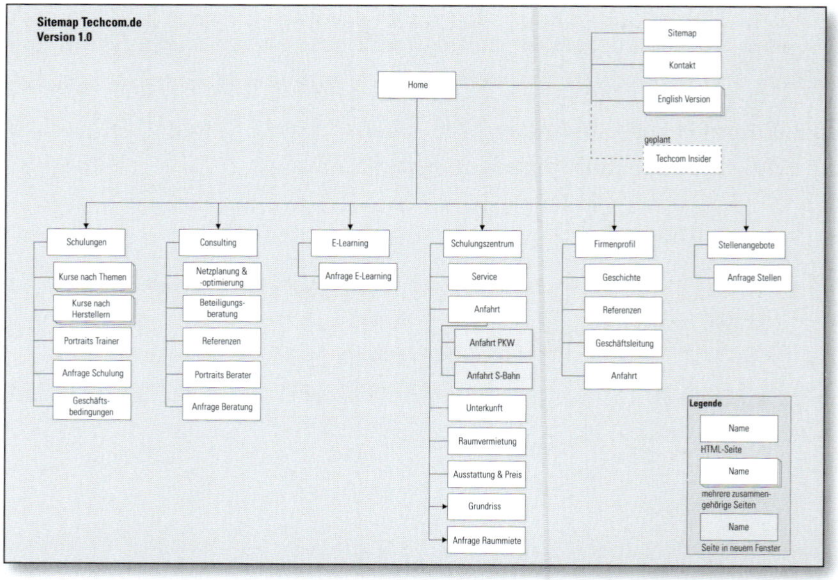

ABBILDUNG 5.48

Die Sitemap aus dem Feinkonzept

5.16.4 Informationen auffüllen

Nun machte ich mich daran, die einzelnen Bereiche Schritt für Schritt mit Inhalt zu füllen. Dabei legte ich noch keine Keyword- und Title-Tags fest, da ich nicht wusste, ob die Auftraggeber tatsächlich diese Inhalte auf den Seiten haben wollten. Text und Bild beschrieb ich für alle Seiten vollständig, mit Ausnahme der Bereiche, für die mir Informationen fehlten.

Die Beschreibungen aller Kurse hätte ich aber auch dann nicht ins Feinkonzept aufgenommen, wenn ich sie gehabt hätte. Diese sind alle nach demselben Prinzip aufgebaut und durch ihre große Zahl sehr umfangreich. Solche Teile einer Site beschreibt man am besten exemplarisch und fügt ihren gesamten Inhalt in einem eigenen Dokument an. Damit hält man den Umfang des Feinkonzepts überschaubar, was für alle Beteiligten angenehm ist. Kurze Konzepte werden eher ganz gelesen – und das ist sehr wichtig, damit nicht am Ende der Produktion noch Änderungswünsche angemeldet werden, weil Teile des Feinkonzepts von einzelnen Beteiligten nicht gelesen wurden.

5.16.5 Struktur des Feinkonzepts

Ich habe versucht, die Beschreibungen klar von den Texten zu unterscheiden, die tatsächlich auf der Site erscheinen werden. Achtet man hier nicht auf eine deutliche Formatierung, passiert es oft, dass die Auftraggeber nicht verstehen, was als Erklärung für das Feinkonzept gemeint ist und was letztendlich auf ihrer Site stehen wird.

Als letzte Seite beschrieb ich die Startseite, weil ich jetzt ganz genau wusste, was alles auf der Site zu finden sein wird. Hier arbeitete ich mit drei sogenannten Teasern. In diesen werden die wichtigsten Inhalte der Site so vorgestellt, dass die Benutzer sofort wissen, was sie erwartet, und ihr Interesse geweckt wird, einen der Links anzuklicken.

Schließlich fügte ich am Anfang des Feinkonzepts eine Einleitung an, in der ich die Informations-Architektur der Site erklärte und die Ergebnisse des Usability-Tests beschrieb. Außerdem wies ich darauf hin, dass es wichtig ist, kurze, gut gegliederte Texte im Internet zu verwenden. Der Hintergrund war, dass ich in manchen Bereichen deutlich wesentlich weniger Text vorgesehen hatte, als auf der alten Site vorhanden war. Ich wollte klarmachen, dass diese Kürzungen zur Qualität der Website beitragen und nicht aus Bequemlichkeit oder Nachlässigkeit erfolgten.

Alle Dokumente finden Sie auf der beiliegenden CD-ROM im Verzeichnis *Beispielprojekt Techcom.* CD

Kapitel 6

Designkonzept

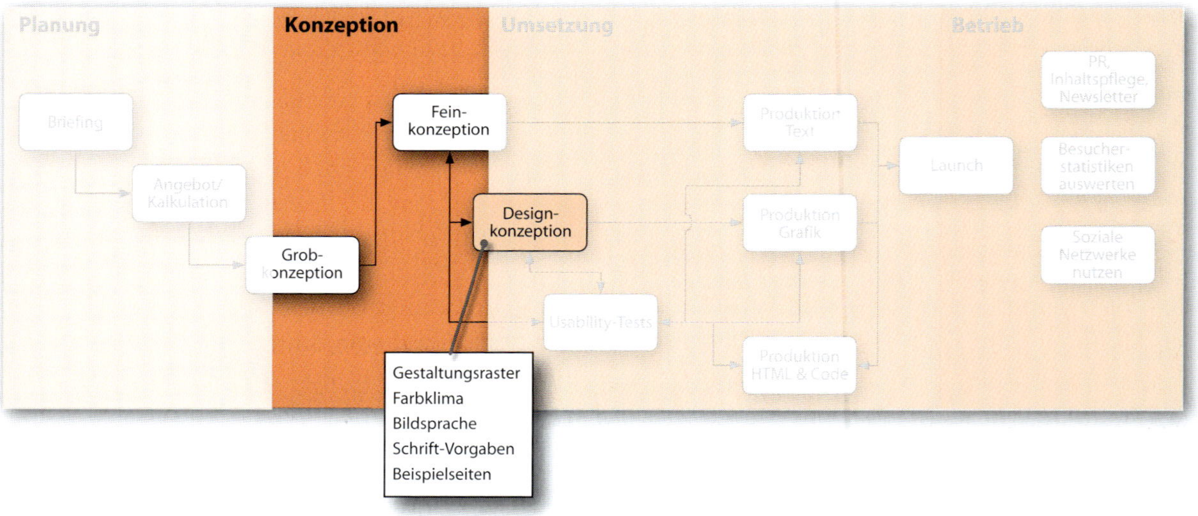

Das Design einer Website bestimmt den ersten Eindruck. Wenn der Benutzer eine Site auf den ersten Blick „nicht mag", wird es schwer sein, ihn länger zu halten. Eine schlechte Informations- oder Navigations-Architektur macht sich erst bemerkbar, wenn der Benutzer versucht, sich auf der Site zu bewegen. Das Design aber wirkt sofort.

Das Design ist nicht nur Dekoration, sondern es unterstützt die Kommunikation. Es vermittelt die Stimmung der Site und den Stil des Unternehmens. Es verdeutlicht die Struktur der Site. Es setzt Prioritäten. Ein viel zitiertes Sprichwort heißt: „Ein Bild sagt mehr als tausend Worte." Damit es auch das Richtige sagt, muss der Designer sein Handwerk beherrschen. Und er muss dazu vom Konzepter die richtigen Vorgaben bekommen. Dieses Kapitel soll Ihnen dabei helfen, die Vorgaben so zu machen, dass der Designer optimal arbeiten kann. Es soll Sie außerdem in die Lage versetzen, die Arbeit des Designers würdigen und beurteilen zu können. Wenn Sie nur „gefällt mir nicht" sagen, muss der Designer ins Blaue hinein arbeiten. Wenn Sie ihm dagegen genau sagen, was Ihnen warum nicht gefällt, kommen Sie beide schneller zu einem besseren Ergebnis. Außerdem kommen Sie vielleicht einmal in die Verlegenheit, bei einer Präsentation auch etwas zur Grafik sagen zu müssen, wenn der Grafiker nicht dabei ist. Da wirkt es kompetent, wenn Sie wenigstens die Grundregeln des Designs kennen und erklären können, warum der Entwurf Ihres Teams auch gestalterisch perfekt ist.

6.1 Design für Nicht-Designer

Im Folgenden führe ich einige wichtige Grundprinzipien der Gestaltung auf. Diplom-Grafikdesigner lernen diese (und noch sehr viel mehr) in ihrem Studium. Dieser Abschnitt soll Ihnen die Zusammenarbeit mit dem Designer erleichtern. Sie werden jedoch nicht lernen, wie Sie selbst seine Arbeit erledigen können. Das würde den Rahmen dieses Buchs sprengen, und es gibt zum Thema Gestaltung bereits sehr viele hervorragende Bücher. Außerdem gehören neben Wissen etwas Gespür und eine kräftige Portion Erfahrung dazu. Mein Rat: Arbeiten Sie professionell, und ziehen Sie für jeden noch so kleinen Auftrag einen Designer hinzu. Er wird schneller arbeiten, als Sie es können, und ein besseres Ergebnis abliefern. Konzentrieren Sie sich auf die Konzeption, damit haben Sie genug zu tun.

Die folgenden Prinzipien beruhen auf der menschlichen Wahrnehmung. Diese entsteht aus dem komplexen Zusammenspiel von Augen und Gehirn. Die meisten Designer denken darüber bei der täglichen Arbeit nicht nach. Dennoch ist es ganz hilfreich zu wissen, warum manche Entwürfe funktionieren, andere dagegen nicht. Um das herauszufinden, können diese Prinzipien helfen.

✓ Arbeiten Sie beim Design immer mit Profis zusammen. Es lohnt sich, weil sie schneller zu einem besseren Ergebnis kommen.

6.1.1 Die menschliche Wahrnehmung

Das Auge liefert ein recht klares Bild von unserer Umgebung. Allerdings entstehen dabei so viele Informationen, dass unser Gehirn nicht in der Lage ist, alles zu verarbeiten. Wenn Sie in diesem Buch lesen, liefern Ihre Augen ständig Informationen darüber, was im gesamten Gesichtsfeld los ist. Doch Sie „sehen" nur das Buch. Ihr Gehirn blendet die anderen Informationen aus, damit es den Inhalt des Buchs erfassen kann.

Was ausgeblendet wird, entscheiden Sie nur zum Teil bewusst. Das Gehirn ist zum Beispiel darauf geeicht, Bewegungen wahrzunehmen. Daher sehen Sie unwillkürlich auf einer Webseite nach oben, wenn sich dort ein animiertes Banner bewegt. Sie müssen sich stärker konzentrieren, den Text unten auf der Seite weiterzulesen, wenn das Banner weiterblinkt. Der Grund dafür ist, dass dieses Verhalten einen starken Evolutionsvorteil hatte. Ein Steinzeitmensch auf der Jagd konnte sofort reagieren, wenn sich in seinem Augenwinkel ein Säbelzahntiger an ihn heranpirschte.

Aber das Gehirn blendet nicht nur aus und lenkt die Aufmerksamkeit, sondern es verarbeitet auch die Eindrücke des Auges weiter, bevor wir diese bewusst wahrnehmen. Um die große Zahl von Informationen handhabbar zu machen, versucht es immer so viel Ordnung wie möglich zu schaffen. Parallel verarbeitet es so viele Informationen so effektiv, wie es kein Parallelcomputer der Welt schafft.

Figur und Grund

Das Gehirn filtert aus jedem Bild die sogenannte Figur heraus. Das ist der Teil, der momentan interessiert: Darauf wird die ganze Konzentration gerichtet. Der übrige Teil des Bildes nennt sich Grund.

ABBILDUNG 6.1

Figur und Grund springen hier hin und her: Wir sehen als Figur entweder zwei Gesichter oder eine Vase.

Geschlossenheit

Wie gesagt, das Gehirn will Ordnung. Daher siegt der Grundsatz der Geschlossenheit über den der Nähe. Linien, die eine geschlossene Form bilden, werden eher als Figur wahrgenommen, auch wenn andere Linien in der Nähe sind (siehe Abbildung 6.2).

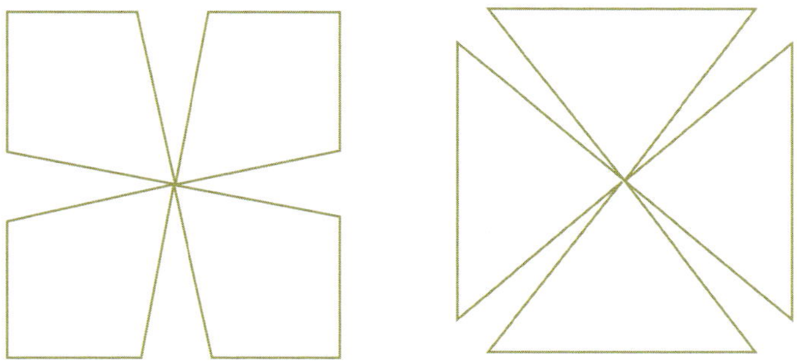

ABBILDUNG 6.2

Die Linien, die eine geschlossene Figur ergeben, werden als zusammengehörig interpretiert.

Fehlende Teile einer Figur werden vom Hirn „ergänzt". Wir sehen also auch Formen, die eigentlich gar nicht da sind, sondern nur durch vorhandene Formen vorgegeben werden.

Ähnlichkeit

Elemente, die sich ähnlich sind, werden als zusammengehörig wahrgenommen. Das Hirn ist immer auf der Suche nach Objekten, die sich ähnlich sind, weil damit Ordnung in die Wahrnehmung kommt. Sind zwei Objekte auf dem Bildschirm gleich gestaltet, werden sie als gleich wichtig empfunden (z. B. zwei einzeln stehende Wörter in derselben Schriftart, Größe und Farbe). Elemente, die sich deutlich abheben, fallen auf – sie sollten demnach auch inhaltlich etwas Besonderes sein.

Nähe

Die Nähe spielt eine wichtige Rolle dabei, was das Gehirn als zusammengehörig interpretiert (siehe Abbildung 6.3).

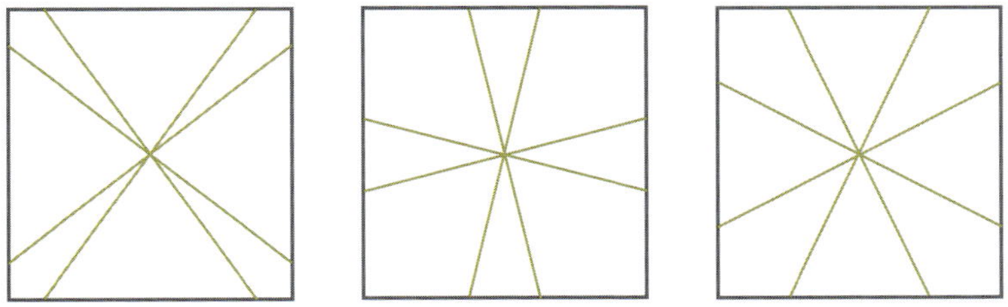

ABBILDUNG 6.3

Die Linien, die näher zusammen stehen, werden als Figur gesehen. Sind die Abstände gleich (rechts), „springt" die Wahrnehmung.

Runde Formen

Runde Formen werden leicht als Figur interpretiert, auch wenn sie nur zum Teil sichtbar sind. Das Gehirn „denkt sich" den fehlenden Teil dazu, auch wenn es dazu eigentlich keinen Anhaltspunkt gibt. Das gilt generell für angeschnittene Bilder, die noch erkennen lassen, was abgebildet ist. Ein Porträt einer Person wird sogar meist als interessanter empfunden, wenn der Kopf nicht vollständig im Bild ist, was wir aber nicht bewusst wahrnehmen. Achten Sie einmal darauf, wie Personen in der Zeitung abgebildet werden.

ABBILDUNG 6.4

Das Bild (links) und was das Gehirn dazuerfindet (rechts). Die angeschnittenen Kreise werden als CD wahrgenommen, von der nur ein Teil sichtbar ist.

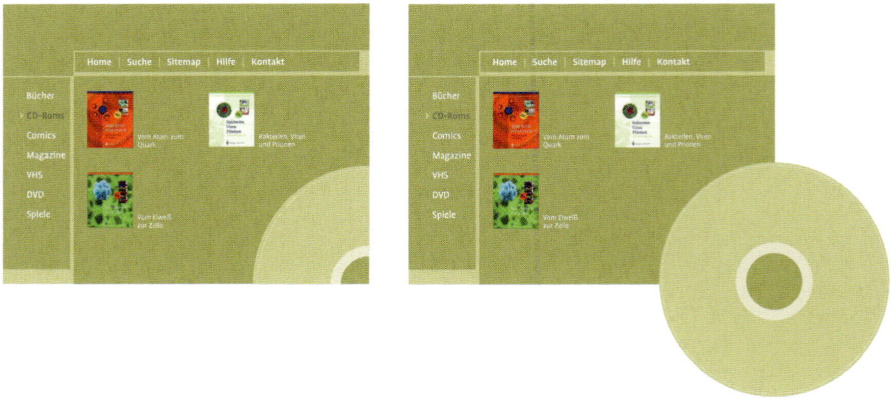

Symmetrie

Der Ordnungssinn schlägt auch beim Symmetrie-Prinzip wieder durch: Symmetrische Konturen werden leichter zur Figur als asymmetrische.

ABBILDUNG 6.5

Die symmetrischen Linien werden zur Figur gruppiert, egal welche Farbe der Hintergrund hat.

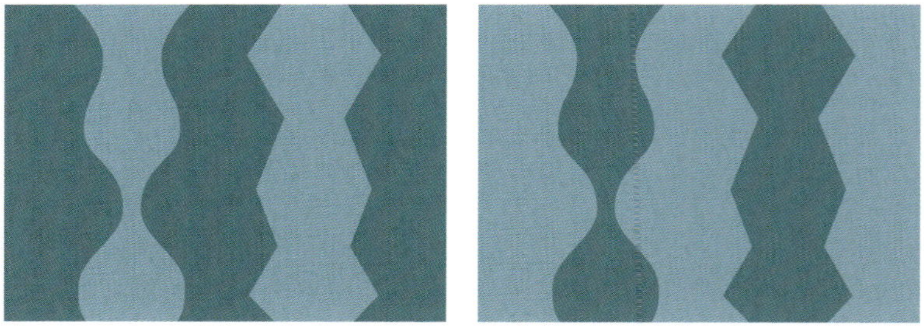

6.1.2 Kompositionselemente

Bei der Wahl der Kompositionselemente ist die goldene Designer-Regel besonders wichtig: Weniger ist mehr.

Jedes Bild besteht aus einigen Grundelementen. Das wichtigste sind die Linien. Das müssen keine Striche sein, sondern können auch gedachte Linien sein wie etwa Fluchtlinien oder Linen, die durch zwei Flächen mit unterschiedlichen Farben gebildet werden. Grafiker arbeiten oft mit Gestaltungsrastern. Dazu bestimmen sie als Erstes die Aufteilung eines Screens, beispielsweise in Navigationsbereich, Textbereich und Bildbereich. Diese Bereiche grenzen sie durch Hilfslinien voneinander ab. Bei der Arbeit orientieren sie sich an diesen Linien und positionieren alle Elemente an einer Linie. Dadurch erreichen sie eine harmonische Komposition, die sich auf allen Screens wiederfindet.

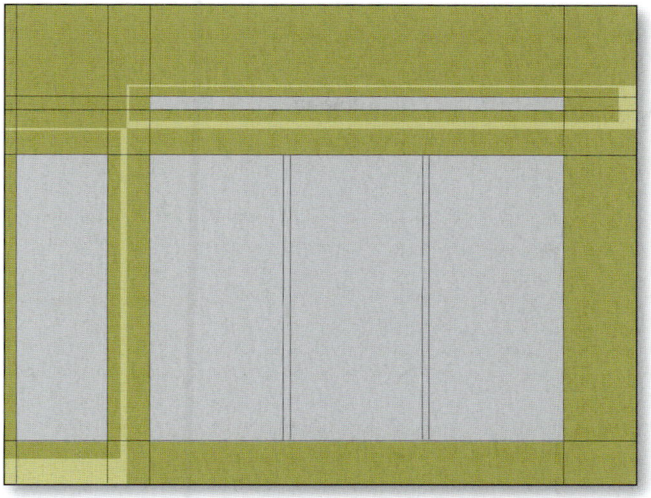

Abbildung 6.6
Ein Gestaltungsraster für eine Website

Formen und Farbbereiche sind ein anderes wichtiges Element. Sie bilden oft den Hintergrund, vor den Text oder Bilder gesetzt werden.

Die Art und Weise, wie die Elemente zueinander gesetzt sind, ist selbst ein Gestaltungselement. Sie erreichen damit Effekte wie Kontrast, Spannung und Dynamik.

Kontrast entsteht durch Gegensätze. Möglich sind Kontraste von:

- hell – dunkel
- Farbe – Komplementärfarbe
- groß – klein
- nah – fern
- gerade – gebogen
- eckig – rund

Spannung wird erreicht, wenn Bildteile einander zu widersprechen scheinen. Auf einem Bild nimmt beispielsweise eine Farbfläche die Hälfte des Platzes ein. Daneben steht eine sehr kleine Fläche in derselben Form und Farbe.

Kontrast ist ein Mittel, um Spannung zu erzeugen, aber nicht jeder Kontrast erzeugt Spannung. Ist eine Hälfte eines Bilds rot, die andere grün, ist das sicher ein starker Kontrast. Spannung hat es aber deshalb noch lange nicht.

Dynamik kommt zustande, wenn die Formen im Bild Bewegung suggerieren. Bilder mit einer ungewöhnlichen Perspektive, mit Teilen, die unscharf wie in Bewegung erscheinen, oder Linien, die auf einen Fluchtpunkt zu laufen, wirken dynamisch.

Ausgewogenheit

Für die meisten Anwendungen versucht der Designer, eine ausgewogene Komposition zu erstellen. Ausgewogenheit wird durch Symmetrie erreicht – aber damit sollte man es nicht übertreiben. Designs, die zu symmetrisch sind, wirken schnell langweilig. Feine Kontraste und etwas Spannung beleben und führen zu einem ausgewogenen Design. Es müssen nicht immer nur rechte Winkel und gerade Linien sein. Auch ein Rhythmus von prägnanten und unauffälligen Elementen wirkt harmonisch.

Aber es gibt auch Fälle, in denen bewusst vom Prinzip der Ausgewogenheit abgewichen wird. Starke Kontraste, Spannung und Dynamik machen Seiten interessant und heben sie von anderen ab. Nur sollte man das sparsam einsetzen, um den Benutzer nicht zu ermüden.

6.1.3 Größe und Position

Die Größe eines Objekts verbinden wir automatisch mit seiner Wichtigkeit. Aber auch die Position relativ zu den anderen Objekten sagt uns etwas über seine Bedeutung. Achten Sie auch auf die Symmetrie: Fällt ein Objekt aus dem Rahmen, zieht es automatisch die Aufmerksamkeit auf sich.

Abbildung 6.7
Groß & klein, oben & unten, links & rechts, geordnet & herausgefallen – alles Möglichkeiten, wichtige Objekte zu betonen

6.1.4 Leserichtung

Die Leserichtung spielt eine Rolle für Bilder, die eine Situation darstellen oder eine Geschichte erzählen. Das einfachste Beispiel dafür sind Comics. Sie erzählen Bild für Bild eine Geschichte – von links nach rechts. Auch einzelne Bilder wirken anders, wenn sie gespiegelt werden. Die Veränderung ist nicht immer klar zu beschreiben, aber es macht einen Unterschied – probieren Sie es aus!

Gestaltungselemente auf einer Seite wie auch Wörter werden ebenso von links nach rechts gelesen. Damit ist eine Reihenfolge und eine Gewichtung vorgegeben. Elemente links sind übergeordnet, Elemente rechts sind untergeordnet, aber momentan von größerer Wichtigkeit. Das, was der Benutzer als Letztes wahrgenommen hat, bleibt am ehesten im Gedächtnis.

6.1.5 Positionierung

Das menschliche Großhirn besteht aus zwei Hälften (Hemisphären), die miteinander über den sogenannten Balken verbunden sind. Die beiden Hemisphären arbeiten eng zusammen, und grundsätzlich können beide Hälften dieselben Funktionen durchführen. Dennoch herrscht Arbeitsteilung im Gehirn. Jede Seite hat einen bestimmten Schwerpunkt:

Die Leserichtung ist Gewohnheit. In Ländern, in denen man nicht von links nach rechts schreibt, gelten andere Regeln.

Linke Hemisphäre	Rechte Hemisphäre
„Logik"	„Gefühl"
Sprache	räumliches Sehen & Denken
Verarbeitung von abstrakten Informationen	Verarbeitung von Bildinformationen
verknüpft mit dem rechten (!) Gesichtsfeld	verknüpft mit dem linken (!) Gesichtsfeld

Diese Darstellung ist stark vereinfacht, hat aber beispielsweise dennoch die praktische Konsequenz, dass es uns schwerer fällt, ein Bild räumlich zu erfassen, das nicht in der Mitte unseres Gesichtsfeldes liegt, sondern am rechten Rand. Denn die Informationen vom rechten Gesichtsfeld landen in der linken Hirnhälfte, und die ist eher auf abstrakte Dinge spezialisiert. Das kann man bei der Anordnung von Elementen auf dem Bildschirm berücksichtigen.

Machen Sie diese Anregung aber nicht zum Dogma; unser Gehirn zeichnet sich gerade durch seine Flexibilität aus. Aber als Anhaltspunkt ist sie ganz hilfreich. Es ist durch Tests erwiesen, dass Navigationsleisten links besser funktionieren als solche auf der rechten Seite. Ob das nun mit unseren Gehirnhälften zusammenhängt oder mit der Leserichtung oder mit schlichter Gewohnheit, sei dahingestellt.

6.1.6 Farben haben eine Aussage

Farbe ist das subjektivste Thema in der Gestaltung. Die Wirkung von Farben auf uns ist teilweise angeboren (Rot = Blut = Gefahr), teilweise erlernt (Grün = Ampel = alles klar!). Die Bewertung von Farben kann sich von Kulturkreis zu Kulturkreis unterscheiden, aber auch von Person zu Person. Sind Sie sich im Team beim Thema Farbgebung nicht einig, kann nur ein Test mit Vertretern der Zielgruppe helfen – oder Sie finden einen Kompromiss. Richtig und falsch sind im Bereich Farbe schwer zu beurteilen. Die folgenden Regeln sind daher sozusagen der kleinste gemeinsame Nenner.

Farbton

Als Farbton wird das bezeichnet, was wir umgangssprachlich einfach nur „Farbe" nennen, also etwa Rot oder Blau.

Sättigung

Die Sättigung einer Farbe ist die Intensität einer Farbe.

Helligkeit

Die Helligkeit oder Stärke einer Farbe bestimmt, wie hell eine Farbe wirkt. Diese drei Grundeigenschaften werden beim HSB-System verwendet, um Farbe am Computerbildschirm darzustellen. HSB kommt von *Hue*, *Saturation*, *Brightness* – also Farbton, Sättigung und Helligkeit. Abbildung 6.8 illustriert diese Eigenschaften.

ABBILDUNG 6.8
Farbton (Hue), Sättigung (Saturation) und Helligkeit (Brightness) im Vergleich

Komplementärfarben

Zwei Farben sind komplementär, wenn sie zusammengemischt Grau bis Schwarz ergeben. Komplementärfarben bilden die stärksten möglichen Farbkontraste. Im Bild eingesetzt, wirken sie sehr auffallend und klar. Häufig eingesetzte Komplementärkontraste sind:

- Rot – Grün
- Orange – Blau
- Gelb – Lila
- Gelb-orange – Blau-lila
- Pink (Magenta) – Türkis (Cyan)

Abbildung 6.9
Fünf Paare von Komplementärfarben. Sie sorgen für starke Kontraste.

Farbwirkung

Farben stehen nie für sich allein. Die folgenden Eigenschaften stellen die Gefühle dar, die die meisten Menschen unseres Kulturkreises mit diesen Farben verbinden. Stehen sie neben anderen Farben, kann sich dieser Eindruck etwas verändern.

Farben vermitteln Gefühle – und mit den Gefühlen Ihrer Benutzer sollten Sie vorsichtig umgehen.

Rot	Gelb	Grün	Blau
Aktiv bis aggressiv	Anregend bis nervös	Lebendig	Seriös
Warnend	Heiter		Technisch
Beunruhigend		Beruhigend	Beruhigend
Erotisch	Attraktiv		
Als Signalfarbe: Achtung, Stopp	Als Signalfarbe: Achtung	Als Signalfarbe: Okay, weiter	
Warm	Sehr warm	Neutral bis kühl	Kalt
Nah	Nah	Entfernt	Entfernt

Farben kommunizieren

Welche Farben auch immer Sie wählen, Sie kommunizieren immer damit. Gestalten Sie Ihre Site ganz in Schwarzweiß, sagen Sie damit „Wir geben uns ganz klassisch. Nur nicht auffallen. Design ist nicht so wichtig." Halten Sie Text, Hintergrund und Bilder nur in Rot, Grün und Blau, sagen Sie „Hey! Aufgepasst! Das hier ist wichtig! Und zwar alles! Hergeguckt!"

Farben wirken weniger bewusst als gesprochene Worte, aber der Vergleich ist sehr hilfreich. Zu schwache Farben oder Bilder mit zu wenigen Kontrasten wirken wie ein leiser Sprecher, der schüchtern seine Worte vorbringt. Eine ruhige Farbgebung mit kräftigen Kontrasten wirkt seriös und professionell wie ein Mensch mit ruhiger, kräftiger Stimme. Sehr viele starke Farben und viele Kontraste wirken wie jemand, der uns anschreit. Ein lauteres Wort kann unsere Aufmerksamkeit wecken, doch spricht jemand schreiend mit uns, ist uns das unangenehm.

✓ Schreien Sie die Benutzer nicht unnötig an. Verwenden Sie kräftige Farben mit Bedacht.

Vorsicht also bei den Primärfarben Rot, Grün, Blau. Auch Gelb sollten Sie mit Bedacht verwenden. Setzen Sie diese Farben in voller Sättigung nur ein, wenn Sie etwas hervorheben wollen. Denken Sie daran, dass Sie dann keine Steigerungsmöglichkeit haben. Im Normalfall genügt auch eine Farbe mit einer etwas stärkeren Sättigung, als sie die anderen Farben haben. Setzen Sie solche Hervorhebungen generell nur gezielt ein:

Eine Farbe hebt hervor.

Mehrere Farben nebeneinander oder große Farbflächen wirken schreiend und aufdringlich.

Gedeckte Farben (Pastelltöne) eignen sich gerade für größere Flächen besser.

Farben eignen sich, um Akzente zu setzen. Sie können beispielsweise die Funktion eines Wiedergabe-Buttons deutlicher machen, indem Sie ihn grün hinterlegen. Sie sollten jedoch nicht nur die Farbe einsetzen, um ihn vom Stopp-Button zu unterscheiden.

Abbildung 6.10
Je zwei Buttons, einmal nur durch Farbe unterschieden, einmal durch Symbol und Farbe

Tests haben gezeigt, dass Benutzer sich generell schwer damit tun, Elemente nur aufgrund ihrer Farbe voneinander zu unterscheiden. Hinzu kommt, dass viele Menschen rotgrünblind sind oder andere Sehschwächen haben. Deshalb sollten Sie immer zuerst mit einer Unterscheidung durch Form, Größe oder Position arbeiten und diese erst im zweiten Gestaltungsschritt durch die Farbgebung unterstützen.

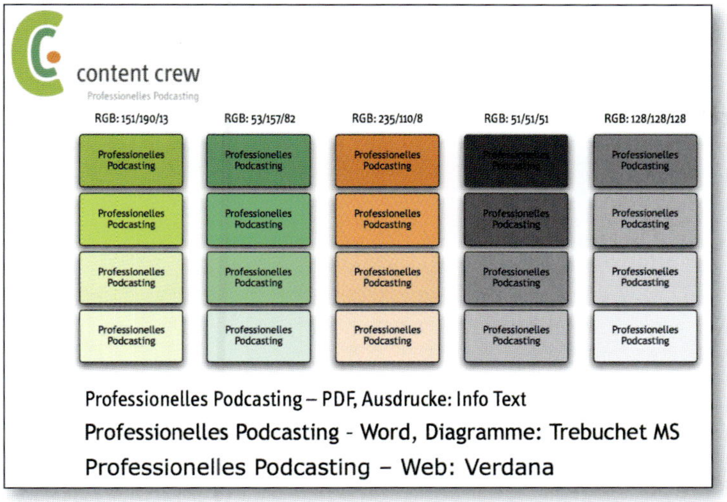

ABBILDUNG 6.11

Beispiel für ein Farbklima. Es gibt alle Farben an, die auf der Website verwendet werden.

ABBILDUNG 6.12

Klare Farben unterstützen die Markenbildung – hier die Site von Milka (www.milka.de).

ABBILDUNG 6.13

Klare Farben unterstützen die Markenbildung – hier die Site von Content Crew (www.content-crew.de).

ABBILDUNG 6.14

Klare Farben unterstützen die Markenbildung – hier die Site von Avis (www.avis.de).

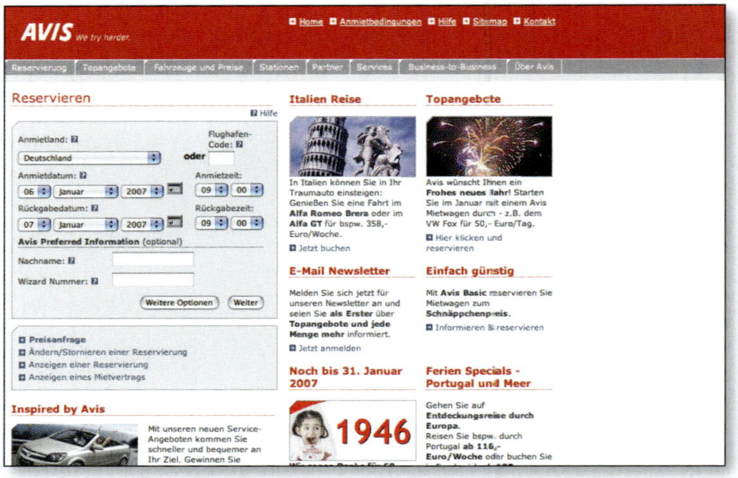

Das Design und insbesondere Farben haben einen starken Wiedererkennungseffekt. Deshalb werden sie in der Werbung gezielt eingesetzt, um Marken zu bilden und zu festigen. Sie sollten das auch auf Ihrer Website tun. Wenn Sie eine Site für eine Firma oder auch für eine einzelne Person erstellen, können Sie diese Firma oder Person als Marke begreifen. Sie sollte sich durch ein durchgängiges Design auszeichnen (Logo, Schrift, Farbwelt, Bildsprache) – und damit die „Marke" fördern.

Ein gutes Design funktioniert auch in Schwarzweiß.

Farben werden ihrer psychologischen Wirkung wegen in der Werbung sehr bedacht eingesetzt. Das Ziel ist es meist, eine Farbe im Hirn der Verbraucher mit einer Marke zu verknüpfen. So versucht etwa Marlboro seit mehreren Jahren, Rot als Markenzeichen für seine Zigaretten zu etablieren. In den USA gibt es Anzeigen, die beispielsweise nur eine rote Ampel in einem ansonsten schwarzweißen Bild zeigt. Damit versucht man, eine Bildsprache zu entwickeln, die beim Verbraucher letztendlich den Kauf von Zigaretten dieser Marke auslöst, ohne Zigaretten zu zeigen. Hintergrund ist, dass darüber diskutiert wird, das Zeigen von Zigaretten in der Werbung zu verbieten.

Je länger die Texte auf der Seite sind, desto zurückhaltender sollten die Farben sein.

Fast alle Marken arbeiten mit klaren Farben, um eine eigene Identität zu schaffen. Dabei müssen Sie im Internet etwas vorsichtiger sein als etwa bei der Gestaltung einer Produktverpackung. Die Verpackung kann sehr auffällig gestaltet sein; sie muss normalerweise aus dem Regal schreien: „Schau mich an! Kauf mich!", während neben ihr eine Vielzahl von Wettbewerbern brüllt. Auch Printwerbung konkurriert mit anderen Dingen um Aufmerksamkeit. Im Web dagegen ist in einem Fenster meist nur eine Marke präsent – die der aktuellen Site (Ausnahme sind Werbebanner, die hier nicht besprochen werden). Wählen Sie also deutliche Farben, aber achten Sie darauf, dass die Seite lesbar bleibt. Die Lesbarkeit bestimmt einerseits die gute Wahrnehmbarkeit der Schrift vor einem farbigen Hintergrund. Andererseits werden sehr kräftige, sehr helle oder warme Farben als Hintergrund beim Lesen als anstrengend empfunden. Es spricht nichts dagegen, solche Farben für kleinere Elemente oder auf einzelnen Seiten einzusetzen, Sie sollten jedoch beispielsweise nicht alle Seiten mit leuchtend rotem Hintergrund gestalten, wenn der Benutzer darauf längere Texte lesen soll.

Farben und Lesbarkeit

Achten Sie darauf, dass Text (auch auf Buttons!) gut lesbar ist. Dafür sorgt ein guter Kontrast.

Aber: Kontraste mit mehreren Farben sind meist nicht für längere Texte geeignet (Weiß/Farbe oder Schwarz/Farbe ist in Ordnung). Seien Sie vor allem mit den Kontrasten von Komplementärfarben vorsichtig (z. B. Rot/Grün). Sie wirken sehr schreiend und sind zudem nicht besonders gut lesbar.

Viele Menschen empfinden große Weißflächen am Monitor auf Dauer als für die Augen belastend, daher wird meist ein leicht eingefärbter Hintergrund verwendet. Grau wirkt oft bieder oder technisch; leichte Gelbtöne (belebend) oder Blautöne (seriös) sind besser geeignet.

Begreifen Sie das Unternehmen, das Sie auf der Site präsentieren, als Marke. Stellen Sie seine Vorteile heraus, und schaffen Sie Vertrauen.

ABBILDUNG 6.15

Ungewöhnlich ist die Site der Financial Times. Hier wird dieselbe prägnante Farbe eingesetzt wie auf dem Papier. Inzwischen steht der Fließtext aber auf Weiß – ein Kompromiss für die bessere Lesbarkeit.

6.1.7 Grundregeln zur Umsetzung

Wozu nun all diese Regeln? Sie helfen Ihnen, den „Look" eines Entwurfs zu erfassen. Wenn Sie einen Entwurf für eine Startseite sehen, den Sie langweilig finden, können Sie nun vielleicht feststellen, dass er zu harmonisch ist. Ein wenig Dynamik oder ein kontrastierendes Element könnte ihm guttun. Oder Sie haben das Gefühl, dass eine Illustration „nicht funktioniert". Ist Ihnen das Kriterium der Leserichtung bewusst, merken Sie vielleicht, dass die Elemente auf dem Bild vertauscht werden müssen.

Im Folgenden soll es noch etwas mehr in die Praxis des Screendesigns gehen. Ich möchte Ihnen die Punkte zeigen, von denen ich glaube, dass Konzepter bei ihnen mitreden dürfen – und sollten. Das soll nicht heißen, den Designern ins Handwerk zu pfuschen. Vielmehr sind fast alle Designer froh, wenn sie es mit Menschen zu tun haben, die ihre Arbeit auch in fachlicher Hinsicht schätzen können. Weitere Anmerkungen zum Thema Kommunikation zwischen Konzeption und Grafik finden Sie weiter unten in Abschnitt 6.3.1, *Was Designer an Konzeptern stört*, Seite 206.

Grundsatz: Immer an den Benutzer denken

Auch der Designer muss bei der Arbeit immer die Zielgruppe im Kopf haben. Das Aussehen muss den Benutzern, nicht dem Designer, dem Konzepter oder dem Auftraggeber gefallen. Daher ist es wichtig, dass der Konzepter dem Designer frühzeitig das Grobkonzept und vor allem auch die Benutzerprofile gibt. (Die grafischen Vorgaben des Auftraggebers braucht er natürlich auch!) Es ist oft sehr interessant, sich gemeinsam Zeitschriften und Sites anzusehen, die für Ihre Zielgruppe gemacht sind.

Wie der Konzepter sollte der Designer immer für den Benutzer arbeiten, nicht für sich selbst oder den Auftraggeber.

Alle folgenden Grundsätze sind von diesem ersten abgeleitet. Sie dürfen, nein, sie sollen sogar verletzt werden, wenn es der Benutzerfreundlichkeit dient. Lassen Sie sich nicht einschränken (beziehungsweise schränken Sie den Designer nicht ein), aber lernen Sie die Regeln, um sie gekonnt zu brechen.

Konsistenz – Durchgängigkeit

Um beim Benutzer Vertrauen in die Site zu wecken, muss er immer das Gefühl haben, sich in einer einheitlichen, möglichst vertrauten Umgebung zu bewegen. Überraschungen sind in den meisten Fällen nicht angebracht. Daher müssen die Seiten in jeder Hinsicht konsistent, das heißt durchgängig gestaltet, sein.

Das gilt für den Stil genauso wie für die Position der Elemente. Die Position der Navigationselemente muss auf allen Seiten gleich sein. Auswahlmöglichkeiten dürfen nicht einfach verschwinden. Es wirkt verwirrend, wenn sich die Menüs von einer Seite zur nächsten ändern. Ist eine Funktion nicht mehr zugänglich, sollte sie abgedimmt dargestellt sein. (*Abgedimmt* oder *ausgegraut* nennt man einen Button, der heller ist als die anderen, aktiven Buttons.) Es ist wichtig, dass klar ist, welche Optionen angewählt werden können und welche nicht.

Natürlich dürfen sich die Seiten für einzelne Bereiche etwas unterscheiden, da eventuell unterschiedliche Navigationselemente nötig sind. Auch die Startseite hat meist eine andere Bildaufteilung als die Inhaltsseiten. Aber dennoch müssen der Stil und die Art der Positionierung der Elemente auf allen Seiten so ähnlich wie möglich sein.

Seitenbreite und -höhe

Leider haben Ihre Benutzer voraussichtlich unterschiedliche Bildschirme. Das heißt, Sie müssen berücksichtigen, dass einige die Seiten vielleicht auf einem uralten Monitor mit 640 x 480 Pixeln ansehen, andere auf einem modernen Bildschirm mit 1024 x 768 Pixeln oder mehr. Im Grobkonzept sollte stehen, welche Auflösung Sie noch unterstützen. Achten Sie darauf, dass der Screen-Entwurf in allen Auflösungen möglichst gut aussieht, vor allem aber benutzbar ist. Gewöhnlich optimiert man die Darstellung derzeit für 1024 x 768 Pixel. Wer ganz sichergehen will, wählt 800 x 600, da noch manche Benutzer diese Bildschirmauflösung haben.

Denken Sie auch daran, dass viele Benutzer das Browserfenster nicht auf die volle Bildschirmgröße aufgezogen haben. Andere haben die Symbolleiste ausgeblendet. Sie sehen, es gibt unzählige Möglichkeiten. Größer als 1024 x 768 Pixel legt man Seiten meist nicht an, da die Inhalte sonst leicht unübersichtlich werden.

Die Breite eines Fensters spielt nicht nur für das Aussehen eine Rolle. Sind wichtige Menüelemente nur durch Scrollen zu erreichen, muten Sie dem Benutzer Arbeit zu, die Sie ihm ersparen könnten. Ist der Text zu breit, wird er schlecht lesbar. Zeitungen und Zeitschriften haben nicht von ungefähr mehrere Spalten pro Seite. Bei langen Zeilen verrutscht das Auge leicht, wenn es in die neue Zeile springt. Außerdem liest das geübte Auge kurze Zeilen schneller, weil es die Mitte der Spalte entlanggleiten kann und trotzdem die ganze Zeile erfasst.

Auch der „Seitenknick" spielt eine Rolle – auf Englisch „Fold". Wie eine Zeitung haben auch Webseiten einen Knick. Kaufen Sie eine Boulevardzeitung und sehen Sie sich die erste Seite an. Dort steht die wichtigste Meldung des Tages. Und zwar so, dass die Schlagzeile und ein Teil des Artikels zu lesen sind, wenn die Zeitung zusammengefaltet ist. Das soll die Aufmerksamkeit von Passanten wecken und sie zum Kauf der Zeitung animieren.

Lange galt die Regel, dass man fürs Web möglichst kurze Seiten anlegen sollte. Der Bereich unter dem Knick galt als ein Teil, den fast nie ein Besucher zu Gesicht bekommt. Das ist heute nur noch in den seltensten Fällen richtig. Inzwischen haben fast alle Internetnutzer so viel Erfahrung im Web, dass sie nicht nur wissen, dass es etwas „nach dem Knick" gibt, sondern dass sie auch dorthin scrollen. Das liegt umgekehrt auch daran, dass es immer mehr Seiten gibt, die sehr lang sind – vor allem auf den Nachrichten-Sites.

Man kann also inzwischen sagen: Die Benutzer scrollen, solange eine Seite auf ihrem Bildschirm nicht so aussieht, als würde „unten" nichts mehr kommen. Um das zu vermeiden, legen Sie zum Beispiel eine Seitenspalte an, die dort, wo der Knick sitzt, einen längeren Text oder Bilder zeigt. Und der obere Teil der Seite muss so interessant sein, dass der Benutzer überhaupt Lust hat, den unteren Teil anzusehen.

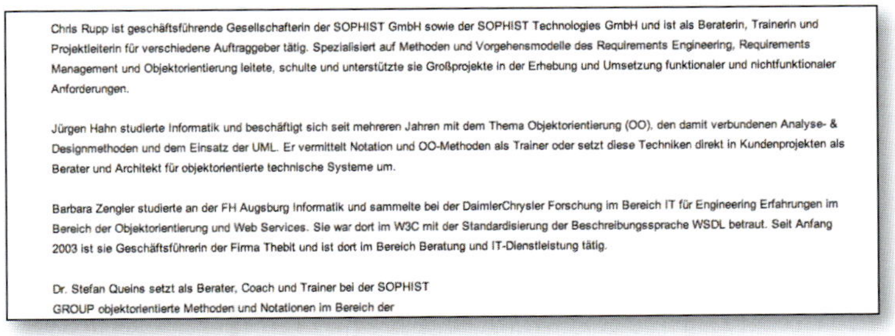
Chris Rupp ist geschäftsführende Gesellschafterin der SOPHIST GmbH sowie der SOPHIST Technologies GmbH und ist als Beraterin, Trainerin und Projektleiterin für verschiedene Auftraggeber tätig. Spezialisiert auf Methoden und Vorgehensmodelle des Requirements Engineering, Requirements Management und Objektorientierung leitete, schulte und unterstützte sie Großprojekte in der Erhebung und Umsetzung funktionaler und nichtfunktionaler Anforderungen.

Jürgen Hahn studierte Informatik und beschäftigt sich seit mehreren Jahren mit dem Thema Objektorientierung (OO), den damit verbundenen Analyse- & Designmethoden und dem Einsatz der UML. Er vermittelt Notation und OO-Methoden als Trainer oder setzt diese Techniken direkt in Kundenprojekten als Berater und Architekt für objektorientierte technische Systeme um.

Barbara Zengler studierte an der FH Augsburg Informatik und sammelte bei der DaimlerChrysler Forschung im Bereich IT für Engineering Erfahrungen im Bereich der Objektorientierung und Web Services. Sie war dort im W3C mit der Standardisierung der Beschreibungssprache WSDL betraut. Seit Anfang 2003 ist sie Geschäftsführerin der Firma Thebit und ist dort im Bereich Beratung und IT-Dienstleistung tätig.

Dr. Stefan Queins setzt als Berater, Coach und Trainer bei der SOPHIST GROUP objektorientierte Methoden und Notationen im Bereich der

ABBILDUNG 6.16

Ohne Begrenzung der Textbreite wird Text auf großen Monitoren schlecht lesbar (www.hinternet.de).

ABBILDUNG 6.17

Ist die Seite zu breit angelegt, muss der Benutzer auf kleinen Monitoren scrollen, um weit rechts liegende Punkte auszuwählen (www.arag.de).

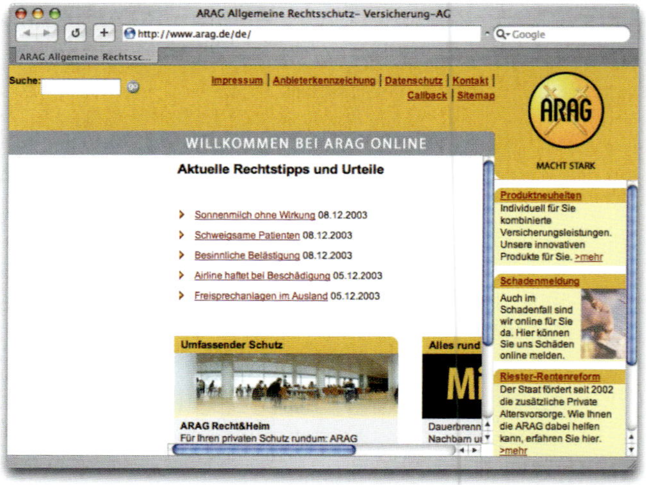

ABBILDUNG 6.18

Selten ist eine Seite bei den wichtigsten Bildschirmauflösungen immer gut benutzbar. www.boxesAndArrows.com zeigt, wie es geht (hier: 800 x 600).

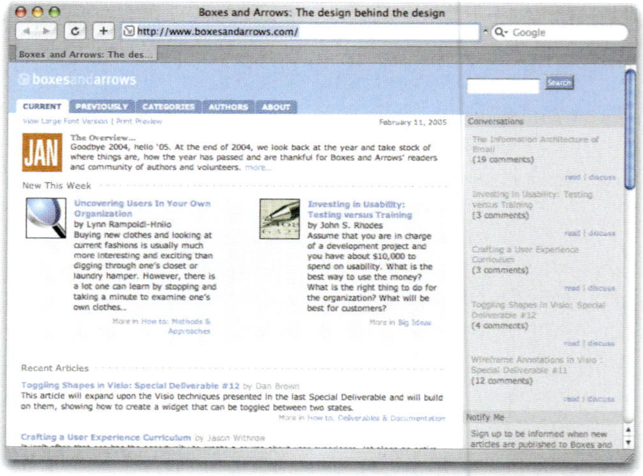

ABBILDUNG 6.19

Dieselbe Seite bei 1024 x 768

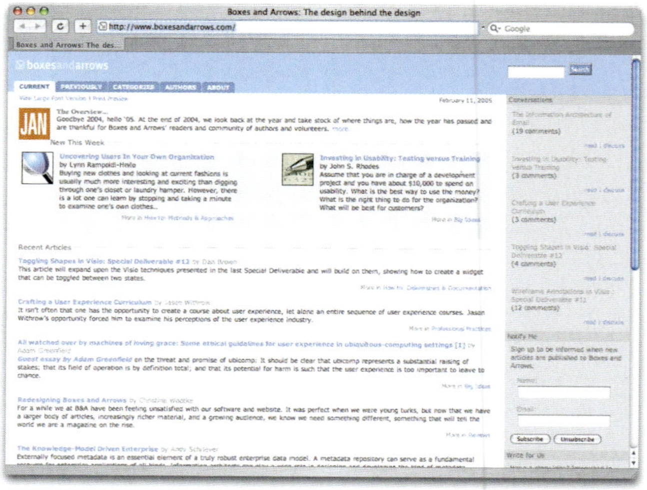

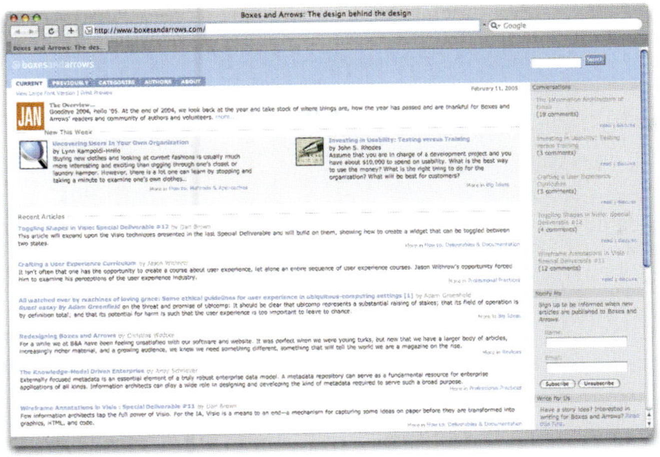

ABBILDUNG 6.20

Nur bei sehr großen Monitoren wird's auch hier etwas unschön.

Widerstehen Sie der Versuchung, die Fenstergröße mit JavaScript zu ändern, damit Ihre Seiten optimal dargestellt werden. Viele Benutzer werden das als Gängelung empfinden, weil sie ihr Browserfenster bewusst auf eine bestimmte Größe eingestellt haben. Auch sich selbstständig öffnende Zusatzfenster (Pop-ups) werden meist als lästig empfunden.

Ordnung auf der Seite

Die Elemente auf der Seite müssen so angeordnet sein, dass klar ist, welche von ihnen zusammengehören. Dazu sind vor allem die Grundsätze der Nähe und der Geschlossenheit wichtig.

Nur Zusammengehöriges gehört zusammen

Ordnen Sie nur Elemente gemeinsam an, die auch wirklich zusammengehören (siehe Abbildung 6.21). Der Benutzer wird sonst zum Mitdenken gezwungen, um die Dinge für sich richtig zu sortieren. Seine Orientierung ist erschwert, sein Vertrauen in die Site sinkt.

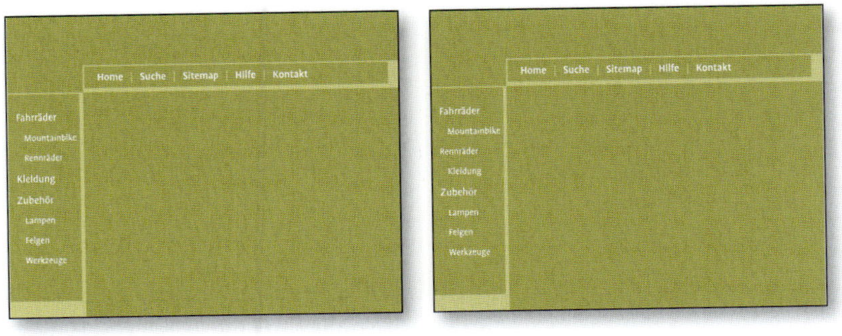

ABBILDUNG 6.21

Sinnvolle Ordnung (links) und irreführende Ordnung, in der Dinge unterschiedlicher Kategorien nicht klar getrennt sind (rechts).

Trennen Sie Auswahl-Buttons und übergeordnete Funktionen wie Sitemap, Suchfunktion oder Home-Button klar voneinander – sowohl durch ihre Beschriftung als auch durch ihre Anordnung und Gestaltung. Üblich ist, links die Bereiche der Site in einer Navigationsleiste zugänglich zu machen. Die übergeordneten Funktionen stehen oft in einer kleineren, horizontal angeordneten Leiste am oberen oder unteren Rand der Seite.

ABBILDUNG 6.22
Die Standardaufteilung einer Webseite

Haben Sie sehr viel Inhalt auf einer Seite, sollten Sie diese Inhalte noch weiter zu Gruppen zusammenfassen. Zum Beispiel könnte im Inhaltsbereich auf der Startseite eines Internet-Shops ein Bereich mit Sonderangeboten stehen: einer für die Warengruppe Elektrogeräte, einer für Software und einer für Bücher.

Verschachtelung schafft Struktur

Die gruppierten Elemente auf der Seite lassen sich zu übergeordneten Kategorien zusammenfassen. Ein Beispiel: Je ein Foto und ein kurzer Text sind gruppiert. Diese lassen sich zu Themenblöcken ordnen, die in je einen Kasten gesetzt werden.

ABBILDUNG 6.23
Verschachtelung im Einsatz. Die Version, in der die zusammengehörigen Elemente in einem Kasten stehen, ist deutlich übersichtlicher.

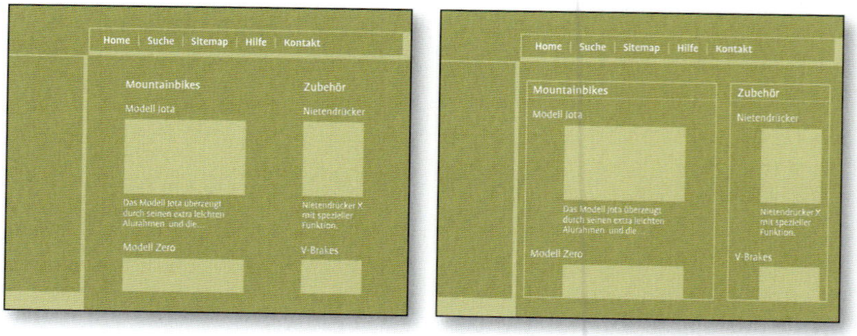

Schwerpunkte setzen

Die Gestaltung eines Elements macht klar, wie wichtig es ist. Vor allem die Größe, aber auch die Position und die Farbe bestimmen, für wie entscheidend wir es halten. Hat eine Seite keine visuellen Schwerpunkte, scheint alles gleich wichtig zu sein.

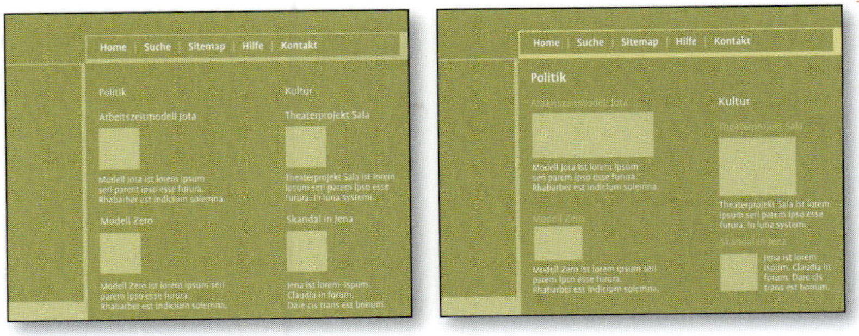

ABBILDUNG 6.24

Machen Sie deutlich, was das Wichtigste ist. Eine Seite ohne optische Schwerpunkte (links) wirkt langweilig und schlecht strukturiert.

All diese Regeln sind auf den ersten Blick klar und einleuchtend. Sie werden aber dennoch leicht übersehen. Damit wird eine Chance verschenkt, die Seiten leichter benutzbar zu machen. Denken Sie daran: Wir lesen Webseiten nicht, wir überfliegen sie. Und je besser eine Seite strukturiert ist, desto schneller finden wir, was wir suchen, und desto lieber (und öfter) benutzen wir die Site.

6.1.8 Umgang mit Bildern

Bilder können den Charakter der Site entscheidend prägen, können Seiten auflockern und wichtige Informationen vermitteln. Bilder können aber auch dazu führen, dass die Ladezeit sehr lang wird oder die Site überladen wirkt. Daher müssen Bilder mit Bedacht eingesetzt werden. Braucht wirklich jede Seite ein Bild? Seiten, die gegliederte Listen oder Tabellen enthalten, wirken oft schon dadurch aufgelockert und benötigen nicht zwingend ein illustratives Bild. Hat eine Seite sehr viele Bilder, fragen Sie sich, ob tatsächlich jedes hier wichtig und richtig ist. Bringt es eine zusätzliche Information? Wirkt ein Bild allein nicht besser? Ein Bild zieht meist die Blicke auf sich; stehen zu viele interessante Bilder nah beieinander, lenken sie vom Text ab oder nehmen sich gegenseitig ihre Wirkung.

Gute Bilder sind nicht nur Illustration, sondern bringen zusätzliche Informationen.

Auch bei der Größe der Bilder sollten Sie sich beschränken. Das spart zum einen Ladezeit, zum anderen muss die Größe des Bildes mit den anderen Elementen der Seite harmonieren.

Verwenden Sie nicht zu viele verschiedene Bildgrößen. Es ist günstig, von Anfang an drei bis fünf Formate festzulegen, die für alle Bilder verwendet werden. Das schafft Durchgängigkeit und vermittelt auf der Site ein Gefühl von Professionalität und Ruhe. Die inhaltlich gute Struktur Ihrer Site muss sich auch in der Gestaltung wiederfinden.

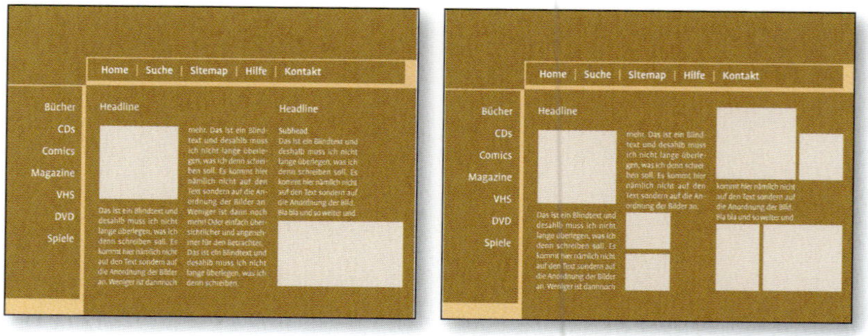

Abbildung 6.25
Richtig eingesetzt wirken Bilder auflockernd (links). Bei zu vielen verschiedenen Größen oder zu vielen Bildern entsteht ein chaotischer Eindruck (rechts).

> Verzichten Sie auf Clip-Art. Sie wirkt unprofessionell und schadet dem Erscheinungsbild jeder Site. Clip-Art wird immer wieder für alle möglichen mehr oder weniger passenden Dinge verwendet, und die meisten Bilder sieht man immer wieder. Sie wollen aber eine einzigartige und professionelle Site. Können Sie auf Zeichnungen nicht verzichten, sollten Sie einen Illustrator engagieren.

> Animierte Bilder sind mit extremer Vorsicht zu genießen. Sie sind nur sinnvoll, wenn sie eine Funktion verdeutlichen, die anders schwer zu vermitteln ist. Sie lenken vom Inhalt der Seite ab und erschweren die Konzentration auf die anderen Elemente. Als Schmuckelement sind animierte Bilder, die nie zum Stillstand kommen, daher tabu.

Der Stil der Bilder sollte möglichst durchgängig sein. Wenn Sie mit Farbfotos arbeiten, sticht ein einzelnes Schwarz-Weiß-Foto stark heraus. Das kann ein gewollter Effekt sein. Wenn Sie aber willkürlich farbige und schwarz-weiße Fotos durcheinander verwenden, entsteht ein unordentlicher Eindruck. Das Gleiche gilt für die Mischung von Zeichnungen und Fotos oder Zeichnungen in unterschiedlichen Stilen.

Sind die Bilder inhaltlich nötig und können sie nicht so bearbeitet werden, dass sie einheitlich sind, müssen Sie Kompromisse eingehen. Die Gestaltung muss sich dann den Inhalten anpassen. Durch Position und Größe haben Sie aber noch immer genügend Spielraum. Diagramme und Fotos etwa können durch abwechselnde Anordnung auch Spannung in die Seite bringen.

Wenn sie eingesetzt werden, schaffen die Bilder auf der Site eine „Bildwelt“. Sie vermitteln eine Atmosphäre, die zum Image passt, und tragen damit zur Markenbildung bei. Sehen Sie sich die schon vorhandenen Unterlagen wie Broschüren, Kataloge usw. Ihres Auftraggebers an. Diese haben (wenn sie professionell gemacht sind) eine bestimmte „Bildsprache“. Die Art der Bilder bestimmt das Image. Sind nur fröhliche Menschen auf den Bildern? Oder sieht man nur Detailaufnahmen der Produkte? Sind die Fotos großflächig eingesetzt, oder stehen sie in kleinen Kästen? Haben die Bilder kräftige Farben, starke Kontraste, oder sind sie eher ruhig? Lehnen Sie sich an diese Bildsprache an, aber überlegen Sie, ob die Website nicht aufgrund der eventuell unterschiedlichen Zielgruppe eine andere Bildsprache braucht.

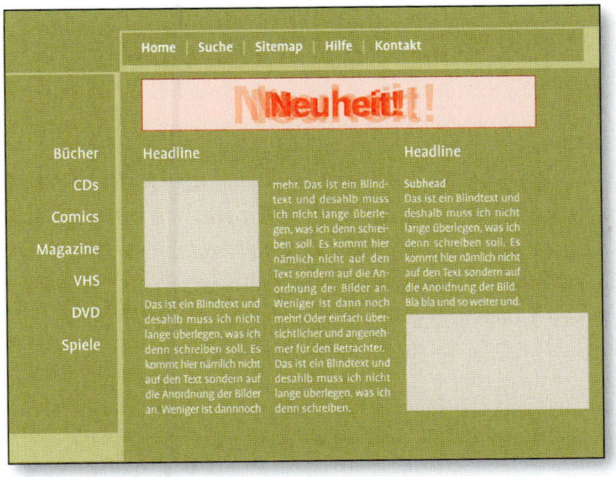

ABBILDUNG 6.26

Blink, blink, blink … animierte Bilder können eine Seite fast unbenutzbar machen, weil sie das Lesen erschweren.

Als Hintergrundbilder (also Bilder, die hinter den Text gesetzt sind) eignen sich nur sehr stark aufgehellte Bilder. Ansonsten ist die Lesbarkeit durch zu geringe Kontraste und durch die Ablenkung zu schlecht. Achten Sie auch darauf, ob ein Hintergrundbild wirklich zum Stil der Site passt. Ich persönlich verzichte fast immer auf Hintergrundbilder, da sie immer Unruhe auf die Seiten bringen.

Vergessen Sie nicht, Platz für Werbebanner einzuplanen, wenn solche vorgesehen sind. Rechnen Sie mit dem schlimmsten Fall: einem blinkenden Banner in Schockfarben. Sie können sich auch ein solches von einer anderen Site laden und es zum Test in Ihr Design einbauen.

6.1.9 Umgang mit Buttons

Der wichtigste Grundsatz bei der Gestaltung von Buttons (Schaltflächen) ist: Machen Sie klar, dass es sich um einen Button handelt. Nicht selten findet man auf Internet-Seiten, vor allem aber auch bei Offline-Anwendungen Buttons, die nicht als solche erkennbar sind. Erst das Darüberbewegen der Maus (Rollover) zeigt durch den veränderten Cursor, dass sich hier ein Button versteckt. Arbeiten Sie auch hier nach dem Grundsatz, dem Benutzer so viel Arbeit wie möglich abzunehmen. Zwingen Sie ihn nicht dazu, die Maus zu bewegen, sondern zeigen Sie ihm sofort, welche Wahlmöglichkeiten er hat.

✓ Ein Text-Link sollte sich klar von allen anderen Texten unterschieden, damit ihn alle Benutzer sofort als solchen erkennen.

Befinden Sie sich in dem Bereich der Website, zu dem der Button führt, machen Sie das durch einen „gedrückten“ oder deaktivierten zustand des entsprechenden Buttons deutlich. Auch ein kleiner, aber deutlicher Pfeil vor dem Menüpunkt kann darauf hinweisen.

Generell gilt, dass klar sein muss, ob ein Button gerade aktiv ist oder nicht. Stellen Sie nicht aktive Buttons abgedimmt dar. Sie sollten diese nicht verschwinden lassen. Das irritiert ebenso wie ein Wechsel der Position. Achten Sie darauf, dass die Buttons immer an derselben Position auf dem Bildschirm und in derselben Reihenfolge erscheinen. Sie sollten auch immer dieselbe Farbe haben und ihr Aussehen nicht von Bereich zu Bereich ändern.

Verzichten Sie darauf, mit dem Benutzer Spielchen zu spielen. In den meisten Fällen wird ihn das eher ärgern als amüsieren. Verraten Sie ihm sofort, was ihn hinter einem Button erwartet. Identisch aussehende Buttons, die beim Rollover erst per Text verraten, wohin sie führen, sind nicht benutzerfreundlich. Sie erschweren nicht nur die Orientierung auf der Site, weil die Optionen nicht auf einen Blick sichtbar sind, sondern sie überfordern auch das Kurzzeitgedächtnis, da man sich merken muss, was unter welchem Button versteckt ist. Wenn Sie ein Rätselspiel auf Ihrer Site anbieten, ist das eventuell sinnvoll, für alle anderen Fälle jedoch nicht.

Achten Sie auch auf die schon erwähnte Konsistenz in der Beschriftung. Ein Button „Über uns" sollte auf eine Seite führen, die „Über uns" oder zur Not auch „Über unser Unternehmen" heißt.

Umgang mit Symbolen

Beim Thema Symbole (Icons) gehen die Meinungen auseinander. Viele Menschen finden Symbole für Buttons schön. Das sind sie auch oft, doch sind sie fast immer unpraktisch. Von ganz wenigen allgemein üblichen Symbolen abgesehen, muss jedes Symbol auf einer Site erst gelernt werden. Usability-Tests haben gezeigt, dass Sites mit ausschließlicher Symbol-Beschriftung der Buttons schwerer zu benutzen und damit weniger erfolgreich sind als Sites, die Text-Buttons einsetzen. Aus diesem Grund sind die Symbole immer weiter auf dem Rückmarsch. Symbole werden auf den meisten professionellen Seiten nur noch als Schmuckelement eingesetzt – wenn überhaupt.

ABBILDUNG 6.27
Die ersten drei Buttons sind eindeutig: zurück, vor, Startseite (Home). Doch was bedeuten die anderen zwei Symbole? Hilfe und Index? Oder Suche und Buchbestellung? Oder Sitemap und Katalog?

Nur durch jahrelangen Gebrauch sind wir gewöhnt, mit Symbolen die richtigen Dinge zu verbinden. Die Zeichen auf Bahnhöfen oder Flughäfen sind dafür ein Beispiel. Warum sollte ein rotes Kreuz für medizinische Hilfe stehen? Darüber denken wir nicht nach, aber wir mussten diesen Zusammenhang einmal lernen. So ist es auch mit Symbolen im Internet. Das Haus für die Homepage und die Links- bzw. Rechtspfeile für den Sprung zur vorigen bzw. nächsten Seite haben sich inzwischen durchgesetzt. Doch was ist mit dem so häufig eingesetzten Fragezeichen? Steht es für Suche? Oder für Hilfe? Oder für die Sitemap? Oder für die Liste der häufigsten Fragen?

Der Einsatz von Icons wird sinnlos, wenn Sie viele (mehr als ca. sechs) Punkte zur Auswahl anbieten wollen. Denn dann ist es nahezu unmöglich, genügend gut voneinander zu unterscheidende Symbole zu erfinden. Hinzu kommt, dass der Lernprozess für den Benutzer sehr schwierig wird, weil er sich die Bedeutung Ihrer Icons aufgrund der schieren Masse nur schwer merken kann.

Wenn Sie dennoch unbedingt Symbole verwenden möchten, müssen Sie diese wirklich aussagekräftig anlegen. Und sehen Sie eine Beschriftung vor, die immer sichtbar ist. Eine Beschriftung, die erst bei einem Rollover erscheint, ist wirklich nicht mehr als eine Notlösung.

Falls Sie längere Beschriftungen verwenden, die bei einem Rollover auftauchen, so sollten Sie darauf achten, dass sie direkt auf oder neben dem Button stehen. Auf manchen Sites erscheint eine Erklärung für die einzelnen Bereiche der Site immer an derselben Stelle auf der Seite, die im Design gerade frei war. Sie sollten jedoch dafür sorgen, dass direkt neben den Rollover-Buttons genügend Platz vorhanden ist, um die Beschreibungen zu zeigen. Damit machen Sie den Zusammenhang direkt klar. Der Benutzer erwartet, dass an der Stelle, wo er aktiv wird, auch die Aktion ausgelöst wird – und nicht irgendwo anders auf dem Bildschirm.

6.1.10 Typografie

Mit Typografie gehen wir alle täglich um. Wir lesen Zeitung, Zeitschriften, Plakate, Webseiten und Klingelschilder. Die meisten von uns gehen fast täglich auch aktiv mit Typografie um, indem wir Texte am Computer schreiben. Dennoch ist die Typografie eine Kunst, die nur wenige beherrschen. Buchstaben aufs Papier zu bringen ist eine Sache, diese nach den Regeln der Typografie anzuordnen ist etwas anderes.

Typografie ist eine Wissenschaft und eine Kunst, die nur wenige richtig beherrschen.

Seitdem auf jedem Bürotisch ein Computer steht und Grafikprogramme in den Grundzügen leicht zu erlernen sind, ist über uns eine Flut von schlecht gestalteten Druckerzeugnissen hereingebrochen. Das Web hat dieses Problem noch verschlimmert, da hier weder die Kosten für das Papier noch für den Druck eine Rolle spielen. Die Grundregeln der Typografie sind einfach. Sie helfen Ihnen nicht nur, gute Typografie zu erkennen, sondern auch, Ihre eigenen Druckerzeugnisse wie zum Beispiel Ihre Konzepte besser aussehen zu lassen.

Das wichtigste Gestaltungsmittel: Weiß

Das wichtigste Gestaltungsmittel ist das Weiß, also der Raum, der weder von Buchstaben noch von Bildern besetzt wird. Eine Seite braucht Weiß wie der Mensch Luft zum Atmen. Diese Grundregel wird am häufigsten verletzt, was den Eindruck von überfüllten, unruhigen Seiten hervorruft. Im schlimmsten Fall sieht Ihre Seite aus wie eine „Bleiwüste". (Der Begriff kommt aus dem Druckbereich und entstand, als man noch mit Bleilettern die Buchstaben aufs Papier brachte.) Der Text auf der Seite heißt in der Typografen-Sprache *Fließtext* oder auf Englisch *Copy*.

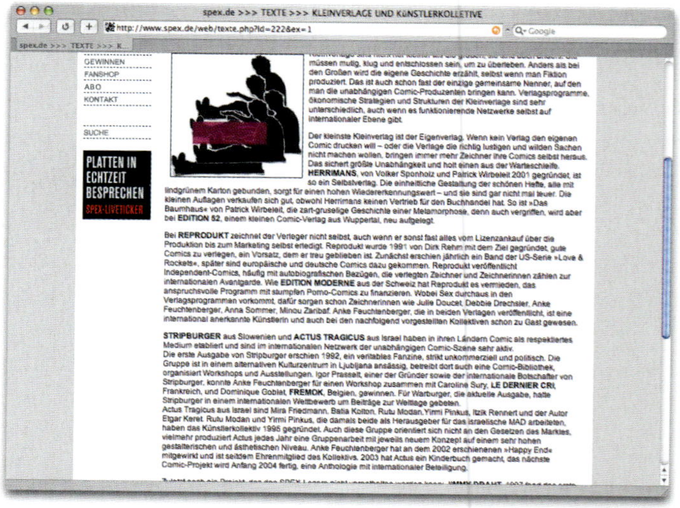

Abbildung 6.28

Nutzt eine Seite zu viel Platz, wirkt sie langweilig (www.spex.de).

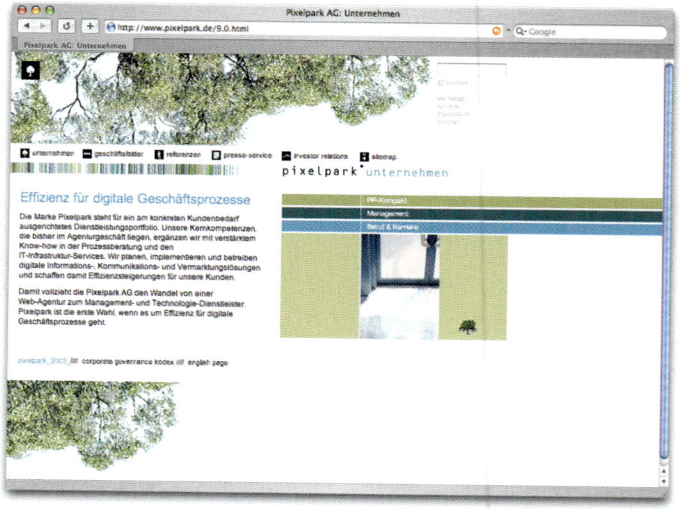

Abbildung 6.29

Mit genügend Freiraum („Weiß") wirkt eine Seite freundlich und aufgeräumt (www.pixelpark.de).

Weiß muss nicht immer in der Farbe Weiß sein. Haben Sie beispielsweise einen hellgelben Hintergrund, lassen Sie natürlich Hellgelb frei, um der Seite ein gutes Erscheinungsbild zu geben.

Freiraum zwischen den Elementen der Seite schafft Ruhe und die Möglichkeit, die Elemente optisch zu gliedern. Es geht also nicht nur um Ästhetik, sondern wie so oft in der Gestaltung wieder darum, der Wahrnehmung des Betrachters entgegenzukommen.

Schriftarten

Die Wahl der Schriftart (des Fonts) bestimmt die Wirkung des Textes. Im Web stehen dazu leider nicht allzu viele Möglichkeiten zur Wahl. Wollen Sie Text als HTML und nicht als Grafik darstellen (was für Fließtext unabdingbar ist), bleiben Ihnen eigentlich nur die folgenden Möglichkeiten:

- `Courier (PC) bzw. Courier New (Mac)`
- Times (PC) bzw. Times New Roman (Mac)
- Arial (PC) bzw. Helvetica (Mac)
- Verdana

Alle anderen Schriftarten können Sie zwar angeben, aber Sie können nicht davon ausgehen, dass sie auf den Rechnern der Benutzer installiert sind – womit sie zur Verwendung ausscheiden. Auf das Einbetten von Schriftarten in Websites sollten Sie besser verzichten: In der Praxis wirft diese zunächst attraktiv scheinende Möglichkeit zu viele Probleme auf.

Testen Sie das Aussehen der gewählten Schrift auf PC und Mac. Die Unterschiede sind erheblich.

`Courier` ist eine klassische Schrift für Schreibmaschinen. Alle Buchstaben haben denselben Abstand voneinander, was ungewöhnlich ist, da die meisten Schriften unterschiedlich breite Buchstaben verwenden (Proportionalschriften). Courier hat eine große Laufweite, ist also relativ breit. Sie wirkt altmodisch, funktional und etwas schwerfällig. Deshalb ist sie nur für besondere Fälle geeignet, in denen Sie einen solchen Eindruck erzielen wollen.

Times hat sogenannte Serifen und zählt somit zu den sogenannten *Antiqua-Schriften*. Die *Serifen* sind die kleinen Striche an den Buchstabenenden. Sie verstärken den Eindruck von Zeilen, die der Text bildet. Manche Studien sagen, die Serifen würden dem Auge Führung geben, was die Lesbarkeit steigere. Gegenstudien wiederum sagen, Buchstaben seien ohne Serifen leichter zu erkennen. In jedem Fall aber sind die Unterschiede in der Lesbarkeit minimal. Times wirkt seriös, gediegen und erinnert an Printprodukte, da die meisten Bücher, Zeitschriften und Zeitungen in Serifen-Schriften gesetzt sind.

Arial zählt zu den *Grotesk-Schriften*, weil sie keine Serifen hat. Sie strahlt eine etwas nüchterne Atmosphäre aus und wirkt moderner als Times.

Da die Lesbarkeit von Times und Arial wie gesagt gleichwertig ist, können Sie danach gehen, welcher Stil besser zu Ihrer Site passt. Wenn Sie jedoch kleinen Text verwenden wollen, etwa für Bildunterschriften, dann sollten Sie auf Arial zurückgreifen. Denn Serifenschriften sind bei kleinen Punktgrößen schlecht lesbar. Die klareren Grotesk-Schriften sind hier im Vorteil. Die Kombination von Arial für Bildunterschriften und Times für den Fließtext ist nicht unüblich und sieht gut aus. Sie sollten aber auch mit serifenlosen Schriften Text nicht zu klein setzen, er soll ja immer noch gelesen werden, und das ist bei winzigem Text auch ohne Serifen anstrengend.

Verdana wurde speziell für die Bildschirmdarstellung entwickelt. Sie ist gut lesbar und bewirkt ein ruhiges, nüchternes Erscheinungsbild.

Auch Trebuchet MS ist auf sehr vielen Rechnern installiert. Die Schrift ist wie Verdana speziell für den Monitor entwickelt worden, läuft aber nicht ganz so breit und ist daher etwas eleganter. Doch einige Computer haben diese Schrift nicht, daher sollte sie nur mit Vorsicht verwendet werden.

Kombination und Größe

Beschränken Sie sich auf wenige Schriftarten. Eine Schrift für die Überschriften, eine für den Fließtext und eine für die Menüs sollten reichen. Wenn Sie mehr einsetzen, entsteht Unruhe. Die Schriften für Menüs und eventuell auch für die Überschriften können Sie als Grafiken umsetzen. Dann können Sie jede beliebige Schriftart verwenden und haben nicht mehr die Beschränkungen von HTML.

Für die Kombination von Schriftarten gibt es strenge typografische Regeln. Diese hier aufzuführen, würde den Rahmen dieses Buchs sprengen. Dabei geht es ganz vereinfacht gesprochen darum, dass weder Schriften kombiniert werden sollten, die einander zu ähnlich sind, noch solche, die sich zu stark unterscheiden. Generell liegen Sie mit der Kombination einer Grotesk- mit einer Antiqua-Schrift meist richtig, wenn Sie darauf achten, dass sie in der Anmutung ähnlich sind. Das heißt, eine sehr dynamisch und modern wirkende Schrift sollten Sie nicht mit einer statisch und altertümlich wirkenden Schriftart kombinieren.

ABBILDUNG 6.30
Zwei Beispiele für das Kombinieren von Schriftarten

Univers 55, 14pt — Gute Schriftmischung

Berkeley, 12pt — Das Verhältnis von Mittel- zur Oberhöhe, die Laufweite und Dynamik der Schriften trägt viel zu ihrer Anmutung bei. Die Schriftmischung wirkt harmonisch, wenn möglichst viele Merkmale der Schriften übereinstimmen.

Lubalin Graph, 14pt — Schlechte Schriftmischung

Helvetica, 12 pt — Unterscheiden sich die Schriften zu stark in ihrere Anmutung oder sind sie sich zu ähnlich, so wirkt die Mischung willkürlich.

Legen Sie von vornherein fest, welche Punktgröße die einzelnen Textbestandteile haben. Auch hier sollten Sie sich auf etwa drei Größen beschränken. Achten Sie darauf, den Text weder zu klein (schlecht lesbar) noch zu groß darzustellen (wirkt übertrieben, im Extremfall auch schlecht lesbar).

Leider gibt es mit den Schriftgrößen im Web immer Probleme. Jeder Browser stellt die Schriften etwas unterschiedlich dar, sogar von Version zu Version gibt es Unterschiede.

Testen Sie also unbedingt mindestens unter Windows und auf dem Macintosh jeweils die Darstellung im Internet Explorer und in Netscape.

Vorsicht mit Hervorhebungen

Wenn Sie einzelne Textteile hervorheben wollen, verwenden Sie am besten fette Schrift. Im Print-Bereich ist die erste Wahl stets kursiv, da das eleganter und weniger aufdringlich wirkt als fett. Leider ist Kursivsatz am Bildschirm schlecht lesbar, weil die Pixel waag- und senkrecht neben- bzw. untereinander angeordnet sind.

Für fette Schrift gibt es übrigens von jeder Schriftart einen eigenen Schnitt. Dieser ist in Proportionen und Abständen speziell an die dickeren Buchstaben angepasst und sieht deshalb optimal aus. Wenn Sie einfach auf den *Bold*-Button (in Word *F* für „fett") klicken, wird bei den meisten Programmen nur die normale Schrift dicker dargestellt, was immer weniger gut lesbar ist und weniger elegant aussieht.

Großbuchstaben (Versalien) eignen sich nur, um Überschriften oder Menüpunkte hervorzuheben. Für längere Textpassagen sind sie ungeeignet.

EIN TEXT IN GROSSBUCHSTABEN BRAUCHT MEHR PLATZ. AUSSERDEM GIBT ES KEIN „ß" IN GROSSBUCHSTABEN. DIE LESBARKEIT VON LÄNGEREN TEXTEN IN GROSSBUCHSTABEN IST SEHR SCHLECHT.

Ein Text in Kleinbuchstaben braucht weniger Platz. Außerdem gibt es das „ß" in Kleinbuchstaben. Die Lesbarkeit von längeren Texten in Kleinbuchstaben ist deutlich besser.

Der Grund für die schlechte Lesbarkeit von Großbuchstaben ist, dass sie weniger Struktur haben als Kleinbuchstaben:

Xylophon   XYLOPHON

Die Ober- und Unterlängen (die Hälse von „l" und „h" bzw. Füße von „y" und „p") gehen bei den Großbuchstaben verloren, alle Buchstaben im Wort haben dieselbe Höhe. Wir erfassen Wörter meist als Ganzes in ihrer Form – bei Wörtern in Großbuchstaben geht das nicht, da sie alle dieselbe Form haben.

Ich persönlich meine, dass Großbuchstaben bei Arial und Times generell nicht zur Hervorhebung geeignet sind, weder für Überschriften und Menüpunkte noch für Hervorhebungen im Text. Andere Schriftarten sind dafür günstiger, da sie ein harmonischeres und besser lesbares Bild bieten.

Ein Relikt aus der Schreibmaschinen-Zeit ist g e s p e r r t e r Text. Das ist Text mit vergrößertem Abstand oder Leerzeichen zwischen den Buchstaben. Auf der Schreibmaschine hatte man nicht so viele Möglichkeiten zur Hervorhebung, da war das legitim. Heutzutage wird gesperrter Text nicht mehr verwendet, weil er unschöne Löcher in den Text reißt und die Wörter schlecht lesbar sind.

Unterstreichungen als Hervorhebung sind tabu, auch wenn die Links auf Ihrer Website nicht unterstrichen dargestellt werden. Die Benutzer erwarten von einem unterstrichenen Wort, dass es verlinkt ist, so wie es nach dem HTML-Standard vorgesehen ist. Abgesehen davon werden Unterstreichungen im professionellen Satz auch nicht verwendet, da sie das Wortbild stören und damit die Lesbarkeit mindern.

Auch mit dem Zusammenrücken oder Verbreitern der Abstände zwischen den Buchstaben (Spationieren) sollten Sie vorsichtig sein, genauso mit dem Skalieren der Breite von Text. Schriftendesigner verwenden viel Mühe darauf, die Proportionen einer Schrift perfekt anzulegen, damit die Schrift schön aussieht und gut lesbar ist. Machen Sie diese Arbeit nicht einfach zunichte, und heben Sie Texte anders hervor. Aus diesem Grund sollten Sie Schrift auch nicht vergrößern oder verkleinern, indem Sie einfach die Grafik mit ihr skalieren. Machen Sie sich die Mühe, die Schrift in der richtigen Punktgröße neu zu erstellen.

Zur Hervorhebung können Sie auch Farbe verwenden. Einzelne Stellen im Text bieten sich dafür weniger an, da sie dann meist zu stark herausstechen. Überschriften oder Zwischenzeilen dagegen sehen oft sehr gut aus, wenn sie andersfarbig als der Fließtext gestaltet sind. Dass die Farbe zu den anderen Farben auf der Seite passen muss, versteht sich von selbst. Halten Sie sich an ein einheitliches Schema, wenn Sie Farben zur Hervorhebung einsetzen, und beschränken Sie sich auf so wenige Farben wie möglich.

Für alle Arten von Hervorhebung gilt: Setzen Sie sie sparsam ein. Denn mit Hervorhebungen markieren Sie besonders wichtige Punkte. Wenn zu viele Punkte besonders wichtig sind, ist der Benutzer überfordert und nimmt nur noch wahr, dass viele Wörter hervorgehoben sind, nicht aber, was der Sinn ist.

Absätze, Listen und Tabellen

Helfen Sie dem Benutzer, indem Sie Ihre Seite optisch gliedern. Ein zu langer Text wirkt abschreckend und lässt sich tatsächlich auch schwer lesen.

Die einfachste Strukturierungsmöglichkeit sind Absätze. Sie teilen den Text in inhaltlich zusammengehörige Portionen. Damit signalisieren sie dem Leser das Ende eines Sinnabschnitts. Sein Gehirn kann sozusagen kurz durchatmen und sich an den nächsten Abschnitt machen.

Zwischenüberschriften haben denselben Zweck: das optische und inhaltliche Gliedern des Textes. Außerdem lockern sie Seiten auf, die nur Text enthalten. Hier eignet sich Farbe, um noch etwas mehr Leben in die Seite zu bringen.

Wenn Sie Listen in Ihrem Text haben, sollten Sie diese auch als solche auszeichnen. Sie sind dabei nicht an die Standard-Punkte von HTML gebunden, sondern können auch kleine farbige Aufzählungszeichen verwenden. Diese werden als Bilder in die Seite eingebunden. Wegen ihrer geringen Größe und da sie mehrfach wiederverwendet werden, fallen sie bei der Ladegeschwindigkeit kaum ins Gewicht.

Auch Tabellen können Texte auflockern. Hinzu kommt, dass sich manche Dinge in einer Tabelle verständlicher und einfacher darstellen lassen als im Fließtext.

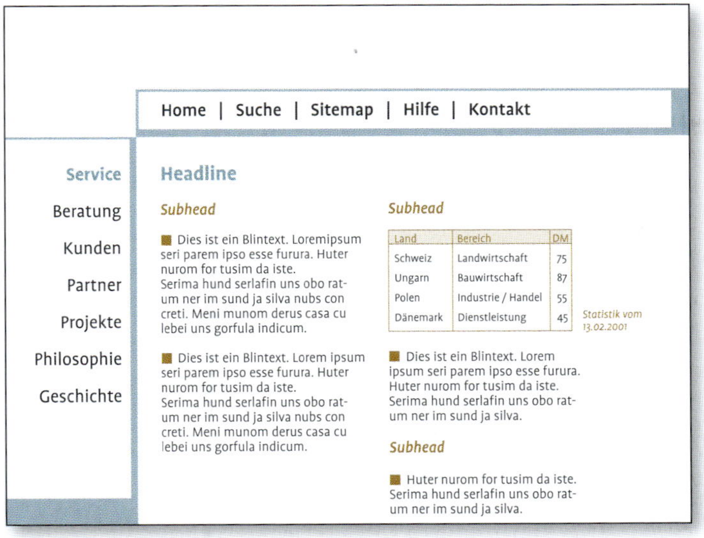

ABBILDUNG 6.31

Beispiel für eine Seite mit viel Text, die dennoch gut gegliedert ist

Eingerückte Zitate sind eine weitere Möglichkeit, um sehr textlastige Seiten etwas aufzulockern.

Kästen

Zusatzinformationen platzieren Sie am besten außerhalb des Fließtexts. Sie können diese in einfache Kästen setzen, was die Seite optisch auflockert und gleichzeitig klarmacht, dass es sich bei dem Inhalt des Kastens um eigenständige Informationen handelt.

Typografischer Schmuck

Bei längeren Texten können Sie mit typografischen Schmuckelementen etwas Leben auf die Seite bringen. Initialen sind zwar für Grafik und Programmierung zusätzliche Arbeit, erzielen aber einen hübschen Effekt mit edler Wirkung.

ABBILDUNG 6.32
Initial und Kästen im Einsatz

Seitenbreite

Das Thema Seitenbreite hatten wir zuvor schon erwähnt: Sie wissen nie sicher, wie breit das Browserfenster beim Benutzer ist. Sie sollten aber dafür sorgen, dass der Text auch bei sehr breiten Fenstern noch lesbar bleibt. Als Faustregel gilt: 70 Zeichen pro Zeile, also etwa acht bis zwölf Wörter sind die Grenze. Bei längeren Zeilen muss das Auge beim Zeilenwechsel nach der richtigen Zeile suchen.

Seitenhöhe

Die Länge bzw. Höhe einer Seite hat einen großen Anteil an ihrer Wirkung. Ist eine Seite sehr lang, kann sie auf manche Benutzer abschreckend wirken. Denken Sie darüber nach, den Inhalt auf mehrere Seiten zu verteilen. Haben Sie generell nur kurze Texte, können Sie sogar alle Seiten so anlegen, dass ein Benutzer mit Standard-Monitorauflösung nicht scrollen muss, um alles zu lesen.

Auf jeden Fall müssen Sie lange Seiten optisch stärker gliedern als kurze. Sinn macht auch ein Link zum Seitenanfang nach jedem Abschnitt (z. B. vor einer Zwischenüberschrift).

6.2 Entwurf des Designkonzepts

So weit unser Ausflug in die Welt der Grafikdesigner – zurück zur Umsetzung unseres Web-Projekts. Für das Designkonzept der Site brauchen Sie etwas, das das Aussehen der Site bestimmt. Im einfachsten Fall ist das ein Entwurf für die Startseite und eine oder zwei Inhaltsseiten. Je größer das Projekt ist, desto eher werden Sie mit professionelleren Mitteln arbeiten. Diese stellen wir nun kurz vor:

Gerade wenn mehrere Grafiker an dem Projekt mitarbeiten oder wenn schon abzusehen ist, dass der Kunde später die Site im eigenen Haus aktualisieren und erweitern will, sollten Sie formal vorgehen. Dabei erstellt der Grafiker die folgenden Dokumente:

- Gestaltungsraster
- Farbklima
- Schriftvorgaben
- Bildsprache

6.2.1 Gestaltungsraster

Das Gestaltungsraster gibt an, wo welche Elemente auf dem Bildschirm platziert werden. Dadurch wird ein einheitliches Aussehen aller Seiten in Bezug auf die Position und Größe der Elemente festgelegt.

ABBILDUNG 6.33
Beispiel für ein Gestaltungsraster einer Webseite

Im Gegensatz zu Printprodukten und Offline-Produktionen ist das Gestaltungsraster für Webseiten nicht absolut, denn die Fenstergröße lässt sich nicht mit Sicherheit vorherbestimmen. Dennoch ist das Raster sehr nützlich, um das Aussehen bei der wichtigsten Bildschirmgröße zu definieren.

6.2.2 Farbklima

RGB steht für Rot, Grün, Blau. Mit diesen Werten werden Farben angegeben, die am Monitor dargestellt werden.

Das Farbklima legt fest, welche Farben verwendet werden. Diese sollten als RGB-Werte angegeben werden und bei Web-Projekten aus der Browserpalette stammen. Die Browserpalette enthält nur Farben, die in Grafiken im GIF-Format sowie in HTML überall gleich dargestellt werden. Sie wird auch *CLUT* (für Color LookUp Table) oder *Web-save-Palette* genannt. Leider gibt es auch bei „gleich“ Unterschiede zwischen den Browsern, vor allem aber zwischen Macintosh und Windows. Farben werden auf dem Mac generell etwas leuchtender dargestellt als auf dem PC. Hier hilft nur ein Test, ob die gewählten Farben überall gut aussehen.

Die meisten Browser zeigen inzwischen auch Farbwerte korrekt an, die nicht aus der Browserpalette stammen. Wenn Sie unbedingt mit solchen Farben arbeiten wollen, sollten Sie diese in jedem Fall zuvor auf allen Zielplattformen mit allen Zielbrowser-Versionen testen.

Das Farbklima gibt alle Farben an, die auf der Site verwendet werden. Dazu wird jeweils vermerkt, für welche Elemente welche Farbe vorgesehen ist.

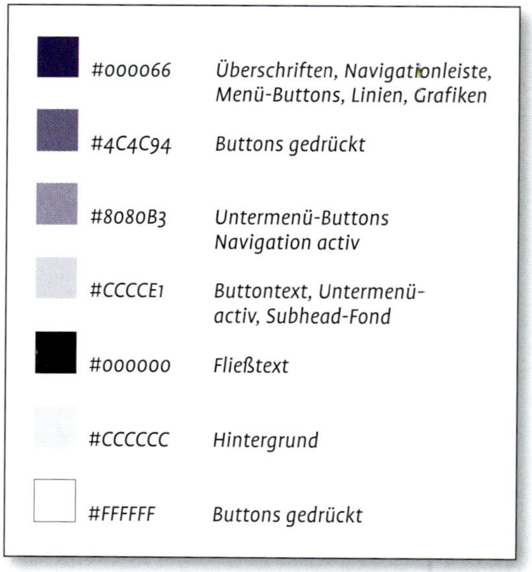

Abbildung 6.34
Beispiel für ein Farbklima

6.2.3 Schriftvorgaben

Die Schriftvorgaben bestimmen, welche Schriftarten in welchem Stil, in welcher Farbe und in welcher Größe verwendet werden. Auch hier sollte wieder beschrieben sein, was für welchen Zweck gedacht ist.

Überschrift	**Helvetica Bold, 12 pt**
Zwischenüberschrift	Helvetica, 12 pt
Fließtext	Times New Roman, 10 pt
Bildunterschrift	Times New Roman, 8 pt

ABBILDUNG 6.35
Beispiel für Schriftvorgaben

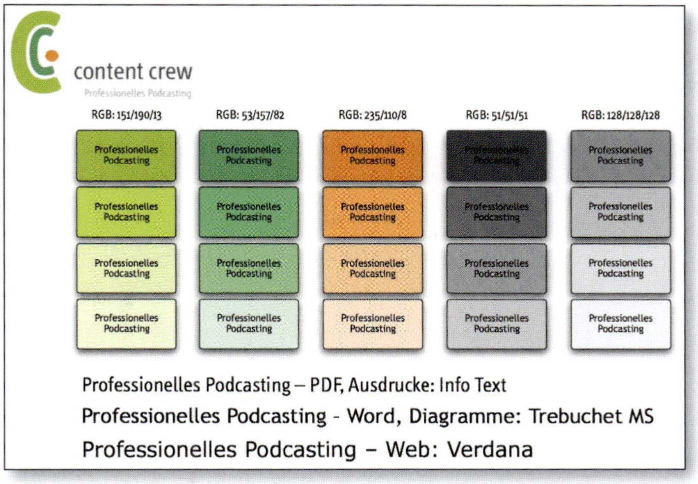

ABBILDUNG 6.36
Beispiel für ein Farbklima und Schriftvorgaben mit Abstufung der Grundfarben für Tabellenhintergründe, Diagramme etc.

6.2.4 Bildsprache

Sind für eine Site viele Bilder vorgesehen und gibt es noch keine geeigneten Printprodukte als Vorlage, kann die Bildsprache in einem eigenen Dokument beschrieben werden. Dazu dienen Fotos und/oder Illustrationen, die so ausgewählt werden, dass damit klar wird, welchen Stil diese haben sollen. Sie dienen als Inspiration und dazu, eine gemeinsame Basis für alle Beteiligten bezüglich der Bilder zu finden. Denn Bilder nur zu beschreiben ist sehr schwer, jeder stellt sich unter der Beschreibung wahrscheinlich etwas anderes vor. Ein paar Beispielbilder können der Fantasie auf die Sprünge helfen und sie bei allen Beteiligten in dieselbe Richtung lenken.

ABBILDUNG 6.37
Zwei Bilder, die zusammen schon die Bildsprache grundsätzlich vorgeben. Die Motive sind unterschiedlich, Ausschnitt und Schwerpunkt jedoch sind gleich.

6.2.5 Die Beispielseiten

Haben Sie all diese Dinge beisammen, können die Beispielseiten erstellt werden. Die Grundlagen dafür sind durch die zuvor erwähnten Dokumente bereits gelegt – genau wie für alle weiteren Seiten, die erstellt werden sollen.

Üblicherweise werden den Auftraggebern ein Entwurf für die Startseite und ein bis zwei Inhaltsseiten vorgelegt. Manchmal kommen Gestaltungsraster, Farbklima, Schriftvorgaben und das Dokument zur Bildsprache hinzu. Unterscheiden sich die Bereiche der Site stark in der Gestaltung, sollte für jeden Bereich ein Entwurf gemacht und vorgelegt werden.

6.2.6 Umgang mit dem Bildschirmplatz

Der Platz auf dem Bildschirm der Besucher Ihrer Site ist kostbar. Vor allem bei der Startseite sollten Sie den Bildschirm-Baugrund (Jakob Nielsen spricht vom „Screen Real Estate") sehr überlegt nutzen.

Das gilt vor allem für die Startseite. Sie wird am häufigsten besucht, und hier entscheidet sich oft, ob ein Besucher auf Ihrer Site bleibt oder nicht.

Planen Sie Ihre Seiten also sorgfältig. Dazu müssen Sie den besten Kompromiss finden zwischen

- möglichst vielen Informationen,
- optimaler Wirkung der wichtigsten Informationen, damit sie sofort gefunden werden,
- möglichst wenig ungenutztem Platz,

- angenehmer Anmutung durch großzügige Gestaltung,
- möglichst vielen Inhalten,
- guter Orientierung und ausreichend Navigationsmöglichkeiten.

Minimale Bildschirmauflösung

Der wichtigste Ausgangspunkt bei der Gestaltung ist, welche Fenstergröße Sie beim Benutzer annehmen. Inzwischen kann man, wie schon zuvor erwähnt, von einer Auflösung von 1024 x 768 Pixeln ausgehen. Bei Sites, die eine Zielgruppe mit wenig Technikbegeisterung oder geringeren finanziellen Mitteln haben, sollten Sie sicherheitshalber mit der Auflösung von 800 x 600 arbeiten.

Design der Startseite

Das Design der Startseite bestimmt den ersten Eindruck. Wenn der Benutzer eine Site auf den ersten Blick „nicht mag", wird es schwer sein, ihn länger auf der Site zu halten. Eine schlechte Informations- oder Navigations-Architektur macht sich erst bemerkbar, wenn der Benutzer versucht, die Site zu benutzen. Das Design aber wirkt sofort.

Das Design ist nicht nur Dekoration, sondern es unterstützt die Kommunikation. Es vermittelt die Stimmung der Site und den Stil des Unternehmens. Es verdeutlicht die Struktur der Site. Es setzt Prioritäten. Dementsprechend viel Sorgfalt sollten Sie hier walten lassen.

Schaffen Sie ein unverwechselbares Bild Ihrer Website. Orientieren Sie sich nicht zu nah an der Konkurrenz. Abbildungen von Dingen, die Sie verkaufen, von Ihren Mitarbeitern, Kunden oder Räumen sind immer besser als austauschbare Fotos von Bildagenturen.

Keinen Zwang, bitte

Zwingen Sie die Benutzer zu nichts. Die Breite der Fenster fest vorzuschreiben, verärgert nicht wenige Benutzer, da sie selbst entscheiden möchten, wie viel Platz sie Ihrer Site auf ihrem Bildschirm einräumen. Es ist kein gutes Benehmen, beim Einstieg in die Site ein Pop-up-Fenster mit fester Breite zu öffnen. Damit sperren Sie zunehmend mehr Benutzer aus – alle, die Pop-up-Blocker gegen lästige Werbefenster einsetzen.

Selbst wenn viele Benutzer das (noch) nicht tun, sind sie oft verärgert, wenn zusätzliche Fenster auftauchen und bei diesen auch noch die gewohnten Steuerelemente des Webbrowsers fehlen.

6.3 Zusammenarbeit im Team

Die Zusammenarbeit zwischen Konzeptern und Designern ist nicht immer unproblematisch. Auf der einen Seite müssen die Konzepter genaue Vorgaben machen, damit die Designer nicht in die falsche Richtung arbeiten. Auf der anderen Seite müssen sie den Designern weitgehend freie Hand lassen, damit gute, kreative Entwürfe entstehen.

6.3.1 Was Designer an Konzeptern stört

Die folgende Liste habe ich durch Befragung von Designern erstellt. Dabei haben alle angemerkt, dass das nur eine Sammlung mit Problemen ist, die bei einzelnen Projekten mit einzelnen Konzeptern aufgetaucht sind. Eine Generalkritik am Berufsstand der Konzepter hat keiner der Befragten geäußert.

- ungenaue Vorgaben
- keine präzise Angabe der Zielgruppe
- Vorgaben des Auftraggebers werden nicht weitergegeben.
- Unterlagen zur CI, Hausschriften und -Farben fehlen.
- Änderungswünsche werden sofort angenommen, ohne dem Kunden zu erklären, warum der Entwurf so ist, wie er ist, oder beim Designer nachzufragen.
- Die Termine für Änderungen werden ohne Rücksprache und zu knapp gesetzt.
- Unter dem Vorwand der Usability werden persönliche Vorlieben durchgedrückt.
- Unter dem Vorwand „das will der Kunde nicht“ wird über innovative Ansätze gar nicht erst diskutiert.

6.3.2 Was Konzepter an Designern stört

Der Gerechtigkeit halber folgt eine Liste, die durch eine Umfrage bei Kollegen zustande gekommen ist.

- Vorgaben werden nicht genau gelesen.
- Änderungen werden nur widerwillig durchgeführt.
- „Cooles“ Design geht vor Usability.
- Ein Design wird entworfen, das nicht umsetzbar ist, weil zuvor nicht mit dem Programmierer gesprochen wurde.

Die Konsequenz aus den beiden oben stehenden Meckerlisten ist, dass es wie so oft bei der Teamarbeit darauf ankommt, den anderen zuzuhören, sie frühzeitig einzubinden und immer über den Fortgang des Projekts auf dem Laufenden zu halten.

Achten Sie auf die Bedürfnisse Ihrer Kollegen, und fragen Sie sie selbst, was sie wann brauchen. Sie meinen vielleicht, das selbst zu wissen, aber vielleicht täuschen Sie sich, und außerdem fühlen sich die anderen Teammitglieder eingebunden, wenn sie regelmäßig und frühzeitig nach ihrer Meinung gefragt werden.

Goldene Regel für Teamarbeit: Reden hilft. Sorgen Sie für einen regelmäßigen Austausch zwischen Konzeptern, Designern und Programmierern.

6.3.3 Designer und Programmierer

Auch die Zusammenarbeit zwischen Designern und Programmierern (für HTML, JavaScript und Server-Scripts) klappt nicht immer reibungslos. Doch auch hier lassen sich die meisten Probleme vermeiden, wenn die beiden frühzeitig miteinander sprechen. (Falls mehrere Grafiker oder Programmierer an dem Projekt arbeiten, binden Sie möglichst alle ein.) Sorgen Sie unbedingt dafür, dass das Designkonzept mit dem Programmierer durchgesprochen wird. Wenn Sie ein Designkonzept beim Kunden abgeben, das Sie dann aus technischen Gründen nicht umsetzen können, macht das den denkbar schlechtesten Eindruck.

Selbst wenn Sie wissen, dass die Vorschläge des Designers technisch machbar sind, sollten Sie mit demjenigen sprechen, der sie später in HTML-Seiten umsetzen soll. Fragen Sie ihn, ob er das innerhalb der vorgegebenen Zeit und innerhalb des vorgegebenen Budgets schafft.

6.4 Die Abnahme

Gestaltungsraster, Farbklima, Schriftvorgaben und das Dokument zur Bildsprache lassen Sie sich ebenso vom Auftraggeber schriftlich abnehmen wie die Entwürfe für die Startseite und ein bis zwei Inhaltsseiten. Diese Dinge dienen als Grundlage für die grafische Umsetzung des Feinkonzepts. Nachträgliche Änderungen können sehr viel Arbeit und damit Kosten verursachen. Ich habe die Erfahrung gemacht, dass das vielen Auftraggebern nicht klar ist. Daher weise ich sie immer ausdrücklich darauf hin – schriftlich und mündlich. Sie dürfen in Ihrem Angebot nicht vergessen festzuschreiben, dass der Auftraggeber die Kosten von Änderungen übernimmt, wenn Dinge schon abgenommen waren. Damit sind Sie auf der sicheren Seite und können sich an die Umsetzung machen.

6.5 Projektbeispiel Techcom.de – Designkonzept

Die wichtigste Aufgabe des Konzepters beim Designkonzept ist das Briefing des Grafikers. Nur wenn dieser weiß, was sich Konzepter und Auftraggeber vorstellen, kann er ein Design entwickeln, das diese zufriedenstellt.

Bei unserem Beispielprojekt habe ich also versucht, der Grafikerin (Gisela Tschochner) genau das zu erklären. Alle Broschüren, Bilder, Logos und sonstigen Materialien habe ich an sie weitergegeben.

6.5.1 Der erste Entwurf

Dann folgte das gespannte Warten auf den ersten Entwurf. Als er fertig war, hatte ich einen sehr guten ersten Eindruck. Allerdings zeigte sich gleich, dass mein Briefing nicht perfekt war. Zwei Buttons mussten deshalb noch geändert werden, außerdem wollte ich noch Blindtext auf der ersten Seite statt des Textes von der alten Website.

Blindtext ist Text, der nur aus beliebigen Wörtern besteht und als Platzhalter dient. Wenn Sie auf der ersten Seite Text platzieren, der mit dem Thema zu tun hat, besteht die Gefahr, dass die Auftraggeber bei der Präsentation als Erstes über den Text diskutieren. In diesem Schritt geht es aber nur um die Grafik, daher versucht man, das mittels Blindtext von vornherein zu vermeiden.

ABBILDUNG 6.38

Gestaltungsraster für Techcom.de

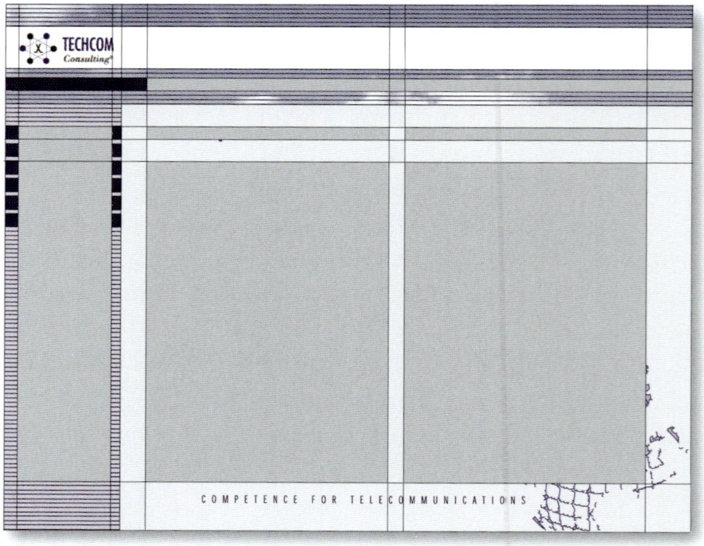

#000066	Überschriften, Navigationleiste, Menü-Buttons, Linien, Grafiken
#4C4C94	Buttons gedrückt
#8080B3	Untermenü-Buttons Navigation activ
#CCCCE1	Buttontext, Untermenü-activ, Subhead-Fond
#000000	Fließtext
#CCCCCC	Hintergrund
#FFFFFF	Buttons gedrückt

ABBILDUNG 6.39
Farbklima für Techcom.de

Überschrift	**Helvetica Bold, 12 pt**
Zwischenüberschrift	Helvetica, 12 pt
Fließtext	Times New Roman, 10 pt
Bildunterschrift	Times New Roman, 8 pt

ABBILDUNG 6.40
Schriftvorgaben für Techcom.de

6.5.2 Die Präsentation

Manchmal hat der Konzepter noch die wichtige Aufgabe, das Designkonzept beim Kunden zu präsentieren, wenn das der Grafiker nicht machen kann. Am besten ist eine gemeinsame Präsentation von Grafiker und Konzepter, doch dafür ist nicht immer die Zeit.

In meinem Fall habe ich aus Zeitgründen sogar auf die persönliche Präsentation verzichtet. Das war nur möglich, weil ich wusste, dass die Auftraggeber sehr angenehm im Umgang sind, technisch Bescheid wissen und nicht unnötig über Geschmacksfragen diskutieren. Das ist nicht immer so. Kennen Sie die Kunden nicht gut oder können Sie sie nicht einschätzen, sollten Sie das Design persönlich präsentieren. Das Gleiche gilt auch, wenn die Gruppe der Entscheider sehr groß ist. Dann findet sich immer eine Person, die anderer Meinung ist.

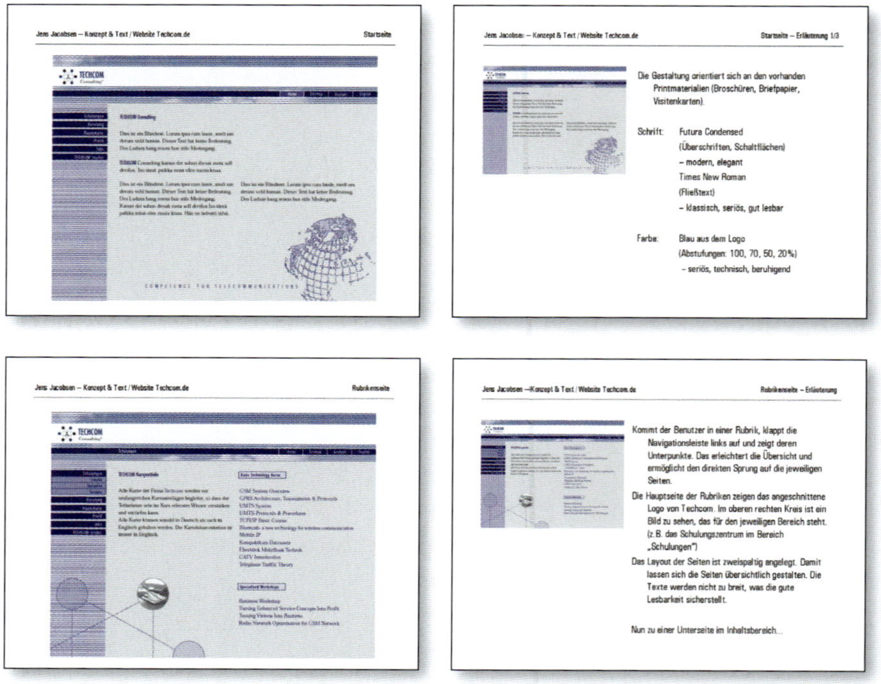

ABBILDUNG 6.41
Vier Seiten aus der Designkonzept-Präsentation von Techcom.de

Bei einer persönlichen Präsentation können Sie die Diskussion moderieren und wichtige Dinge erklären. Haben die Auftraggeber keine Erfahrung mit dem Internet oder Multimedia allgemein, können Sie bei der Präsentation eventuell aufkommende grundsätzliche Fragen beantworten. Sie können erklären, warum die Dinge so angelegt wurden, wie sie jetzt sind. Damit lassen sich Diskussionen schnell entschärfen und die meisten Argumente widerlegen. Werden die Kritikpunkte dagegen in Ihrer Abwesenheit gesammelt und nachträglich an Sie weitergereicht, kann es sein, dass damit Ihr Designvorschlag schon durchgefallen ist. Dann müssen Sie ein völlig neues Design entwerfen, weil die Auftraggeber nicht mit kleinen Korrekturen zufrieden sein werden.

Beim Projekt Techcom habe ich die Notizen der Grafikerin zu ihrem Design in eine kurze PowerPoint-Präsentation eingearbeitet. Diese habe ich per E-Mail verschickt. Mit dieser Methode habe ich gute Erfahrungen gemacht. Die meisten Menschen kennen PowerPoint als Präsentationsprogramm und können damit umgehen. Anders als bei Word-Texten sehen sie in PowerPoint immer nur eine Seite gleichzeitig, was eine gewisse Dramaturgie der Präsentation ermöglicht. Außerdem kann man sich so immer auf eine Seite konzentrieren.

Wenn Sie nicht wissen, ob Ihre Auftraggeber PowerPoint besitzen, sollten Sie die Präsentation als „Pack & Go“ abspeichern. In diesem Format kann der Inhalt ohne das Programm PowerPoint betrachtet werden. Um ganz sicherzugehen, müssen Sie eine Mac- und eine Windows-Version davon erstellen, da *Pack & Go*-Präsentationen nur auf der Plattform laufen, auf der sie erstellt wurden.

Die Präsentation des Designkonzepts finden Sie wie gehabt auf der beiliegenden CD-ROM im Verzeichnis *Beispielprojekt Techcom.*

CD

Kapitelübersicht Teil 3

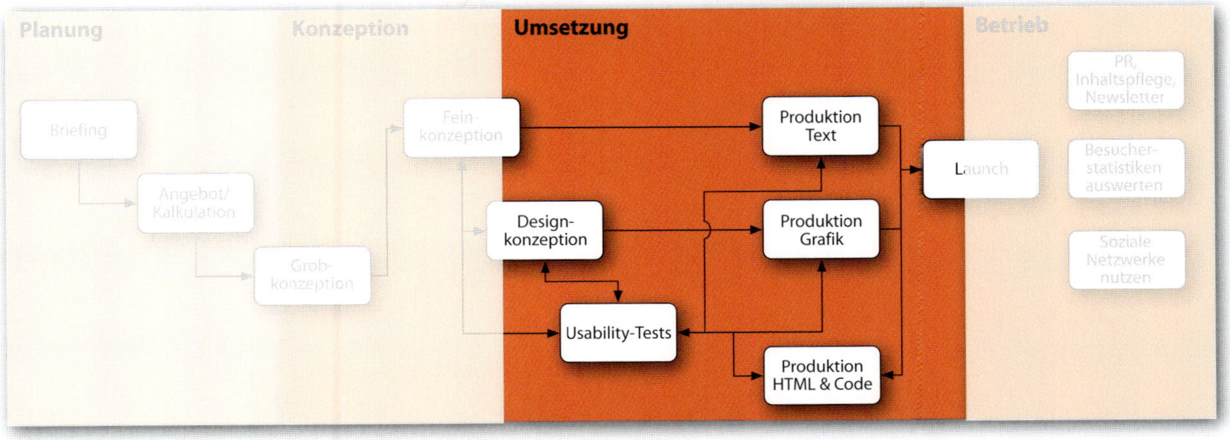

TEIL 3
UMSETZUNG

Haben Sie gut geplant und vollständige Konzepte erstellt, ist die Umsetzung unproblematisch. In diesem Teil des Buchs finden Sie Tipps, wie Sie diese wichtige Phase auch tatsächlich glatt über die Bühne bringen.

Kapitel 7

Usability-Tests

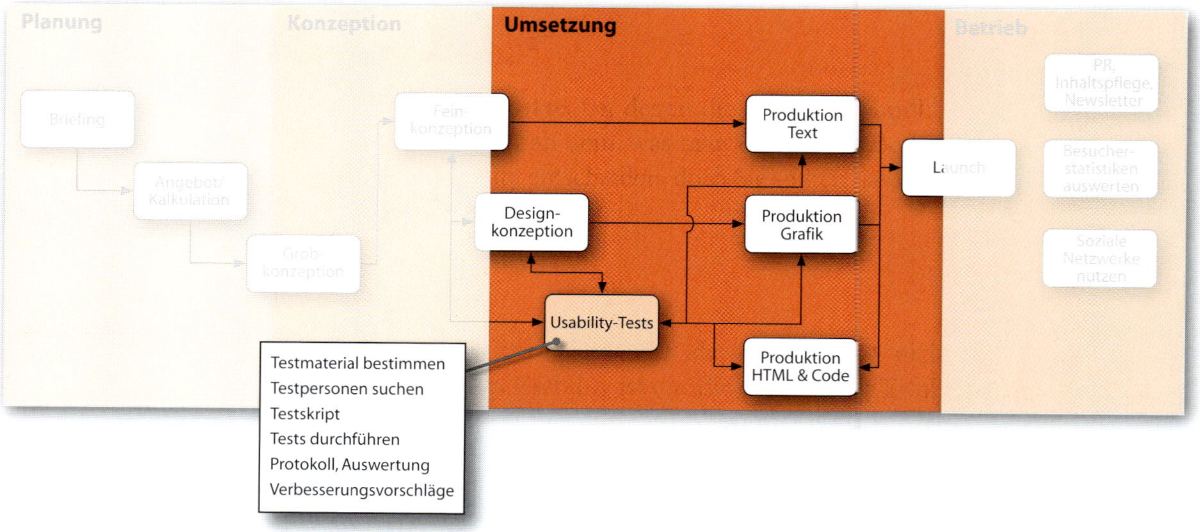

In diesem ganzen Buch geht es um *Usability*, also um die *Benutzerfreundlichkeit* von Websites oder Software. Sie entscheidet zu einem großen Teil über den Erfolg. Daher gibt es eine Vielzahl von Methoden, um die Usability zu sichern – die Sie in diesem Kapitel kennen lernen.

Websites und Anwendungen müssen so gestaltet sein, dass sich die Benutzer auf ihnen bzw. mit ihnen zurechtfinden. Die Benutzer stehen immer im Mittelpunkt – das ist das Prinzip der Usability, wie sie heute verstanden wird. Dass viele Betreiber von Websites erkannt haben, wie wichtig Usability ist, hat vor allem zwei Gründe:

- Nach der ersten Euphorie aus den Gründungszeiten des Web wurde klar, dass Websites teuer sind und dass nur wenige Sites wirklich erfolgreich sind – nämlich solche, die die Benutzer in den Mittelpunkt stellen und nicht die Betreiber.
- Menschen wie Jakob Nielsen, Steve Krug oder Jared Spool haben immer wieder betont, wie wichtig die Usability für den Erfolg einer Website ist.

Nielsen ist der bekannteste Usability-Experte. Er hat in den USA eine Beratungsfirma, die sich auf Usability spezialisiert hat. Außerdem reist er um die ganze Welt und hält Vorträge auf Kongressen, bietet Seminare an und schreibt Artikel für viele Fachzeitschriften. (Links zu Nielsen, Krug und Spool finden Sie im *Anhang B, Link- und Literaturverzeichnis* und auf der beigelegten CD-ROM.)

CD

7.1 Was genau ist Usability?

Usability bedeutet nicht nur, dass die Seiten gut zu lesen sind, dass Buttons und Links als solche erkennbar sind und dass die Navigation verständlich ist. Das ist, was man gewöhnlich unter Benutzerfreundlichkeit versteht. Zu Usability gehört auch, dass die Struktur der Site auf den ersten Blick klar wird, dass der Benutzer immer weiß, wo er sich befindet, und dass die Texte dem Medium entsprechend aufbereitet sind. Inhalte und Präsentation bilden eine Einheit, alles ist auf den Benutzer ausgerichtet, der das Ganze benutzen soll.

7.2 Warum ist Usability wichtig?

Es kann nicht oft genug betont werden: Ist eine Website nicht benutzerfreundlich („usable“), werden Chancen verschenkt, Benutzer anzuziehen und zum regelmäßigen Wiederkehren und/oder zum Kaufen zu bewegen. Wenn Sie die Regeln der Usability beachten, verdienen Sie (oder Ihr Auftraggeber) mehr Geld, oder Sie bekommen zumindest mehr Besucher für das, was Sie in die Site investiert haben.

7.3 Wie sichere ich die Usability?

Die Usability einer Site können Sie planen. Wenn Sie sich an die Vorgehensweise halten, die ich Ihnen in diesem Buch gezeigt habe, sind die Chancen gut, eine benutzerfreundliche Website zu produzieren. Doch sicher sein können Sie nie. Daher sind die Usability-Tests so wichtig. Sie sind die einzige Möglichkeit, Probleme zuverlässig zu entdecken.

✓ Eine Site ist gut, wenn die Benutzer mit ihr klarkommen. Ob das so ist, finden Sie nur durch Usability-Tests heraus.

Bei einem Usability-Test setzen Sie einen potenziellen Benutzer vor Ihre Site und beobachten, wie er mit ihr umgeht. Das allein genügt, um viele Probleme aufzudecken. Dabei ist nicht die Frage, ob Sie Probleme finden, sondern nur, wie schwerwiegend sie sind. Es gibt keine Site ohne Usability-Probleme.

Usability-Tests sind etwas anderes als die üblichen Beta-Tests. Mit einem Beta-Test prüfen Sie, ob Ihre Anwendung fehlerfrei funktioniert – aus technischer Sicht. Bei einem Usability-Test prüfen Sie, ob die Benutzer mit Ihrer Site klarkommen – aus inhaltlicher Sicht. Deshalb sind Usability-Tests viel stärker mit dem Projektablauf verbunden. Finden Sie hier Fehler, müssen meist die Konzeption, Grafik und Programmierung überarbeitet werden. Bei technischen Problemen, wie sie im Beta-Test gesucht werden, muss normalerweise nur der Programmierer dafür sorgen, dass die Funktion korrigiert wird.

7.4 Wann sind Usability-Tests sinnvoll?

Auf die Frage, wann Usability-Tests sinnvoll sind, gibt es eine einfache Antwort: immer. Je mehr Tests Sie durchführen, umso besser wird Ihre Site. Die entscheidenden Faktoren sind der Zeitplan und das Budget. Den Zeitplan haben Sie in der Hand. Planen Sie rechtzeitig ausreichend Zeit für Usability-Tests ein. Auch im Budget sollten sie enthalten sein. Dazu ist leider immer noch Überzeugungsarbeit nötig. Sie müssen sowohl den Kunden als auch nicht selten Projektleiter oder Geschäftsführer in Agenturen überzeugen, dass Usability-Tests nötig sind. Ihre wichtigsten Argumente sind dabei:

- Kein Benutzer wird die Bedienung Ihrer Site lernen wollen. Versteht er sie nicht sofort, geht er zu einer anderen Site.
- Kein Projektbeteiligter denkt wie ein potenzieller Benutzer der Site. Er kann sich nicht vollständig von seinem Hintergrundwissen frei machen, das den zukünftigen Benutzern fehlt.
- Kein neues Auto wird produziert, keine Werbekampagne einer größeren Firma wird gestartet, bevor das Produkt nicht erfolgreich Tests bestanden hat. Man will kein Geld umsonst ausgeben und den Ruf der Firma nicht gefährden, indem man schlechte Produkte auf den Markt bringt.

Die Usability korreliert direkt mit dem Erfolg einer Website.

Der letzte Punkt ist besonders wichtig, weil er zeigt, dass eine schlechte Site nicht nur keinen Erfolg haben wird, sondern dass sie auch den Ruf eines Unternehmens schädigen kann. Geht eine Bank schlampig mit ihrer Website um, werden viele Besucher mehr oder weniger bewusst daran zweifeln, dass diese Bank sorgfältig mit ihrem Geld umgeht. Mit einer benutzerfreundlichen Site schaffen Sie Vertrauen, mit einer schlechten Site setzen Sie das Vertrauen der Kunden aufs Spiel. Viele Tests haben nachgewiesen, dass Sites, die die Regeln der Usability beachten, eine größere Kundentreue und eine höhere Besucherfrequenz haben. Auf Einkaufssites steigen mit der Usability die Umsätze.

Dennoch werden die Erkenntnisse der Usability immer noch von vielen Sites ignoriert. Dazu ein bekanntes Zitat von Jakob Nielsen:

> *Unternehmen geben 40.000 Dollar für ihre Website aus, aber sie wollen die 4000 Dollar nicht investieren, um zu testen, ob die Site auch funktioniert.*

7.5 Vorgehen

Um die Usability zu testen, haben Sie grundsätzlich zwei Möglichkeiten: Sie beauftragen eine Firma, die sich darauf spezialisiert hat, oder Sie nehmen es selbst in die Hand. Die Vorteile der Experten sind klar: Sie verstehen ihr Geschäft, haben die richtige Ausrüstung und Erfahrung und sind objektiv. Sie finden für Sie Vertreter der Zielgruppe und führen mit diesen Usability-Tests durch. Am Ende bekommen Sie einen detaillierten Bericht mit Änderungsvorschlägen.

Doch solche Firmen haben ihren Preis (je nach Umfang des Tests, gewöhnlich aber nicht unter 3000 Euro pro Testrunde), weshalb in der Praxis oft ganz auf Usability-Tests verzichtet wird. Damit werden viele Chancen verschenkt. Denn die schwersten Fehler einer Site lassen sich fast immer am schnellsten aufdecken. Ist Ihr Budget knapp, testen Sie selbst. Nach wenigen Tests werden Sie genug Erfahrung haben, um zu aussagekräftigen Ergebnissen zu kommen. Arbeiten Sie in einer Agentur, beginnen Sie mit Ihrer eigenen Website. Doch machen Sie sich auf eines gefasst: Es ist oft frustrierend zu sehen, welche Probleme die Benutzer mit einer Site haben, die Sie nach bestem Wissen und Gewissen erstellt haben. Die Reaktionen reichen von Erstaunen bis zu Verzweiflung. Das ist keineswegs übertrieben, Sie werden sehen.

Im Folgenden beschreibe ich die Vorgehensweise für eigene Usability-Tests. Wo sich diese vom Vorgehen einer Usability-Firma unterscheidet, ist das vermerkt, sodass dieses Kapitel auch interessant für Sie ist, wenn Sie sich eine solche Firma leisten können oder wollen.

7.5.1 Wann testen?

Testen Sie so früh wie möglich und so oft wie möglich.

Setzen Sie besser mehrere kurze Testrunden in verschiedenen Projektphasen an, als einen einzigen aufwendigen Test. Natürlich gilt: je mehr, desto besser. Aber Zeit und Budget sind in jedem Projekt begrenzt. Bei kleineren und mittleren Sites erreichen Sie mit zwei kurzen Tests ganz gute Ergebnisse. Der erste sollte so früh wie möglich stattfinden, der zweite in der Produktionsphase. Allerdings muss der zweite Termin so frühzeitig sein, dass Sie noch genügend Zeit für Korrekturen haben – sonst gehen Sie mit einer Site an den Start, von der Sie lediglich wissen, dass sie nicht benutzerfreundlich ist

Es bietet sich auch an, gleich zu Beginn des Projekts die Konkurrenzsites zu testen. Dadurch erhalten Sie einen schnellen Überblick darüber, was funktioniert und was

✓ Testen Sie so früh wie möglich. Denn wie schon erwähnt, ist die Frage nicht, ob Sie Usability-Probleme entdecken, sondern wann. Je früher Sie diese finden, desto weniger Aufwand ist nötig, um sie zu beheben. Führen Sie lieber eine Testrunde frühzeitig durch als zehn kurz vor dem Launch.

nicht. Diese Tests können Sie schnell und mit wenig Aufwand durchführen, schließlich wollen Sie nicht die Sites der Konkurrenz verbessern.

7.5.2 Was testen?

Sie können schon Usability-Tests durchführen, bevor eine einzige HTML-Seite fertig ist. Dazu dienen die sogenannten Papierprototyp-Tests. Dabei zeichnen Sie die Struktur oder ein paar der geplanten Seiten mit den Navigationselementen auf je ein Blatt Papier und legen es potenziellen Nutzern vor. Beginnen Sie mit der Startseite, erklären Sie kurz, was darauf außer dem Aufgemalten zu sehen sein wird, und fragen Sie die Testpersonen, ob sie verstehen, was sie hier tun können. Sagt eine Person, sie würde auf eine bestimmte Schaltfläche klicken, legen Sie ihr das entsprechende Papier vor.

Mit dieser einfachen Methode testen Sie ohne viel Aufwand, ob die Struktur Ihrer Site verstanden wird und ob die Beschriftung der Navigationselemente stimmt. Sie ist vor allem dann sinnvoll, wenn Sie gewohnte Wege verlassen. Wollen Sie eine Navigation einsetzen, die von der gewohnten abweicht, oder hat die Site ganz besondere Funktionen, können Sie sich mit Papierprototypen viel Arbeit sparen. Merken Sie schon in diesem Stadium, dass die Grundidee von den Benutzern nicht verstanden oder akzeptiert wird, ist es noch leicht möglich, das Konzept nochmals umzuwerfen. Auch die Bezeichnungen der Bereiche einer Site lassen sich mit Papierprototypen gut testen.

✓ Ob Papierprototyp oder HTML-Prototyp: Testen Sie besonders in frühen Projektphasen.

Aussagekräftiger als Papierprototyp-Tests sind Tests mit HTML-Prototypen. Das sind schnell zusammengebaute Testversionen, mit denen die Startseite und einige wenige Inhaltsseiten als echte HTML-Seiten getestet werden. Dabei kommt es noch nicht darauf an, dass die Grafik endgültig ist, auch Details wie etwa die Optimierung der Ladegeschwindigkeit sind unwichtig. Der Prototyp dient nur dazu, unter etwas realistischeren Bedingungen zu testen, was Sie auch schon mit dem Papierprototyp untersucht haben: Verstehen die Benutzer, was sie auf der Site tun können? Wird die Struktur der Site klar? Verstehen sie die Bezeichnungen und die Funktion der Navigationselemente?

Die letzte Testmöglichkeit während des Projekts ist während der Produktionsphase. Die Teile der Site, die bereits fertig sind, werden dabei getestet. Tauchen hier schwerwiegende Fehler auf, muss unter Umständen das Problem auf allen bisher erstellten Seiten nachträglich behoben werden. Aber das ist immer noch besser, als mit solchen Problemen an den Start zu gehen.

Gehen Sie nicht davon aus, dass die Benutzer bereit sind, die Bedienung Ihrer Site zu lernen. Nur einige wenige werden das tun, wenn Sie etwas anbieten, was man sonst weder on- noch offline bekommt. Die meisten aber werden frustriert aufgeben, wenn die Usability-Probleme zu groß sind.

Auch freigeschaltete Sites zu testen ist sinnvoll. Es ist besser, ein schwerwiegendes Usability-Problem nachträglich zu beheben als gar nicht. Im Laufe der Zeit können sich auch neue Probleme ergeben – oder vorhandene können verschwinden. Denn die Gewohnheiten der Benutzer ändern sich. Die meisten Menschen haben sich an die Benutzung von Computeroberflächen wie Windows oder MacOS gewöhnt, auch wenn diese teilweise erhebliche Usability-Fehler aufweisen. Genauso können große Sites Standards setzen, indem sie bestimmte Funktionen einführen. So hat sich der

Einkaufswagen mittlerweile durchgesetzt und wird von fast allen Internet-Benutzern verstanden. Im Einkaufswagen können Produkte abgelegt werden, und sie bleiben darin, bis man sie wieder herausnimmt oder zur Kasse geht. Allerdings funktioniert das Herausnehmen so, dass man bei „Stückzahl" den Wert „0" einträgt – das ist nicht intuitiv, wurde aber inzwischen von fast jedem gelernt. Damit ist klar: Was von den Benutzern verstanden wird und was nicht, kann sich im Laufe der Zeit ändern.

Logfiles sind eine gute Möglichkeit, Probleme mit Ihrer Site aufzudecken. Anhand dieser Serveraufzeichnungen können Sie unter anderem feststellen, an welcher Stelle die Besucher die Site verlassen. Sehen Sie sich diese Seiten an, und versuchen Sie – eventuell mit Hilfe eines Usability-Tests – herauszubekommen, ob das an Problemen mit der Bedienung oder am Inhalt liegt. Mehr zum Thema Logfiles finden Sie in Kapitel 10, *Launch*.

Wenn Sie eine bestehende Site überarbeiten, macht es Sinn, bevor Sie mit der Arbeit beginnen, einen Usability-Test mit der bestehenden Site durchzuführen. Dabei erkennen Sie, was an der Site funktioniert und was nicht. Der Grund für die Überarbeitung einer Site (Relaunch) ist, dass ihre Betreiber mit ihrer Site nicht zufrieden sind. Meist sagen sie, dass die Site „nicht gut" sei. Eventuell sagen sie sogar, dass die Site nicht benutzerfreundlich sei. Doch all das sind nur Vermutungen. Was funktioniert und was nicht, finden Sie nur mit einem Usability-Test heraus. Wenn Sie darauf verzichten, laufen Sie Gefahr, eine gute Site durch eine andere gute Site zu ersetzen (vorausgesetzt, Sie leisten gute Arbeit, sonst verschlechtern Sie das Ergebnis sogar). Durch einen Test finden Sie heraus, ob der mangelnde Erfolg der Site an Usability-Fehlern liegt oder ob der Inhalt oder seine Umsetzung daran schuld sind. Eine Site mit schlechtem Inhalt wird auch dann nicht erfolgreich sein, wenn sie benutzerfreundlich ist wie keine zweite.

Unterziehen Sie jede Site vor dem Relaunch einem Usability-Test.

7.5.3 Wo testen?

Es gibt spezielle Labors, in denen Usability getestet wird. Diese haben normalerweise folgende Ausstattung:

- ruhiger Arbeitsplatz mit durchschnittlichen Windows- oder Macintosh-Rechnern (1024 x 768 Pixel Bildschirmauflösung oder mehr)
- Anbindung ans Internet über eine Standard-DSL-Leitung
- Videokamera, mit der das Gesicht der Testperson aufgezeichnet wird
- halbdurchsichtiger Spiegel, durch den die Testperson unbemerkt beobachtet werden kann
- Software, mit der die Aktionen der Testperson auf der Site verfolgt werden, oder
- Hardware, die das Bild des Benutzers mit dem verbindet, was auf dessen Monitor zu sehen ist
- Videorecorder für die Bild- und Tonaufzeichnung oder eigener PC dafür

Doch das Wichtigste ist nicht die Technik, sondern ein Mensch: der Betreuer. Seine Aufgabe ist es, die Testperson so zu begleiten, dass er so viele Informationen wie möglich erhält. Die Videoaufzeichnung ist nur eine zusätzliche Hilfe sowie eine Dokumentation des Tests. Deshalb können Sie Ihre eigenen Tests mit dieser Grundausstattung durchführen:

- ruhiger Arbeitsplatz mit einem durchschnittlichen Windows- oder Macintosh-Rechner entsprechend der schlechtesten Ausstattung Ihrer Zielgruppe
- Anbindung ans Internet über DSL bzw. mit der schlechtesten Anbindung Ihrer Zielgruppe
- einfacher Camcorder mit Mikrofon für die Sprachaufnahme, mit dem über die Schulter der Testperson aufgezeichnet wird, was sie am Bildschirm macht (auch eine gute Webcam kommt dafür in Frage, alternativ Software zur direkten Bildschirm-Aufzeichnung)

Machen Sie keine Wissenschaft aus den Usability-Tests.

Das genügt, um zu aussagekräftigen Ergebnissen zu kommen. Es geht Ihnen nicht darum, wissenschaftlich korrekte Studien durchzuführen, sondern nur darum, Usability-Fehler auf Ihrer Site zu finden. Dazu genügt diese minimale Ausrüstung.

In manchen Usability-Labors wird mit Blickverfolgungskameras gearbeitet. Das sind Kameras, die die Augenbewegung der Testpersonen aufzeichnen. Ein angeschlossener Computer analysiert, welche Teile einer Webseite oder Anwendung wann wie lange angesehen wurden. Als Kamera genügt eine gute Webcam, und die Software ist inzwischen nicht mehr teuer. Allerdings braucht es einige Erfahrung, um die Technik zum Laufen zu bringen und vor allem dafür, die Ergebnisse sinnvoll auszuwerten.

Mehr zur Ausrüstung im Blog zum Buch unter www.benutzerfreun.de/tag/usability-test.

Aber der Aufwand ist in den meisten Fällen nicht unbedingt nötig. Denn damit können Sie nur herausfinden, was der Benutzer wann wie lange angesehen hat. Warum er das getan hat, bleibt unklar, ebenso, ob die Website überhaupt bedienbar ist. Die Analyse der Blicke von Testpersonen eignet sich nur als zusätzliche Informationsquelle, die aber in vielen Fällen nicht wesentlich zum Aufdecken von Usability-Fehlern beiträgt.

7.5.4 Wie testen?

Auf der beiliegenden CD-ROM finden Sie alle Materialien eines Usability-Test-Beispiels. Außerdem eine Videozusammenfassung der Testberichte.

Die Ausrüstung für einen Usability-Test ist einfach zu beschaffen, es fehlen nur noch die Betreuer und die Testpersonen. Es gibt keinen Grund, nicht zu testen. Ein einziger Test mit einem einzigen Benutzer ist besser als gar keiner.

Die Testpersonen

Die idealen Testpersonen sind Vertreter der Zielgruppe. Versuchen Sie solche heranzuziehen. Ungeeignet sind alle Beteiligten am Projekt wie auch alle Mitarbeiter der Firma, für die Sie die Site erstellen. Deren Hintergrundwissen werden die zukünftigen

Benutzer nicht haben, und daher werden sie vermutlich auf von Ihnen nicht erwartete Probleme stoßen. Aber auch Ihre Kollegen sind normalerweise keine besonders guten Testkandidaten. Durch die Arbeit in der Branche sind sie sehr gut im Umgang mit Computern – anders als der durchschnittliche Benutzer.

Wenn Sie niemanden finden, der zur Zielgruppe gehört, testen Sie mit anderen Personen. Testen Sie lieber öfter mit beliebigen Personen, als zu viel Geld und Zeit mit der Suche nach idealen Kandidaten zu verschwenden. Kommen Ihre Testpersonen mit der Site klar, wird auch das Fachpublikum damit in der Regel keine Probleme haben. Und kein Experte wird sich über eine Site beklagen, die auch Laien benutzen können, solange sie nützlich ist und korrekte Informationen bietet.

Finden Sie Vertreter der Zielgruppe, dann testen Sie mit diesen. Falls nicht, ist das keine Ausrede, auf Tests zu verzichten.

Sie sollten die Teilnehmer an einem Usability-Test bezahlen – aus Fairness und um die Motivation zu heben. Wie hoch die Bezahlung ist, hängt auch etwas davon ab, wie viel die Teilnehmer verdienen. Ein Student wird mit weniger zufrieden sein als ein Arzt. Ein Anhaltspunkt sind 25 bis 60 Euro für eine Testsitzung von 45 bis 60 Minuten. Zu hoch sollte die Bezahlung auch deshalb nicht sein, da sich die Teilnehmer dann eventuell überbezahlt fühlen. Sie versuchen in der Folge, alle Aufgaben besonders gut zu lösen. Damit verfälschen sie das Ergebnis, weil sich die durchschnittlichen Benutzer Ihrer Website später auch nicht besonders ins Zeug legen werden. Ist die Site schlecht, klicken sie sich zu einer anderen.

Anzahl der Testpersonen

Um zu aussagekräftigen Ergebnissen zu kommen, brauchen Sie drei (nach Steve Krug) bis fünf Testpersonen (nach Jakob Nielsen) pro Durchlauf, bei dem Sie einen Bereich der Seite oder eine Funktion testen. Damit lassen sich keine statistisch abgesicherten Daten gewinnen, aber darum geht es auch nicht. Sie wollen die Probleme der potenziellen Benutzer mit der Site entdecken. Die schwerwiegendsten Probleme werden üblicherweise schon bei der ersten Testperson deutlich. Diese Probleme treten bei allen folgenden Personen wieder auf. Nach spätestens fünf Personen beobachten Sie nur noch sehr wenige neue Probleme.

Sie sollten keine Testrunde mit weniger als drei Personen durchführen. Sonst kann es passieren, dass Sie die Site für einen Benutzer anpassen, der nicht repräsentativ ist. Haben aber zwei oder sogar drei Testpersonen das gleiche Problem entdeckt, wird es wahrscheinlich den meisten Benutzern auffallen. Wenn Zeit und Geld keine Rolle spielen, testen Sie bis zu acht Personen – allerdings nur, wenn Sie deshalb nicht die Zahl der Testdurchläufe reduzieren. Mehr als acht Personen pro Runde bringen kaum zusätzliche Erkenntnisse, nur mehr Aufwand bei der Auswertung.

Nachdem Sie die in der ersten Testrunde festgestellten Probleme behoben haben, sollten Sie eine weitere Testrunde durchführen. Damit kommen weitere Probleme zutage, die in der ersten Runde unbemerkt geblieben sind. In der ersten Runde haben die aufgetretenen Fehler eventuell verhindert, dass die Benutzer überhaupt so weit in die

Testen Sie, ob die Probleme nach der Überarbeitung wirklich behoben sind.

Site vordringen konnten, um dort Fehler zu entdecken. Außerdem überprüfen Sie in der zweiten Runde, ob die beim ersten Test gefundenen Fehler behoben sind. Es kann sein, dass Ihre Änderungen das Problem nicht gelöst haben oder dass dadurch neue entstanden sind.

Führen Sie immer so viele kleine Testrunden wie möglich durch, statt weniger Runden mit mehr Teilnehmern.

Setzt sich Ihre Zielgruppe aus mehreren sehr unterschiedlichen Gruppen zusammen, so sollten Sie versuchen, das bei der Auswahl der Testpersonen zu berücksichtigen. Sie brauchen nicht aus jeder Gruppe drei Benutzer pro Testrunde, aber es ist sinnvoll, zumindest für eine Runde mindestens zwei Vertreter jeder Gruppe einzuladen.

Der Betreuer

Wer es nicht gesehen hat, kann es nur schwer glauben, welche Probleme viele Menschen mit der Benutzung von Websites haben.

Als Betreuer von Usability-Tests ist fast jeder höfliche Mensch mit ausreichend Selbstbeherrschung geeignet. Selbstbeherrschung ist deshalb nötig, weil man die Testperson einfach machen lassen muss. Um realistische Ergebnisse zu erhalten, dürfen Sie während des Tests nicht helfend eingreifen. Manchmal ist man versucht zu rufen: „Was denn, klick doch einfach auf den Button da!“

Es ist eine harte Erfahrung zu sehen, welch große Probleme Benutzer mit etwas haben, das man selbst für völlig selbstverständlich hält. Aus diesem Grund ist es empfehlenswert, dass alle an der Umsetzung Beteiligten den Usability-Test verfolgen. Schließen Sie am besten dazu die Kamera an einen Monitor an, der in einem anderen Raum steht. Achten Sie darauf, dass Gespräche von hier nicht in das Zimmer dringen, in dem die Testperson sitzt. Für alle, die noch nie einen Usability-Test verfolgt haben, ist das erste Mal eine wichtige Erfahrung. Haben sie das nicht mit eigenen Augen gesehen, werden sie eventuell schwer davon zu überzeugen sein, dass Benutzer tatsächlich solche Probleme haben können. Falls nicht alle Zeit haben, eignet sich auch das Video dazu, dies zu demonstrieren.

Bei professionellen Usability-Firmen betreuen „Usability-Engineers“ die Tests. Diese haben viel Erfahrung mit dem Anlegen und Durchführen von Usability-Tests. Dadurch kommen sie zu mehr Ergebnissen als jemand ohne diese Erfahrung. Wenden Sie sich deshalb nach Möglichkeit an Profis. Falls Sie dazu kein Budget haben, testen Sie auf jeden Fall selbst. Sie werden immer noch genug Ergebnisse produzieren, die den Aufwand rechtfertigen.

Bei manchen Usability-Firmen begleiten zwei Betreuer den Test. Das hat den Vorteil, dass zwei Menschen mehr Dinge auffallen als einem und dass bei Unklarheiten zwei Zeugen des Tests zur Verfügung stehen. Allerdings finden diese zwei Personen meist nichts Wesentliches heraus, was einer entgangen wäre. Die zusätzlichen Kosten sind meiner Meinung nach nicht gerechtfertigt. Hinzu kommt, dass sich die Testperson durch zwei Betreuer noch stärker gehemmt fühlt als durch eine Person.

Die Testaufgaben – das Testscript

Überlegen Sie sich, wie die Benutzer testen sollen. Je weniger Informationen und Aufgaben Sie vorab geben, desto besser. Versuchen Sie die Situation abzubilden, in der die zukünftigen Benutzer der Site sein werden.

Das freie Benutzen der Site ist nur sinnvoll, wenn die Testperson ein starkes eigenes Interesse an der Site hat. Das ist zum Beispiel der Fall bei Unterhaltungs- und Nachrichtensites – vorausgesetzt, die Person kommt aus der Zielgruppe.

Um zu testen, ob bestimmte Informationen gefunden werden, stellen Sie der Testperson eine Aufgabe. Lassen Sie sie zum Beispiel die Telefonnummer des Geschäftsführers heraussuchen. Lassen Sie der Testperson so viel Freiheit wie möglich. Die Aufgabe „Buchen Sie eine Reise zu einem Ferienort, zu dem Sie gerne fahren würden" ist besser als „Suchen Sie die Abflugszeit für die Lufthansa-Maschine nach Liechtenstein am Dienstagmorgen". Hat die Testperson einen persönlichen Bezug zur gestellten Aufgabe, wird sie sich eher so verhalten wie die zukünftigen Nutzer.

Stellen Sie der Testperson eine möglichst realistische Aufgabe.

Beginnen Sie mit einer einfachen Aufgabe, die schnell zu erledigen ist. Das gibt der Testperson Sicherheit und nimmt ihr die Anspannung etwas. Planen Sie nicht zu viel ein.

Länger als 45 Minuten pro Person sollten Sie nicht testen. Wenn Sie eine große Site mit vielen Funktionen erstellen, sollten Sie die Hauptfunktionen in mehreren Testrunden überprüfen. Setzen Sie dazu die Runden an, sobald die jeweilige Funktion fertig ist. Haben Sie dazu nicht genügend Zeit oder Geld, benutzen Sie das nicht als Ausrede, auf Tests zu verzichten. Testen Sie dann nur die wichtigste Funktion der Site.

Wird auf der Site etwas verkauft, können Sie die Testperson einkaufen lassen. Dabei ist es gut, ihr schon einige Tage vor dem Test zu sagen, dass sie für einen festen Wert Waren einer bestimmten Kategorie einkaufen darf. Diese kann sie tatsächlich behalten. (Die Bezahlung des Tests fällt dann natürlich weg.) Diese Methode hat den Vorteil, dass sich die Testsperson schon vorher Gedanken gemacht hat, was sie kaufen will, und so eine Situation entsteht, wie sie später auch auftreten wird.

Ich persönlich finde es hilfreich, ein Testscript zu schreiben. Darin halten Sie fest, was genau getestet wird. So stellen Sie sicher, dass Sie nichts vergessen und alle Personen die gleichen Aufgaben gestellt bekommen. Ein Beispiel für ein solches Testscript finden Sie auf der beiliegenden CD-ROM.

CD

Der Ablauf

Im Folgenden beschreibe ich kurz den Ablauf einer typischen Testrunde.

Vorbereitung

Mindestens einen Tag vor dem Testtermin absolvieren Sie genau den Test, den Ihre Testpersonen machen sollen. Damit finden Sie eventuell technische Probleme mit der Hardware (Bild- und Tonaufzeichnung nicht vergessen) oder auch mit den HTML-

Spielen Sie den Test selbst als Erster durch.

Seiten oder dem verwendeten Browser. Es ist Zeit- und Geldverschwendung, wenn der erste Tester Ihnen zusehen muss, wie Sie den Computer konfigurieren. Leeren Sie auch den Cache des Browsers, und löschen Sie den Verlauf (die History), damit die Daten über das Netz übertragen werden und alle Links als unbesucht dargestellt werden. Werden Cookies verwendet, löschen Sie auch diese. All das sollten Sie auch zwischen den Einzeltests tun.

Planen Sie genügend Zeit zwischen den Testpersonen ein. Ein Abstand von mindestens 60 Minuten ist sinnvoll, wenn der Test selbst 45 Minuten dauert.

Begrüßung

Zu Beginn des Tests begrüßen Sie die Testperson und erklären ihr, dass es bei dem Test darum geht, Probleme auf der Site zu finden. Sagen Sie, dass Sie sich über alle Probleme freuen, die sie findet, und dass Sie nicht ihre Leistung messen wollen. Verraten Sie möglichst nicht, dass/falls Sie an der Entwicklung der Site beteiligt waren. Dann fällt es den meisten Leuten leichter, die Site zu kritisieren.

Sagen Sie, dass die Sitzung ungefähr 45 Minuten dauern wird. Bezahlen Sie die Testperson. Damit schaffen Sie Vertrauen und machen nochmals deutlich, dass die Bezahlung unabhängig von der Leistung ist.

CD

Wenn Sie die Person selbst filmen und nicht nur den Monitor, weisen Sie sie unbedingt darauf hin. Es empfiehlt sich, Ihre Testperson eine Einverständniserklärung unterschreiben zu lassen. (Ein Beispiel finden Sie auf der beiliegenden CD-ROM.) Haben Sie vor, die Aufzeichnung an Ihre Auftraggeber oder andere Externe weiterzugeben, teilen Sie auch das mit. Meist lässt man den Teilnehmer eine Erklärung zum Stillschweigen (NDA – non disclosure agreement) unterzeichnen. Darin wird vereinbart, dass die Person nichts über die getestete Site erzählen darf, bis diese online ist.

Mit ein wenig Smalltalk lockern Sie die Atmosphäre auf. Fragen Sie die Testperson nach ihrem Beruf, und sprechen Sie ein wenig über ihre Erfahrung mit Computern und dem Internet. Das ist für Sie auch interessant, um die Probleme besser beurteilen zu können, die sie finden wird.

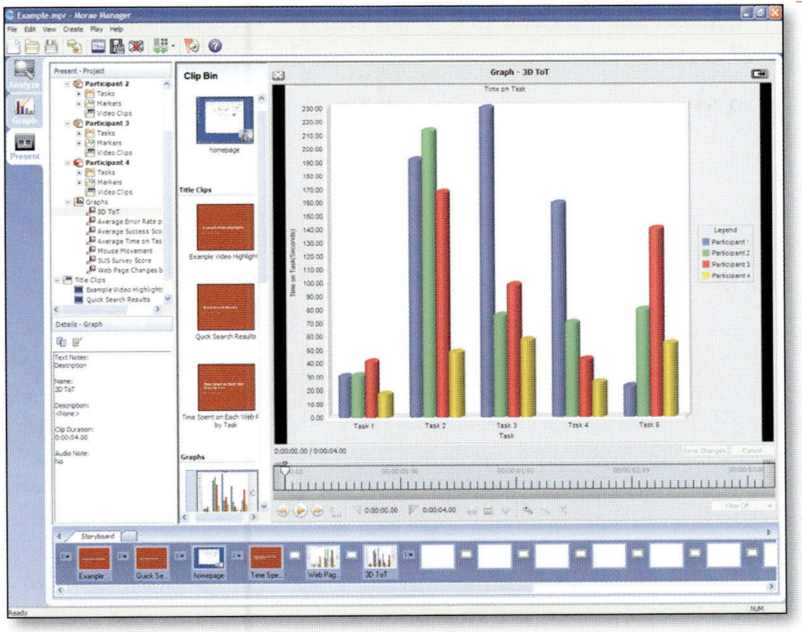

ABBILDUNG 7.1

Das Programm Morae von Techsmith unterstützt alle Phasen eines Usability-Tests. Von der Anlage über die Aufzeichnung und Nutzerbefragung bis hin zur Auswertung. Es läuft nur unter Windows und es ist nicht günstig, aber umfassend und bewährt.

Test durchführen

Bitten Sie die Testperson, sich an den Rechner zu setzen, und setzen Sie sich daneben. Fordern Sie die Person auf, alle ihre Aktionen zu kommentieren und laut zu denken. Am besten führen Sie das selbst vor, z. B. bei einer anderen Website. Sagen Sie ihr, dass jeder Gedanke für Sie interessant ist. Durch vorsichtiges Nachfragen können Sie stille Naturen zum lauten Denken bringen. Fragen Sie die Person zunächst, was sie glaubt, dass das Thema der Website ist, und was sie von der Startseite her erwartet. Fragen Sie, was sie hinter den einzelnen Navigationselementen und Schaltflächen vermutet. Lassen Sie die Testperson dann selbstständig die Site erkunden, oder bitten Sie sie, die Aufgabe zu erledigen, die Sie sich zuvor ausgedacht haben.

Bringen Sie die Testperson dazu, laut zu denken.

Beobachten Sie dabei genau: Wo zögert die Testperson? Macht sie Fehler, weil sie Schaltflächen nicht als solche erkennt oder andere Elemente für Schaltflächen hält? Steuert sie Seiten mit bestimmten Erwartungen an, die nicht erfüllt werden? Wird sie ungeduldig, oder fragt sie direkt nach, was einzelne Dinge bedeuten? (Darauf antworten Sie natürlich nicht. Vertrösten Sie die Testperson höflich auf nach dem Test, wenn sie neugierig ist.) Versuchen Sie immer zu verstehen, was die Person denkt. Starrt sie längere Zeit schweigend auf den Bildschirm oder sagt sie etwas wie „Hä?“, „cool“ oder „Mist“, fragen Sie, wohin sie sieht oder was sie gerade denkt.

Sie sollen nicht in den Test eingreifen, aber lassen Sie die Testperson nicht zu lange vergeblich etwas probieren, wenn sie nicht weiterkommt. Helfen Sie ihr auf die Sprünge, bevor die Frustration so groß wird, dass die Stimmung schlecht wird und den weiteren Test beeinträchtigt. Fast jeder sucht die Schuld erst einmal bei sich, wenn er mit einem Gerät, einer Software oder einer Website nicht zurechtkommt. Versichern Sie der Test-

Lassen Sie sich nicht frustrieren, wenn die Benutzer große Probleme mit Dingen haben, die Sie für leicht verständlich hielten. Denken Sie daran, dass Sie durch diesen Test die Chance haben, diese Probleme zu lösen und mit einer besseren Site online zu gehen. Wenn eine Testperson besonders viele Schwierigkeiten hat, weil sie sehr ungeübt im Umgang mit Computern oder generell etwas langsam ist, ärgern Sie sich nicht über sie. Meist finden solche Tester mehr Probleme als geübte Benutzer, die gelernt haben, sich an die Unzulänglichkeiten von Maschinen anzupassen und sich durchzumogeln.

person, dass sie alles richtig gemacht hat und dass ihre Probleme Ihnen helfen, die Site zu verbessern.

Machen Sie sich während des Tests Notizen. Ich bevorzuge Stift und Papier, da das Tastaturklappern viele Tester irritiert. Schreiben Sie gleich im Anschluss alles auf, was Sie beobachtet haben. Nur wenn Sie unsicher sind, sehen Sie sich das Videoband an. Die Aufzeichnung später zu analysieren macht deutlich mehr Arbeit, als gleich ein Protokoll zu schreiben. Außerdem fallen Ihnen vielleicht Dinge auf, die auf dem Band nicht so deutlich sichtbar sind. Notieren Sie für jede Aufgabe der Testperson:

- Konnte die Aufgabe erfolgreich abgeschlossen werden?
- Brauchte die Testperson Hilfe?
- Hatte die Testperson Probleme mit Begriffen, Funktionen oder Abbildungen?
- Wie lange hat die Aufgabe gedauert?
- Gab es technische Probleme?
- weitere Beobachtungen (Anmerkungen oder Wünsche der Testperson, Ausrufe wie „super“ oder „Mist“, Emotionen)

Abschluss

Hat die Testperson alle Aufgaben abgeschlossen oder sind die 45 Minuten vorüber, beenden Sie den Test. Fragen Sie nach dem Eindruck von der Site und ob die Erwartungen erfüllt wurden. Bitten Sie um offene Kritik, und fragen Sie, ob die Testperson Verbesserungsvorschläge hat. Manche benutzen dazu auch einen Fragebogen. Ein Beispiel dafür finden Sie auf der beiliegenden CD-ROM.

CD

Bedanken Sie sich für die Hilfe, und vermitteln Sie der Testperson das Gefühl, dass sie entscheidend dabei geholfen hat, die Site zu verbessern.

✓ Bauen Sie sich eine Kartei mit Testpersonen auf.

Fragen Sie die Testperson, ob sie an weiteren Tests interessiert ist. Bauen Sie sich eine Kartei mit Freiwilligen auf. Notieren Sie aber unbedingt das Datum des letzten Tests, und laden Sie die Person nicht zu oft ein, sonst riskieren Sie, dass sie sich aus der Liste streichen lässt.

7.5.5 Tests auswerten

Fassen Sie die Notizen der Einzeltests zu einem kurzen Bericht zusammen. Je kürzer der Bericht ist, desto wahrscheinlicher ist es, dass ihn alle Beteiligten lesen.

Wenn Sie genügend Zeit haben und Ihrem Auftraggeber noch beweisen müssen, dass Usability-Tests sinnvoll sind, stellen Sie eine gekürzte Fassung der Videoaufzeichnungen her. Schneiden Sie die markantesten Szenen aller Tests zusammen. Besonders schwere Usability-Fehler oder die (Fehl-)Bedienung von Funktionen, die besonders wichtig sind, eignen sich für das Video. Es sollte nicht länger als fünf Minuten sein, damit es spannend bleibt.

Setzen Sie sich schließlich im Team zusammen, und beraten Sie, wie schwerwiegend die einzelnen Probleme sind und wie viel Arbeit es ist, sie zu beheben. Die Punkte werden nach ihrer Wichtigkeit geordnet und dann in dieser Reihenfolge bearbeitet. Probleme, die den Erfolg der Site generell gefährden, haben höchste Priorität. Bei allen anderen Dingen müssen Sie abwägen, in welchem Verhältnis Aufwand und Nutzen stehen. Schwerwiegende Probleme, die sich schnell beheben lassen, kommen zuerst. Kleine Probleme, die viel Arbeit kosten, bekommen die geringste Priorität.

7.5.6 Fehler beheben

Die Fehler zu finden ist der leichtere Teil. Schwerer ist es, die Fehler zu beheben. Wenn Sie Profis mit der Durchführung eines Usability-Tests beauftragen, bekommen Sie nicht nur einen Bericht über die gefundenen Probleme, sondern auch Empfehlungen, wie sich diese lösen lassen. Hierbei hilft den Experten ihre Erfahrung – ein weiterer Grund, warum sich die Zusammenarbeit mit diesen lohnt. Haben Sie die Tests selbst durchgeführt, müssen Sie selbst nach Lösungen suchen.

Die Lösung für manche Probleme liegt auf der Hand. Bei anderen müssen Sie vielleicht lange suchen. Testen Sie die umgesetzte Lösung frühzeitig, und überprüfen Sie, ob sie auch wirklich funktioniert.

Haben die Testpersonen mit einer Funktion Probleme, liegt das meist nicht daran, dass etwas fehlt, sondern daran, dass andere Dinge ablenken. Finden sie beispielsweise eine Menüleiste nicht, ist es meist sinnvoll, andere Dinge auf der Seite wegzulassen. Die Menüleiste einfach auffälliger zu gestalten ist nur die zweitbeste Lösung.

> ✓ Lösen Sie das Problem, und kurieren Sie nicht nur das Symptom.

Ein weiteres häufiges Problem ist, dass die Benutzer nicht verstehen, was sich hinter bestimmten Schaltflächen und Begriffen verbirgt. Sie erwarten etwas anderes, als sie schließlich finden. Auch hier ist es keine gute Idee, eine Erklärung einzufügen oder einen Link „Neu hier?“ zu setzen, der zu einer Hilfe-Seite führt. Versuchen Sie stattdessen, den Begriff und die Schaltfläche so zu ändern, dass sie von den Benutzern sofort verstanden wird.

Wenn Sie bei der Suche nach Lösungen nicht weiterkommen, müssen Sie einen Schritt zurück gehen und einen Teil der Konzeptionsphase wiederholen. Die in den vorigen Kapiteln gezeigten Techniken können Ihnen dabei helfen, z. B. die Konkurrenzanalyse (siehe den gleich lautenden Abschnitt 4.6, Seite 42) oder auch die Kreativ-Techniken (Abschnitt 4.12, *Ideenfindung*, ab Seite 54).

7.6 Grenzen von Usability-Tests

Jeder Test hat seine Grenzen. Natürlich werden nach dem Launch noch Probleme auftauchen, mit denen Sie nicht gerechnet haben. Es gibt viele Gründe, warum die Testsituation dem Alltag möglicherweise nicht ganz entspricht:

- Die Testperson ist stark motiviert. Sie fühlt sich dem sozialen Druck ausgesetzt, alles richtig zu machen. Daher gibt sie sich mehr Mühe, obwohl sie vielleicht im Alltag schon längst aufgegeben hätte.
- Die Testperson hat kein direktes Interesse am Inhalt. Selbst wenn sie aus der Zielgruppe kommt, ist nicht gesagt, dass sie die Website von sich aus nutzen würde.
- Die Testperson hat Hemmungen bei der Kritik, weil sie die Produzenten der Site nicht verletzen möchte.
- Die Testperson ist nervös, weil sie beobachtet und/oder gefilmt wird.
- Sie finden nur, wonach Sie suchen. Lassen Sie nur die Bestellfunktion einer Einkaufssite testen, werden Sie keine Probleme bei der Artikelsuche entdecken.
- In Tests können niemals alle Möglichkeiten durchgespielt werden. Es ist nicht machbar, alle verschiedenen Zielgruppen, alle technischen Konfigurationen und alle Anwendungsmöglichkeiten durchzuspielen. Selbst wenn Sie einen Monat am Stück testen würden, gäbe es noch immer eine Situation, mit der Sie nicht gerechnet haben.
- Es ist kaum möglich zu testen, wie Benutzer nach mehrmaligem Besuch mit der Site umgehen werden. Das ist besonders bei Sites wichtig, die mit Personalisierungsfunktionen arbeiten. In diesem Bereich können Tests nur eine sehr grobe Annäherung an die Wirklichkeit sein.

7.7 Gefahren von Usability-Tests

Da Usability-Tests so ein hervorragendes Werkzeug sind, mit dem sich für jede Site zu jeder Zeit Verbesserungsmöglichkeiten finden lassen, entsteht leicht die Illusion, man könnte die perfekte Site erstellen, wenn man nur lang genuge testet. Doch selbst eine Annäherung an den Idealzustand ist kaum möglich.

Der Grund dafür ist, dass jeder Mensch einzigartig ist. Jede Site hat eine inhomogene Benutzergruppe. Bei einem Intranet einer kleineren Firma ist das natürlich nicht so stark sichtbar wie bei einer Einkaufssite für ein allgemeines Publikum. Wenn Sie versuchen, alle Gruppen auf jeder Seite gleichermaßen zufriedenzustellen, werden Sie eine unbenutzbare Site produzieren. Konzentrieren Sie sich auf die wichtigsten Nutzer. Optimieren Sie die Seiten für diese, und sehen Sie für die übrigen Möglichkeiten vor, wie sie dennoch leicht zum Ziel kommen.

Haben Sie etwa eine Banksite für Privatkunden, sprechen Sie auf den vorderen Seiten deren Sprache. Seien Sie ausführlich genug, sodass jeder alles versteht. Für Finanzprofis können Sie einen Link auf der Startseite vorsehen, mit dem diese in einen Bereich gelangen, der auf eine schnellere Bedienung hin ausgerichtet ist. Hier können Sie mehr Fachwörter gebrauchen und auf die Erklärung von immer wiederkehrenden Vorgängen verzichten.

7.8 Ergänzende Methoden zu Usability-Tests

Eine Alternative zu Usability-Tests gibt es nicht. Mit keiner anderen Methode bekommen Sie heraus, wie die Benutzer tatsächlich mit Ihrer Site umgehen. Es gibt aber ein paar Dinge, die Sie zusätzlich einsetzen können.

7.8.1 Card Sorting

Mit dem sogenannten Card Sorting testet man die geplante Struktur (Informations-Architektur) einer Site oder ermittelt, welche Struktur sinnvoll wäre. Das heißt, diese Methode wird zu Beginn der Konzeptionsphase eingesetzt.

Es gibt zwei Anwendungen des Card Sorting:

Begriffe einordnen

Dabei werden alle Begriffe für die vorgesehenen Inhalte der Website jeweils auf eine eigene Karteikarte geschrieben. Der Stapel wird gemischt und einem Benutzer bzw. einer kleinen Gruppe von Benutzern übergeben. Sie sollen die Karten in Kategorien gruppieren und für die Kategorien jeweils einen Überbegriff vorschlagen. Manchmal werden die Begriffe von den Benutzern jeweils auch mit einer Note für ihre Wichtigkeit versehen.

Wichtig ist bei dieser Anwendung des Card Sorting, keine Kategorienamen vorzusehen (wie „Über uns“ oder „Service“), denn damit wird bereits eine Struktur vorgegeben. Der Sinn der Übung ist aber, die Struktur zu finden, die den meisten Benutzern sinnvoll erscheint.

Struktur testen (Aufgaben stellen)

Eine andere Einsatzmöglichkeit ist, die bereits ausgearbeitete Struktur einer Site mit Karten nachzubilden. Jeder Menüeintrag kommt auf eine Karte, und alle Begriffe, die in einem gemeinsamen Untermenü sind, landen in einem Stapel, wobei der Oberbegriff ganz oben liegt (z.B. „Über uns“ ganz oben, darunter „Angebotspalette“, „Geschichte“, „Mitarbeiter“, „Kontakt“).

Einem Benutzer wird nun eine Aufgabe gestellt (z.B. „Finden Sie die Telefonnummer der Kundenbetreuung!“), und er muss aus den Kartenstapeln den Begriff heraussuchen, unter dem er auch auf der Website suchen würde.

7.8.2 Kurzanalyse/Usability Review

Manchmal wird ein Usability-Experte mit der Kurzanalyse einer Site oder eines Konzepts beauftragt. Das nennt sich auch *Usability Review*. Der Experte beurteilt anhand seiner Erfahrung, wo Probleme bei der Bedienung der Site liegen könnten, und gibt Empfehlungen zur Verbesserung. Das ist schon mal nicht schlecht, doch kann die Kurzanalyse einen Test nicht ersetzen.

7.8.3 Heuristische Evaluation

Etwas wissenschaftlicher ist die sogenannte *heuristische Evaluation*. Hierbei browsen meist mehrere Experten durch die zu testende Site und notieren alle potenziellen Usability-Probleme, die sie aufgrund ihrer Erfahrung auf der Site vermuten. Grundlage dafür sind die sogenannten Heuristiken, die Regeln, die die Experten für Sites mit guter Usability aufgestellt haben (z. B. als Checklisten). Schließlich besprechen die Experten gemeinsam ihre Ergebnisse und erstellen den Bericht. Laut Nielsen finden drei bis vier Experten etwa drei Viertel aller Probleme.

7.8.4 Cognitive Walkthrough

Bei dieser Technik versetzen sich die Experten in die Rolle der Benutzer und spielen verschiedene Aufgaben mit der Website durch. Dabei identifizieren sie die Stellen, von denen sie meinen, dass die Benutzer dort Probleme hätten.

7.8.5 Benutzerbefragungen

Benutzerbefragungen, vor allem von Angesicht zu Angesicht, sind ein hervorragendes Mittel, mehr davon zu erfahren, was die Menschen denken, die mit Ihrer Site umgehen. Gehen Sie aber nie davon aus, dass die Menschen auch tatsächlich das tun, was sie in einer Befragung angeben. Viele Studien belegen, dass sie oft das Gegenteil machen.

Ein Beispiel von einem der erfolgreichsten Internet-Händler der Welt: Amazon. Sein Gründer Jeff Bezos hat vor einiger Zeit das „1-Click"-Bestellen erfunden, um Produkte mit einem Mausklick zu ordern. In mehreren Kundenbefragungen kam heraus, dass die Benutzer dieses System nicht wollten. Amazon hat es dennoch eingeführt, weil Bezos das Gefühl hatte, dass es angenommen werden würde. Und er hatte Recht. Es hat den Absatz auf der Site weiter gesteigert, inzwischen haben andere Sites das Prinzip unter anderem Namen übernommen.

Das zeigt, dass Sie sich nicht immer darauf verlassen sollten, was Ihnen Ihre Benutzer sagen. Doch wenn Sie etwas dennoch ändern oder eine Funktion einführen, die nicht nachgefragt wird, sollten Sie darauf achten, dass das Ergebnis benutzerfreundlich ist. Das heißt, lassen Sie es von Benutzern *testen*, und beobachten Sie, ob sie damit zurechtkommen. Nur mit Usability-Tests finden Sie das heraus.

7.8.6 Evaluation

Bei der sogenannten Evaluation (ebenfalls oft Benutzerbefragung genannt) werden die Benutzer, nachdem sie mit der Anwendung gearbeitet haben, interviewt, oder es wird ihnen ein Fragebogen vorgelegt. Dabei treten folgende Probleme auf:

- Befragungen nach dem Test können keine Usability-Tests ersetzen, bei denen ein Betreuer neben der Versuchsperson sitzt. Er kann nach Dingen fragen, die der Testperson selbst gar nicht bewusst sind, und auch Mimik und Gestik beobachten.
- Viele kleinere Probleme vergisst man schnell wieder – sie tauchen so nicht auf dem Fragebogen auf.
- Jeder fühlt sozialen Druck. Die meisten Menschen füllen Fragebögen tendenziell zu positiv aus. Sie glauben, dass sich die Auftraggeber freuen, wenn das Testergebnis positiv ist. In anderen Situationen werden negative Bewertungen abgegeben, weil man meint, „Fehler“ finden zu müssen, oder weil man sich als besonders kritisch darstellen will.

Das alles passiert meist unbewusst. Daher sollten solche Interviews oder Fragebögen von erfahrenen Psychologen durchgeführt bzw. entworfen werden. Mehrere Studien haben gezeigt, dass die Ergebnisse umso stärker verfälscht werden, je mehr die Befragten über ihre Entscheidungen bzw. Einschätzung nachdenken.

7.8.7 Fokusgruppen

Fokusgruppen-Untersuchungen *(Focus Groups)* sind schon in Kapitel 4, *Grobkonzept* ab Seite 36, erwähnt worden. Dabei setzt man fünf bis zehn Personen zusammen und diskutiert mit ihnen die Erwartungen und Gefühle gegenüber der Marke, dem Produkt oder der Site. Damit lassen sich bewusste Erwartungen der potenziellen Benutzer herausfinden. Nicht herausfinden lässt sich, wie die Benutzer tatsächlich mit der Site umgehen werden. Deshalb sind Fokusgruppen-Untersuchungen im Rahmen von Webprojekten nur sinnvoll, wenn sie zu Beginn der Konzeption durchgeführt werden.

7.8.8 Virtueller Rundgang/Walkthrough

Bei einem virtuellen Rundgang oder *Walkthrough* durch die Website testen mehrere Personen gleichzeitig. Dazu drucken Sie einzelne Seiten aus oder projizieren sie auf die Wand und legen sie einer Gruppe von (fünf bis acht) Testpersonen vor. Sie bitten diese aufzuschreiben, was sie von der Seite und ihren Funktionen erwarten und worauf sie klicken würden, um eine bestimmte Aufgabe zu lösen. Haben alle zu Ende geschrieben, können Sie gemeinsam über die Seite diskutieren. Das Vorgehen ähnelt einem Usability-Test im Trockenen.

Der größte Haken dabei ist, dass Sie herausfinden, was die Benutzer glauben, was sie tun *würden*. Was sie *tatsächlich* tun, merken Sie nur, wenn Sie einen Usability-Test durchführen. Die Durchführung eines Walkthrough ist zwar schnell (45 Minuten für alle Testpersonen), die Auswertung dauert dafür umso länger. Deshalb sollten auch nicht mehr als acht Personen teilnehmen. Ich persönlich wende diese Methode nur manchmal an, wenn ich Papierprototypen (siehe weiter oben in diesem Kapitel) teste. In diesem Fall kann ich den Test sowieso nicht am Computer durchführen, ich erfahre also in jedem Fall nur, was der Tester glaubt, dass er anklicken würde.

7.8.9 Online-Usability-Tests

Beim Online-Usability-Test sitzt die Testperson am eigenen Schreibtisch und ist über eine Breitband-Internetverbindung sowie per Telefon mit dem Betreuer verbunden. Das ist technisch recht aufwendig, daher wird die Methode selten angewandt. Die Verbindung lässt sich über spezielle Dienstleister wie `webex.com` herstellen. Dadurch ist es möglich mitzuverfolgen, was der Benutzer auf seinem Bildschirm macht. Das lässt sich auch aufzeichnen, ganz wie bei einem normalen Usability-Test. Es gibt aber einige Nachteile:

- Die Umgebung ist nicht kontrollierbar (Ablenkung der Testperson).
- Gesichtsausdruck, Haltung und Gesten sind nicht (oder mit Videokonferenztools nur eingeschränkt) zu beobachten.
- Die Gefahr von Missverständnissen ist größer.
- Online-Kosten fallen bei der Testperson an.
- Sie muss die Verbindung zum Server herstellen.
- Ein Breitbandzugang ist bei der Testperson nötig.

Der Vorteil ist, dass keine Reisekosten entstehen (der Service für die gemeinsame Verbindung ist aber nicht gerade günstig). Außerdem lässt sich die Zeitplanung für Testperson und Betreuer wesentlich flexibler gestalten.

7.8.10 Online-Panels

Umfragen über das Web sind einfach und schnell, können aber mit Usability-Tests nicht konkurrieren.

Manche Firmen bieten Tests über sogenannte *Online-Panels* an. Dabei wird auf Testpersonen zurückgegriffen, die sich via Internet zu Tests bereit erklärt haben und diese dann selbstständig online durchführen. Anschließend beurteilen sie die Site mit einem Formular. Das Vorgehen scheint zunächst einmal verlockend. Rekrutierung der Testpersonen, Durchführung der Tests und Auswertung online – sehr effizient, schnell und kostengünstig. Doch dabei gibt es zwei schwerwiegende Probleme:

- Menschen, die sich bei Online Panels registrieren, sind meist solche mit überdurchschnittlichem Interesse an Computern und am Internet. Somit finden sie viele Probleme nicht, die weniger erfahrene Benutzer haben werden.
- Nach einem Test selbst ausgefüllte Fragebögen können keine Tests ersetzen, bei denen ein Betreuer neben der Versuchsperson sitzt. Er kann nach Dingen fragen, die der Testperson selbst gar nicht bewusst sind. Außerdem ist es normal, dass man kleinere Probleme schnell wieder vergisst und sie so nicht auf dem Fragebogen auftauchen. Schließlich kommt noch das Problem hinzu, dass die meisten Menschen Fragebögen tendenziell zu positiv ausfüllen. Sie entsprechen so dem sozialen Druck, den sie fühlen. Sie glauben mehr oder weniger bewusst, dass sich die Auftraggeber freuen, wenn das Testergebnis positiv ist.

7.8.11 Schnelltests

Machen Sie immer einen Schnelltest, wenn Sie sich bei der Konzeption oder Produktion einzelner Seiten nicht sicher sind, ob sie von den Benutzern verstanden werden. (Seien Sie misstrauisch gegenüber Ihrer eigenen Arbeit!) Schnelltests sind die informellsten Tests. Drucken Sie die Seite aus, oder skizzieren Sie sie auf Papier. Gehen Sie damit zur nächsten erreichbaren Person – ihrem Schreibtischnachbarn, einem Freund, wer immer gerade in der Nähe ist. Fragen Sie Ihr Testopfer, was es glaubt, dass die Seite machen soll. Falls es das nicht weiß, ändern Sie die Seite.

Zum Schluss gebe ich Ihnen ein Zitat von Steve Krug mit auf den Weg:

> *Testen funktioniert immer. Selbst mit dem schlechtesten Test mit dem falschen Benutzer finden Sie etwas heraus, wodurch Sie Ihre Site besser machen können.*

Lesen Sie das Buch *Don't make me think* von Steve Krug, wenn Sie noch nicht hundertprozentig von der Notwendigkeit von Usability-Tests überzeugt sind, Genaueres über deren Ablauf wissen wollen oder noch Argumente brauchen, um Ihren Auftraggeber oder Chef zu überzeugen. Das Buch ist knapp, präzise und macht wirklich Spaß. Wenn Sie nur noch ein Buch zum Thema lesen, sollte es dieses sein. (Bestellinformationen finden Sie im *Anhang B, Link- und Literaturtipps*, ab Seite 415.)

7.9 Usability-Normen

Es gibt eine ganze Reihe von Normen, die sich direkt oder mittelbar mit Usability befassen. In den deutschen Normen ist dabei die Rede von Ergonomie oder „Gebrauchstauglichkeit".

Die Normen sind allgemein gehalten, damit sie über längere Zeit gültig und nicht so stark von technischen Neuerungen abhängig sind. Sie geben nur Anhaltspunkte, worauf zu achten ist – praktische Tipps zur Umsetzung oder Checklisten finden Sie darin nicht.

✓ Die meisten Normen sind sowohl auf Anwendungssoftware, Multimedia-Produktionen als auch auf Websites anwendbar, auch wenn einige ursprünglich auf Bürosoftware abgestimmt sind.

Im Folgenden finden Sie einen knappen Überblick über die wichtigsten Normen, Richtlinien und Verordnungen.

7.9.1 VDI-Richtlinie 5005– Software-Ergonomie in der Bürokommunikation

Diese Richtlinie des Vereins Deutscher Ingenieure (VDI) wurde 2006 zurückgezogen; erhältlich ist sie aber noch und sie ist inhaltlich immer noch gültig. Die Richtlinie verlangt diese Eigenschaften von einer Anwendung:

- **Kompetenzförderlichkeit:** Das System soll den Benutzer fördern und es ihm erlauben, den Umgang mit ihm leicht zu erlernen. Sein erworbenes Wissen soll er auch auf neue Aufgaben, die er mit dem System erledigt, übertragen können.
- **Handlungsflexibilität:** Aufgaben sollen sich auf mehreren Wegen erledigen lassen. Je nach Erfahrung des Benutzers sollte es unterschiedliche Möglichkeiten anbieten – z.B. einen sehr schnellen Weg für erfahrene Nutzer und einen Weg mit viel Hilfestellung für Neulinge. Auch sollte die Arbeitsweise mit dem System gleich bleiben, wenn sich die Aufgabe ändert.
- **Aufgabenangemessenheit:** Die Aufgabe muss sich rein technisch mit dem System durchführen lassen. Das sollte schnell und ohne Probleme möglich sein.

7.9.2 ISO/TR 16982 – Ergonomie der Mensch-System-Interaktion – Methoden zur Gewährleistung der Gebrauchstauglichkeit, die eine benutzerorientierte Gestaltung unterstützen

Diese Norm richtet sich vor allem an Projektmanager und soll ihnen helfen, die Methoden auszuwählen, um die Usability interaktiver Systeme sicherzustellen.

7.9.3 DIN EN ISO 9241 – Ergonomische Anforderungen für Bürotätigkeiten mit Bildschirmgeräten

Die mit Abstand wichtigste Norm für Websites ist die DIN EN ISO 9241. Sie besteht aus vielen Teilen, die neben einer Einführung Anforderungen an Tastaturen, Displays, die Arbeitsplatzgestaltung und die Arbeitsumgebung enthalten.

Die Teile 10 bis 17 beschäftigen sich mit den für Software- und Website-Entwicklung bedeutendsten Punkten; hinzu kommt Teil 151 („Leitlinien zur Gestaltung von Benutzungsschnittstellen für das World Wide Web", lief früher unter dem Arbeitstitel

ISO 23973). Die Norm beschreibt eine benutzerfreundliche Anwendung mit folgenden Eigenschaften:

- **Der Aufgabe angemessen:** Die Anwendung soll das leisten, was der Benutzer von ihr erwartet. Dabei soll sie ihn unterstützen und schnell zum Ziel führen. Die eingesetzte Technik soll für den Nutzungsfall angemessen sein.
- **Selbst beschreibend:** Die Anwendung soll dem Benutzer deutlich machen, wie er sein Ziel erreicht. Klare Navigation und verständliche Anweisungen bei jedem Schritt sind dazu Voraussetzung.
- **Steuerbar:** Der Benutzer soll die Anwendung steuern, nicht umgekehrt. Das heißt, dass Animationen abgebrochen und erneut gestartet werden können, dass es immer einen Weg zurück gibt und das bei Ton die Lautstärke reguliert werden kann.
- **Erwartungskonform:** Die Anwendung soll den Benutzer nicht überraschen. Konsistenz innerhalb der Anwendung ist daher Pflicht, aber auch die Berücksichtigung weit verbreiteter Konventionen.
- **Fehlertolerant:** Das System soll mit falschen Benutzereingaben umgehen können und bei Fehlern klare Rückmeldung geben. Der Korrekturaufwand für den Benutzer soll minimal sein.
- **Individualisierbar:** Der Benutzer soll die Möglichkeit haben, die Anwendung an sein Vorwissen bzw. an seine Vorlieben anzupassen. Üblicherweise wird das mit „Personalisierbarkeit" bezeichnet, z.B. indem eine Website die Voreinstellungen bzw. Angaben des Benutzers speichert, sodass er sie beim nächsten Besuch nicht erneut eingeben muss.
- **Lernförderlich:** Die Anwendung soll den Benutzer dabei unterstützen, den Umgang mit ihr schrittweise zu erlernen.

Die Norm gibt keine konkrete Anleitung, wie die Gebrauchstauglichkeit geprüft werden kann. Deshalb hat die DATech (Deutsche Akkreditierungsstelle Technik e.V.) ein Handbuch dazu erstellt: das „DATech-Prüfhandbuch Gebrauchstauglichkeit – Leitfaden für die software-ergonomische Evaluierung von Software-Erzeugnissen auf der Grundlage von DIN EN ISO 9241, Teile 10 und 11". Dieses ist jedoch extrem umfangreich und für nicht Geschulte kaum zu verwenden. Hilfestellung für alle, die nicht zu Experten werden möchten, gibt die Site von IBM (Links siehe *Anhang B, Link- und Literaturtipps*, ab Seite 415).

7.9.4 DIN 66234 – Bildschirmarbeitsplätze, Grundsätze ergonomischer Dialoggestaltung

Die DIN 66234 wurde in die gerade beschriebene DIN EN ISO 9241 eingearbeitet und ist daher nicht mehr relevant.

7.9.5 ISO 14915 – Software-Ergonomie für Multimedia-Benutzungschnittstellen

Hierbei wird besonders auf die Eigenheiten von Multimedia eingegangen – also etwa auf die Besonderheiten beim Umgang mit Animationen, Film und Ton, was bei den Normen, die sich auf Büro-Software beziehen, naturgemäß nicht vorkommt. Es finden sich Gestaltungsgrundsätze, Rahmenbedingungen und Empfehlungen zur Kombination von Medien, zur Steuerung/Navigation und zur Gestaltung.

7.9.6 DIN EN ISO 13407 – Benutzerorientierte Gestaltung interaktiver Systeme

Diese Norm beschreibt, wie Software entwickelt werden sollte. Kernpunkt dabei ist die Beteiligung der zukünftigen Nutzer. Deren Erwartungen und Ziele müssen von Anfang an berücksichtigt werden, um ein benutzerfreundliches System erstellen zu können.

Die Sicherung der Benutzerfreundlichkeit bei der Softwareproduktion wird oft als „Usability-Engineering" bezeichnet.

Die Entwicklung soll „iterativ" sein, das heißt, sie soll mehrere Zyklen von Test/Beurteilung und Verbesserung des Systems umfassen.

Wie das genau realisiert wird, dazu macht die Norm keine Angaben. Das Vorgehen kann von einer einfachen Befragung weniger potenzieller Benutzer bis zu ausführlichen Usability-Tests mit Prototypen reichen.

7.9.7 ISO/IEC 9126 – Software Engineering – Product Quality

Diese Norm legt Kriterien für die Messung von Softwarequalität fest. Softwarequalität definiert sie als die Eignung, die Aufgaben zu erfüllen, für die sie erstellt wurde.

Die Qualitätskriterien sind:

- **Funktionalität:** Die Anwendung muss technisch die Aufgaben angemessen und richtig erledigen.
- **Zuverlässigkeit:** Es sollen keine technischen Fehler auftreten, Benutzungsfehler sollen toleriert werden und leicht korrigierbar sein.
- **Verwendbarkeit:** Das System soll leicht verständlich und erlernbar sein.
- **Effizienz:** Die Aufgaben sollen angemessen schnell und mit möglichst wenig Verbrauch von Rechenzeit und Speicherplatz durchgeführt werden.
- **Pflegbarkeit:** Die Anwendung muss gut dokumentiert und im Ablauf leicht nachvollziehbar sein und muss sich problemlos ändern lassen.

- **Portierbarkeit:** Es soll möglich sein, das System an andere Gegebenheiten anzupassen und es gegebenenfalls auch zu ersetzen.

7.9.8 DIN ISO/IEC 12119 – Softwareerzeugnisse – Qualitätsanforderungen und Prüfbestimmungen

Diese Norm beschreibt Kriterien zur Softwarequalität, die vor allem Produktbeschreibung, Dokumentation und Prüfverfahren betreffen. Sie bezieht sich auf Software, die ausgeliefert bzw. verkauft wird, und ist für Websites weniger wichtig.

7.9.9 ISO 9000 und 9001

Diese bekannten Normen für Qualitätsmanagement sind für Software und insbesondere Websites nicht besonders relevant (das meint auch DATech – Deutsche Akkreditierungsstelle Technik e.V.). Sie beschreiben Vorgehensweisen für Organisationen, die durch eine Strukturierung ihrer Arbeitsprozesse die Qualität ihrer Produkte oder Dienstleistungen sicherstellen wollen.

7.9.10 Behindertengleichstellungsgesetz (BGG) und Barrierefreie Informationstechnik-Verordnung (BITV)

Diese verpflichten alle Behörden, barrierefreie Anwendungen für Mitarbeiter und Bürger einzusetzen. Dadurch soll Menschen mit Behinderungen der Zugang zu und die Arbeit bei öffentlichen Stellen ermöglicht werden.

Mehr zu den Anforderungen und der Umsetzung in der Praxis finden Sie in Kapitel 9.1, *Barrierefreiheit – Accessibility*, Seite 279.

7.9.11 Bildschirmarbeitsverordnung (BildscharbV) Verordnung über Sicherheit und Gesundheitsschutz bei der Arbeit an Bildschirmgeräten

Die Bildschirmarbeitsverordnung regelt hauptsächlich die Gestaltung eines Bildschirmarbeitsplatzes, weniger die von Anwendungen. Sie soll Arbeitnehmer vor Gesundheitsgefahren bei der Arbeit am Bildschirm schützen.

Allerdings finden sich auch hier Vorgaben für die Usability. Diese entsprechen weitgehend denen der DIN EN ISO 9241. Hinzu kommt allerdings die Vorschrift, dass ohne das Wissen des Benutzers keine Daten erhoben werden dürfen, die zu seiner Kontrolle dienen.

Die Verordnung ist anders als die Normen verpflichtend einzuhalten. Sie betrifft Arbeitgeber, die ihren Angestellten Software zur Verfügung stellen müssen, die diese Anforderungen erfüllt.

7.9.12 Fazit

Die erwähnten Normen und Richtlinien sind eine Orientierungshilfe für die Konzeption benutzerfreundlicher Websites und anderer Anwendungen. Sie geben sinnvolle Anregungen und sind daher eine lohnende, wenngleich etwas trockene Lektüre.

7.10 Wann Sie Usability besser ignorieren

Es gibt einige wenige Aspekte, bei denen die benutzerfreundlichste Lösung nicht die beste ist. Das liegt einfach an dem, was man erreichen möchte. Sie können sich auch einmal gegen die Usability entscheiden, doch Sie sollten das nur bewusst tun, nicht aus Bequemlichkeit oder Unwissen.

7.10.1 Benutzer wollen nicht die beste Lösung

Eine der wichtigsten Grundannahmen der Usability ist nicht immer richtig: Die Lösung mit der höchsten Usability ist die, die den größten Erfolg haben wird. Denn es spielen immer viele andere Faktoren mit. Dabei geht es nicht nur um das bessere Marketing, das coolere Markenimage oder die niedrigeren Preise, die dazu führen können, dass eine weniger benutzerfreundliche Lösung erfolgreicher ist.

Es geht vielmehr darum, dass in manchen Fällen Benutzer eine Anwendung lieben, gerade *weil* sie schwierig zu bedienen ist. Wer in einer größeren Firma noch mit dem alten Computersystem umgehen kann, hat oft seinen Kollegen etwas voraus. Sie stehen bewundernd daneben, wenn ein langjähriger Mitarbeiter kryptische Kommandos in eine Tastatur hackt, die an einem monochromen Bildschirm angeschlossen ist, und wenn er die ebenso kryptischen Ergebnisse zu deuten weiß. Wird nun ein neues System eingeführt, das jeder bedienen kann, trifft man nicht selten auf Ablehnung seitens solcher Veteranen.

Vergleichbar ist die Vorliebe von Programmierern für die Kommandozeile: Damit lassen sich in der Tat manche Aktionen sehr schnell durchführen, schneller als es mit grafischen Oberflächen möglich ist. Aber nicht zu vernachlässigen ist, dass dieses Können eine Auszeichnung ist und man sich damit von anderen abheben kann. Ist die Hürde zum Erlernen eines Systems hoch, kann das dazu führen, dass derjenige, der diese Hürde genommen hat, an dem System festhält. Dabei spielt das mit, was Psychologen „Kognitive Dissonanz" nennen. Vereinfacht gesagt denken wir: „Was mich so viel Mühe gekostet hat, muss gut sein!"

Ein letzter wichtiger Punkt: Den Benutzern gefällt mitunter die weniger gut benutzbare Lösung einfach besser. Andrew Swartz von der britischen Firma Serco Usability Services berichtet beispielsweise von einem Projekt, bei dem die Benutzer die unverständlichen Icons deutlich positiver bewerteten als die eindeutigen Text-Schaltflächen – obwohl ihnen klar war, dass sie schwieriger zu bedienen sind.

Es kann dennoch richtig sein, sich für die benutzerfreundlichere Variante zu entscheiden, weil die Benutzer im täglichen Umgang damit effizienter arbeiten. Diese Entscheidung kann aber auch dazu führen, dass die Benutzer das System nicht akzeptieren und ihre Effizienz im Umgang mit diesem daher deutlich geringer ist. Sie müssen in solchen Fällen abwägen, welche Lösung die größeren Vorteile bietet.

7.10.2 Betreiber wollen nicht die beste Lösung

Aber auch die Betreiber einer Website wollen nicht immer die beste Lösung. Einfachstes Beispiel: Wenn Sie einen Online-Shop haben, möchten Sie vermutlich lieber die teureren Produkte verkaufen. Daher kann es sinnvoll sein, diese bei Suchanfragen an erster Stelle zu platzieren. Dabei bewegen Sie sich aber auf dünnem Eis: Verärgern Sie einen Benutzer, wenn dieses Vorgehen allzu plump wirkt, oder sucht er ein bestimmtes Produkt, das er nicht finden kann, haben Sie einen (potenziellen) Kunden weniger.

Ähnlich ist die Lage, wenn Sie möglichst viele Kundenanfragen über Ihre Website abwickeln wollen. Das ist billiger, als ein großes Call-Center zu bezahlen. Deshalb sind Telefonnummern auf vielen großen Sites so schwer zu finden. Versuchen Sie einmal, die Telefonnummer von Amazon oder Microsoft auf deren Website herauszubekommen.

Aber es gibt auch Websites, die sich von ihrer Konkurrenz absetzen, indem sie als zusätzlichen Service ihre Telefonnummer groß herausstellen und teilweise sogar den kostenlosen Rückruf anbieten.

Wie so oft gilt also auch bei Usability: Sehen Sie sich die Fakten genau an, und entscheiden Sie dann, was in jedem speziellen Fall die Lösung ist, die den größten Erfolg für das Projekt verspricht. Auch wenn das im Einzelfall die weniger benutzerfreundliche Lösung sein mag.

7.11 Projektbeispiel Techcom.de – Usability-Tests

Für die Site von Techcom wurden zwei Testrunden angesetzt. Die erste fand zu Beginn der Feinkonzept-Phase statt. Hierbei wurde überprüft, ob die Benutzer die gewählten Begriffe für die Kategorien und die einzelnen Seiten verstanden. Die zweite Testrunde fand während der Umsetzungsphase statt. Hier wurde untersucht, ob die Korrekturen nach dem ersten Test die Probleme behoben hatten und ob der Inhalt ausgesuchter Seiten verstanden wurde.

Die erste Runde war ein Papierprototyp-Test. Hierbei skizzierte ich noch keine einzige Seite, sondern arbeitete nur mit Sitemaps, da ich nur die Informations-Architektur und die Begriffe testen wollte. An dem Test nahmen drei Personen teil, die nicht aus der Branche von Techcom kommen, aber von ihren Berufen her der Zielgruppe der Site entsprechen (zwei Ingenieure, eine Personalberaterin). In einzelnen Sitzungen legte ich den Testpersonen zunächst eine Sitemap vor, auf der nur die Hauptbereiche der Site eingezeichnet waren (siehe Abbildung 7.2).

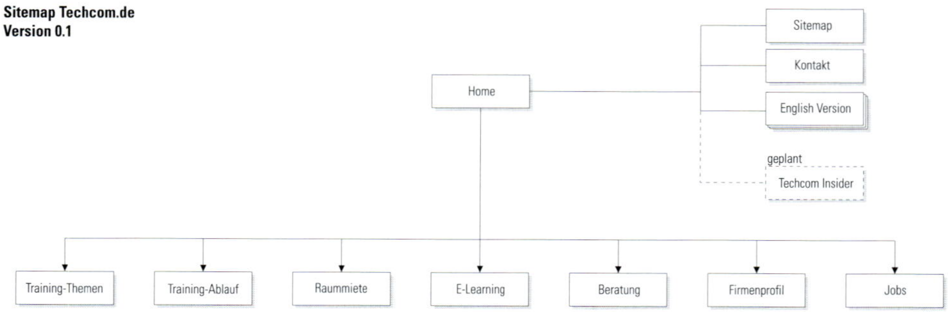

ABBILDUNG 7.2
Die Bereiche der Site, die den Testpersonen zunächst vorgestellt wurden

Ich erklärte, dass diese Bereiche die Schaltflächen einer Startseite sind. Ich bat die jeweilige Testperson sich vorzustellen, sie käme im Internet auf diese Site. Nun sollte sie mir sagen, was sie hinter den einzelnen Buttons erwarten würde. Weitere Informationen zur Firma oder Branche gab ich nicht.

7.11.1 Testergebnisse

Es zeigte sich, dass zwei Testpersonen nicht genau wussten, was mit „Training" gemeint war. Sie vermuteten, es könnten Schulungen sein oder auch persönliche Betreuung während der Arbeit (Coaching/Training on the job). Dieses Problem stellt sich auf der späteren Site wahrscheinlich nicht unbedingt, da die meisten Besucher kommen werden, um eine Schulung von Techcom zu buchen. Dennoch kann es sein, dass jemand auf der Suche nach einem Consultant auf die Site gelangt und noch nicht weiß, dass Techcom auch Schulungen anbietet.

Der Bereich „Raummiete" irritierte alle drei Teilnehmer. „Muss ich den Raum selbst mieten, wenn ich einen Kurs mache?", fragte ein Teilnehmer. Es war unklar, dass die Schulungsräume von Techcom vermietet werden, wenn sie nicht mit eigenen Kursen belegt sind.

Alle drei Teilnehmer konnten sich nicht vorstellen, was die Site unter „E-Learning" anbietet. Ein Teilnehmer erriet zwar die Bedeutung des Begriffs, er war aber allen dreien unbekannt. Das ist ein gutes Beispiel für Branchenblindheit. Ich war davon ausgegangen, dass inzwischen jeder dieses Wort kennt – doch weit gefehlt.

Was sich hinter „Beratung" verbirgt, war zwei Testpersonen unklar. Hier vermuteten sie, dass sie beraten würden, welche Kurse für sie die richtigen sind.

Einem Teilnehmer war der Begriff „Sitemap“ unbekannt. Das ist durchaus repräsentativ – nach einer Studie der Agentur *Die Argonauten* kennen 40 Prozent der Internet-Benutzer diesen Begriff nicht.

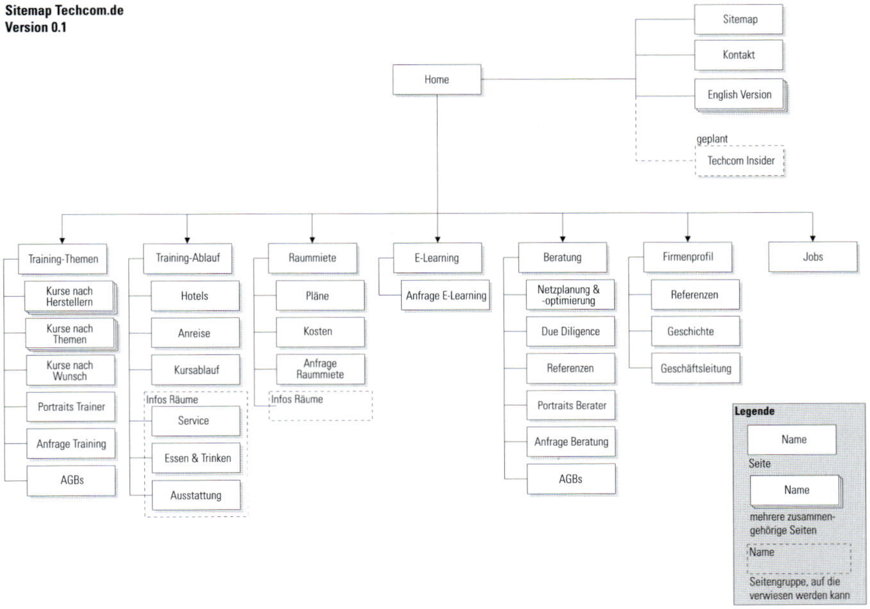

ABBILDUNG 7.3
Die komplette Sitemap, die den Testpersonen im zweiten Schritt vorgelegt wurde

Als nächsten Schritt der ersten Testrunde legte ich den Teilnehmern die gesamte Sitemap vor (siehe Abbildung 7.3). Ich bat sie nun, mir zu erzählen, was sie auf den Seiten mit diesen Titeln vermuten würden.

Ein Teilnehmer regte dabei an, im Bereich „Training“ eine Art Warenkorb oder Vormerkliste einzufügen. Auf diese sollte der Benutzer Kurse setzen können, um sie danach zusammen mit Titel, Termin, Preis und Kurzinhaltsangabe auszudrucken. Mit dieser Liste könnte man zu seinem Chef gehen und fragen, welchen Kurs man machen darf. Solche Ideen von Testpersonen sind viel wert, weil sie aus einem echten Benutzer-Bedürfnis entstanden sind. Benutzer, die selbst bestimmte Funktionen gerne hätten, zeigen Ihnen, wie Sie die Site noch nützlicher machen können.

Der Punkt „Ausstattung“ wurde von den drei Teilnehmern im Bereich „Training – Ablauf“ als unpassend empfunden. Er gehöre eher zu „Raummiete“. Die Informationen zu den Räumen sowohl bei „Training – Ablauf“ als auch bei „Raummiete“ unterzubringen wurde als verwirrend bewertet.

„Service“ wurde von allen Testpersonen als zu allgemein empfunden. Eine dachte, hier gehe es um den Service der Hotels.

7.11.2 Auswertung & Konsequenzen

Generell vermuteten die Testteilnehmer die richtigen Dinge hinter den Punkten, die ihnen präsentiert wurden. Ein paar Probleme waren aber so schwerwiegend, dass sie eine Überarbeitung erforderten (in Abbildung 7.4).

Die Einteilung in „Training – Themen", „Training – Ablauf" und „Raummiete" wird von den Benutzern nicht nachvollzogen. Deshalb fasste ich die Inhalte zu den Trainings in einem Bereich zusammen. Die Informationen über die Räume bekamen einen eigenen Punkt „Schulungszentrum". Hier ordnete ich auch die „Raummiete" ein. Dadurch wird klar, dass die Vermietung ein zusätzliches Angebot ist. Um dennoch möglichst prominent darauf hinzuweisen, sah ich dafür einen kurzen Text auf der Startseite vor (Teaser).

Der Begriff „Training" scheint nicht aussagekräftig genug zu sein. Hier ist nicht sofort klar, dass es sich um Schulungen handelt. Ich ersetzte ihn durch „Schulungen".

Statt „Beratung" wählte ich „Consulting". Zwar ist dieser Begriff englisch, was von den meisten Benutzern nicht so gern gesehen wird. Aber er macht klar, worum es in diesem Bereich geht. Das Missverständnis, hier werde der Benutzer beraten, welche Kurse für ihn geeignet sind, wird so vermieten. Außerdem ist „Consulting" Bestandteil des offiziellen Firmennamens (Techcom Consulting).

Für die Zukunft könnte auf der Site die von einem Teilnehmer angeregte Vormerkliste für verschiedene Kurse eingebaut werden. Diese ist ein Zusatznutzen, der das Buchen erleichtert. Es ist aber keine unbedingt notwendige Funktion und wird aufgrund des hohen technischen Aufwands auf eine spätere Überarbeitung verschoben.

ABBILDUNG 7.4

Die Sitemap nach der Überarbeitung

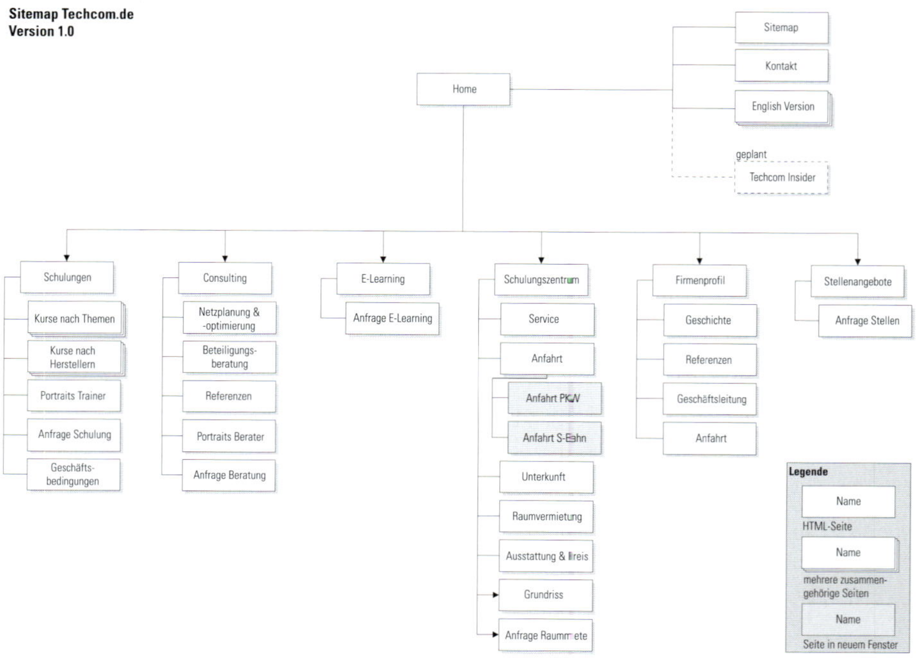

Auf der beiliegenden CD-ROM finden Sie das ausführliche Protokoll des Papierprototyp-Tests.

CD

In der zweiten Testrunde ließ ich die Testpersonen die Version der Site testen, wie sie zu diesem Zeitpunkt vorlag. Darin waren schon fast alle HTML-Seiten enthalten, und die meisten Funktionen waren benutzbar.

Um zu überprüfen, ob die Überarbeitung die Probleme gelöst hat, zeigte ich den Testpersonen (es waren andere als in der ersten Runde) die Startseite und bat sie wieder, mir zu sagen, was sie hinter den einzelnen Buttons vermuteten. Jetzt waren alle Begriffe klar, die grundsätzliche Informations-Architektur war also in Ordnung. Dann ließ ich die Testpersonen ausgewählte Seiten testen. Dabei kamen nur kleinere Probleme mit einzelnen Seiten zutage, die sich glücklicherweise mit wenig Aufwand beheben ließen.

Die Testaufgaben und das Protokoll finden Sie auf der beiliegenden CD-ROM.

CD

7.12 Projektbeispiel taz.de

7.12.1 Ausgangslage

Die *tageszeitung* (taz) war eine der ersten Publikationen und die erste deutsche Tageszeitung, die 1995 ins Internet ging.

Die Unabhängigkeit der Zeitung von großen Medienkonzernen und Anzeigenverkäufen wird entscheidend durch die taz-Genossenschaft gesichert. Deren Mitglieder stellen Kapital zur Verfügung, mit dem die taz wirtschaften kann. Um die Zeitung weiterzuentwickeln, werden laufend neue Genossen gesucht. Eine wichtige Anlaufstelle für die Interessenten ist die Website der taz.

Um herauszufinden, wie der Genossenschaftsbereich der Website verbessert werden kann, beauftragte mich die Genossenschaftsleitung mit einem Usability-Test. Der Rest der taz-Site wurde dabei nicht berücksichtigt.

7.12.2 Planung der Tests

Nach den Richtlinien für informelle Usability-Tests von Steve Krug genügt es, drei Personen eine Site testen zu lassen. Der bekannteste Usability-Experte Jakob Nielsen empfiehlt dagegen fünf Personen pro Testrunde. Um diese Aussagen an diesem Beispiel zu prüfen, testeten fünf Personen die Site.

7.12.3 Ablauf der Tests

Da der Hauptzweck des Genossenschaftsbereichs darin besteht, neue Mitglieder zu werben, wählte ich Testpersonen aus, die noch kein Mitglied der Genossenschaft sind.

Ich bat sie, sich auf der Website `www.taz.de` über die Bedingungen der Mitgliedschaft in der taz-Genossenschaft zu informieren. Weitere Vorgaben gab es nicht.

CD

Im Folgenden finden Sie eine Zusammenfassung der Ergebnisse. Die Aufzeichnungen zu den einzelnen Testsitzungen finden Sie im Dokument *Usability-Test Notizen Sitzungen.doc* auf der beiliegenden CD-ROM, eine detaillierte Beschreibung der Ergebnisse unter *Usability-Test Auswertung.doc.*

ABBILDUNG 7.5

Die erste Seite des Genossenschaftsbereichs von taz.de vor Test und Überarbeitung

ABBILDUNG 7.6

Die erste Seite nach der Überarbeitung. Die Navigation links ist recht breit, das nahmen wir in Kauf, um die Antworten auf die wichtigsten Fragen so schnell wie möglich zu bieten.

7.12.4 Zusammenfassung der Testergebnisse

Insgesamt hinterließ die Website keinen schlechten Eindruck, obwohl die Testpersonen einzelne Seiten relativ scharf kritisierten. Der prinzipiell gute Eindruck wird überdeckt von den Problemen, die bei der Informationsbeschaffung auftreten. Alle Testpersonen gaben nach der Sitzung an, einen Großteil der Informationen, die sie vor dem Beitritt zur Genossenschaft interessiert hätten, nicht gefunden zu haben. Nachdem aber genau dies ihre Aufgabe beim Test war, gaben sie teilweise recht schlechte Bewertungen ab. („Was ich rausfinden wollte, habe ich konkret nicht rausgefunden.“)

Insbesondere Folgendes wurde vermisst:

- Angaben, was genau mit der Kapitaleinlage gemacht wird,
- welche Vorteile man als Genosse genießt,
- wie viel des Geldes man wiederbekommt, ob es verzinst wird und ob die Einlage steuerlich absetzbar ist.

Gelobt wurden die schnellen Ladezeiten, der sparsame Einsatz von Werbung und die persönlichen Fotos.

7.12.5 Schlussfolgerung und Änderungsvorschläge

Ich empfahl neben kleineren Änderungen auf einzelnen Seiten, die Struktur des Genossenschaftsbereichs etwas umzubauen, die Seitentitel anzugleichen und ihre Darstellung so zu ändern, dass ersichtlich wird, auf welcher Seite man sich gerade befindet.

Die Reihenfolge der Seiten in der Navigation links sollte so sein, wie ein Interessent die Informationen erwartet. Nach einer kurzen Einführung auf der Startseite möchte er je nach Hintergrundwissen Informationen zur Geschichte der taz oder zur Genossenschaft selbst. Nachdem der Großteil der Interessenten vermutlich die taz recht gut kennt, empfahl ich, als zweiten Punkt die Seite über die Genossenschaft zu platzieren. Als Drittes könnte dann „So einfach werden Sie GenossIn“ stehen, gefolgt von der Prämienseite und der Bestellseite für die Broschüre.

Alle weiteren Informationen könnten in einen Hintergrund- oder Zusatzinformationsteil verlegt werden. Diesen könnte man beispielsweise mit einer einfachen Zwischenüberschrift „Hintergrund“ in der Navigationsleiste von den anderen Links abteilen.

Davon wiederum abgesetzt wäre dann der letzte Punkt, “email“. Die Begriffe für die thematisch zusammengehörigen Seiten empfahl ich einheitlich zu formulieren. Vorschlag:

- „Was ist die taz-Genossenschaft?“
- „Wie funktioniert die taz-Genossenschaft?“
- „Wie werde ich GenossIn?“

- „Was habe ich davon?" (Hier könnten nochmals die wichtigsten ideellen Vorteile erwähnt sein, gefolgt von den Prämien.)
- „Wie bekomme ich die Broschüre?"

Der Link "email" könnte eindeutiger beschriftet werden, da in der waagrechten Navigation oben rechts, direkt neben „taz-Genossenschaft", ein Link gleichen Namens steht, der jedoch ein Formular aufruft.

Um den Besuchern Orientierung zu geben, wo sie sich gerade auf der Site befinden, empfahl ich dringend, die Startseite auch in der Navigation an die erste Stelle zu setzen (dort steht bisher das „Editorial"). Außerdem ist es nicht nur unnötig, in der Navigation die aktuelle Seite zu verlinken, sondern es irritiert auch, da man so nicht sieht, wo man gerade ist. Es sollte die Verlinkung der jeweils aktuellen Seite entfernt werden (dann verschwindet auch die Unterstreichung).

Um die Orientierung weiter zu erleichtern, wäre es hilfreich, wenn alle Seiten als Überschrift auf der Seite denselben Titel tragen, der auch als Navigationseintrag verwendet wird. Das Gleiche gilt für das `TITLE`-Tag, das den Namen bestimmt, der in der Kopfzeile des Browserfensters erscheint.

7.12.6 Vergleich der Ergebnisse mit drei vs. fünf Testpersonen

Nach meiner Einschätzung sind die in den letzten zwei der fünf Tests gefundenen Probleme zwar nicht unwichtig, dennoch kamen keine gravierenden Dinge zutage, die sonst unentdeckt geblieben wären. Mit fast jedem weiteren Test findet man ein paar Kleinigkeiten, die zuvor noch nicht aufgefallen waren. Doch war es auch in diesem Fall so, dass die Ergebnisse mit drei Testpersonen fast genauso gut ausgefallen wären wie mit fünf – was Steve Krugs Meinung, drei Testpersonen seien genug, in diesem Fall bekräftigt. Eine detailliertere Auswertung finden Sie unter *Usability-Test Auswertung.doc* auf der beiliegenden CD-ROM.

CD

7.12.7 Überarbeitung der Site

Einige Zeit später wurde ich beauftragt, konkrete Vorschläge zur Überarbeitung des Genossenschaftsbereichs von `taz.de` auszuarbeiten, um die gefundenen Probleme zu beseitigen.

Ich änderte vor allem die Struktur der Navigation links, benannte die Links um und schrieb einige Seiten mit den Basisinformationen so um, dass die Interessenten diese schneller finden. Die Vorschläge wurden mit dem taz-Team diskutiert und angepasst und schließlich von diesem umgesetzt.

CD

Vergleichen Sie die beiden Versionen der HTML-Seiten auf der beiliegenden CD-ROM, um die genauen Unterschiede zu sehen!

ABBILDUNG 7.7

Die wichtigste Seite vor Test und Überarbeitung – hier entscheidet sich, ob die Interessenten den nächsten Schritt tun.

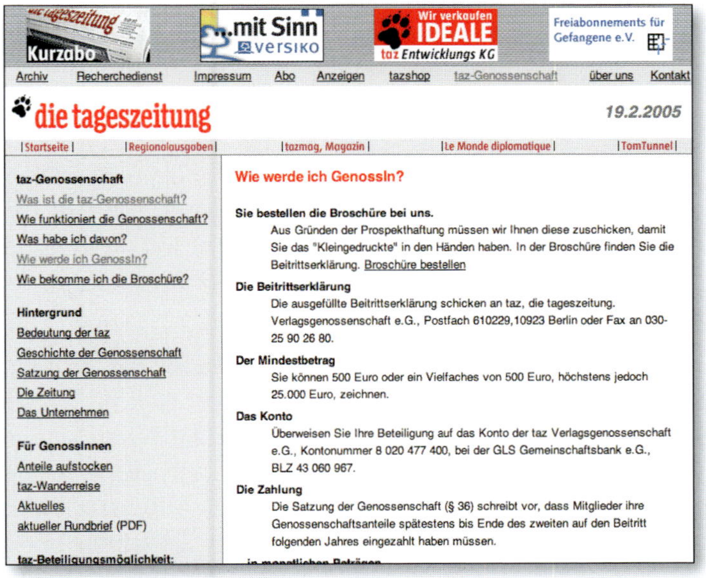

ABBILDUNG 7.8

Die gleiche Seite nach der Überarbeitung. Entsprechend den Ergebnissen nur leicht umgebaut, aber vor allem um den ersten, wichtigsten Absatz ergänzt.

Kapitel 8

Produktion Text

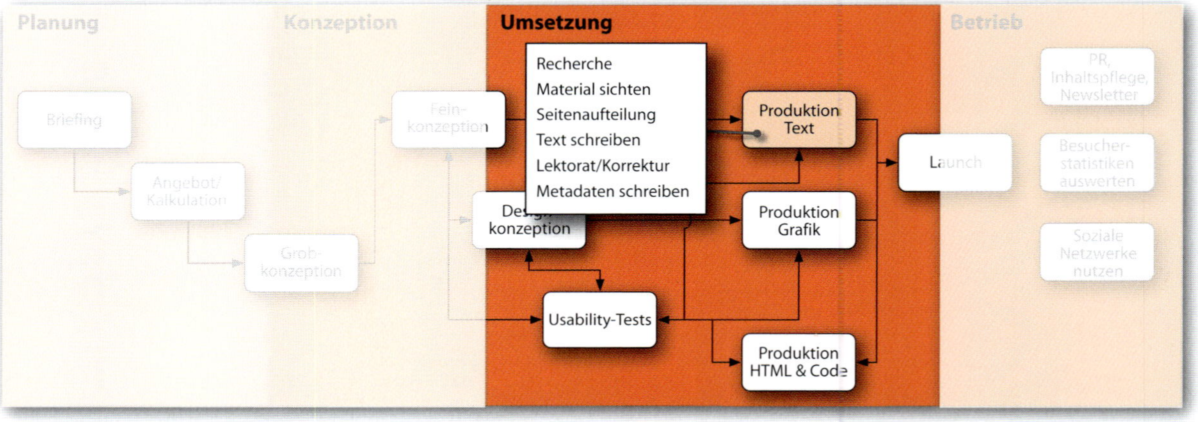

Nachdem Feinkonzept und Designkonzept abgenommen sind, geht es an die Umsetzung. Das ist bei allen größeren Projekten die Phase, die am längsten dauert. Hat der Konzepter sorgfältig gearbeitet, muss er selbst jetzt nicht mehr viel tun – es sei denn, seine Aufgabe ist es auch, die Texte für die Seiten zu schreiben, was meist der Fall ist. Aber auch, wenn Sie mit einem Texter zusammenarbeiten oder die Texte vom Kunden geliefert werden, sollten Sie diesen Abschnitt lesen. Denn auch Ihre anderen Texte werden besser, wenn Sie sich beim Schreiben an die folgenden Regeln halten.

Parallel zur Produktion des Textes läuft üblicherweise die der Grafik, und kurz darauf starten auch die HTML- und Code-Produktion.

8.1 Die Bedeutung von gutem Text

Wie bringen Sie die Besucher einer Website dazu, die Texte tatsächlich zu lesen? Dafür gibt es einige Regeln, die fast alle auf den Experimenten beruhen, die der Usability-Experte Jakob Nielsen schon 1997 mit einer amerikanischen Site durchgeführt hat. Es fehlte bisher an Untersuchungen für deutschsprachige Websites, die beweisen, dass Ihr Text gelesen wird, wenn Sie diese Regeln einhalten.

Daher führte ich eine eigene Studie dazu durch. Das Ergebnis war deutlich: Die Kaufbereitschaft von Besuchern einer Website lässt sich durch gute Texte um bis zu 50 Prozent steigern. Die Verbesserung des Textes steigerte zudem das Vertrauen in die Betreiber der Site um 12 Prozent, die positiven Gefühle der Besucher gegenüber der Site um 23 Prozent und die Einschätzung der Benutzerfreundlichkeit um 48 Prozent.

Als Argumentationshilfe finden Sie im Folgenden die wichtigsten Details.

8.1.1 Die Durchführung der Studie

Für diese Studie arbeiteten 121 Testpersonen mit je einer von fünf Text-Varianten einer Website – wobei sie nicht wussten, dass es speziell um den Text ging. Danach wurden sie gefragt, ob sie bei der dazugehörigen Firma kaufen würden. Bei der textlich am besten aufbereiteten Fassung wurde diese Frage von 50 Prozent der Teilnehmer mehr mit „ja" beantwortet als bei der Kontrollversion.

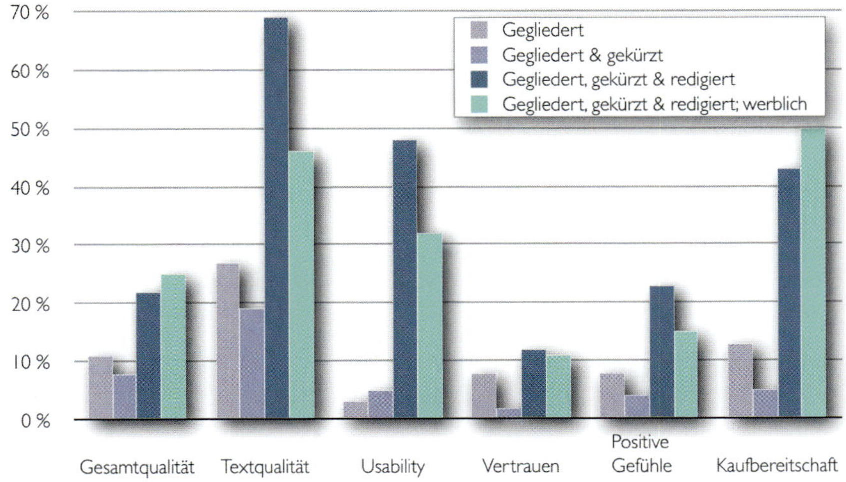

ABBILDUNG 8.1

Steigerung der Beurteilungen der Testversionen durch die Benutzer. Die Werte sind auf die Rohfassung bezogen (entspricht 0%).

Als Textobjekt diente die Site einer fiktiven mittelständischen Firma mit 79 Mitarbeitern, die für kleine und mittelgroße Büros Computer verkauft und wartet. Die Mitarbeiter und Geschäftsführer der Firma sind somit technik-affin und nutzen das Web täglich und selbstverständlich.

Die Zielgruppe der Site ist ebenfalls fit im Web, hat allerdings teilweise wenig Interesse an Technik: Die Firma hat sich vor allem auf Ärzte, Anwälte und auf kleine und mittlere Büros von Einzelhändlern spezialisiert.

8.1.2 Die fünf Testsites

Für den Test hatte ich fünf Varianten einer Website erstellt. Alle fünf bestehen aus 27 HTML-Seiten und haben dieselbe Struktur, Navigation und Grafik. Sie basieren auf einer tatsächlich eingesetzten Website einer solchen Firma, die mit Usability-Tests überprüft und daraufhin optimiert worden war. Damit sollte so weit wie möglich ausgeschlossen werden, dass Probleme gefunden werden, die nichts mit den Texten auf der Site zu tun haben.

Der Text der Rohfassung hat die Qualität, wie sie auf vielen Websites von Firmen dieser Größe üblich ist. Er entstand durch die Kombination von Texten, die von Kunden als Ausgangsbasis für Website-Inhalte geliefert wurden, und aus abgewandelten Texten, die so im Web zu finden sind.

Die Inhalte sind bei allen fünf Testversionen gleich, sie unterscheiden sich lediglich so:

- **Rohfassung:** lange Texte, viele Fachwörter, schlechter Sprachstil, kaum gegliedert
- **Gegliedert:** keine Textänderung; nur Gliederung durch Zwischenüberschriften, Aufteilung auf mehrere Absätze, Listen
- **Gegliedert & gekürzt:** Streichung von Wiederholungen (inhaltlich, Nebensätze, Wörter)
- **Gegliedert, gekürzt & redigiert:** Der Sprachstil wurde stark verbessert (aktiv, konkrete Formulierungen, kein Nominalstil, kurze Sätze, wenig Fachwörter).
- **Gegliedert, gekürzt & redigiert; werblich:** Text wie zuvor, nur mit mehr Superlativen und Übertreibungen („die allerbesten" etc.) und Überschriften, die werblich sind oder mit Wörtern spielen.

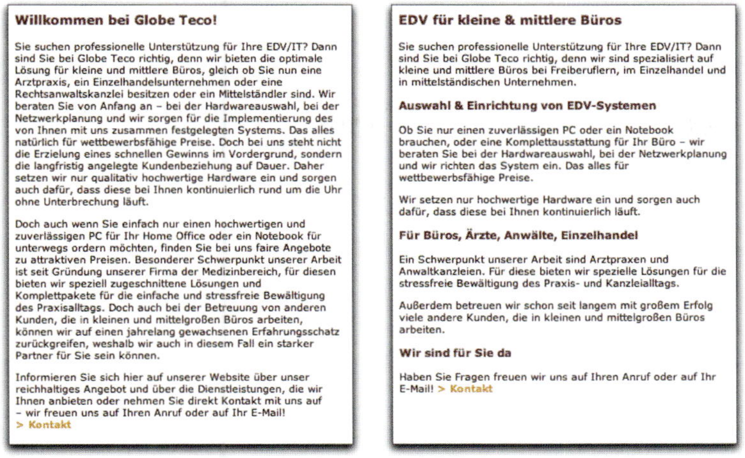

Willkommen bei Globe Teco!

Sie suchen professionelle Unterstützung für Ihre EDV/IT? Dann sind Sie bei Globe Teco richtig, denn wir bieten die optimale Lösung für kleine und mittlere Büros, gleich ob Sie nun eine Arztpraxis, ein Einzelhandelsunternehmen oder eine Rechtsanwaltskanzlei besitzen oder ein Mittelständler sind. Wir beraten Sie von Anfang an – bei der Hardwareauswahl, bei der Netzwerkplanung und wir sorgen für die Implementierung des von Ihnen mit uns zusammen festgelegten Systems. Das alles natürlich für wettbewerbsfähige Preise. Doch bei uns steht nicht die Erzielung eines schnellen Gewinns im Vordergrund, sondern die langfristig angelegte Kundenbeziehung auf Dauer. Daher setzen wir nur qualitativ hochwertige Hardware ein und sorgen auch dafür, dass diese bei Ihnen kontinuierlich rund um die Uhr ohne Unterbrechung läuft.

Doch auch wenn Sie einfach nur einen hochwertigen und zuverlässigen PC für Ihr Home Office oder ein Notebook für unterwegs ordern möchten, finden Sie bei uns faire Angebote zu attraktiven Preisen. Besonderer Schwerpunkt unserer Arbeit ist seit Gründung unserer Firma der Medizinbereich, für diesen bieten wir speziell zugeschnittene Lösungen und Komplettpakete für die einfache und stressfreie Bewältigung des Praxisalltags. Doch auch bei der Betreuung von anderen Kunden, die in kleinen und mittelgroßen Büros arbeiten, können wir auf einen jahrelang gewachsenen Erfahrungsschatz zurückgreifen, weshalb wir auch in diesem Fall ein starker Partner für Sie sein können.

Informieren Sie sich hier auf unserer Website über unser reichhaltiges Angebot und über die Dienstleistungen, die wir Ihnen anbieten oder nehmen Sie direkt Kontakt mit uns auf – wir freuen uns auf Ihren Anruf oder auf Ihr E-Mail! > Kontakt

EDV für kleine & mittlere Büros

Sie suchen professionelle Unterstützung für Ihre EDV/IT? Dann sind Sie bei Globe Teco richtig, denn wir sind spezialisiert auf kleine und mittlere Büros bei Freiberuflern, im Einzelhandel und in mittelständischen Unternehmen.

Auswahl & Einrichtung von EDV-Systemen

Ob Sie nur einen zuverlässigen PC oder ein Notebook brauchen, oder eine Komplettausstattung für Ihr Büro – wir beraten Sie bei der Hardwareauswahl, bei der Netzwerkplanung und wir richten das System ein. Das alles für wettbewerbsfähige Preise.

Wir setzen nur hochwertige Hardware ein und sorgen auch dafür, dass diese bei Ihnen kontinuierlich läuft.

Für Büros, Ärzte, Anwälte, Einzelhandel

Ein Schwerpunkt unserer Arbeit sind Arztpraxen und Anwaltkanzleien. Für diese bieten wir spezielle Lösungen für die stressfreie Bewältigung des Praxis- und Kanzleialltags.

Außerdem betreuen wir schon seit langem mit großem Erfolg viele andere Kunden, die in kleinen und mittelgroßen Büros arbeiten.

Wir sind für Sie da

Haben Sie Fragen freuen wir uns auf Ihren Anruf oder auf Ihr E-Mail! > Kontakt

ABBILDUNG 8.2

Der Text auf der Homepage der Testsite in der Rohfassung (links) und mit gegliedertem, gekürztem und redigiertem Text (rechts).

Die absolute Textmenge unterscheidet sich nicht stark. Die gegliederte, gekürzte und redigierte Version hat insgesamt 78 Prozent der Zeichen und 80 Prozent der Wörter der Rohfassung.

CD

Die gesamte Studie finden Sie auf der beiliegenden CD-ROM, weitere Informationen auch bei `www.benutzerfreun.de`.

Die Ergebnisse hätten sich sicher noch weiter verbessern lassen, wenn ich Inhalte gekürzt hätte, und weiterhin, wenn ich die Struktur der Site noch geändert hätte, und z.B. ganze Seiten weggelassen hätte. Um die Fassungen besser vergleichen zu können, habe ich das für die Untersuchung nicht getan – für eine noch erfolgreichere Site sollten Sie das aber bei Ihrer Website tun.

Im nächsten Teil dieses Kapitels geht es nun um genau die Regeln, die für erfolgreiche Texte sorgen.

8.2 Texten für den Bildschirm

Schreiben kann in unserer Branche jeder. Doch das meiste, was im Internet zu lesen ist, ist nur hingeschrieben, nicht aber durchdacht. Wie bei der Konzeption der Site gilt: Nehmen Sie dem Benutzer so viel Arbeit wie möglich ab. Bereiten Sie den Text mediengerecht auf. Selbst wenn die Broschüren Ihres Auftraggebers von Profis geschrieben wurden, können Sie diese nicht einfach übernehmen. Im Internet gelten andere Regeln. Der Text muss hier kürzer sein, deutlicher strukturiert, und er sollte für sich stehen können. Denn Sie wissen nie, wie der Benutzer auf die Seite kommt. Er kann z. B. über eine Suchmaschine dorthin gelangen. Auch dann sollte er ungefähr erfassen, worum es geht – ohne die vorhergehenden Seiten lesen zu müssen. Und er sollte die Möglichkeit haben, bei Interesse zu weiteren Informationen zu gelangen.

8.2.1 Schreibstil

Auch beim Schreiben des Textes sollte Ihr erster Gedanke der Zielgruppe gelten. Die Benutzer müssen den Text nicht nur verstehen, sondern sein Stil muss ihnen auch gefallen. Eine Site für Freunde klassischer Musik, deren Texte in Jugendsprache geschrieben sind, kann sehr erfolgreich sein – wenn Gestaltung und Inhalt ebenfalls an die jugendliche Zielgruppe angepasst sind. Sind Erscheinungsbild und Inhalt dagegen seriös aufgemacht, wird sich weder die Zielgruppe der ernsthaften, älteren Klassikliebhaber angesprochen fühlen noch das junge Publikum.

Lernen Sie die Sprache Ihrer Zielgruppe.

Wenn Sie wissen wollen, welche Sprache Ihre Zielgruppe spricht, kaufen Sie sich Zeitschriften, die für sie gemacht sind, oder sehen Sie sich Fernsehsendungen für sie an. Analysieren Sie die Satzlänge, Satztypen, den Gebrauch von Fremd- und Modewörtern, die Verwendung von Übertreibungen, Ironie oder Sarkasmus. Setzen Sie aber nur das davon ein, von dem Sie sich sicher sind, dass Sie es auch perfekt beherrschen. Wenn Sie eine Website für Jugendliche machen und da alles „dufte" und „cool" bzw. „ätzend" finden, outen Sie sich schnell als Outsider. Das wirkt anbiedernd. Fragen Sie lieber jemanden, der selbst in der Szene ist, oder verzichten Sie auf Szene-Sprache. Ein neutraler Stil ist besser als ein Stil, dem man anmerkt, dass er nur nachgemacht ist.

8.2.2 Wortwahl

Jeder Text besteht aus Wörtern. Und bei diesen sollten Sie mit der Sorgfalt beginnen. Benutzen Sie möglichst einfache Wörter. Bevor Sie ein Fremdwort verwenden, halten Sie inne und überlegen Sie: Weiß ich selbst, was es genau bedeutet? Falls nein, verwenden Sie ein anderes Wort (z B. „unvergleichbar" statt „inkommensurabel"). Lässt es sich durch ein deutsches Wort ersetzen? Wenn ja, tun Sie es (z B. „Konsequenz" durch „Folge"). Wissen meine Leser, was das Wort bedeutet? Falls nicht, erklären Sie es.

Auch Fachleute haben nichts dagegen, wenn Sie verständlich schreiben. Wo immer es ein einfacheres Wort gibt, verwenden Sie es.

Vermeiden Sie Jargon. Vor allem sollten Sie sich vor in Firmen üblichen Begriffen hüten. Außenstehende wissen damit meist nichts anzufangen. Wenn die „Fachabteilung für Unternehmenskommunikation, Marketing und Öffentlichkeitsarbeit" für die Werbung zuständig ist, dann schreiben Sie auch „Werbung", und verzichten Sie auf das Begriffsungetüm. Auch technische Ausdrücke sollten Sie mit Vorsicht einsetzen. „Browser" wird wohl jeder im Internet verstehen, aber mit „Protokoll" oder „Cookie" kann man einige Benutzer schon überfordern.

Abkürzungen sollten Sie prinzipiell ausschreiben. Der Text wird dadurch leichter lesbar (Kilometer statt km, Euro statt €, Prozent statt %). Ausgenommen davon sind Tabellen und Listen, hier sind Abkürzungen sinnvoll, weil sie die strukturierten Informationen übersichtlicher machen. Es gibt Abkürzungen, die zum stehenden Begriff geworden sind, die Sie aber sicherheitshalber beim ersten Auftreten erklären sollten (zum Beispiel W3C – World Wide Web Consortium). Das erste Auftreten heißt im Web: das erste Auftreten auf jeder einzelnen Seite. Denn Sie wissen nie, von wo der

Benutzer kommt. Es nützt nichts, wenn Sie die Abkürzung auf der Startseite erklären und der Benutzer über eine Suchmaschine direkt auf eine Unterseite gelangt.

Zahlen werden bis einschließlich zwölf ausgeschrieben, das fördert die Lesbarkeit. Ausnahme: Sie bringen mehrere Zahlen hintereinander, die teilweise größer, teilweise kleiner als zwölf sind. Dann sollten Sie sich auf eine Schreibweise festlegen („2 Prozent der Teilnehmer waren unzufrieden, 59 Prozent würden wiederkommen").

Geben Sie sich bei schwer auszudrückenden Dingen nicht mit dem erstbesten Wort zufrieden, sondern suchen Sie eines, das wirklich passt. Versuchen Sie nicht, sich mit Anführungszeichen aus der Affäre zu ziehen. Diese sind nur für das Anführen, also Zitieren von Wörtern gedacht, und nicht dazu, dass man Ihnen ein Wort durchgehen lässt, von dem Sie sich durch die Anführungszeichen gleich distanzieren. Schreiben Sie also nicht:

Auch die Sprache einer Site muss benutzerfreundlich sein. Machen Sie sich die Mühe, das richtige Wort zu finden, und ersparen Sie den Benutzern die Mühe zu erraten, was gemeint ist.

Diese Site ist „cool".

Sondern stehen Sie entweder zur Umgangssprache:

Diese Site ist cool!

Oder finden Sie eine passende Beschreibung:

Diese Site hat ein gutes und zeitgemäßes Design.

Je präziser ein Wort ist, desto besser. Achten Sie darauf, dass Sie alle Informationen weitergeben, die Sie haben. Nehmen Sie den Satz „Das Modell xy ist besser." Warum ist es besser? Ist es billiger, ist es langlebiger, ist es schneller? Verraten Sie dem Leser, was Sie wissen!

8.2.3 Worte wählen, die die Benutzer wollen

Ein wichtiges Konzept für die Wortwahl ist das der „Carewords" (Schlüsselwörter). Dieser Begriff stammt von meinem Kollegen Gerry McGovern, der seit 1994 Firmen beim Texten für das Web berät. McGovern hat bei vielen Tests und Überarbeitungen von Seiten festgestellt, dass wir im Web stark auf Schlüsselwörter reagieren. Wenn wir z. B. auf der Suche nach einem billigen Aktien-Depot sind, halten wir mehr oder weniger bewusst Ausschau nach „Depot", „Aktien", „billig", „Kosten" etc. Selten lesen wir den ganzen Text einer Seite, zunächst überfliegen wir sie, um zu sehen, ob sie die von uns gerade benötigten Informationen enthält.

ABBILDUNG 8.3

So „sehen" wir Text im Web. Die Schlüsselwörter, nach denen wir suchen, springen ins Auge, der Rest wird ausgeblendet.

Achten Sie also darauf, dass in Ihren Texten die richtigen Schlüsselwörter auftauchen, und zwar möglichst früh. Am besten in den Überschriften oder zumindest ganz vorn im ersten Satz eines Absatzes.

Auch sollten Sie Ihren Besuchern auf der Site immer mit Schlüsselwörtern den Hinweis geben, wie sie zu den Informationen gelangen, die sie gerade suchen. Insbesondere für Navigationselemente und Links sind die Schlüsselwörter daher besonders wichtig. Jakob Nielsen und Jared Spool sprechen hier vom *Scent of Information*, also von dem Geruch, der Fährte der Information. Wir sind im Web also immer auf der Suche nach Informationen, spüren die wichtigen Schlüsselwörter auf und jagen ihnen nach, solange wir das Gefühl haben, auf der richtigen Spur zu sein. Erst wenn wir daran zweifeln, weil die Schlüsselwörter fehlen, stöbern wir auf der ganzen Seite herum und suchen etwas intensiver.

Je weiter vorn auf Ihrer Site Ihre Besucher sind, desto wichtiger sind die Schlüsselwörter. Gerade am Anfang müssen Sie ihnen schnell das Gefühl geben, bei Ihnen richtig zu sein. Hat sich jemand schon länger mit einer Site beschäftigt, ist er meist schon überzeugt, hier das Richtige finden zu können, und nimmt sich auch etwas mehr Zeit. Legen Sie also den Schwerpunkt der Schlüsselwort-Optimierung auf die Seiten, die die meisten Besucher als Erste sehen werden.

Die richtigen Schlüsselwörter finden

Wie kommt man nun auf die passenden Schlüsselwörter? Oft hilft hier ein Blick in die Logfiles der Suchmaschinen. Haben Sie eine eigene auf Ihrer Site, sehen Sie nach, welche Begriffe die Benutzer eingeben. Falls nicht, sehen Sie nach, welche Begriffe aus Ihrer Branche auf Google und Co. am häufigsten gesucht werden. Dabei werden Sie herausfinden, dass die Wörter nicht unbedingt schön sind, und Sie diese vielleicht bisher immer vermieden haben: Man sucht nach „Depot billig“ oder „Depot kostenlos“, nicht nach einem „kostengünstigen Depot“. Die Wörter sind spezifisch, also sucht man etwa nach „Festgeld hohe Zinsen“, nicht nach einer „ertragsstarken Geldanlagemöglichkeit“.

Suchen Sie auch selbst nach Synonymen, und tragen Sie alle Begriffe zusammen, die zum engeren Themenkreis der wichtigen Seiten gehören. Überlegen Sie immer dabei, was Ihre Benutzer auf der Site wollen, wonach sie suchen.

Das alles heißt jetzt nicht, dass Sie auf Ihren Seiten nur noch die Schlüsselwörter verwenden sollten. Aber Sie sollten diese auf jeden Fall kennen und sie nach Möglichkeit an gut sichtbaren Stellen auf der Seite platzieren. Damit sorgen Sie sowohl dafür, dass die Seite mit den Suchmaschinen gefunden wird, als auch dafür, dass die Benutzer sofort sehen, dass sie auf der richtigen Seite gelandet sind. Bei der Suche nach Informationen arbeitet die Suchmaschine in unserem Kopf im Wesentlichen genau so wie eine Internet-Suchmaschine wie Google: Zunächst einmal wird jede Seite nach Schlüsselwörtern durchkämmt, erst danach geht es weiter.

8.2.4 Satzbau

Bilden Sie kurze Sätze. Das Lesen am Bildschirm ist anstrengend genug. Verschachteln Sie die Sätze nicht unnötig. Je weniger Kommata, desto besser. Das bedeutet aber nicht, dass Sie nur Hauptsätze verwenden dürfen. Texte wirken schnell langweilig, wenn ein Hauptsatz an den anderen gereiht ist. Denn das ist nicht schön. Ein Satz am anderen. Das wirkt kurzatmig. Der Leser gerät dabei förmlich selbst außer Atem. Achten Sie darauf, Ihre Leser nicht zu unterfordern, und bringen Sie etwas Abwechslung in den Satzbau.

Vermeiden Sie auf jeden Fall den Nominalstil.

Die Aufnahme der vom Autor gebrachten Inhalte wird durch die Verkomplizierung einer nicht unerheblichen Gefährdung ausgesetzt“.

So eine Formulierung ist Quatsch. Schreiben Sie lieber:

Wenn der Autor sich kompliziert ausdrückt, versteht niemand, was er meint.

Verbannen Sie das Passiv.

Meiden Sie das Passiv. Es arbeitet übrigens auch Hand in Hand mit dem Nominalstil:

Durch die Verkürzung der Frist wird die Abgabe verschoben.

Das bedeutet:

Wenn Sie die Frist verkürzen, verschieben wir die Abgabe.

Denken Sie immer daran: Wer macht etwas? Meistens gibt es jemanden, der handelt. Die wenigsten Dinge passieren von allein. Ein aktiver Stil ist nicht nur angenehmer zu lesen, er zwingt Sie als Schreiber dazu, darüber nachzudenken, wer etwas getan hat. Damit liefern Sie dem Leser mehr Informationen mit fast genauso vielen Wörtern.

8.2.5 Inhalt und Struktur

Wenn Sie Text für das Web schreiben, sollten Sie als Erstes die Struktur von Schulaufsätzen vergessen. Denn damit locken Sie keinen Kunden und erst recht keinen Internet-Surfer hinter dem Ofen hervor. Nach dem Schema Standpunkt-Gegenstandpunkt-Synthese (Zusammenfassung und Begründung eines Urteils) können Sie nur vorgehen, wenn Sie Deutschlehrer beeindrucken wollen.

Kurz und gut

Die erste Regel für Texte, die am Bildschirm gelesen werden, lautet: Kürzen! Als ganz grobe Faustregel gilt, dass Leser vom selben Text am Bildschirm nur ein Drittel dessen lesen, was sie in Papierform gelesen hätten. Der amerikanische Konzepter und Buchautor Steve Krug meint sogar: Streichen Sie die Hälfte der Wörter auf jeder Seite, und kürzen Sie dann den Rest um die Hälfte!

Kürzen ist Arbeit. Sie sollten sich diese Arbeit machen, damit der Benutzer sich nicht die Arbeit machen muss, die Inhalte aus Ihrer Prosa herauszuschälen. Die meisten Benutzer werden Ihnen diesen Gefallen nicht tun, sondern die Seite einfach wegklicken.

✓ Trauen Sie sich zu streichen! Viele Wörter sind überflüssig.

Umständliche Formulierungen und überflüssige Erklärungen sind die Hauptgründe für aufgeblähte Seiten. Danach kommen Blähwörter, die keine Information beisteuern, sondern im Gegenteil Unsicherheit verbreiten, da sie klare Aussagen abschwächen. Haben Sie keine Angst vor klaren Aussagen, und glauben Sie nicht, dass solche Bläh- oder Füllwörter für einen guten Sprachfluss nötig wären.

Beliebte Blähwörter sind:

in etwa	irgendwie	sowieso	ja	ganz
viel	sehr	etwas	eigentlich	nämlich
übrigens	also	auch	noch	demnach
(nicht) wirklich	außerdem	durchaus	in gewisser Weise	schon

Der Einstieg zählt

Versuchen Sie, die Texte möglichst spannend zu schreiben. Beginnen Sie mit etwas, das den Benutzer interessieren könnte. Ein Beispiel, eine Anekdote (aber Vorsicht bei Witzen! Sie wissen nicht, ob alle den gleichen Humor haben) oder eine interessante Untersuchung sind beliebte Einstiegsmöglichkeiten. Wie beim Boulevard-Journalismus müssen Sie versuchen, die Aufmerksamkeit des Lesers vom ersten Moment an zu fesseln. Gelingt Ihnen das, wird er weiterlesen und vielleicht länger auf der Site bleiben.

Die ersten Sätze bestimmen, ob ein Text gelesen wird. Schreiben Sie diese dementsprechend spannend.

Vorsicht bei Zitaten aus der Firmenbroschüre, die sich leider immer noch auf so mancher Startseite finden.

Firma xy ist Marktführer auf ihrem Gebiet. Unsere Mission ist es, Tools zur Verfügung zu stellen, die Anwendern helfen, die täglich anfallenden Aufgaben schnell und zuverlässig zu erledigen. Dazu bieten wir tatkräftige Unterstützung in allen Bereichen. …

Mit 36 Wörtern wurde nichts gesagt. Marketing-Sprache tendiert oft dazu, immer wieder dieselben Begriffe zu verwenden, die wenig aussagen, weil sie schon so oft verwendet wurden. Einfache Wörter nutzen sich nicht ab. Hohl dagegen klingen Wörter und Wendungen wie „Marktführer", „Tools", „zur Verfügung stellen", „anfallende Aufgaben", „zuverlässig", „tatkräftige Unterstützung".

Versetzen Sie sich wieder in den Benutzer hinein: Was interessiert ihn wirklich? Denkbar wäre folgender Einstieg:

Haben Sie sich schon einmal darüber geärgert, dass Sie drei Programme lernen müssen, um Text, Grafik und Präsentationen zu erstellen? Mit xy wird alles einfacher. …

Hier wird der Benutzer direkt angesprochen. Ein Problem, das er kennt, wird erwähnt, sodass er denkt: „Ja!" – ein billiger, aber wirkungsvoller Trick, um ihn zum Weiterlesen zu bringen.

Das Wichtigste zuerst & WWWWWWW

Bei der Struktur von informierenden Seiten helfen Ihnen die Grundregeln für journalistische Texte: Jeder Artikel sollte mit dem Wichtigsten beginnen. Alle folgenden Fakten sind nach abnehmender Wichtigkeit sortiert. Der erste Satz sollte als Kurzzusammenfassung des Artikels verwendet werden können. Aber übertreiben Sie es nicht. Überfrachten Sie den ersten Satz nicht. Machen Sie lieber mehrere daraus, wenn es so viel zu sagen gibt.

Beantworten Sie die „Sieben Ws“:

- Wer?
- Was?
- Wo?
- Wann?
- Wie?
- Warum?
- Woher?

Seien Sie dabei so genau wie möglich, aber schwafeln Sie nicht. Nicht jeder Text muss alle Ws beantworten. Bei der Beschreibung eines Produktes im Katalog auf einer Einkaufssite brauchen Sie nicht anzugeben, warum Sie es verkaufen. Aber Sie können angeben, warum der Besucher es kaufen sollte, was es ihm bringt.

Lebendig schreiben

Der Reportage-Stil eignet sich nicht für alle Sites, kann aber das Lesevergnügen deutlich steigern.

Bringen Sie Leben in Ihre Texte. Der erste Schritt dazu ist, das Passiv zu vermeiden und den Leser wo immer möglich direkt anzusprechen. Schreiben Sie nicht: „Wird der Start-Button gedrückt, …“, sondern „Klicken Sie auf den Start-Button …“ oder „Wenn Sie den Start-Button klicken, …“. Aber Sie können noch mehr. Versuchen Sie, kleine Geschichten zu erzählen. Bauen Sie Spannung auf, wenn sich das Thema dazu anbietet. In einem Text über Brückenbau finden Sie folgenden Abschnitt, den Sie einbauen sollen:

So wurde im Jahre 1850 von einer im Gleichschritt marschierenden Gruppe von 226 Soldaten eine Brücke in Frankreich zum Einsturz gebracht.

Das eignet sich wunderbar für eine kleine Geschichte. Sie könnte so beginnen:

Im Jahr 1850 marschierten 226 Soldaten über die Brücke in …

Hier wäre es schön, ein paar weitere Fakten zu kennen. Wohin gingen die Soldaten? Wo genau passierte es? Was passierte mit ihnen? Hatte der Unfall Folgen? Dadurch gewinnt die Geschichte.

Aber auch an sich wenig interessante Themen können Sie spannend aufbereiten. Als Beispiel für eine Kommaregel könnte man schreiben:

Ohne sich zu räuspern(,) sprach er weiter.

Der Duden-Newsletter brachte dagegen folgenden Satz:

Ohne mit der Wimper zu zucken(,) kippte sie das Zeug in die Geranien.

Dieser Satz ist so aus dem Zusammenhang gerissen überraschend, man fragt sich, um welches Zeug es geht, und warum die Person es weggegossen hat – im Kopf des Lesers entsteht so eine kleine Geschichte.

Werden Sie so konkret wie möglich. Wenn Sie etwa die Vorteile eines Unternehmens oder eines Produkts darstellen, sagen Sie nicht einfach, dass es hervorragend ist („Wir bieten Handwerkern perfekten Buchhaltungsservice“) – beweisen Sie es. Zum Beispiel, indem Sie die Vorteile aus Kundensicht beschreiben. („Im letzten Jahr haben wir 47 Handwerksbetrieben geholfen, ihre Buchhaltung in den Griff zu bekommen. Sie haben jetzt wieder genug Zeit für ihre Kunden. Und vom Finanzamt gibt es auch mehr zurück.“)

Führen Sie auch Referenzen an. („Herbert Niederhuber aus Plattling schrieb uns: ‚Super! Jetzt muss ich nicht jeden Monat ein schlechtes Gewissen haben, bis ich den Papierkram hab'. Besonders gut finde ich, dass ich immer anrufen kann, wenn ich eine Frage habe.‘“)

Positive Gefühle wecken

Lassen Sie den Benutzer möglichst nicht mit trockenen Informationen allein. Zeigen Sie ihm auf, was die erwähnten Dinge für ihn persönlich bedeuten, was er damit machen kann. Versuchen Sie, den Besucher an die Hand zu nehmen, ohne ihn zu bevormunden. Aktive Formulierungen, eine positive Darstellung und die direkte Ansprache des Besuchers helfen Ihnen dabei. Statt

Das Projekt darf nicht so angelegt werden: ...

können Sie schreiben:

Legen Sie das Projekt so an: ...

8.2.6 Rechtschreibung und Grammatik

Eigentlich ist es selbstverständlich: In Ihren Texten dürfen keine Rechtschreibfehler sein, und Sie sollten sich an die Regeln der Grammatik und Zeichensetzung halten. Dennoch finden sich auf Internet-Seiten mehr Fehler als in gedruckten Texten. Nur weil Texte im Web schneller zu korrigieren sind, heißt es nicht, dass Sie hier weniger Sorgfalt aufwenden sollten.

Rechtschreibung ist nicht Kür, sondern Pflicht. Tippfehler können das Vertrauen in die Zuverlässigkeit der Informationen auf der Site erschüttern.

Überprüfen Sie jeden Satz unbedingt, bevor Sie ihn online stellen. Wenn Sie wenig Zeit haben und Ihnen niemand Korrektur liest, kopieren Sie den Text am besten auch bei kleinsten Änderungen aus dem HTML-Editor in Ihre Textverarbeitung und machen dort eine Rechtschreibprüfung. Damit finden Sie zumindest die verdrehten und vergessenen Buchstaben, die man so oft in seinen eigenen Texten übersieht.

Besser ist es, einen unbeteiligten Kollegen um das Korrekturlesen zu bitten oder sogar ein Korrekturbüro/Lektorat einzuschalten.

Achten Sie darauf, dass Begriffe, die mehrfach auftauchen, immer gleich geschrieben sind. Schreiben Sie zum Beispiel immer „E-Mail", nicht ab und zu „eMail" oder „Mail"; oder immer „Abschicken", nicht gelegentlich „Schicken", „Senden" oder „Versenden".

8.2.7 Ordnung hilft dem Leser

Titel

Jede Seite hat einen Titel verdient. Sorgen Sie dafür, dass das <TITLE>-Tag ausgefüllt ist. Er bestimmt den Titel in der Fensterleiste des Browsers und den Namen, unter dem die Seite als Bookmark/Favorit gespeichert wird. Suchmaschinen verwenden diesen Titel, um die Ergebnisse anzuzeigen. Deshalb sollte jede Seite im Titel den Namen der Firma bzw. des Produkts enthalten.

Verzichten Sie auf Artikel und wenig aussagekräftige Wörter im Titel. „Das ist die Site von …" ist ebenso ungeeignet wie „Willkommen auf den Seiten von …". Wenn potenzielle Besucher die Liste mit Treffern in einer Suchmaschine überfliegen, ignorieren sie solche Seiten meist.

Optische Gliederung

Überschriften auf der Seite helfen dem Benutzer, die Seite auf einen Blick einzuordnen. Deshalb gehört mit wenigen Ausnahmen auf jede Seite mit einem längeren Text eine Überschrift. Diese sollte auch möglichst aussagekräftig sein, es sei denn, Sie wollen den Benutzer durch eine provokante Frage oder einen anderen Trick zum Weiterlesen verführen. Das klappt im Web aber deutlich seltener als in Zeitungen oder Zeitschriften.

Strukturieren Sie den Text auch optisch. Jeder neue Gedanke bekommt seinen einen eigenen Absatz. Das lockert den Text auf und signalisiert dem Leser einen inhaltlichen Abschnitt. Er hält den Bruchteil einer Sekunde inne, was seinem Gedächtnis die Aufnahme des Gelesenen erleichtert.

Längere Texte gliedern Sie durch Zwischenüberschriften. Diese beschreiben im Idealfall den Inhalt der folgenden Abschnitte. Auch hier dürfen Sie versuchen, den Benutzer neugierig zu machen. Im Zweifelsfall aber gilt für alle Überschriften: Wählen Sie lieber die informative Variante als einen missglückten Witz oder eine peinliche Frage.

Aussagekräftige, nicht witzige Überschriften erleichtern das Überfliegen der Seite.

Setzen Sie Listen ein, um Aufzählungen mit mehr als drei Punkten vom restlichen Text abzuheben. Komplexe Informationen lassen sich besser als Tabellen darstellen, was den Text kurz hält und der Seite Struktur gibt.

Informationen, die nicht direkt zum Haupttext gehören, kommen in eigene Kästen. Zusatzerklärungen, Hintergrundwissen oder Studienergebnisse eignen sich dafür besonders. Wenn diese aber länger sind, sollten Sie überlegen, ob diese nicht besser auf einer eigenen Seite unterzubringen sind.

Illustrationen, Fotos oder Diagramme lockern lange Texte auf. Wenn sie geschickt platziert sind, können sie ihn auch inhaltlich sinnvoll strukturieren. Geben Sie jedem Element, das eine inhaltliche Aussage hat, eine Bildunterschrift – selbst dann, wenn Sie glauben, dass es eindeutig ist. Wenn Sie auf einer Seite ein Produkt beschreiben und daneben ein Foto von diesem Produkt steht, gehört darunter eine Erläuterung – auch wenn es auf der ganzen Seite nur um dieses Produkt geht. Denn die Benutzer sind es gewohnt, dass oft zur Illustration Abbildungen verwendet werden, die mit dem Beschriebenen nicht identisch sind. Machen Sie also klar, wie es sich in diesem Fall verhält.

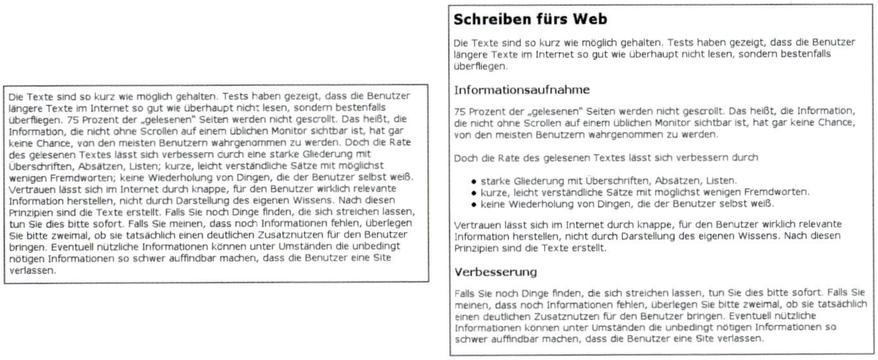

Die Texte sind so kurz wie möglich gehalten. Tests haben gezeigt, dass die Benutzer längere Texte im Internet so gut wie überhaupt nicht lesen, sondern bestenfalls überfliegen. 75 Prozent der „gelesenen" Seiten werden nicht gescrollt. Das heißt, die Information, die nicht ohne Scrollen auf einem üblichen Monitor sichtbar ist, hat gar keine Chance, von den meisten Benutzern wahrgenommen zu werden. Doch die Rate des gelesenen Textes lässt sich verbessern durch eine starke Gliederung mit Überschriften, Absätzen, Listen; kurze, leicht verständliche Sätze mit möglichst wenigen Fremdworten; keine Wiederholung von Dingen, die der Benutzer selbst weiß. Vertrauen lässt sich im Internet durch knappe, für den Benutzer wirklich relevante Information herstellen, nicht durch Darstellung des eigenen Wissens. Nach diesen Prinzipien sind die Texte erstellt. Falls Sie noch Dinge finden, die sich streichen lassen, tun Sie dies bitte sofort. Falls Sie meinen, dass noch Informationen fehlen, überlegen Sie bitte zweimal, ob sie tatsächlich einen deutlichen Zusatznutzen für den Benutzer bringen. Eventuell nützliche Informationen können unter Umständen die unbedingt nötigen Informationen so schwer auffindbar machen, dass die Benutzer eine Site verlassen.

Schreiben fürs Web

Die Texte sind so kurz wie möglich gehalten. Tests haben gezeigt, dass die Benutzer längere Texte im Internet so gut wie überhaupt nicht lesen, sondern bestenfalls überfliegen.

Informationsaufnahme

75 Prozent der „gelesenen" Seiten werden nicht gescrollt. Das heißt, die Information, die nicht ohne Scrollen auf einem üblichen Monitor sichtbar ist, hat gar keine Chance, von den meisten Benutzern wahrgenommen zu werden.

Doch die Rate des gelesenen Textes lässt sich verbessern durch

- starke Gliederung mit Überschriften, Absätzen, Listen.
- kurze, leicht verständliche Sätze mit möglichst wenigen Fremdworten.
- keine Wiederholung von Dingen, die der Benutzer selbst weiß.

Vertrauen lässt sich im Internet durch knappe, für den Benutzer wirklich relevante Information herstellen, nicht durch Darstellung des eigenen Wissens. Nach diesen Prinzipien sind die Texte erstellt.

Verbesserung

Falls Sie noch Dinge finden, die sich streichen lassen, tun Sie dies bitte sofort. Falls Sie meinen, dass noch Informationen fehlen, überlegen Sie bitte zweimal, ob sie tatsächlich einen deutlichen Zusatznutzen für den Benutzer bringen. Eventuell nützliche Informationen können unter Umständen die unbedingt nötigen Informationen so schwer auffindbar machen, dass die Benutzer eine Site verlassen.

ABBILDUNG 8.4

Große Textblöcke sind kaum zu überblicken (links). Eine gute optische Gliederung macht die Seite freundlicher und besser zu erfassen (rechts).

Seitenlänge

Zur idealen Länge einer Seite gibt es verschiedene Meinungen. Die einen sagen, der Benutzer möchte gerne alles auf einer Seite finden, was zusammengehört. Diese kann er ganz entspannt lesen und dann weiterklicken, wenn er fertig ist. Die anderen meinen, dass der Benutzer ungern scrollt. Er klickt sich lieber Seite für Seite weiter, ohne dabei viel scrollen zu müssen. Ein Klick ist eindeutig – entweder geht es weiter oder nicht. Scrollen erfordert etwas mehr Mühe, weil man danach immer wieder suchen muss, wo man im Text gerade war.

Wie Sie sich entscheiden, bleibt Ihnen überlassen. Aber treffen Sie eine bewusste Entscheidung. Füllen Sie nicht nur aus Bequemlichkeit den gesamten Text auf eine Seite oder legen Sie nicht zwanzig Einzelseiten mit je einem Absatz an, weil Sie den Text in dieser Form geliefert bekommen. Achten Sie bei langen Seiten darauf, den Text gut zu gliedern (siehe oben). Fügen Sie dazwischen immer wieder Links ein, die zum Anfang der Seite springen.

Ellenlange Seiten sind unübersichtlich, haben hohe Ladezeiten und erschweren das Finden von Informationen.

Bei mehreren zusammengehörigen kurzen Seiten sollten Sie darauf achten, dass durch die Überschriften und die weiter- bzw. zurückführenden Links klar wird, dass diese Seiten in der Folge gelesen werden sollten.

✓ Als Faustregel für Seiten, die keinen Text enthalten, den der Benutzer vermutlich ganz von vorne bis hinten durchlesen wird, hat sich die Angabe von 1000 Pixeln als Seitenhöhe bewährt. Bei dieser Höhe können die meisten Benutzer mit einmaligem Scrollen die ganze Seite erfassen.

Teilen Sie den Text nicht einfach auf mehrere Seiten auf, die Sie mit einem Link „weiter…"-verknüpfen. Versuchen Sie vielmehr, den Text in Themenblöcke aufzuteilen. Bieten Sie dann aussagekräftige Links zu den vertiefenden Themen an.

Druckversion anbieten

Viele Benutzer drucken längere Texte aus. Wenn Sie davon ausgehen, dass Benutzer tatsächlich den gesamten Text eines Bereichs lesen möchten, so sollten Sie eine eigene Druckversion anbieten. Einige Sites verwenden dafür pdf-Dateien (mehr zu pdf-Dateien finden Sie in Kapitel 4.15.8, *Zusatzinfos zum Download*, Seite 78). Das **por**table **d**ocument **f**ormat von Adobe kann mit Hilfe des kostenlosen Acrobat-Plug-Ins angezeigt und ausgedruckt werden. Dabei bleiben alle Formatierungen und Schriften exakt so, wie es beim Layout festgelegt wurde. Der Nachteil ist, dass diese Dokumente deutlich größer sind als HTML-Text und das Plug-In (oder das Zusatzprogramm Acrobat Reader) erforderlich ist. Deshalb empfehle ich, möglichst mit HTML-Seiten zum Ausdruck zu arbeiten. Dabei sollten Sie auf Folgendes achten:

- Der gesamte Text kommt auf eine einzige HTML-Seite.
- Der Text öffnet sich in einem eigenen Fenster.
- Die Seite ist nicht zu breit (ca. 500 Pixel).
- Der Text ist nicht zu breit (ca. 72 bis 90 Zeichen, je nach Schriftgröße).
- Verwenden Sie möglichst wenige Grafiken.
- Verwenden Sie möglichst wenig Farbe, da sie teuer im Ausdruck ist.
- Verzichten Sie auf die Standardnavigation; nur einen Link zum Schließen des Fensters sollten Sie vorsehen.
- Der Text muss schwarz auf weiß sein, damit er gut ausgedruckt wird. Hintergrundbilder sind tabu.
- Verwenden Sie keine Frames; sie machen oft Probleme beim Ausdruck.

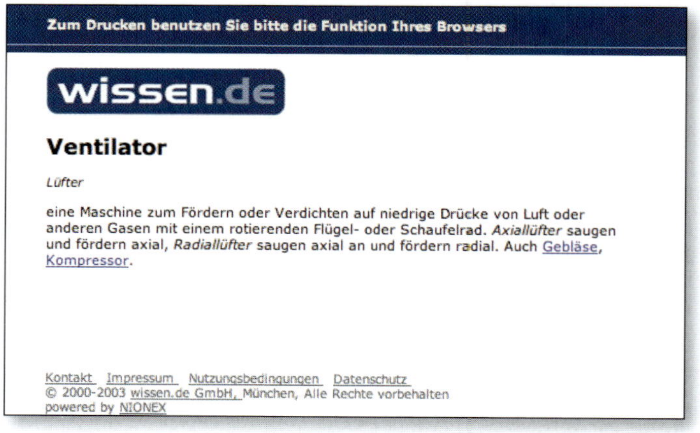

ABBILDUNG 8.5

Eine gute Druckversion mit HTML bei www.wissen.de.

Wenn Sie auf eine pdf-Version nicht verzichten wollen, bereiten Sie die Besucher darauf vor, wie viele Megabyte sie herunterladen müssen. Geben Sie auch an, dass es sich um ein pdf-Dokument handelt. Je nach Zielpublikum der Site kann es auch nötig sein, einen Link zu einer Seite vorzusehen, auf der Sie erklären, was das pdf-Plug-In ist, warum es gebraucht wird und wie man es installiert.

Umgang mit Links

Hyperlinks waren der Beginn des WWW. Die ersten Webseiten bestanden nur aus Text, der über blaue, unterstrichene Wörter mit weiteren Seiten verlinkt war. Das war eine Revolution. Nun war es möglich, die lineare Struktur von gedruckten Texten zu verlassen. Nach Seite eins musste nicht mehr zwingend Seite zwei kommen. Es konnte auch direkt zu Seite 99 gehen oder sogar in ein anderes Buch.

Doch die Freiheit hatte einen Preis: Die Orientierung des Lesers ging verloren. Mit diesem Problem kämpfen die Konzepter, Designer und Benutzer des WWW noch heute. Achten Sie darauf, wenn Sie Hyperlinks im Text verwenden, dass der Nutzer orientiert und vor allem auf Ihrer Site bleibt.

Links gefährden die Orientierung. Setzen Sie sie daher mit Bedacht.

So schön externe Links zu Partnern, Konkurrenten oder Kunden sind, so gefährlich sind sie auch. Denn Sie wollen, dass der Benutzer Ihre Site besucht und nicht eine andere. Überlegen Sie also zweimal, bevor Sie auf eine andere Site verweisen. Falls Sie es tun, öffnen Sie dazu ein neues Browserfenster. Dann erinnert sich der Benutzer später wieder daran, dass er eigentlich bei Ihnen war, um dort etwas zu suchen.

Links sollen einerseits so interessant klingen, dass der Benutzer Lust hat, sie auch anzuklicken – sonst sind sie überflüssig, und Sie sollten sie weglassen. Andererseits wollen Sie, dass der Benutzer Ihren Text liest und nicht gleich zum erstbesten Link verschwindet. Eine Möglichkeit, das in den Griff zu bekommen, besteht darin, die Links an das Ende der Seite oder an deren Rand zu setzen. Führen Sie außerhalb des Textes die Links auf, die darin erwähnt sind. Damit wird auch das Layout der Seite ruhiger.

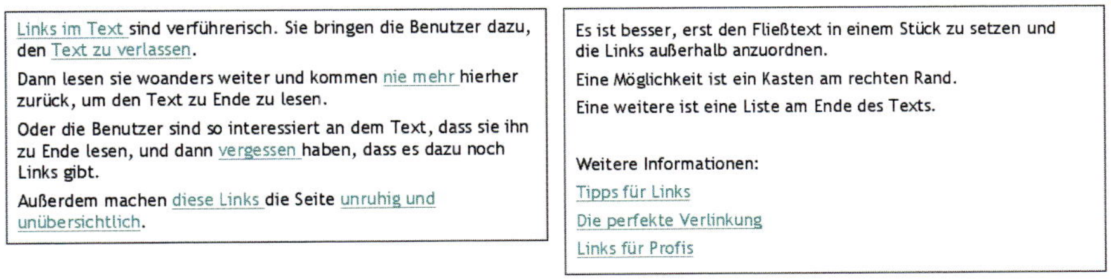

ABBILDUNG 8.6

Links im Text verteilt (links) und übersichtlich am Ende (rechts)

Überlegen Sie bei jedem einzelnen Link, ob er wirklich etwas bringt. Es ist natürlich, dass man dem Benutzer all sein Wissen weitergeben möchte. Doch Sie haben die Aufgabe, dieses Wissen so aufzubereiten, dass der Benutzer damit etwas anfangen kann und es ihn nicht erschlägt.

Gute Links verraten, wohin sie führen.

„Klicken Sie hier" und „mehr…" als Linktext verschenkt außerdem Punkte bei Suchmaschinen, da diese den Linktext auswerten und hoch bewerten. Mit aussagekräftigen Links verbessern Sie also nicht nur die Benutzerfreundlichkeit, sondern auch ihre Position auf den Trefferlisten der Suchmaschinen.

Verschonen Sie die Statusleiste. Sie zeigt das Link-Ziel an, wenn der Mauszeiger über einen Hyperlink bewegt wird. Tickermeldungen haben in der Statusleiste nichts verloren.

Bei E-Mail-Adressen und Domains spielt die Groß- und Kleinschreibung keine Rolle, bei Verzeichnissen und Dateinamen auf Unix/Linux-Servern dagegen schon.

Wählen Sie für die Benennung von Links aussagekräftige Texte. „Bitte klicken Sie hier" ist der Klassiker, der sich leider noch heute oft findet. Dass auf das blaue, unterstrichene Wort geklickt werden muss, weiß jeder Internetbenutzer. Was ihn dann erwartet, weiß er aber nicht, daher sollten Sie es ihm verraten. „Weiter zur Kapitelübersicht" wäre eine bessere Beschriftung.

Markieren Sie nur so viel als Link, dass das Ziel klar wird. Längere unterstrichene Texte, vor allem über mehrere Zeilen hinweg, sind schwer zu lesen.

Der Benutzer muss sofort wissen, warum er dort landet, wo ihn ein Link hinführt. Glaubt er, dass kein Zusammenhang besteht (weil dieser erst später auf der Seite klar wird), wird er abbrechen. Deshalb ist es wichtig, dass ein Link „über uns" tatsächlich auch auf die Seite mit dem (deutlich sichtbaren) Titel „Über uns" führt. Falls das nicht so ist, zwingen Sie den Benutzer erst einmal zum Nachdenken, ob er hier richtig ist. Wird das aus dem Inhalt der ersten Zeilen klar, wird er wahrscheinlich auf der Seite bleiben. Folgt das, was ihn interessiert, aber erst weiter unten, glaubt er, dass die Seite falsch verlinkt ist, und geht zurück oder verlässt Ihre Site. Um das zu vermeiden, können Sie einen Ankerpunkt einfügen, zu dem Sie direkt verlinken. Oder Sie benennen den Link um. Ein Beispiel: „Informieren Sie sich über unsere Arbeitsbereiche." ist ungünstig, wenn das Link-Ziel „Firmenprofil" heißt und die Arbeitsbereiche erst unten auf der Seite aufgelistet sind. Besser wäre „Unsere Arbeitsbereiche finden Sie im Firmenprofil.".

Benutzen Sie die Links konsistent. Sind etwa die Namen der Mitarbeiter verlinkt, sollten diese zum Beispiel entweder immer zur privaten Site desjenigen führen oder immer seine Kontaktinformationen anzeigen. Eine Mischung auf derselben Site verwirrt den Benutzer.

Wenn Sie URLs angeben, halten Sie diese so kurz wie möglich. Damit sorgen Sie dafür, dass auch weniger erfahrene Internet-Nutzer so wenig wie möglich tippen müssen. Das ist nicht nur bequem, sondern reduziert auch die Wahrscheinlichkeit für Tippfehler. Statt `http://www.ihreDomain.de/index.html` können Sie `www.ihreDomain.de` schreiben. Der Browser erkennt am `www.`, dass er http verwenden muss, und der Server sorgt automatisch dafür, dass die Seite `index.html` angezeigt wird, wenn keine Unterseite angegeben ist. Lassen Sie den Schrägstrich am Ende weg, wenn Sie Verzeichnisse angeben (`www.benutzerfreun.de/studien` statt `www.benutzerfreun.de/studien/`).

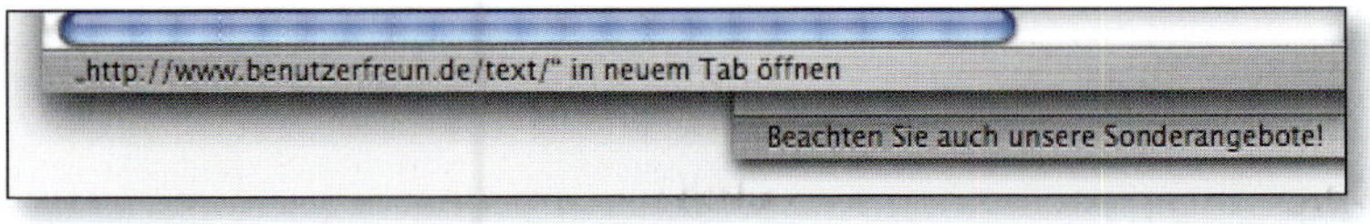

ABBILDUNG 8.7
Die Statusleiste in der unteren linken Ecke des Browsers zeigt automatisch das Link-Ziel an, wenn die Maus über einen Link bewegt wird (links). Wenn Sie mit JavaScript hier Text einblenden, nehmen Sie einigen Benutzern eine gern verwendete Orientierungsmöglichkeit (rechts).

Im HTML-Code dagegen sollten Sie all das gerade nicht machen. Dort muss das `http://` angegeben werden, und auch den Schrägstrich sowie `index.html` sollten Sie mit in die URL schreiben. Dadurch wird dem Server ein (wenn auch nur kurzer) Arbeitsschritt erspart, und die Seite wird beim Benutzer schneller angezeigt.

Bildunterschriften

Sorgen Sie dafür, dass jedes Bild klar zuzuordnen ist. Wenn es nicht nur als Schmuck eingesetzt wird, empfiehlt es sich, ihm eine Bildunterschrift zu geben. Damit stellen Sie sicher, dass die Benutzer sofort wissen, was zu sehen ist – auch wenn sie den nebenstehenden Text noch nicht gelesen haben. Sie ersparen den Benutzern damit wieder etwas Nachdenken.

Versuchen Sie, mit der Bildunterschrift zusätzliche Informationen zu vermitteln. Beschreiben Sie nicht nur, was zu sehen ist, wenn man es auch so erkennt – sonst ist die Bildunterschrift nutzlos.

8.3 Ankündigungen

Seien Sie vorsichtig mit Ankündigungen. Wenn Sie Termine angeben, müssen Sie sich auch an diese halten, sonst erschüttern Sie das Vertrauen der Nutzer in die Site. Kündigen Sie beispielsweise den Relaunch der Site für einen bestimmten Termin an, muss zu diesem Datum die neue Site tatsächlich online sein. Planen Sie dementsprechend.

Schreiben Sie keinesfalls, welche Funktionen fehlen beziehungsweise noch nicht umgesetzt sind. Das macht keinen guten Eindruck, weil der Benutzer darauf gestoßen wird, dass etwas fehlt – vielleicht hätte er selbst gar nicht nach diesem Bereich oder dieser Funktion gesucht. Kündigen Sie lieber an, dass bestimmte Dinge demnächst auch auf der Site zu finden sein werden. Diese positive Formulierung macht die Benutzer außerdem neugierig, die Site wieder zu besuchen. Wenn Sie sicher sind, dass Sie pünktlich fertig werden, geben Sie einen Termin dafür an. Dieser sollte aber nicht zu weit in der Zukunft liegen, das macht auch keinen guten Eindruck. Setzen Sie die Ankündigung lieber erst später auf die Site.

Sie können auch anbieten, die Benutzer zu benachrichtigen, wenn die erwähnte Funktion online ist. Sehen Sie dazu ein eigenes E-Mail-Formular vor.

Schreiben Sie nie, dass die Site „in Arbeit" ist oder gerade aktualisiert wird. Davon geht man bei professionellen Sites aus. Sie werden sofort aktualisiert, wenn es nötig ist.

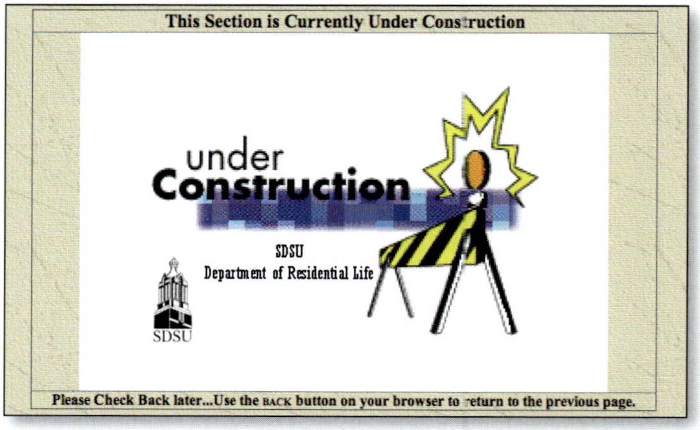

ABBILDUNG 8.8

Immer seltener zu sehen, aber noch nicht ausgestorben: das Under-construction-Zeichen. Es ist ein Merkmal von Amateursites. Gute Sites werden ständig aktualisiert, da braucht niemand darauf hinzuweisen – auch nicht per Text.

8.4 Suchmaschinen und Metadaten

Seiten ohne Metadaten ins Web zu stellen ist wie seine Werbebroschüren im eigenen Hinterhof abzulegen: Sie werden allenfalls durch Zufall gefunden.

Der Seitentitel gehört beispielsweise zu den Metadaten. Ebenso eine Zusammenfassung oder Stichwörter, die den Inhalt beschreiben. Sogar die Zwischenüberschriften kann man dazu zählen. Ein Teil der Metadaten entsteht dadurch sozusagen nebenbei, doch auch diesen Teil sollten Sie überprüfen, um die Platzierung auf den Trefferseiten der Suchmaschinen zu verbessern und um dafür zu sorgen, dass die Seiten dort so angezeigt werden, dass sie möglichst viele Besucher anziehen.

Wenn Sie den Text einer HTML-Seite geschrieben und alle Bilder sowie interaktiven Elemente eingeplant haben, sind Sie noch nicht fertig. Ein ganz wesentlicher Arbeitsschritt fehlt: das Anlegen der Metadaten.

Metadaten sind nichts Technisches, ihr Anlegen sollten Sie weder Software noch HTML-Programmierern oder Administratoren überlassen. Derjenige, der den Text einer Seite schreibt bzw. ihren Inhalt festlegt, der muss auch die Metadaten für sie anlegen.

Beim Anlegen von Metadaten gilt dasselbe wie beim Anlegen der Struktur der Site: Versetzen Sie sich in die Benutzer, und verwenden Sie die Begriffe, die sie verstehen. Fachbegriffe sind oft nicht als Metadaten geeignet, unternehmensinterne Ausdrücke sind es fast nie. Stellen Sie eine Liste mit möglichen Suchanfragen zusammen, wie sie die potenziellen Besucher Ihrer Site einsetzen würden.

8.4.1 Metadaten anlegen

Der Titel eines HTML-Dokuments hat ein eigenes Tag (`TITLE`), das ganz am Anfang des Dokuments steht (im sogenannten `HEAD`). Die Kurzbeschreibung und die Suchwörter folgen (ebenfalls im `HEAD`) als sogenannte *Meta-Tags*. Alle diese Elemente sind Teil eines HTML-Dokuments, werden aber nicht im Inhaltsbereich des Browsers angezeigt.

8.4.2 Seitentitel

Der Titel eines Dokuments erscheint in der Browser-Titelleiste. Er wird als Bezeichnung verwendet, wenn der Benutzer diese Seite als Lesezeichen/Favoriten ablegt.

Außerdem zeigen alle Suchmaschinen den Seitentitel in der Trefferliste an. Tauchen Ihre Seiten hier mit dem Titel „Unbenanntes Dokument" auf, können Sie sich ausrechnen, wie wahrscheinlich ein Klick der Benutzer darauf ist.

Jede Seite braucht einen einmaligen Titel. Wählen Sie aussagekräftige Titel. Wenn Sie versuchen, witzig zu sein, sind die Chancen groß, dass ein Teil der Benutzer das nicht erkennt und ein anderer nicht Ihren Humor hat und das nicht lustig findet. Allen nehmen Sie die Möglichkeit, den Inhalt der Seite schon am Titel zu erkennen.

Artikel und wenig spezifische Wörter (als, weil, immer, so ...) sollten Sie so weit wie möglich streichen.

Was gehört in den Titel?

- Name der Firma/des Vereins (für jede Seite)
- Namen der wichtigsten Produkte/Dienstleistungen, typische Schlagwörter (Startseite, Produkt-/Dienstleistungsseiten)
- Name des/der Vorsitzenden und anderer wichtiger Personen (für Team-Seite, evtl. auch Startseite)
- Ort, falls relevant (z. B. für lokale Dienstleistungen/Geschäfte; Startseite)
- alle wichtigen Begriffe, nach denen Ihre Benutzer suchen könnten

Finden Sie einen Kompromiss zwischen Vollständigkeit und Knappheit. Mehr als 60 Zeichen im Titel sind nicht sinnvoll. Um dennoch möglichst viele Punkte unterzubringen, vergeben Sie viele verschiedene Seitentitel. Der Name der Firma („Kakao Total" zum Beispiel) etwa kommt in den Titel jeder Seite, aber die einzelnen Produkte erscheinen nur auf manchen Seiten („Trink-Schokolade", „Schoko-Nikoläuse", „Schoko-Osterhasen", „Tafelschokolade", „Pralinen"...). Im Beispiel wäre der Titel der Startseite „Kakao Total – Alles rund um Schokolade". Die zwei wichtigsten Begriffe erscheinen hier: „Kakao" und „Schokolade", ebenso der Firmenname und der Werbespruch der Firma. Die Unterseiten könnten heißen: „Kakao Total – Alles rund um Schokolade. Trink-Schokolade, Schoko-Milch", „Kakao Total – Alles rund um Schokolade. Schoko-Nikoläuse, Schoko-Weihnachtsmänner, Schoko-Engel, Schoko-Christbaumschmuck".

8.4.3 Beschreibung

Zu jeder Seite gehört eine Beschreibung, die im Meta-Tag `DESCRIPTION` abgelegt wird. Es wird von manchen Suchmaschinen verwendet, um den Inhalt der Seite für die Benutzer anzuzeigen. Altavista etwa gibt die ersten Zeichen direkt nach der Titelausgabe aus. Google dagegen erstellt aus dem Seitentext seine eigene Beschreibung. Das ist weniger anfällig für Manipulationen durch die Betreiber der Sites und trägt gleichzeitig der Tatsache Rechnung, dass viele Seiten wenig aussagekräftige oder gar keine DESCRIPTION haben.

Mehr als 200-250 Zeichen werden von keiner Suchmaschine angezeigt – also fassen Sie sich kurz.

8.4.4 Autoreninfo, Datum und Bildbeschreibungen

Nicht ganz so wichtig, aber sinnvoll sind die Meta-Tags für den Autorennamen (AUTHOR) und das Erstellungsdatum (`DATE`).

Wichtig dagegen sind die `ALT`-Tags für Bilder. Damit erhält jedes Bild eine kurze Beschreibung. Das macht die Seiten Benutzern mit Nur-Text-Browsern zugänglich, und auch solchen, die wegen einer Sehbehinderung Browser verwenden, die die Seiten vorlesen oder in Blindenschrift umwandeln. Auch wenn Benutzer mit einer Suchmaschine nach Bildern suchen, werden sie so leichter auf Ihren Seiten fündig. Außerdem wissen Benutzer mit langsamen Internetverbindungen so bereits, was sie erwartet, bevor die Bilder geladen sind. Mehr dazu finden Sie in Kapitel *9.1, Barrierefreiheit – Accessibility*, ab Seite 279.

8.4.5 Schlagwörter, Suchbegriffe, Keywords

Ein weiteres Meta-Tag ist das für die Schlagwörter (`KEYWORDS`-Tag). Schlagwörter (auch Suchwörter, Schlüsselbegriffe oder Schlüsselwörter genannt) sind dazu gedacht, dass Benutzer die Seiten leichter mit Suchmaschinen finden. Jedoch werten die meisten Suchmaschinen inzwischen die Keywords nicht mehr aus. Der Grund dafür ist, dass viele Site-Betreiber versuchen, möglichst weit oben auf den Trefferlisten zu erscheinen, indem sie die Suchwörter an die Auswertungsschemata der Suchmaschinen anpassen. Doch die Suchmaschinen wollen ein unmanipuliertes Ergebnis, das die Treffer nach der tatsächlichen Relevanz des Inhalts sortiert, nicht nach dem Willen der jeweiligen Site-Betreiber.

Daher raten einige Experten wie etwa die der `searchenginewatch.com`, sich die Eingabe von Suchwörtern zu sparen.

Ich meine, zumindest für die wichtigsten Seiten sollten Sie diese dennoch anlegen – es schadet nicht, und die Auswertungsmechanismen der Suchmaschinen ändern sich laufend. Laut `searchenginewatch.com` werten sogar manche die Keywords aus, obwohl sie das offiziell bestreiten.

Setzen Sie auf Ihrer Site eine eigene Suchmaschine ein, sind die Keywords die beste Möglichkeit, Ihre Seiten zu indizieren. Mit ihnen haben Sie es selbst in der Hand, was auf den Trefferlisten erscheint.

Welche Schlagwörter sind sinnvoll?

Die wichtigsten Begriffe, die auf der Seite vorkommen, sind typische Suchwörter sowie alle Synonyme und Begriffe, nach denen Ihre Benutzer suchen könnten. Suchwörter, die im Seitentext nicht auftauchen, haben aber wenig Einfluss. Sie werden von den Suchmaschinen oft ignoriert. Gibt es z. B. wichtige Synonyme, sollten Sie diese unbedingt im Seitentext unterbringen, damit die Seite auch gefunden wird, wenn ein Benutzer eines der Synonyme eingibt. So sollte im Seitentext unseres Schokoladen-Versands stets nicht nur „Schokolade", sondern auch „Kakao" auftauchen, gelegentlich auch „Chocolade".

Je weniger Suchwörter Sie auf einer Seite verwenden, desto höher wird jedes einzelne gewichtet. Deshalb ist es nur begrenzt sinnvoll, häufige Tippfehler-Varianten einzuschließen (etwa „Shokolade" und „Schokolage").

Mehr als insgesamt 1000 Zeichen Suchwörter pro Seite brauchen Sie nicht zu schreiben, denn mehr liest keine Suchmaschine aus.

8.4.6 Seiten für Suchmaschinen optimieren

Da es viel Arbeit ist, Seiten so zu optimieren, dass sie eine möglichst hohe Position auf den Trefferlisten der Suchmaschinen erreichen, gibt es viele Dienstleister, die genau das anbieten. Möchten Sie einen solchen Dienstleister in Anspruch nehmen, prüfen Sie den Kandidaten vorher genau. Unter den Anbietern von Suchmaschinenoptimierung gibt es einige schwarze Schafe, die viel kosten und wenig leisten.

Viele Betreiber von Websites meinen, es sei essentiell, dass ihre Seiten möglichst weit oben in den Trefferlisten erscheinen. Doch das ist nur im Ansatz richtig. Wenn Ihre generelle Strategie ist, einen möglichst breiten Kundenkreis anzusprechen, Sie viele wechselnde Kunden haben und jeder einzelne Kunde nur selten bei Ihnen einkauft bzw. Ihre Site besucht, dann ist die Suchmaschinenposition wichtig. Doch Sie stehen hier in einem harten Wettbewerb. Ihre Konkurrenz versucht gleichfalls ständig, ihre Position in den Trefferlisten zu verbessern.

Genau das versprechen spezielle Dienstleister. Einige schaffen das auch, doch der Preis ist hoch. Denn das ist ein ständiges Wettrennen gegen die Konkurrenz einerseits und gegen die Betreiber der Suchmaschinen andererseits. Denn die Betreiber passen ihre Auswertungsmechanismen laufend an, um möglichst neutral die Seiten aus dem Netz zu fischen, die tatsächlich am besten zu den Suchanfragen passen, und um sich Manipulationsversuchen der Sitebetreiber zu entziehen.

Meist ist es sinnvoller, durch gute Metadaten dafür zu sorgen, dass die eigenen Seiten gefunden werden, wenn ein Benutzer gezielt nach diesen sucht, und die Website mit effizienteren Mitteln bekannt zu machen.

Optimierung der Metadaten

Aus der Optimierung von Seiten für Suchmaschinen kann man eine Wissenschaft machen. Um tatsächlich Top-Platzierungen zu erreichen, sind viel Arbeit und aktuelles Fachwissen nötig. Doch einige Dinge sollten Sie beachten, da das mit geringem Aufwand die Wahrscheinlichkeit erhöht, dass Ihre Seiten gefunden werden:

- Erstellen Sie aussagekräftige Seitentitel und -beschreibungen (DESCRIPTION-Meta-Tags).
- Verwenden Sie wichtige Suchwörter in Seitentitel, -beschreibung, in den Überschriften und als Linktexte.
- Benutzen Sie die Suchwörter auch in der URL.
- Halten Sie die Seitenpfade kurz – also lieber `www.IhreSite.de/obst/bananen.html` als `www.IhreSite.de/shop/lebensmittel/obst/exoten/bananen.html`. (Je tiefer eine Seite in der Hierarchie steht, für desto unwichtiger halten sie die Suchmaschinen.).
- Setzen Sie möglichst keine Grafiken mit Text ein, da deren Inhalt nicht indiziert werden kann. Wenn Sie nicht auf diese verzichten wollen, sehen Sie deren Inhalt zusätzlich in Textform vor.
- Geben Sie allen Bildern ALT-Tags, die sie beschreiben.
- Verzichten Sie auf Frames oder sehen Sie zumindest eine NOFRAME-Version bzw. eine Sitemap vor, da viele Suchmaschinen Probleme mit Frames haben.

Optimierung der Überschriften und Seitentexte

- Formulieren Sie beschreibende Überschriften, welche die wichtigsten Suchwörter enthalten.
- Verwenden Sie die HTML-Überschriften-Tags (H1, H2 usw.), damit die Suchmaschinen Überschriften erkennen.
- Bringen Sie das Wichtigste möglichst weit vorn im Seitentext (dann werten es manche Suchmaschinen stärker).

- Wiederholen Sie die Suchwörter immer wieder im Text. Es muss aber natürlich wirken, sonst verärgern Sie die Nutzer – und auch die Suchmaschinen merken das und werten Seiten mit übertrieben vielen Suchwörtern weniger hoch.

Die meisten Suchmaschinen bewerten neue Seiten höher als alte und Sites, auf denen sich häufiger etwas tut, besser als andere. Auch deshalb ist es lohnend, die Seiten regelmäßig zu überarbeiten. Besonders gut geht das mit einem Blog, siehe Kapitel 16, *Unternehmensblogs*, ab Seite 360.

Die meisten Suchmaschinen, allen voran Google, werten mit aus, wie oft andere Seiten auf eine Seite verlinkt sind. Je mehr Links von anderen Seiten es gibt, desto höher wird die Relevanz der Seite bewertet. Daher bringt es Ihnen einen doppelten Nutzen, wenn auf Ihre Site von anderen Seiten aus verwiesen wird. (Das wird von halblegalen Dienstleistern ausgenutzt, die ganze Sites mit vielfach gegenseitig verlinkten Seiten betreiben, nur um die Suchergebnisse bestimmter Seiten zu verbessern.)

Die meisten Suchmaschinen folgen Links auf der Startseite nur bis in die dritte Ebene. Alle Seiten, die tiefer in der Site liegen, werden nicht indiziert. Das ist noch ein Grund mehr dafür, die wichtigsten Seiten mit möglichst wenigen Klicks zugänglich zu machen.

Tabu sind auch die Namen von Firmen oder Produkten der Konkurrenz, vor allem in den Suchwörtern. Verwendet man diese ohne Erlaubnis, kann das sogar rechtliche Folgen haben (unlauterer Wettbewerb).

Schmutzige Tricks lohnen nicht

Verzichten Sie auf Tricks wie das mehrfache Wiederholen von Schlagwörtern oder das Setzen von Suchbegriffen in weißem Text vor weißem Hintergrund. Solche Versuche, die Platzierung von Seiten in Suchmaschinen zu verbessern, bringen nichts. Denn die Tricks sind bekannt und werden von einigen Suchmaschinen mit dem Ausschluss der Site aus den Suchergebnissen bestraft.

8.5 Rechtliche Verantwortung für Links, Foren & Gästebücher

Die Hyperlinks sind das, was das World Wide Web eigentlich ausmacht. Sie waren die revolutionäre Technik, die dem WWW in den 90er Jahren des letzten Jahrhunderts zum Durchbruch verhalf. Anfangs war auf fast jeder Site eine Liste mit persönlichen Link-Empfehlungen zu finden. Heute gibt es so viele Webseiten, die sich so häufig ändern, dass Link-Listen nur noch selten geführt werden. Die meisten Benutzer kommen über Suchmaschinen auf die Seiten oder weil sie die Adresse kennen.

Dennoch können sorgfältig ausgewählte und kommentierte Links ein nützlicher Dienst für Ihre Benutzer sein.

8.5.1 „Deep Links" sind erlaubt

Nach dem Urteil des Bundesgerichtshofs vom Juli 2003 im Streit zwischen der *Handelsblatt*-Gruppe und der Nachrichten-Suchmaschine *Paperboy* sind alle Links auf nichtgeschützte Bereiche anderer Websites urheber- und wettbewerbsrechtlich zulässig. Das heißt, Sie dürfen direkt auf alle Seiten im Web verweisen – also auch auf Seiten unterhalb der Startseite (sogenannte *Deep Links*). Die Forderung mancher kommerzieller Betreiber, nur auf die Startseite zu verlinken, müssen Sie nicht erfüllen. Deren Interesse besteht oft darin, die Benutzer nur über die Startseite auf die Seiten zugreifen zu lassen, damit sie die Inhalte dort sehen – und vor allem auch die Werbebanner. Doch das können die Betreiber mit technischen Tricks leicht erreichen, wenn sie es wollen.

Laut Bundesgerichtshof akzeptiert jeder, der Inhalte ohne Zugangskontrollen bereitstellt, dass auf diese Inhalte über Links direkt zugegriffen wird. Zum Fall des Umgehens von solchen Sperren wie Passworteingaben hat sich das Gericht nicht geäußert, da das nicht Verhandlungsgegenstand war. Man kann aber davon ausgehen, dass dies nicht zulässig ist.

8.5.2 Beschränkte Verantwortung für Links

Wenn Sie einen Link auf eine fremde Seite setzen, empfehlen Sie diese damit Ihren Besuchern. Das heißt, dass Sie natürlich für diese Empfehlung verantwortlich sind. Empfehlen Sie anderen, Schuldenprobleme per Bankraub zu lösen, können Sie sich genauso wenig herausreden.

Verzichten Sie auf „Disclaimer". Sie bringen nichts und wirken immer etwas abschreckend.

Der auf vielen Sites zu findende Disclaimer (Haftungsausschluss) ist wirkungslos. Die Rechtsanwälte Joerg Heidrich und Christoph Köster bezeichnen diese Erklärungen als „nutzlosen Abwehrzauber" (in der Zeitschrift c't 14/2003, S. 186). Solche Erklärungen könnten sogar als Hinweis darauf gewertet werden, dass bewusst zu Seiten mit rechtlich unzulässigem Inhalt verlinkt wurde.

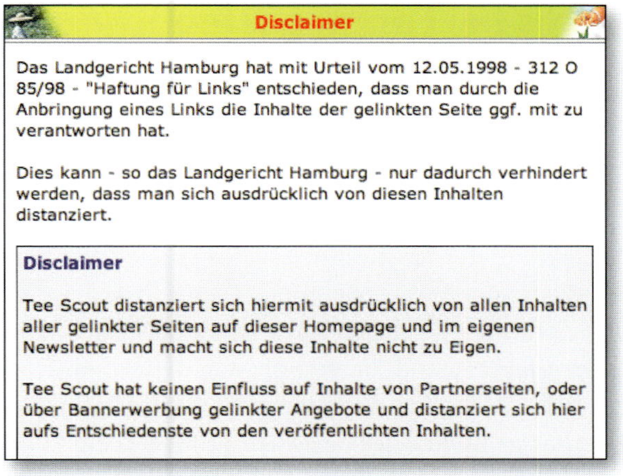
Disclaimer

Das Landgericht Hamburg hat mit Urteil vom 12.05.1998 - 312 O 85/98 - "Haftung für Links" entschieden, dass man durch die Anbringung eines Links die Inhalte der gelinkten Seite ggf. mit zu verantworten hat.

Dies kann - so das Landgericht Hamburg - nur dadurch verhindert werden, dass man sich ausdrücklich von diesen Inhalten distanziert.

Disclaimer

Tee Scout distanziert sich hiermit ausdrücklich von allen Inhalten aller gelinkter Seiten auf dieser Homepage und im eigenen Newsletter und macht sich diese Inhalte nicht zu Eigen.

Tee Scout hat keinen Einfluss auf Inhalte von Partnerseiten, oder über Bannerwerbung gelinkter Angebote und distanziert sich hier aufs Entschiedenste von den veröffentlichten Inhalten.

Abbildung 8.9
Ein typischer Disclaimer

Vielfach wird in diesen Disclaimern auf ein Urteil des Landgerichts Hamburg aus dem Jahr 1998 hingewiesen. In diesem Fall hatte der Site-Betreiber absichtlich einen Link zu einer Site gesetzt, in dem eine Person beleidigt wurde – weshalb er dafür natürlich auch verantwortlich war.

Obwohl es so oft zitiert wurde – dieses Urteil ist nie rechtskräftig geworden, weil sich die Parteien außergerichtlich geeinigt haben. Der Hinweis auf dieses Urteil ist also in mehrfacher Hinsicht Unsinn.

Um sich rechtliche Probleme zu ersparen, sollten Sie die Seiten prüfen, zu denen Sie Links setzen. Sie sind aber laut Heidrich und Köster nicht verpflichtet zu kontrollieren, ob sich der Inhalt der Seiten später ändert und rechtlich kritisch wird. Nur wenn Sie davon erfahren – etwa durch eine E-Mail eines Ihrer Besucher –, sind Sie verpflichtet, den Link zu entfernen. Sinnvoll ist es, ein Datum anzugeben, an dem Sie die Links aufgenommen bzw. zuletzt geprüft haben. Damit sind Sie wohl sicher davor, wegen Links zu Seiten belangt zu werden, auf denen erst nach Ihrem Besuch rechtlich Unzulässiges erschienen ist.

8.5.3 Vorsicht bei Foren, Gästebüchern und Kommentaren

Für alles Rechtliche gilt: Auch wenn eine Agentur Ihre Site erstellt und pflegt, die direkte Verantwortung für die Site haben Sie als ihr Betreiber. Die Agentur hat allerdings eine Hinweispflicht auf rechtliche Stolpersteine.

Wenn Sie Gästebücher, Foren oder Kommentarfunktionen für ein Blog auf Ihrer Site betreiben, in denen die Besucher Ihre Meinung abgeben bzw. Diskussionen führen, sind Sie mit verantwortlich für deren Inhalte. Auch hier gilt: Sobald Sie vom rechtswidrigen Inhalt eines Eintrags erfahren, sind Sie verpflichtet, diesen sofort zu löschen. Dass Sie einen solchen Beitrag kennen, wird angenommen, wenn Sie beispielsweise andere Beiträge desselben Datums gelöscht oder beantwortet haben. Ob es eine Pflicht gibt, alle Beiträge zu prüfen, ist rechtlich noch nicht endgültig geklärt. Es ist aber auf jeden Fall empfehlenswert, alle neuen Beiträge wöchentlich durchzusehen und rechtlich bedenkliche zu löschen. Werden Sie aufgefordert, einen Eintrag zu löschen, tun Sie das in jedem Fall sofort, oder sprechen Sie mit einem Anwalt, wenn Sie das nicht tun wollen.

Wenn Sie ein Forum betreiben, in dem täglich Hunderte von Beiträgen erscheinen, ist die Kontrolle jedes einzelnen unpraktikabel. In einem solchen Fall ist es sinnvoll, nur registrierten Benutzern das Schreiben neuer Beiträge zu erlauben. Die Registrierung sollte nur für Benutzer möglich sein, die Ihren Nutzungsbedingungen zustimmen. Darin verpflichten Sie alle, sich an bestimmte Spielregeln zu halten, zu denen auch der Verzicht auf Beleidigungen, Verunglimpfungen und andere strafbare Äußerungen gehören sollte. Auch die Kontrolle aller Beiträge durch einen Moderator vor der Veröffentlichung ist sinnvoll – aber viel Aufwand.

8.6 Impressum

Das Teledienstegesetz (TDG) sieht in §6 TDG (Anbieterkennzeichnung) vor, dass fast jede Website bestimmte Angaben zu ihren Betreibern machen muss – in der Umgangssprache „Webimpressum“ genannt.

Die Kennzeichnungspflicht betrifft alle „geschäftsmäßigen Teledienste“. Rein private Sites sind also prinzipiell ausgenommen. Doch auch wer kein Geld mit seiner Site verdienen will, sondern ernsthaft und auf Dauer eine Hobby-Site betreibt, ist impressumspflichtig. Denn „geschäftsmäßig“ ist nicht gleich „gewerbsmäßig“ – für Letzteres müsste man zumindest vorhaben, Gewinn zu machen. Das ist für juristische Laien schwer nachvollziehbar, aber Gesetz. Impressumspflichtig sind somit eigentlich alle Sites, die längerfristig online sind.

Für die Impressumspflicht spielt es keine Rolle, ob Sie eine eigene Domain haben oder nur ein Unterverzeichnis wie „www.freehost.de/users/meier/“.

Verstöße gegen die Pflicht zur Anbieterkennzeichnung werden mit bis zu 50.000 Euro geahndet. Gehen Sie also lieber auf Nummer sicher – es ist sowieso seriöser, jede Site mit einer genauen Angabe ihrer Betreiber zu versehen. Der Benutzer soll wissen, von wem die Information stammt oder mit wem er da eventuell Geschäfte macht.

8.6.1 Was ist ein Impressum?

Der Begriff stammt aus dem Druckwesen und kommt vom lateinischen *imprimere* (hinein-, aufdrücken). Jede Zeitung und Zeitschrift braucht per Gesetz ein Impressum, das die Verantwortlichen nennt. Im Web ist dieser Begriff eigentlich Quatsch, weil hier nichts gedruckt wird. Aber er hat sich bereits durchgesetzt – so wie der Begriff der „Seiten" im Web.

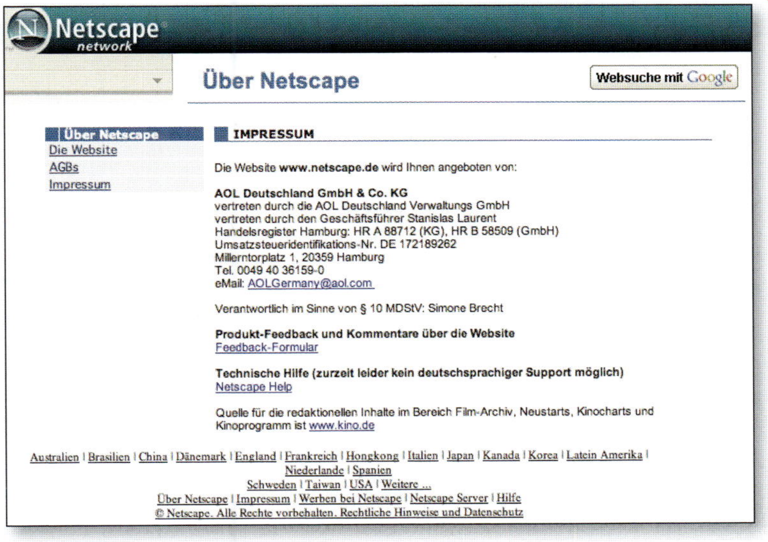

ABBILDUNG 8.10
Beispiel für ein Impressum

8.6.2 Was kommt ins Impressum?

Diese Frage lässt sich nicht so einfach beantworten, da das davon abhängt, was für eine Site Sie erstellen, wer sie betreibt und welches Ziel sie verfolgt.

Das TDG schreibt vor, dass „mindestens folgende Informationen leicht erkennbar, unmittelbar erreichbar und ständig verfügbar zu halten" sind:

- Namen und Anschrift der Betreiber. Eine Postfachadresse reicht nicht aus, es muss tatsächlich die Adresse sein, an der das Büro bzw. der Wohnsitz ist. Bei Unternehmen, Genossenschaften und Vereinen ist zusätzlich der Name des Vertretungsberechtigten anzugeben.

- E-Mail-Adresse und Telefonnummer. (Die Telefonnummer ist zwar nicht explizit im Gesetzestext erwähnt, ergibt sich aber aus der Begründung, die für die Interpretation herangezogen wird.)
- Wenn der Teledienst im Rahmen einer Tätigkeit angeboten oder erbracht wird, die zulassungspflichtig ist, Angaben zur zuständigen Aufsichtsbehörde.
- Das Handelsregister, Vereinsregister, Partnerschaftsregister oder Genossenschaftsregister, in das die Betreiber eingetragen sind, und die Registernummer.
- Bei Berufen wie Handwerker, Rechtsanwalt, Steuerberater, Architekt oder Arzt Angaben über
  - die Kammer, der die Betreiber angehören,
  - die gesetzliche Berufsbezeichnung und den Staat, in dem die Berufsbezeichnung verliehen wurde,
  - die Bezeichnung der berufsrechtlichen Regelungen und dazu, wie diese zugänglich sind. (Das ist nicht genauer erklärt, im Normalfall genügt hier ein Link zu den genannten Regelungen auf einer anderen Website, z. B. bei der Handwerkskammer.)
- Falls die Betreiber eine Umsatzsteueridentifikationsnummer haben, diese Nummer. (Die normale Steuernummer ist damit nicht gemeint, sondern nur die speziell für Geschäfte innerhalb der EU nötige USt.-ID.)

Sie können beliebige weitere Informationen aufnehmen, solange die vorgeschriebenen dadurch nicht in einem schwer zu durchdringenden Textdschungel untertauchen.

Setzen Sie eine Statistikanwendung wie Google Analytics (siehe Kapitel 12, *Besuchsstatistiken auswerten*, Abschnitt *Google Analytics*) ein, dann müssen Sie darauf hinweisen. Bei vielen Sites erfolgt dieser Hinweis im Impressum. Ob das aber rechtlich ausreicht, ist noch nicht geklärt. Um sicherzugehen, müssen Sie auf einen solchen externen Statistikdienst verzichten. Bei Google finden Sie einen vorbereiteten Hinweistext, den Sie verwenden dürfen. Mehr Informationen und Aktuelles dazu im Blog zum Buch unter `www.benutzerfreun.de/tag/google-analytics`.

8.6.3 Wohin gehört das Impressum?

Im TDG steht, die Informationen müssen „leicht erkennbar, unmittelbar erreichbar und ständig verfügbar“ sein. Mit einem Link „Impressum“ in der Navigationsleiste oder in der Fußzeile jeder Seite sollte dieser Anspruch erfüllt sein. Die Angaben unter „Kontakt“ zugänglich zu machen ist vermutlich auch ausreichend. Problematisch kann es unter Umständen werden, wenn die Linkbezeichnung nicht eindeutig ist, die Angaben tiefer in der Site versteckt sind oder wenn der Link nicht von jeder Seite aus zugänglich ist. Auch muss das Impressum für *alle* Benutzer zugänglich sein – also auch für solche mit Browsern, die kein JavaScript, Java, keine Pop-up-Fenster oder gar Plug-Ins wie Flash erlauben bzw. aktiviert haben.

Betreiben Sie Meinungsbildung durch Kommentare oder Berichte (redaktionell-journalistische Texte) auf der Site, müssen Sie einen inhaltlich Verantwortlichen angeben. Wenn Sie nur Produkte oder Dienstleistungen beschreiben, brauchen Sie das nicht zu tun.

Kann man auf Ihrer Site Waren bestellen oder anderweitig Geschäftsabschlüsse tätigen, müssen Sie eine Reihe von weiteren Vorschriften einhalten. In solchen Fällen ziehen Sie besser generell einen Anwalt zurate. Bei kleinen Projekten kostet das nicht viel, spart Ihnen im Ernstfall aber viel Ärger und Geld.

Kapitel 9

Produktion Grafik, HTML & Code

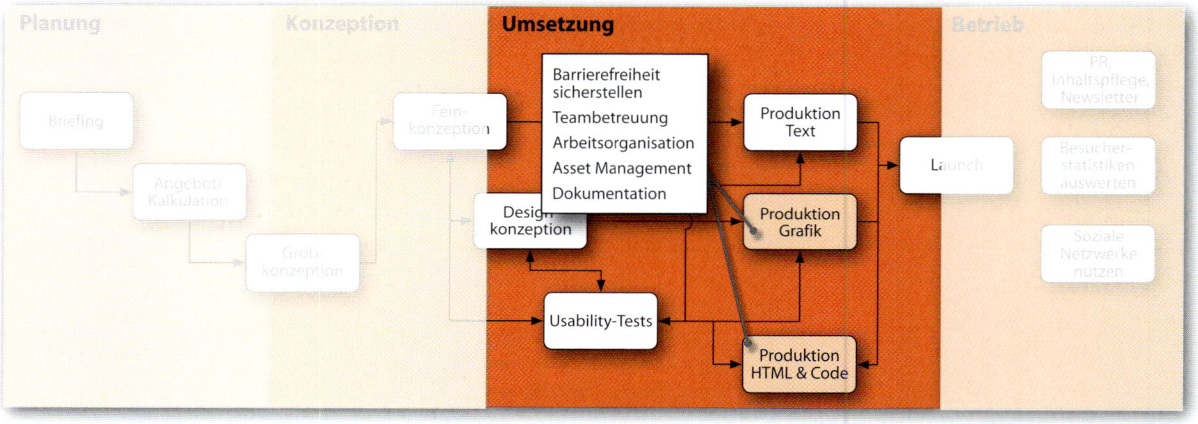

Während der Text geschrieben wird, entsteht parallel die Grafik, und auch am HTML- und Script-Code wird schon gearbeitet. In diesem Buch geht es vor allem um das Konzept, daher finden Sie in diesem Kapitel nur einige Hinweise zur Umsetzung sowie ein paar Tipps, die das Zusammenarbeiten erleichtern.

Beginnen wir mit einem Thema, das Sie von Anfang an berücksichtigen sollten: Barrierefreiheit. In manchen Fällen können Sie dazu verpflichtet sein, in jedem Fall sparen Sie sich damit viel Arbeit.

9.1 Barrierefreiheit – Accessibility

„Barrierefrei“ (engl. *accessible*) nennt man Anwendungen, die auch von Menschen mit Behinderung genutzt werden können.

Laut dem *Verein für Behinderte in Gesellschaft und Beruf* (BiGuB e.V.) hat jeder fünfte deutsche Internetnutzer wegen körperlicher Einschränkungen Probleme bei der Webnutzung. Das Statistische Bundesamt gibt an, dass acht Prozent der Bevölkerung schwerbehindert sind.

Schwierigkeiten bei der Internetnutzung treten auf, wenn die Nutzer schlecht oder gar nicht sehen, taub sind, Probleme mit der Feinmotorik haben oder bei der Konzentration. Die größte Gruppe der Behinderten ist in Deutschland die der Blinden und Sehbehinderten (weniger als zehn Prozent Sehfähigkeit) mit etwa 650.000 Menschen.

Der Computer ist für viele behinderte Menschen eine Möglichkeit, sich in Arbeit und Privatleben besser in die Gesellschaft zu integrieren. Doch dabei gibt es noch immer einige Hürden, die sich aber mit geringem Aufwand bei der Erstellung der Webseiten überwinden lassen.

Es geht nicht nur um blinde Menschen. Auch Menschen mit Leseschwäche oder geringer Schulbildung sind nicht selten Teil der Zielgruppe einer Website. Und wer sitzt nicht öfter mal übermüdet oder in einer lauten Umgebung vor dem Rechner und hat daher Konzentrationsprobleme? Genauso sind Menschen mit alter Hardware, Handys oder langsamen Internetanbindungen in der Nutzung vieler Sites eingeschränkt. All diese Nutzer profitieren von einer barrierefreien Site.

Mit Ihrer Site möchten Sie in der Regel eine möglichst große Zielgruppe ansprechen. Doch viele lassen Hunderttausende potenzieller Benutzer außen vor. Dabei wäre das mit geringem Aufwand zu ändern.

9.1.1 Gesetzeslage

Seit dem 1. Mai 2002 ist das *Behindertengleichstellungsgesetz* (BGG) in Kraft. Es schreibt Bundesbehörden und Behörden, die Bundesrecht ausführen, vor, ihre Internet- und Intranetseiten barrierefrei zu gestalten. Aufgrund dessen wurde im Juli desselben Jahres die *Barrierefreie Informationstechnik-Verordnung* (BITV) erlassen.

Die BITV stützt sich auf die Anforderungen, die die WAI (*Web Accessibility Initiative* des World Wide Web Consortiums) in der Richtlinie *Web Content Accessibility Guidelines* (WCAG) 1.0 festgehalten hat. Darin sind für die Barrierefreiheit drei Prioritäten (A, AA und AAA) vorgesehen. Die BITV kennt dagegen nur zwei – Priorität I und II, wobei Priorität I der deutschen BITV die Stufen 1 und 2 der WCAG umfasst. Ansonsten sind die Unterschiede jedoch nur sehr gering.

Für Körperschaften des öffentlichen Rechts wie Universitäten gilt die BITV nicht, doch haben die Länder Gesetze erlassen, die auch diese zur Barrierefreiheit verpflichten

Gewerbliche Betreiber von Websites sind aufgefordert, ihre Sites ebenfalls barrierefrei zu gestalten, eine Verpflichtung dazu gibt es aber nicht.

In den USA müssen Behörden schon seit Längerem ihre Websites barrierefrei umsetzen (Anti-Diskriminierungsgesetz, Artikel 508 – „Section 508").

Umsetzungsfristen

Die BIT-Verordnung sah bestimmte Fristen für die Umsetzung der Barrierefreiheit von Webseiten vor, die mittlerweile aber alle abgelaufen sind. Die Gesetze der Bundesländer, die etwa für Universitäten gelten, sehen teilweise längere Fristen vor, hier sollten Sie sich im Einzelfall informieren.

Prioritäten

Die BIT-Verordnung kennt zwei Prioritätsstufen. Alle Seiten müssen Stufe I erfüllen, Einstiegsseiten und besonders wichtige Seiten auch Stufe II.

Stufe I umfasst die wichtigsten Maßnahmen, um den Großteil aller Inhalte für fast alle Benutzer zugänglich zu machen.

Stufe II enthält noch weiter gehende Anforderungen, die das Betrachten der Seiten mit jedem denkbaren technischen Mittel und fast jeder Behinderung ermöglichen sollen.

Links zu den genauen Bestimmungen finden Sie in *Anhang B, Link- und Literaturtipps.*

9.1.2 Barrierefreies Web 2.0

Die „Web Content Accessibility Guidelines" (WCAG) der Version 1.0 von 1999 wurden im Dezember 2008 von der neuen Version WCAG 2.0 abgelöst.

Warum eine neue Version?

Seit 1999 hat sich im Internet viel getan. Die grundlegenden Anforderungen an die Barrierefreiheit haben sich zwar nicht geändert, aber die häufig eingesetzten Techniken. Und nachdem die WCAG 1.0 sehr stark ins technische Detail ging, waren die Anweisungen darin teilweise nicht mehr zeitgemäß (v.a. für AJAX-Anwendungen).

Um neue Richtlinien zu erlassen, die bindend sind („normative" in der Sprache des WC3), braucht man viel Zeit und einen langen Atem. Nach festgelegten Prozeduren müssen hier Kompromisse gefunden werden, was oft sehr lange dauert – vergleichbar einem Gesetzgebungsverfahren. Aus diesem Dilemma hat sich die WAI nun befreit, indem sie zwei Dokumente erstellt hat: einmal die „normativen" Regeln und zum anderen ein „informatives" Technikdokument, das Empfehlungen zur Umsetzung gibt. Diese „informativen" Hinweise lassen sich wesentlich schneller überarbeiten und können so neue Techniken beschreiben, ohne dass die zugrunde liegende WCAG geändert werden muss.

Daher sind die WCAG 2.0 technikunabhängig formuliert. Anleitungen für HTML- oder CSS-Codierungen suchen Sie hier vergebens. Diese finden Sie in den zu den

WCAG gehörenden „Techniques for WCAG 2.0“.

Generell sind die neuen Regeln eine Verbesserung. Allerdings sind die Regeln selbst immer noch nicht leicht verständlich – das liegt vor allem daran, dass diese Regeln Kompromisse darstellen, um die jahrelang gerungen wurde. Die Lesbarkeit bleibt da leider oft auf der Strecke. Aber die „informativen“ Dokumente erklären zum Glück, was gemeint ist.

Die vier Prinzipien der WCAG 2.0

Nach den WCAG 2.0 soll der Inhalt von Webseiten POUR sein, nach den Anfangsbuchstaben dieser vier Eigenschaften:

- Perceivable (wahrnehmbar)
- Operable (benutzbar)
- Understandable (verständlich)
- Robust (der Zugriff muss mit allen möglichen Geräten/Programmen möglich sein)

Die zwölf Regeln der WCAG 2.0

Die vier Prinzipien werden durch insgesamt zwölf Regeln für barrierefreie Sites konkretisiert:

1.1 Bilder, Videos etc. werden mit Text gekennzeichnet/erklärt.

1.2 Inhalte zeitbasierter Medien (wie Audio und Video) werden über Transskripte, Untertitel o.Ä. zugänglich gemacht.

1.3 Die Darstellung kann vom Nutzer angepasst werden bzw. über Hilfsgeräte zugänglich gemacht werden.

1.4 Der Kontrast ist so hoch, dass die Inhalte gut wahrgenommen werden.

2.1 Alle Funktionen sind nicht nur mit der Maus, sondern auch per Tastatur zu bedienen.

2.2 Der Nutzer hat genug Zeit, die Inhalte zu nutzen.

2.3 Alles, was Anfälle auslösen kann, wird vermieden (z.B. zu schnelles Blinken).

2.4 Die Navigation und die Suche werden unterstützt.

3.1 Der Text ist lesbar und verständlich.

3.2 Inhalt und Bedienung sind vorhersehbar (erwartungskonform).

3.3 Fehler werden vermieden; sie sind korrigierbar, wenn sie dennoch auftreten.

4.1 Die Seiten sind mit existierenden und zukünftigen Technologien kompatibel.

Umsetzung der Regeln

Bei der Umsetzung der Regeln hilft das Dokument „How to Meet WCAG 2.0". Dies ist das Dokument, mit dem man als Praktiker wohl am meisten arbeiten wird. Darin stehen „Sufficient Techniques" und „Failures", also Techniken, die empfohlen werden, und solche, die zum Verfehlen des Ziels führen.

Für jede der zwölf Regeln stehen in diesem Dokument Erfolgskriterien („Success Criteria"). Diese sind nach den drei Stufen der Barrierefreiheit unterschieden. Die drei Stufen sind: A, AA und AAA. Je mehr A eine Site hat, desto weniger Barrieren hat sie. Anders als bei der WCAG 1.0 ist es nun mit gewissem Aufwand durchaus möglich, diese Stufe zu erreichen – nach WCAG 1.0 hat dies fast keine Site der Welt geschafft.

Was ändert sich für meine Site?

Wenn Sie Ihre Site nach den alten Richtlinien der WCAG 1.0 angelegt haben, dann müssen Sie in fast allen Fällen gar nichts ändern. Und umgekehrt gilt: Wenn Sie die Vorgaben der Version 2.0 einhalten, dann erfüllen Sie die der Version 1.0 auch – und damit die gesetzlichen Anforderungen der BITV.

Wenn Sie aber für Ihre Site angeben wollen, dass sie die WCAG 2.0 einhält, dann müssen Sie sich eingehend mit den neuen Richtlinien beschäftigen. Deren Vorteil ist, dass sie sich viel leichter nachprüfen lassen als die Regeln der Vorversion.

Links zu den Richtlinien auf der beiliegenden CD-ROM oder im Blog zum Buch unter `www.benutzerfreun.de/tag/barrierefreiheit`.

9.1.3 Barrierefreiheit ist für alle ein Gewinn

Im Folgenden lesen Sie, wie Sie Ihre Site nicht nur barrierefrei machen, sondern damit gleichzeitig auch den Wartungsaufwand reduzieren, die Übertragungsgeschwindigkeit steigern und die Benutzerfreundlichkeit für alle verbessern.

Diese Hinweise sind für jeden Site-Betreiber nützlich. Wer allerdings eine Website erstellt, die die gesetzlichen Vorgaben einhalten muss oder soll (z.B. eine Site für eine Behörde), der wird nicht umhinkommen, weitere Informationsquellen hinzuzuziehen. Hinweise dazu finden Sie in *Anhang B, Link- und Literaturtipps*, ab Seite 415.

9.1.4 Hilfsmittel für Behinderte

Webseiten lassen sich auch von sehbehinderten Menschen erfassen, wenn die Informationen darauf richtig aufbereitet sind. Die gebräuchlichsten Hilfsmittel dazu sind (mit abnehmender Häufigkeit der Anwendung):

- Große Bildschirme, größere Textanzeige im Browser und individuelle Farbeinstellungen

- Vergrößerung des Bildschirminhalts mit speziellen Programmen
- Sprachausgabe: Der Text auf dem Bildschirm wird von einem sogenannten *Screenreader* erfasst und mit einer synthetischen Stimme vorgelesen.
- Braille-Zeile: Ein Screenreader setzt die Texte in Punktmuster um, die sogenannte Blinden- oder Braille-Schrift. Sie wird auf einem speziellen Gerät ausgegeben. Dabei handelt es sich um eine schmale Leiste mit kleinen Stiften, die sich heben oder senken. Die entstehenden Muster können geübte Nutzer mit den Fingerkuppen abtasten und entziffern.

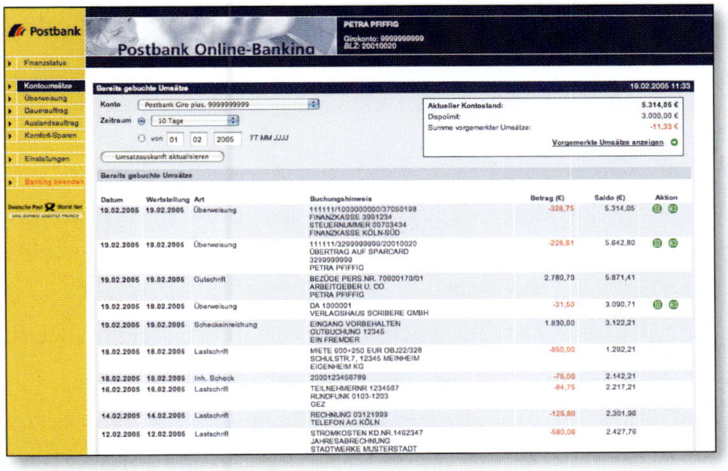

ABBILDUNG 9.1

Ausgezeichnet für Barrierefreiheit mit dem BIENE-Award: die Site der Postbank

9.1.5 Der Aufwand für Barrierefreiheit

Eine Site barrierefrei zu machen heißt, Funktionen hinzuzufügen, nicht auf Funktionen zu verzichten. Es bedeutet, die Site für *alle* Benutzer leichter bedienbar zu machen, nicht nur für einige wenige.

Barrierefreiheit muss keinen Zusatzaufwand bedeuten.

Sie müssen nicht auf Bilder, Tabellen, Flash oder rotgrüne Elemente verzichten. Sie sollten nur dafür sorgen, dass Ihr Inhalt zugänglich ist. Das erreichen Sie im Wesentlichen, indem Siefolgende Punkte beachten:

- Mit dem `ALT`-Tag geben Sie den Inhalt von Bilden an.
- Mit einer sinnvollen Struktur bleiben Ihre Tabellen auch verständlich, wenn sie Zeile für Zeile vorgelesen werden.
- Mit einer aussagekräftigen Zusammenfassung lassen sich Flash-Filme beschreiben.
- Mit zusätzlichen Beschriftungen sind rotgrüne Buttons eindeutig zu erkennen.

Der Arbeitsaufwand dafür ist kaum höher als für ein herkömmliches Web-Projekt, wenn die Barrierefreiheit von Anfang an eingeplant wird.

Die Barrierefreiheit ist bei kommerziellen Websites noch immer eine Besonderheit und lässt sich daher nutzen, um sich gegenüber der Konkurrenz hervorzuheben. Das heißt, ein barrierefreier Auftritt im Web bringt nicht nur die Benutzer auf die Site, die darauf angewiesen sind, sondern noch weitere, die das Engagement der Betreiber für eine gute Sache schätzen.

9.1.6 Vorgehen

Die Schritt-für-Schritt-Umstellung einer vorhandenen Site ist möglich. Beginnen Sie mit der Startseite. Machen Sie mit den Seiten weiter, die am häufigsten besucht werden. Erstellen Sie alle neuen Seiten barrierefrei. Passen Sie nach und nach alle Seiten an.

Achten Sie generell auf folgende Punkte:

Text

- Sorgen Sie für eine klare Gliederung. Das macht es allen Benutzern leichter, den Text zu erfassen. Hilfsprogramme können den Text dann ebenfalls besser wiedergeben.
- Verwenden Sie eine klare, möglichst einfache Sprache. Halten Sie Ihre Texte so kurz wie möglich.
- Benutzen Sie die HTML-Formatierungsmöglichkeiten, um Überschriften, Listen, Zitate usw. kenntlich zu machen.

Trennung von Inhalt und Formatierung

Verwenden Sie HTML 4 und Cascading Style Sheets (CSS). Damit lassen sich Inhalt und Formatierung leicht trennen. Um etwa nachträglich die Schriftgröße oder die Farbe der Unterüberschriften auf allen HTML-Seiten Ihrer Site zu ändern, müssen Sie bei richtiger Anwendung von CSS nur die zentrale Datei mit den Formatierungen ändern – und schon sind alle Seiten auf dem aktuellen Stand.

Auch Positionierung, Hintergrundfarbe und umgebende Kästen von Texten lassen sich mit CSS einfach realisieren – und modifizieren.

Außerdem können Behinderte CSS in ihrem Browser ausschalten und sich Schrift so anzeigen lassen, dass sie sie gut lesen können.

Verhindern Sie auf keinen Fall die Möglichkeit zur Textvergrößerung, die alle modernen Browser bieten, indem Sie feste Werte für Textgrößen vorgeben.

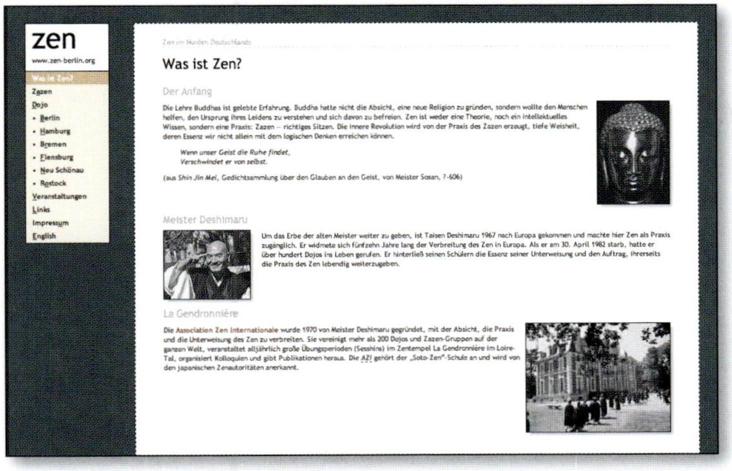

ABBILDUNG 9.2
Gestaltung mit CSS bedeutet keinen Verzicht auf gutes Design. Die Site www.zen-berlin.org wurde mit dem BIENE-Award für Barrierefreiheit ausgezeichnet.

Hyperlinks

Verlinken Sie Text so, dass die Links auch ohne Zusammenhang Sinn ergeben. „Klicken Sie hier" ist kein vernünftiger Link. Ein Link sollte beschreiben, wohin er führt.

Tabellen & Frames

- Verwenden Sie Tabellen nicht für das Layout, sondern ausschließlich für die Darstellung tabellarischer Daten.
- Sehen Sie bei allen Tabellen mit Daten eine Überschrift für jede Spalte und Zeile vor.
- Gehören bestimmte Bereiche logisch zusammen, machen Sie das mit Überschriften o.Ä. deutlich. Eine Markierung durch Farbe allein ist nicht ausreichend.
- Es ist generell schwierig, Frames barrierefrei umzusetzen. Verzichten Sie möglichst auf diese.
- Falls Sie dennoch Frames benutzen, geben Sie jedem Frame einen aussagekräftigen Titel. Verwenden Sie das `NOFRAMES`-Tag, um den Inhalt zu beschreiben. Das wird von Browsern dargestellt, die keine Frames unterstützen.

Verwenden Sie für das Layout möglichst Cascading Style Sheets (CSS) statt Tabellen. So kommen Screenreader mit Ihren Seiten zurecht.

Farben

- Achten Sie auf großen Kontrast zwischen Hintergrund und Schrift.
- Vorsicht bei Hintergrundbildern oder -mustern. Diese verschlechtern oft die Lesbarkeit.

- Verzichten Sie auf die Kombination Rot und Grün, da Farbenblinde diese Farben nicht unterscheiden können.
- Verlassen Sie sich nicht darauf, Dinge ausschließlich über ihre Farbe zu unterscheiden.

Bilder

- Geben Sie jedem Bild einen beschreibenden ALT-Text. Dieser wird angezeigt, wenn der Browser keine Bilder darstellen kann oder diese Funktion ausgeschaltet ist. Screenreader lesen die `ALT`-Tags vor, sodass auch Sehbehinderte wissen, was auf der Seite steht. Alle Benutzer schätzen die ALT-Texte, da sie dadurch schon wissen, was sie erwartet, während das Bild noch geladen wird. Wenn dieses sie nicht interessiert, können sie zu einer anderen Seite wechseln und müssen nicht warten, bis das Bild geladen ist.
- Ist ein Bild verlinkt, beschreiben Sie das Linkziel im ALT-Text.
- Wenn Sie *Image Maps* einsetzen (Bilder mit mehreren verlinkten Bereichen), verwenden Sie nur clientseitige Image Maps. Nur diese können von Screenreadern korrekt interpretiert werden. Verwenden Sie aussagekräftigen Text für die Links.

Bilder, die keine sein müssen

Text statt Bilder – das spart Ihnen auch viel Arbeit.

- Verwenden Sie wo immer möglich Text, keine Bilder. Das macht Änderungen einfach, da sie direkt im HTML-Text durchgeführt werden können. Screenreader und Vergrößerungstechniken können Text direkt in eine für Behinderte zugängliche Form bringen.
- Falls Sie unbedingt Grafiken mit Text verwenden möchten (z.B. für Menüs), dann sorgen Sie mit einem ALT-Text dafür, dass die Website auch ohne diese benutzbar bleibt.
- Setzen Sie auch ALT-Texte für Symbole, Aufzählungszeichen, unsichtbare Bilder (Spacer; werden zur Formatierung verwendet – besser ist es natürlich, auf diese ganz zu verzichten) usw. Damit weiß jeder Bescheid, wofür die jeweiligen Elemente auf der Seite stehen, und es ist klar, dass auch denjenigen Menschen nichts entgeht, die die Bilder nicht sehen.

Audio und Video

- Sehen Sie für gesprochenen Text und für Video eine Beschreibung vor, die die wichtigsten Inhalte zusammenfasst.
- Mehrere kleine Portionen sind einer großen vorzuziehen. Das ist nicht nur leichter zu beschreiben, sondern auch praktischer für alle Nutzer, die vielleicht nur Teile der Informationen abrufen möchten.

- Sind Audios oder Videos wesentliche Bestandteile der Site, bieten Sie ein vollständiges Transskript (bei Video mit Bildbeschreibung) an.

Animationen und Flash-Anwendungen

- Setzen Sie nur Animationen ein, die echten Mehrwert bringen. Animationen sind aufwendig in der Umsetzung und nicht so einfach zu warten wie reiner Text. Und meist wollen die Benutzer lediglich Informationen so schnell wie möglich finden – was mit Text fast immer besser geht. Außerdem wird Text ohne Probleme von Suchmaschinen gefunden und indiziert.
- Beschreiben Sie den wesentlichen Inhalt der Animationen mit einem Text.
- Flash-Anwendungen lassen sich barrierefrei umsetzen. Das ist etwas Aufwand, da fast jedes Element mit einer Beschreibung versehen werden muss. Ist die Flash-Anwendung aber wesentlich, sollten Sie diesen Aufwand auf sich nehmen.
- Vermeiden Sie Flimmern. 20-Hertz-Flimmern (20 Bildwechsel pro Sekunde) kann bei Epileptikern einen Anfall auslösen. Fast alle Menschen empfinden solch ein Flimmern als unangenehm.

Scripts und Applets

Sorgen Sie dafür, dass Ihre Seiten auch benutzbar sind, wenn Scripts, Applets oder andere programmierte Elemente deaktiviert sind. Sehen Sie die Informationen in Textform vor, die darin enthalten sind.

Formulare

- Ordnen Sie die Felder von Formularen logisch an, also in der Reihenfolge, in der sie die Benutzer ausfüllen werden.
- Sorgen Sie dafür, dass man mit der Tabulator-Taste in der richtigen Reihenfolge von Feld zu Feld springen kann.
- Belegen Sie die Felder mit Anweisungstexten, zum Beispiel „Hier Namen eintragen“. Das erleichtert bei der Verwendung von Screenreadern das Navigieren zum richtigen Feld.

Die Notlösung

Falls Sie sich nicht in der Lage sehen, eine barrierefreie Version der Seiten zu erstellen, verlinken Sie zu einer Nur-Text-Version. Das ist aber immer nur eine Notlösung, weil

- Sie damit doppelten Wartungsaufwand haben,

- fast alle Maßnahmen zur Barrierefreiheit allen Ihren Benutzern zugutekommen und weil
- sich dann die Menschen ausgegrenzt fühlen, die auf eine barrierefreie Version angewiesen sind.

Achten Sie unbedingt darauf, dass die Nur-Text-Version alle Informationen enthält und mit so viel Sorgfalt gepflegt wird wie die nicht barrierefreie Version.

9.1.7 Testmöglichkeiten

Um sicherzustellen, dass Ihre Site barrierefrei ist, kommen Sie insbesondere bei Ihren ersten Versuchen nicht um ausführliche Kontrollen und Tests herum.

Checklisten

Beim W3C, der Organisation, die über die WWW-Standards wacht, und bei verschiedenen Initiativen der Regierung und von Organisationen finden Sie Checklisten, um Ihre Seiten zu prüfen (Links finden Sie in *Anhang B, Link- und Literaturtipps*).

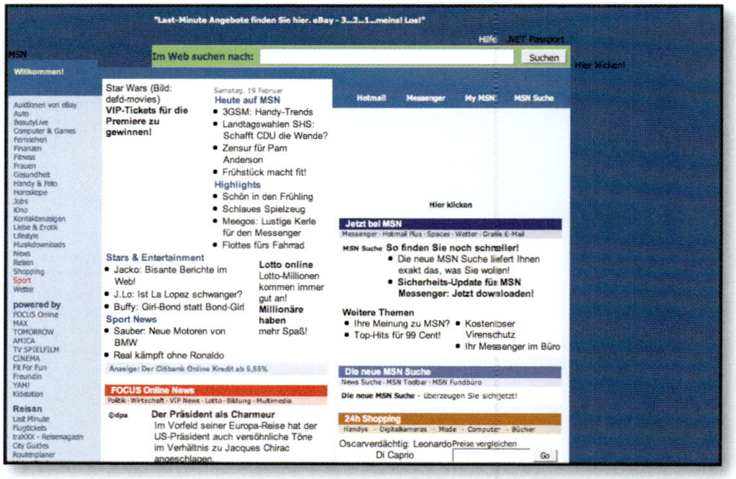

ABBILDUNG 9.3
Deaktivieren Sie die Anzeige von Bildern, finden Sie die gröbsten Schnitzer bezüglich der Barrierefreiheit, hier auf www.msn.de. Das „Star-Wars"-Bild oben links hat immerhin einen aussagekräftigen ALT-Text – anders als das Banner rechts „Hier klicken" oder das Bild unten links „© dpa".

Blind-Browsen

Deaktivieren Sie in Ihrem Browser Java, JavaScript und die Anzeige von Bildern sowie Flash – oder verwenden Sie einen Nur-Text-Browser wie Lynx. Sie sehen so nur die Seitenelemente, die von Screenreadern verarbeitet werden.

Denken Sie bei solchen Tests daran, dass die Elemente der Reihe nach von links nach rechts und von oben nach unten vorgelesen werden – Informationen, die nur dadurch verständlich sind, dass verschiedene Bereiche neben- oder untereinander stehen, können verloren gehen.

Prüfprogramme (Validatoren)

Es gibt etliche Programme, die Ihre Site auf Barrierefreiheit prüfen. Sie gehen den HTML-Code Zeile für Zeile durch und weisen Sie auf alles hin, was nicht standardkonform ist. Das ist gerade bei Seiten, die nicht von Anfang an barrierefrei angelegt wurden, erschreckend viel. Es lässt sich aber bei den meisten Programmen einstellen, wie streng die Überprüfung sein soll. Und hat man einmal gelernt, worauf man achten muss, muss man kaum noch etwas korrigieren.

Zwei bekannte Vertreter sind *Bobby* (nur englisch) und *A-Prompt*. A-Prompt kann einige Korrekturen automatisch durchführen, bei vielen Dingen müssen Sie aber selbst entscheiden, ob sie für Behinderte ein Problem darstellen können oder nicht. Zum Beispiel müssen Sie angeben, ob eingebundene Bilder flackern oder nicht. Auch wenn noch einige Verbesserungen des Automatismus möglich sind – manche Dinge werden Sie immer selbst beurteilen müssen, etwa die Frage, ob ein Linktext oder eine Bildbeschreibung aussagekräftig ist.

Links zu den Bezugsquellen der Prüfprogramme finden Sie unter *Anhang B, Link- und Literaturtipps*, ab Seite 415.

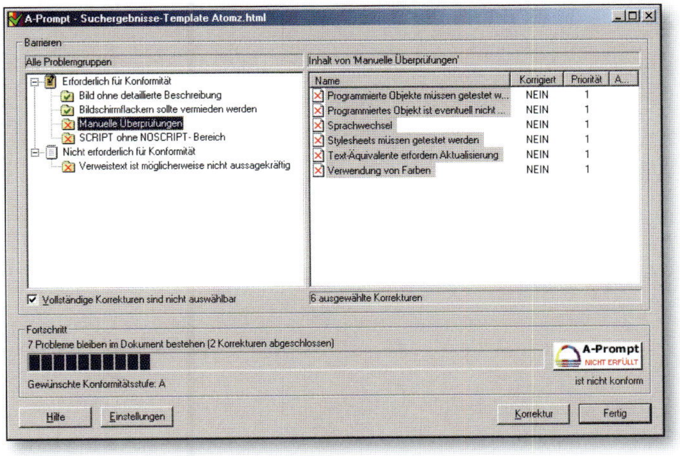

ABBILDUNG 9.4
A-Prompt bei der Arbeit

9.1.8 Prüfsiegel und Zertifizierungen

Die oben genannten Programme *Bobby* und *A-Prompt* können auf den überprüften HTML-Seiten eine kleine Grafik einfügen, die anzeigt, dass sie die Prüfung auf Barrierefreiheit bestanden haben. Das ist jedoch nur beschränkt aussagekräftig, da zum einen das Bild auch von Hand eingebaut werden kann und zum anderen einige Kriterien subjektiv sind.

Es gibt inzwischen einen renommierten Preis für barrierefreie Sites: den BIENE-Award. BIENE steht für „barrierefreies Internet eröffnet neue Einsichten". Der Preis wird jährlich von der *Aktion Mensch* und der Stiftung *Digitale Chancen* vergeben. Wer diesen Preis erhält, hat ein hohes Maß an Barrierefreiheit erreicht.

ABBILDUNG 9.5

Einige Logos, die für barrierefreie Websites verwendet werden

Das offizielle Zertifizierungsprogramm

Weil das Thema Barrierefreiheit so komplex ist, wünschen sich einige Site-Betreiber ein offizielles Prüfsiegel. Ein solches wurde von DIN CERTCO (Zertifizierungsorganisation des Deutschen Instituts für Normung e.V.) erstmals in Deutschland angeboten. Das Siegel steht aber in der Kritik von vielen Agenturen und auch vom Bundesverband Digitale Wirtschaft (BVDW). Grund ist das prinzipielle Problem von Zertifikaten für Websites: Sites ändern sich ständig, und es lässt sich kaum in Formeln fassen, was noch eine kleine Anpassung darstellt und was eine grundlegende Überarbeitung ist. Das bedeutet, die Zertifizierung muss regelmäßig wiederholt werden – ähnlich wie die Hauptuntersuchung des TÜV für Autos. Allerdings wäre ein Zeitraum von zwei Jahren wie bei Autos viel zu lang.

Hinzu kommt, dass die Prüfkriterien regelmäßig angepasst werden müssen, wenn neue Techniken auf Websites eingesetzt werden, sich die Darstellungsprogramme ändern oder andere noch nicht absehbare Änderungen auftreten. Viele empfehlen daher, Barrierefreiheit im Produktionsprozess zu verankern und sich nicht auf offizielle Prüfsiegel zu verlassen.

In manchen Ländern, zum Beispiel in den Niederlanden, gibt es schon länger offizielle Zertifikate. Teilweise wird hier von schlechten Erfahrungen berichtet: Die Site-Betreiber pochen auf ihre Zertifizierung und verschließen sich gegen Kritik – auch wenn die Site seit der Zertifizierung erheblich überarbeitet wurde.

Befürworter wie Gegner offizieller Zertifikate haben gute Argumente. Ob Sie für Ihre Site ein Zertifikat beantragen, hängt sicher auch entscheidend vom nächsten Punkt unserer Betrachtung ab: den Kosten.

Kosten

Eine Überprüfung von Websites ist, wie schon erwähnt wurde, nur teilweise automatisierbar; viele Kriterien können nur von Menschen beurteilt werden. Das bedeutet, der Aufwand ist erheblich.

Wenn Sie die Prüfung mit Bobby oder A-Prompt selbst erledigen, fallen keine externen Kosten an – Sie müssen nur die Zeit dafür einplanen. Diese variiert je nach Umfang der Site und je nachdem, mit wie viel Erfahrung beim Erstellen barrierefreier Sites Ihre Seiten erstellt wurden.

Beauftragen Sie jedoch eine Agentur mit der Prüfung, werden die Kosten dafür selbst bei kleineren Sites in der Größenordnung von mehreren hundert bis über tausend Euro liegen – und das als regelmäßige Ausgabe.

Die Kosten für die Vergabe eines offiziellen Prüfsiegels sind noch höher – im Fall des DIN CERTCO-Zertifikats beispielsweise wird ein Grundpreis von etwa 1400 Euro fällig. Hinzu kommt die Prüfung selbst, die nach Aufwand abgerechnet wird. Für größere Firmen werden solche Ausgaben kein Problem sein – kleinere Anbieter winken aber vermutlich dankend ab.

9.1.9 Barrierefrei von Anfang an – der einfachste Weg

Erstellen Sie eine neue Site, legen Sie die ersten Seiten barrierefrei an. Testen Sie diese mit echtem Inhalt, also typischen Bildern und aussagekräftigen Texten, mit einem Prüfprogramm auf ihre Barrierefreiheit. Falls die Inhalte noch nicht vorliegen, machen Sie sich die Mühe, vorläufige zu erstellen.

Wer früh plant, hat wenig Aufwand, genießt aber alle Vorteile.

Ausgehend von den korrigierten, barrierefreien Textseiten erstellen Sie dann Vorlagen (Templates) für alle weiteren HTML-Seiten. Testen Sie am besten alle Vorlagen mit beispielhaften Inhalten, um vor bösen Überraschungen gefeit zu sein, die auftauchen, wenn alle Seiten basierend auf einer nicht barrierefreien Vorlage erstellt wurden.

Content-Management-Systeme (CMS) können dabei helfen, die Barrierefreiheit sicherzustellen. Sie erlauben es etwa, die Bearbeiter einer Seite zu zwingen, bestimmte Angaben – wie Bildbeschreibungen – zu machen. Und sie können verhindern, dass nicht-standardkonforme Formatierungen vorgenommen werden.

Barrierefreie Sites zu erstellen erfordert einige Erfahrung, stellt aber letztendlich nur ein wenig mehr Arbeit dar und bietet zudem viele Vorteile für alle Benutzer und eine leichtere Wartung der Site.

9.2 Webseiten für Mobilgeräte

Tipps für die Konzeption von Seiten speziell für Handys und Smartphones finden Sie im Kapitel 4 *Grobkonzept*, Abschnitt *Mobile Anwendungen* (ab S. 84). Im Folgenden noch einige technische Tipps für die Umsetzung.

Die Aufbereitung und Gestaltung der Inhalte folgt im mobilen Bereich anderen Regeln. Denn die Benutzer haben generell

- wenig Zeit und Ruhe,
- kleine Displays, die manchmal auch schlecht zu lesen sind (z.B. in der Sonne),
- eingeschränkte Eingabemöglichkeiten.

Deshalb muss die Information für Mobilgeräte noch knapper sein als im Web. Sie müssen noch schneller auf den Punkt kommen und haben noch weniger Zeit und Platz für Grafik.

ABBILDUNG 9.6
Die iPhone-Seite von Amazon. Die Breite ist auf den kleinen Bildschirm angelegt, die Länge ist viel geringer. Ganz wichtig: oben links der Button, um zur Standardversion zu kommen. Denn manchmal braucht man Funktionen, die bei der abgespeckten Variante nicht zur Verfügung stehen.

Erstellen Sie eine Site, die auch mit mobilen Geräten gut funktioniert, dann haben Sie dauerhaft am wenigsten Aufwand. Das empfiehlt auch die Mobile Web Initiative (MWI) beim W3C (World Wide Web Consortium), das für die Webstandards zuständig ist. Eventuell können Sie auch eine sogenannte Browser-Weiche einbauen, welche die Benutzer entsprechend den Geräten, die sie benutzen, zu unterschiedlichen Unterbereichen Ihrer Site leitet. Eine Diskussion zur Top-Level-Domain .mobi finden Sie im Kapitel 4 *Grobkonzept*, Abschnitt *Mobile Anwendungen* (ab S. 84). Weitere Infos zur Technik bei `www.benutzerfreun.de/tag/technik`.

Bei den Seiten für mobile Geräte achten Sie vor allem auf Folgendes:

- Halten Sie die Seiten klein und kurz – mit Bildern nicht mehr als 100 Kbyte groß und nicht höher als ca. 1000 Pixel bei Standardschriftgröße.
- Fixieren Sie die Schriftgröße nicht.
- Fixieren Sie die Seitenbreite nicht, damit diese an die kleinen Displays angepasst werden kann (meist um die 200 bis 300 Pixel breit).
- Legen Sie die Seiten nicht zu breit an, das heißt, auch die Grafiken sollten möglichst nicht breiter als 300 Pixel sein. Bauen Sie lieber kleine Vorschaubilder ein und verlinken Sie diese zu den großen Abbildungen. Das reduziert gleichzeitig auch die Datenmenge.

- Verzichten Sie auf Frames.
- Verzichten Sie auf Formulare zur Navigation, diese werden auf vielen mobilen Browsern entweder gar nicht angezeigt oder sie sind sehr mühsam zu bedienen. Wenn Sie Formulare tatsächlich brauchen, legen Sie diese möglichst groß an und verteilen Sie die Elemente auf mehrere kurze Seiten.
- Verzichten Sie auf Popup-Fenster.
- Setzen Sie eingebettete Medien wie Flash-Filme mit Bedacht ein. Viele Geräte unterstützen diese nicht. Sehen Sie für solche Fälle einen alternativen Zugang zur Information vor.
- Vermeiden Sie komplexe CSS-Layouts – viele mobile Browser haben mit diesen Probleme. Tabellen zur Gestaltung sind sowieso tabu.

Tests mit einzelnen Geräten

Die Mobile Web Initiative (MWI) des W3C veröffentlicht umfangreiche Anleitungen für das Gestalten von Websites, die auch mobil genutzt werden sollen. Auf ihrer Website bietet die MWI neben umfangreichen Informationen auch einen interaktiven Web-Check an, der Ihre Site kostenlos auf Probleme hin prüft, die bei der Nutzung über ein Mobilgerät auftreten können (`www.w3.org/Mobile/`).

Wenn Ihre Site auf dem iPhone gut aussehen soll und Sie weder Mac noch iPhone haben, dann testen Sie die Site zumindest mit dem Browser Safari unter Windows (kostenlos bei `www.apple.de` erhältlich). Dieser baut auf derselben Technik zur Darstellung von Webseiten auf wie die iPhone-Version des Browsers.

Andere Geräte (z.B. von Sony Ericsson und Motorola) nutzen den Browser *Opera* in den zwei Varianten *Opera Mobile* oder *Opera Mini*. Opera Mobile verhält sich ähnlich wie die Version des Browsers für Desktop-Rechner, die Sie kostenlos von Opera bekommen (`de.opera.com`).

Aktuelles zu Browsern und Betriebssystemen immer auf `www.benzutzerfreun.de/tag/browser`.

Wenn Sie ganz sicher gehen wollen, dann müssen Sie sich einige Mobilgeräte mit verschiedenen Betriebssystemen besorgen. Immer wichtiger wird wohl auch *Android*, ein Handybetriebssystem, das unter anderem von Google unterstützt wird. Doch wenn Sie bei Konzeption und Umsetzung die obigen Tipps beachten, dann können Sie davon ausgehen, dass die meisten mobilen Browser Ihre Seiten auch ganz anständig anzeigen.

9.3 Projektmanagement

Zum Thema Projektmanagement gibt es etliche sehr gute Bücher (siehe Anhang und `www.benutzerfreun.de/tag/pm`). Im Folgenden gebe ich nur ein paar ausgewählte Tipps aus der Praxis zu Punkten, die die meisten Konzepter betreffen – auch wenn sie keine Projektleiter-Aufgaben wahrnehmen müssen.

9.3.1 Vorüberlegungen

Sie sollten unbedingt festhalten, was Sie wann vom Auftraggeber erhalten. Denn wenn Sie nicht weiterarbeiten können, weil z. B. Texte fehlen, kann sich das ganze Projekt verzögern. Einigen Sie sich mit dem Aufraggeber darüber, was passiert, wenn er Liefertermine nicht einhält. (Verschiebt sich die Abgabe? Entstehen Zusatzkosten?)

Bei größeren Projekten wird oft ein Lastenheft erstellt, in dem genau aufgelistet ist, was der Auftraggeber liefert. Sie können aber auch formlos (z. B. in einer Besprechungsnotiz) alle wichtigen Dinge aufschreiben. Dabei sollten Sie vor allem an Folgendes denken:

- Texte. Diese sind fast immer überarbeitungswürdig, daher:
  - Überarbeiten der Texte
  - weiteres Informationsmaterial
- Fotos (wenn digital: in welcher Auflösung, in welchem Dateiformat? Ansonsten: Wer trägt die Kosten für die Digitalisierung?)
- Zeichnungen/Skizzen
- direkt einzubindende Broschüren, Listen, Pläne usw.

Behalten Sie die Übersicht darüber, was schon da ist, was noch fehlt und welche Version die aktuelle ist! Der Kunde hat die Übersicht meist nicht. Mahnen Sie fehlende Dinge sofort und möglichst schriftlich bzw. per E-Mail an.

9.3.2 Teambildung und Kommunikation

Wenn es an die Umsetzung geht, muss der Zeitplan schon lange feststehen. Im Idealfall wurde er schon mit dem Angebot erstellt und vom Auftraggeber abgenommen (siehe Kapitel 3, *Angebot und Kalkulation*). Anhand der Meilensteine können Sie abschätzen, wie viele Mitarbeiter Sie wann brauchen. Stellen Sie sich Ihr Team zusammen, und veranstalten Sie spätestens zu Beginn der Produktionsphase eine Startbesprechung mit allen Beteiligten (im Geschäftsjargon auch *Kick-off-Meeting* genannt).

✓ Stellen Sie das Team so früh wie möglich zusammen, und beziehen Sie es von Anfang an in die Konzeption mit ein.

In der Startbesprechung wird mit allen Mitgliedern des Teams abgesprochen, was ihre jeweilige Aufgabe ist, welche Termine feststehen und was das Ziel des gesamten Projekts ist. Damit erfüllt diese Veranstaltung einen wichtigen psychologischen Zweck: Alle Beteiligten werden auf ein gemeinsames Ziel eingeschworen, und ihnen wird das Gefühl vermittelt dazuzugehören.

Alle Mitglieder des Teams müssen genau wissen, für welchen Teil des Projekts sie verantwortlich sind. Wenn der Texter zuvor nicht weiß, dass er noch Fakten recherchieren oder Bildmaterial beschaffen muss, wird er genauso ungehalten reagieren wie der HTML-Programmierer, wenn er feststellt, dass er noch Grafiken konvertieren muss. Legen Sie fest, wer wann was in welchem Format abzugeben hat und wer das kontrolliert.

Um Probleme schon früh zu erkennen, sollten interne *Meilensteine* festgelegt werden. Das sind Termine, zu denen einzelne Teilbereiche fertig sein müssen. Diese werden nicht an den Kunden weitergegeben, sondern dienen nur der internen Kontrolle. Damit kann rechtzeitig erkannt werden, wenn mit dem vorhandenen Team die Abgabetermine beim Kunden nicht zu halten sind. Wählen Sie die einzelnen Aufgaben für die Teammitglieder nicht zu groß, denn es ist ein schönes Erfolgserlebnis, eine Aufgabe abgeschlossen zu haben.

Sie als Konzepter sollten sich möglichst eng in die Produktion einbinden. Sehen Sie sich Zwischenstände an, und bieten Sie Grafikern und Programmierern immer wieder Ihre Hilfe an. Damit stellen Sie sicher, dass letztendlich das Konzept auch so umgesetzt wird, wie Sie sich das vorgestellt haben.

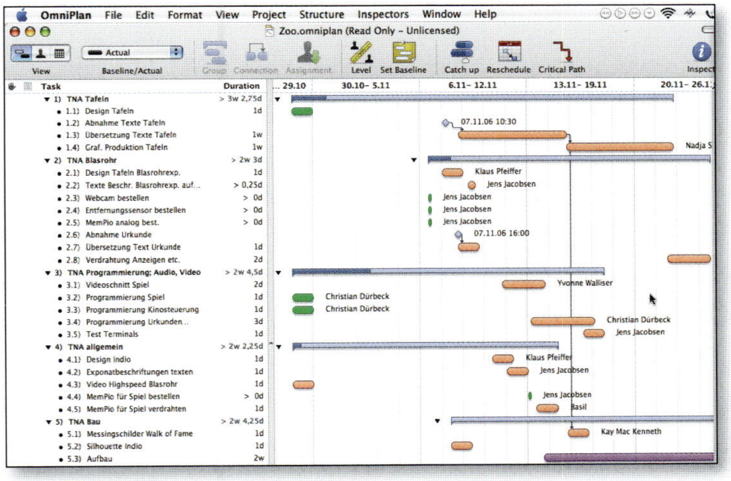

ABBILDUNG 9.7

Wichtiges Kommunikationsinstrument und Werkzeug, um den Überblick zu behalten: der Zeitplan. Hier wurde er mit OmniPlan erstellt, einer kostengünstigen und leicht zu bedienenden Alternative zu MS Project – leider nur für Mac erhältlich.

9.3.3 Arbeitsorganisation

Auch dieser Abschnitt ist nur eine Sammlung der wichtigsten Tipps. Für weitere Informationen, z. B. über sinnvolle Programme oder aktuelle Literaturtipps, besuchen Sie die `www.benutzerfreun.de/tag/umsetzung`.

Wir alle kennen solche Situationen aus leidvoller Erfahrung: Das Projekt ist fast fertig, doch irgendwie ist eine wichtige Datei verschwunden. Man ist sich ganz sicher, sie gestern Nacht noch abgespeichert zu haben, aber sie ist nicht mehr aufzufinden. Nur noch eine Version von letzter Woche ist auf dem Server. Ob man selbst die Datei gelöscht hat, ein Kollege sie mit einer alten Version überschrieben hat oder eine Kollegin sie versehentlich zu einem anderen Projekt verschoben hat, lässt sich nicht mehr nachvollziehen. Klar ist nur: Die nächste Nacht wird man wieder vor dem Rechner verbringen, um die Arbeit noch einmal zu machen und die Daten wieder auf den neuen Stand zu bringen.

Solche Dinge kommen umso öfter vor, je größer ein Projekt ist, je mehr Menschen daran arbeiten und je länger es läuft. Sie führen zu Stress, Streit, Mehrarbeit, Fehlern und nicht eingehaltenen Terminen. Niemand beschäftigt sich gern damit, Dateien zu verwalten. Aber es lohnt sich, sich dazu im Vorfeld ein paar Gedanken zu machen. Denn damit lassen sich solche Unannehmlichkeiten weitgehend vermeiden. Für die Praxis, Dateien professionell zu verwalten, hat sich der Begriff *Digital Asset Management* (*DAM*) etabliert.

9.3.4 Was ist Digital Asset Management?

Falsch ist der Eindruck, Asset Management würde sich nur für große Firmen lohnen. Sobald an einem Projekt mehr als zwei Personen mitarbeiten, es länger als drei Monate dauert oder die Mitarbeiter nicht im selben Zimmer sitzen, lohnt sich DAM. Da der Markt für große Firmen am lukrativsten ist, haben sich Hersteller und Berater zunächst auf diese konzentriert. Doch zunehmend merken auch kleine Web-Agenturen und Site-Betreiber, wie nützlich das professionelle digitale Managen von Assets sein kann.

Software-Hersteller erwecken gern den Eindruck, Digital Asset Management sei Software. Aber Sie können auch ohne spezielles Programm DAM betreiben. Der Begriff bedeutet nur, digitale „Werte" zu organisieren.

Was ist ein Asset?

Ein *Asset* ist etwas, das einen Wert darstellt – bei interaktiven Projekten im Normalfall eine Datei. Diese muss etwas enthalten, was Sie auch verwenden dürfen. Sie müssen beispielsweise bei einem Foto die Rechte haben, es im Projekt einzusetzen, sonst ist es wertlos. Eine weitere wichtige Eigenschaft, die eine Datei zum Asset macht, ist eine Information über ihren Inhalt. Denn wenn Sie nicht wissen, was in einer Datei ist, ist sie nicht verwertbar. Die Information kann im Dateinamen enthalten sein („Foto_Karl_Klammer.jpg") oder in Ihrem Kopf (Sie wissen, dass „DSC_0022.jpg" das Foto von Karl Klammer ist).

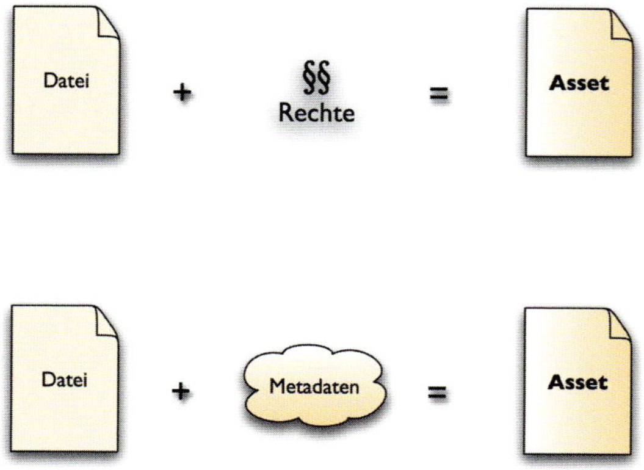

ABBILDUNG 9.8
Eine Datei wie ein Bild oder ein Text wird erst zum Asset, wenn Sie das Recht haben, sie zu verwenden und auch wissen, was der Inhalt ist – sonst ist die Datei nutzlos.

Welche Vorgehensweise ist DAM?

Gutes Asset Management ist, wenn Sie Benennung und Ablage der Dateien planen, klare Regeln für alle Mitarbeiter aufstellen und sich alle daran halten – auch wenn es manchmal etwas umständlicher ist. Mittelfristig zahlt es sich aus. Ein typisches Problem ist, dass, wenn der Stress gegen Projektende immer größer wird, langsam immer mehr Dateien namens „...neu.tif" und „...neu_neu.tif" in Verzeichnissen auf dem Server landen, deren Namen genauso wenig aussagekräftig sind. Ein anderes Problem ist, dass „mal eben" eine Zwischenversion auf dem lokalen Rechner erstellt wird, weil das Kopieren einer großen Datei auf den Server etwas länger dauert.

In solchen Fällen hilft eine Software, die alle Mitarbeiter zur Disziplin zwingt und ihnen im Gegenzug Routinearbeiten abnimmt.

Welche Software hilft bei DAM?

Keine Software erledigt Digital Asset Management für Sie, sie kann Sie dabei nur unterstützen. Denn was Sie mit den Daten anfangen, bleibt allein Ihnen überlassen. Für welches DAM-System Sie sich auch entscheiden, am Anfang müssen Sie stets Ihren Arbeitsablauf (gern „Workflow" genannt) ganz genau planen und das System entsprechend einrichten.

Am häufigsten wird Asset Management mit dem *Explorer* bzw. *Finder* und Listen in *Word, Excel* oder *OmniOutliner* erledigt. Das ist am flexibelsten, aber auch am anfälligsten für Fehler.

Macromedia Dreamweaver bietet ein paar einfache DAM-Funktionen, die sicherstellen, dass immer nur ein Kollege an einer Datei arbeitet und man sich nicht gegenseitig Daten überschreibt. Für Web-Projekte ist das schon sehr hilfreich. Es gibt aber viele Arten von spezialisierter Software, auf die wir im Folgenden einen Blick werfen.

9.3.5 Softwaretypen

Da DAM ein Feld ist, das zunächst vor allem von Unternehmensberatern und großen Firmen beachtet wurde, gibt es eine Unzahl von verschiedenen Begriffen und Abkürzungen, die jeder Hersteller, Berater und Anwender etwas anders verwendet. Diese alle zu erklären, würde ein ganzes Buch füllen (das habe ich übrigens auch getan, siehe *Anhang B, Link- und Literaturtipps*, ab Seite 415), daher folgt hier nur eine kurze Erklärung der wichtigsten Arten von DAM, denen Sie immer wieder begegnen werden.

Bildkataloge und -datenbanken

Dies ist die wohl bekannteste Art von DAM. Mit einem Bildkatalog haben Sie einfach Zugriff auf die Bilddateien auf Ihrer/n Festplatte/n. Eine Bilddatenbank dagegen verwaltet auch die Dateien auf der Festplatte und sorgt dafür, dass nichts verloren geht, ältere Versionen automatisch archiviert werden und keine Daten doppelt gespeichert werden.

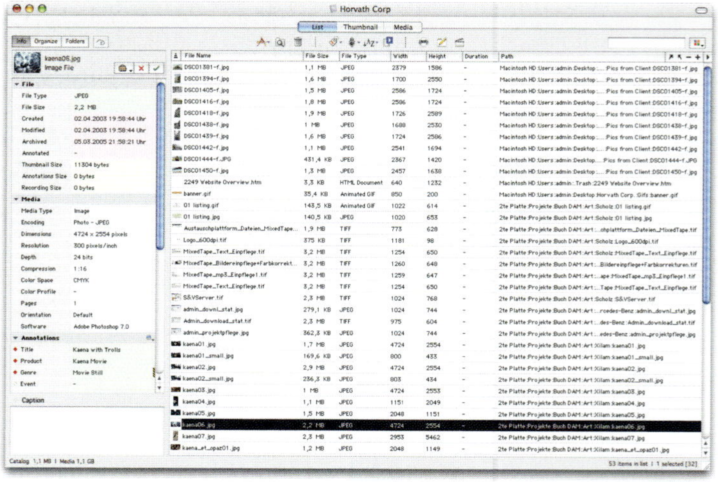

ABBILDUNG 9.9

iView Media Pro, eine komfortable Bilddatenbank für Einzelanwender und kleine Agenturen.

Brand Asset Management (BAM), Dokument Management (DM) und Enterprise Content Management (ECM)

Mit diesen Schlagwörtern werben die Hersteller, die große Firmen als Kunden haben möchten. Die meisten Programme dieser Kategorien können mit allen Arten von Dateien umgehen – von einfachen Textdateien über E-Mails, HTML, Fotos und Spezialformaten. Sie gehen auch bei Hunderttausenden von Dateien oder Hunderten von gleichzeitigen Zugriffen nicht in die Knie. Dafür sind sie hoch komplex und teuer. Ohne Berater wird ein solches System selten installiert.

Web Content Management (WCM)

WCM-Systeme verwalten Inhalte für Websites. Es gibt ganz einfache Systeme, die nur dazu dienen, die Inhalte auf der Site bequem austauschen zu können, und sehr aufwendige, die komplexe Arbeitsabläufe mit mehreren Runden von Erstellung, Bearbeitung und Freigabe unterstützen und automatisch Inhalte online stellen, ins Archiv verschieben oder wieder löschen.

Software Configuration Management (SCM)

Programmierer werden *CVS* oder *Subversion* kennen. Damit lässt sich Programmcode bequem im Team bearbeiten, und alle sind immer auf dem aktuellen Stand.

(Production) Digital Asset Management (DAM), Media Asset Management (MAM)

DAM kann als Oberbegriff für alle Arten von Dateimanagement verwendet werden – so wie ich es tue. Manche verstehen darunter aber nur die Verwaltung von Medien-Daten wie Fotos, Video und Audio.

Production Digital Asset Management (ProdAM) unterstützt nicht nur die Organisation von bestehenden Dateien, sondern auch die Organisation von Dateien während deren Produktion. Das ist besonders dann nützlich, wenn an einer einzigen Datei mehrere Personen arbeiten oder wenn ein Kollege die Dateien von anderen weiterverarbeitet. Das ist zum Beispiel bei 3D-Animation oder bei der Produktion von Computerspielen sehr häufig der Fall.

9.3.6 Welche Software ist die richtige?

Obige Liste kann Ihnen bei der Orientierung helfen, welche Kategorie Sie näher unter die Lupe nehmen sollten. Die Auswahl eines DAM-Systems ist eine Menge Arbeit und will wohlüberlegt sein. Erstens soll die Investition sich auch lohnen, zweitens bietet die Einführung von DAM die Chance, den eigenen Arbeitsablauf zu verbessern.

9.3.7 Allgemein gültige Tipps

Es gibt jedoch einige Tipps, die in jedem Fall bei der Umsetzung einer Website sehr helfen, egal ob Sie eine Software zum Asset Management einsetzen oder nicht.

Dateinamen

Verwenden Sie aussagekräftige Dateinamen.

Manche Konzepter legen die Dateinamen bereits im Feinkonzept fest. Das ist nicht unbedingt nötig. Sie sollten aber eine klare Nomenklatur für die Dokumente bestimmen. Verwenden Sie lange, aussagekräftige Dateinamen. Unter alten Windows-Systemen (3.1 und älter) waren nur acht Buchstaben lange Namen plus eine durch einen Punkt getrennte dreibuchstabige Typbezeichnung erlaubt. Doch diese Zeiten sind lange vorbei. Sie haben die Möglichkeit, anwenderfreundlichere Namen zu benutzen, also nehmen Sie diese Möglichkeit wahr.

In manchen Agenturen werden die Dateien nummeriert. Denkbar ist ein Schema wie `1_3_5.html`. Dabei bezeichnen die Zahlen von links nach rechts die verschiedenen Ebenen. Das Beispiel wäre etwa die fünfte Seite im dritten Ast des ersten Bereichs der Site. Das ist besser, als jede Datei mit einer fortlaufenden Nummer zu benennen, weil sie so leichter zuzuordnen ist. Lassen Sie aber möglichst Raum für Erweiterungen. Wenn Sie beim oben erwähnten Benennungsschema mehr als neun Dateien in einem Bereich haben (oder zehn, wenn Sie die 0 verwenden), müssen Sie eine weitere Stelle einfügen. Das ist deshalb unpraktisch, weil die Dateien dann im Explorer bzw. Finder

Verwenden Sie nur Buchstaben, Ziffern, Binde- und Unterstrich für Dateinamen. Mit allen anderen Zeichen (auch mit dem Leerzeichen und Umlauten) gibt es in dem Moment Probleme, in dem Sie die Dateien über das Internet übertragen wollen.

nicht mehr in der richtigen Reihenfolge sortiert werden. Verwenden Sie also besser `01_03_05.html`, wenn die Site nicht sehr klein ist.

Solche Nummern als Dateinamen sind zwar manchmal praktisch, aber nicht benutzerfreundlich. Deshalb ist es besser, aussagekräftige Namen zu verwenden. Dann sieht der Benutzer schon an der URL, was ihn erwartet. Liest er `www.benutzerfreun.de/studien/webnutzung.html`, ist ihm gleich klar, dass es hier um Nutzungsstudien des Webs gehen wird.

Versionsnummern

Bei manchen Dateien ist es sinnvoll, Versionsnummern zu vergeben. Das gilt für alles, was sich öfter ändert. Das können Grafiken sein, die immer wieder überarbeitet werden, oder auch Textdokumente wie etwa das Feinkonzept. Meist wird es während der Produktionsphase mehrfach geändert. Alle Beteiligten müssen wissen, was die aktuellste Version ist, und Sie sollten den Überblick darüber behalten, wann welche Version an wen geschickt wurde.

Bei Grafiken und insbesondere bei HTML- und Code-Dateien kann ein Asset-Management-System automatisch die Verwaltung der Versionen übernehmen – es verfolgt dann alle Änderungen an jeder Datei mit und archiviert alle alten Versionen. Bei Konzepten allerdings ist es in jedem Fall sinnvoll, die Versionen selbst mitzuverwalten, zumindest die, die an Teammitglieder oder an den Auftraggeber weitergegeben wurden.

Ich habe mir inzwischen angewöhnt, alle Versionen als Kopie in ein eigenes Verzeichnis zu speichern und in einer einfachen Datei zu dokumentieren, was die einzelnen Versionen auszeichnet und wann sie an wen verschickt wurden. Damit passiert es mir nicht mehr, dass der Kunde Änderungswünsche schickt, die sich auf eine alte Version des Feinkonzepts beziehen, die ich nicht nachvollziehen kann, weil sich etwa die Seitenumbrüche geändert haben.

Eine weitere günstige und noch weniger aufwendige Technik ist, am Anfang jeder Konzeptversion eine knappe Versionsgeschichte einzufügen, aus der hervorgeht, was jeweils geändert wurde und wie der Status des Konzepts ist.

Versionsgeschichte

Version 2.4 vom 28.9.2006

Ergänzung Überschriften bei den Exponatbeschriftungen wie mit Dr. Herzfeld am 26.9., telefonisch besprochen. Änderungen in Exponat-Spalte größtenteils angenommen, um Dokument übersichtlicher zu machen. Details zu SodaSaver und Regentonne Exponatbeschriftung ergänzt. Überschriften für Zusatzinfos eingebaut. Videos Kanalisation & Trinkwassernetz zusammengefasst.

Version 2.3 vom 23.9.2006

Ergänzung der Umsetzung der Exponatbeschriftungen wie mit Hrn. Montag am 23.9., 9 bis 11:15 vor Ort besprochen.

Version 2.2 vom 22.9.2006

Textkorrektur an C.3 Bildunterschrift Sensor wie mit Dr. Herzfeld am 20.9., 11:45 telefonisch besprochen, ebenso Änderungen an B.4.1, am selben Tag um 15:40 besprochen sowie Ergänzungen aus dem Mail vom gleichen Tage eingefügt. Ebenso ergänzt: Textänderung auf C.2, wie telefonisch um 17 Uhr besprochen. Des Weiteren Änderungen wie telefonisch mit Hrn. Montag am 22.9. gegen 10:30 besprochen.

Version 2.1 vom 14.9.2006

Korrekturen von Prof. Schmidt wie am 9.9. mit Dr. Herzfeld besprochen größtenteils eingearbeitet. Einige wenige Korrekturen an den Exponattexten und an den Überschriften der Historien-Infos durchgeführt, wie beim selben Termin besprochen. Weitere kleine Korrekturen nach dem Telefonat mit Dr. Herzfeld am 13.9., 12 Uhr, sowie nach dem Telefonat mit Prof. Schmidt am 14.9. um 18:30 Uhr (betr. D.4).

Version 2.0 vom 29.8.2006

Einige Änderungen akzeptiert, um Dokument übersichtlicher zu machen. Bildangaben und Bildquellen aktualisiert, Exponatbeschriftungen sowie Zuständigkeiten für die Exponate ergänzt.

Version 1.9 vom 16.8.2006

Überschriften zum Teil verändert, einige Änderungen akzeptiert, um Dokument übersichtlicher zu machen.

Version 1.8 vom 11.8.2006

Überschriften zum Teil verändert.

Diese Version ging zum Übersetzen

ABBILDUNG 9.10

Die Versionsgeschichte am Anfang eines Konzeptes. So behalten Sie den Überblick, was die wesentlichen Änderungen jeweils sind.

Ordnerstruktur

Legen Sie zu Beginn der Produktion eine Ordnerstruktur auf dem Server bzw. Computer an, auf dem alle Daten gespeichert werden. Damit haben Sie jederzeit einen Überblick, wo Sie in der Arbeit stehen, und können leichter testen. Auch lassen sich damit Fehler durch falsche Verlinkungen vermeiden. Lagern Sie Produktionsordner für Rohtexte, Photoshop-Dateien etc. außerhalb der Site-Struktur.

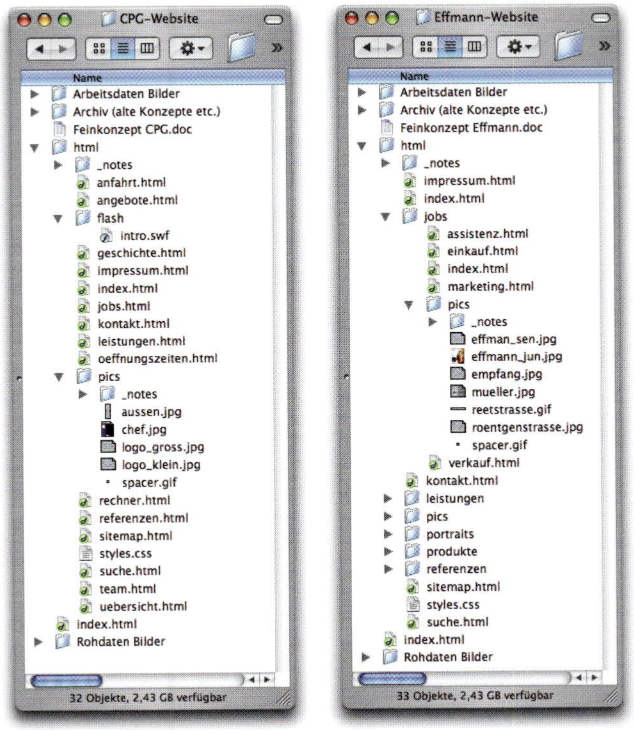

ABBILDUNG 9.11

Beispiele für die Ordnerstruktur: links für eine kleine Site, rechts für ein größeres Projekt.

Dokumentation

Auch bei kleinen Sites wird es schnell unübersichtlich. Dokumentieren Sie alles, was Sie zum Kunden schicken.

Für die Übersichtlichkeit ist es nicht nur nötig, dass jedes Teammitglied dokumentiert, was es wann gemacht hat, sondern auch, dass dabei bestimmte Konventionen eingehalten werden. Zum Beispiel muss festgelegt werden, wie fertige Versionen gekennzeichnet werden, wo diese gespeichert werden und wer für die Datensicherung verantwortlich ist.

Asset-Liste

Bei Projekten, in denen viele Medien wie Bilder, Filme oder Sounds verwendet werden, hat sich die Arbeit mit Asset-Listen (auch Ressourcen-Listen genannt) bewährt. Darin werden alle Assets eingetragen – mit Dateiname, Inhaltsbeschreibung, Bearbeitungsstand und zuständigem Bearbeiter sowie dem Termin, an dem das Asset fertig sein muss.

ABBILDUNG 9.12

Ein Beispiel für eine einfache Asset-Liste

Asset (Beschreibung)	Dateiname	Status	Zuständig	Fällig am
Portraits Trainer	trainer.doc	fehlt	Fr. Talaber	10.2.
Portraits Geschäftsführer	gl.doc	fehlt	Fr. Detterbeck	10.2.
Beschreibungen Trainings	trainings.doc	fehlt	Fr. Talaber	10.2.
Fotos Seminarräume		erstellen	?	18.2.
Skizze Anfahrt	anfahrt.tif	vom Grafiker besorgen	?	18.2.
Foto Schulungszentrum außen	schulZ_außen.jpg	ok	Fr. Talaber	21.1.
Foto Schulungszentrum Empfang	schulZ_empfang.jpg	ok	Fr. Talaber	21.1.
Foto Schulungszentrum Raum Octopussy	schulZ_octo.jpg	ok	Fr. Talaber	21.1.
Foto Schulungszentrum Raum Blues Brothers	schulZ_blues.jpg	ok	Fr. Talaber	21.1.
Foto Schulungszentrum Raum High Noon	schulZ_high.jpg	ok	Fr. Talaber	21.1.
Foto Schulungszentrum Raum Batman	schulZ_bat.jpg	ok	Fr. Talaber	21.1.
Foto Schulungszentrum Raum Casablanca	schulZ_casa.jpg	ok	Fr. Talaber	21.1.
Logo	logo.gif	ok	Fr. Talaber	17.12.
Logo groß	logo.tif	ok	Fr. Talaber	17.12.

Die Listen können Sie in einer Tabellenkalkulation erstellen. Sehr praktisch ist es, die Listen über das Intranet oder zumindest über das lokale Netz verfügbar zu machen, damit alle Beteiligten Zugriff auf den aktuellsten Stand haben. Dann bietet sich die Verwendung von verschiedenen Zugriffsrechten an, um zu vermeiden, dass versehentlich Änderungen erfolgen.

Auch eine Datenbank zur Verwaltung ist denkbar – aber dann sind Sie schon im Bereich des selbst gebauten Asset-Management-Systems und sollten sich fragen, ob sich nicht gleich die Investition in ein „echtes" DAM-Programm lohnt.

Projektsite

Auch wenn Sie kein Intranet haben, können Sie für Ihr Projekt eine eigene Site einrichten. Voraussetzung ist nur ein lokales Netzwerk. Die Projektsite ist eine Art Schwarzes Brett für alle Teammitglieder – und auch für die Auftraggeber, wenn Sie das möchten (wofür Sie die Seiten dann in einen passwortgeschützten Bereich auf dem Internet-

Server stellen müssen). Mit einfachsten Mitteln haben Sie damit eine Plattform, die die Kommunikation entscheidend vereinfacht. Sie werden staunen, wie effektiv das sein kein. Testen Sie es bei einem kleinen Projekt. Die einzige Regel ist: Die Site muss einfach, übersichtlich und immer aktuell sein.

Technisch gesehen ist die Projektsite nur eine Startseite mit Links zu ein paar Unterseiten. Inhaltlich sollte sie mindestens Folgendes enthalten:

- Startseite mit den wichtigsten aktuellen (!) Hinweisen, z. B. zu anstehenden Abgabeterminen, und einem E-Mail-Link zur Projektleitung
- das aktuelle Feinkonzept
- das aktuelle Designkonzept
- Teamliste mit Telefonnummern, E-Mail-Adressen und Aufgaben
- die älteren Hinweise, chronologisch sortiert

Die Projektsite eignet sich auch hervorragend für Motivation und Lob. Nutzen Sie das, um das Team zusammenzuhalten.

Am einfachsten erstellen Sie eine solche Projektsite mit einem HTML-Editor wie *Dreamweaver*. Für die Benutzer im Team ist es am einfachsten, wenn Sie ein *Wiki* aufsetzen. Das ist eine Sammlung von Scripts und einer Datenbank, die es ermöglicht, die Texte der HTML-Seiten direkt im Browser zu ändern. (Das bekannteste Wiki ist Wikipedia, die Online-Enzyklopädie, bei der jedermann jederzeit direkt im Browser Änderungen vornehmen kann.)

Mehr Tipps zum Projektmanagement: www.benutzerfreun.de/tag/pm

Gerade bei kleineren Teams, die nicht zusammen in einem Büro sitzen, ist es auch hilfreich, eine Online-Plattform einzusetzen. *Google Groups* oder *Yahoo-Groups* kommen dafür in Frage oder auch der spezialisierte Anbieter *Basecamp*. Bei allen ist eine Grundversion für kleinere Projekte kostenlos. Links dazu finden Sie in *Anhang B, Link- und Literaturtipps*, ab Seite 415.

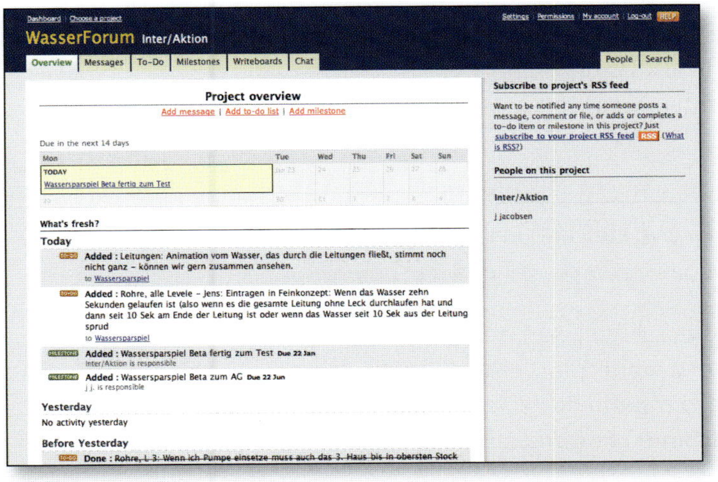

ABBILDUNG 9.13

Ein Beispiel für ein Online-Projektmanagement-Angebot: Basecamp

Terminplanung für den Auftraggeber

In diesem kurzen Abschnitt geht es nicht um Ihre eigenen Termine, sondern um die Ihres Auftraggebers. Denn erfahrungsgemäß haben fast alle Auftraggeber ein Problem mit ihren Terminen. Oft ist ihnen nicht bewusst, dass eine gute Website ihre Mitarbeit erfordert. Diese beginnt damit, dass sie grobe Ziele entwickeln und mitteilen müssen. Dann müssen die Auftraggeber die konkreten Inhalte liefern, und schließlich müssen sie die Zwischenschritte abnehmen, damit die Arbeit weitergehen kann. Das eröffnet viele Möglichkeiten für Verzögerungen.

Rechnen Sie immer damit, dass die Vorgaben und Abnahmen zu spät kommen. Reagieren Sie sofort, wenn die Termine nicht eingehalten werden, am besten schriftlich. Teilen Sie dem Auftraggeber mit, welche Folgen das für die weiteren Termine und Kosten hat. Drohen Sie nicht, aber machen Sie klar, dass Sie in Zeitnot geraten und die Abgabe verschieben müssen, wenn die Vorgaben oder Abnahmen zu lange auf sich warten lassen. Weisen Sie auch darauf hin, dass es für Sie Kosten verursacht, wenn Sie Kapazitäten freihalten müssen oder zusätzliches Personal brauchen, um die Verspätung einzuholen.

Bei jedem Kunden müssen Sie vorsichtig austesten, welche Hebel bei ihm wirken. Bei den meisten ist es das Geld, bei anderen ist der Starttermin wichtiger. Wenn der Kunde aber unbedingt später starten will und dafür zahlt, ist das nur in Ihrem Interesse. Gehen Sie also ganz entspannt vor, und üben Sie nicht zu viel Druck aus. Wenn der Kunde nicht rechtzeitig liefern will oder kann, muss er es selbst ausbaden. Auf der beiliegenden CD-ROM finden Sie eine Beispiel-Mail, in der auf die Konsequenzen weiterer Verzögerungen hingewiesen wird (*Verzögerung.doc*).

CD

Umgang mit Änderungswünschen

Es ist normal und wichtig, dass der Auftraggeber Änderungen an den Konzepten vornimmt – schließlich muss er letztendlich mit der Site zufrieden sein.

Leider auch alltäglich ist, dass manche Änderungswünsche an Dingen, die längst abgenommen sind, vom Auftraggeber sehr spät während der Umsetzung vorgebracht werden. Als Auftragnehmer neigt man dazu, sich darüber zu ärgern. Doch meist sind die Auftraggeber es nicht gewohnt, mit solchen Konzepten für Websites zu arbeiten, und verstehen manches erst, wenn sie es sehen – so gut Sie die Dinge vorher auch erklärt haben mögen. Manchmal kommen die besten Ideen aber auch einfach erst sehr spät.

Sehen Sie Änderungswünsche daher grundsätzlich positiv, als Chance, ein gutes Produkt noch weiter zu verbessern. Diskutieren Sie mit dem Auftraggeber die Hintergründe für seine Änderungswünsche. Oft lässt sich gemeinsam eine Lösung finden, die mit wenig Arbeit erreicht werden kann und dennoch beide Seiten zufriedenstellt.

Damit Sie aufwendige Änderungen nicht im gleichen Zeitrahmen und für das gleiche Budget umsetzen müssen, der bzw. das für die ursprüngliche Lösung veranschlagt wurde, sollten Sie bereits im Angebot oder Vertrag festgehalten haben, welche Auswirkungen auf Termine und Kosten solche Änderungen haben (siehe den Abschnitt *Umgang mit Änderungswünschen* in Kapitel 3, *Angebot und Kalkulation*, Seite 29).

9.4 Projektbeispiel Techcom.de – Umsetzung

Die Umsetzung des Feinkonzepts bei Techcom lief relativ glatt. Die Produktionszeit beschränkte sich auf eine Woche – bei einem Team von einer Grafikerin und einem HTML-/JavaScript-Programmierer. Es kamen keine ausgefallenen Techniken zum Einsatz, es mussten nur wenig JavaScript und serverseitige Scripts programmiert werden, und der Anteil von Grafiken war eher gering.

Auch der Aufwand für technische Tests hielt sich in Grenzen. So konnte die Site pünktlich auf den geschützten Bereich des Servers gestellt werden, um vom Auftraggeber ausführlich getestet zu werden.

Zu diesem Zeitpunkt stellt sich in vielen Projekten heraus, dass die Konzepte nicht von allen Entscheidern gründlich genug gelesen wurden oder dass man Dinge nicht klar genug erklärt hat. Denn manches fällt erst in diesem Stadium auf. Grundsätzliche Änderungen machen jetzt viel Arbeit, da sie oft Änderungen an der Grafik und der Programmierung bedeuten – im schlimmsten Fall muss sogar die Site-Architektur nochmals überarbeitet werden.

Doch im Fall Techcom blieb das dank der guten Zusammenarbeit in der Konzeptphase aus. Es mussten noch ein paar Details angepasst werden, und die Site war bereit zum Launch.

Das Ergebnis können Sie unter `www.benutzerfreun.de/techcom` begutachten. Hier finden Sie die Site in dem Zustand, wie er in diesem Buch beschrieben ist. Sie können auch direkt zu `www.techcom.de` gehen, nur wird sich die Site dort immer mehr verändern, da laufend Aktualisierungen und Verbesserungen durchgeführt werden.

Kapitelübersicht Teil 4

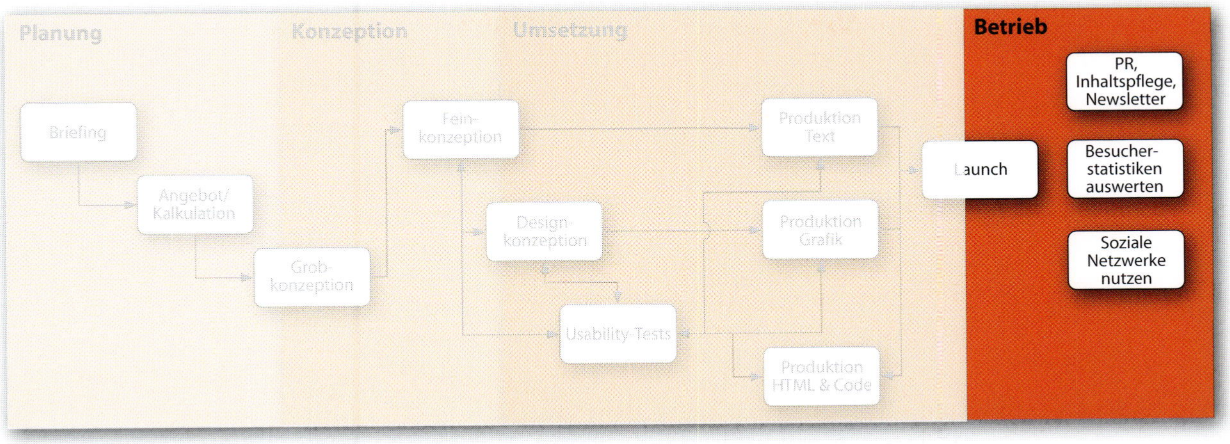

TEIL 4

BETRIEB

Steht Ihre neue Site endlich im Netz, hört die Arbeit noch nicht auf.

Sie müssen die Site bekannt machen, sie aktuell halten und mit Ihren Nutzern in Kontakt bleiben. Nur so wird und bleibt die Site ein Erfolg.

Kapitel 10

Launch

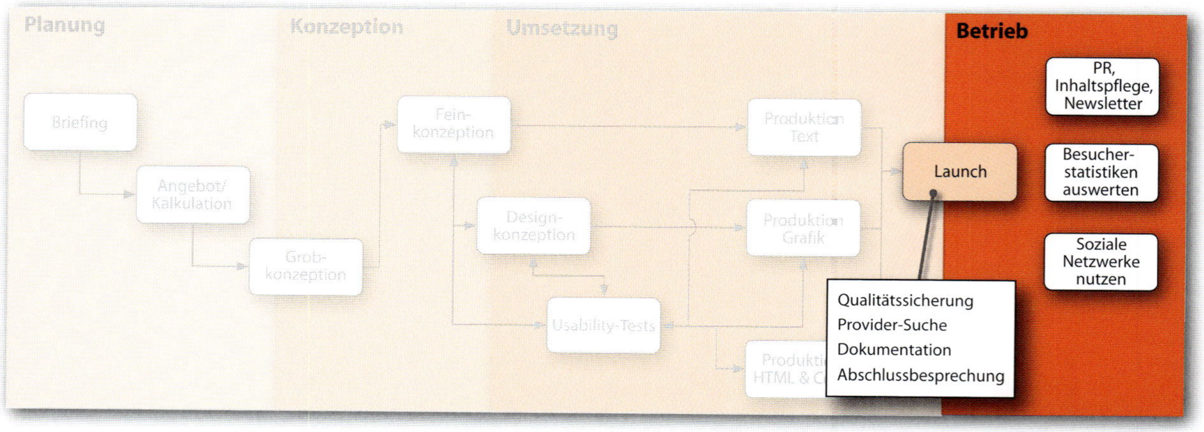

Sind die HTML-Seiten und alle sonstigen Dateien für die Site produziert und die bei den Usability-Tests aufgedeckten Probleme behoben, steht der Launch der Site – das Übertragen auf den Server und ihre Freigabe – kurz bevor. Doch zunächst sollten Sie sich nochmals ans Testen machen.

10.1 Qualitätssicherung

Zu jedem Projekt gehört die Qualitätssicherung. Hinter diesem Begriff kann sich je nach Umfang des Projekts ein Aufwand von Stunden oder Wochen verstecken. Bei einer kleinen Site genügt es, wenn Sie sich selbst alle Seiten ansehen. Bei großen Projekten kann ein externes Unternehmen beauftragt werden, das alle Seiten bezüglich Inhalt und Funktion sowie die Belastungsfähigkeit des Servers auf Herz und Nieren prüft.

Selbstverständlich müssen Sie während der Produktion immer wieder testen. Je früher Sie einen Fehler finden, umso besser. Im Folgenden geht es nur um das Testen ganz am Schluss der Produktion. In der traditionellen Software- und Multimedia-Entwicklung läuft das unter dem Namen *Beta-Test*. Dabei geht es im Gegensatz zu den Usability-Tests nur darum, technische Fehler zu finden.

Testen Sie so früh und so oft wie möglich.

Planung der Tests

Planen Sie von Anfang an genügend Zeit zum Testen und zum Beheben der gefundenen Probleme ein. Selbst Teams mit viel Erfahrung werden immer wieder davon überrascht, was die Browser auf den verschiedenen Plattformen für Fehlermöglichkeiten bieten. Eine Empfehlung für die zum Testen benötigte Zeit ist sehr schwierig, weil sie stark von der Seitenzahl, dem Einsatz von Scripts auf den Seiten und auf dem Server, der Erfahrung der einzelnen Teammitglieder und den Zielplattformen abhängt.

Vorgehen

Getestet wird im Idealfall direkt vom Server, auf dem die Site auch später steht (mit Passwortschutz bis zum Launch). Falls das nicht geht, können Sie auch von einem anderen Server testen, wobei Sie dann einen Kurztest machen sollten, sobald die Site auf dem richtigen Server steht. Nicht anzuraten ist das Testen von der Festplatte, einem Wechselmedium oder über ein lokales Netzwerk. Denn damit können Sie keine Fehler aufspüren, die nur auftauchen, wenn Sie die Seiten über das Internet aufrufen.

Testen Sie am besten über das Internet, nicht über das lokale Netz.

Dokumentieren Sie alle Fehler schriftlich. Am einfachsten ist das, wenn Sie die Seite ausdrucken, auf der der Fehler aufgetreten ist. Auf den Ausdruck schreiben Sie Ihren Namen, das Datum, das verwendete Betriebssystem und den Browser inklusive Versionsnummer.

Bei größeren Projekten können Sie mit Listen oder Datenbanken arbeiten, in die folgende Punkte eingetragen werden:

- Name des Testers
- Datum
- URL der Seite
- Fehlerbeschreibung
- Dringlichkeit
- Zu beheben durch
- Anmerkungen
- Behoben am

Es kann vorkommen, dass die Zeit nicht ausreicht, um alle Fehler bis zum Launch zu beheben. Daher sollten Sie die Dringlichkeit aller Fehler bewerten. Der Zuständige weiß dann, welche Probleme er als Erstes angehen muss. Weniger gravierende Fehler können auch nach dem Launch ausgeräumt werden.

Inhalte testen

Prüfen Sie, ob alle Inhalte vorhanden sind.

Überprüfen Sie anhand von Grob- und Feinkonzept, ob alle vom Kunden geforderten Inhalte vorhanden sind. Lesen Sie nochmals den Text auf allen Seiten, um festzustellen, ob beim Einfügen Teile vergessen oder doppelt platziert wurden. Achten Sie dabei auch auf die Formatierung und die Zuordnung der Bilder.

Lassen Sie einen am Projekt nicht beteiligten Kollegen die Seiten nochmals auf Verständlichkeit, Rechtschreibung und Grammatik hin Korrektur lesen. Noch besser ist es, ein professionelles Korrekturbüro zu beauftragen – doch das hat seinen Preis.

Die letzte inhaltliche Kontrolle liegt beim Auftraggeber. Lassen Sie ihn die Seiten unbedingt lesen und abnehmen, bevor Sie diese auf den Server stellen bzw. sie für die Öffentlichkeit freigeben.

Die Technik testen

Prüfen Sie, ob die Seiten auch über das Internet richtig funktionieren. Die meisten Probleme gibt es mit zu langen Ladezeiten. Testen Sie diese in jedem Fall über eine Standard-DSL-Anbindung mit relativ geringer Übertragungsrate. Prüfen Sie den Seitenaufbau auf allen Zielplattformen und -Browsern. Führen Sie diese Tests so früh wie möglich durch, dann können Sie noch gegensteuern, wenn etwas überhaupt nicht klappt.

Testen Sie auf allen Zielplattformen.

Auch bei der Darstellung von Frames, Tabellen und Ajax kann es je nach Browser und Plattform zu Darstellungsproblemen kommen. Achten Sie darauf, die Seiten daraufhin auf allen Zielplattformen mit allen Browsern in allen vorgesehenen Versionen zu testen.

Machen Sie sich Gedanken über die Sicherheitsaspekte. Ist es wichtig, dass bestimmte Bereiche nur für bestimmte Personen zugänglich sind? Dann müssen Sie den Zugriff auf manche Seiten sperren. Das sollten Sie schon zuvor mit Ihrem Provider bzw. Administrator geklärt haben. Testen Sie jetzt, ob die Zugriffsbeschränkung auch funktioniert. Wenn es sich um kritische Daten handelt, sollten Sie einen professionellen Tester hinzuziehen, der die Tricks der Hacker und die üblichen Schwachstellen kennt.

Wenn Sie einen großen Andrang auf der Site erwarten, sollten Sie über einen Belastungstest des Servers nachdenken. Dazu wird ein Programm verwendet, das immer wieder Anfragen an den Server schickt. Damit wird der Zugriff von sehr vielen Benutzern gleichzeitig simuliert. Es gibt Firmen, die solche Tests anbieten.

Einen letzten Technik-Test sollten Sie durchführen, sobald die Site auf den Server geladen worden ist und für die Öffentlichkeit zugänglich ist – selbstverständlich über eine Modem-Verbindung. Damit stellen Sie sicher, dass nicht unvorhergesehene Dinge wie falsche Verzeichnisnamen oder Probleme mit der Firewall die korrekte Funktion der Site verhindern. Halten Sie für Notfälle eine Sicherheitskopie der alten Site bereit, falls Sie eine bestehende Site überarbeitet haben.

Ist die Site auf dem endgültigen Server, testen Sie sofort nochmals alle Seiten und Funktionen.

10.1.1 Seiten und Links prüfen – Validatoren

Sicherzustellen, dass die Seiten in korrektem HTML codiert sind, dafür ist es beim Launch etwas zu spät – das sollten Sie kontinuierlich während der Entwicklung tun. Sinnvoll ist es aber dennoch, ein Prüfprogramm über Ihre Site laufen zu lassen, sobald sie online ist. Denn damit finden Sie Probleme, die zum Beispiel bei der Verlinkung auftreten können. Diese entstehen mitunter bei relativen Links erst, wenn die Site vom Testserver bzw. Testverzeichnis zu ihrem endgültigen Standort umgezogen ist.

Es gibt unzählige Linkchecker, die teilweise auch kostenpflichtig sind. Im Normalfall reicht die Überprüfung mit dem kostenlosen Dienst des W3C-Konsortiums unter `http://validator.w3.org/checklink`.

Um dauerhaft sicherzustellen, dass Ihre Site erreichbar ist, können Sie einen Überwachungsdienst engagieren. Das sogenannte Server-Monitoring ruft in regelmäßigen Abständen eine Seite auf Ihrem Server auf und benachrichtigt Sie, falls das nicht erfolgreich ist. Meist wird auch eine Statistik geführt, damit Sie sehen können, wie die Erreichbarkeit Ihrer Site im zeitlichen Verlauf war.

Tipps für Linkchecker und Monitoring-Dienste im Blog: `www.benutzerfreun.de/tag/validator`.

10.2 Provider-Suche

Kleinere Unternehmen bitten oft die Agentur, einen Provider auszusuchen. Hier ein paar Tipps, wie Sie den richtigen Provider finden. Achten Sie auf:

- **Speicherplatz:** Wie viel Mbyte bekommen Sie auf dem Server?
- **Datentransfervolumen:** Wie viel Mbyte pro Monat dürfen kostenlos heruntergeladen werden? (Also: Wie viele Besucher erwarten Sie, und wie viele Mbyte Seiten sehen diese an bzw. wie viele Mbyte Daten laden sie herunter?) Oft sind „Überziehungen" teuer, und es ist günstiger, einen Tarif mit höherem Datentransfervolumen und höherem Grundpreis zu nehmen.
- **FTP-Zugang:** Sie sollten mit dem *file transfer protocol* auf den Server zugreifen können. (Das wird von den meisten HTML-Editoren wie z. B. *Dreamweaver* unterstützt.) Damit haben Sie die Möglichkeit, jederzeit selbst neue Seiten hochzuladen oder alte zu löschen.

Die Anbieter von kostenlosem Speicherplatz für Websites sind für professionelle Webauftritte nicht geeignet. Selbst wenn die Anbindung momentan noch schnell ist, kann sich das in kurzer Zeit ändern, wenn der Anbieter viele Kunden gewinnt und nicht in seine Ausrüstung investiert. Wenn Sie nichts bezahlen, können Sie auch nichts fordern, Sie sind ganz dem Anbieter ausgeliefert. Hinzu kommt, dass Sie bei solchen Anbietern meist keine eigene Domain bekommen und/oder Werbebanner bzw. Pop-up-Fenster automatisch in die Site eingebunden werden.

- **Geschwindigkeit:** Testen Sie die Seiten des Providers und solche seiner Kunden mit einer langsamen Modem-Verbindung. Wird die Seite auch zu Spitzenzeiten (wie etwa am Freitagabend) ausreichend schnell geladen?
- **Ausfallsicherheit:** Hat der Provider eine Notstromversorgung, und garantiert er Ihnen eine Ausfallzeit < x Minuten pro Monat? Fragen Sie jemanden, der seine Site bei dem Provider hat, nach seinen Erfahrungen mit der Zuverlässigkeit des Anbieters. Manche Provider geben Referenzkunden an, die Auskunft geben.
- **Logfiles:** Haben Sie Zugriff auf Benutzerstatistiken Ihrer Seiten? Wie sind diese aufbereitet?
- **Domain:** Wird die Domain auf Ihren Namen bzw. auf den des Kunden registriert? Das ist wichtig, wenn Sie den Provider einmal wechseln wollen, weil die Übertragung von Domains schwierig ist und Geld kostet.
- **E-Mail:** Wie viele E-Mail-Adressen sind inklusive? Können Sie die Namen frei wählen? Gibt es eine Funktion für die automatische Weiterleitung und für die automatische Beantwortung, wenn Sie in Urlaub sind? Gibt es eine Begrenzung der Größe von Dateianhängen?
- **Scripts und Erweiterungen:** Können Sie CGI- und/oder PHP-Scripts einsetzen? Was ist mit ASP und anderen serverseitigen Erweiterungen, die Sie verwenden möchten?
- **Support:** Gibt es Support per E-Mail und/oder Telefon? Was kostet dieser?

Für weitere Tipps zur Provider-Suche sehen Sie sich die Link-Liste auf der beiliegenden CD-ROM an oder besuchen die `www.benutzerfreun.de`.

Ein eigener Server rechnet sich selten.

Manche Kunden fragen, ob sie einen eigenen Server brauchen. Die Antwort ist in fast allen Fällen: Nein. Ein eigener Server rechnet sich selten. Hard- und Software müssen beschafft und rund um die Uhr gewartet werden, die Anbindung ans Internet muss bezahlt werden, ebenso die Standleitung zum Verbindungsknoten. Sie müssen selbst dafür sorgen, dass die Site 24 Stunden am Tag und 7 Tage die Woche am Netz ist. Auch sind Sie verantwortlich dafür, dass kein Hacker das System lahmlegt oder vertrauliche Daten einsehen kann.

Wenn die Site an hausinterne Datenbanken angeschlossen werden soll und die zur Wartung nötigen Fachkräfte ohnehin schon angestellt sind, kann ein eigener Server Sinn machen. Das ist auch der Fall, wenn hochsensible Daten auf dem Server liegen oder das erwartete Transfervolumen extrem hoch ist. Der Server muss aber nicht in der eigenen Firma stehen. Es gibt Provider, die sogenanntes *Server-Hosting* anbieten. Der Server steht dann in Räumen des Providers. Der Provider garantiert die Stromversorgung und die Anbindung an das Internet – für alles weitere sind Sie bzw. Ihr Auftraggeber verantwortlich. Über FTP oder Fernwartung wird der Server mit Software und Dateien versorgt sowie gepflegt. Diese Lösung ist meist günstiger, als den Server in eigene Räume zu stellen. Noch bequemer sind *Managed Server*, bei denen die Provider auch das Betriebssystem aufspielen, für dessen Update sorgen und die Grundfunktionen des Servers garantieren.

10.3 Der eigentliche Launch

Wenn die letzten Tests bestanden und Ihre Auftraggeber zufrieden sind, geht Ihre Site endlich an den Start. Die Seiten werden auf den Server geladen und/oder freigeschaltet. Leider ist die Krönung Ihrer langen Bemühungen relativ unspektakulär. Es gibt keine Eröffnungsfeier, keinen Applaus, keinen Sektempfang und kein Buffet. Aber Sie haben die Befriedigung, dass jeder Mensch der Welt mit Internet-Zugang Zugriff auf Ihr Werk hat.

Doch damit ist es nicht getan. Es stehen noch ein paar abschließende Arbeiten an.

10.4 Dokumentation

Mit dem Abschluss Ihrer Arbeit an der Site ist die Dokumentation fällig. Diese sollten Sie so sorgfältig erstellen wie die Site selbst. Nachdem das Wichtigste geschafft ist, fällt es schwer, sich weiter mit dem Projekt auseinanderzusetzen. Dennoch ist die Dokumentation eine Visitenkarte für Sie. Kommt der Auftraggeber damit nicht zurecht, wird er sich zweimal überlegen, ob er Ihnen einen weiteren Auftrag gibt. Außerdem wird er im Zweifelsfall bei Ihnen nachfragen, wenn Fragen auftauchen. Je besser die Dokumentation ist, desto weniger Arbeit haben Sie mit solchen Nachfragen. Falls Sie selbst die Site warten, tun Sie sich mit einer guten Dokumentation selbst einen Gefallen. Denn sehr schnell vergisst man, was man während der Produktion im Kopf hatte.

Auch wenn Sie die Site für sich selbst erstellt haben, sollten Sie eine Dokumentation schreiben.

10.4.1 Inhaltliche Dokumentation

Zur Dokumentation gehört eine kurze Darstellung der Ziele und des Inhalts des Projekts. Diese können Sie eventuell aus dem Grobkonzept übernehmen.

Die Frage, was wann überarbeitet wird, muss beantwortet werden. Falls es inhaltliche Vorgaben (Textlänge, Schreibstil, Zusammenfassungen, Indizierung etc.) gibt, nehmen Sie diese in die Dokumentation auf.

Beschreiben Sie die Informations-Architektur der Site, und erklären Sie, wie neuer Inhalt einsortiert wird. Geben Sie an, wie Sie mit internen und externen Links umgehen. Auch den Einsatz der Meta-Tags und der Seitentitel sollten Sie dokumentieren, damit weitere Seiten demselben Schema folgen.

10.4.2 Technische Dokumentation

Geben Sie an, welche Software (inklusive Versionsnummern) Sie verwendet haben, um die Grafiken und HTML-Dateien zu erstellen. Ebenso wichtig sind Filter, die zur Bildbearbeitung verwendet wurden, und die Formate und Einstellungen (Größe, Auflösung, Kompression), mit denen die Dateien gespeichert wurden.

Die Ordnerstruktur und die Dateinomenklatur gehören ebenso in die Dokumentation, damit bei eventuellen Erweiterungen die Übersichtlichkeit erhalten bleibt.

Beschreiben Sie die Scripts, die verwendet wurden (z. B. für Rollover-Effekte, Formulare etc.). Nehmen Sie ruhig den Quellcode mit auf, wenn er nicht zu lang ist und es sich nicht um Scripts handelt, die von Programmen automatisch erzeugt wurden.

Dokumentieren Sie die Regeln, nach denen Sie Formulare angelegt haben.

Falls Sie auf Server-Scripts (CGI etc.) zugreifen, gehört deren Beschreibung in die Dokumentation. Bei Standard-Scripts beschreiben Sie die Schnittstelle; bei eigenen Anfertigungen kommt das ganze Script mit Erklärung in die Dokumentation.

Wenn Sie Datenbankanbindungen oder andere technische Finessen eingesetzt haben, beschreiben Sie auch diese.

10.4.3 Styleguide

Ein Styleguide ist ein Produktionshandbuch für Erweiterungen.

Im sogenannten Styleguide legen Sie fest, was die Grundlagen für die grafische Gestaltung der Site sind. So bleibt der von Ihnen angelegte Stil erhalten, auch wenn die Site sich im Laufe der Zeit verändert und wächst.

In einen Styleguide gehört, welche HTML-Tags Sie zu welchen Zwecken verwenden (Formatierung von Links, Überschriften, Listen) und wie Sie mit Bildern umgehen (Größe, Platzierung, Komprimierung). Hinzu kommen noch alle wichtigen Angaben aus dem Designkonzept wie Farbklima, Fontvorgaben und Bildsprache.

Verwendet die Site Stylesheets, beschreiben Sie diese und ihren Einsatzzweck. Gehen Sie nicht davon aus, dass das Prinzip von den Formatvorlagen aus Textverarbeitungsprogrammen her bekannt ist. Viele Menschen, die täglich mit *Word* arbeiten, benutzen die Formatvorlagen von Word falsch oder gar nicht.

10.4.4 Leitfaden zur inhaltlichen Wartung

Für Sites, deren Inhalt regelmäßig aktualisiert werden soll, erstellen Sie einen Leitfaden für die inhaltliche Wartung. Darin beschreiben Sie, welche Inhalte wie oft ausgetauscht werden und welche Vorgaben für sie gelten. Bei Texten geben Sie zum Beispiel an, wie der Stil sein soll (Stichwörter oder ganze Sätze, Inhaltsangabe oder die ersten Sätze auf der Übersichtsseite), und bestimmen die Länge oder Vorgaben für die Formatierung.

10.4.5 CD-ROM/DVD

Zur Dokumentation gehört eine CD-ROM oder eine DVD mit allen relevanten Daten. Das sind alle HTML-Seiten sowie Grafiken der Site so, wie sie auch online verfügbar sind. Hinzu kommen die verschiedenen Arbeitsdateien (Photoshop, Fireworks – jeweils mit einzelnen Ebenen und bearbeitbarem Text). Auch die Vorlagen (Templates) werden auf der Disk gespeichert.

Wenn Sie die Rechte an den eingesetzten Schriftarten haben, speichern Sie diese mit auf die CD-ROM/DVD. Andernfalls geben Sie die Bezugsquelle an.

10.5 Abschlussbesprechung

Schließlich sollten Sie mit Ihrem ganzen Team eine Abschlussbesprechung machen. Damit machen Sie allen klar, dass das Projekt zu Ende ist. Das ist psychologisch sehr wichtig, um abschalten zu können und den Kopf für neue Aufgaben frei zu bekommen.

Verzichten Sie nicht auf die Abschlussbesprechung. Ihr Team wird es Ihnen danken.

Außerdem ist die Abschlussbesprechung eine gute Möglichkeit für Lob und konstruktive Kritik. Der Projektleiter moderiert dieses Gespräch und verteilt zunächst einmal großzügig Lob an jeden Einzelnen. Dann kann er Probleme mit dem Projekt ansprechen und zusammen mit dem Team nach den Ursachen suchen. Für die nächsten Projekte lassen sich dadurch meist viele Probleme vermeiden – die Arbeit läuft effizienter, das Ergebnis ist besser – und das alles bei noch mehr Spaß für die Beteiligten.

Kapitel 11

PR, Inhaltspflege, Newsletter

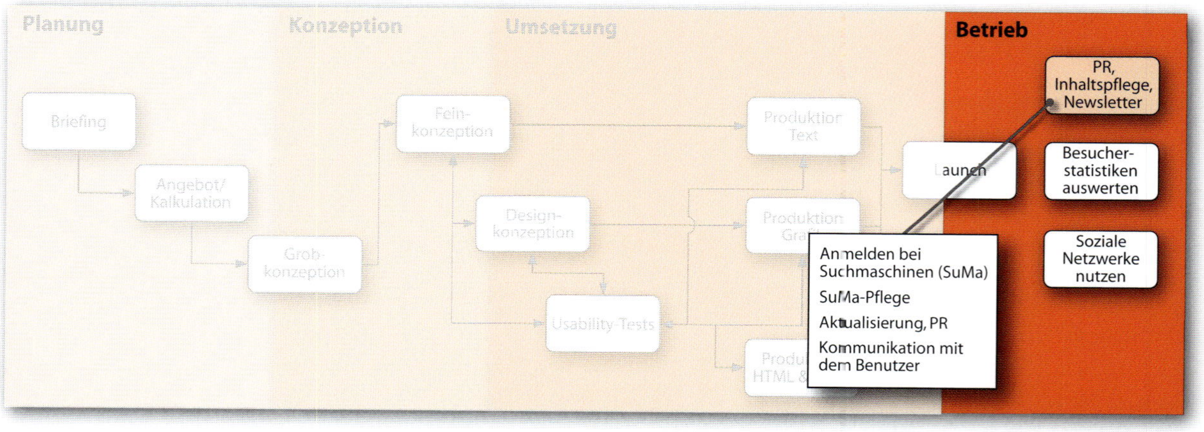

Wenn die Site endlich online ist und alle danach anstehenden Arbeiten wie Dokumentation und Schlussbesprechung erledigt sind, hört die Arbeit noch immer nicht auf. Dazu möchte ich den Konzepter und Berater Gerry McGovern zitieren:

Wenn Sie eine Site ins Web stellen, ist das, als ob Sie ein Geschäft in Ihrem Schlafzimmer eröffnen oder einen Laden am Nordpol aufmachen. Bei den Millionen anderer Seiten wird praktisch niemand wissen, dass sie existiert, solange Sie sie nicht bekannt machen.

(Aus: Gerry McGovern: The Caring Economy, Silver Lake Publishing 2001)

11.1 Die Site bekannt machen

Das Zitat auf der gegenüberliegenden Seite soll heißen: Sie müssen etwas tun, damit die Site tatsächlich besucht wird. Weisen Sie Ihre Auftraggeber darauf hin.

11.1.1 Anmelden bei Suchmaschinen

Ein Teil der Erstbesucher aller Sites gelangt über eine Suchmaschine oder ein Verzeichnis dorthin. Deshalb ist es im Interesse jedes Site-Betreibers, dort möglichst an einer der ersten Positionen vertreten zu sein.

Man unterscheidet zwischen den eigentlichen Suchmaschinen und Verzeichnissen. Suchmaschinen nutzen *Web-Crawler* (engl. *crawl* = krabbeln). Diese werden so genannt, weil sie die Seiten des World Wide Web eine nach der anderen durchforsten und deren Inhalte indizieren – sie krabbeln langsam von Seite zu Seite. Bekannte Beispiele für Suchmaschinen sind *Google*, *Altavista*, *Fireball* oder *Hotbot*. Verzeichnisse dagegen sind Listen, die einem Branchenbuch ähneln. Redakteure sehen sich bestimmte Sites an und nehmen sie in eine passende Kategorie auf, wenn sie ihren Ansprüchen genügen. Nach diesem Prinzip arbeiten *Yahoo*, *Web.de* oder auch spezialisierte Kataloge wie *Kostenlos.de*. Verzeichnisse haben zwar oft auch eine Suchfunktion, aber diese durchsucht nur das Verzeichnis, nicht den Inhalt der einzelnen Seiten.

Warten Sie nicht, bis die Suchmaschinen die Site finden. Melden Sie sie an.

Sowohl bei Suchmaschinen als auch bei Verzeichnissen können Sie die Site anmelden. Es gibt spezielle Programme, die das bei den Suchmaschinen schnell erledigen. Sie können auch selbst die einzelnen Suchmaschinen anwählen und dort nachlesen, wie Sie dort jeweils Ihre Site anmelden. Zwar erfassen die meisten Suchmaschinen fast alle Seiten im Web automatisch, aber es kann ein paar Wochen dauern, bis ein solcher Indizierungsroboter (*Crawler*, auch *Spider* oder *Robot* genannt) bei Ihrer Site vorbeischaut. Es gibt sogar Firmen, die sich darauf spezialisiert haben, Sites bei Suchmaschinen und in Verzeichnissen zu platzieren. Doch Vorsicht bei zu vielen Versprechungen. Es gibt einige schwarze Schafe unter diesen Dienstleistern, die viel Geld verlangen, aber wenig leisten. Die persönliche Eintragung bei einzelnen Suchmaschinen ist zwar die zeitaufwendigste, aber die beste Möglichkeit.

Eine wichtige Voraussetzung dafür, dass die Suchmaschinen Ihre Seiten richtig indizieren, ist, die Meta-Tags richtig einzusetzen. Mehr dazu finden Sie in Kapitel 3.4, *Suchmaschinen und Metadaten*.

Bei den Web-Verzeichnissen können Sie die Anmeldung keiner Software überlassen. Dort werten Redakteure die Site aus und entscheiden über die Aufnahme in das Verzeichnis. Je präziser Sie Ihre Site beschreiben (und je besser die Site gefällt), desto höher sind Ihre Chancen. Achten Sie darauf, die Site in der richtigen Rubrik anzumelden, und sparen Sie sich die Mühe, das bei Verzeichnissen zu versuchen, die sich auf ein Thema spezialisiert haben, zu dem Ihre Site nicht passt.

11.1.2 Suchmaschinenpflege

Leider ist es nicht damit getan, einmal beim Launch der Site die Seiten bezüglich der Suchwörter zu optimieren und sie bei Suchmaschinen anzumelden. Sie müssen am Ball bleiben, vor allem aus zwei Gründen:

- Die Konkurrenz schläft nicht. Andere Sites werden versuchen, Sie von den vorderen Plätzen auf den Trefferlisten der Suchmaschinen zu verdrängen.
- Die Suchmaschinen ändern laufend ihre Formeln, nach denen sie Ihre Seiten bewerten. Damit wollen sie sicherstellen, dass die Suchmaschinen möglichst gute Ergebnisse für deren Benutzer liefern.

Überprüfen Sie deshalb regelmäßig (mindestens alle drei Monate), ob die wichtigsten Suchmaschinen Ihre Site unter den für Ihre (potenziellen) Besucher wichtigsten Suchwörtern möglichst weit vorn auf den Trefferseiten aufführen.

CD

Link-Tipps zum Thema Suchmaschinen und Verzeichnisse finden Sie in der Link-Liste auf der beiliegenden CD-ROM sowie aktuell bei `www.benutzerfreun.de`.

11.1.3 Werbung und Marketing

✓ Nutzen Sie jede Möglichkeit, die URL bekannt zu machen.

Nur darauf zu warten, dass zufällig jemand den richtigen Suchbegriff in einer Suchmaschine eingibt, reicht nicht. Sorgen Sie dafür, dass die Adresse Ihrer Site bekannt wird. Sie gehört auf alle Briefe, Unterlagen, Waren, Geschenke, Pressemitteilungen usw., die das Haus verlassen. Auch spezielle Aktionen, z. B. die Kombination von einem Mailing mit einem Gewinnspiel auf der Website, sind möglich.

Von direkter Werbung in Newsgroups (Diskussionsforen), Foren, Blogs und Mailinglisten (Diskussionsgruppen, die sich über E-Mail austauschen) ist abzuraten. Hier diskutieren Einzelpersonen Sachthemen. Mit unverhüllter Werbung können Sie viele erboste E-Mails auslösen und Ihrem Image langfristig schaden. Mit guten Sachbeiträgen dagegen können Sie Punkte machen. Dass am Fuß Ihres Eintrags die URL der Site steht, ist nur legitim und kann Leser auf die Site locken.

Nutzen Sie das Internet selbst als Marketing-Instrument. Die URL gehört in die Signatur jeder E-Mail, die ein Mitarbeiter des Site-Betreibers verschickt. Schicken Sie allen Kunden, von denen Sie eine E-Mail-Adresse haben, eine Nachricht, mit der Sie diese auf die Site locken. Als Anreiz beschreiben Sie die Site so attraktiv wie möglich. Gewinnspiele, Sonderangebote oder andere Vergünstigungen verstärken die Attraktivität. Beachten Sie, dass sich einige Kunden durch zu plumpe Werbe-Mails belästigt fühlen können. Außerdem gibt es rechtliche Stolperfallen. Die Kunden müssen eigentlich dem Empfang von Werbe-E-Mails zugestimmt haben. In jedem Fall ist es sinnvoll, dass Sie in der Mail darauf hinweisen, dass es sich um eine einmalige Mail-Aktion handelt. Oder geben Sie den Kunden die Möglichkeit, sich von der Adressatenliste streichen zu lassen, wenn Sie weitere Mails planen.

11.2 Pflege der Inhalte und Wartung

Wenn die Site im Netz steht, müssen Sie darauf achten, dass sie funktionsfähig bleibt. Überprüfen Sie regelmäßig die Verfügbarkeit des Servers und die Übertragungsgeschwindigkeit.

Testen Sie die externen Links daraufhin, ob sie noch gültig sind.

Ändern Sie regelmäßig die Passwörter für den Server. Es ist eigentlich selbstverständlich, wird aber immer wieder übersehen: Wählen Sie unbedingt längere Passwörter, die nicht nur aus Wörtern bestehen, die im Lexikon stehen. Denn Hacker arbeiten oft mit Programmen, die solche Wörter der Reihe nach als Passwort ausprobieren. Kombinieren Sie am besten Buchstaben und Ziffern. Einfache Abfolgen wie „abcd“ oder „qwert“ (Anordnung auf der Tastatur) bzw. „123“ kommen nicht in Frage.

Websites brauchen Aufmerksamkeit und Pflege. Wenn Sie sich nicht regelmäßig um die Site kümmern, wirkt sie verlassen und unaktuell, was die Benutzer schnell merken. Die Site wird nicht mehr besucht und ist schließlich tot. Aktuelle Sites dagegen wirken lebendig und ziehen Besucher an.

Halten Sie die Site am Leben. Technische und inhaltliche Pflege sind unerlässlich.

11.2.1 Aktualität ist Trumpf

Auf besondere Ereignisse sollten Sie so schnell wie möglich reagieren. Nutzen Sie den Vorteil des Internets, dass Sie weder Druckerei noch Post brauchen, um aktuelle Nachrichten zu verbreiten.

Je nachdem, wie viele Besucher Ihre Site hat und wie oft diese sie besuchen (sollen), müssen Sie die Inhalte ändern, auch wenn sich eigentlich nichts getan hat. Damit schaffen Sie einen Anreiz, die Site regelmäßig aufzurufen. Sie können auch eine Benachrichtigung per E-Mail anbieten, wenn es etwas Neues gibt. (Aber das gehört eigentlich schon ins Konzept ...)

Eine bewährte Technik sind wechselnde Teaser auf der Startseite. In regelmäßigen Abständen werden verschiedene Bereiche der Site mit Bild und einem kurzen Text vorgestellt. Ein Link führt direkt auf die betreffende Seite. Dazu müssen Sie keine neuen Inhalte erstellen und bieten doch öfter ein neues Erscheinungsbild der Startseite. Hinzu kommt, dass Sie damit Besucher tiefer in die Site locken, die sich für das dargestellte Thema besonders interessieren und ohne den Teaser die Site vielleicht gleich wieder verlassen hätten.

Beobachten Sie auch Ihre Konkurrenz im Web. Wurden Ideen von Ihrer Site vielleicht von anderen abgekupfert? Wie können Sie dafür sorgen, dass Sie der Konkurrenz wieder einen Schritt voraus sind? Oder hat die Konkurrenz so große Vorteile, dass Sie Ihre Site überarbeiten müssen?

Kein Medium ist so schnell wie das Web. Nutzen Sie das.

Nicht oft genug kann man betonen, wie schlecht der Eindruck ist, der durch nicht mehr aktuelle Ankündigungen auf Websites entsteht. Wenn Sie Termine angeben, achten Sie unbedingt darauf, dass sie noch aktuell sind! Sobald z. B. eine Veranstaltung vorbei ist, sollte auf der Website ein Bericht darüber stehen, keine Einladung mehr. Machen Sie das unbedingt Ihrem Auftraggeber klar, wenn Sie nicht mit der Wartung der Site beauftragt sind.

Eine paar Ideen für Inhalte, über die Sie schreiben können, um Aktuelles auf der Site zu bieten:

- Neue Produkte, die Sie einführen
- Veröffentlichungen über Ihr Unternehmen
- Neuigkeiten aus Ihrer Branche
- Probleme Ihres Unternehmens

Der letzte Punkt mag Ihnen zunächst seltsam vorkommen. Freiwillig über Probleme berichten? Aber mit Ihrer Site haben Sie ein wertvolles Kommunikationsinstrument, mit dem Sie direkt Ihre Sicht der Dinge darstellen können. Und Sie schaffen damit Vertrauen, wenn Sie auf Probleme eingehen, von denen die Benutzer sowieso aus anderer Quelle erfahren werden.

Generell gilt: Ein kleines Unternehmen muss nicht jede Woche etwas Neues auf der Site bieten, das erwartet niemand. Aber wenn sich zumindest alle ein, zwei Monate etwas tut, heben Sie sich von der Konkurrenz ab – denn die meisten Sites bleiben über Jahre hinweg unverändert.

11.3 Benutzer-Feedback

Nutzen Sie die Chance, mit Ihren Benutzern zu kommunizieren. Es steht wieder das Vertrauen auf dem Spiel. Benutzer erwarten, dass auf Ihrer Site E-Mail-Adressen und möglichst auch eine Telefonnummer stehen. Bei E-Mails erwarten sie innerhalb von 48 Stunden eine erste Antwort, auf Blog-Kommentare in einem Tag.

Eine E-Mail-Adresse ist eine Verpflichtung. Nicht zu antworten zerstört das Vertrauen der Benutzer.

Sorgen Sie dafür, dass das auch passiert. Es gibt keine Ausrede für nicht beantwortete E-Mails von Kunden. Sie können einen sogenannten *Auto-Responder* nutzen. Das ist ein Programm auf dem Server, das automatische Antworten verschickt. In dieser Antwort können Sie bestätigen, dass die E-Mail angekommen ist und bearbeitet wird. Falls irgendwie möglich, geben Sie an, wie lange die Benutzer auf eine ausführliche Antwort warten müssen.

11.3.1 Netikette für E-Mails

Netikette ist die Etikette im Netz. Als Profi sollten Sie diese Benimmregeln einhalten.

E-Mails schreiben kann inzwischen fast jeder. Im privaten Umgang gibt es dabei wenige Probleme. Aber wenn Sie mit den Besuchern Ihrer Site kommunizieren, lauern ein paar Stolperfallen. An eine E-Mail eines Unternehmens wird ein höherer Anspruch gestellt als an private E-Mails. Riskieren Sie nicht, Vertrauen zu verspielen, und berücksichtigen Sie folgende Regeln:

- Fassen Sie sich kurz. Kommen Sie innerhalb weniger Sätze auf den Punkt, sonst wird Ihre Mail sofort gelöscht.

- Formatieren Sie Ihre E-Mail gut lesbar. Gliedern Sie den Text, machen Sie Absätze, und fügen Sie Leerzeilen ein, um Bereiche voneinander zu trennen.
- Formulieren Sie eine aussagekräftige Betreff-Zeile. Auch hier droht sonst das Löschen – bevor die E-Mail geöffnet ist.
- Denken Sie daran, dass alle Empfänger die Namen lesen können, die im Adressfeld oder im CC-Feld stehen (*carbon copy* = Durchschlag). Verwenden Sie das BCC-Feld (*blind carbon copy*), um das zu verhindern. Der jeweilige Empfänger sieht dann nur seinen eigenen Namen.
- Beim Weiterleiten oder Beantworten von E-Mails zitieren Sie nur den Text, der tatsächlich nötig ist, nicht einfach die ganze E-Mail.
- Ganz sicher gehen Sie mit reinem Text statt HTML. Manche E-Mail-Programme können HTML-Mails nicht darstellen. Auch wenn sie keine technischen Probleme damit haben, missfallen HTML-Mails einigen Benutzern. Wollen Sie auf HTML-Mails nicht verzichten, testen Sie am besten mit möglichst vielen Mail-Programmen und E-Mail-Diensten wie *GMX*, *Yahoo* und *Gmail*, ob Ihre Formatierungen dort richtig angezeigt werden..
- Wenn Sie bestimmte Formatierungen in Text-Mails wünschen (z. B. für Tabellen), verwenden Sie am besten die Schrift Courier und setzen die Abstände mit Leerzeichen. Optimieren Sie die Breite auf 72 Zeichen (inklusive Leerzeichen), und fügen Sie harte Zeilenumbrüche ein. Damit stellen fast alle Mail-Programme den Text gleich dar.
- Fügen Sie wenige Bilder und keine Animationen ein. Sie erhöhen die Ladezeit und sind bei den meisten Benutzern nicht gern gesehen – und etliche können sie gar nicht sehen, da ihr Mail-Programm sie nicht anzeigt. Sind die Bilder inhaltlich wichtig, geben Sie deren URL an, denn viele haben die Bildanzeige deaktiviert.
- Verschicken Sie niemals Word- oder pdf-Dokumente, in denen das steht, was Sie eigentlich mitteilen wollen. Die Chancen, dass diese geöffnet werden, sind gering. Falls sie doch geöffnet werden, ist es den meisten Benutzern lästig, wenn sie nicht gleich lesen können, worum es geht.
- Verschicken Sie nur Anhänge, von denen Sie sicher wissen, dass die Benutzer sie auch öffnen können. Sind die Benutzer nicht technisch versiert, kann schon eine gezippte Datei sie überfordern.
- Verschicken Sie keine Anhänge, die größer als zwei Mbyte sind. Viele Provider leiten solche Mails ohne Fehlermeldung nicht weiter, sondern löschen sie einfach.
- Vergessen Sie nicht, Ihren Namen und Ihre Kontaktdaten (auch die URL!) an das Ende der Mail zu setzen.

Manche Leute empfehlen, keine Umlaute in E-Mails zu verwenden. Tatsächlich gab es damit früher oft Probleme. Inzwischen stellen alle relevanten Programme und E-Mail-Dienste Umlaute richtig dar.

Rechtliche Vorschriften

Seit Anfang 2007 gilt für geschäftliche E-Mails das Gleiche, was auch schon für Briefe gilt. Sie müssen folgende Angaben enthalten:

- Die Rechtsform der Gesellschaft (GmbH, GbR, AG o. Ä.)
- Den Sitz der Gesellschaft
- Das zuständige Registergericht und die Handelsregisternummer
- Die Nachnamen aller Geschäftsführer mit je mindestens einem ausgeschriebenen Vornamen (z. B. „Gerd A. Osswald" oder „Heiner Müller"; „Th. Bernhard" dagegen genügt nicht)
- Gibt es einen Aufsichtsrat, den Vorsitzenden des Aufsichtsrats

Fehlen diese Angaben in Ihren E-Mails, droht Ihnen eine Abmahnung, die Sie bis zu 2.000 Euro kosten kann. Außerdem kann das Gericht ein Zwangsgeld verhängen, um Sie zu zwingen, die Angaben aufzunehmen. Gehen Sie also lieber dem möglichen Ärger aus dem Weg und bauen Sie diese Angaben mit ein.

Es gibt Ausnahmen von dieser Regel bei manchen Mails, die an bestehende Kunden geschickt werden. Doch sicherheitshalber empfiehlt es sich, alle oben genannten Angaben einfach in die Signatur („Footer") aller Mails zu setzen.

Viele Grüße,
Jens Jacobsen
--

Jens Jacobsen Content Crew GmbH
Geschäftsführer Professionelles Podcasting

Thalkirchner Str. 210 Telefon: 089/742 19 717
81371 München Telefax: 089/742 19 404

E-Mail: jens.jacobsen@content-crew.de
Web: http://www.content-crew.de

Content Crew GmbH, Sitz: München
Handelsregister München HRB 163393
Geschäftsführer: Jens Jacobsen

ABBILDUNG 11.1
Diese Angaben sollten Sie bei einer GmbH in der Signatur machen, um Ärger zu vermeiden.

11.4 Newsletter

Newsletter sind eine Möglichkeit, Ihre Besucher regelmäßig an Ihre Site zu erinnern. Dabei entscheiden die Benutzer sich freiwillig dafür, immer wieder Werbung von Ihnen zu bekommen. Diese ist für Sie kostengünstig in Herstellung und Versand.

Allerdings sind die Benutzer wegen der zunehmenden Flut unaufgeforderter, oft unseriöser Werbe-Mails (*Spam* oder *Junk* genannt) zunehmend sensibel gegenüber E-Mail-Werbung. Sie darf deshalb nicht plump sein und muss dem Empfänger immer einen Zusatznutzen bringen.

Ist Ihr Newsletter schlecht, verärgern Sie regelmäßig Ihre Besucher. Mit jedem neuen Newsletter werden sie daran erinnert, dass sie bei Ihnen nicht im Mittelpunkt stehen. Vielleicht wollen sie auf die Informationen nicht verzichten, ärgern sich aber über das Format. Oder sie sind einfach zu faul, den Newsletter abzubestellen. Oder sie wollen Ihnen noch eine Chance geben.

Nutzen Sie diese Chance:

- Der Inhalt des Newsletters muss die Benutzer jedes Mal interessieren. Sonst wird er schnell wieder abbestellt.
- Wenn Sie ankündigen, dass der Newsletter regelmäßig erscheint, halten Sie sich unbedingt daran. Andernfalls verspielen Sie Vertrauen, und die Benutzer fragen sich, ob Sie bei anderen Dingen genauso schlampig sind.
- Vermeiden Sie plumpe Werbung. Es kann sinnvoll sein, Werbung und Inhalte zu trennen – auch visuell (Ausnahme: reine Werbe-Newsletter mit Sonderangeboten o. Ä.). Das ist im Journalismus Pflicht und auch bei Newslettern gut, weil die Leser so zwischen Fakten und Werbung unterscheiden können. Setzen Sie nicht darauf, Werbung und Inhalte zu vermischen – Sie laufen Gefahr, dass der Newsletter überhaupt nicht mehr gelesen oder nicht erst genommen wird.
- Möchten Sie sehr viel unterbringen, verschicken Sie nur Teaser (kurze Einführungstexte, die neugierig machen). Ein Link bringt die Leser zu Ihrer Site, auf der sie die ganze Geschichte lesen können.
- Vorsicht mit Links. Wie für Websites gilt: Links innerhalb des Texts sind kritisch. Sie bergen die Gefahr, dass Benutzer die Lektüre abbrechen und nicht wieder aufnehmen. Daher: Links sorgfältig auswählen und am besten am Ende platzieren.
- Achten Sie darauf, dass die Links richtig sind und auch nach dem Verschicken funktionieren. Sind die URLs länger als eine Zeile (üblicherweise 72 Zeichen), werden sie in vielen Mail-Programmen umbrochen und sind dann nur mit Mühe zu rekonstruieren.

Wird Ihr Newsletter als Spam empfunden, bringt er mehr Schaden als Nutzen.

An erster Stelle steht der Inhalt. Bekommen die Interessenten alle paar Monate eine langweilige E-Mail mit Unternehmensmeldungen, erzeugen Sie im besten Fall Langeweile. Überlegen Sie, was Ihre Zielgruppe interessiert, und richten Sie die Inhalte danach aus.

Im Newsletter können Sie zum Beispiel Neuigkeiten auf der Site ankündigen, auf Sonderangebote bzw. -aktionen hinweisen oder einen kurzen Artikel zu einem Thema schreiben, das den Benutzern wichtig ist.

Fordern Sie zur Weitergabe des Newsletters auf, bitten Sie aber darum, die Quellenangabe und die Adresse zum Abonnieren mit weiterzugeben.

Sehen Sie am Ende des Newsletters eine Möglichkeit vor, mit Ihnen in Kontakt zu treten. Geben Sie eine E-Mail-Adresse für Diskussionen über den Newsletter an, platzieren Sie einen Link zum Diskussionsforum Ihrer Site, oder bieten Sie einen Link zum Bestellen an, wenn Sie etwas verkaufen möchten.

11.4.1 Formelles

- Machen Sie deutlich, von wem die E-Mail ist. Anders als einem echten Brief sieht man einer E-Mail nicht so leicht an, von wem sie stammt. Die Adresse sollte aussagekräftig und vertrauenserweckend sein. „`info@ihreSite.de`“ oder „`newsletter@ihreSite.de`“ sind in Ordnung, besser ist jedoch der Name eines Ansprechpartners. Damit wird den Empfängern klar, dass der Absender ein Mensch ist, kein Spam-Roboter.
- Die Betreff-Zeile entscheidet über Gedeih und Verderb Ihres Newsletters. Eine gute Betreff-Zeile ist aussagekräftig, aber nicht zu reißerisch, sonst hält der Empfänger den Newsletter für Spam und löscht ihn. Begriffe wie „kostenlos“, „Kredit“ oder gar „Sex“ sind fast schon eine Garantie dafür, dass ein Spam-Filter oder der Benutzer selbst die E-Mail sofort löscht.
- Benutzen Sie einen Newsletter-Client, sobald Sie mehr als ein paar Dutzend Abonnenten erwarten. Dieser nimmt Ihnen die Arbeit der Verwaltung der Empfänger ab und sorgt für den reibungslosen Versand. (Links zu solchen Programmen finden Sie bei `www.benutzerfreun.de/tag/marketing`.)
- Falls Sie ein normales E-Mail-Programm benutzen, achten Sie unbedingt darauf, die Empfänger in das BCC-Feld (*blind carbon copy*) einzutragen. So sieht jeder Empfänger nur seinen eigenen Namen, nicht auch die Namen der anderen Empfänger. Das ist auch aus Gründen des Datenschutzes Pflicht.

- Machen Sie sich Gedanken über den Zeitpunkt, zu dem Sie den Newsletter verschicken. Viele Menschen sind im Büro ständig online oder holen regelmäßig ihre E-Mails. Bekommen sie Ihren Newsletter am frühen Nachmittag, wenn die dringendsten Dinge des Tages erledigt sind, ist die Wahrscheinlichkeit am höchsten, dass er gleich gelesen wird.
- Gliedern Sie übersichtlich mit Absätzen etc. – wie bei normalen E-Mails.
- Ist der Newsletter lang, macht eine Inhaltsangabe am Anfang Sinn.
- Ans Ende der Mail gehört eine Anleitung zur An- und Abmeldung aus dem Verteiler, am besten als Link.

11.4.2 Rechtliches

- Das Gesetz gegen unlauteren Wettbewerb verbietet es, Werbung unaufgefordert zu verschicken. Das ist aber sowieso nicht sinnvoll, da Sie damit mehr Benutzer verärgern als gewinnen. Schicken Sie also den Newsletter nur Benutzern, die sich dafür ausdrücklich registriert haben. (Sogenanntes „Opt-in"-Verfahren. Das bedeutet auch, dass alle Buttons bei Formularen auf der Website „Ja, ich will den Newsletter" o. Ä. standardmäßig inaktiv sein müssen.) Die Registrierung kann per E-Mail geschehen oder durch ein Formular auf der Website.
- Verschicken Sie eine Bestätigung, dass der Interessent in den Verteiler aufgenommen wurde. Vergessen Sie dabei nicht die Erklärung, wie der Newsletter wieder abbestellt werden kann.
- Mit dem *double opt-in* sind Sie rechtlich in jedem Fall auf der sicheren Seite. Dann bekommt der Benutzer den Newsletter nur, wenn er ihn auf Ihrer Site beantragt, eine Bestätigungsmail dazu bekommt und auf diese nochmals antwortet. Damit wird vermieden, dass jemand eine fremde Mail-Adresse auf der Site einträgt. Newsletter-Programme automatisieren diese Prozedur für Sie.
- Nach dem Teledienstedatenschutzgesetz dürfen Sie niemand zwingen, außer seiner E-Mail-Adresse weitere Angaben zu machen, um Ihren Newsletter zu bekommen. Sie können aber natürlich um die Angabe weiterer Daten bitten. Das verspricht nur Erfolg, wenn Sie den Benutzern erklären, was Sie mit den Daten anstellen und vor allem, was die Benutzer selbst davon haben (bessere Informationsauswahl, Anpassung an die Benutzerinteressen o. Ä.).

ABBILDUNG 11.2

Der Newsletter des Chemiekonzerns Wacker. Bei deaktiviertem Nachladen der Bilder sieht das nicht perfekt aus, die Gestaltung fällt aber nicht auseinander. Die Beiträge sind kurz und übersichtlich angeordnet.

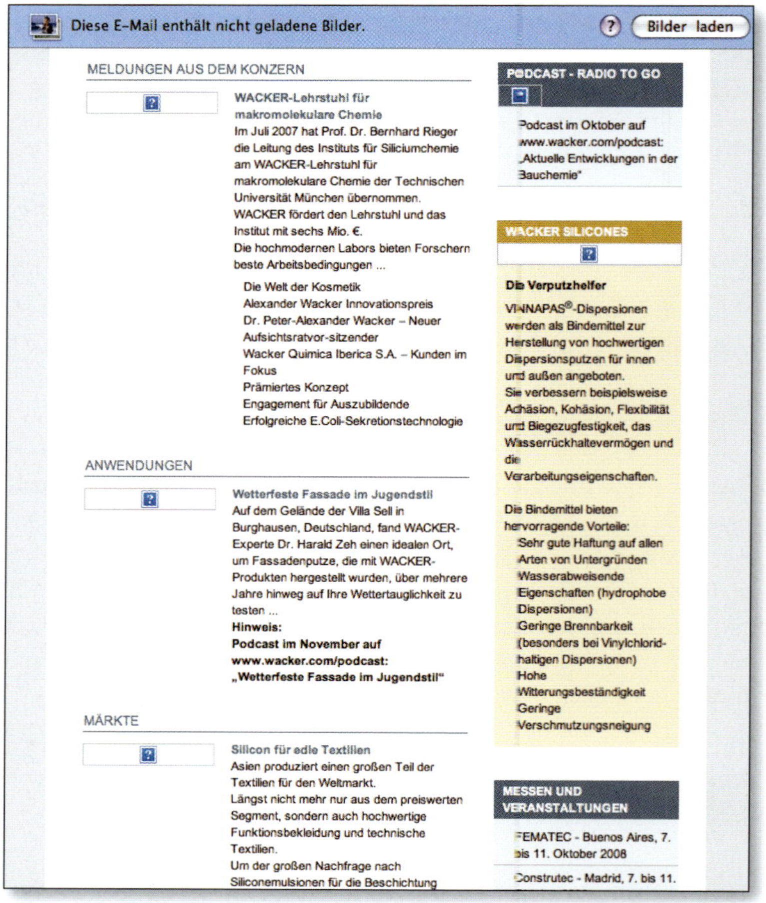

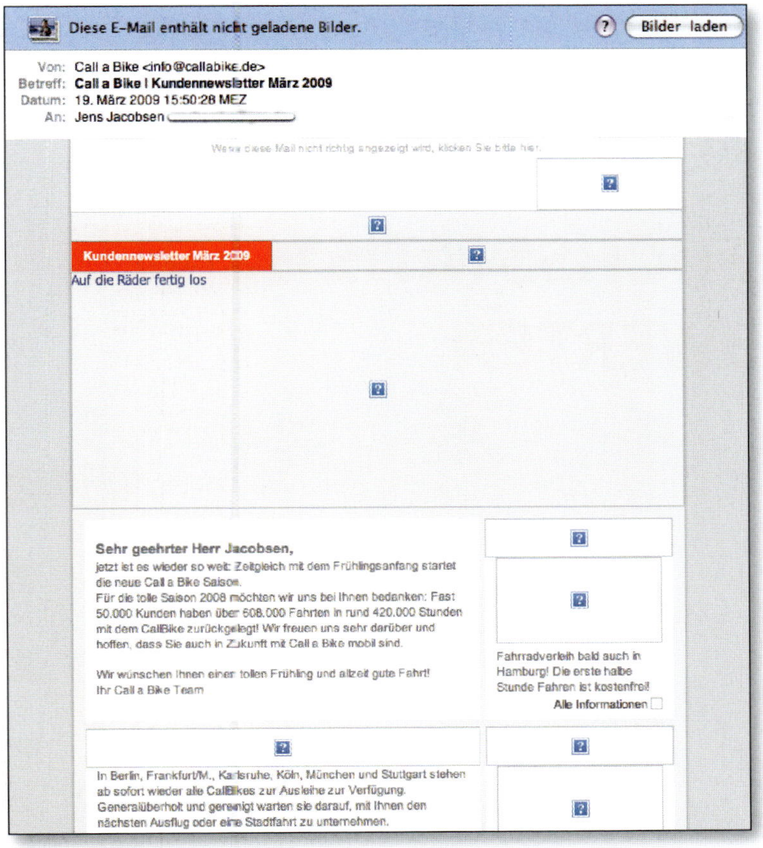

ABBILDUNG 11.3

Der Newsletter des Fahrradverleihs der Deutschen Bahn Call A Bike. Die graue Schrift ist schlecht lesbar, der Seitenkopf ist viel zu groß. Der Einstiegstext ist schwach – Plattitüden und unklare Vorteile für den Leser.

Berücksichtigen Sie außerdem die allgemeine E-Mail-Netikette aus dem vorigen Abschnitt.

Kapitel 12

Besuchsstatistiken auswerten

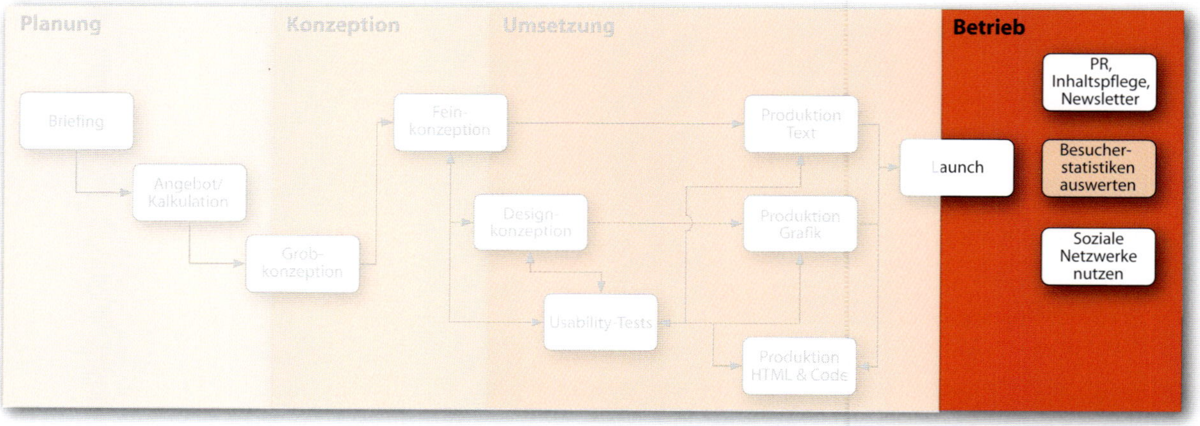

Behalten Sie die Benutzer der Site im Blick. Versuchen Sie herauszufinden, ob die gewünschte Zielgruppe auch tatsächlich die Site besucht.

Sehen Sie sich die Benutzerstatistiken an. Fast alle Provider geben Ihnen Zugriff auf eine Statistik über die Zugriffe (Logfiles). Diese sind gewöhnlich nach einzelnen Seiten und auch nach Herkunft der Benutzer aufgeschlüsselt. Lernen Sie, diese Statistiken zu lesen. Dann können Sie eventuell feststellen, dass sich Benutzer oft an einer bestimmten Stelle „verlaufen". Oder dass sehr viele Bestellungen abgebrochen werden. Oder dass bestimmte Seiten häufig angesteuert werden, obwohl sie recht weit unten in der Site verborgen sind. Vielleicht haben diese einen prominenteren Platz verdient? Kann man die Orientierung für die „verlaufenen" Nutzer verbessern? Kann man dafür sorgen, dass weniger Bestellungen abgebrochen werden?

Abbildung 12.1

Ausschnitt aus einem Logfile (Die IP-Adressen wurden aus datenschutzrechtlichen Gründen ersetzt.)

Die meisten Provider schreiben die Logfiles nach den Standards des W3C. Ein solcher Eintrag sieht wie folgt aus:

```
IP-Adresse  Benutzername  Datum und Uhrzeit  Angefordertere
Dateien  Statuscode  Übertragene Bytes  Domain  Seite  Browser
```

Wichtig sind für Sie vor allem:

- **IP-Adresse:** Sie gibt an, von wo aus der Zugriff erfolgte. War es ein großer Provider wie T-Online oder ein Uni-Rechner? (Genauer lässt sich das meist nicht aufschlüsseln.)
- **Seite:** Verrät Ihnen den Einstiegspunkt des Benutzers. Hier können Sie sehen, ob er über einen externen Link, einen Katalog oder über eine Suchmaschine kam.
- **Browser:** Hier erfahren Sie, mit welchem Browser auf welchem Betriebssystem der Benutzer arbeitet.

Sie können sich die Arbeit der Auswertung von Logfiles deutlich erleichtern, indem Sie eine Software dafür einsetzen. Tipps und Links dazu finden Sie unter `www.benutzerfreun.de/tag/statistik`. Eine einfache grafische Darstellung der Zugriffe stellen die meisten Provider schon zur Verfügung.

Abbildung 12.2

Darstellung der Seitenzugriffe beim Provider 1&1

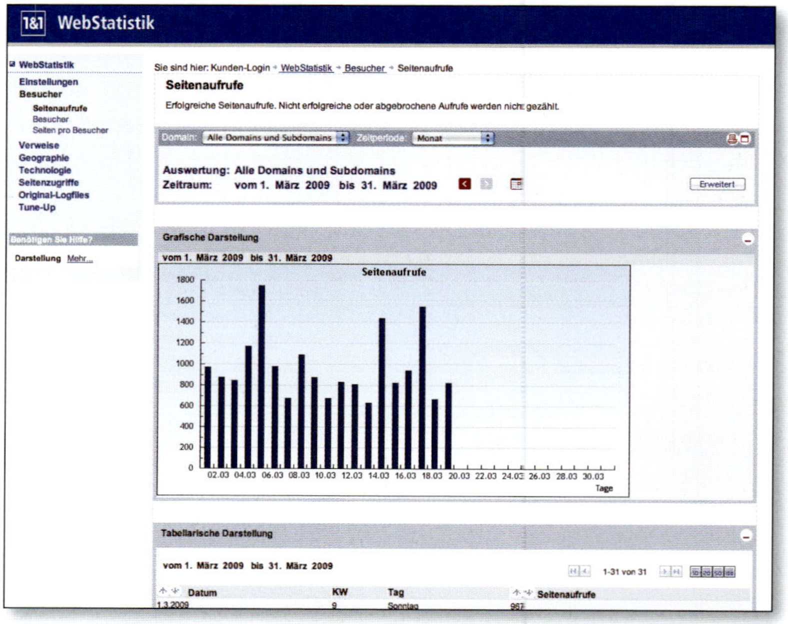

12.1 Google Analytics

Sehr beliebt bei Site-Betreibern ist der kostenlose Dienst Google Analytics. Dieser greift nicht auf die Logfiles zu, sondern Sie müssen auf jeder Seite ein kleines Stück JavaScript einbauen, das den Seitenbesuch an den Google-Server meldet.

Abbildung 12.3

Die Analytics-Einstiegsseite zeigt die wichtigsten Informationen auf einen Blick.

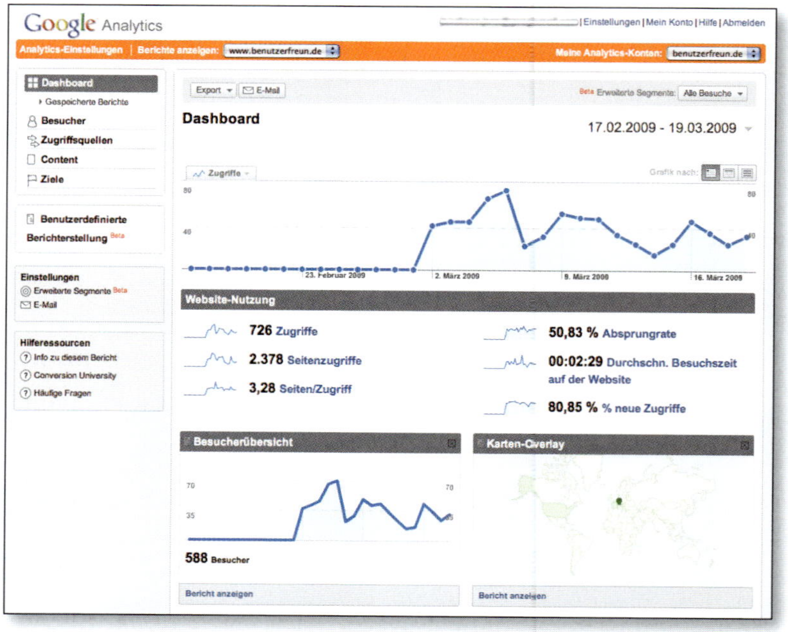

Nicht unumstritten ist der Dienst aus eben diesem Grund: Sie als Website-Betreiber melden das, was Ihre Besucher auf Ihrer Site tun, an einen Dritten. Theoretisch kann Google diese Informationen auch einzelnen Personen zuordnen, wenn diese bei Google (z.B. für Google Mail) angemeldet sind. Es ist noch nicht endgültig geklärt, ob das rechtlich überhaupt zulässig ist. Um sicherzugehen, müssen Sie auf den Einsatz von Google Analytics verzichten. Ansonsten beachten Sie zumindest den Hinweis in Kapitel 8, *Produktion Text*, Abschnitt *Was kommt ins Impressum*).

Der Grund, warum Google Analytics so beliebt ist, ist der, dass Sie als Betreiber hervorragende Statistiken geliefert bekommen. Die Benutzung der Analysefunktionen ist einfach und ermöglicht so umfassende Aussagen wie kaum ein anderes Werkzeug.

Wer Google Ad-Words einsetzt (die bezahlten Anzeigen auf Suchseiten), der findet mit Google Analytics auch ein hervorragendes Tool, um seine Suchwörter zu optimieren.

Besonders schön ist auch, dass man zwei Versionen einer Seite vergleichen kann. So lässt sich innerhalb kurzer Zeit herausfinden, welche Version bei den Besuchern Ihrer Site besser ankommt.

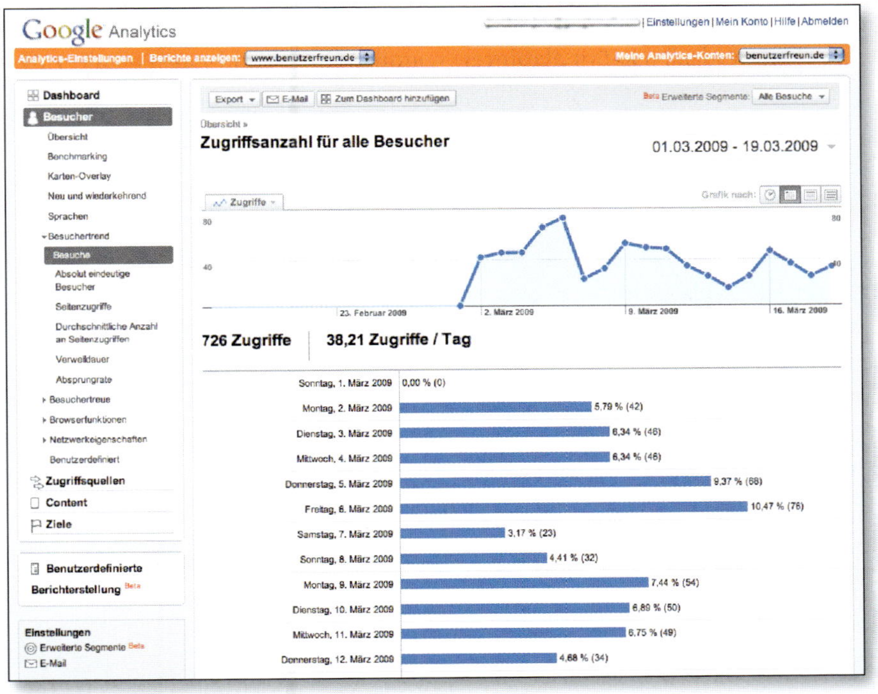

ABBILDUNG 12.4

Sie können sich für beliebige Zeitabschnitte die Besucher Ihrer Site anzeigen lassen.

ABBILDUNG 12.5

Sehr interessant ist auch, wenn Sie sich ansehen, woher Ihre Besucher kommen.

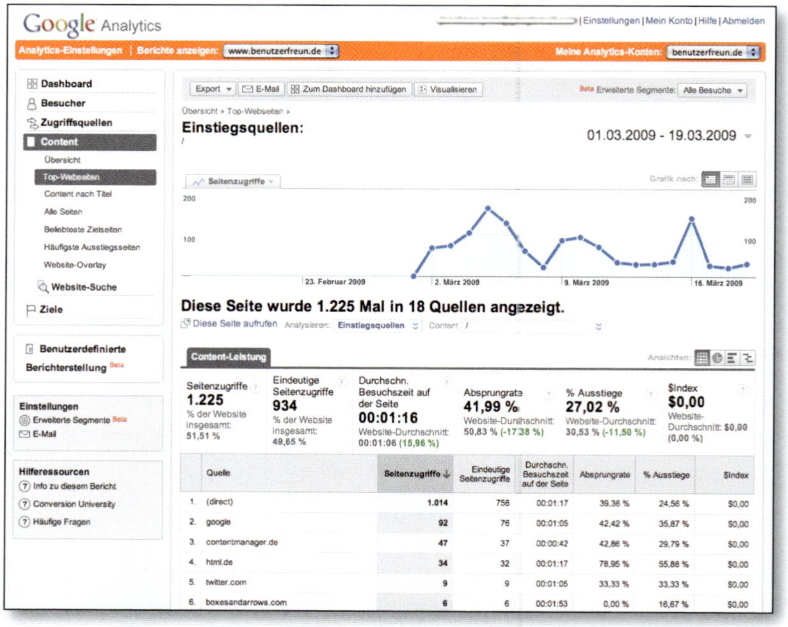

Aktuelles zum Einsatz von Analytics im Blog zum Buch unter `www.benutzerfreun.de/tag/google-analytics`.

12.2 Umfragen

Arbeiten Sie bei Umfragen mit Profis zusammen, wenn Sie aussagekräftige Ergebnisse erhalten möchten.

Auch mit Umfragen kommen Sie den Benutzern auf die Spur. Häufig wird dazu das „Verfahren des x-ten Besuchers“ eingesetzt. Dabei wird die Website vorübergehend so umprogrammiert, dass beispielsweise jeder zehnte Besucher ein Pop-up-Fenster sieht, in dem er aufgefordert wird, an einer Befragung teilzunehmen. Für solche Befragungen sollten Sie mit einem Marktforschungsinstitut zusammenarbeiten, da Laien solche Untersuchungen nicht so konzipieren können, dass daraus aussagekräftige Ergebnisse resultieren. Auf der beiliegenden CD-ROM sowie aktuell bei `www.benutzerfreun.de` finden Sie Links zu solchen Unternehmen.

CD

Nur bei sehr bekannten Sites liefern Telefonumfragen ohne vorige Adressauswahl oder andere Standard-Umfragen aussagekräftige Ergebnisse, da die meisten Sites in der breiten Bevölkerung zu wenig bekannt sind.

12.3 Projektbeispiel Techcom.de – Launch

Die Site Techcom.de ging mit den üblichen kleinen Schwierigkeiten an den Start: Bei den Tests tauchte eine Ungereimtheit in der JavaScript-Programmierung auf, und es gab gelegentlich Korrekturen an der Formatierung. Auch der ein oder andere Rechtschreibfehler konnte noch entdeckt werden. Die Probleme waren mit wenig Aufwand zu beheben, und so konnten wir die Site pünktlich auf den Server stellen.

Beim Test über das Internet funktionierten auf einmal einige Links nicht mehr. Nach kurzer Verwirrung war der Fehler schnell gefunden: Die Groß- und Kleinschreibung dieser Links im HTML-Code war nicht korrekt, was beim Test auf den Windows- und Mac-Rechnern nicht aufgefallen war. Erst als die Seiten vom Linux-Server geladen wurden, gab es damit Schwierigkeiten, da Linux/Unix zwischen Groß- und Kleinbuchstaben unterscheiden. Auch diese letzte Hürde war schnell genommen, und die Site war gelauncht.

Die Seiten wurden bei den wichtigsten Suchmaschinen angemeldet, und mit den Auftraggebern diskutierte ich die Strategie, um die Site noch bekannter zu machen. Wir vereinbarten, für die Aktualisierung und die Auswertung der Logfiles in regelmäßigem Kontakt zu bleiben.

Zusätzliche Informationen über die weitere Entwicklung finden Sie unter www.benutzerfreun.de/techcom.

Kapitel 13

Soziale Netzwerke nutzen

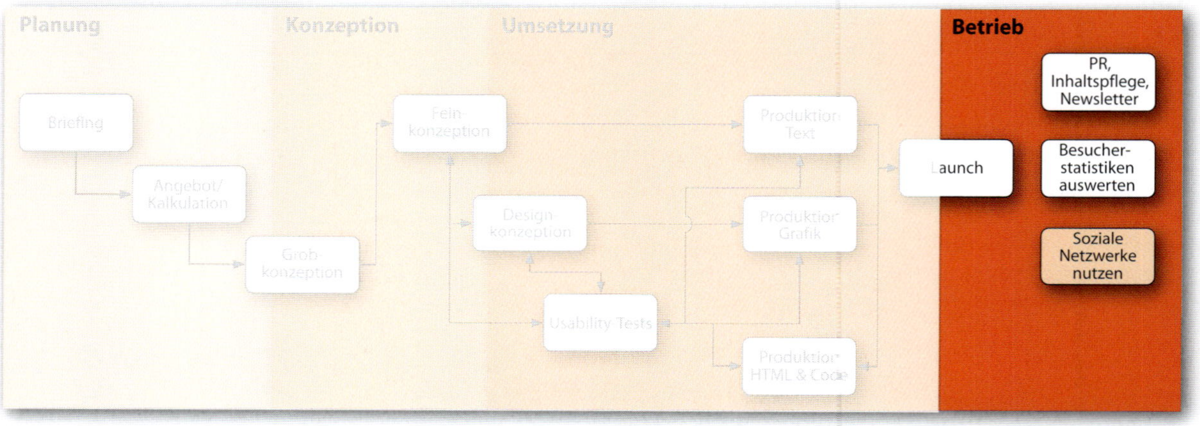

Sie müssen sich nicht in Sozialen Netzwerken herumtreiben. Aber um Ihre Site bekanntzumachen, empfiehlt es sich.

13.1 Was sind Soziale Netzwerke?

In einem Atemzug mit dem Schlagwort des „Web 2.0“ (s. Kapitel 4 *Grobkonzept* ab S. 36) werden gern auch die Sozialen Netzwerke genannt. Die „Social Networks“ oder „Online-Kontaktnetzwerke“ zeichnen sich auch dadurch aus, dass sie schwer zu fassen sind. Genau wie die Beziehungsnetzwerke in einer Gesellschaft schwer zu fassen sind, sind es auch die Sozialen Netzwerke, die online existieren.

Doch das muss Sie nicht weiter stören, Sie können diese Möglichkeiten einfach nutzen, um Ihre Website bekanntzumachen, ihre Qualität zu steigern und ihre Sichtbarkeit in den Suchmaschinen zu verbessern.

13.2 Blogs

Bei den Blogs geht es gleich los mit den Zuordnungsproblemen: Sie gehören zum Sozialen Web, aber nicht richtig zu den Sozialen Netzwerken. Andererseits sind Blogs stark untereinander vernetzt, weil die Autoren der Blogs sich viel gegenseitig verlinken, Kommentare zu den Beiträgen anderer schreiben und so ein reger Austausch stattfindet (manche sprechen von der „Bloggosphäre“).

Tipps für ein eigenes Blog finden Sie im Kapitel 16 *Unternehmensblogs* ab S. 330. Hier nur der Hinweis darauf, dass Sie Blogs anderer aus Ihrer Branche nutzen sollten. Zum einen, um sich selbst zu informieren. Viele Blogs zu Spezialthemen sind aktueller und pointierter als die Berichterstattung traditioneller Medien und Websites. Durch die Kommentare der Blogleser bekommen Sie zudem ein Gefühl für die Stimmung – nur darf man nicht den Fehler machen, das für ein objektives Meinungsbild zu halten.

> ✓ Aktuelle Tipps zu Blogs immer im Blog zum Buch: `www.benutzerfreun.de.`

Zum anderen haben Sie auf anderen Blogs die Möglichkeit, selbst zu kommentieren. Machen Sie keinesfalls Werbung für sich oder Ihr Produkt. Bringen Sie sich stattdessen inhaltlich ein, schreiben Sie Ihre Meinung – damit machen Sie sich und Ihr Unternehmen bekannt. Ihre URL dürfen und sollten Sie in Ihren Beiträgen natürlich schon kommunizieren.

13.3 Lesezeichendienste

Social Bookmark-Sites oder Lesezeichendienste sind Websites, die Links zu anderen Sites sammeln. Die Nutzer können jede URL, die ihnen interessant erscheint, einstellen, kommentieren und meist mit Schlagwörtern („Tags“) versehen.

Das ist zum einen nützlich, um seine eigenen Lesezeichen unabhängig vom gerade benutzten Browser und Gerät zentral zu archivieren. Kommentarfunktion und Schlagwörter erleichtern es später, die gewünschte Seite wiederzufinden.

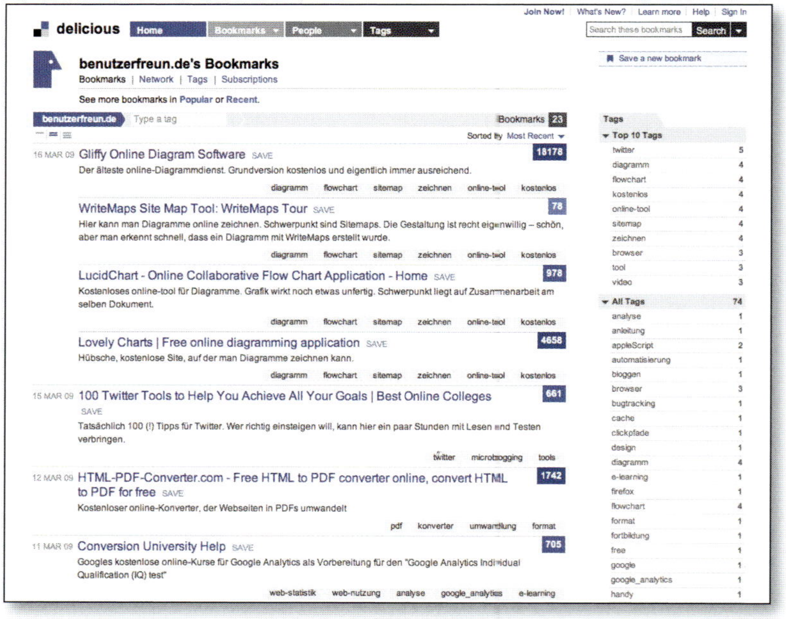

ABBILDUNG 13.1
Bei `delicious.com` *(früher* `del.icio.us`*) kann man seine eigenen Lesezeichen einstellen und in denen anderer stöbern.*

Hauptnutzen der Bookmark-Dienste wie `delicious.com` oder `mister-wong.de` ist, dass man auch sieht, wer alles welche Seiten eingetragen hat. So kann man die Lesezeichen von bestimmten Personen ansehen oder man sieht, welche Seiten zu bestimmten Themen von anderen Nutzern eingestellt wurden.

Sie können die Lesezeichendienste als Informationsquelle nutzen, aber auch Links zu Ihren eigenen Seiten einstellen. Um einen gewissen Einfluss zu haben, sollten Sie aber nicht nur Links zu Ihrer Site ablegen, sondern auch solche zu anderen für Ihre Branche bzw. für Ihre Zielgruppe interessanten Seiten.

Im englischen Sprachraum spielen `digg.com` und `stumbleupon.com` zumindest im Bereich Internet und Technologie eine große Rolle. Das sind Lesezeichendienste, die speziell für Blogeinträge, Artikel, Podcasts und Medien gedacht sind. Die Nutzer erstellen damit eine ständig aktualisierte Liste mit interessanten und aktuellen Themen, gewichtet danach, wie viele andere diese ebenfalls abgelegt haben. Auf den Lesezeichen-Sites selbst kann man diese dann auch direkt kommentieren und bewerten.

13.4 Nutzergenerierte Inhalte, Soziale Medien

Sites, bei denen die Inhalte der Nutzer im Mittelpunkt stehen, werden oft als Soziale Medien bezeichnet, die Inhalte laufen unter dem Stichwort „Nutzergenerierte Inhalte" (User-generated Content). Das Paradebeispiel sind Fotosites wie `flickr.com`. Hier stellen Nutzer ihre Bilder ein, andere kommentieren sie oder vergeben Schlagwörter

(Tags) für sie. Für Unternehmen bieten sich hier nur wenige Möglichkeiten – mit Pressefotos oder Produktabbildungen machen Sie sich hier lächerlich. Denkbar wäre höchstens, wenn Sie eine Veranstaltung mit Vertretern Ihrer Zielgruppe haben, die Fotos davon dann auf Flickr hochzuladen. Aber meist sind diese auf Ihrer eigenen Site dann doch besser aufgehoben.

Zu dieser Gruppe der Sozialen Medien zählt auch YouTube – die Videos der Nutzer sind der Grund, diese Site zu besuchen. Diese kann man kommentieren oder man stellt ein Video ein, als Antwort oder Fortführung des ursprünglichen Videos.

Ganz wichtig ist auch die Möglichkeit, die Videos auf den eigenen Webseiten einzubetten. Zu jedem Video gibt es auf YouTube einen HTML-Code. Kopiert man diesen in eine eigene HTML-Seite, erscheint an dieser Stelle das Video, natürlich mit einem Link zu YouTube. Auch das Weiterschicken von Links per E-Mail wird propagiert und so kommen manche YouTube-Videos innerhalb von wenigen Tagen auf Millionen von Aufrufen weltweit.

Doch wer denkt, dieses gewaltige Marketingpotenzial ließe sich einfach nutzen, der irrt. Jeden Tag werden derzeit etwa 65.000 Videos auf das Videoportal hochgeladen. Um hier nicht unterzugehen, braucht man ein herausragendes Video, gutes Timing und vor allem Glück. Flankierende Maßnahmen können auch helfen. Wie man ein Video bei YouTube richtig platziert, das wäre ein Thema für ein eigenes Buch.

Interessant ist für Unternehmen auch, dass man in YouTube sogenannte Kanäle anlegen kann. Ein Kanal ist ein Bereich, in dem Sie eigene oder fremde Videos sammeln.

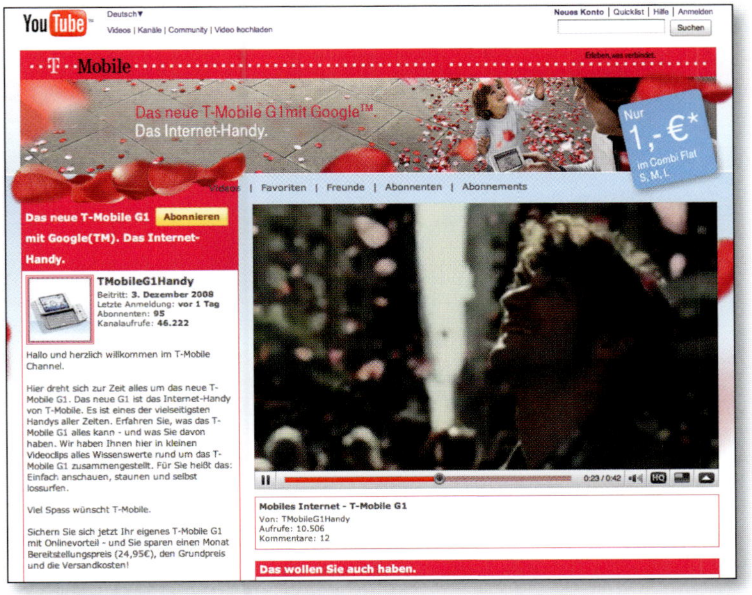

ABBILDUNG 13.2

Der YouTube-Kanal von T-Mobile zum Handy G1

Die Nachahmer Clipfish und MyVideo sind auch nicht unattraktiv, sie haben nur auch in Deutschland deutlich weniger Zugriffe als YouTube. Außerdem gibt es Sites, die nach dem gleichen Prinzip funktionieren, nur kann man dort keine Videos, sondern Präsentationen (`Slideshare.net`) einstellen oder PDFs (`http://whitepapers.silicon.com`).

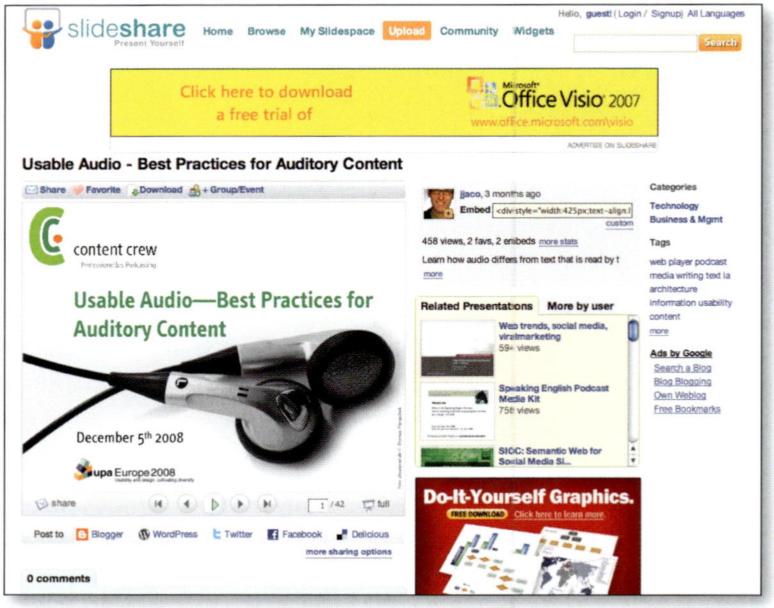

ABBILDUNG 13.3

Bei `Slideshare.net` *können Sie Ihre Powerpoint-Präsentationen einstellen. Auf Wunsch können Sie diese danach auch noch vertonen.*

Bei allem aber ganz wichtig: Wenn Sie eigenes Material einstellen, müssen Sie damit rechnen, dass es an allen möglichen Stellen im Internet wieder auftaucht. Und damit, dass es weiterverwendet, ergänzt, verbessert oder aber auch entstellt oder verfälscht wird. Außerdem geben Sie oft einen Teil Ihrer Rechte an dem Material ab – lesen Sie sehr genau, was in den Nutzungsvereinbarungen der jeweiligen Plattform steht, bevor Sie Ihre Werke einstellen.

13.5 Soziale Netzwerke im engeren Sinn

Die eigentlichen Sozialen Netzwerke sind Sites wie Xing, Facebook, LinkedIn oder StudiVZ. Hier steht die Person im Mittelpunkt. Hier geben Sie Ihr Profil ein, also meist Ihre Ausbildung, Ihre Interessen und Ihr Unternehmen. Solche Sites können Sie vor allem nutzen, um Kontakte zu knüpfen, Informationen zu finden und Erfahrungen auszutauschen. Direktes Marketing auf solchen Sites zu machen, ist generell schwer. Bei Facebook können Unternehmen sogenannte „Seiten" anlegen und sich dort so präsentieren wie eine Person. Deutsche Unternehmen sind dabei aber noch zurückhaltend und nur wenige experimentieren hier bisher.

Bei den meisten Sozialen Netzwerken stehen Menschen im Mittelpunkt, nicht Unternehmen.

MySpace ist wohl das Soziale Netzwerk mit dem zweifelhaftesten Ruf. Gerade hier breiten viele Teenager ihr Privatleben aus. Musikbands nutzen MySpace intensiv und erfolgreich – und umgekehrt waren es die Musikbands, die MySpace mit zu seinem Erfolg verhalfen.

ABBILDUNG 13.4

Bei `MySpace.com` *kann man sich durchaus auch als Unternehmen präsentieren. Dann muss aber die Zielgruppe passen und der Auftritt dem schillernden Umfeld angepasst sein.*

Es gibt noch zahlreiche andere Soziale Netzwerkseiten, etwa *Lokalisten*, *Wer-kennt-wen* usw. Hier sollten Sie die Augen offen halten, was speziell in Ihrer Branche und bei Ihrer Zielgruppe genutzt wird. Denn der Trend ist klar: Gerade jüngere Nutzer greifen immer weniger auf E-Mail zurück, sondern nutzen für den Kontakt zu ihren Freunden und Bekannten die Chat-Funktionen der Sozialen Netzwerke. Aktuelle Hintergründe zu diesem Thema finden Sie im Blog zum Buch unter `www.benutzerfreun.de/tag/soziale-netzwerke`.

13.6 Wikis

Wikis zählen auch zum Sozialen Web. Denn auf diesen Sites können die Nutzer die Inhalte einfach im Browser ändern. Das Vorzeigeprojekt ist natürlich Wikipedia, das Online-Lexikon, dessen deutsche Version derzeit 880.000 Artikel umfasst – alle kostenlos von den Nutzern erstellt.

Unternehmen können Wikis nutzen, um sich zu einem bestimmten Thema zu positionieren. Dann ist viel Arbeit nötig, um einen Grundstock von Einträgen zu schaffen und die Benutzer dazu zu motivieren, an dem Projekt mitzuarbeiten. Auch für Support-Zwecke werden Wikis genutzt, also für technische Handbücher, Dokumentation, Installationsanleitungen usw. Die Mitarbeiter können Lösungen direkt hier hineinschreiben und auch die Kunden, die Informationen herausgefunden haben. Hier zeigt sich aber gleich das Problem: Das funktioniert nur, wenn die Kunden recht loyal sind – zum einen, damit sie keine negativen Dinge hineinschreiben, zum anderen, weil sie nicht das Gefühl haben dürfen, sie müssten für Sie jetzt auch noch selbst arbeiten.

Ansonsten sollten Sie für Ihre Branche relevante Wikis und Wikipedia diesbezüglich im Auge behalten, wie Sie als Unternehmen dort dargestellt werden. Erliegen Sie keinesfalls der Versuchung, hier Dinge schönzureden oder gar Marketing für sich zu betreiben. Das geht nie lange gut und der Vertrauensverlust ist enorm.

13.7 Microblogging

Mit der Site `twitter.com` ist Ende 2006 der inzwischen bekannteste sogenannte Microblogging-Dienst gestartet. Hier steht die Frage „Was machst Du gerade?" im Mittelpunkt. In 140 Zeichen – ungefähr SMS-Länge – teilt man mit, was man gerade tut. Diese Textschnipsel erscheinen unter dem selbst gewählten Benutzernamen auf der Twitter-Website. Als Leser kann man dort in allen Nachrichten stöbern – ein Durcheinander, das an die Gesprächsfetzen erinnert, die man in einer überfüllten Kneipe aufschnappt. Meist versteht man nur Bahnhof. Daher „folgt" man oft nur ausgewählten Autoren. Das heißt, man setzt sie auf seine Favoritenliste und liest fortan nur noch deren Nachrichten. Eine solche Nachricht nennt sich Tweet. Twitter bedeutet übrigens Zwitschern.

Anfangs wurde der Dienst noch oft belächelt – 140 Zeichen sind schon sehr wenig für inhaltlich fundierte Aussagen. Andererseits hat der Zwang, sich kurz zu fassen, auch sein Gutes. Und allein der große Erfolg von Twitter sollte einen zumindest neugierig machen. Der Erfolg ist so groß, dass Twitter viele Nachahmer gefunden hat.

13.7.1 Wie nutzt man Twitter?

Auf der Twitter-Website kann man direkt Einträge lesen oder schreiben. Es gibt aber auch zahlreiche Programme, die das Schreiben, Lesen und Durchsuchen der Tweets vereinfachen. Manche sind selbst wiederum Webdienste, andere sind Programme für den PC oder für Mobilgeräte.

Interessant ist vor allem auch, dass sich häufig Dialoge zwischen den Twitter-Nutzern entwickeln. Um auf eine Frage bzw. einen Kommentar eines anderen Twitter-Nutzers zu antworten, stellt man ein @ gefolgt von dessen Nutzernamen vor den Eintrag. Soll diese Nachricht nur für diesen einen Nutzer sichtbar sein, stellt man dessen Namen ein „d" mit Leerzeichen voran (für Direktnachricht).

Abbildung 13.5
Twitter ist Kakophonie (links mit allen Nutzern) oder Flurfunk für Heimarbeiter (rechts nur wenige ausgewählte Nutzer).

Um längere URLs in den 140 Zeichen unterzubringen, nutzen viele Dienste wie `Tinyurl.com` oder `SnipUrl.com`. Hier kann man für beliebige URLs kurze, aber kryptische Versionen erzeugen lassen (Beispiel: `http://tinyurl.com/5rrgro`). Diese Abkürzungen kann man kostenlos erstellen, sie sind zeitlich unbeschränkt verfügbar.

Ein letzter Tipp: Sogenannte Hashtags (übersetzt Doppelkreuz-Schlüsselwörter) ermöglichen es mehreren Nutzern, über ein gemeinsames Thema zu berichteten. Dazu setzt man ein Doppelkreuz (#) vor ein Schlüsselwort. Auf der Seite `http://hashtags.org/tag/IhrTag/` findet man dann alle Tweets aller Nutzer, die das Tag #IhrTag verwenden. Dazu müssen die Autoren lediglich einmal einstellen, dass sie dem Nutzer `http://twitter.com/hashtags` folgen.

Diese Technik ist zum Beispiel für Konferenzen nützlich. Berichten darüber mehrere Twitter-Nutzer, sind dank Hashtag alle ihre Tweets leicht gesammelt zugänglich – sie müssen sich nur auf ein gemeinsames Hashtag einigen.

13.7.2 Wer twittert schon?

Die ersten, die nach den technikaffinen Webprofis in Deutschland Microblogging für sich entdeckt hatten, waren Medien und Politiker. Besonders über das Twittern von Politikern gab es anfangs viel Häme. Es ist sehr leicht, sich über die schnelle Kommunikation in 140 Zeichen lustig zu machen. Wer aber mal zu einer Bürgersprechstunde eines Politikers geht, der wird auch genügend Stoff für bösartige Artikel bekommen.

Wichtig ist, wenn Sie solche neuen Medien einsetzten wollen, dass Sie auch verstehen, was hier üblich ist und wie verschiedene Dinge bei den Nutzern aufgenommen werden. Sehen Sie sich also erst einmal eine Weile an, was hier so vorgeht. Legen Sie am besten einen privaten Account an und nutzen Sie zunächst diesen. Den Firmenaccount sollten Sie zwar auch gleich sichern, aber erst einmal noch ruhen lassen, bis Sie souverän mit dem neuen Werkzeug umgehen.

Ganz gut schlägt sich die amerikanische Öko-Supermarkt-Kette Whole Foods Market. Deren PR-Abteilung twittert sehr eifrig und kommuniziert dabei vor allem mit ihren Kunden. Über deren Produkte aber auch über Yoga, Ernährung und andere Gesundheits- und Öko-Themen. Auch Starbucks twittert – hier geht es meistens um Kaffee, klar.

Näher liegt das Twittern für den IT-Konzern Cisco. Ihm folgen dennoch deutlich weniger Leser (derzeit 2500 Leser beim Account `CiscoSystems` im Gegensatz zu 240.000 Lesern bei `Whole Foods`). Beide Firmen haben inzwischen mehrere verschiedene Accounts, mit denen sie unterschiedliche Themen bedienen (allgemeine Nachrichten, Fallstudien, Technologie usw. bei Cisco bzw. Rezepte und Accounts für die verschiedenen Filialen beim Supermarkt).

Sehr engagiert ist auch die britische Sendergruppe BBC. Sie veröffentlicht mehrmals pro Stunde Schlagzeilen mit den neuesten Nachrichten. Am Ende jedes Tweets steht ein Link zur ausführlichen Meldung. Nach diesem Muster arbeiten mittlerweile auch viele deutsche Medien, wie der Spiegel, das Medium Magazin oder manche Redaktionen des ZDF.

13.7.3 Sollen wir twittern?

Einfach nur weil Twitter stark in der Diskussion ist, sollte niemand auf den Zug aufspringen. Wichtiger ist immer noch, seine Energie in eine gute Website zu investieren – gleich ob Selbstständiger, Verein, kleines oder großes Unternehmen. Wenn Ihre Site aber schon top ist und Ihre Zielgruppe recht webaffin ist, dann ist es eine Überlegung wert, selbst ins Microblogging einzusteigen.

Es stellt sich als Erstes die Frage: Nutzen Sie Twitter oder einen Konkurrenten wie Pownce, Jaiku, Spoink oder Plurk? Im Zweifel gehen Sie dahin, wo Sie die meisten Nutzer Ihrer Zielgruppe treffen. Und das ist fast immer Twitter. Bevor Sie sich aber festlegen, sehen Sie sich ein paar Microblogging-Dienste an. Recherchieren Sie, welche Möglichkeiten diese jeweils bieten. Und vor allem, welche Leute dort unterwegs sind.

Wie eine Website und ein Blog kostet Microblogging vor allem eines: Zeit. Auf einer Website sollte sich in der Regel mindestens im Monatsrhythmus etwas tun, auf einem Blog im Wochenrhythmus, bei einem Microblog im Tagesrhythmus. Der Zeitaufwand fürs Microbloggen ist zunächst einmal nicht so hoch, weil die Einträge ja mit 140 Zeichen ohnehin kurz ausfallen müssen. Aber auch diese Einträge müssen solide recherchiert sein, sie sollten entweder unterhaltsam sein oder Informationen vermitteln. Und sie sollten keine Rechtschreib- oder Grammatikfehler enthalten.

Außerdem nimmt der Aufwand zu, wenn Sie erfolgreich sind. Denn die Nutzer werden Ihnen Fragen stellen und die sollten Sie möglichst schnell beantworten – möglichst noch schneller als E-Mails.

13.7.4 Wozu twittern?

Twitter dient vielen als Ersatz für den „Flurfunk“, also den Bürotratsch, den man mit Kollegen auf dem Flur austauscht. Nur kann man sich per Twitter auch mit Menschen austauschen, die gerade ganz woanders sind – und man muss dazu nicht einmal seinen Schreibtisch verlassen. Dabei geht es nicht nur um Tratsch, sondern auch für Hilferufe oder den Erfahrungsaustausch ist Twitter gut geeignet.

Als Unternehmen oder Selbstständiger machen Sie sich mit Twitter leichter zugänglich. Für Kunden und Interessenten ist die Hemmschwelle, einen kurzen Tweet zu schreiben, sehr niedrig. Das geht ganz unkompliziert und ist völlig unverbindlich.

Mithilfe von Twitter bleiben Sie im ständigen Kontakt mit den Leuten, die Ihnen folgen. Im Idealfall erfahren diese mehrmals täglich etwas von Ihnen. Ein so enger Kontakt ist mit anderen Mitteln kaum herzustellen.

Überlegen Sie sich vor dem Loslegen aber vor allem drei Dinge:

1. Was wollen Sie mit dem Twittern erreichen?
2. Wen wollen Sie ansprechen?
3. Werden Sie dauerhaft die Zeit haben, mehrmals täglich, zumindest aber mehrmals wöchentlich, zu twittern und die Fragen zu beantworten?

Rechnen Sie nicht damit, schnell mehr als eine dreistellige Anzahl von Twitter-Nutzern zu erreichen, die Ihnen folgen. Aber denken Sie daran, dass dies mit Ihre treuesten Kunden sein werden. Außerdem sind Ihre Tweets für alle zugänglich, auch wenn sie Ihnen nicht folgen.

13.7.5 Wer soll/darf twittern?

Microblogging ist sogar noch stärker als ein Blog ein persönliches Medium. So stehen größere Unternehmen vor einem Problem. Entweder sie treten als abstrakte Marke auf, die dann zwangsläufig unpersönlich bleibt. Die Frage „What are you doing?“ wörtlich zu nehmen, kommt dann nicht in Frage.

Oder das Unternehmen benennt eine oder mehrere Personen, die für das Unternehmen twittern. Wechselt die Person die Firma, hat die Firma ein Problem: Die Nutzer haben mittlerweile einen persönlichen Bezug zu dieser Person aufgebaut. Und so kann es sein, dass die Nutzer bei der Person bleiben, nicht beim Unternehmen.

Die dritte Möglichkeit ist das Ghostbloggen. Der Unternehmenschef etwa lässt hier unter seinem Namen bloggen. Doch die Authentizität leidet natürlich unter so einem Vorgehen.

Eine richtige Lösung für alle Fälle gibt es hier nicht, sehen Sie sich an, wie es andere machen, und entscheiden Sie sich dann für die Lösung, die zu Ihrem Unternehmen am besten passt. Wenn Sie mehrstufige Freigabeabläufe für Veröffentlichungen haben, kommt Microblogging nicht in Frage. Es lebt von der Spontaneität und ist nur praktikabel, wenn man sowieso den ganzen Tag vor dem Rechner sitzt und nebenher ab und zu twittert.

13.7.6 Was twittern?

Wie bei jedem anderen Medium auch steht beim Twittern der Inhalt an erster Stelle. Er entscheidet darüber, wie viele Nutzer Ihnen folgen und welches Bild sie von Ihnen bekommen.

Der beste Tipp ist, sich erst einmal anzusehen, wie andere Twitter nutzen. Auch wenn „What are you doing?“ immer noch der Leitspruch von Twitter ist, halten die meisten Nutzer von Twitter die Antwort auf diese Frage für wenig hilfreich. Bei den engsten Freunden findet man es vielleicht noch interessant, ob sie gerade ein Käsebrot essen, ihre Mails beantworten oder Tatort gucken. Solche Infos sind im professionellen Rahmen nicht nur irrelevant, sondern sie können auch deplatziert bis anbiedernd wirken.

Das heißt nicht, dass in Twitter nicht auch Platz für Privates wäre. Lesen Sie einen guten Roman, können Sie darüber auch twittern. Vorausgesetzt, Sie haben sich entschlossen, Ihre Persönlichkeit zu offenbaren und nicht nur unter Ihrem Firmennamen zu schreiben. Und am besten ist es natürlich, wenn auch der Roman etwas mit dem Zweck zu tun hat, aus dem Sie twittern.

Alles, was sich für ein Blog eignet, eignet sich prinzipiell auch als Tweet. Neue Blog-Einträge kann man auch gut in Twitter ankündigen, am besten verlinkt man sie dann per Tinyurl, damit die Leser mit einem Klick mehr erfahren können. Machen Sie aber aus Twitter keine reine Verlinkungsmaschine für Ihr Blog, sondern schreiben Sie auch echte Inhalte. Seien Sie generell vorsichtig mit Eigenwerbung – die will niemand lesen, wenn sie zu platt ist. Fragt aber ein Nutzer über Twitter nach etwas, dann dürfen Sie natürlich auch sich oder Ihre Produkte empfehlen.

Kapitelübersicht Teil 5

TEIL 5

TIPPS FÜR SPEZIELLE SITES UND BEREICHE

In diesem Teil des Buchs finden Sie einige Tipps für Websites oder Unterbereiche von Sites mit bestimmten Themen oder Funktionen. Beispiele von besonders guten bekannten Sites illustrieren das.

Viele Sites bestehen aus sehr verschiedenen Bereichen. So gibt es zum Beispiel auf der Repräsentationssite eines Unternehmens einen Bereich, in dem man Broschüren bestellen oder Produkte kaufen kann. Für diesen Bereich gelten andere Regeln als für den Bereich, in dem nur repräsentiert wird. Ebenso hat auch eine Einkaufssite einen Bereich, in dem das Unternehmen sich vorstellt.

Im Folgenden spreche ich meist von einzelnen Sites; die Tipps gelten aber natürlich genauso, wenn Sie einen entsprechenden Bereich innerhalb Ihrer Site konzipieren.

Kapitel 14

Unternehmens-repräsentation

Die wohl häufigsten Websites sind solche, die ein Unternehmen, eine Organisation oder ein Produkt repräsentieren – sie werden auch *Image-Sites* genannt. Auf diesen sollen keine Waren direkt verkauft werden, es geht zunächst nur darum, sich von der besten Seite zu zeigen. Im Marketing-Deutsch spricht man vom *Branding*, also von der Stärkung der Marke des Unternehmens im Bewusstsein der (potenziellen) Kunden.

Hier wird leider besonders viel falsch gemacht. Solche Sites entstehen oft so, dass die vorhandenen Informationen auf einzelne Seiten aufgeteilt und illustriert werden. Die Bedürfnisse der Benutzer werden bei der Konzeption kaum berücksichtigt.

Hinter manchen Sites großer Firmen steckt sehr viel Aufwand. Durch Marktforschung, Fokusgruppen und Tiefeninterviews wird versucht, so viel wie möglich über die Wünsche und Erwartungen der potenziellen Kunden und Besucher der Site herauszubekommen. Doch all das nützt nur wenig, wenn bei der Umsetzung der Site nicht an die Usability gedacht wird. Man versucht stattdessen mit Techniken, die sich im Print- und Fernseh-Bereich bewährt haben, das Unternehmen in einem guten Licht dastehen zu lassen. Das lässt außer Acht, dass viele Besucher auf die Site kommen, um Informationen zu finden, nicht um ein „Markenerlebnis“ zu haben.

14.1 Anforderungen

Wenn – falls – Ihnen die Wünsche der Auftraggeber und eventuell auch die Ergebnisse der Marktforschung vorliegen, stellen Sie wie gewohnt die Benutzer in den Mittelpunkt der Konzeption. Strukturieren Sie die Site ganz nach deren Bedürfnissen. Das nur zur Erinnerung; das genaue Vorgehen ist in Teil 1–4 dieses Buchs ausführlich beschrieben. Denken Sie besonders an den Zusatznutzen. Geben Sie sich nicht damit zufrieden, nur eine schöne Site zu erstellen, auch wenn Ihr Auftraggeber zunächst sagt, dass er nichts weiter will. Schlagen Sie weitere Funktionen vor, die die Site tatsächlich nützlich machen.

Die Repräsentationssite ist die Visitenkarte des Unternehmens. Sie bestimmt, welchen Eindruck die Besucher vom Unternehmen bekommen. Ist die Site nicht benutzerfreundlich, kann das Vertrauen der (potenziellen) Kunden zerstört werden. Kommt ein Kunde in Ihr Büro, schicken Sie ihn nicht einfach los, ein Zimmer zu suchen. Sie begleiten ihn und zeigen ihm den Weg zu dem, was er sucht. Genau das sollten Sie auch auf der Website tun.

Vergessen Sie vor lauter Selbstdarstellung des Unternehmens nicht die Benutzer.

Die Zielgruppe von Repräsentationssites setzt sich gewöhnlich zusammen aus:

- Kunden
- potenziellen Kunden
- Flaneuren
- Journalisten
- Analysten und potenziellen Investoren
- Mitarbeitern
- potenziellen Mitarbeitern

Die Bedürfnisse von allen diesen unterschiedlichen Besuchern sollten Sie so weit wie möglich befriedigen. Die Kunden möchten sich vielleicht nach dem Stand ihrer Bestellung erkundigen. Die potenziellen Kunden möchten Produktinformationen. Die Flaneure wollen schöne Bilder und anregende Texte. Die Journalisten wollen Bilder und faktenreiche, zitierfähige Texte. So hat jede Gruppe ihre Bedürfnisse, auf die Sie die Site zuschneiden müssen. Können Sie manche Wünsche nicht erfüllen, sollten Sie das so schnell wie möglich deutlich machen. Man ist zwar etwas enttäuscht, wenn man nach zwei Klicks feststellt, dass das Gesuchte auf einer Site nicht vorhanden ist. Aber das ist besser, als nach vielen vergeblichen Klicks die Suche aufzugeben, immer noch mit der Unsicherheit, ob man das Gesuchte eventuell doch nur übersehen hat.

Bilden Sie eine Marke für das Unternehmen!

Eine Repräsentations-Site ist immer auch eine „Branding"-Site. Der Begriff *Branding* kommt aus dem Marketing und bedeutet so viel wie Markenbildung und -pflege. Egal ob Sie Ihre eigene Website erstellen oder die Website eines weltweit operierenden Konzerns – Sie müssen mit der Site darstellen, was Sie (beziehungsweise der Konzern) sind (beziehungsweise ist). Sie müssen mit Hilfe der Site die „Marke" schaffen und/oder pflegen.

14.2 Vorbildliche Beispiele

Im Folgenden stelle ich zwei sehr gute Sites vor, die in erster Line Repräsentationscharakter haben.

14.2.1 Scholz & Volkmer

Ein schönes Beispiel für die Markenbildung eines Unternehmens ist die Site der Multimedia-Agentur Scholz & Volkmer – `www.scholz-und-volkmer.de`. Die Site wirkt zeitgemäß, strahlt Professionalität aus und ist sehr übersichtlich gegliedert.

Auf der Startseite sieht man auf einen Blick, was die Site bietet. Die Navigation könnte nicht einfacher sein – ein gutes Beispiel für eine sofort verständliche Benutzerführung.

Auch auf den Inhaltsseiten hält die Site, was sie verspricht: Übersichtlichkeit, Fakten – und alles perfekt gegliedert. So schafft man Vertrauen in die eigene Dienstleistung. Die Firma ist international bekannt, hat viele namhafte Kunden und gewinnt regelmäßig Preise für ihre Arbeit. (Ich habe übrigens nichts mit der Agentur zu tun, ich bin nur von ihrer guten Arbeit überzeugt.)

Abbildung 14.1
Die Startseite von Scholz & Volkmer (www.scholz-und-volkmer.de) ist so aufgeräumt, dass jeder sofort weiß, was ihn erwartet.

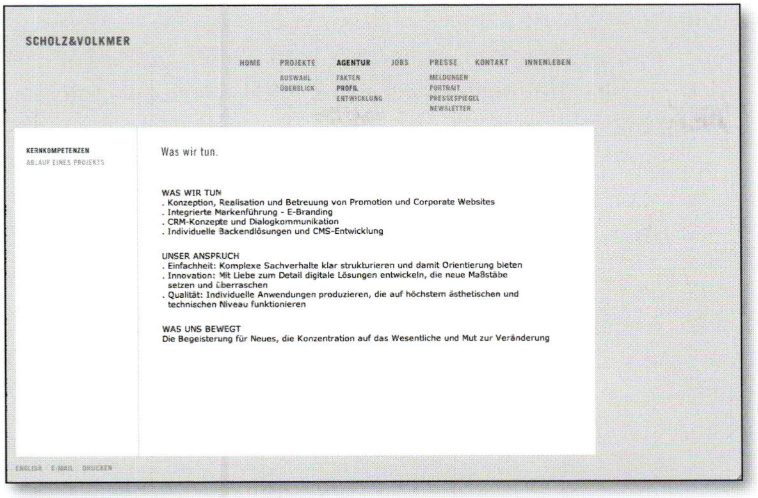

ABBILDUNG 14.2
Auch die Inhaltsseiten sind gut strukturiert.

14.2.2 Jägermeister

Die italienischen Kräuterliköre Averna und Ramazotti bekommen Sie schon seit Langem in jedem Szenelokal. Für einen deutschen Jägermeister dagegen müssen Sie in die kleine Kneipe um die Ecke gehen, wo einsame Männer schon am frühen Morgen vor ihrem Bier sitzen. Vor diesem Hintergrund hat Jägermeister vor Jahren eine Marketing-Kampagne gestartet, um jüngere Kundengruppen zu erreichen. Vorweg: Das ist mit Erfolg gelungen. Jägermeister ist kultig. Er hat ein so schlechtes Image, dass es wieder cool ist, ihn zu trinken.

Wesentlicher Teil der Kampagne war die Website `www.jaegermeister.de`. Die Site vermittelt zwar auch ein paar Informationen, sie ist aber eigentlich eine Repräsentations-Site in Reinform. Sie dient zur Unterhaltung (aus Nutzersicht) und zur Markenbindung (aus Sicht von Jägermeister).

Die Site wechselt immer wieder, es ist für die Benutzer also attraktiv, regelmäßig vorbeizuschauen, ob sich etwas getan hat. Aber selbst wenn man die aktuelle Version schon kennt, sind die Inhalte so vielfältig und umfangreich, dass sich auch ein mehrfacher Besuch lohnt. Die Site hat ein Flash-Intro – was üblicherweise eher kritisch zu sehen ist. Inhalte werden keine transportiert, aber mit den gut gestalteten und animierten Figuren wird der Besucher auf Spaß eingestimmt. Dennoch ist hier schon die Navigation zu sehen, damit wiederkehrende Besucher nicht warten müssen, bis das Intro geladen ist.

Der Inhalt der Site hält, was das Intro verspricht. Nicht ganz ernst wird hier mit dem Image von Jägermeister gespielt. Die Benutzer werden durch Wettbewerbe und kleine Spiele einbezogen.

ABBILDUNG 14.3

Die Site von Jägermeister (www.jaegermeister.de) hat ein nettes Flash-Intro. Es war zur Zeit meines letzten Besuchs ein kleiner Film, bei dem ein Hausmeister in der Bar umhergeht und seltsame Dinge macht. Für wiederkehrende Besucher sind die Navigationspunkte unten von Anfang an sichtbar – auf „Skip Intro" kann so verzichtet werden, und es wird damit verdeutlicht, dass dies kein „Intro" ist, sondern Teil der Site.

ABBILDUNG 14.4

Die Navigation ist ungewöhnlich, funktioniert aber gut. Da man auf diese Site zur Unterhaltung und nicht zur Informationssuche kommt, ist es auch nicht erste Priorität, sofort zu den Inhalten zu gelangen.

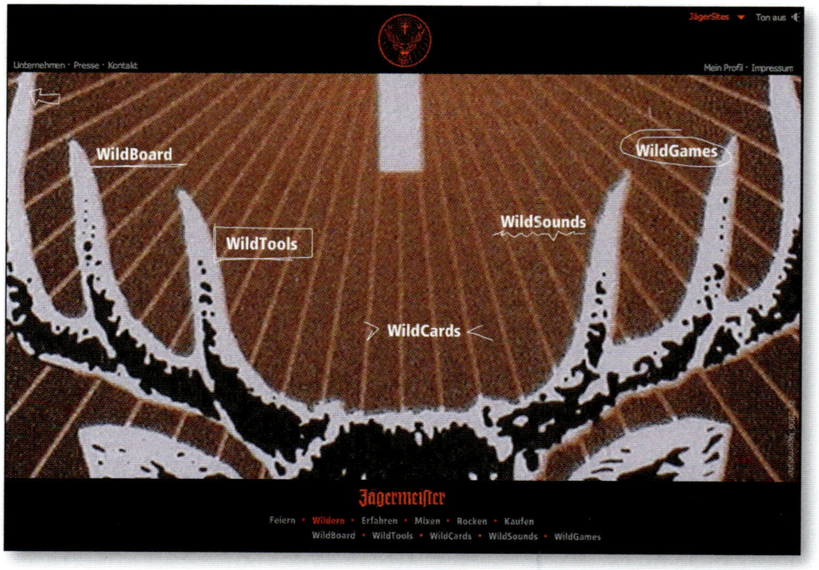

Die Site ist sicher nicht jedermanns Geschmack – aber das gilt für das Getränk auch. Und die Site erreicht die Zielgruppe sehr gut. Traditionelle Jägermeister-Käufer sind älter und weniger weberfahren. Dass sie auf die Idee kommen, die Jägermeister-Site zu besuchen, ist unwahrscheinlich. Daher musste man auf diese Käufer keine Rücksicht nehmen und konnte sich ganz auf das junge Publikum konzentrieren, das Jägermeister ansprechen wollte.

Kapitel 15

INFORMATION

Die Grenzen zwischen Repräsentationssites und Informationssites sind fließend. Viele Sites von Unternehmen beginnen als Repräsentationssites und entwickeln sich langsam zu Informationssites. Ausschlaggebend dafür ist meist, dass man feststellt, welches Potenzial eine Website hat. Ist sie gut gemacht, kann sie neue Kunden anlocken, alte binden und den Support entlasten.

Ebenso gibt es Sites, die von Anfang an nur Informationen anbieten. Das sind zum Beispiel Sites von Tageszeitungen oder anderen Unternehmen, die Informationen verkaufen (Börsendienste etc.). Von diesen Sites kann man lernen, wie Informationen professionell strukturiert und angeboten werden – sofern die Sites gut sind.

Auch sogenannte *Portale* sind ähnlich aufgebaut. Als Portale werden Sites bezeichnet, durch die Benutzer das Web betreten. Die Seiten von *T-Online*, *Freenet* oder anderer Provider sind Beispiele dafür. Auf diesen Sites finden sich einige Informationen zu den Providern selbst, vor allem aber Informationen zu diversen Themen sowie viele Links auf andere Sites. Die Sites bieten meistens aktuelle Nachrichten und sogenannte Service-Themen. Das sind Tipps zu Beruf und Karriere, zum Einkauf, zu Gesundheit und Sport usw. Wie ein gedrucktes Magazin wird hier ein breites Spektrum abgedeckt, um für möglichst viele Benutzer etwas zu bieten.

Intranets dienen hauptsächlich zur Information der Mitarbeiter.

Intranets gehören in dieselbe Kategorie. Von der Definition her sind Intranets Sites, die nur den Mitarbeitern eines Unternehmens offenstehen – auf den ersten Blick ist das etwas ganz anderes als die zuvor erwähnten Informationssites und Portale. Doch es gibt große Ähnlichkeiten: Auch im Intranet müssen die Informationen so präsentiert werden, dass die wichtigsten sofort ins Auge fallen und die Benutzer Interesse haben, sie genauer anzusehen. Auch sollte alles so strukturiert sein, dass sich die Benutzer gut zurechtfinden und so schnell wie möglich zu den gewünschten Dokumenten gelangen. Zeit ist hier tatsächlich Geld. Je schneller die Benutzer an die Informationen gelangen und je besser diese sind, umso effizienter sind die Mitarbeiter des Unternehmens. Außerdem fördert ein gutes Intranet die Zufriedenheit der Mitarbeiter sowie das Ansehen der Firma bei den Mitarbeitern.

Das bedeutet, dass gerade Intranets besonders benutzerfreundlich sein müssten. Leider ist es in der Praxis oft so, dass hier gespart wird, weil Kunden schließlich diese Seiten nicht zu Gesicht bekommen. Die IT-Abteilung oder die Personalabteilung erstellt und betreut das Intranet, ohne dass Usability-Experten oder Konzepter hinzugezogen werden. Die Folge ist meist, dass die Mitarbeiter das Intranet nicht nutzen – eine große Chance zur Produktivitätssteigerung wird vertan.

Eine der wichtigsten Regeln für das Intranet lautet: Es sollte nicht einfach jeder alles veröffentlichen, nur weil es digital vorhanden ist. Sie sollten klare Richtlinien haben, welche Inhalte wo in welcher Form veröffentlicht werden. Denn sonst wird Ihr Intranet ein riesiger Informationsfriedhof, in dem die nützlichen Informationen unter Datenmüll verborgen sind – das Intranet wird dann bald kaum mehr verwendet, weil man darin nichts findet.

Als *Extranet* bezeichnet man übrigens eine geschützte Site, auf die neben den eigenen Mitarbeitern auch externe Firmen wie etwa Zulieferer zugreifen können.

15.1 Anforderungen

Wenn Ihre Site in erster Linie Informationen vermittelt, müssen Sie besondere Sorgfalt auf die Informations- und Navigations-Architektur verwenden. Die Benutzer müssen so schnell wie möglich zu dem kommen, was sie interessiert. Eine Suchmaschine ist daher bei allen größeren Informationssites Pflicht. Auch die Navigation nach Themen oder Kategorien sollten Sie unbedingt vorsehen.

Locken Sie die Benutzer mit Teasern tiefer in die Site.

Auf den Sites der großen Tageszeitungen können Sie gut sehen, wie man dem Benutzer Lust darauf macht, tiefer in die Site einzusteigen. Alle Zeitungen arbeiten mit sogenannten *Teasern*. Das sind kurze Texte, in denen der Inhalt von Artikeln angerissen wird. Diese sind oft mit einem interessanten Bild versehen. Die Teaser sind eine alternative Zugangsmöglichkeit neben den Navigationsleisten. Bei Tageszeitungen werden meist die aktuellsten Artikel so präsentiert.

Die Teaser sind auch Ihr Service für den Benutzer: Sie treffen für ihn die Auswahl dessen, was heute am wichtigsten ist. Es ist Ihre Aufgabe, ihm die Orientierung in der Informationsflut so leicht wie möglich zu machen.

Bei allen Informationen, also nicht nur bei Tageszeitungen, müssen Sie den Benutzern klarmachen, dass diese folgende Qualitätskriterien erfüllen:

- interessant
- relevant
- aktuell
- verlässlich
- so ausführlich wie nötig und so kurz wie möglich

Sorgen Sie dafür, dass das auch wirklich so ist. Bringen Sie die Betreiber der Site dazu, die Informationen regelmäßig auf ihre Aktualität hin zu prüfen und Änderungswünsche der Benutzer zu berücksichtigen.

15.2 Vorbildliche Beispiele

Nun zu einigen Sites, bei denen die Information im Vordergrund steht. Einige sind klassische „Informationsverkäufer", andere sind Unternehmen, bei denen die Informationen auf der Site den Löwenanteil haben.

15.2.1 Hamburger Abendblatt

Das Hamburger Abendblatt arbeitet in der Printausgabe mit relativ vielen großen und farbigen Bildern. Auf der Startseite im Web dagegen finden sich nur kleine und wenige Bilder zu den Artikeln. Das hat den Vorteil, dass die Ladezeit geringer ist und mehr Teaser zu sehen sind, ohne die Seite zu scrollen.

ABBILDUNG 15.1
Das Hamburger Abendblatt im Web ist klar strukturiert, vor allem die Navigationsleiste links ist gut. Die mehreren waagrechten Leisten dagegen hätten besser gelöst werden können, und der Umgang mit Werbung ist sicher nicht vorbildlich.

15.2.2 die tageszeitung

Eine Zeitung folgt online anderen Regeln als gedruckt.

die tageszeitung (taz) war eine der ersten deutschen Zeitungen im Web. Noch immer überzeugt sie durch Funktionalität. Die Startseite der taz wird von allen Zeitungsstartseiten bei Weitem am schnellsten geladen. Das ist möglich, weil Bilder nur sparsam zum Einsatz kommen – abgesehen von der Werbung.

ABBILDUNG 15.2

Die tageszeitung (taz) hat die schnellste Startseite aller Zeitungen. Die Teaser bestehen nur aus Text und verraten auch, wie viele Zeilen Text den Benutzer erwarten. Leider findet sich auch hier blinkende Werbung. Allerdings ist diese auf den Unterseiten zurückhaltender, sodass sie nicht beim Lesen stört.

15.2.3 Die Zeit

Die *Zeit* im Web sieht noch recht stark nach Zeitung aus. Die Startseite mit genau dem Logo, wie es auch auf der gedruckten Titelseite prangt, wirkt seriös und traditionell. Passend zur etwas älteren Zielgruppe, die sicher nicht technikverliebt ist, vermittelt die Site Seriosität. Unterstrichen wird das durch die meist eher kleinen Bilder, die vor allem so ausgesucht sind, dass sie Ruhe ausstrahlen. Leider stimmt immer noch, was schon in der letzten Auflage dieses Buchs stand: Dieses klare Bild geht von Relaunch zu Relaunch immer mehr verloren.

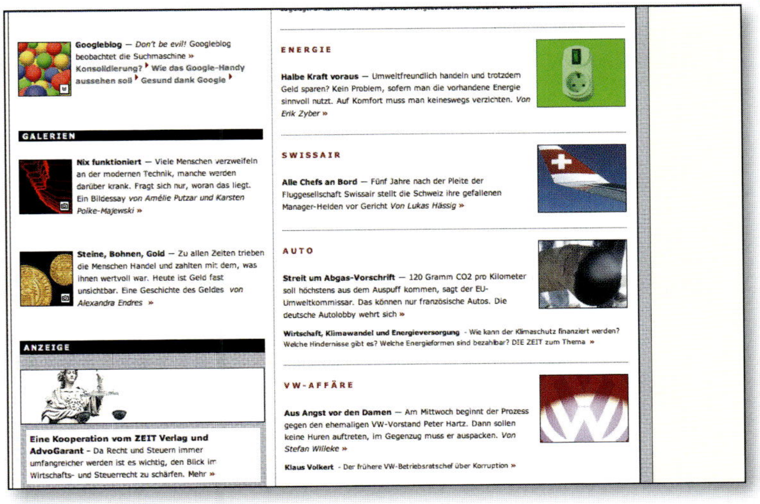

ABBILDUNG 15.3

Angenehm ruhig gestaltet ist die Zeit im Web. Leider ist der obere Teil der meisten Seiten inzwischen etwas unruhig geworden, aber die hier zu sehenden Teaser auf den Unterseiten sind vorbildlich umgesetzt.

15.2.4 IBM

Riesige Informationsmengen übersichtlich verpackt.

IBM bietet auf seiner Site vor allem Informationen. Nebenbei dient die Site auch zum Repräsentieren und Verkaufen. Wie bei den Zeitungssites wird hier mit Teasern gearbeitet. Trotz der gewaltigen Fülle von Informationen wirkt die Startseite übersichtlich und aufgeräumt.

Für bestimmte Themen gibt es bei IBM sogenannte *Microsites*. Auf diesen wird ein abgeschlossenes Thema behandelt. So gibt es beispielsweise Microsites für Software oder für PCs. Jede Microsite hat eine eigene Startseite und eine eigene Navigation. Dennoch haben alle Microsites das gleiche Design und die gleiche übergeordnete Navigation. Üblicherweise haben Microsites auch eine eigene Domain, bei IBM etwa `www.pc.ibm.com`.

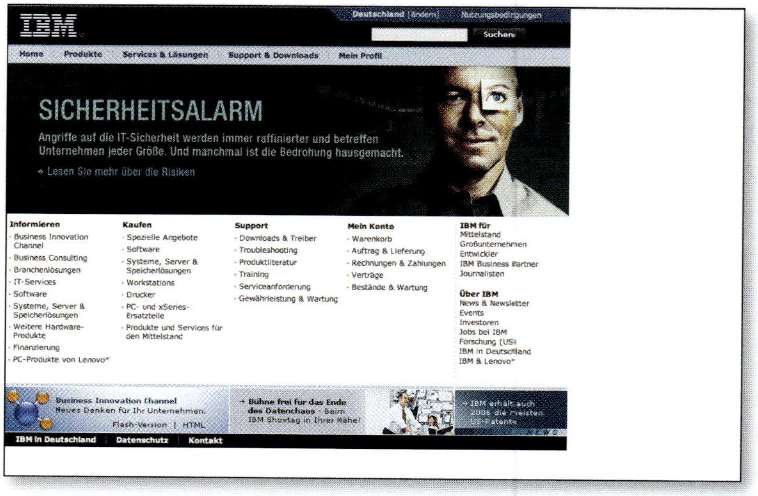

Abbildung 15.4
IBM hat eine der wenigen Startseiten, die noch heute auf einen 800 x 600-Monitor passen. So hat jeder den vollen Überblick – ohne zu scrollen. Die Übersichtlichkeit der Site ist vorbildlich.

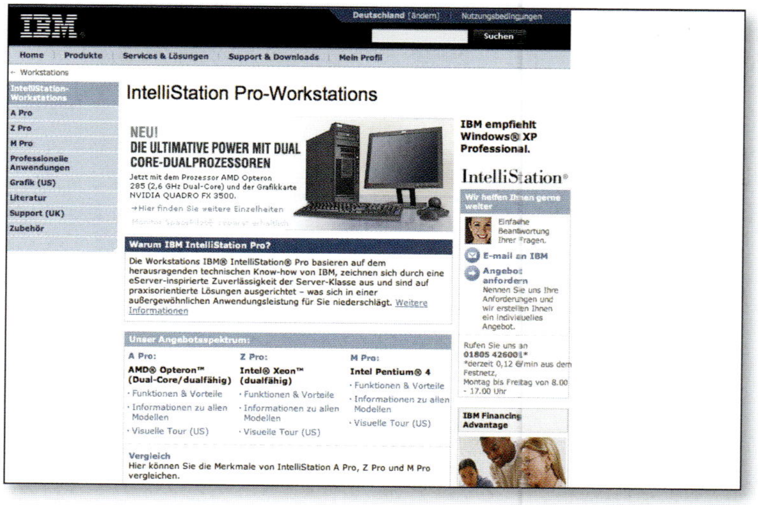

Abbildung 15.5
Eine der Microsites von IBM. Auf der hier gezeigten Site werden die kleineren IBM-Computer vorgestellt und verkauft. Weniger gut gelöst sind die Begriffe in der Leiste links – die kennen nur Insider.

15.2.5 Apple

Ähnlich wie IBM ist die Site von Apple ein gigantisches Archiv. Stärker als IBM versucht Apple, sein Image über die Website zu transportieren. Daher sind besonders die Startseite und die Produktinformationen großzügig gestaltet, und es wird mehr Wert auf Bilder gelegt. Da gutes Design Teil von Apples Philosophie ist, werden die damit verbundenen erhöhten Ladezeiten von den Benutzern auch akzeptiert.

In den tieferen Seiten jedoch geht es gut strukturiert zur Sache. Alle Informationen sind über das Browsen mit den Navigationsleisten oder über die Suche zugänglich. Verschiedene Übersichtsseiten erleichtern die Orientierung.

ABBILDUNG 15.6

Apples Startseite ändert sich regelmäßig. Hier werden jeweils die neuesten Produkte mit Teasern vorgestellt. Die Navigationsleiste oben, mit der man Zugriff auf die vielen Informationen hat, bleibt immer gleich.

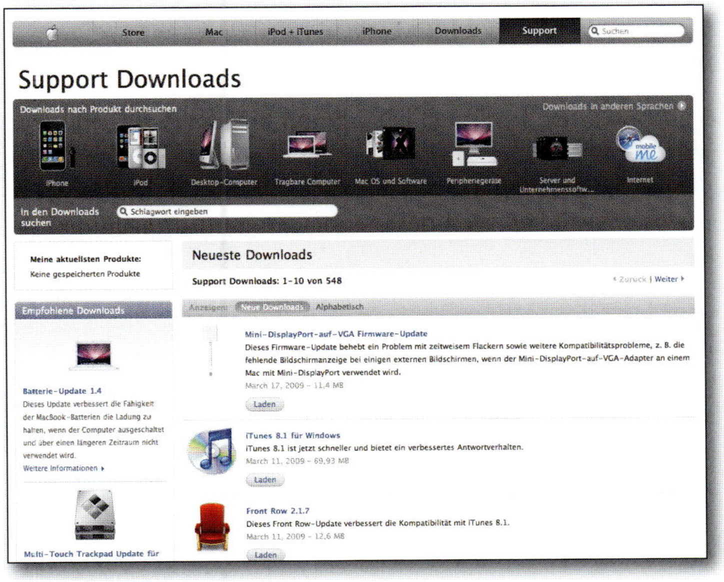

ABBILDUNG 15.7

Gute Liste mit Download-Angeboten und gute Beschreibungen: Man weiß, was hinter den Links jeweils steckt.

Kapitel 16

Unternehmensblogs („Corporate Blogs“)

Zu den Vor- und Nachteilen von Blogs siehe Kapitel 4 *Grobkonzept, Abschnitt Zusatzangebote*, Seite 64. Im Folgenden erhalten Sie ein paar Tipps für die Konzeption von Blogs für Unternehmen oder Selbstständige („Business Blogger“).

16.1 Konzeption des Blogs

Wer ein Blog plant, der geht am besten so vor, wie wenn er eine neue Website plant. Es sind im Wesentlichen die gleichen Schritte, bei denen vor allem diese Fragen im Mittelpunkt stehen:

- Was will ich erreichen?
- Wen will ich ansprechen?
- Welchen Aufwand kann ich betreiben?

16.1.1 Integration mit der Site

Ganz wichtig ist beim Blog auch die Frage: Soll das Blog eigenständig sein oder ist es in die bestehende Site integriert? Weniger Aufwand ist es, das Blog eigenständig zu halten. Will ich im Blog einen deutlich persönlicheren Tonfall anschlagen, bietet es sich an, das Blog von der restlichen Site zu trennen.

Ich persönlich denke aber, meist ist es sinnvoller, Blog und Site zu integrieren. Das ist deutlich mehr Arbeit (deutlich mehr, als man selbst für „deutlich mehr“ hält, wie ich feststellen musste). Aber dafür hat man einen einheitlichen Auftritt, was langfristig die bessere Strategie und auch weniger Arbeit bedeutet.

Ob das Blog eine Subdomain hat wie `blog.ihresite.de`, spielt letztlich eine untergeordnete Rolle. Als Blogs noch recht neu waren, war das üblich. Heute findet man Blogs meist eher in einem Unterverzeichnis wie `www.ihresite.de/blog`. Oder Sie machen es wie ich mit dem Blog zum Buch und setzen das Blog einfach auf die Startseite, alle anderen Seiten des Internetauftritts sind dann Unterseiten davon.

16.1.2 Ansatz und Thema

Eng mit der Frage nach den Zielen für das Blog ist die Frage verknüpft, welchen Ansatz ich für mein Blog wähle. Möchte ich eher persönliche Hintergrundgeschichten erzählen? Will ich die aktuellen Entwicklungen meiner Branche kommentieren? Stelle ich meine Produkte oder Dienstleistungen anhand von Kundengeschichten vor?

Wählen Sie ein Thema,

- das Sie interessiert,
- in dem Sie Experte sind,
- über das Sie regelmäßig Neues schreiben können,
- das zu dem passt, was Sie verkaufen/anbieten.

Besser ist es, wenn Sie wenig Blog-Konkurrenz haben und Sie sich von dieser durch einen eigenen Schwerpunkt absetzen können. Aber für ein Blog ist das nicht entscheidend. Denn Sie selbst gibt es nur einmal. Sie müssen es schaffen, Ihrem Blog Ihre einzigartige persönliche Note zu geben, dann haben Sie eine Chance, sich auch gegen etablierte Blogs Ihrer Branche durchzusetzen.

Aber nicht für jedes Blog kommt es überhaupt darauf an, sich durchzusetzen. Gerade bei Business-Blogs zählen oft andere Vorteile. Etwa der, dass Sie mit einem aktiv betriebenen Blog Ihre Sichtbarkeit in den Suchmaschinen verbessern und dass Sie mit Ihren (zukünftigen) Kunden in Kontakt kommen.

Für ein geschäftliches Blog ganz wichtig: Wollen die Menschen, denen Sie Ihre Produkte oder Dienstleistungen anbieten, auch über Ihr Thema lesen? Und wollen sie das tatsächlich in der Form eines Blogs?

16.1.3 Wie viel Kommunikation?

Wie intensiv möchten Sie in Kontakt mit Ihren Lesern treten? Je technikaffiner Ihr Thema, umso mehr erwarten die Leser, in Ihrem Blog auch Kommentare abgeben zu können.

Kommentare müssen Sie aus drei Gründen im Auge behalten:

- Sie können Fragen an Sie sein, die Sie schnell beantworten sollten.
- Sie können Vorwürfe, Falschaussagen oder Missverständnisse enthalten, auf die Sie reagieren müssen.
- Sie können Spam sein oder gegen Gesetze verstoßen, weshalb Sie solche Kommentare sofort entfernen müssen.

ABBILDUNG 16.1
Im Blog des Computerherstellers Dell kommentieren die Leser eifrig, kompetent und diszipliniert. Aber auch hier müssen die Betreiber ein Auge auf die Kommentare haben.

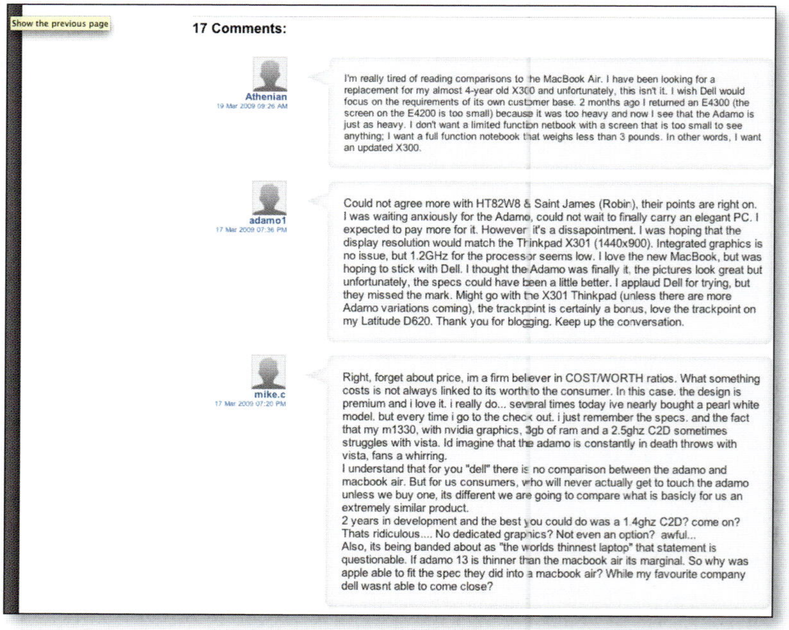

16.1.4 Wer darf/muss schreiben?

Bei `benutzerfreun.de` war es leicht: Das Blog schreibe ich. Wer aber in einem Unternehmen arbeitet, der muss sich überlegen, wer das Blog schreiben darf und muss. Es sollte immer eine Person sein, die unter ihrem eigenen Namen schreibt. Der Leser will ein bisschen über die Person erfahren und wenn es nur ihr Name und ihre Aufgabe in der Firma ist. Ganz wichtig für die Identifikation ist auch ein Foto. Das muss kein Profifoto sein und ein Bewerbungsfoto ist auch nicht unbedingt erste Wahl. Ein Blog ist eher leger und so kann auch das Foto sein.

Die Autoren (es dürfen ruhig mehrere sein) sollten in ihrem eigenen Stil schreiben dürfen. Und für lange Abnahmedurchläufe ist keine Zeit – ein Blog lebt auch davon, dass es aktuell ist. Das ist in großen Unternehmen nicht leicht durchzusetzen, aber Sie sollten es unbedingt versuchen.

ABBILDUNG 16.2
Im Blog `twoforfashion.otto.de` *des Versandhauses Otto schreiben zwei Modeexpertinnen, die mit echtem Namen, Bild und Biografie vorgestellt sind. Authentisch und echt, wie es sein soll.*

16.2 Technikkonzept für ein Blog

So viel zur Konzeption, nun noch ein paar Tipps zur technischen Umsetzung. Keine Sorge, Code bleibt Ihnen erspart, es geht wie immer bei mir vor allem um den Teil, der Konzepter und Projektleiter betrifft.

16.2.1 Blog-Dienst oder eigene Installation?

Sie müssen sich entscheiden zwischen einfach und schnell oder aufwändig und flexibel. Wer zu einem Weblog-Dienst wie `blogger.com` oder `blog.de` geht, der hat in wenigen Minuten sein Blog online. Die Domain heißt dann erst mal etwas wie `ihr-blog.blogspot.com`, was sich mit etwas Aufwand auch auf Ihre Domain umbiegen lässt. Ein größerer Nachteil: Sie sind bei den Funktionen auf das beschränkt, was der Anbieter eingebaut hat.

Und das größte Problem: Ihre wertvollen Inhalte liegen auf einem Server, für den Sie keinen vollen Zugang haben. Sie können meist keine echte Sicherungskopie machen, Sie können Ihr Blog nur mit enormem Aufwand umziehen zu einem anderen Anbieter und Sie haben Pech gehabt, wenn der Anbieter kurzzeitig ausfällt oder gar bankrott geht.

Daher kommt meiner Meinung nach für Profi-Blogs nur die zweite Möglichkeit in Frage: das Blog selbst aufzusetzen. Das können Sie meist auf dem Webspace tun, der Ihnen sowieso schon für Ihre Website zur Verfügung steht. Denn fast immer ist dort genug Platz. Und wenn Sie nicht gerade das allerkleinste Paket gebucht haben, dann sind auch die nötigen Funktionen dabei. Welche das sind, dazu kommen wir im nächsten Abschnitt:

16.2.2 Das richtige Blog-System auswählen

Movable Type, Serendipity und Wordpress sind die bekanntesten Blog-Systeme. Alle drei können mit einer mySQL-Datenbank arbeiten, Serendipity und Wordpress brauchen zudem die Scriptsprache PHP; Movable Type verwendet stattdessen Perl.

Alle drei Systeme haben Vor- und Nachteile und es werden hitzige Diskussionen geführt, welches der drei das beste ist – oder ob dies noch ein ganz anderes System ist. Ich persönlich habe bei einem Projekt Serendipity als Autor benutzt und es hat mir von der Benutzerführung her nicht gefallen. Ich hatte schon Erfahrung mit Wordpress, weshalb ich mich für die `benutzerfreun.de` auch für Wordpress entschieden habe.

ABBILDUNG 16.3

Die Maske zum Schreiben von neuen Artikeln in Wordpress

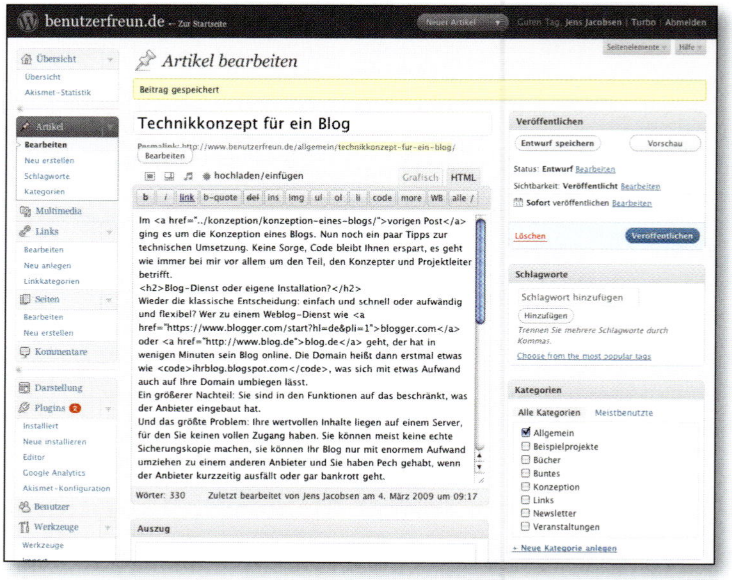

Sehen Sie sich auf jeden Fall einige Blogs an, die unter dem System laufen, das Sie ins Auge fassen. Und werfen Sie einen Blick auf die Administratoroberfläche, denn die werden Sie persönlich häufiger sehen als die Blog-Seiten selbst.

Wenn Sie viele besondere Funktionen planen, dann machen Sie sich am besten eine Liste, auf der Sie eintragen, mit welchem System Sie welche Funktionen umsetzen können. Denken Sie dabei auch an die Erweiterungsmöglichkeiten durch Plug-ins, also Zusatzprogramme für das Blog-System.

16.2.3 Installieren, Einrichten, Testen

Die Installation eines Blogs ist mittlerweile recht komfortabel. Wenn Sie mit einem FTP-Programm umgehen können und Grundkenntnisse in HTML haben, dann dauert die Installation dank der Dokumentation und der Informationen, die Sie in Online-Foren finden, nicht einmal eine Stunde.

Manchmal muss man etwas an den Einstellungen des Hosting-Pakets herumschrauben, bis die Datenbank läuft und die Skriptsprache nicht mehr murrt. Das kann unter Umständen einige Nerven kosten. Bei Problemen finden Sie meist schnell die Lösung, wenn Sie danach googeln oder in einem Forum suchen. Auf den Support der Hoster können Sie nicht zählen – sie erklären sich oft für nicht zuständig, antworten zu spät oder wissen es tatsächlich nicht.

Starten Sie auf keinen Fall direkt in den Live-Betrieb, sondern installieren Sie das Blog erst einmal in ein nichtöffentliches Unterverzeichnis. Testen Sie dort, wie die Artikel aussehen, die Sie schreiben, wie das Kommentieren funktioniert und welche Auswirkungen Änderungen an den Einstellungen haben.

16.2.4 Anpassen von Grafik und Funktionen

Nun folgt der Schritt, der null Arbeit sein kann oder der sich über Wochen hinzieht. Im Fall des `benutzerfreun.de`-Blogs war Letzteres der Fall. Ich hatte zwar eine sehr schöne Gestaltungsvorlage, am Design wollte ich aber dennoch einiges ändern. Und das kann auch bei sauber angelegten Vorlagen recht mühsam sein. Das ist nichts für Menschen, die sich von PHP-Code (im Fall von Wordpress) oder HTML-Quelltext abschrecken lassen. Man muss zwar nicht programmieren, aber man muss in den Textdateien oft nach Formatierungsangaben, Abstandsmaßen oder Textbausteinen suchen.

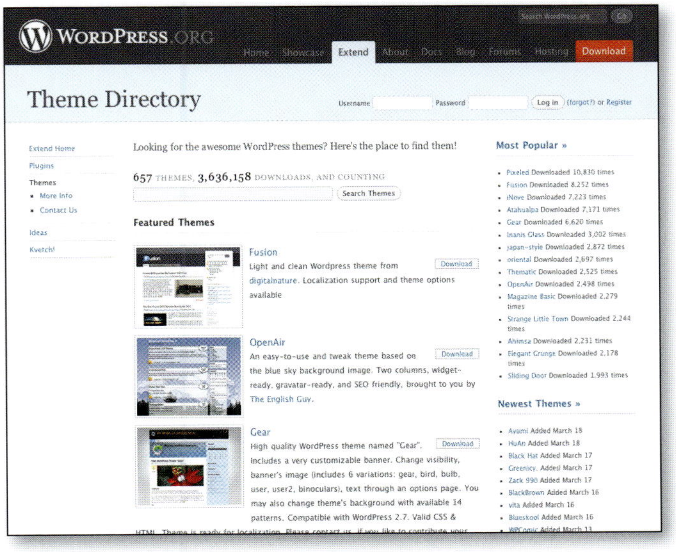

ABBILDUNG 16.4

Für Wordpress gibt es mehr Gestaltungsvorlagen, als man ausprobieren kann. Suchen Sie unter „Most Popular“, können Sie davon ausgehen, dass die Vorlagen technisch gut sind – Sie werden diese aber natürlich häufig bei anderen Blogs im Einsatz sehen.

Für sehr viele Zusatzfunktionen gibt es Plug-ins. Diese zu finden, zu installieren und einzurichten, kostet Zeit. Das Finden dauert mitunter am längsten – für manche Funktionen gibt es Dutzende von Plug-ins. Und bis Sie wissen, welches für Ihren Fall das beste ist, kann einige Zeit vergehen. Wichtig: Achten Sie von Anfang an darauf, ob das Plug-in die Sprache Ihres Blogs unterstützt. Mit dem Übersetzen der Textausgaben von Plug-ins kann man viel Zeit verbringen.

16.2.5 Migration – die alte Site ins Blog übertragen

Wollen Sie Seiten aus Ihrer bestehenden Site ins Blog übertragen, dann steht Ihnen ein weiterer Berg Arbeit bevor. Das ist im Wesentlichen händische Fleißarbeit. Denken Sie wie bei jedem Umzug darüber nach, ob Sie Überflüssiges nicht besser gleich loswerden.

Wordpress unterscheidet übrigens nach „Artikeln" und „Seiten". Die Artikel sind Blog-Einträge, die wie man es kennt einer nach dem anderen auf der Startseite stehen, die neuesten zuerst. Seiten sind in Wordpress dagegen statische Teile des Blogs, die wie die HTML-Seiten einer klassischen Website für sich stehen. Damit können Sie das eigentliche Blog von den Seiten trennen, die „Über uns", „Impressum" etc. heißen.

16.3 Das Blog betreiben

Mit Ihrem Blog bilden Sie ein Stück weit die öffentliche Meinung. Damit tragen Sie auch Verantwortung. Deshalb gibt es Regeln, die unter aktiven Bloggern inzwischen weitgehend akzeptiert sind – ob es nun private Tagebuchautoren sind, Journalisten oder Mitarbeiter eines Unternehmens. Diese Regeln sind:

- Schreibe nichts Unwahres.
- Schreibe klar und unmissverständlich.
- Beachte Rechtschreibung, Zeichensetzung und Grammatik.
- Schreibe nur Nützliches.
- Gib Fehler zu und korrigiere sie umgehend.
- Ändere einmal veröffentlichte Blog-Einträge nicht, sondern mache jede nachträgliche Änderung kenntlich. (Alles andere könnte als Verschleierungsversuch gedeutet werden.)
- Lösche keine Blog-Einträge.
- Lösche keine Kommentare von Blog-Lesern, es sei denn, sie sind unerwünschte Werbung, sie haben nichts mit dem Thema zu tun oder sie sind verleumderisch, volksverhetzend oder auf andere Weise illegal.
- Gehe baldmöglichst auf Fragen in den Kommentaren und in Mails ein.
- Sei höflich und sachlich gegenüber Kommentarautoren, gleich welche Meinungen sie vertreten.
- Nenne jede Quelle und zitiere korrekt.
- Verlinke direkt zu Quellen, die online verfügbar sind. Wer sich für diese interessiert, findet sie über eine Suchmaschine. Daher bringt es nichts, die Leser durch das Vorenthalten der Links auf der eigenen Site halten zu wollen.

- Beachte das Urheberrecht.
- Mache Interessenskonflikte und Verbandelungen deutlich. Nimm kein Geld oder andere Bezahlung fürs Bloggen, es sei denn, Du machst das in jedem Fall ganz klar deutlich.
- Behalte private Informationen über Dich und andere für Dich. Sie haben in der Regel nichts in einem Blog zu suchen.

(Quelle: http://forrester.typepad.com/charleneli/2004/11/blogging_policy.html; übersetzt und modifiziert)

16.3.1 Regeln für Unternehmens-Blogs

Der Spaß am Bloggen ist das Persönliche. Nur in Ausnahmefällen sollten Sie Blog-Einträge mit dem Namen Ihres Unternehmens unterzeichnen. Schreiben Sie in der ersten Person Singular („ich“) und in Umgangssprache. Zu geschäftsmäßig sollte es nicht sein und nach Werbung sollte es schon gar nicht klingen.

Für Autoren eines Unternehmens-Blogs gelten ein paar weitere Zusatzregeln zur Blogger-Ethik:

- Mache deutlich, dass jede Meinung Deine persönliche ist, nicht die des Unternehmens.
- Veröffentliche nie vertrauliche Informationen. Wenn Du nicht sicher bist, ob eine Information vertraulich ist, frage Deinen Vorgesetzten.
- Gehe respektvoll mit Kunden, Kollegen, Vorgesetzten und Wettbewerbern um.
- Schreibe sehr vorsichtig und möglichst sachlich über Wettbewerber. Du bist nicht neutral und das könnte die Glaubwürdigkeit des Blogs beschädigen.
- Stelle stets sicher, dass das Bloggen keinen negativen Einfluss auf Deine Arbeit hat.
- Leite Presseanfragen an die Pressestelle/PR-Verantwortlichen des Unternehmens weiter.
- Gehe auf aktuelle Ereignisse ein, die Deine Firma oder Deine Branche unmittelbar betreffen. Gibt es ein Problem, das öffentlich bekannt ist, und erscheint darüber nichts im Blog, ist die Glaubwürdigkeit dahin.

Haben oder starten Sie für Ihr Unternehmen ein Blog, sollten Sie sich und allen Mitarbeitern, die dafür schreiben, Ihre hausinternen Blogging-Regeln („Blogging Policy“) geben. Firmen wie IBM und Siemens haben damit ebenso gute Erfahrung gemacht wie auch Frosta, einer der Vorreiter der deutschen Unternehmensblogs. Ausgangspunkt dafür können die beiden Listen oben sein.

Kapitel 17

Einkaufen/Webshops

Wenn Sie etwas über Ihre Website verkaufen wollen, legen Sie die Site wie einen Supermarkt an: Alle Produkte sind dort nach den Regeln der Verkaufspsychologie angeordnet und ausgestellt. Obst und Gemüse stehen gleich am Eingang, wenn man noch die besten Vorsätze für eine gesunde Ernährung hat. Es folgen Brot, Milchprodukte und Mehl, Nudeln und Konserven. Schließlich geht es zu den Getränken und dann, ganz am Schluss, kommen Süßigkeiten, Alkohol und Zigaretten. Diese Anordnung findet sich in leichten Abwandlungen in den meisten Supermärkten auf der ganzen Welt. Viele Studien haben unser Einkaufsverhalten durchleuchtet, und im Supermarkt ist heute alles so angeordnet, dass wir die maximale Geldmenge dort lassen.

Einige solche Regeln gibt es auch für Einkaufssites.

17.1 Anforderungen

Verschenken Sie keine Verkaufschancen, und halten Sie sich an die Regeln.

Sie sollten zumindest dafür sorgen, dass der Kunde auf Ihrer Site die gesuchten Produkte findet und sie problemlos kaufen kann. Wenn Sie dabei noch eine angenehme Atmosphäre schaffen, etwa durch Hintergrundinformationen, Spiele oder einfach nur durch schöne Bilder und gute Texte, können Sie ihn vielleicht sogar dazu bringen, mehr bei Ihnen zu kaufen, als er ursprünglich vorhatte.

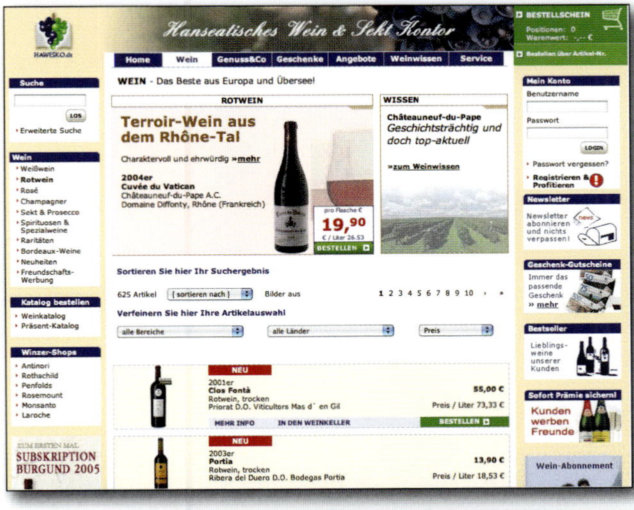

ABBILDUNG 17.1

Zugang zu den Produkten über Teaser auf der Startseite, Katalog und Suchmaschine beim Online-Weinhändler Hawesko (www.hawesko.de). Auf der Suchseite gibt es sogar noch einen „Weinselektor". Der Name ist zwar nicht gelungen, aber die Möglichkeit, sich Weine aus bestimmten Geschmacksrichtungen oder Preisbereichen vorschlagen zu lassen, ist lobenswert.

Gehen Sie einkaufen, um zu verstehen, wie man einkauft.

Um zu verstehen, wie Menschen einkaufen, nutzen Sie die Gelegenheit, und beobachten Sie sie. Gehen Sie in einen Laden, der das verkauft, was Sie über das Internet verkaufen wollen. Wie verhalten sich die Kunden? Gehen sie zielstrebig auf ein Regal zu, oder sehen sie sich erst einmal um? Sprechen sie mit dem Verkäufer? Wie viel kaufen sie auf einmal? Haben sie Prospekte, Hefte oder Bücher dabei, die sie zurate ziehen? Kommen sie allein? Wann kaufen sie ein?

Sehr viel können Sie auch von den Verkäufern erfahren. Sprechen Sie mit ihnen! Fragen Sie, was die häufigsten Fragen sind, die Kunden stellen. Unterhalten Sie sich mit ihnen über das Verhalten der Kunden. Vielleicht verraten sie Ihnen einige ihrer Verkaufstricks. Schreiben Sie sich alles auf, auch wenn Sie es für unwichtig halten oder glauben, dass es nicht online umgesetzt werden kann. Vielleicht fällt Ihnen später plötzlich ein, wie genau diese Sache Ihre Einkaufssite erfolgreich machen kann.

Auch bestehende Einkaufssites bieten eine gute Möglichkeit zu lernen, wie Menschen einkaufen. Kaufen Sie selbst auf verschiedenen Sites etwas. Noch besser ist es, einen Usability-Test mit einigen ausgewählten Sites durchzuführen. Testen Sie nicht nur die potenzielle Konkurrenz, sondern auch Sites, die ganz andere Sachen verkaufen, als Sie es vorhaben.

17.2 Vertrauen

Anders als bei einem realen Geschäft spielt das Vertrauen bei Webshops die Schlüsselrolle. Auch wenn Sie in einen schummrigen Supermarkt in der Bahnhofsgegend gehen, wissen Sie, dass Sie Ihre Ware bekommen, wenn Sie an der Kasse zahlen. Und Sie können die Ware vor dem Bezahlen beliebig prüfen.

Das gilt für Webshops nicht, daher müssen sie Vertrauen ausstrahlen. Dies geht zum einen mit professionellem Design – das heißt aber nicht, dass es aufregend oder besonders sein muss. Wichtiger ist, dass es den gewünschten Kunden Seriosität vermittelt. Auch ein jugendlicher Skater wird sein Geld nur dort ausgeben, wo er das Gefühl hat, dass er dafür auch die bestellte Ware bekommt. Die Site darf chaotisch gestaltet sein, sie darf aber nicht den Eindruck vermitteln, dass mit Bestellungen und Zahlungen ebenso chaotisch umgegangen wird.

Neben professionellem Design schafft Folgendes Vertrauen:

- Klare Preisangaben
- Frühzeitige Auflistung der Bezahlmöglichkeiten
- Klare Angabe von Porto- und sonstigen evtl. Nebenkosten
- Klare Rückgabebedingungen
- Klare Lieferzeit-Angaben
- Vorstellung der Shop-Betreiber

Der letzte Punkt trifft für große Marken nicht zu. Wer etwa auf die Site von Plus geht, weiß, dass das ein Supermarkt ist. Doch bei kleinen, unbekannten Sites schaffen Sie Vertrauen, wenn Sie Ihrem Shop ein Gesicht geben. Am besten geht das mit Menschen. Stellen Sie den Einkaufsleiter vor. Beschreiben Sie, was ihn mit den Produkten verbindet, wie er zum Shop kam. Ein Versand für Skater- und Snowboard-Artikel zum Beispiel gewinnt enorm an Vertrauen, wenn seine Betreiber ihre Leidenschaft für Sport betonen und erklären, dass sie alle Produkte persönlich testen, bevor sie diese ins Sortiment nehmen.

Letztlich fördern Sie das Vertrauen in Ihren Shop auch, indem Sie die weiteren hier angesprochenen Punkte berücksichtigen.

ABBILDUNG 17.2
Vorbildliche Produktseite bei Hawesko (www.hawesko.de). Hier sieht man gleich, was der edle Tropfen kosten wird, kann durch den Literpreis leicht vergleichen und direkt zu den Versandkosten gehen, wenn man wissen möchte, was die Lieferung kosten wird. Einziger Wermutstropfen: „In den Weinkeller" ist unklar. Auch auf Klick folgt keine Erklärung – man muss sich erst einmal anmelden. Kaufe ich damit den Wein? Oder ist das eine Art Merkliste? Oder etwas ganz anderes?

17.3 Originalität – eine starke Marke

Sorgen Sie dafür, dass Ihr Shop unverwechselbar wird. Dazu gehören neben einem einprägsamen Namen auch ein eigenes Design jenseits der Standard-Vorlagen von Dreamweaver oder der Shop-Software. Auch der Tonfall der Texte sollte dazu passen und an Ihrer Zielgruppe ausgerichtet sein.

17.4 Gute Produkte

Ein erfolgreicher Shop braucht gute Produkte – das versteht sich fast von selbst. Dennoch lohnt es sich, hier etwas zu planen. Überlegen Sie nicht nur, was sich gut verkaufen lässt, sondern auch, womit Sie einen hohen Gewinn machen. Berücksichtigen Sie dabei:

- Einkaufspreis
- Möglicher Verkaufspreis
- Lagerkosten (auch wenn Sie das Lager „sowieso haben“ – vielleicht gibt es Waren, von denen Sie mehr lagern könnten und mit denen Sie Ihren Umsatz steigern könnten?)
- Versandkosten
- Evtl. Haltbarkeit bzw. Aktualität (Lebensmittel verderben, Kleidung kommt aus der Mode, Bücher und Filme sind nicht mehr aktuell)
- Störanfälligkeit und damit verbundener Rücknahmeaufwand bzw. -kosten
- Support-Aufwand

In jedem Fall gilt: Denken Sie immer an Ihre Zielgruppe. Was wird sie kaufen? Bei welchen Produkten schlägt ihr Herz höher? Sie können hier auch Usability- bzw. der Marktforschungsmethoden einsetzen, um das zu testen.

17.4.1 Long Tail vs. Short Tail

Der amerikanische Journalist Chris Anderson prägte schon 2004 den Begriff *The Long Tail* (der lange Schwanz) für das Geschäftsmodell vieler Online-Shops, z. B. von Amazon. Der Begriff stammt aus der Statistik und beschreibt das Ende einer Kurve, die ausgehend von einem sehr hohen Start langsam flach nach hinten ausläuft.

ABBILDUNG 17.3

Webshops wie Amazon machen mit den Waren aus dem „Long Tail“ mehr Umsatz als mit den am häufigsten verkauften Produkten.

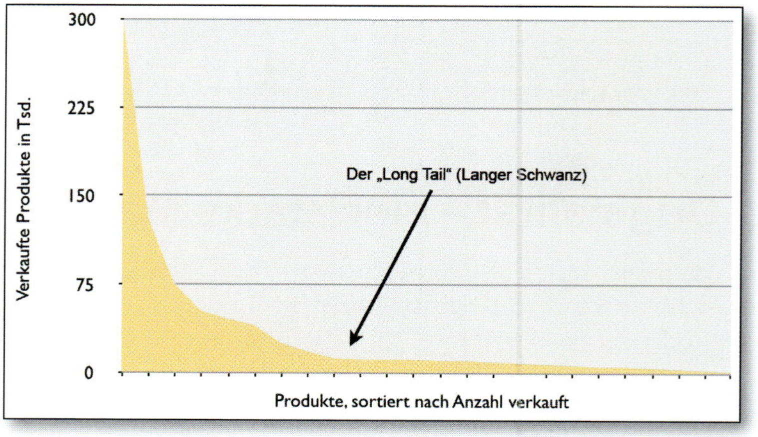

Bezogen auf Webshops heißt das, dass Nischenprodukte einen erheblichen Teil des Umsatzes ausmachen können. Jedes einzelne von ihnen wird zwar selten verkauft, aber durch die Masse von Nischenprodukten wird damit nicht selten mehr Umsatz erzielt als mit den wenigen Bestsellern.

17.5 Ansprechende Beschreibungen

Ebenso wichtig wie gute Produkte sind gute Beschreibungen. Wenn der Besucher Ihres Shops nicht merkt, dass Sie tolle Waren anbieten, wird er sie nur kaufen, wenn er diese kennt und wild entschlossen ist, sie zu kaufen.

Sorgen Sie dafür, dass die Besucher Lust auf die Dinge bekommen. Lange Listen mit Funktionen oder Eigenschaften können immer nur ein Zusatz sein, sie sollten nie den Hauptteil der Produktbeschreibung darstellen. Auch sollten sie nie das Erste sein, was man von dem Produkt bei Ihnen sieht. Menschen wollen keine Funktionen, sondern Nutzen. Sie interessiert nicht, ob der Mixer 2000 Watt hat, sondern ob sie damit auch ein ganzes Stück Käse klein bekommen. Sie wollen ein elegantes, beeindruckendes Auto, das schnell beschleunigt. Wie viele PS, Zylinder oder sonstiges dazu nötig sind, interessiert die meisten Menschen erst im zweiten Schritt.

Sehr wichtig sind auch gute Abbildungen. Am besten setzen Sie ein kleines Foto auf die Seite mit der Produktbeschreibung und bieten dann eine Vergrößerung oder besser noch mehrere große Fotos auf einer Zusatzseite an.

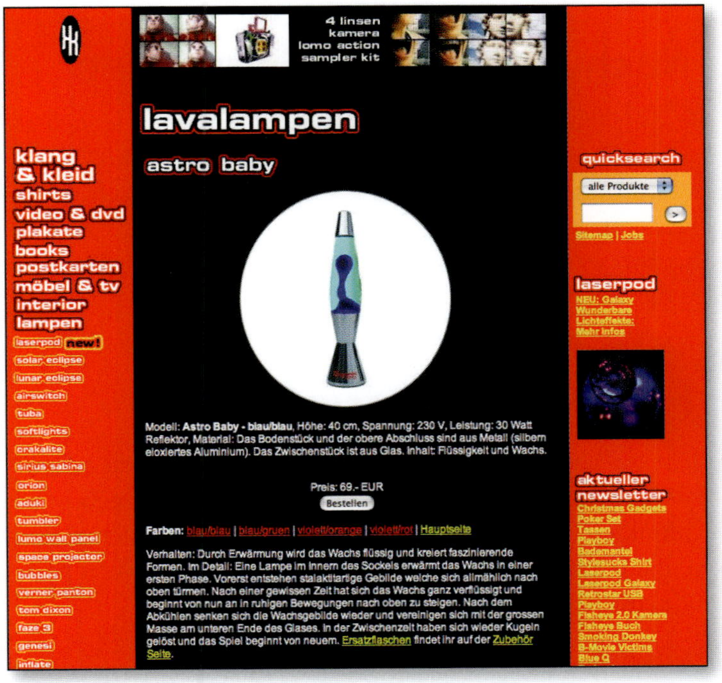

ABBILDUNG 17.4

Schöne Produktseite bei Klang und Kleid, einem Spezial-Shop für Accessoires zum Tragen und Wohnen im Retro-Stil (www.klangundkleid.de). Das Design passt zu den Produkten, und alle relevanten Informationen sind da. Sogar das Prinzip einer Lavalampe ist beschrieben. Wer's weiß, den wird es nicht stören, alle anderen bekommen dadurch mehr Vertrauen.

17.6 Übersichtlichkeit

Im Supermarkt ist die Orientierung einfach. Sorgen Sie dafür, dass man sich in Ihrem Shop ähnlich gut zurechtfindet. Dabei helfen eine gute Informations- und Navigations-Architektur.

Wichtig ist, dass Sie alle Produktseiten eines Bereichs gleich aufbauen. Die Navigationselemente, vor allem der Einkaufswagen oder der Bestell-Button sollten immer an der gleichen Stelle sein. Auch die Beschreibung sollte bei allen Sachen gleich gegliedert sein.

17.7 Gute Suchfunktion

Sehen Sie mehrere Zugangswege zu den Produkten vor. Für die Kunden, die schon wissen, was sie kaufen wollen, bietet sich eine Suchmaschine an. Für die Kunden, die sich einen Überblick verschaffen wollen, ist ein gut sortierter Katalog der richtige Zugang. Für die Flaneure schließlich können Sie kurze Texte vorsehen, in denen Sie ausgewählte Produkte zusammen mit schönen Fotos vorstellen.

17.8 Nachvollziehbare Kategorien

Sortieren Sie die Dinge so, wie es Ihre Besucher erwarten. In den meisten Fällen interessiert weniger, wer der Hersteller ist, als was das Produkt kann. Selbst Markenprodukte wie Unterhaltungselektronik sollten zunächst nach Kategorien sortiert werden, z. B. Kompakt-Stereoanlagen, Verstärker/Receiver, CD-Player, DVD-Player, Harddisk-Recorder etc. Als nächste Unterkategorie bieten sich Preisgruppen an, erst dann werden die Marken relevant.

17.9 Hilfe bei der Auswahl

Im Laden steht ein Verkäufer, der den Kunden bei der Auswahl helfen kann. Sorgen Sie dafür, dass Ihre Besucher sich in Ihrem Shop nicht allein gelassen fühlen. Dabei können Suchfunktionen und gute Kategorien helfen, aber auch z. B. Empfehlungsautomatiken, die verschiedene Eckpunkte abfragen und eine dazu passende Auswahl aus dem Produktprogramm präsentieren.

17.10 Cross-Selling

Eng verwand damit ist das sogenannte *Cross-Selling*. Das bedeutet, Kunden zu einem ausgewählten Produkt weitere, dazu passende anzubieten. Kauft man eine Hose, könnte man vielleicht einen dazu passenden Gürtel brauchen. Kauft man einen DVD-Recorder, wären DVD-Rohlinge nicht verkehrt.

Dabei sollte man darauf achten, dass die Empfehlungen tatsächlich passen. Untersuchungen haben gezeigt, dass Benutzer, die mehrfach Dinge empfohlen bekommen, die sie als unsinnig empfinden, alle weiteren Empfehlungen ignorieren.

Am besten ist es, wenn Sie die Zusatzempfehlungen von Hand aussuchen. Bei umfangreichen Sortimenten können Sie auch eine Funktion „Kunden, die A kauften, haben auch B gekauft" verwenden. Doch hier kommen manchmal recht eigenartige Ergebnisse heraus, wenn z. B. Großeltern ein Seniorenhandy für den Partner und ein Kinderbuch für den Enkel gekauft haben.

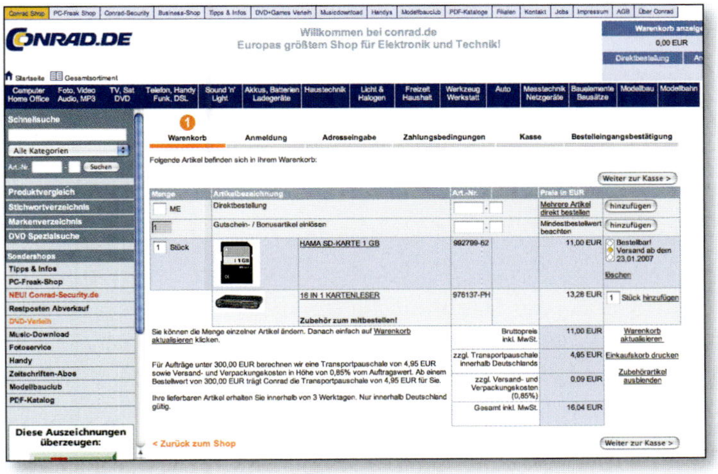

ABBILDUNG 17.5

Sicher keine Schönheit und auch nicht besonders übersichtlich – aber das Cross-Selling ist beim Elektronik-Shop von Conrad (www.conrad.de) gut gelöst. Wird die Speicherkarte in den Einkaufswagen gelegt, empfiehlt der Shop ein Kartenlesegerät zum Mitbestellen.

17.11 Aktualisierungen

Für das Vertrauen ist es natürlich wichtig, dass bei Ihren Produkten die richtigen Lieferzeiten angegeben sind und nicht mehr erhältliche Dinge herausgenommen werden. Die Seiten im vorderen Bereich, in denen Sie einzelne Produkte ausstellen wie im Schaufenster, sollten Sie häufiger wechseln – nicht nur, um andere Dinge zu verkaufen, sondern auch, um den Besuchern das Gefühl zu geben, dass Ihr Webshop regelmäßig gepflegt wird.

17.12 Hilfe

Ein echter Pluspunkt für Ihren Shop ist eine Hilfe-Funktion. Manche Sites bieten diese per Telefon, oft sogar mit dem Angebot eines Rückrufs beim Kunden. Andere haben nur E-Mail-Support, manche verzichten ganz darauf. Hintergrund sind natürlich die hohen Kosten, die bei Webshops mit vielen Besuchern durch Beratung und Support entstehen.

Überlegen Sie es sich also genau, in welcher Form Sie Hilfe anbieten wollen und können. Verzichten Sie lieber darauf, als Ihre Kunden tagelang auf die Antwort einer Anfrage warten zu lassen, schlampig formulierte Antwort-Mails zu verschicken oder die Kunden in endlosen Telefonwarteschleifen hängen zu lassen.

17.13 Austausch und Kommunikation

Die Besuchsfrequenz auf Ihren Seiten können Sie steigern, indem Sie Ihren Besuchern die Möglichkeit zum Austausch anbieten. Das kann ein allgemeiner Erfahrungsaustausch sein, die Besprechung von Produkten oder die Möglichkeit, damit zusammenhängende Fragen zu beantworten.

Einer der Gründe für den Erfolg von Amazon waren die Benutzerrezensionen. Durch sie findet sich zu fast jedem Buch ein Kommentar, die es dem Interessenten erleichtert, seine Kaufentscheidung für oder gegen dieses zu treffen.

Bei großen Sortimenten ist es kaum möglich, alle Produkte selbst zu besprechen, daher bietet es sich hier besonders an, die Besucher dies tun zu lassen. Allerdings geben Sie damit die Kontrolle aus der Hand und haben vielleicht auch einige Beschreibungen, deren Tonfall nicht akzeptabel ist. Sie sollten in regelmäßigen Abständen kontrollieren, was Ihre Besucher schreiben. Oder Sie machen es wie Amazon, wo ein Redaktionsteam die Rezensionen vor der Freischaltung gegenliest.

Doch auch Sie selbst können mit den Besuchern in den Dialog treten. Ein thematisch passendes Blog oder Rezensionen von den Mitarbeitern des Shops geben diesem eine persönliche Note, die seine Anziehungskraft deutlich steigern kann.

17.14 Guter Service

Guter Service fängt dabei an, Anfragen schnellstmöglich zu beantworten. Falls Sie das nicht innerhalb von einem Tag schaffen, sollten Sie eine automatische Benachrichtigung einsetzen, in der Sie dem Besucher mitteilen, wann er mit einer Antwort rechnen kann.

Bei einer Bestellung sollte der Kunde sofort eine Bestätigungsmail bekommen, in der auch steht, an wen er sich bei Problemen wenden kann. Auch die Lieferzeit gehört hier hinein.

Kommt es zu Verzögerungen, teilen Sie diese sofort dem Kunden mit.

Auch vor dem Versand sollten Sie den Kunden informieren, dass seine Bestellung nun auf dem Weg zu ihm ist.

Newsletter mit Informationen zu den Bereichen, aus denen der Kunde gekauft hat, können ein guter Zusatznutzen sein. Allerdings sollten Sie hier vorsichtig sein, damit diese nicht als plumpe Werbung empfunden werden. Holen Sie sich von den Kunden bei der Bestellung immer deren Zustimmung, bevor Sie ihnen Newsletter schicken. Erklären Sie dabei immer den Nutzen für den Kunden und mit wie vielen Mails er zu rechnen hat (z. B. einmal monatlich), dann ist die Hemmung, Ihren Newsletter zu abonnieren, nicht so hoch.

17.15 Preis

Der letzte und schwierigste Punkt ist der Preis. Wollen Sie mit einem niedrigen Preis überzeugen, haben Sie es schwer. Denn es ist sehr leicht, es besser zu machen als Sie. Es lässt sich in Cent messen, wer gewinnt. Ihre Mitbewerber haben hier leichtes Spiel mit Ihnen. Guter Service, gute Beschreibungen und eine zum Kaufen animierende Site-Aufmachung sind viel schwerer zu kopieren als billige Preise.

Und fast alle Kunden bezahlen lieber etwas mehr, wenn sie Vertrauen in eine Site haben, als hoffen zu müssen, dass der Anbieter seriös ist.

17.16 Einbeziehung von anderen Experten bei der Konzeption

Marketing und Konzeption von Einkaufssites gehören zusammen.

Bei größeren Projekten ist die Erstellung von Einkaufssites eng mit dem Marketing verwoben. Wenn Sie die Möglichkeit dazu haben, sollten Sie mit solchen Experten (z. B. von Ihrem Auftraggeber) eng zusammenarbeiten. Betrachten Sie diese nicht als Konkurrenz. Auch wenn sie versuchen sollten, Ihnen Vorschriften zu machen: Sie sind der Experte für Websites und arbeiten mit den Informationen der Marketing-Experten, um eine gute Site zu erstellen.

Den Bereich Service sollten Sie ebenso von Anfang an mit einbeziehen. Denn das Einkaufen im Web hat den großen Nachteil, dass der Kunde das Produkt erst verzögert bekommt. Er muss das Vertrauen haben, dass er auch tatsächlich etwas für sein Geld bekommt. Dieses Vertrauen können Sie ihm mit einer guten Site geben – allerdings nicht allein damit. Guter Service gehört dazu. Der Kunde sollte darüber informiert werden, dass die Bestellung erfolgreich war. Er sollte ebenso informiert werden, wann er die Ware erhält. Er sollte wissen, ob er die Sachen zurückgeben kann oder was er tun muss, wenn etwas kaputt ist.

Nicht vergessen dürfen Sie, dass Einkaufssites fast nie ohne eine Datenbankanbindung auskommen. Sie müssen die (hoffentlich zahlreichen) Aufträge abwickeln, was sinnvollerweise über ein darauf spezialisiertes Shop-System erledigt wird. Holen Sie sich so früh wie möglich einen Technik-Spezialisten ins Team, der Ihnen sagen kann, welches System für Sie das richtige ist und was mit diesem möglich ist.

17.17 Rechtliche Rahmenbedingungen

Seit dem Jahr 2002 gibt es verschärfte rechtliche Anforderungen an Einkaufssites (§ 312 e BGB). Diese Anforderungen erfüllen gute Sites sowieso, weil das in ihrem eigenen Interesse liegt. Nur bei den Sites, zu denen die Kunden Vertrauen haben, kaufen sie wiederholt ein.

Nach dem Bürgerlichen Gesetzbuch muss Folgendes angegeben werden:

- Name und Anschrift des Betreibers der Site
- Handelsregister und Eintragsnummer
- Umsatzsteuernummer
- Allgemeine Geschäftsbedingungen in einer Form, die das Abspeichern und Ausdrucken ermöglicht

Außerdem muss der Kunde die Möglichkeit haben, Eingabefehler zu korrigieren, bevor er die Bestellung endgültig abschickt. Damit wird die Seite Pflicht, auf der alle Daten der Bestellung am Ende zur Kontrolle komplett zusammengefasst werden. Der Kunde muss die Möglichkeit haben, diese Seite abzuspeichern.

Schließlich muss der Kunde unverzüglich auf elektronischem Wege eine Bestätigung bekommen, dass seine Bestellung eingegangen ist. Dabei genügt es, wenn die Geschäftszeiten eingehalten werden. Eine Bestellung, die um Mitternacht aufgegeben wurde, muss also erst am nächsten Morgen bestätigt werden.

Denken Sie auch an das Impressum (siehe Kapitel 8.6, *Impressum*, ab Seite 274).

Um sicherzugehen, lassen Sie Ihre Site von einem Rechtsanwalt überprüfen, bevor Sie online gehen.

17.18 Grundregeln bei der Online-Bestellung

Die meisten Stolperfallen lauern beim Abschluss der Bestellung.

Bei der Konzeption und Gestaltung der Seiten, auf denen der Benutzer seine Bestellung abschließt, müssen Sie besonders aufpassen. Wenn Sie hier einen Fehler machen, verlieren Sie Kunden, die schon bereit waren, etwas zu kaufen. Untersuchungen haben gezeigt, dass ein Viertel aller Bestellungen in diesem Stadium scheitern. Sorgen Sie dafür, dass das auf Ihrer Site nicht passiert.

- Zwingen Sie den Benutzer nicht, sich zu registrieren, bevor er den Bestellvorgang startet.
- Machen Sie deutlich, wie viele Schritte die Bestellung umfasst, und bei welchem Schritt der Benutzer gerade ist.

- Verzichten Sie auf diesen Seiten auf die Standard-Navigation. Der Benutzer soll sich ganz auf den Abschluss der Bestellung konzentrieren.
- Setzen Sie nur Links zu den Lieferbedingungen (Kosten unbedingt mit angeben), den Allgemeinen Geschäftsbedingungen und jeweils zum vorigen und nächsten Schritt des Bestellvorgangs.
- Fragen Sie frühestens nach Abschluss der Bestellung nach Zusatzinformationen (Abo eines Newsletters, woher kam die Empfehlung, Hobbys ...).
- Erklären Sie, wofür Sie die Daten brauchen. (Was nützt es dem Kunden, wenn er sie angibt?)
- Sehen Sie einen Link zu einer Datenschutzerklärung vor.
- Die Voreinstellung für das Abo eines Newsletters muss „nein" sein.

17.18.1 Bestellung – Was erwarten die Benutzer?

In mehreren Untersuchungen hat sich herauskristallisiert, dass die Benutzer mittlerweile recht klare Vorstellungen davon haben, was sie in welcher Reihenfolge erwarten, wenn sie in einem Online-Shop zur Kasse gehen. Das ist Folgendes:

- Warenkorb mit einer Liste der Waren
- Wahl einer eventuellen Geschenkverpackung
- Wahl der Lieferbedingungen (Versandart, Adresse)
- Eingabe der persönlichen Daten und der Rechnungsadresse
- Wahl der Zahlungsweise
- Eingabe der Konto- bzw. Kreditkartennummer
- Überprüfung aller Daten auf einer einzigen Seite

Wichtig ist vor allem, dass der Benutzer erst am Schluss seine Konto- oder Kreditkartennummer angeben muss. Sie sollten zwar schon bei der ersten Gelegenheit auf der Site erklären, wie die Benutzer zahlen können. Ihre Daten geben die Benutzer aber am liebsten erst ganz zum Schluss preis, wenn sie sicher sind, dass alles andere auch stimmt.

Ist die Bestellung auf dem Server eingetroffen, zeigen Sie dem Benutzer eine Seite, auf der ihm bestätigt wird, dass seine Bestellung aufgenommen wurde. Kündigen Sie an, dass er zusätzlich noch eine E-Mail zur Bestätigung bekommen wird.

17.19 Vorbildliche Beispiele

Aus der Vielzahl von Einkaufssites habe ich zwei besonders gute Beispiele herausgegriffen.

17.19.1 Amazon

Seit Ende 2001 macht Amazon Gewinn. Benutzerfreundlichkeit und Durchhaltevermögen zahlen sich langfristig aus.

Eine der bekanntesten Websites weltweit ist Amazon. Inzwischen verkauft Amazon nicht nur Bücher, CDs und Videos, sondern auch Elektroartikel und anderes. Dennoch ist die große Stärke von Amazon der Verkauf von Büchern. Amazon wird immer wieder als sehr benutzerfreundliche Site gelobt – und das zu Recht. Ich kenne keine Site, die ihren Zweck so gut erfüllt. Nirgendwo sonst ist das Einkaufen so einfach, nicht einmal in der Buchhandlung. Wo es mehr Spaß macht, ist eine andere Frage, da ist das Einkaufserlebnis in einer echten Buchhandlung nicht zu schlagen.

Amazon hat versucht, möglichst viel von dem auf seiner Site abzubilden, was Leser beim Einkauf in der Buchhandlung schätzen: Buchempfehlungen zu bestimmten Themen, eine übersichtliche Sortierung, einen Blick auf den Umschlag. Vor allem aber hat Amazon sich auf die Dinge konzentriert, die im Internet besser funktionieren. Die Suchfunktion ist so einfach, dass selbst Menschen fast ohne Web-Erfahrung auf Anhieb die Bücher finden, die sie suchen.

Außerdem gibt es zu jedem Buch Empfehlungen für weitere interessante Titel. Es wird angezeigt, was andere Kunden zusammen mit dem aktuellen Buch gekauft haben. Das ist in einer normalen Buchhandlung nicht möglich. Dort ist es auch nicht möglich, direkt beim Buch eine Kurzbeschreibung und Besprechungen des Titels anzubieten. Bei Amazon kann jeder Kunde eine Besprechung schreiben. Das hat gleich zwei Funktionen:

- Mitteilungsbedürftige Kunden können sich äußern und ihre Ansichten anderen mitteilen – ein Grund für sie, wiederzukommen.
- Unentschlossene Kunden können sich informieren, was andere zu dem Buch meinen.

Es entsteht eine Gemeinschaft von Kunden, die umso nützlicher wird, je mehr Kunden hinzukommen. Die Bindung an die Site wird damit immer stärker. Konkurrenten haben es allein deshalb schwer, weil bei ihnen nicht so viele Kunden Bücher besprechen und ihr Katalog daher weniger nützlich ist.

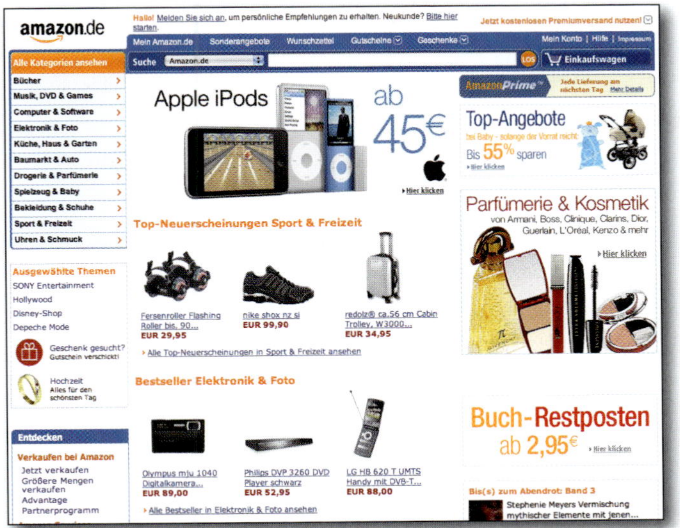

ABBILDUNG 17.6

Die Startseite von Amazon ist sicher kein Meisterwerk des Grafikdesigns. Aber sie ist übersichtlich und enthält alle wichtigen Funktionen.

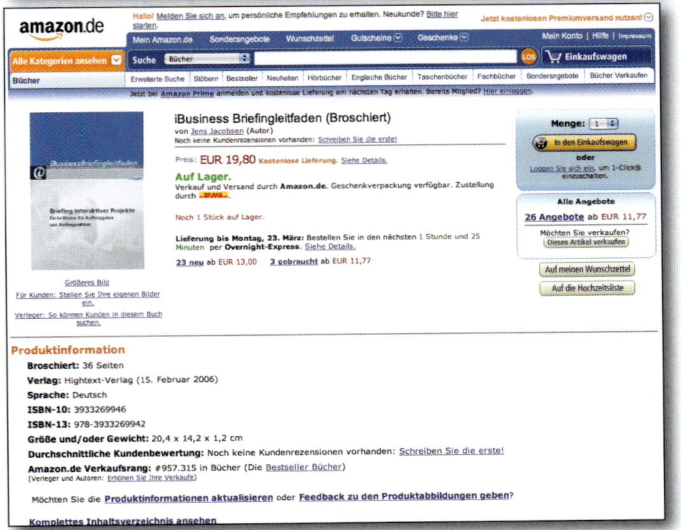

ABBILDUNG 17.7

Eine Produktseite bei Amazon. Der Aufbau ist immer gleich, Links zu allen wichtigen Informationen sind vorhanden.

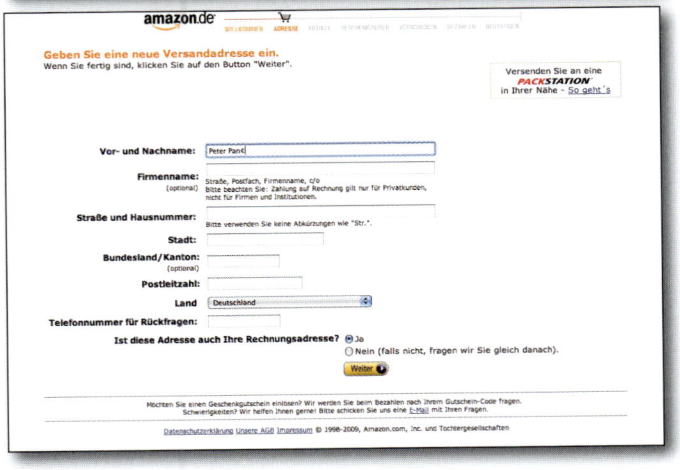

ABBILDUNG 17.8

Der Bestellvorgang bei Amazon: einfach, schnörkellos, vorbildlich

Mustergültig ist bei Amazon auch der Bestellvorgang. Alles, was ablenken könnte, wurde von den Seiten entfernt. Der Benutzer kann sich ganz auf die Bestellung konzentrieren. Dabei weiß er immer, wo er gerade steht, da ihm das oben auf der Seite deutlich gezeigt wird. Hat er schon einmal bestellt, kann er seine Daten mit Cookies auf seinem Rechner speichern lassen („1-Click-Bestellung"). In Zukunft kann er dann tatsächlich mit einem Klick bestellen, ohne seine Daten nochmals eingeben zu müssen.

Mit der Bestellung hört die Benutzerfreundlichkeit bei Amazon noch nicht auf. Der Kunde erhält sofort per E-Mail eine Bestätigung mit der Angabe, wann die Ware voraussichtlich geliefert wird. Sobald sie tatsächlich verschickt wird, kommt auch darüber eine Mitteilung. Auch hat der Kunde die Möglichkeit, jederzeit selbst auf der Website nachzusehen, was mit seiner Bestellung gerade los ist.

Auch bei Problemen gibt es innerhalb von wenigen Stunden eine Antwort per E-Mail. Darin wird sogar erklärt, wie man laufende Bestellungen stornieren kann. Den Hinweis darauf sucht man bei anderen Unternehmen sogar auf deren Websites vergebens. Diese Kundenorientierung schafft Vertrauen und bindet die Kunden langfristig an die Site.

17.19.2 Tchibo

Stöbern auf dem virtuellen Wühltisch

Tchibo hat als Ladenkette angefangen, die Kaffee verkauft. Es kamen Waren wie Messer, Handtücher und praktische Küchengeräte hinzu, schließlich auch Kleidung und Elektroartikel. Inzwischen setzt Tchibo mit diesen Waren mehr um als mit Kaffee. Die Website ist ebenfalls sehr erfolgreich. Sie funktioniert grundsätzlich anders als die meisten anderen Einkaufssites: Hier ist die gezielte Produktsuche unwichtig, Tchibo richtet sich an Stöberer und Schnäppchenjäger. Jede Woche wird das Angebot komplett ausgewechselt. Es gibt immer nur ein paar Dinge zu kaufen, die thematisch zusammengehören. In der einen Woche gibt es etwa Winterbekleidung, in der nächsten Kochutensilien, in der übernächsten Gläser.

Abbildung 17.9 *Die Startseite von Tchibo. Sie wirkt nicht besonders ruhig und hat etwas die Atmosphäre eines Wühltisches. Genau das ist beabsichtigt und wird der Zielgruppe der Schnäppchenjäger gerecht.*

ABBILDUNG 17.10

Die Produktseiten von Tchibo. Sie sind übersichtlich und beschreiben, was man wissen muss. Gut ist auch der Link „diesen Artikel weiterempfehlen", mit der Sie die URL per E-Mail an Bekannte schicken können.

Die Startseite sieht deshalb jede Woche anders aus. Mit kleinen Produktfotos werden die Besucher in die Site gelockt. Die Produktseiten sind klar gegliedert und enthalten alle wichtigen Informationen.

Die Produkte werden auf den Einzelseiten mit einem kurzen Text vorgestellt. Der Text ist nicht bloß Beschreibung, sondern soll Lust darauf machen, das jeweilige Produkt zu kaufen. Außerdem verführt der lockere Schreibstil dazu, auch weitere Produkte anzusehen, weil das Lesen nicht anstrengt, sondern Spaß macht.

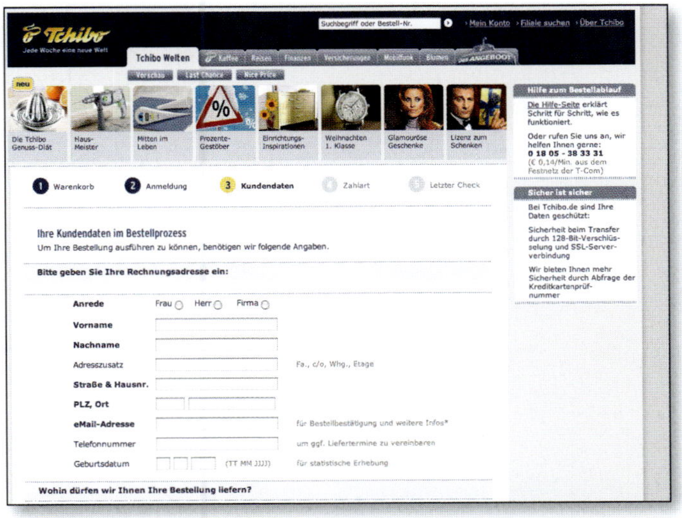

ABBILDUNG 17.11

Die Bestellung bei Tchibo ist einfach und übersichtlich. Günstig ist auch, dass die Telefonnummer für die Hilfe bei der Bestellung gut sichtbar am rechten Seitenrand angegeben ist.

Direkt auf der Seite, die den Inhalt des Warenkorbs anzeigt, sind Lieferzeiten und die Bedingungen für Umtausch und Rückgabe zu sehen. Die Schaltfläche „bestellen" sticht gut hervor, und auch die Schaltflächen zum Ändern bzw. Löschen des Artikels sind gut platziert.

Kapitel 18

UNTERHALTUNG

Für Unterhaltungssites gelten viele Regeln nicht. Allerdings sollten Sie sich an einige ausgewählte Regeln halten, um den Erfolg der Site zu steigern bzw. sicherzustellen.

Viele Repräsentationssites unterhalten auch (wie etwa die Jägermeister-Site, die im Kapitel 14, *Unternehmensrepräsentation,* Seite 352, vorgestellt wurde). In diesem Kapitel aber geht es um die Sites und Bereiche, bei denen die Unterhaltung im Vordergrund steht – also zum Beispiel Spiele, Animationen und Chats.

18.1 Anforderungen

Auch Unterhaltungssites müssen so schnell wie möglich klarstellen, was den Benutzer erwartet.

Machen Sie den Benutzern schon auf der Startseite klar, dass es sich um eine Unterhaltungssite handelt. Meist ist es auch sinnvoll, sie darauf einzustimmen, wie die folgende Unterhaltung aussehen wird. Nur weil Sie Unterhaltung bieten, sollten Sie nicht glauben, dass Sie darauf verzichten können. Die Suche nach guter Unterhaltung ist eine ernste Sache, speziell im Netz. Woher weiß der Benutzer, dass er gerade auf dieser Site findet, was er sucht? Wie kann er sicher sein, dass die angebotenen Inhalte nach seinem Geschmack sind? Woher weiß er, was die Benutzung kostet?

Nur wenn Sie sich sicher sind, dass Ihre Seiten so lange angesehen werden, dass der Benutzer sich diese Fragen selbst indirekt beantworten kann, können Sie auf diese Informationen zunächst verzichten.

18.2 Vorbildliche Beispiele

Die Unterschiede zwischen den Sites, die Unterhaltung bieten, sind extrem. Im Folgenden sind vier sehr unterschiedliche Beispiele kurz vorgestellt.

18.2.1 Gute Zeiten, Schlechte Zeiten

Die Website zur Fernsehsendung *Gute Zeiten, Schlechte Zeiten* (`www.gzsz.de`) ist ein hervorragendes Beispiel für eine zielgruppengerechte Site, die ich immer wieder gerne präsentiere. Auf den ersten Blick gefällt sie kaum einem Teilnehmer in meinen Seminaren. Dennoch ist diese Site sehr erfolgreich, weil sie perfekt auf die Zielgruppe der Teens zugeschnitten ist. Das Design und vor allem der Inhalt treffen genau deren Geschmack.

Die Site muss der Zielgruppe gefallen, nicht Ihnen.

Abbildung 18.1

Die Startseite von „Gute Zeiten, Schlechte Zeiten". Sie ist bunt und etwas hektisch, aber passend für die Zielgruppe.

Informationen über die Serie sind nur ein Teil der Site. Ebenso wichtig ist, dass man sich mit den anderen registrierten Benutzern im Chat unterhalten, Spiele spielen sowie an verschiedenen Abstimmungen teilnehmen kann. Diese reichen von täglichen One-Click-Votings (simplen Abstimmungen per Mausklick, bei denen typischerweise drei Kurzstatements zur Auswahl stehen) bis zu Abstimmungen über tagesaktuelle politische Themen, die besonders Jugendliche betreffen.

Mit allen diesen Mitteln baut die Site eine sogenannte *Community*, eine virtuelle Gemeinschaft, auf. Die Besucher tragen selbst dazu bei, dass die Site interessant und lebendig wird, weshalb mehr Besucher auf die Site kommen – ein sich selbst verstärkender Effekt, wenn die Site erst einmal akzeptiert ist und eine genügend große Zahl von Benutzern teilnimmt. Das zu erreichen ist nicht ganz einfach. Dazu gehören etwas Glück, eine sehr gute Site und ein recht großer Marketing-Aufwand, um die Site bekannt zu machen.

18.2.2 Heavy

Geschmacklosigkeit als Prinzip

Die Site *Heavy* (`www.heavy.com`) ist eine gute Inspirationsquelle, wenn Sie alle Regeln der Website-Konzeption verletzen wollen. Wo die Regeln des guten Geschmacks aus Prinzip übertreten werden, fliegen die Regeln guter Informations-Architektur als Erstes über Bord.

Heavy ist keine Site, die vielen Menschen gefällt. Für die anvisierte Zielgruppe der Untergrundkultur ist sie jedoch perfekt. Bösartige Comics, die Beavis & Butt-Head oder die Figuren von Southpark als politisch korrekte Milchbubis erscheinen lassen, sind ebenso zu finden wie geschmacklose Spiele, bei denen man Sänger verprügeln oder mit Tieren um sich werfen kann. All das ist nur möglich, wenn man einen schnellen Internet-Zugang hat, da die Datenmengen ziemlich gewaltig sind.

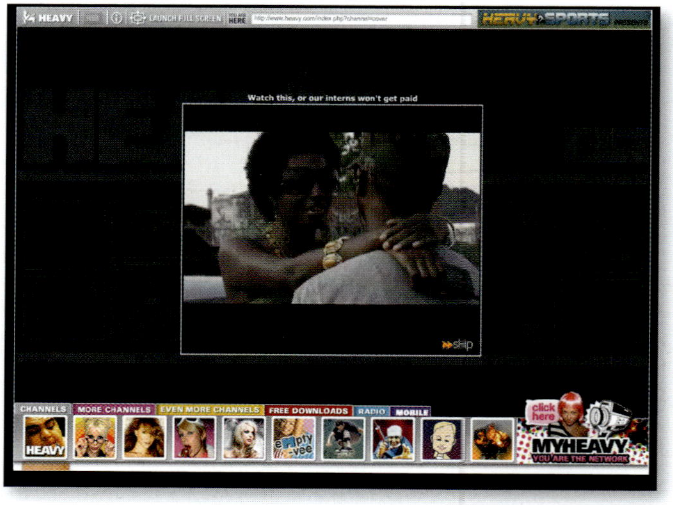

ABBILDUNG 18.2
Heavy beginnt mit einem Video-Intro mit einer (hoffentlich?) nicht ganz ernst gemeinten Warnung, es nicht zu überspringen: „Watch this, or our interns won't get paid" („Sieh das an, oder wir bezahlen unsere Praktikanten nicht!"). Inhaltlich ist die Site nichts für schwache Nerven und empfindliche Naturen.

18.2.3 Reifen Wagner

Spiele im Web sind inzwischen nichts Besonderes mehr. Die meisten sind nur eine Variation eines seit Jahrzehnten bekannten Prinzips. Dennoch können sie noch immer Besucher auf die Site locken, wenn sie gut gemacht sind. Gibt es auch noch etwas zu gewinnen, steigt der Anreiz noch mehr.

Das folgende Beispiel ist schon ein paar Jahre alt, aber dennoch kann es noch heute bestehen. Was man jetzt sicher anders machen würde, ist, es mit Flash umzusetzen. Es wurde seinerzeit mit Shockwave Director realisiert, weil das Flash-Plug-In noch kaum verbreitet war und noch nicht die Möglichkeiten bot wie heute.

Dieses Autorennen stand auf der Site des Autozubehör-Händlers Reifen Wagner. Der Benutzer musste dabei eine Rennstrecke entlangrasen, Hindernissen ausweichen und darauf achten, nicht zu viel auf dem Rasen zu fahren. Das bremst nicht nur, sondern nutzt auch die Reifen ab. Das kann zum Platzen der Reifen und damit zum Crash führen. Rettung bieten die Service-Stationen, in denen die Reifen ausgewechselt werden. Der schnellste Fahrer des Monats gewann einen Satz Reifen.

Das Spiel setzt ein klassisches Computerspiel-Thema um. Es will keine Konkurrenz zu professionellen Versionen sein, sondern besticht durch simpelste Bedienung, freundliche Grafik und witzige Ideen.

Grafik und Konzept stammen von Bernhard Sandl, *Artes New Media*, die Umsetzung führte ich durch.

ABBILDUNG 18.3

Das Autorennen bei Reifen Wagner: einfach, aber wirkungsvoll

18.2.4 Gamekitchen

Ein paar Agenturen haben sich auf Spiele im Web spezialisiert. Besonders innovativ ist *Large Animal*, früher *Gamekitchen*. Die New Yorker variieren nicht einfach nur bekannte Spielideen, sondern entwickeln eigene. Dabei entstehen liebevoll gestaltete Spiele, auf die man sich einlassen muss.

Dennoch sind die Spiele einfach in der Bedienung und machen Spaß, einige können sogar fast süchtig machen.

ABBILDUNG 18.4

Das Spiel „AlphaQueue" der Agentur Large Animal

Kapitel 19

Vereinswebsites

Fast jeder Verein hat heute eine eigene Website. Viele davon verschrecken neue Mitglieder mehr, als dass sie sie zum Beitreten bringen. Klar, nicht jeder Verein hat für die Website ein üppiges Budget – oder überhaupt ein Budget. Die meisten Sites erstellen engagierte Mitglieder in ihrer Freizeit.

Im Folgenden ein paar Tipps für solche Sites – wenn Sie die Site für einen großen Verein mit sehr vielen Mitgliedern und ausreichend finanziellen Mitteln erstellen, gelten für Sie eher die Empfehlungen für Repräsentationssites. Die Empfehlungen in diesem Kapitel gelten vor allem für kleinere bis mittlere Vereine und Genossenschaften. Sie tragen dazu bei, dass der Auftritt im Internet nicht unnötig viel Mühe macht und vor allem kein ungünstiges Bild auf den Verein wirft.

19.1 Anforderungen

Nicht jede Vereinssite muss seriös oder professionell aussehen. Aber Stil sollte sie haben. Und der sollte dem Stil des Vereins entsprechen. So vermeidet man, dass potenzielle Mitglieder beim Trachtenverein den Eindruck haben, sie würden so ruppig behandelt, wie sie es bei einem Rocker-Motorrad-Club erwarten würden.

Abbildung 19.1
Die Startseite des Trachtenvereins Immergrün Straubing (www.trachtenverein-immergruen-straubing.de) richtet sich an die aktuellen Mitglieder, die sich hier sicher gut wiederfinden. Wer allerdings neu ist, wird ziemlich allein gelassen. Zunächst ist kein einziger Link zu Informationen für potenzielle Neumitglieder sichtbar.

19.2 Verantwortlichkeiten klären

Bestimmen Sie, wer für die Website zuständig ist. Erfahrungsgemäß kümmert sich selten jemand um etwas, was genauso gut auch andere tun könnten.

Eine Person sollte die Aufgabe übernehmen, die Website immer auf dem aktuellsten Stand zu halten – und auch für Vertretung zu sorgen, wenn sie nicht kann. Das kann der Vorsitzende sein, der Schriftführer oder ein eigens ernannter Website-Betreuer. Um dessen Bedeutung zu unterstreichen, kann er auch in den Vorstand aufgenommen werden.

19.3 Oberstes Gebot: Aktualität

Nichts zerstört das Vertrauen der Besucher in eine Site so nachhaltig wie offensichtlich ungepflegte Websites. Wenn Sie also Termine nennen, achten Sie unbedingt darauf, dass sie stets nur aktuelle Ereignisse nennen. Das gilt vor allem für Hinweise auf zukünftige Veranstaltungen. Wenn Sie einen Termin auf der Site ankündigen, der schon vorbei ist, merkt jeder Besucher sofort, dass die Site nicht aktuell ist.

Verzichten Sie lieber darauf, Termine zu nennen, als unaktuelle Daten auf der Site zu haben.

Generell gilt: Fangen Sie klein mit wenigen Funktionen an, und rüsten Sie nach, wenn das Bestehende funktioniert und tatsächlich Bedarf für mehr da ist.

Abbildung 19.2

Verzichten Sie lieber auf Ankündigungen von Terminen, wenn diese wie hier noch zehn Tage später im Web stehen – zu schnell wird offensichtlich, dass der Anspruch „immer aktuell" nicht einzuhalten ist. Da die Pflege der Seiten meist Ehrenamtliche erledigen, entlasten Sie sie z. B., indem Sie eine Art Kalender vorsehen, in den einfach monatsweise alle Termine eingetragen werden – zukünftige wie vergangene.

19.4 Ziele bestimmen

Überlegen Sie, welche Ziele Sie mit der Site verfolgen. Möchten Sie mit ihr neue Mitglieder gewinnen? Oder bestehende informieren? Den Dialog unter den Mitgliedern anregen? Den Vorstand von Verwaltungsaufgaben entlasten? Die Öffentlichkeit über die Ziele und die Arbeit des Vereins informieren?

19.5 Zielgruppen festlegen

An wen richtet sich die Site? Bei Vereinen üblicherweise vor allem an Interessierte, die vielleicht beitreten wollen, und an Leute, die sich für die Veranstaltungen des Vereins interessieren.

Die zweite wichtige Zielgruppe sind die bestehenden Mitglieder, die sich über Neuigkeiten informieren wollen, den Vorstand kontaktieren möchten oder eine Frage zur Vereinsverwaltung bzw. zu ihrer Mitgliedschaft haben.

Weitere mögliche Adressaten sind Journalisten, die über den Verein berichten, oder auch potenzielle Spender.

19.6 Bedürfnisse der Zielgruppen herausfinden

Ist die Site nur für die aktuellen Mitglieder, ist es relativ einfach, deren Interessen und Bedürfnisse herauszufinden – fragen Sie sie! Aber nehmen Sie nicht jede Äußerung für bare Münze – nur wenn ein paar Menschen meinen, sie hätten gern ein Forum zum Meinungsaustausch, heißt das noch nicht, dass sie ein solches auch tatsächlich regelmäßig nutzen würden.

Auch bei anderen Zielgruppen bietet es sich an, mit Vertretern von diesen zu sprechen. Unterhalten Sie sich zum Beispiel mit einer Person, die gerade erst eingetreten ist. Fragen Sie sie, woher sie von Ihrem Verein erfahren hat, was sie vor dem Beitritt wissen wollte, welche Bedenken sie eventuell hatte und was schließlich den Ausschlag für den Beitritt gegeben hat.

Denken Sie unbedingt daran, dass potenzielle Mitglieder die wichtigen Personen und die Begriffe, die im Verein üblich sind, nicht kennen. Gebrauchen Sie eine allgemein verständliche Sprache, die auch Außenstehende verstehen, und erklären Sie, wer was bei Ihnen im Verein macht.

Es kann sehr abschreckend wirken, wenn ein Interessent das Gefühl hat, der Verein sei nur für Insider. Machen Sie ihm klar, dass er willkommen ist, und bieten Sie Hilfe an – am besten per Telefon oder aber zumindest per Mail. Die Mail-Adresse sollte möglichst die eines Menschen sein, nicht nur „info@ihrVerein.de“. Ein potenzielles Mitglied interessiert sich zunächst einmal mehr für den Jahresbeitrag als für die Galaveranstaltung zu Ehren der langjährigen Vorsitzenden.

Achten Sie vor allem darauf, dass sich neue Besucher auf der Site zurechtfinden. Die regelmäßigen Besucher finden die Bereiche schon, die sie interessieren, und bringen auch mehr Geduld mit – sie kennen den Verein und sind ja in dem Moment auf der Suche nach etwas, das sie nur bei diesem finden. Ein Beitrittskandidat dagegen kann es einfach sein lassen, wenn er nichts auf Ihrer Site findet – oder zu einem anderen Verein gehen, der eine freundlichere Website hat.

Generell gilt: Menschen interessieren sich für Menschen, nicht für Organisationen. Sie möchten wissen, mit wem sie es zu tun haben, wer die Mitglieder sind, wer im Vorstand sitzt, was deren Interessen sind und am liebsten auch gleich wie sie aussehen.

Stellen Sie Fotos online, und laden Sie potenzielle Mitglieder auf der Website zum unverbindlichen Kennenlernen ein.

19.7 Gesetzliche Vorschriften

Ein Verein unterliegt der Impressumspflicht (Anbieterkennzeichnung). Das heißt, Sie müssen Folgendes im Impressum nennen, das von der Startseite aus direkt erreichbar sein sollte:

- Den Namen und die Rechtsform (z.B. „e.V.“) des Website-Betreibers
- Einen Verantwortlichen
- E-Mail-Adresse und Telefonnummer
- Postadresse (Es muss eine echte Adresse sein, Postfach reicht nicht.)
- Das Vereinsregister und Registernummer
- Die Umsatzsteueridentifikationsnummer (falls vorhanden)

19.8 Pflichtinfos für Interessenten

Achten Sie darauf, dass potenzielle Mitglieder gleich auf der Startseite einen Link finden, der ihnen sagt, wo sie Hintergrundinfos finden. Das kann „Über uns" sein oder „Mitglied werden" oder auch „Der Verein".

In diesem Bereich sollten dann auch folgende Punkte angesprochen sein:

- Voraussetzungen für eine Mitgliedschaft (Alter, Beruf oder Ähnliches bzw. keine)
- Jahresbeitrag, Aufnahmegebühr
- Leistungen (Teilnahme an Veranstaltungen, Mitgliedszeitschrift etc.)
- Kündigungsmodalitäten
- Vorgehen beim Beitritt („Wo melde ich mich an, was muss ich tun?")
- Anzahl der Mitglieder
- Sitz des Vereins
- Ansprechpartner bei Fragen und Problemen

Wenn Sie auf diese wenigen Punkte achten, haben Sie eine Vereinssite, mit der sich Ihre Mitglieder ebenso gut fühlen wie sich Interessenten willkommen fühlen.

19.9 Vorbildliche Beispiele

Da es in Deutschland weit über 500.000 eingetragene Vereine gibt, deren Zweck und Größe extrem unterschiedlich sind, werden die Seiten für Ihren Verein sicher ganz anders aussehen. Aber auch, wenn Sie sich mit ganz anderen Dingen beschäftigen – von diesen Beispielen kann man für fast jeden Verein einiges lernen.

19.9.1 Mittelalter!Thun

Der Verein *Mittelalter!Thun* hat seine Startseite ganz auf potenzielle Neumitglieder hin ausgerichtet. Ein kurzer Text beschreibt den Zweck des Vereins, wirbt für neue Mitglieder und bietet ihnen Hilfe an.

ABBILDUNG 19.3

Die Startseite des Vereins Mittelalter!Thun (www.mittelalter-thun.ch) ist ganz auf Neumitglieder ausgerichtet – so sollte es sein.

Ein paar Kritikpunkte gibt es im Innern: Die Veranstaltungshinweise sind leider nicht aktuell, die Pressemeldungen sollten statt als PDF lieber direkt als HTML auf der Seite stehen – das wäre auch weniger Pflegeaufwand.

Der Bereich „Sponsoren“ ist eine gute Idee – hier könnte man auch für neue Sponsoren werben.

Auf der Kontaktseite wären der Name und möglichst auch ein Bild des Ansprechpartners schön, damit man weiß, an wen man sich wendet.

19.9.2 Spielraum LE

Der *Spielraum Leipzig* ist eine Gemeinschaft für Menschen, die gerne Rollenspiele machen. In Anbetracht dessen ist es bemerkenswert, wie nüchtern die Website des Vereins gestaltet ist. Sie funktioniert aber sehr gut, der Aufbau ist klar, die Texte sind leicht verständlich.

Die Navigationsleiste rechts ist gut und übersichtlich, lediglich die beiden Überschriften „Meta“ und „Seiten“ erschließen sich nicht sofort, man könnte sie auch weglassen und nur einen Trenner zwischen die Punkte setzen.

ABBILDUNG 19.4

Über die Gestaltung der Site des Vereins Spielraum LE (www.spielraum-le.org) kann man geteilter Meinung sein. Gut sind jedoch die Texte – informativ und nicht zu lang.

19.9.3 Kraftsportverein 1959 Langen

Der *Kraftsportverein 1959 Langen* hat zwar eine etwas lange Startseite, doch ist sie übersichtlich gegliedert und webgerecht geschrieben. Vorbildlich ist die linke Navigationsleiste, die sich ganz an Neulinge richtet.

ABBILDUNG 19.5

Der Kraftsportverein 1959 Langen (www.ksv-langen.de) beschreibt Neulingen vorbildlich, was sie erwartet.

Der Verein stellt nicht nur das gesamte Vorstandsteam mit Name und Foto vor, sondern auch die Übungsleiter. Das ist hervorragend, so weiß man gleich, von wem man betreut wird, wenn man hier trainieren möchte. Öffnungs-, Trainings- und Saunazeiten sind ebenso zu finden wie eine Anfahrtsbeschreibung. Hier fühlen sich Interessenten wie langjährige Mitglieder gut aufgehoben.

ABBILDUNG 19.6

Hier sieht man, mit wem man es zu tun bekommt, wenn man in den Kraftsportverein 1959 Langen eintritt – hervorragend, das schafft Vertrauen.

19.9.4 Tanzarchiv Leipzig

Die Site des *Tanzarchivs Leipzig* ist sehr zurückhaltend und elegant gestaltet. Die kurzen Texte fallen gleich angenehm ins Auge. Allerdings sind sie nicht immer ganz leicht verständlich geschrieben – was in Anbetracht der eher intellektuellen Zielgruppe aber auch in Ordnung ist.

ABBILDUNG 19.7

Die „Wir über uns"-Seite des Tanzarchivs Leipzig (www.tanzarchiv-leipzig.de) ist gut gegliedert, die Textlänge ist vorbildlich. Allerdings sind die „Weiterlesen"-Links überflüssig. Mehr Informationen braucht es kaum.

Schön ist die „Wir über uns"-Seite. Hier findet man sonst auf fast allen Websites – nicht nur auf denen von Vereinen – Geschwafel. Nicht so beim Tanzarchiv, in wenigen Sätzen erfährt man hier, was der Zweck des Vereins ist, seit wann es ihn gibt und was er macht.

Noch etwas verbessern könnte man die Informationen für neue Mitglieder – die Site macht nicht den Eindruck, als wäre sie an solchen besonders interessiert.

Kapitel 20

E-Learning

Lernen im Web ist keine einfache Sache. Zum Lernen braucht man Zeit und eine gewisse Ruhe. Die haben die meisten Benutzer aber nicht, selbst wenn sie für ihren Internet-Zugang nicht minutenweise zahlen. Viele Untersuchungen haben gezeigt: im Internet sind wir oberflächlich und schnell, hasten von Site zu Site.

Damit sind die Möglichkeiten für das Lernen im Netz eingeschränkt. Es gibt folgende Strategien, um Lernsites dennoch erfolgreich umzusetzen:

- Die Seiten sind sehr kurz und schnell zu erfassen, sodass die Benutzer nicht lange bei einer Seite verweilen müssen.
- Die Seiten werden so angelegt, dass der Benutzer sie ausdrucken oder abspeichern kann. Er liest sie dann nach dem Surfen.
- Die Seiten richten sich speziell an eine Zielgruppe, die zu ihnen kommt, um etwas Bestimmtes zu lernen. Stimmt der Inhalt, verweilen wir auch länger bei einer Site.
- Die Seiten werden über ein Intranet aufgerufen. Hier ist der Besucher in einer Arbeitssituation und zahlt keine Gebühren für Zeit oder Download-Volumen.

E-Learning ist jede Form von Lernen, bei der ein Computer zum Einsatz kommt.

Der letzte Punkt ist meiner Erfahrung nach heute noch die häufigste Lösung für echtes E-Learning im Netz. Für die betriebliche Weiterbildung hat das E-Learning ein großes Potenzial, vor allem, weil sich damit Kosten sparen lassen. Deshalb setzen einige große Unternehmen auf das Lernen im Netz.

Ob das Lernen am Computer als *WBT* (*web based training*), *CBT* (*computer based training*) oder als *E-Learning* bezeichnet wird, spielt keine Rolle. Die Grenzen und die Unterschiede sind fließend.

Inzwischen ist E-Learning aber nicht mehr auf das Abarbeiten von Programmen beschränkt. Foren und Chats bieten gerade für Lernende eine ideale Möglichkeit zum Austausch und zur Teamarbeit. Dank Video- und Telefonkonferenzen können die Benutzer miteinander interagieren und sind nicht mehr nur auf ihren Computer fixiert. Spezialsoftware für das gemeinsame Benutzen eines Programms (*application sharing*) ermöglichen es einem Dozenten, den Schülern etwas in einem beliebigen Programm vorzuführen. Danach kann er sich direkt auf den Computer seiner Schüler schalten, dort beliebige Aktionen ausführen und ihnen dabei gleichzeitig erklären, was er tut, falls sie das Beispiel selbst nicht nachvollziehen können. Diese Techniken werden manchmal unter dem Begriff *Telelearning* zusammengefasst.

Im Folgenden geht es aber nur um frei zugängliche Websites im Internet, auf denen der Benutzer ein bisschen etwas lernen soll. Für die meisten Konzepter ist das die häufigste Anwendung, die sie erstellen müssen. Möchten Sie ein größeres E-Learning-Projekt umsetzen, brauchen Sie dazu vor allem noch mehr Wissen und Erfahrung im Bereich Didaktik. Auch sollten Sie sich genau über die technischen Möglichkeiten erkundigen. Als Ausgangspunkt finden Sie Literaturtipps zum Thema E-Learning im Anhang und auf `www.benutzerfeun.de`.

20.1 Anforderungen

Lernsites müssen immer auch unterhalten. Selbst wenn es um trockene Fakten geht, sollten Sie versuchen, sie ansprechend aufzubereiten.

Spiele und Simulationen sind dazu hervorragend geeignet, übersteigen aber oft das Budget. Mit einfachen Animationen oder guten Grafiken lassen sich viele Dinge sinnvoll zeigen. Achten Sie darauf, dass diese nicht nur Illustration sind, sondern einen tatsächlichen Zusatznutzen bringen.

Eine didaktische Aufbereitung des Inhalts ist Pflicht, wenn die Site den Benutzern tatsächlich etwas beibringen soll. Die Regeln für eine gute Informations-Architektur aus dem Teil I dieses Buchs sind eine gute Basis. Der Umgang mit den Inhalten muss Spaß machen, oder Sie müssen die Benutzer anderweitig motivieren. Und es muss natürlich etwas im Gedächtnis hängen bleiben, sonst haben Sie Ihr Ziel verfehlt.

Didaktik ist mehr als gute Informations-Architektur.

20.2 Vorbildliche Beispiele

Reine Lernsites im Web sind selten. Sie sind fast alle kostenpflichtig, da es aufwendig ist, gute Kurse zu entwickeln. Meist steht ein Tutor zur Verfügung, der Aufgaben stellt und Fragen individuell beantwortet.

Häufiger bieten Informationssites Lern-Bereiche auf ihrer Site. Im Folgenden sehen Sie Beispiele, wie diese relativ einfach umgesetzt werden können.

20.2.1 Wissen.de

Die Informationssite *Wissen.de* (`www.wissen.de`) bietet viele Zugangsmöglichkeiten zu ihren Inhalten. Interessant ist die Wissensmatrix – die aber leider bei meinem letzten Besuch (zeitweise?) nicht mehr verfügbar war. Hier werden Begriffe in der Matrix bzw. in dem Netz angezeigt, in dem sie sich befinden (siehe Abbildung 20.1). Verwandte Begriffe sind direkt mit dem ausgewählten Begriff verbunden. Über Regler kann der

Benutzer einstellen, wie viele relevante Artikel angezeigt werden sollen. Klickt er auf einen dieser Artikel, kann er für diesen wiederum weitere verknüpfte Artikel anzeigen lassen. So kann er sich Stichwort für Stichwort durch ein Themengebiet hangeln.

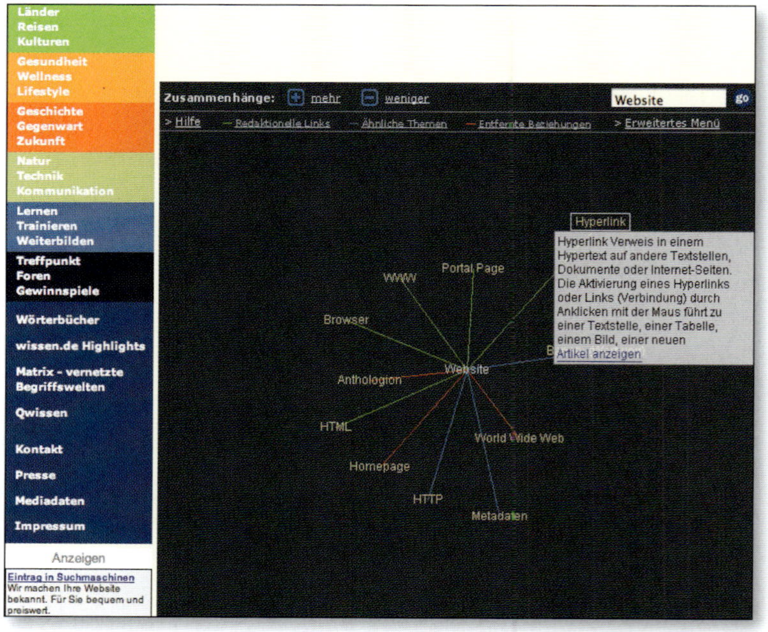

Abbildung 20.1

Die Wissensmatrix von wissen.de

Diese Navigation unterstützt das Lernen, weil es leichter fällt, Dinge zu behalten, die man mit vorhandenem Wissen verknüpfen kann. Sich einzelne Fakten zu merken ist wesentlich schwieriger als Dinge im Zusammenhang. Bleibt man in der Wissensmatrix mit dem Cursor über einem Begriff in der Matrix, erscheint ein kurzer Text, an dessen Ende ein Link zum ganzen Artikel steht.

Die Artikel sind relativ lang und nicht besonders gut für das Web aufbereitet. Nur Links zu anderen Artikeln sind eingefügt, die Strukturierung ist dieselbe wie in einem Lexikon.

ABBILDUNG 20.2

Ein einzelner Artikel von wissen.de

Aber es gibt auch Wissensbereiche, die interaktiv aufbereitet sind. So werden die Grundlagen der Gentechnik etwa mit einer einfachen Flash-Animation demonstriert. Leider beschränkt sich die Interaktivität meist darauf, die Animation zu starten und zur nächsten Seite zu springen, aber die Inhalte sind gut und vor allem kostenlos.

20.2.2 ZDF Mediathek

Beim öffentlich-rechtlichen Sender *ZDF* (`www.zdf.de`) gibt es auf der Website viele Hintergrundinformationen zu den Filmen. Vor allem im Bereich „Mediathek" sind diese teilweise sehr aufwendig und gut aufbereitet. Leider lassen sich einige der Perlen nicht einfach finden, aber das Stöbern lohnt sich.

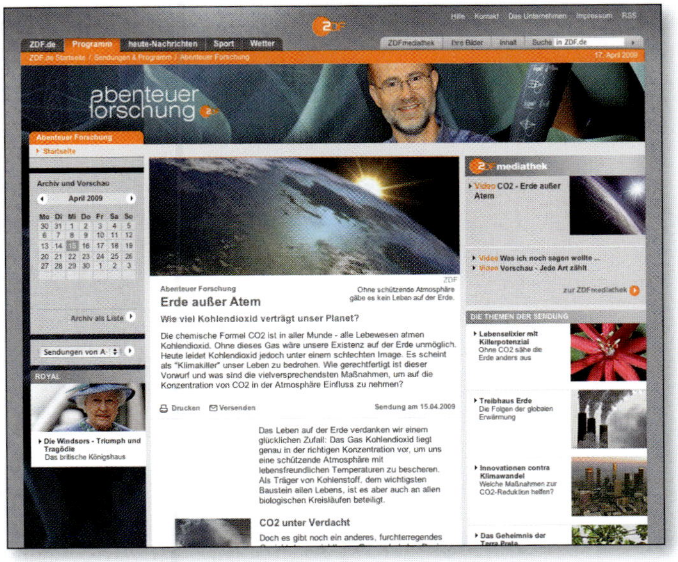

ABBILDUNG 20.3

Zu vielen Themenschwerpunkten gibt es hervorragend aufbereitete Bereiche bei ZDF.de, hier zum Klimawandel. Kombinationen aus Bild und Text, interaktiven Grafiken, kurzen Filmsequenzen und Spielen stellen das Thema von vielen Seiten dar.

Die Texte sind fast überall hervorragend, hier kann man als Web-Profi noch einiges lernen. Ein Besuch im Bereich „Mediathek“ lohnt sich, um etwas über faszinierende Sites zu lernen, die den Besucher in eine Welt eintauchen lassen, die langfristig fesselt, Spaß macht und ihn auch noch etwas lernen lässt.

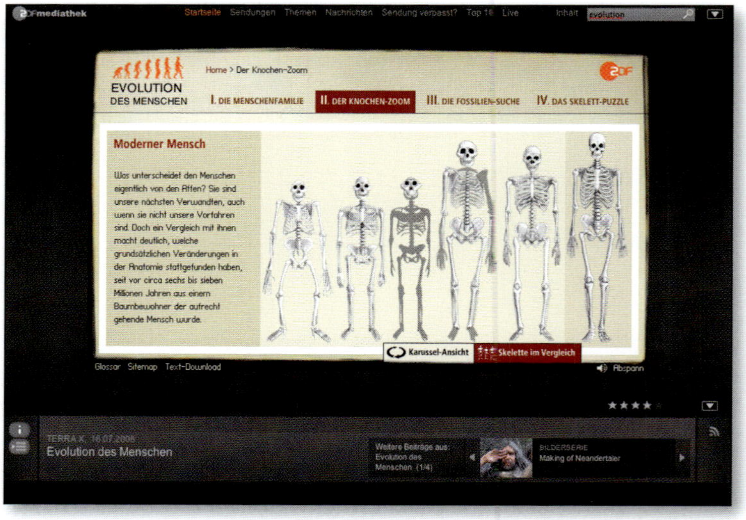

ABBILDUNG 20.4

Hier kann man die Skelette unserer Vorfahren interaktiv vergleichen und Zusatzinformationen zu diesen abrufen.

20.2.3 Stern

Gute Fragen, etwas zu spartanische Umsetzung.

Auf der Website des Magazins *Stern* (`www.stern.de`) finden sich Tests zu allen möglichen naturwissenschaftlichen Themen. Die Fragen sind sehr gut, leider trüben ein paar Wermutstropfen das Lernerlebnis.

Die richtigen Antworten erfährt der Benutzer z. B. erst bei der Schlussauswertung – und auch nur dann, wenn er den entsprechenden Link anklickt. Aus didaktischen Gründen ist jedoch ein sofortiges Feedback auf jede einzelne Frage sinnvoll. Dann erfährt der Benutzer gleich, ob seine Antwort richtig war und gegebenenfalls, was die korrekte Lösung ist. Für das Aufnehmen der Inhalte wie auch für die Motivation wäre das die bessere Lösung.

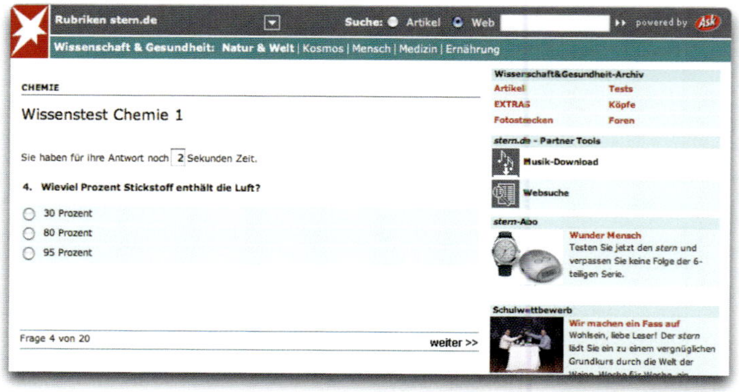

ABBILDUNG 20.5

Grundlagen der Chemie im Test bei Stern

20.2.4 Scinexx.de

Die Site *Scinexx.de* (`www.scinexx.de`) des Springer Verlags Heidelberg bietet im Bereich „Lernwelten“ bescheiden „Materialien für den Unterricht“ an. Dahinter verbergen sich einige sehr gut gemachte Seiten zu vor allem geologischen Themen wie Vulkanismus, Aufbau der Erde und Plattentektonik. Selbst Menschen, die von Geografie oder „Erdkunde“ seit der Schulzeit nichts mehr hören wollen, werden hier ihren Spaß am Lernen finden.

Die Seiten sind übersichtlich gegliedert und geschickt mit anderen Themen verlinkt. Animationen ergänzen komplexe Sachverhalte.

ABBILDUNG 20.6
Die Lernwelten von Scinexx.de. Diese sind sehr gut gegliedert; nur die Navigation links enthält ein Begriffsdurcheinander. Viele Punkte sind für Neulinge unverständlich.

20.2.5 BarnesAndNoble.com

Kostenlose Kurse von Astronomie bis Zeitmanagement

Der amerikanische Web-Buchladen *Barnes and Noble* (`www.bn.com`) hat 2001 eine „Universität“ eröffnet (`www.BNUniversity.com`) – und 2006 leider wieder ohne Angabe von Gründen geschlossen. Jeder, der sich registriert, konnte kostenlos an Online-Kursen teilnehmen. Die Kurse stammten aus den verschiedensten Themenbereichen: von Astronomie über Grafikdesign und Geschäftsstrategien bis hin zur Wohnungseinrichtung nach Feng Shui.

Der Ansatz war aber sehr interessant, daher nehme ich hier noch eine kurze Beschreibung auf.

Im Abstand von einigen Tagen wurde je eine Lektion online gestellt. Diese bestand aus drei bis zehn Seiten gut aufbereitetem Text mit Grafiken und meist einem einfachen Test sowie einer Hausaufgabe. Zusätzlich gab es ein Forum, in dem man mit den anderen Kursteilnehmern diskutieren konnte.

Mit relativ einfachen Mitteln setzte die BNUniversity E-Learning um. Es hat aber immer Spaß gemacht, vor allem, weil die Texte fast immer perfekt für das Lesen am Bildschirm geschrieben und strukturiert waren. Natürlich wäre noch sehr viel mehr an Interaktion möglich gewesen, aber für kostenlose Kurse war das Angebot hervorragend. Barnes and Noble bewarb in jedem Kurs ein bis drei Bücher, die als Lehrbücher empfohlen werden – die natürlich gleich bestellt werden konnten. Manchmal wurde im Kurs auch auf die Bücher verwiesen, doch konnte man auch ohne diese Bücher erfolgreich an den Kursen teilnehmen. Vielleicht war das der Grund für das Ende des Angebots?

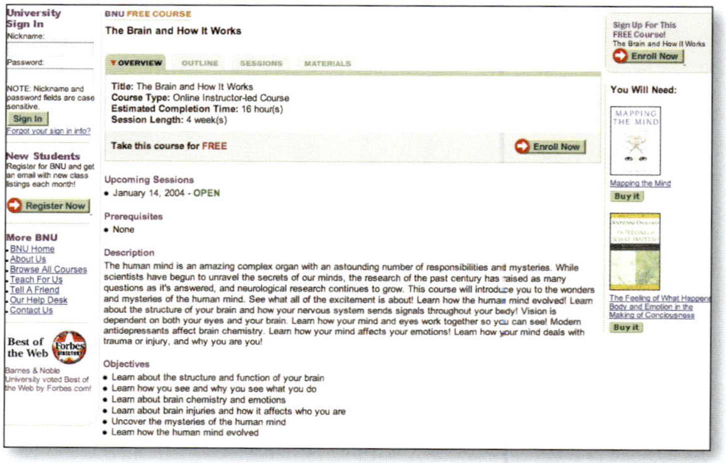

ABBILDUNG 20.7

Die Hauptseite eines Kurses in der „Universität“ von Barnes and Noble (www.BNUniversity.com)

20.2.6 What's Asthma

Auf der amerikanischen Site *What's Asthma* (`www.whatsasthma.org`) lernen Betroffene, was Asthma genau ist, wie es entsteht und wie man es behandeln kann. Die medizinischen Sachverhalte werden mit simplen, sehr guten interaktiven Animationen erklärt.

Diese Site ist ein gutes Beispiel für den sinnvollen Einsatz von Flash. Die Interaktionen sind zwar einfach, aber dennoch bringen sie einen deutlichen Mehrwert, da der Benutzer einbezogen wird und durch das Erkunden von an sich einfachen Abbildungen das Gefühl hat, einbezogen zu sein. Die Texte sind kurz und prägnant, und die grafische Aufbereitung ist einfach, dem Thema angemessen und perfekt lesbar – außerdem sieht sie gut aus.

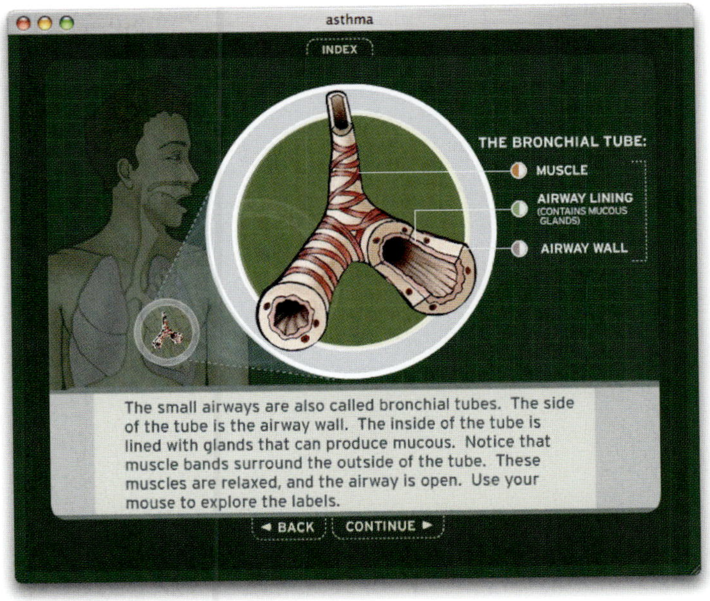

ABBILDUNG 20.8

Alles über Asthma – so leicht kann Lernen sein, wenn die Site gut konzipiert und umgesetzt ist (www.whatsasthma.org).

Kapitelübersicht Teil 6

TEIL 6
ANHANG

Gute Konzepte entstehen nicht im luftleeren Raum. Bleiben Sie am Ball und informieren Sie sich über neue Trends, die Seiten der Konkurrenz oder innovativer Unternehmen. Im Anhang finden Sie Tipps für lohnende Ausgangspunkte. Und außerdem noch Hinweise für Auftraggeber von interaktiven Projekten.

Anhang A: Tipps für Auftraggeber

Wenn Sie einen Auftrag zum Erstellen Ihrer Website oder einer Anwendung vergeben, sollten Sie auf folgende Dinge achten, um die Zusammenarbeit mit der Agentur so reibungslos wie möglich zu gestalten. Wenn Sie sich zuvor schon etwas schlaumachen, zeigen Sie auch, dass Sie etwas von der Materie verstehen. Das bringt Ihnen Bonuspunkte: Sie werden von Anfang an ernst genommen und kommen schneller zu einem besseren Ergebnis.

Ziele festlegen

Überlegen Sie sich genau, was Sie mit dem Web-Auftritt bzw. der Anwendung erreichen wollen. Achten Sie besonders auf:

- Zielgruppe (Wer soll die Site besuchen bzw. die Anwendung benutzen?)
- bei Websites: Aktualisierung nach dem Launch
- bei Offline-Anwendungen: Vertrieb
- bei Anwendungen im öffentlichen Raum: technische Wartung
- Einbindung der Site bzw. Anwendung in Unternehmensprozesse (Bestellung, Versand, Support, Marketing)
- Anbindung an Datenbanken und IT-Systeme (Warenwirtschaft, Verwaltung, Kommunikation)
- genaue, überprüfbare Formulierung des Ziels (z. B. „Durch die Site soll das Callcenter innerhalb der nächsten sechs Monate um 20 Prozent entlastet werden.")
- Denken Sie weit in die Zukunft: Welche Funktionen könnte Ihr Unternehmen noch mit der Site bzw. Anwendung besser abwickeln? Was passiert, wenn die Site bzw. Anwendung sehr erfolgreich ist? Oder wenn Sie stark expandieren, z. B. ins Ausland?
- Wie viel Gewinn versprechen Sie sich? Wie viel Geld sind Sie zu investieren bereit?
- Wann soll die Site online gehen bzw. die Anwendung einsatzbereit sein?

Denken Sie immer daran: Der Kunde/Benutzer steht im Mittelpunkt. Ihm, nicht Ihnen muss die Site bzw. Anwendung gefallen, und er muss mit ihr klarkommen.

Weitere Tipps zur Ausarbeitung und Formulierung der Ziele stehen in Kapitel 4, *Grobkonzept,* Abschnitt *Ziele definieren* und in den darauf folgenden Abschnitten ab Seite 47.

Konkurrenz analysieren

Sehen Sie sich um, was Ihre Konkurrenz so treibt. Dadurch wissen Sie, was die Benutzer gewöhnt sind und was Sie eventuell besser machen können. Geben Sie diese Informationen später an die Agentur weiter; vielleicht stößt sie nicht von selbst auf alle Ihre Konkurrenten.

Agentur auswählen

Wenn Sie wissen, welche Funktionen Ihre Site bzw. Anwendung haben soll und welche Inhalte Sie unterbringen möchten, suchen Sie sich eine passende Agentur.

Vorauswahl

Dazu können Sie sich bei befreundeten Firmen nach Empfehlungen erkundigen und Recherchen im Internet (z. B. `www.ibusiness.de`, `www.bvdw.org`) oder in Fachzeitschriften (z. B. *w&v, Page, Horizonte*) anstellen. Sehen Sie sich die Websites der Agenturen an.

Kriterien für die engere Auswahl sind:

- Referenzen (Hat die Agentur schon ein vergleichbares Projekt durchgeführt?)
- räumliche Nähe (Es ist einfacher, wenn Sie die Agentur ohne viel Aufwand besuchen können bzw. jemand von der Agentur zu Ihnen kommen kann.)
- Beständigkeit (Ist die Agentur in den Schlagzeilen wegen ihrer finanziellen Lage? Arbeitet sie gewinnbringend?) Hier müssen Sie sich etwas von Ihrem Gefühl leiten lassen. Haben Sie den Eindruck, dass die Agentur solide wirtschaftet und dass sie nicht während Ihres Projekts schließen muss, können Sie sie in die engere Wahl ziehen.

Pitch/Angebote

Haben Sie ein paar Firmen in der engeren Wahl, nehmen Sie telefonisch oder per E-Mail Kontakt auf. Lassen Sie sich die Agentur kurz vorstellen, und erklären Sie, welches Projekt Sie planen.

Treffen Sie sich mit den Verantwortlichen der Firmen, die Sie am interessantesten finden. Nutzen Sie die Gelegenheit, sich die Räume der Agenturen anzusehen, um einen Eindruck von Größe und Arbeitsstil zu bekommen. Lassen Sie sich alte Projekte zeigen.

Bitten Sie drei bis vier Agenturen, ein Angebot abzugeben oder eine Präsentation eines ersten Konzepts zu machen (dieser Wettbewerb nennt sich *Pitch*). Es ist nicht sinnvoll, viel mehr Agenturen einzuladen. Sie selbst haben dadurch auch mehr Arbeit, die richtige auszusuchen, und die Agenturen werden sich nicht so bemühen, wenn sie den Eindruck haben, nur ein Kandidat unter vielen zu sein.

Je klarer Ihre Vorgaben sind, desto besser werden die Präsentationen dem entsprechen, was Sie sich vorstellen. Bevor Sie Ihre Vorgaben mitteilen, lesen Sie Kapitel 2, *Briefing: Was will der Auftraggeber?* ab Seite 8.

Es ist üblich, für die Präsentation eines Konzepts eine Aufwandsentschädigung (Präsentationshonorar) zu zahlen. Deren Höhe reicht von 1000 bis 10.000 Euro – je nachdem, wie viel Sie erwarten.

Endauswahl

Berücksichtigen Sie bei der Endauswahl Folgendes:

- Hört man Ihnen zu? Wer bereits mit einem fertigen Konzept zum ersten Gespräch kommt, ist ungeeignet.
- Umsetzung der Ziele (Sind Ihre Ziele alle berücksichtigt? Sind sie gut umgesetzt?)
- Kreativität (Hat die Agentur eigene Ideen eingebracht? Hat sie innovative Lösungen vorgeschlagen?)
- Inhaltliche Kompetenz (Kennt sich die Agentur in Ihrer Branche aus? Wird Wert auf die Inhalte und auf Usability gelegt, oder geht es vor allem um Design oder Technik?)
- Qualitätskontrolle und Usability (Sind technische Tests und Usability-Tests vorgesehen?) Sie können auch eine zweite Firma mit Usability-Tests beauftragen, das sichert die Unabhängigkeit und vermeidet Betriebsblindheit.
- Technik (Wirken die vorgeschlagenen Techniken überzeugend? Verstehen die Menschen, wovon sie reden?)
- Berechenbarkeit (Wissen Sie, wie die Agentur vorgehen wird? Welche Schritte sind geplant? Wie werden Sie in die Produktion einbezogen?)
- Professionalität (Sind Auftreten und Präsentation professionell?)
- Seriosität (Verspricht die Agentur zu viel? Scheut sie sich nicht, auch auf Probleme hinzuweisen?)

- Kapazität (Hat die Agentur genug Raum und Personal, um den Auftrag abzuwickeln?)
- Soziale Kompetenz (War der Umgang mit den Ansprechpartnern problemlos? Sind Ihnen diese sympathisch? Haben Sie die Mitarbeiter kennen gelernt, die den Auftrag bearbeiten würden?)
- Preis (Ist der Preisvorschlag angemessen?) Nehmen Sie nicht den billigsten Anbieter, nur weil er billig ist. Es findet sich immer eine kleine Firma, die alle anderen unterbietet. Ob sie nur Selbstausbeutung betreibt, um Renommee zu gewinnen, oder ob sie sich verkalkuliert und das Projekt später abbrechen muss, ist schwer zu beurteilen. Es gibt in der Branche leider viele kleine Firmen, die viel versprechen, aber nur mittelmäßige bis schlechte Arbeit abliefern. „Billig" kostet Sie als Auftraggeber fast immer deutlich mehr Zeit und Nerven – und wenn Sie Pech haben, geht das Projekt sogar als Ganzes baden.

Kalkulation prüfen

Die Kalkulation ist nicht nur für Auftraggeber, sondern auch für Auftragnehmer eine der Sachen, die am meisten Probleme machen. Denn um ein seriöses Angebot zu machen, muss die Agentur schon recht viel über Ihre Vorstellungen wissen und erste eigene Konzeptideen entwickeln.

Honorarsätze

Immerhin gibt es inzwischen Erfahrungswerte, was den Aufwand betrifft, und Anhaltspunkte für die Honorarsätze. Empfehlenswert für Letzteres ist der *iBusiness Honorarleitfaden* des Hightext Verlags. Er wird regelmäßig aktualisiert und gibt an, wie viel die wichtigsten 3000 Multimedia-Dienstleister im deutschsprachigen Raum durchschnittlich für die einzelnen Arbeitsschritte eines Projekts verlangen (Bezugsquelle siehe *Anhang B, Link- und Literaturtipps*, ab Seit 415).

Rechte

Ein wichtiger Punkt, der oft übersehen wird, ist die Frage der Rechte. Üblicherweise erwerben Sie nur die Nutzungsrechte für das Design und das Konzept für die Anwendung, die im Auftrag beschrieben ist. Wollen Sie etwa auf dieser Grundlage eigene Anwendungen erstellen, müssen Sie Lizenzzahlungen leisten.

Auch sollte geklärt sein, wie hoch die Nutzungsgebühren für Fremdmaterial wie Fotos, Filme und Musik sind – und wer diese zahlen muss. Oft ist es günstiger, diese neu produzieren zu lassen, als jahrelang die teilweise recht hohen Gebühren professioneller Bildagenturen zu zahlen.

Kosten sparen

Sie haben viele Möglichkeiten, Kosten zu sparen. Denn je besser Sie sich vorbereiten, desto weniger Aufwand hat die Agentur. Wenn Sie vertraglich zusichern, dass Sie für bestimmte Voraussetzungen sorgen, lässt sich vielleicht über den Preis nochmals reden. In jedem Fall werden Ihnen aber alle Dinge in Rechnung gestellt, die zu mehr Aufwand und Kosten führen.

Um das zu vermeiden, denken Sie an:

- **Klare und kurze Entscheidungswege in Ihrem Unternehmen.** Am besten ist es, wenn eine Person allein und verbindlich entscheiden kann, wenn es um die Abnahme von Konzepten und Fragen der Agentur bezüglich den Inhalten geht.
- **Termintreue bei Lieferung der Vorgaben und bei Abnahmen.** Liefern Sie Vorgaben eine Woche zu spät, können Sie nicht damit rechnen, dass Ihr Projekt einfach nur eine Woche später fertig wird. Denn oft müssen Agenturen Produktionsmittel oder -räume vorausbuchen oder Kapazitäten von festen oder freien Mitarbeitern reservieren.
- **Keine nachträglichen Korrekturen an dem Ziel der Anwendung, der Zielgruppe oder den eingesetzten Methoden.** Diese betreffen die Basis des Projekts und können eine komplette Neuplanung nötig machen.
- **Keine Änderungen an abgenommenen Konzepten.** Auch wenn Sie glauben, dass eine bestimmte Änderung kaum Aufwand verursacht, kann das von Fall zu Fall ganz anders sein und zu erheblichen Zeitverzögerungen und Kostensteigerungen führen.
- **Keine zuvor nicht abgesprochene Präsentation von Zwischenständen oder Prototypen** (z. B. für Chefs, Kunden, Messen o. Ä.). Diese bringen die gesamte Planung durcheinander und stoppen den Projektfortschritt für Tage oder Wochen. Auch wenn Sie sagen, man solle sich keinen Aufwand machen, wird jede Agentur dafür sorgen, dass auch beim Vorzeigen von Zwischenversionen ein gewisser Qualitätsstandard eingehalten wird. Diese Arbeit kann in den seltensten Fällen weiterverwendet werden.

Möchten Sie richtig tief in die Kalkulation einsteigen, greifen Sie zur *dmmv-Kalkulationssystematik* (Hightext Verlag, siehe *Anhang B, Link- und Literaturtipps*, ab Seite 415). Das ist eine ausführlich kommentierte Tabelle mit allen Einzelschritten einer beliebigen Multimediaproduktion. Wenn Sie diese für Ihr Projekt sorgfältig ausfüllen, können Sie sicher sein, dass Sie keinen Punkt vergessen haben und keine unvorhergesehenen Kosten mehr auf Sie zukommen werden.

Agentur briefen

Haben Sie sich entschieden, treffen Sie sich möglichst mit dem gesamten Produktionsteam der Agentur. Besprechen Sie nochmals detailliert die Ziele des Projekts, Ihre Wünsche und den Zeitplan. Es schadet nicht, ein, zwei Wochen Puffer einzubauen, wenn das Projekt zu einem bestimmten Termin fertig sein muss.

Bestimmen Sie Ansprechpartner mit Entscheidungskompetenz für die Agentur. Je kürzer die Wege sind, desto reibungsloser läuft das Projekt.

CD

Auf der beiliegenden CD-ROM finden Sie auch eine ausführliche Tabelle mit Fragen zum Briefing, die Sie an Ihren Bedarf anpassen können (Datei *Briefing-Fragen.xls*). Damit stellen Sie sicher, dass nichts vergessen wird (was eigentlich Aufgabe der Agentur ist, aber Sie haben natürlich auch etwas davon, wenn Sie möglicht gut mitarbeiten).

Inhalte liefern

Machen Sie einen Ihrer Mitarbeiter dafür verantwortlich, dass alle benötigten Inhalte rechtzeitig und im richtigen Format an die Agentur gegeben werden. Das stellt nicht nur sicher, dass der Zeitplan eingehalten werden kann, sondern sorgt auch für die optimale Qualität. Zudem sichern Sie sich das Wohlwollen der Agenturmitarbeiter, weil sie solche Auftraggeber liebt (diese sind wirklich so selten).

Abnahmen und Änderungswünsche

Machen Sie sich bewusst, dass Sie die Arbeit nicht komplett delegieren können. Sie müssen sich während des Projekts immer wieder einbringen. Lassen Sie sich regelmäßig über den Stand der Dinge informieren, und planen Sie Zwischenabnahmen ein. So verhindern Sie, dass Sie kurz vor Schluss feststellen, dass die Umsetzung Ihren Vorstellungen grundsätzlich widerspricht.

Das größte Konfliktpotenzial während des Projekts sind Ihre Änderungswünsche. Ist Ihr Auftragnehmer professionell, hat er im Auftrag bzw. Vertrag festgehalten, dass Sie diese zu bestimmten Terminen einbringen müssen, normalerweise bei der Abnahme der Konzepte. Nur so kann er Zeit und Kapazitäten sinnvoll planen, und nur so kann er innerhalb des Budgets produzieren.

Sie haben nicht nur das Recht, Änderungen zu verlangen, Ihr Auftragnehmer wird diese auch fast immer zu schätzen wissen, denn Sie sind zum einen der Profi auf Ihrem Gebiet, zum anderen müssen letztendlich Sie mit dem Projekt zufrieden sein. Haben Sie die Agentur sorgfältig ausgewählt, können Sie aber andererseits darauf vertrauen, dass Dinge, die Ihr Auftragnehmer Ihnen auszureden versucht, tatsächlich nicht sinnvoll sind.

Alle Änderungswünsche aber, die vorgebracht werden, wenn Sie bereits Abnahmen für diesen Bereich gemacht haben, sind problematisch. Manche lassen sich leicht noch umsetzen, andere bedeuten erheblichen Mehraufwand und damit Zeitverzögerungen und Kosten.

Durchsetzen von Änderungen

Ihr Auftragnehmer ist Ihr Dienstleister, Sie bezahlen ihn für seine Arbeit. Aber vergessen Sie nicht die menschlichen Aspekte. Sind die Bearbeiter gut, haben sie einige kreative Arbeit in Ihr Projekt gesteckt. Sie freuen sich, wenn es gut vorangeht und sie das Gefühl haben, die Aufgabe im gegebenen Rahmen gut abzuschließen. Verlangen Sie nun kurz vor dem Ziel eine durchgreifende Änderung, ist das, wie einem Marathonläufer kurz vor dem Ziel zu sagen „Tausend Meter mehr gehen schon noch!".

Es ist Ihr Recht, als Auftraggeber das zu tun. Seien Sie dann aber auch ganz offen, und bitten Sie um eine Einschätzung, was diese Änderung an Aufwand und Kosten bedeutet. Denn es ist das Recht des Auftragnehmers, dann nochmals zu verhandeln und eine Nachkalkulation (Nachtrag) abzugeben.

Schwierig zu beantworten ist die Frage, was eine durchgreifende Änderung ist. Natürlich können und sollten Sie Ihre eigene Einschätzung abgeben, aber hören Sie auch die Meinung Ihres Auftragnehmers. Sie können sich natürlich anderweitig erkundigen, aber es ist oft schwierig, den genauen Aufwand abzuschätzen, ohne die exakte Vorgehensweise und den genauen Projektstand beim Auftragnehmer zu kennen.

Das zeigt deutlich, wie wichtig es ist, die Agentur sorgfältig auszuwählen. Stimmt die Vertrauensbasis, werden Sie auch in solchen schwierigen Situationen gemeinsam zu einer guten Lösung kommen.

Launch

Die folgenden Punkte gelten natürlich nur für Website-Projekte.

Providersuche

Tipps zur Providersuche finden Sie in Kapitel 10.2, *Provider-Suche*, Seite 311. Hier wird auch die Frage behandelt, wann ein eigener Internet-Server sinnvoll ist.

Die Site bekannt machen

Sorgen Sie dafür, dass Ihre Site bekannt wird. Dazu sollten Sie

- die Site bei Suchmaschinen und Katalogen anmelden. Das können Sie selbst tun, die Agentur damit beauftragen oder es durch eine Spezialfirma erledigen lassen. (Tipps dazu finden Sie in Kapitel 11.1.1, *Anmelden bei Suchmaschinen*, Seite 317.)
- die Site und ihre Funktionen Ihren Mitarbeitern vorstellen. Machen Sie allen klar, dass die Site mehr ist als nur eine Broschüre im Netz.
- die Adresse der Site in die Signatur aller E-Mails aufnehmen, die das Haus verlassen.
- die Adresse der Site auf alle Druckerzeugnisse und Waren drucken, die das Haus verlassen.
- unterstützende Marketingmaßnahmen planen (Banner, Print-, Hörfunk-, TV-Werbung, Hinweise in Newslettern und Newsgroups bzw. Mailinglisten, die von Ihren Kunden gelesen werden, Werbung auf Autos und Plakaten, Gewinnspiele oder besondere Veranstaltungen).

Wartung und Pflege

Ist das Projekt fertig, kann die Arbeit beginnen. Denn eine Website braucht ständige Pflege. Erarbeiten Sie einen Wartungs- und Pflegeplan. Folgende Aufgaben müssen Sie verteilen:

- **Inhalte aktualisieren.** Wenn Ihre Site nicht auf aktuelle Ereignisse eingeht, die Ihr Unternehmen direkt betreffen, denken Ihre Benutzer, dass die Site nicht gepflegt wird, und verlieren auch das Vertrauen in die anderen Informationen auf der Site.
- **Fehler beheben.** Manche Fehler wurden vielleicht beim Testen übersehen, Kunden entdecken Fehler, oder externe Links funktionieren nicht mehr.
- **Log-Files auswerten.** Überprüfen Sie anhand der Server-Statistiken die Zugriffe auf die Site. Wird sie akzeptiert? Finden sich die Benutzer zurecht? (Siehe auch das Kapitel 12 *Besuchstatistiken auswerten*, ab Seite 328.)
- **E-Mails lesen und beantworten.** Alle eingehenden E-Mails müssen innerhalb des Arbeitstages nach ihrem Eingang beantwortet sein. Dauert die Bearbeitung länger, sollte eine Nachricht darüber an den Benutzer geschickt werden. Eine Firma, die E-Mails nicht beantwortet, verliert Kunden.
- **Mitarbeiter schulen.** Falls Mitarbeiter mit der Website arbeiten sollen, die wenig Erfahrung im Umgang mit Computern haben, sollten Sie Schulungen vorsehen.

Vertrieb von CDs/DVDs

Die folgenden Punkte gelten nur für Offline-Projekte.

- Sorgen Sie dafür, dass Ihre Anwendung bekannt wird und in die Läden kommt. Dazu stehen Ihnen die klassischen Marketingmittel zur Verfügung: Werbung in allen Medien inklusive Internet, Hinweise in Newslettern und Newsgroups bzw. Mailinglisten, die von Ihren Kunden gelesen werden, Werbung auf Autos und Plakaten, Gewinnspiele oder besondere Veranstaltungen. Wenn Sie keine Erfahrung mit dem Vertrieb von CDs/DVDs haben, sollten Sie sich unbedingt einen Partner dafür suchen.
- Sehen Sie eine Hotline vor, die technische Probleme der Kunden löst (per E-Mail und/oder Telefon).

Wartung von Terminals

Anwendungen im öffentlichen Raum gehen immer kaputt. Die Frage ist nur, wann. Schicken Sie regelmäßig jemanden zur Kontrolle vorbei. Ob der Rechner abgestürzt ist oder jemand die Hardware zerstört hat – der schlechte Eindruck fällt immer auf Sie zurück. Planen Sie deshalb von Anfang an genug Zeit und Geld für die regelmäßige Wartung ein.

Starten Sie mit häufigen Kontrollen. Sie können die Abstände zwischen ihnen verlängern, wenn die Anwendung dauerhaft stabil läuft. Verzichten Sie aber niemals vollständig auf die Kontrollbesuche. Manche Fehler treten einfach erst nach fünf Wochen auf, in denen alles problemlos lief.

Ändern Sie nichts an der Konfiguration, solange das System funktioniert. Neue Versionen von Programmen oder Betriebssystemen nur deshalb aufzuspielen, weil sie angeblich schneller laufen, ist nicht sinnvoll. Oft entstehen dadurch neue Probleme.

Anhang B: Link- und Literaturtipps

Hier finden Sie ein paar ausgewählte Tipps zum Schließen von eventuellen Wissenslücken und für zusätzliche Informationen. Einige Links werden im Laufe der Zeit nicht mehr funktionieren, daher können Sie die `www.benutzerfreun.de` besuchen, um auf die aktuellen Links zuzugreifen. Die Link-Liste dort wird nicht nur ständig geprüft, sondern ist auch deutlich umfangreicher als die hier aufgeführte Auswahl.

Die Link-Liste aus dem Buch finden Sie auch auf der beiliegenden CD-ROM. Sie können die Links aus diesem Dokument direkt öffnen und sich so die Arbeit sparen, die URL im Browser einzutippen.

CD

Die Links habe ich mit Sorgfalt ausgewählt und kommentiert, damit Sie den größtmöglichen Nutzen von ihnen haben. Ich kann sie aber nicht regelmäßig im Einzelnen auf Richtigkeit oder Rechtmäßigkeit prüfen, daher bin ich für Ihre Hinweise dankbar unter `buch@benutzerfreun.de`.

Konzeption

Literatur

- Jens Jacobsen: *Briefing interaktiver Projekte. Ein Leitfaden für Auftraggeber und Auftragnehmer.*

  HighText Verlag 2006. 45 Seiten, 19,80 €

  Das Briefing ist die Grundlage für den Projekterfolg. Diese Broschüre bietet allen, die an Briefings für interaktive Projekte beteiligt sind, Tipps, Anleitungen, Hinweise sowie eine ausführliche Checkliste für effektive Briefings – sowohl auf Auftraggeber- als auch auf Auftragnehmerseite.

- Louis Rosenfeld, Peter Morville: *Information Architecture.*

  O'Reilly Verlag 2006 (3. Auflage). 528 Seiten, ca. 31 €

  Sehr leicht zu lesende Arbeitsanleitung für Informations-Architekten. Teilweise ist der Inhalt etwas wissenschaftlich (die Autoren sind ursprünglich Bibliothekare), auf Design-Aspekte wird wenig eingegangen. Dennoch ein stets aktueller und sehr empfehlenswerter Klassiker!

  Nur auf Englisch erhältlich.

- Amy Jo Kim: *Community Building.*

  Galileo Press 2001. 384 Seiten

  Sehr fundiert und gründlich ist hier beschrieben, wie man eine virtuelle Gemeinschaft auf seiner Site etabliert. Das Thema wird üblicherweise von vielen schönen Worten und Allgemeinplätzen begleitet, doch nicht so in diesem Titel. Die Anweisungen sind konkret und für die Praxis brauchbar. Sie sind auch im Zeitalter von „Web 2.0“ noch gültig, da der Mensch immer noch das gleiche soziale Wesen ist. Das Buch ist leider vergriffen, aber bei Amazon bekommt man es oft noch gebraucht.

Links

- `www.boxesandarrows.com`

  Sehr lohnenswerte Site von Konzeptern für Konzepter. Immer wieder kommen neue Tipps, Studien und Kommentare hinzu, die entweder die tägliche Arbeit erleichtern oder eine neue Sicht auf bekannte Probleme aufzeigen.

- `www.gerrymcgovern.com`

  Die Site von Gerry McGovern, einem Konzepter und Vortragsreisenden in Sachen Informations-Architektur. Sehr empfehlenswert ist sein wöchentlicher, kostenloser Newsletter „New Thinking“.

- `http://www-03.ibm.com/easy/page/572`

  Die *Web Design Guidelines* von IBM. Es werden Themen aus der HTML-Programmierung und Grafik-Produktion behandelt sowie auch die Konzeption von der Vorbereitung bis zum Bekanntmachen der Site. Sehr knapp und präzise, eine tolle Zusammenfassung für alle im Team, die kein ganzes Buch zum Thema lesen wollen.

- `www.jjg.net/ia`

  Site des amerikanischen Konzepters Jesse James Garrett. Sie enthält einige gute Hinweise, Literaturtipps und Links. Garrett hat ein gutes System für das Zeichnen von Sitemaps geschaffen.

- `www.ecin.de/recht/informationspflichten`

  Fundierter Artikel über die Informationspflichten für Betreiber von Einkaufssites.

- `www.ifb-gruendung.de`

  Das Institut für Freie Berufe Nürnberg; Infos für Freiberufler, mit Beratungsangeboten und einer großen Sammlung von Dokumenten mit Tipps zu Geschäftskorrespondenz, Absicherung, Gesellschaftsformen, Krediten etc.

Studien und Marktforschung

Links

- `www.destatis.de`

  Statistische Daten vom Bund

- `www.bvdw.org/marktzahlen.html`

  Links zu Studien beim Bundesverband Digitale Wirtschaft (dem früheren Deutschen Multimedia-Verband dmmv)

- `www.ibusiness.de`

  Portal mit aktuellen Nachrichten, Zusammenfassungen von Studien usw. zur Multimedia-Branche. Manche Inhalte sind kostenlos, für viele muss man zahlen.

- `www.w3b.de`

  Fittkau & Maaß führt zweimal jährlich die W3B-Studie durch, bei der meist über 100.000 Internet-Benutzer über ihre Gewohnheiten Auskunft geben. Einige Eckdaten sind online zugänglich.

Texten und Sprache

Literatur

- Wolf Schneider: *Deutsch für Profis. Wege zu gutem Stil.*

  Goldmann 2001, 268 Seiten, 8 €

  Knapp und präzise. Die beste Anleitung zum verständlichen, interessanten Schreiben – für jedes Medium. Ohne Dogmen oder theoretische Regeln, dafür mit vielen praktischen Beispielen. Lehrreiche Lektüre, die Spaß macht. Zwischenzeitlich war der Titel vergriffen, jetzt ist er wieder lieferbar.

- Bastian Sick: *Der Dativ ist dem Genitiv sein Tod.*

  Kiepenheuer & Witsch 2006. 256 Seiten, 8,90 €

  Kurze, meist amüsant geschriebene Artikel zur deutschen Sprache. Obwohl der Autor manchmal etwas dogmatisch wirkt und „gegen Windräder kämpft", ist die Lektüre ein lohnender Zeitvertreib. Wenn Sie wissen wollen, ob es die oder das E-Mail, die Pizzas, Pizzen, Pizze oder Pizza's heißt, und keine Lust auf trockene Lektüre haben, sind Sie hier richtig. Aber werden Sie nicht zum Besserwisser – oder machen Sie immer alle's richtig?

Links

- `www.benutzerfreun.de/text/`

  Infos zur Studie „Text im Web" sowie die komplette Studie kostenlos zum Download.

Usability

Literatur

- Steve Krug: *Don't Make Me Think!*

  MIT-Press 2006. 203 Seiten, 24,95 €

  Das beste Buch zum Thema Usability. Krug ist Realist und verrät, wie jeder – so klein sein Budget auch sein mag – seine Site durch Usability-Tests verbessern kann. Das alles beschreibt er so anschaulich und witzig, dass die Lektüre ein reines Vergnügen ist.

- Jakob Nielsen, Hoa Loranger: *Web Usability.*

  Addison-Wesley 2008. 408 Seiten, 19,95 €

  Völlig neu geschriebene Fassung des Klassikers *Designing Web Usability*. Die Gestaltung ist etwas überladen, aber dennoch ein Muss für alle Usability-Profis. Alle Aussagen sind mit Testergebnissen belegt und durch Beispiele illustriert.

- Jakob Nielsen: *Designing Web Usability.*

  Markt & Technik 2001. 396 Seiten, 49,95 €

  Die deutsche Ausgabe der Usability-Bibel von 1999. Sehr fundiert, aber teilweise etwas ausschweifend. Mitunter wirkt der Ansatz dogmatisch, Nielsen lehnt fast alles Design ab. Die Zielgruppe der Grafiker lässt das Buch etwas außen vor, aber auch sie können hier viel lernen.

Links

- `www.useit.com`

  Die Site des bekanntesten Usability-Experten Jakob Nielsen. Er veröffentlicht alle zwei Wochen eine lesenswerte Kolumne. Auch weitere nützliche Artikel zum Thema finden Sie hier.

- `www.uie.com`

  Die Website der Firma *User Interface Engineering* von Jared Spool, dem zweiten Usability-Guru. Viel Werbung, einiges Interessantes.

- `http://psychology.wichita.edu/surl/usability_news.html`

  Der Usability News-Newsletter. Er wird herausgegeben vom *Software Usability Research Laboratory* der Wichita State University. Hierin werden Forschungsergebnisse vorgestellt, die sich mit Usability befassen. Weiterhin finden sich einige interessante Texte auf der Site.

- `www.gc-upa.de`

  Der deutsche Ableger der *Usability Professionals' Association* (Berufsverband aller Usability-Experten). Er hält allgemeine Infos zum Thema bereit.

- `www.fit-fuer-usability.de`

  Gute Site des *Fraunhofer Instituts Angewandte Informationstechnik* mit vielen Hintergrundinformationen.

- `www.sapdesignguild.org`

  Umfangreiche Materialien von SAP zur Usability. Das meiste ist ist auch für Anwendungen interessant, die nichts mit SAP zu tun haben.

Web 2.0

Links

Hier nur ein paar Links, damit Sie mitreden können – der Begriff Web 2.0 ist weder klar definiert noch besonders glücklich gewählt, wird aber so viel verwendet, dass Sie Bescheid wissen sollten, was sich dahinter verbirgt.

- `www.flickr.com`

  Bei Flickr finden Sie Millionen von Fotos – jedermann kann welche hochladen, bewerten und vor allem mit Tags versehen. Besonders interessant ist die daraus entstehende *tag cloud* unter `www.flickr.com/explore/`. Sie stellt einfach dar, welche Begriffe in letzter Zeit am häufigsten zur Bildbeschreibung vergeben wurden.

- `http://del.icio.us`

  Hier sehen Sie, wie soziale Lesezeichen (*social bookmarking*) funktionieren. Eine riesige Lesezeichensammlung, die gemeinsam genutzt werden kann.

- `www.xing.com`

  Bei Xing (früher openBC) finden Sie sicher viele Ihrer Freunde und Bekannten. Die Site erlaubt es Ihnen, sich mit diesen zu vernetzen und an Diskussionen teilzunehmen.

- `www.blogger.com`

  Der bekannteste Anbieter für Blogs. Mit guter Einführung und Tipps für interessante Bloggs. Hier können Sie sofort ins Webloggen einsteigen – Vorsicht: Es macht süchtig und ist nicht immer sinnvoll.

- `www.content-crew.de`

  Meine Firma für die professionelle Podcast-Produktion. Im Bereich „Zusatzinfos“ finden Sie viele Hintergrundinformationen, Statistiken und Anhaltspunkte zur Umsetzung von Podcasts und Videocasts. Unter „Beispiele“ finden Sie einige ausgewählte Podcasts.

Recht

Literatur

- Jörg Bange u.a.: *Recht im E-Business. Internetprojekte juristisch absichern.*

  Galileo Press 2001, 397 Seiten

  In diesem Buch wird ein Projektbeispiel von Anfang bis Ende durchgezogen. Bei jedem Schritt werden die rechtlichen Fallstricke aufgezeigt, und es wird erklärt, wie man sie umgeht. Der Titel kann sicher keine Beratung beim Anwalt ersetzen, aber für die wichtigsten Probleme sensibilisieren und als gute Vorbereitung für eine solche Beratung dienen.

  Das Buch ist leider vergriffen, aber bei Amazon bekommt man es oft noch gebraucht.

- Florian Huber, Daniel Dingeldey: *Handbuch Domain-Namen. Alles über Internet-Domains.*

  BoD, 2004, 29,95 €

  Alle Fragen rund um Domainnamen werden hier kompetent beantwortet. Für alle zu empfehlen, die sich nicht hundertprozentig sicher sind, dass der Name, den sie für Ihre Site verwenden möchten, unbedenklich ist. Auch allen, die eine Abmahnung wegen ihres Domainnamens bekommen oder sich gegen unseriöse Wettbewerber zur Wehr setzen müssen, ist der Titel zu empfehlen.

- Uwe Koch u.a.: *Recht für Grafiker und Webdesigner*

  Galileo Design 2009, 379 Seiten, 39,90 €

  Gute Einführung zu den Themen Urheberrecht, Markenschutz und alles, was für Designer wichtig ist, besonders wenn sie freiberuflich arbeiten.

Links

- `www.agb-giftkueche.de`

  Hier findet jeder, der einen Shop betreibt, viele hervorragende Hinweise für die Formulierung der Allgemeinen Geschäftsbedingungen (AGB). Ersetzt keinen Rechtsanwalt, ist aber sicher eine gute Vorbereitung auf ein Gespräch mit einem solchen.

- `www.ifb-gruendung.de`

  Das Institut für Freie Berufe Nürnberg; Infos für Freiberufler, mit Beratungsangeboten und einer großen Sammlung von Dokumenten mit Tipps zu Geschäftskorrespondenz, Absicherung, Gesellschaftsformen, Krediten etc.

Kalkulation

Literatur

- *iBusiness Honorarleitfaden*

  Hightext Verlag 2006. 27 Seiten, 29 €

  Wird regelmäßig aktualisiert und gibt an, wie viel die wichtigsten 3000 Multimedia-Dienstleister im deutschsprachigen Raum durchschnittlich für die einzelnen Arbeitsschritte eines Multimedia-Projekts verlangen. Daher unentbehrlich für Auftraggeber und Auftragnehmer.

- Christoph von Dellingshausen u. a.: *dmmv-Kalkulationssystematik. Leitfaden zur Kalkulation von Multimedia-Projekten.*

  Hightext Verlag 2003. 113 Seiten

  Ausführlich kommentierte Kalkulationstabelle mit allen Einzelschritten einer Multimedia-Produktion. Füllt man diese sorgfältig aus, kann man sicher sein, dass man keinen Punkt vergisst und dass hier während des Projekts keine unangenehmen Überraschungen auftreten.

  Das Buch ist leider vergriffen, aber bei Amazon bekommt man es oft noch gebraucht.

- Robert Stoyan: *Management von Webprojekten. Führung, Projektplan, Vertrag.*

  Springer Verlag 2007. 391 Seiten, 49,95 €

  Zwar ist die Kalkulation selbst nur kurz angesprochen, aber deren wichtigste Grundlage dafür umso ausführlicher: die Abschätzung des Projektaufwands mit all seinen Fallen und Gefahren. Allein schon deshalb ein sehr empfehlenswertes Buch! Die Lektüre bringt selbst alten Hasen immer wieder neue Erkenntnisse. Unbedingt lesen und stets griffbereit lagern!

- Florian Breßler, Roger Hübner, Stefan Rohloff: *Was kostet Web-Design?* Birkhäuser-Verlag 2003. 168 Seiten, 45 €

  Nicht gerade günstig, aber ganz hilfreich. Dennoch sollte man sich nicht zu viel erwarten – letztlich muss auf diesem schwierigen Gebiet jeder selbst seine Erfahrungen machen. Preise, die dem einen utopisch erscheinen, findet der andere gerade angemessen, deshalb ist es so schwierig, konkrete Preise zu nennen: Sie sind immer nur für eine spezielle Situation gültig.

Links

- `www.igmetall.de/nachrichten/it_entgelt`

  Informationen und zwei Beispiele aus dem Gehaltsspiegel der IG Metall für IT-Berufe. Mit Online-Bestellmöglichkeit.

- `www.mediafon.net/tarife_empfehlungen.php3#3ae1af1fa9c42`

  Honorare in Design, Werbung und Multimedia. Leider nicht allzu häufig aktualisiert, aber recht umfassend.

- `www.e-lancer-nrw.de/kalkulator/`

  Hintergrundinfos und Links zu Honoraren, Stundensätzen und Gehältern im Multimedia-Bereich.

Projektmanagement

Literatur

- Robert Stoyan: *Management von Webprojekten. Führung, Projektplan, Vertrag.* Springer Verlag 2007. 391 Seiten, 49,95 €

  Es gibt so viele Bücher über Projektmanagement, dass jeder eines für seinen Geschmack finden kann. Doch wo mit der Suche anfangen? Dieser Titel ist mein persönlicher Tipp.

  Leider wiederholen die meisten Bücher nur Binsenwahrheiten. Dieses Buch dagegen ist an der Praxis orientiert und hilft Auftraggebern wie Auftragnehmern, die größten Gefahren in einem Projekt zu erkennen und mit ihnen und miteinander umzugehen. Die meisten Vorgehensweisen sind nur für die interessant, die in einer großen Agentur arbeiten oder für große Kunden tätig werden.

  Die Lektüre bringt selbst alten Hasen immer wieder wertvolle neue in der Praxis umsetzbare Erkenntnisse. Unbedingt lesen und stets griffbereit lagern!

- Kelly Goto, Emily Cotler: *Web Redesign 2.0: Workflow That Works.*

  New Riders 2004. 296 Seiten, ca. 46 €

  Hervorragende Anleitung für die Überarbeitung von Websites. Aber auch alle, die eine neue Site erstellen, werden viele nützliche Tipps finden. Sie betreffen vor allem die Projektabwicklung, aber auch auf Themen der Konzeption wird immer wieder eingegangen.

- Claudia Lettau, Christian Müller: *Das Webpflichtenheft.*

  MITP-Verlag 2004. 494 Seiten, mit CD-ROM

  Umfangreiche Anleitung für das Projektmanagement von Web-Projekten. Teilweise ist die Herangehensweise ziemlich formell (viele Checklisten etc.), und es werden bekannte Dinge immer wieder aufgeführt. Die Beispiele sind auch nicht immer realistisch. Für alle, die mit Lasten- und Pflichtenheft arbeiten wollen oder müssen, ist es dennoch empfehlenswert, da ohne Alternative auf dem Buchmarkt.

  Das Buch ist leider vergriffen, aber bei Amazon bekommt man es oft noch gebraucht.

- Kerstin Osswald: *Konzept-Management. Interaktive Medien – Interdisziplinäre Projekte.*

  Springer Verlag 2003. 192 Seiten, 44,95 €

  Das Buch ist eine wissenschaftliche Arbeit, weshalb es auch recht grundsätzlich an das Thema Projektmanagement herangeht. Das ist anfangs etwas trocken, doch dafür beruhen die Empfehlungen auf der Analyse der Arbeitsprozesse in 22 der wichtigsten Agenturen Deutschlands. Jeder, der größere Projekte in den Griff bekommen muss, findet hier wertvolle Hinweise für die strukturierte Herangehensweise.

  Leider verwendet die Autorin ausgiebig englische und „denglische" Begriffe wie „Kreation", die schwammig bleiben. Füllwörter werden eifrig eingesetzt, insbesondere „konkret". Leider ist das Buch aber genau das nicht. Die Ergebnisse der umfangreichen Befragung von Multimedia-Firmen sind nicht genauer beschrieben. (Was waren die Probleme, die aufgetreten sind? Wie war der Arbeitsablauf? Was waren die Konflikte?).

  Ebenso wenig erfährt der Leser, wie das vorgeschlagene Modell in der Praxis umgesetzt werden soll. Das Kapitel „Einsatz in konkreten Projekten" beschreibt im Wesentlichen nur, dass das Modell an den Einzelfall angepasst werden kann. Das folgende Kapitel „Einführung im Unternehmen" bringt auch nicht viel mehr. Es wird viel darüber erzählt, welche Bezeichnungen geändert wurden, aber man sieht kein einziges der ständig erwähnten „Artefakte" – der Dokumente, die zum Projektmanagement angelegt werden.

Lesern ohne Projektmanagement-Erfahrung wird das Buch leider nicht viel weiterhelfen, da es im Theoretischen bleibt. Erfahrene Projektleiter werden einige Ideen daraus ziehen können, sind aber bei deren Umsetzung auf sich selbst gestellt.

- Jens Jacobsen, Tilman Schlenker, Lisa Edwards: *Implementing a Digital Asset Management System.*

  Focal Press 2005. 250 Seiten, ca. 50 €

  Hier geht es um die Organisation großer Projekte. Es wird unter anderem vorgestellt, wie Sony Imageworks, Lionhead, Framfab oder Scholz & Volkmer arbeiten. Sie sehen, wie die Profis ihre Daten bei der Produktion in den Griff bekommen. Und Sie erfahren auch, welche Methoden für kleinere und mittlere Projekte sinnvoll sind. Eine Produktübersicht stellt die 28 interessantesten Software-Lösungen vor.

Links

Es gibt etliche Web-Dienste, um kleinere und mittlere Projekte online zu unterstützen. Hier drei Beispiele:

- `http://de.groups.yahoo.com`

  Lassen Sie sich nicht von den vielen privaten Yahoo Groups auf der Startseite abschrecken. Hier kann man auch ganz seriöse Projekte verwalten. Kostenlos.

- `http://groups.google.de`

  Die Google Groups sehen etwas professioneller aus, bieten aber im Wesentlichen auch nicht viel mehr als Yahoo. Ebenfalls kostenlos.

- `www.basecamphq.com`

  Bei Basecamp können Sie ein Projekt kostenlos verwalten, mehr kostet eine monatliche Gebühr.

Anhang C: Inhalt der CD-ROM

Die beiliegende CD-ROM enthält alle Materialien des Beispielprojekts, Checklisten und Vorlagen für Ihre Projekte, die Link-Liste als HTML-Seiten zum direkten Öffnen der URLs sowie Testversionen von für Konzepter nützlicher Software. Im Einzelnen finden Sie in den Verzeichnissen der CD Folgendes:

Offline-Projekte

Hier finden Sie zwei umfangreiche PDFs mit Dingen, die Sie bei Offline-Projekten beachten müssen.

- *Konzeption Terminals.pdf* widmet sich Anwendungen im öffentlichen Raum. Sie lesen, was Sie beachten müssen, wenn Sie Terminals zur Information, Verkaufsunterstützung oder für Ausstellungen konzipieren.
- *Konzeption CD-DVD.pdf* befasst sich mit Offline-Produktionen, die auf CD-ROM oder DVD-ROM veröffentlicht werden.

Projektbeispiel Techcom

Hier sind alle Dokumente abgelegt, die bei der Konzeption des Beispielprojektes erstellt wurden. Sie können die Texte und Präsentationen für Ihre eigenen Projekte recyceln. Ausgenommen sind nur die Logos, Fotos und Grafiken von Techcom. Sie sind geistiges Eigentum der Techcom GmbH. Bitte verwenden Sie diese Materialien daher nicht.

Dokumentation Usability-Test

Die Dateien in diesem Verzeichnis helfen Ihnen, die Vorteile von Usability-Tests sich und anderen klarzumachen. Denn ein großes Problem ist, dass die wenigsten Menschen sich vorstellen können, welche Ergebnisse ein solcher Test zu liefern vermag. Die Ausschnitte der Screen-Aufzeichnungen illustrieren das recht deutlich.

Außerdem finden Sie auf der CD-ROM noch die Auswertung dieser Testreihe. Mehr über die Entwicklung des Projekts lesen Sie unter `www.benutzerfreun.de/taz` und in Kapitel 7.12, *Projektbeispiel taz.de*, Seite 234.

Studie zum Texten im Web

Die Dokumentation *Studie Text im Web.pdf* beschreibt Durchführung und Ergebnisse der Studie, die zeigt, wie wichtig guter Text für den Erfolg einer Website ist.

Checklisten und Fragebögen

In diesem Verzeichnis finden Sie Checklisten für die Konzeption Ihrer eigenen Projekte. Sie sollen Ihnen helfen, keine wesentlichen Punkte zu vergessen. Außerdem sind sie eine sehr knappe Zusammenfassung der jeweiligen Bereiche des Buchs.

Links

Hier sind alle Links aus dem Anhang als HTML-Seiten abgespeichert, sodass Sie die Links nur noch anklicken müssen und sich das Eintippen in den Browser sparen. Aktuell und geprüft sind die Links bei `www.benutzerfreun.de`.

Testversionen

Hier finden Sie Testversionen der Macromedia-Programme *Dreamweaver* und *Flash* sowie die Sitemap/Diagramm-Programme *ConceptDraw*, *OmniGraffle* und *OmniOutliner*.

Vorlagen

Die Vorlagen aus diesem Verzeichnis erleichtern Ihnen die Arbeit bei der Konzeption Ihrer eigenen Projekte. Um zu sehen, wie diese mit Inhalt gefüllt werden, können Sie einen Blick in die jeweiligen Dokumente im Verzeichnis des Beispielprojekts werfen.

Glossar

Dieses Glossar dient vor allem für Auftraggeber, die Fachbegriffe nachsehen wollen, die von Agenturen ständig verwendet werden. Aber auch wenn Sie erfahrener Konzepter sind, brauchen Sie öfter einmal die genaue Definition eines Begriffs – zum Beispiel für ein Glossar als Anhang für Ihr eigenes Feinkonzept.

Ablaufdiagramm, Flussdiagramm, Flowchart
Diagramm, das den logischen Ablauf eines Programms oder einer Vorgehensweise zeigt. Der Begriff wird manchmal auch für → Sitemaps verwendet.

Active-X-Steuerung
Erweiterung für den Microsoft InternetExplorer und kompatible Browser, die die Wiedergabe von Videos, Flash und anderen Sonderformaten erlaubt. → Plug-In

Agent, Robot, Bot
Programme, die für den Benutzer bestimmte Aufgaben erledigen. Oft verhalten sie sich mehr oder weniger menschenähnlich und geben beispielsweise dem Besucher einer Website Tipps zur Problemlösung. → Robot bezeichnet auch ein Programm, das den Index einer Suchmaschine erstellt.

Ajax
Asynchronous **J**avaScript **A**nd **X**ML. Nutzt dynamisches HTML, XML sowie JavaScript, um Websites zu erstellen, die nicht eine ganze HTML-Seite laden müssen, um neue Inhalte anzuzeigen. Damit lassen sich Seiten realisieren, die mehr wie Programme und weniger wie klassische Internetseiten wirken.

Anbieterkennzeichnung
Das Teledienstegesetz (TDG) sieht in §6 TDG vor, dass fast jede Website bestimmte Angaben zu ihren Betreibern machen muss – in der Umgangssprache „Webimpressum" genannt.

Angebot
Im Angebot steht, was die Agentur für ihre Leistungen jeweils verlangt. Je genauer das Angebot vorbereitet ist, desto weniger unangenehme Überraschungen gibt es für Auftraggeber und Auftragnehmer.

Antiqua-Schrift
Schriftart mit → Serifen.

Asset
Grundbaustein für eine Anwendung, also Texte, Audio-Daten, Videos, Fotos, Illustrationen, Grafiken usw.

Avatar
Persönlichkeit, die ein Benutzer im Netz annimmt. Diese kann nur durch Eigenschaften beschrieben sein oder auch durch ein mehr oder weniger detailliert gestaltetes Aussehen. Von der tatsächlichen Person kann ein Avatar sich stark unterscheiden.

Backend
Der Teil einer Anwendung, der auf dem Server läuft. Beim Online-Banking beispielsweise ist das die Konto- und Transaktionsverwaltung. Im Gegensatz dazu ist der Browser mit den HTML-Formularen und den darin verwendeten Skripten, der beim Benutzer läuft, das → Frontend.

Barrierefreiheit
Die uneingeschränkte Zugangsmöglichkeit von Anwendungen für Menschen mit Behinderungen.

Basiskonzept
→ Grobkonzept

BCC, Blind Carbon Copy
Empfängerfeld für E-Mails, dessen Inhalt nicht angezeigt wird. So können Sie eine Nachricht parallel an mehrere Personen schicken, ohne dass diese die Adressen der anderen Empfänger sehen können. → CC

Benchmark
Vergleich. Wird häufig durchgeführt, um die eigene Anwendung mit der Konkurrenz zu vergleichen.

Benutzerfreundlichkeit
→ Usability

Benutzerführung
→ Navigations-Architektur

Benutzerprofil, Persona
Exemplarische Beschreibung einer Person der → Zielgruppe, die bei der Konzeption hilft, sich die zukünftigen Benutzer besser vorstellen zu können.

Bildschirmseite
→ Screen

Blog, Weblog
Website, auf der meist eine Person subjektive Beobachtungen, Kommentare und Informationshappen bereitstellt. Gelegentlich Webtagebuch genannt.

Blurb, Welcome Blurb
Kurze Information, meist auf der Startseite einer Website. Darin wird in ein bis zwei Sätzen zusammengefasst, was die Site oder die Firma bietet.

Bookmark
→ Lesezeichen

Bot
→ Agent

Briefing
Tritt der Kunde an eine Agentur heran, muss er sie als Erstes „briefen". Das heißt, er erzählt, was er überhaupt will. Das klingt einfach, ist es aber nicht unbedingt. Das hängt ganz vom Kunden und vom Projekt ab. Ein gutes Briefing ist die Grundlage für ein erfolgreiches Projekt.

Button, Schaltfläche
Wörtlich übersetzt „Knopf". Element auf dem Bildschirm, das angeklickt bzw. bei einem berührungsempfindlichen Bildschirm angetippt werden kann und eine Aktion auslöst. → Rollover

Cache
Pufferspeicher. Beispielsweise werden bei einem Browser meist die zuletzt besuchten Seiten zusammen mit den darauf eingebundenen Medien kurzzeitig auf der Festplatte gespeichert, damit sie bei erneutem Zugriff nicht nochmals über das Netz geladen werden müssen.

Carewords
Von McGovern eingeführter Begriff für die Wörter, nach denen wir unbewusst suchen, wenn wir eine Seite im Web überfliegen. Ähnlich den → Keywords.

CC, Carbon Copy
Wörtlich Kohlepapier-Durchschlag. Tragen Sie eine Adresse in das CC-Feld einer E-Mail ein, geht an sie eine Kopie davon. Alle Empfänger können lesen, wer alles eine Kopie erhalten hat. Wollen Sie das nicht, verwenden Sie das → BCC-Feld.

CGI, Common Gateway Interface
Standard für die Ausführung von Programmen und Scripts auf einem Webserver. Diese ermöglichen zum Beispiel die Registrierung von Benutzern.

Chat(room)
Austauschmöglichkeit für Benutzer im Web. Auf diesen Seiten können sie in Echtzeit Textnachrichten austauschen, selten sogar Bilder und andere Daten. Im Gegensatz zu → Gästebüchern sind die Daten hier nur für kurze Zeit zugänglich.

Client
Der Benutzer-Rechner bzw. dessen Anwendung, der bzw. die über ein Netzwerk auf einen → Host zugreift

CMS
→ Content-Management-System

Community, virtuelle Gemeinschaft
Die Benutzer von Amazon beispielsweise, die Bücher besprechen bzw. die Besprechungen bewerten, bilden eine Community. Diese schafft zusätzlichen Nutzen und verstärkt die Bindung an die Site.

Content
Inhalt – also Texte, Fotos, Grafiken, Animationen, Filme usw.

Content-Management-System, CMS
Programm, mit dem die Inhalte einer Website verwaltet werden. Es kann automatisch Webseiten aktualisieren und auf den Server stellen. Zusatzfunktionen wie Suche, Freigabe durch Redakteure usw. machen solche Systeme flexibel, aber komplex.

Controlled Vocabulary
→ kontrollierter Wortschatz

Cookie
Kleine Datei, in der Browser Textinformationen speichern können. Meist verwendet, um Benutzerdaten wie Voreinstellungen lokal abzulegen, um dem Benutzer erneutes Eingeben zu ersparen. Werden von einigen Benutzern abgelehnt, da sich bei jedem Besuch der Site, die das Cookie abgelegt hat, feststellen lässt, wie oft sie schon dort waren und was sie auf dieser Site angesehen haben. Das Speichern von Cookies lässt sich in jedem Browser deaktivieren.

Copy
→ Fließtext

Crawler
→ Robot

CSS, Cascading Style Sheets
System zur Formatierung von HTML-Seiten. Damit lassen sich Inhalt und Formatierung gut trennen, was die Seiten leichter zu warten macht und eine Voraussetzung ist für → XHTML

Deep Link
Link auf Seiten unterhalb der Startseite einer fremden Site. Solche Links sind nach dem Urteil des Bundesgerichtshofs

vom Juli 2003 im Streit zwischen der *Handelsblatt*-Gruppe und der Nachrichten-Suchmaschine *Paperboy* urheber- und wettbewerbsrechtlich zulässig. Voraussetzung: Es wird nur auf allgemein zugängliche Bereiche verlinkt.

Designkonzept
Das Designkonzept beschreibt, wie die Seiten aussehen sollen. Die Startseite und eine Inhaltsseite sind darin als erster Entwurf zu sehen.

Director
Autorensystem von Macromedia (jetzt Adobe), mit dem vor allem Terminals, CD-/DVD-ROMs erstellt werden. Um Director-Dateien in einem Browser wiederzugeben, braucht man das Shockwave → Plug-In.

Disclaimer
→ Haftungsausschluss

Domain
Adresse der obersten Ebene einer Site (wie `www.benutzerfreun.de` oder `www.hostedserver.de/homepages/privat/sven_maier/`).

Episode
→ Folge

Evaluation
Beurteilung. Meist wird die Benutzerfreundlichkeit einer Anwendung evaluiert, wobei eine Vielzahl von Methoden eingesetzt wird – vom Expertengutachten bis zur Benutzerbefragung.

Exposé
→ Projektbeschreibung

Favorit
→ Lesezeichen

Feasability Study
→ Machbarkeitsstudie

Feed
→ RSS-Feed

Feinkonzept
Das Feinkonzept ist das Produktionshandbuch für die Site. Darin sind alle Texte, Grafiken und weiteren Medien aufgeführt, die auf die Site kommen.

Flash
Programm von Macromedia (jetzt Adobe), mit dem Animationen und interaktive Inhalte auf HTML-Seiten gebracht werden. Zur Wiedergabe ist das Flash-Plug-In notwendig, das bei den meisten Browsern aber von Anfang an installiert ist.

Fließtext, Copy
Der eigentliche Text auf einer Seite, ohne Überschriften, Kästen o. Ä.

Flowchart
→ Ablaufdiagramm

Flussdiagramm
→ Ablaufdiagramm

Fokusgruppe
Einige Teilnehmer diskutieren ihre Gefühle/Gedanken zu bestimmten Produkten, Firmen oder Webseiten. In der Marktforschung häufig eingesetzt, für Websites nur bedingt geeignet.

Folge
Einzelne Ausgabe eines → Podcasts.

Font
Schriftart, Zeichensatz

Forum, Diskussionsforum
Wie beim → Gästebuch können Benutzer auf diesem Teil einer Site Kommentare hinterlassen. Zweck eines Forums ist aber, Fragen zu stellen bzw. Meinungen zu äußern, auf die andere Benutzer reagieren. Daher kann man seinen Kommentar immer einem vorherigen zuordnen.

Frame
HTML-Seiten lassen sich aus Frames aufbauen. Sie bestehen dann aus mehreren Seiten, die in einem gemeinsamen Browserfenster angezeigt werden. Der Vorteil ist, dass sich so beispielsweise ein Inhaltsverzeichnis dauerhaft am linken Rand anzeigen lässt, und nur der Seiteninhalt rechts davon geändert wird. Nachteil ist, dass die Verwaltung solcher Seiten aufwendig ist und auch Suchmaschinen deren Inhalt nicht problemlos finden.

Frameset
Die HTML-Seite, die definiert, welche weiteren Seiten (→ Frames) innerhalb von ihr angezeigt werden sollen.

Frontend
Der Teil einer Anwendung, der auf dem Computer des Benutzers läuft. Beim Online-Banking beispielsweise ist das der Browser mit den HTML-Formularen und den darin verwendeten Skripten. Das → Backend ist der Teil der Anwendung, der auf dem Server läuft. Beim Banken-Beispiel also die Kontoverwaltung.

FTP, File Transfer Protocol
Das Protokoll, mit dem größere Datenmengen im Internet am einfachsten übertragen werden. Es wird üblicherweise genutzt, um HTML-Seiten auf den Internetserver zu stellen.

Gästebuch
Bereich auf einer Site, in dem Besucher Kommentare abgeben können. Diese bleiben dort im Gegensatz zum → Chat dauerhaft gespeichert und können daher von allen Benutzern zu beliebigen Zeiten angesehen werden. Im Gegensatz zum → Forum werden die Beiträge einfach der Reihe nach aufgeführt.

Grobkonzept, Basiskonzept
Das Grobkonzept definiert die Rahmenbedingungen. Das Ziel der Site, die Zielgruppe, der Umfang und die Funktionen sind hier ebenso aufgeführt wie die Art der verwendeten Medien. Das Grobkonzept stellt sicher, dass Auftragnehmer und Auftraggeber auf dasselbe Ziel hinarbeiten.

Grotesk-Schrift
Schriftart ohne → Serifen.

Guided Tour
Geführte Tour durch eine Site in einer Art Diashow.

Haftungsausschluss, Disclaimer
Im Web meist die Erklärung auf der Website, dass ihr Betreiber keine Verantwortung für Links auf externe Seiten übernimmt. Rechtlich vermutlich wirkungslos, daher kann man darauf verzichten. Verlinkt man bewusst auf Seiten mit illegalem Inhalt, muss man dafür in jedem Fall geradestehen.

Homepage
→ Startseite

Host
Hat eine Vielzahl von Bedeutungen. Ein Host ist der Computer, auf dem der → Server läuft. Auf einem Host liegen auch die Daten zum Zugriff über das Internet bereit. Ebenso ist ein Host der zentrale Computer, an dem Arbeitsstationen (Clients) angeschlossen sind.

HTML, HyperText Markup Language
Format für die Seiten, die im Web dargestellt werden. Diese bestehen aus reinem Text, den der Browser so interpretiert, dass die gewünschte Darstellung erreicht wird.

HTML-Seite
→ Seite

HTTP, Hypertext Transfer Protocol
Datenformat zum Transport von Dokumenten im Web.

HTTPS, Hypertext Transfer Protocol Secure
Verschlüsseltes → HTTP-Format für sichere Kommunikation über das Internet.

Hyperlink
→ Link

Icon
→ Symbol

Implementierung
Umsetzung, Aufbau.

Impressum
→ Anbieterkennzeichung

Informations-Architektur
Die Struktur der Inhalte einer Anwendung.

Internetauftritt
→ Site

Investitionsempfehlung
Nach den ersten Gesprächen zwischen Auftraggeber und Auftragnehmer oder nach dem Briefing gibt die Agentur eine Empfehlung ab, wie viel Geld für das Projekt investiert werden sollte. Das ist noch kein konkretes → Angebot. Um dieses zu erstellen, müssen Ziele und Umfang des Projekts noch näher festgelegt werden.

IP-Adresse, Internet Protocol Address
Jeder Computer, der im Internet als Server angesprochen werden kann, hat eine eigene, einmalige IP-Adresse. Auch im lokalen Netzwerk wird dieses System oft verwendet, sodass dort jeder Computer eine IP-Adresse hat, über die er aber normalerweise nicht via Internet erreichbar ist. Die Adresse wird übrigens automatisch aufgerufen, wenn Sie eine URL eingeben. Die Übersetzung von URLs in IP-Adressen erledigen sogenannte Nameserver.

Java
Programmiersprache, mit der sich plattformübergreifende Anwendungen erstellen lassen. Die meisten Browser können kleine Java-Programme, sogenannte Java-Applets, direkt anzeigen.

JavaScript
Skriptsprache, mit der beispielsweise Rollover-Effekte bei den Menüs auf Webseiten realisiert werden. Mit → Java hat diese Skriptsprache nur einen Namensteil gemein, ansonsten sind sie vollkommen unterschiedlich in Struktur und Anwendungsmöglichkeiten.

Junk
→ Spam

Keywords, Schlagwörter, Suchwörter
→ Metadaten, die den Inhalt einer HTML-Seite beschreiben. Die meisten Suchmaschinen werten die Keywords nicht mehr aus. Grund ist, dass viele Site-Betreiber versuchen, möglichst weit oben auf den Trefferlisten zu erscheinen, indem sie die Suchwörter an die Auswertungsschemata der Suchmaschinen anpassen. Die Suchmaschinen erstellen daher aus dem Inhalt der Seiten ihre eigenen Schlagwörter.

Klickdummy
→ Prototyp

Kontrollierter Wortschatz, Controlled Vocabulary
Wortsammlung, die normalerweise von Bibliothekaren erstellt wurde. Darin finden Sie alle relevanten Begriffe zu einem Thema mit Angabe des Ausdrucks, der zur Indizierung z. B. von Webseiten verwendet werden soll. Damit wird vermieden, dass die Seiten immer wieder mit gleichbedeutenden, aber unterschiedlichen Schlagwörtern versehen werden.

Lastenheft
Beschreibung der Dinge, die der Auftraggeber zu liefern/leisten hat. → Pflichtenheft

Launch
Das ganze Projekt arbeitet auf den Launch hin, also den Moment, in dem die Site online geht. Doch dazu gehört noch mehr, nämlich zum Beispiel das Bekanntmachen der Site.

Lesezeichen, Favorit
Adresse einer Website, die der Benutzer in seinem Browser abgespeichert hat, um später wieder leicht darauf zugreifen zu können.

Link, Hyperlink
Verknüpfung von einer HTML-Seite zu einem anderen Dokument im Internet. Üblicherweise unterstrichen und blau dargestellt. → Deep Link

Logfile
Protokolldatei, die z. B. aufzeichnet, wann welche Benutzer auf welche Seiten einer Website zugegriffen haben.

Machbarkeitsstudie, Feasability Study
Sie untersucht, ob ein Projekt technisch und wirtschaftlich im geplanten Zeitrahmen realisierbar ist.

Metadaten
Informationen über eine HTML-Seite. Der Seitentitel gehört beispielsweise zu den Metadaten, ebenso eine Zusammenfassung oder Stichwörter, die den Inhalt beschreiben. Sogar die Zwischenüberschriften kann man dazu zählen.

Meta-Tag
Konvention, um → Metadaten in HTML-Dokumente einzubinden. Wichtigste Meta-Tags sind Kurzbeschreibung und Suchwörter. Auch Informationen wie die Sprache der Seiteninhalte werden als Meta-Tags eingebunden.

Micro-Site
Teil einer größeren Website, der sich einem speziellen Thema widmet. Design und Navigations-Architektur können sich von der Hauptsite unterscheiden. Oft haben Micro-Sites Namen wie `http://microsite.Ihre-Site.de`.

Microblogging
Mischung aus SMS und Blog. Man meldet sich bei einem Webdienst wie Twitter.com an und kann dann in wenigen Zeichen (etwa 140) mitteilen, was man gerade denkt, liest oder fühlt. Für Marketingzwecke durchaus interessant.

Mission Statement
Die Firmenphilosophie in einem Satz. Hat auf der Website nichts verloren, da es von Benutzern meist als leerer Werbespruch empfunden wird.

Navigation
Bewegung des Benutzers durch eine Anwendung. Geschieht meist durch Mausklicks auf Links.

Navigations-Architektur
Die Grundlage für die Bewegung der Benutzer auf einer Website (Benutzerführung). Sie beschreibt, wie die Menüs funktionieren, wie dem Benutzer klargemacht wird, wo er sich gerade befindet, und welche Möglichkeiten er hier hat.

Navigationsskizze
→ Seitenskizze

Newsfeed
→ RSS-Feed

Newsreader
Programm zur Darstellung von → RSS-Feeds. Es stellt die Textinformationen dar und ermöglicht schnelles Wechseln zur dazugehörigen URL, die es per Klick im Browser aufruft.

Nutzungsszenario
→ Use Case

Opt-in
Verfahren, dass man sich für einen Newsletter eigens anmelden muss. Beim Double Opt-in bekommt man eine Mail über die Anmeldung und erhält nur dann tatsächlich den Newsletter, wenn man diese per Klick auf einen Link oder durch eine Antwortmail bestätigt.

Opt-out
Verfahren, dass z. B. jeder Besteller einen Newsletter erhält, wenn er nicht widerspricht. In Europa unzulässig, der Gesetzgeber fordert hier → Opt-in.

Organigramm
Schemazeichnung, die die Abteilungs- und Mitarbeiterstruktur eines Unternehmens abbildet.

PDF, Portable Document Format
Dateiformat für Dokumente, das den Vorteil hat, dass man beim Erstellen exakt festlegen kann, wie Text und Grafik beim Anzeigen und Drucken aussehen wird.

Performance
Darstellungs- oder Übertragungsgeschwindigkeit.

Perl
Skriptsprache. Oft für die Ausführung von → CGIs verwendet.

Persona
→ Benutzerprofil

Personalisierung
Anpassung der Inhalte einer Anwendung an den Benutzer.

Pflichtenheft
Beschreibung der Dinge, die der Auftragnehmer zu liefern/leisten hat → Lastenheft.

Plattform
Damit ist meist das Betriebssystem oder der Browser gemeint, auf dem eine Anwendung laufen soll. Gelegentlich wird auch die Hardware damit bezeichnet (z. B. PDAs, Handys).

Plug-In
Erweiterung für einen Browser, die die Wiedergabe von Videos, Flash und anderen Sonderformaten erlaubt. Die Plug-Ins heißen beim Microsoft Internet Explorer Active-X-Steuerung. Meist sind diese mit dem Begriff Plug-In mit gemeint.

Podcast
„Radio zum Mitnehmen“. Audiodateien, die via Internet vertrieben werden und über einen → RSS-Feed abonniert werden können (→ Podcatcher). Der Nutzer erhält also regelmäßig neue Folgen des Podcasts, die er an seinem Computer direkt hören kann, oder er überträgt sie auf einen MP3-Player. Es gibt auch Video-Podcast, Vodcasts genannt.

Podcatcher
Programm zum Abonnieren von Podcasts. Es fragt regelmäßig die RSS-Feeds der abonnierten Podcasts ab und lädt automatisch die neuen Folgen herunter, wenn solche verfügbar sind. Bekannteste Podcatcher sind iTunes und Juice, beide kostenlos.

POI, Point of Information
→ Terminal, das zur Information dient.

Pop-up-Fenster
Browser-Fenster, in dem sich eine neue HTML-Seite öffnet. Wird oft für Werbung verwendet, daher haben einige Benutzer über eine Zusatzsoftware oder über ihren Browser das Öffnen von Pop-up-Fenstern blockiert.

Pop-up-Menü, Pull-down-Menü
Auswahlmenü, das erst herausfährt, wenn der Benutzer den Mauszeiger darüber bewegt oder darauf klickt.

Portal
Site mit einer Fülle von Informationen, Funktionen oder Zugangsmöglichkeiten zum Web, wie etwa Nachrichten, Spielen, Chatrooms, Beratungsseiten. Beispiele: *T-Online*, *Freenet* oder **MSN**. Teilweise wird der Begriff auch für eine spezielle Einstiegsseite verwendet. Für Benutzer, die auf ein Werbebanner auf einer anderen Site klicken, wird etwa eine eigene Portal-Seite angelegt.

POS, Point of Sale
→ Terminal, das in einem Geschäft steht und entweder den Verkauf unterstützt (etwa durch Zusatzinfos) oder ihn manchmal auch direkt durchführt.

Produktionskonzept
→ Feinkonzept

Projektbeschreibung, Exposé
Schriftliche Darstellung der Ziele, des Umfangs und der Umsetzung eines Projekts. Meist Teil des → Angebots.

Prototyp, Klickdummy
Verlinkte Sammlung von Seitenskizzen, die einen Eindruck von der endgültigen Struktur und Navigation einer Site verschaffen soll. Design und Technik sind in diesem Stadium noch nicht umgesetzt.

Provider, Internet (Service) Provider, ISP
Dienstleister, der den Zugang zum Internet anbietet. (z. B. *T-Online*, *Freenet*)

Pull-down-Menü
→ Pop-up-Menü

Re-Briefing
Zusammenfassung des → Briefings, in dem der Auftragnehmer erklärt, wie er Ziele und Umfang des Projekts verstanden hat.

Redesign, Relaunch
Überarbeitung einer Website.

Review
Gutachten.

Robot, Crawler, Spider
Programm, das den Index einer Suchmaschine erstellt. Es durchsucht regelmäßig meist das gesamte Web und indiziert die gefundenen Seiten. Dieser Index wird dann bei Suchanfragen durchgesehen. Man spricht auch von Crawler („Krabbler") oder Spider („Spinne"), da das Programm von Seite zu Seite durch das Web krabbelt. Robot wird manchmal auch als Bezeichnung für → Agenten verwendet.

Rollover
Englisch für „Darüberrollen". Wird der Cursor z. B. über einen Button bewegt, ist das ein Rollover. Der Button sollte darauf reagieren, indem er etwa die Farbe wechselt und dadurch klar macht, dass man ihn anklicken kann.

RSS (Real Simple Syndication)
Format zum einfachen Austausch von Text. Wird meist verwendet, um die Benutzer über Neues auf der Site auf dem Laufenden zu halten, ohne dass sie diese dazu besuchen müssen. Die Benutzer können diese Informationen als RSS-Feed (= Newsfeed) abonnieren und in einem → Newsreader ansehen.

Schaltfläche
→ Button

Schlagwörter
→ Keywords

Screen, Bildschirmseite
Alles, was zu einem Zeitpunkt auf dem Bildschirm in einer Anwendung zu sehen ist. Also alle Grafik-, Text-, Video- und anderen Medien-Elemente, die gemeinsam erscheinen.

Scribble
Oft handgezeichnete Skizze. Meist für → Seitenskizzen, grafische Entwürfe oder → Storyboards verwendet.

Seite
Einzelnes HTML-Dokument, das in einem Browser angezeigt wird.

Seitenskizze, Navigationsskizze, Wireframe
Einfache Zeichnung, die alle wesentlichen Elemente auf einer Seite bzw. einem Screen darstellt. Sie dient zur Veranschaulichung der Funktion, nicht zum grafischen Entwurf.

Serifen
Die kleinen Striche am Ende der Buchstaben. *Times* z. B. ist eine Schriftart mit Serifen, *Arial* eine Schriftart ohne Serifen.

Server
Zentraler Computer in einem Netzwerk, der z. B. Daten bereithält, Druckdienste verwaltet oder E-Mails verschickt und empfängt. → Clients können auf ihn zugreifen. Als Server wird auch ein Programm bezeichnet, das eine dieser Funktionen erfüllt.

Shockwave
Format für → Director-Dateien zur Einbindung in HTML-Seiten.

Site, Internetauftritt, Webpräsenz, Website
Eine Sammlung von HTML-Seiten und anderen Dateien, die unter einer → Domain wie `www.benutzerfreun.de` erreichbar ist. „Homepage" dagegen bezeichnet nur die erste Seite einer Site.

Sitemap
Grafische Darstellung der Seiten einer Site. Die Sitemap wird gelegentlich auch als Flussdiagramm, Flowchart oder Struktogramm bezeichnet.

Script
Datei oder Teile einer Datei, die Befehle in einer Scriptsprache enthalten. Diese können einfache Dinge bewirken wie den Austausch eines angezeigten Bildes sein, die Überprüfung einer Benutzereingabe oder auch komplexe Dateioperationen.

Soziales Web, Soziale Netzwerke
Sites, die den Schwerpunkt auf die Interaktion von Menschen miteinander legen. Das sind Dienste, wie Studenten- oder Business-Netzwerke, in denen die Mitglieder miteinander diskutieren und Kontakte austauschen bzw. knüpfen. Auch Sites, die den Benutzern viele Mitgestaltungsmöglichkeiten geben, zählen zum Sozialen Web

(Benutzerrezensionen, das Vergeben von Tags für Inhalte etc.).

Spam, Junk
Unerwünschte Werbe-E-Mails. Der Begriff stammt aus einem Sketch der Comedey-Truppe Monthy Phyton, in dem eine Person den Markennamen „Spam“ – ein britisches Dosenfleisch – unzählige Male wiederholt.

Spam-Filter
Filter des Mailservers oder des Mailprogramms, mit dem Spam-Mails aussortiert werden.

Spider
→ Robot

Stakeholder
Alle Personen, die ein Interesse an einem Projekt haben. Das sind Entscheider, Projektleiter, an der Umsetzung Beteiligte aber auch die zukünftigen Anwender.

Startseite, Homepage
Die erste HTML-Seite einer Site. Gerade „Homepage“ wird oft fälschlicherweise anstelle von Site verwendet. „Auf die Homepage stellen“ heißt also eigentlich, etwas auf der ersten Seite einer Site zu platzieren.

Storyboard
Sammlung von Skizzen, die die Szenen eines Films oder einer Multimedia-Anwendung beschreiben. Der Begriff wird verwirrenderweise gelegentlich auch für das → Feinkonzept oder sogar für die → Sitemap verwendet.

Storybook
→ Feinkonzept

Streaming
Technik, bei der z. B. Video schon wiedergegeben wird, bevor es vollständig übertragen ist. Das verkürzt die Wartezeit für den Benutzer.

Struktogramm
→ Sitemap

Styleguide
Zusammenstellung der Gestaltungsrichtlinien, damit zukünftige Seiten bzw. Screens konsistent angelegt werden. Wichtig sind darin z.B. Schriftarten und -größen, Platzierung und Größe von Bildern usw.

Suchmaschine
Programm und dazugehörige Website, um das Web nach Inhalten zu durchsuchen. Dazu verwendet die Suchmaschine → Robots und erstellt einen Index aller gefundenen Seiten.

Suchwörter
→ Keywords

Symbol, Icon
Kleines, abstrahiertes grafisches Element, das Funktionen oder Bereiche symbolisiert – etwa der Umriss eines Hauses für die Startseite/Homepage. Symbole sind mit Vorsicht einzusetzen, da ihre Bedeutung fast nie offensichtlich ist, sondern erst gelernt werden muss.

Tag
Etikett oder Schlagwort, das an ein Bild, eine Seite oder ein anderes Informationselement geheftet wird, um seinen Inhalt zu beschreiben.

Teaser
Kurzer Text, der neugierig auf Inhalte von Unterseiten machen soll und diese mit wenigen Sätzen beschreibt.

Teledienstegesetz (TDG)
→ Anbieterkennzeichnung.

Template
Vorlage.

Terminal
Gerät mit Bildschirm und Tastatur ohne Festplatte und geringem Speicher. Damit wird auf einen Großrechner zugegriffen, auf dem die eigentlichen Anwendungen ausgeführt werden. Auch Programme, mit denen man andere Computer steuern kann, werden manchmal als Terminal bezeichnet. Auch eine Einheit von Computer, Bildschirm, Eingabegerät und Gehäuse, die an öffentlich zugänglichen Orten steht, heißt Terminal.

Touchscreen
Berührungsempfindlicher Bildschirm.

Traffic
Verkehr. Die Zahl der Seitenaufrufe einer Site.

Twitter
→ Microblogging

UML, Unified Modelling Language
Konvention zur Beschreibung von Anwendungen. Sie wird hauptsächlich in der Software-Entwicklung eingesetzt, kann aber auch beim Konzipieren von Websites nützlich sein, auf denen die Benutzer Transaktionen durchführen (etwa Überweisungen ausführen, Daten eingeben, Dinge bestellen). UML zu lernen ist zeitaufwendig und lohnt sich nur für komplexe Projekte. UML-Diagramme zeichnet man mit Diagramm-Software oder mit speziellen Programmen, die daraus teilweise sogar lauffähigen Code erzeugen.

URL, Unique Resource Locator
Die Adresse, unter der ein Dokument im Web erreichbar ist. Beispiel: `http://www.benutzerfreun.de/kontakt.html`.

Usability, Benutzerfreundlichkeit
Anwendungen müssen den Bedürfnissen und Erwartungen der Benutzer entsprechend gestaltet sein, damit sie richtig funktionieren und Erfolg haben. Ist das der Fall, sind sie benutzerfreundlich oder *usable*.

Usability-Test
Für jede professionelle Website sollten Sie wenigstens einen Usability-Test mit einigen externen Testpersonen durchführen. Damit finden Sie Probleme, die allen Projektbeteiligten nicht mehr auffallen, weil sie die Site so gut kennen.

Use Case, Nutzungsszenario
Ein Use Case ist eine Möglichkeit, wie eine Anwendung benutzt werden kann. Für eine Banken-Website ist ein denkbarer Use Case das Ausführen einer Überweisung. Ein anderer ist, sich über die Möglichkeiten der Geldanlage bei dieser Bank zu informieren. Die Use Cases sind die Basis für die Konzeption, da sie bestimmen, welche Funktionen eine Anwendung bieten muss.

User
Benutzer.

Versalien
Großbuchstaben.

Video-Podcast, Vodcast
→ Podcast

WAP, Wireless Application Protocol
Format für die Darstellung von Webseiten auf Handys und PDAs.

Web, World Wide Web, WWW
Der Teil des Internets, in dem Inhalte als HTML-Seiten mit eingebetteten Bildern, Videos und anderen Medien ausgetauscht werden.

Web 2.0
2004 geprägtes Schlagwort, unter dem einige technische und konzeptionelle Ansätze zusammengefasst werden, u. a. → Ajax, das → Soziale Web, → Blogs und → Podcasts. Allen gemeinsam ist, dass dahinter keine neuen Techniken oder Ideen stecken. Neu ist nur die Kombination und die Verbreitung.

Webimpressum
→ Anbieterkennzeichung

Weblog
→ Blog

Webpräsenz
→ Site

Website
→ Site

Welcome Blurb
→ Blurb

Wireframe
→ Seitenskizze

Wording
Sprachgebrauch, Prägung von Begriffen.

WWW
→ Web

XHTML, eXtensible Hypertext Markup Language
Erweiterung der Seitenbeschreibungssprache → HTML, sodass sie den → XML-Regeln entspricht. Damit wird die Trennung von Inhalt und Layout bei gleichzeitiger voller Kontrolle über die Gestaltung möglich. Für die Gestaltung werden meist → CSS verwendet.

XML, eXtensible Markup Language
Format zur Strukturierung von beliebigen Inhalten in Textform. Damit können diese von unterschiedlichen Programmen (etwa Browsern) gelesen und weiterverarbeitet werden.

Zielgruppe
Der Personenkreis, der die Anwendung nutzen soll. Die genaue Identifizierung und Einschätzung der Zielgruppe ist Grundlage eines guten Konzepts. Denn nur, wenn Sie wissen, für wen Sie eine Anwendung erstellen und welche Interessen er hat, können Sie ihm das bieten, was er braucht.

Stichwortverzeichnis

Symbole

A

B

M

N

O

P

T

U